Homerecording

Carsten Kaiser

# Homerecording

## Das umfassende Praxisbuch

mitp

**Bibliografische Information der Deutschen Nationalbibliothek**
Die Deutsche Nationalbibliothek verzeichnet diese Publikation in der Deutschen Nationalbibliografie; detaillierte bibliografische Daten sind im Internet über <http://dnb.d-nb.de> abrufbar.

Bei der Herstellung des Werkes haben wir uns zukunftsbewusst für umweltverträgliche und wiederverwertbare Materialien entschieden.
Der Inhalt ist auf elementar chlorfreiem Papier gedruckt.

ISBN 978-3-7475-0428-4
5. Auflage 2021

www.mitp.de
E-Mail: mitp-verlag@sigloch.de
Telefon: +49 7953 / 7189 - 079
Telefax: +49 7953 / 7189 - 082



klimaneutral
natureOffice.com | DE-077-529981
gedruckt

Lektorat: Janina Bahlmann, Sabine Janatschek
Sprachkorrektorat: Petra Heubach-Erdmann, Christiane Hoffmeister
Covergestaltung: Christian Kalkert
Bildnachweis: © R-J-Seymour, iStock
Satz: III-satz, www.drei-satz.de
Druck: Plump Druck & Medien GmbH, Rheinbreitbach

# Inhaltsverzeichnis

## Teil 7 Mix und Mastering ..... 449



## Anhang ..... 483

# Einleitung

Hallo und herzlich willkommen in der Welt des Homerecordings! Ich danke Ihnen ganz herzlich, dass Sie sich für dieses Buch entschieden haben. Es freut mich, dass Sie bereit sind, sich mit den (Un-)Tiefen des Audio-Recordings auseinanderzusetzen, denn kaum etwas ist so spannend wie das Umsetzen kreativer musikalischer Ideen in Audioaufnahmen.

Mit dieser Auflage halten Sie eine überarbeitete Version in den Händen, deren Inhalt von zahlreichen technischen Entwicklungen der letzten Jahre profitiert. Selbstverständlich kann ein Buch niemals tagesaktuell sein, wenn es um Recording-Produkte geht. Doch hinter den meisten Geräten und Softwaretiteln stehen in der Regel doch universale Konzepte und Produktionstechniken, die man als Recording-Tüftler kennen sollte. Genau diese Konzepte versuche ich Ihnen in diesem Buch nahezubringen und sie Ihnen praxisnah vorzustellen.

## Wer profitiert von diesem Buch?

Einsteiger finden auf den folgenden Seiten leicht verständliche Anleitungen, um in das Thema Homerecording hineinzufinden. Der Aufbau des Buchs ist so gewählt, dass Leser auch ohne Vorwissen schnell erste erfolgreiche Schritte machen können, und viele Begriffe, die beim ersten Durchblättern noch wie Böhmische Dörfer klingen, werden im Handumdrehen zu vertrauten Konzepten. Für Anfänger, die bereits erste Erfahrungen gesammelt haben, hält »Homerecording« etliche Tricks und Kniffe bereit, mit denen sie ihr Repertoire in Sachen Recording und Mixing erweitern können.

Mit seinem strukturierten Aufbau und seinem Index kann das Buch auch Fortgeschrittenen helfen, ganz gezielt Lösungen für bestimmte Herausforderungen anzusteuern, und auch Profis werden an der einen oder anderen Stelle Hinweise, Tipps, Infos und Definitionen finden, die eventuell sogar ihr Fachwissen ergänzen.

## Inhalt und Aufbau

Der Aufbau dieses Buchs folgt den Schritten, die Sie logischerweise verfolgen müssen, um eine Musikproduktion von null auf hundert selbst durchzuführen, denn inhaltlich startet das Buch nahezu ohne jegliche Voraussetzungen für den Leser. Zunächst schauen wir uns an, welche Mittel heute vielen Lesern bereits zur Verfügung stehen und wie diese mit wenigen einfachen Extras zu ersten Homerecording-Schritten führen können. Sie haben bereits ein Smartphone oder Tablet? Wunderbar! Dann haben sie in der Regel auch schon eine einfache Aufnahmeumgebung am Start, mit der Sie loslegen können.

Falls das nicht der Fall ist, erfahren Sie in den darauffolgenden Kapiteln des Buchs, welche Kriterien ein Computer heute erfüllen muss, um für Musikaufnahmen gerüstet zu sein. Sie erfahren, wie Sie passende Kopfhörer und Lautsprecher finden und wo und wie Sie diese platzieren können. In den weiteren Kapiteln lernen Sie die Funktionen von, Arbeitsweisen mit und Bedienung von Mischpulten kennen. Und Sie lesen auch, welche Recording-Software zu Ihrem jeweiligen Vorhaben und Ihrem persönlichen Kenntnisstand passt.

Immer wieder treffen Sie auch auf Tipps und Tricks, auf kleine Hacks, die Ihnen die Arbeit erleichtern und schnell zu guten Ergebnissen verhelfen. Hier und da werden Ihnen Fragen in den Kopf kommen, die in bestimmten Aufnahmesituationen natürlicherweise auftauchen. Zahlreiche dieser Fragen werden in Praxis-Tipps beantwortet, die ich für Sie jeweils am Ende der Kapitel zusammengestellt habe. Einen Eindruck davon, wie umfangreich diese Sammlung von Tipps und Antworten ist, bekommen Sie bei einem Blick auf die Vielzahl der Themen, die in diesem Buch behandelt werden:

- Exkurs zum Thema Smart Recording
- Die passenden Räumlichkeiten
- Was ist eine DAW?
- Das Mischpult
- Grundlagen zu Effekten
- Dynamikaufbereitung
- Filtereffekte
- Raumklangerzeuger
- Modulationseffekte, Verzerrungseffekte u.v.m.
- Mic-Preamps und Kanalzüge
- Multieffektgeräte
- Racksysteme
- Mikrofone
- Keyboards & Synthesizer
- Gitarren & Bässe
- Schlagzeug & E-Drums
- MIDI-Interfaces
- Audio in MIDI wandeln
- MIDI-Programmierung & -Recording
- Softwarestudios & Sequenzerprogramme
- Audiobearbeitungsprogramme
- Software-Protokolle & -Schnittstellen
- Zielsetzung und Planung von Aufnahmen
- Konkrete Recording-Verfahren
- Vorbereitung von Mix und Mastering
- Ablauf einer Mixing-Session
- Mastering
- Eigene CD erstellen
- Datenarchivierung

Außerdem finden Sie im Anhang des Buchs jede Menge Übersichten und Tabellen, die Ihnen für die Praxis Infos zu MIDI-Belegungen, Equalizer-Einstellungen und anderen nützlichen Zusammenhängen für das Homerecording geben.

## Los geht's!

Um zu zeigen, wie einfach der Einstieg ins Homerecording gelingen kann, starten wir auf den folgenden Seiten mit einem Kapitel, das Ihnen zeigt, wie Sie Homerecording kinderleicht mit Ihrem Alltag verknüpfen können. Sie werden sehen, dass der Weg vom Newbie zum Know-how gar nicht so weit ist, wie Sie bis jetzt gedacht haben ...

## Downloads zum Buch

Auf der Seite zum Buch (`www.mitp.de/0428`) finden Sie die im Buch angesprochenen Audiobeispiele zum Download.

# Exkurs »Smart Recording«

Mit dem Begriff *Smart Recording* möchte ich Ihnen einen möglichst einfachen Weg ins Homerecording ebnen. Unter *Mobile Recording* versteht der Fachmann das Anfertigen von Tonaufnahmen unterwegs unter Zuhilfenahme allerlei professionellen Equipments. Was aber soll *Smart Recording* sein? Nun, viele von uns besitzen ein oder mehrere komfortabel per Touchscreen zu bedienende mobile Geräte, wie Smartphones oder Tablet-PCs. Warum also erst teures und kompliziertes Equipment anschaffen, wenn Sie die ersten Schritte in die Welt des Homerecordings mit diesen schon vorhandenen Tools machen können?

Stellen Sie sich vor, Sie richten sich ein Homestudio ein und kennen bereits die wichtigsten Konzepte und Begriffe, wissen schon recht genau, was Sie benötigen und wie Sie arbeiten wollen. Und das alles, ohne viel Geld ausgeben oder wahnsinnig viel Zeit investieren zu müssen. Wäre es nicht fantastisch, wenn Sie stattdessen auf Praxiserfahrung zurückgreifen könnten, die Sie im Vorfeld sammeln konnten? Das Sammeln eben dieser Erfahrungen möchte ich Ihnen in diesem Einleitungskapitel schmackhaft machen. Wer schon Grundkenntnisse hat und sich sofort ans »Eingemachte« machen möchte, kann deshalb getrost zu Kapitel 1 springen. Am Ball bleiben sollten aber all diejenigen, die einen einfachen Einstieg ins Thema finden möchten oder ganz einfach auf der Suche nach einem Überblick sind, wie sich Smartphone, Tablet & Co. ins Homerecording einbinden lassen.

## Geräte

In der Welt des Homerecordings wird die Qualität Ihrer Aufnahmen in vielen Fällen mit der Wahl des Equipments zusammenhängen. Das gilt auch auf der kleinsten Stufe. Je leistungsstärker Ihre Aufnahmegeräte, desto einfacher gestaltet sich in der Regel auch das Aufzeichnen. Viele der heute erhältlichen mobilen Geräte enthalten längst Technik, die sie als einfache Recording-Lösung prädestiniert.

### Smartphone

Das am weitesten verbreitete dieser mobilen Geräte ist zweifellos das Smartphone. Etliche Anbieter buhlen um die Käufergunst und zahlreiche Betriebssysteme sind verfügbar. Die Wahrscheinlichkeit ist deshalb recht groß, dass Sie bereits über ein Smartphone verfügen, mit dem Sie Homerecording in seiner einfachsten Variante betreiben können. Die Prozessoren und Arbeitsspeicher aktueller Smartphones sind schnell und groß genug, um die erforderlichen Berechnungen für Audioaufnahmen, -wiedergabe und Soundeffekte durchzuführen.

**Tipp**

Wenn Sie Ihr Smartphone als einfache Homerecording-Lösung einsetzen möchten, sollten Sie es um eine möglichst große zusätzliche Speicherkarte erweitern. Dadurch können Sie nicht nur den Telefonspeicher wesentlich entlasten, sondern haben insgesamt auch mehr Aufnahmezeit zur Verfügung. Bei der Neuanschaffung eines Smartphones können Sie außerdem die Größe des Arbeitsspeichers bedenken. Je größer er ist, desto reibungsloser werden Ihnen die Aufnahme und das Bearbeiten von Audiosignalen gelingen.

### Android

Für das seit 2008 verfügbare Smartphone-Betriebssystem *Android* sind zahlreiche Recording-Apps und -Tools erhältlich. Da die Android-Plattform vergleichsweise wenige Hürden für den Einstieg ins Entwickeln und Bereitstellen von Apps bietet, wächst der Markt der kostenlosen und kostenpflichtigen Android-Apps rasant. Zudem wird das Betriebssystem kontinuierlich weiterentwickelt und greift mit jeder Version zahlreiche technische Neuerungen auf. Gerade neuere Android-Smartphones eignen sich deshalb gut als Geräte fürs Smart Recording. Wenn Sie also im Besitz eines Handys mit Android-OS sind, haben Sie technisch gesehen bereits alles, was Sie benötigen, um einfache Aufnahmen anzufertigen.

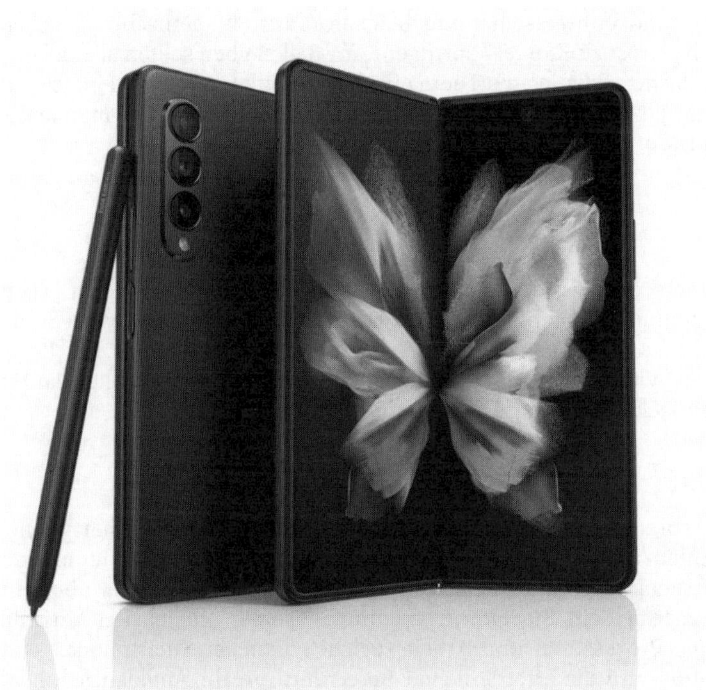

**Abb. 1:** Geräte aus der Samsung-Galaxy-Reihe laufen meist mit Android-Betriebssystem (Quelle: `www.samsung.com`)

### iPhone

Das iPhone ist nicht nur prestigeträchtig. Es gehört – je nach Modell – auch zu den leistungsstärksten und zuverlässigsten Smartphones, die auf dem Markt verfügbar sind. Multitouch-Screen, Anbindung an die iCloud und hohe Bedienfreundlichkeit sprechen für sich. Und das auf iPhones eingesetzte Betriebssystem *iOS* ist eine verschmälerte Variante des äußerst zuverlässigen Mac-Betriebssystems *OS X*. Auch im Apple App Store finden Sie etliche kleine Software-Programme, die das Aufzeichnen und Bearbeiten von Audio ermöglichen oder Ihnen das Arrangieren und Produzieren erleichtern. Auch mit einem iPhone sind Sie deshalb gut für erste Homerecording-Schritte gerüstet.

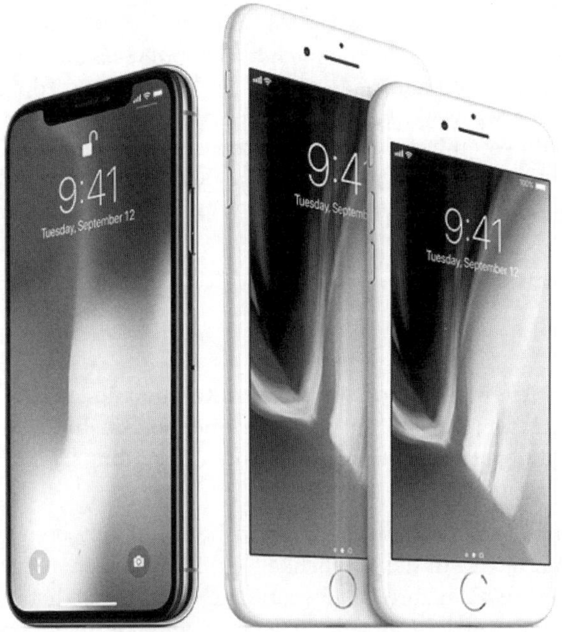


**Abb. 2:** Für iPhones sind zahlreiche Recording-Apps und -Erweiterungen erhältlich (Quelle: `www.apple.com`)

Der größte Vorteil beim Verwenden eines iPhones fürs Smart Recording liegt aber in seiner Erweiterbarkeit. Viele Hersteller aus dem professionellen Audiobereich bieten Zusatz-Equipment an, mit dem Sie Ihr iPhone Stück für Stück zu einer vollständigeren Recording-Lösung machen können. Einige dieser Tools werde ich Ihnen im Weiteren noch vorstellen.

## Tablet

Was vor Jahrzehnten noch wie Science-Fiction klang – ein kompletter Personal Computer mit Touchscreen, der nicht einmal mehr daumendick ist –, gehört heute zu unserem

Alltag. Eventuell besitzen Sie schon einen Tablet-PC? Dann sind Sie gut gerüstet, um ins Homerecording einzusteigen. Die Vorteile eines Tablet-PCs gegenüber einem Smartphone liegen auf der Hand: Displaygröße und Anschlussmöglichkeiten bieten eine deutlich komfortablere Recording-Umgebung, als dies bei Smartphones der Fall ist.

Wenn es ums Recording geht, gelten für Tablet-PCs im Wesentlichen dieselben Voraussetzungen wie für Smartphones. Es spielt also kaum eine Rolle, ob Sie sich ein Android-Gerät, ein iPad oder ein Tablet mit einem anderen weitverbreiteten Betriebssystem zulegen. In jedem Fall werden Sie viele Recording-Apps zur Auswahl haben, die Ihnen Ihre ersten Aufnahmen sowie die nachträgliche Bearbeitung und das Abmischen ermöglichen.

**Tipp**

Achten Sie bei Audioaufnahmen mit Ihrem Smartphone oder Tablet-PC darauf, dass Sie für die entstehenden Dateien Aufnahmeformate verwenden, die im Recording-Bereich gängig sind. Dazu zählen etwa WAV, AIFF, aber auch das allseits bekannte MP3-Format. Sollten Sie sich stattdessen auf unbekannte oder herstellerspezifische Dateiformate stützen, können Sie Ihre Aufnahmen eventuell nicht ganz so leicht zwischen Geräten transferieren oder mit anderen Homerecording-Freunden austauschen.

## Software

Neben der Wahl des Equipments ist entscheidend, in welchen Kombinationen Sie es einsetzen. Weiter hinten im Buch werden Sie auf verschiedene Ausbaustufen von Homerecording-Studios treffen. Und auch mit Blick auf das Smart Recording lässt sich das Equipment Schritt für Schritt ausbauen.

Eventuell haben Sie schon einmal die Sprachaufzeichnung in Ihrem Handy benutzt. Stellen Sie sich nun vor, Sie hätten nicht nur die Möglichkeit, Ihre Stimme oder Ihren Gesang aufzuzeichnen, sondern dazu auch Ihre Gitarre aufzunehmen, zusätzlich ein paar Background Vocals einzusingen und das Ganze auch noch zu einem fertigen Song mit Halleffekten und allem »Zipp und Zapp« abzumischen. Wäre es nicht wunderbar, auf solch eine Mehrspurtechnik zurückgreifen zu können? Hier kommt die gute Nachricht: Das ist kein Problem! Sie haben die Qual der Wahl aus zahlreichen kostenfreien und kostenpflichtigen Apps für verschiedene Smartphone-Betriebssysteme.

### Recording-Apps für Android-Smartphones

Für Android-Geräte erhalten Sie im Google Play Store eine Vielzahl von Apps, die Ihnen einen guten Einstieg ins Homerecording ermöglichen. Ich empfehle Ihnen für den Anfang, vorerst kostenlose Demo-Versionen auszuprobieren. So machen Sie sich ganz praxisnah mit verschiedenen Konzepten und Fachbegriffen vertraut, ohne dass es Sie einen einzigen Cent kostet. Haben Sie erst eine Lieblings-App gefunden, die Ihrem Verständnis von Musikaufnahmen entspricht, ist es immer noch früh genug, 5,- bis 20,- Euro für eine Vollversion auszugeben.

Zur Zeit von Tonbandaufzeichnungen wurden auf einem Tonband parallel zueinander verlaufende Spuren von Klanginformationen aufgezeichnet und konnten so nacheinander aufgezeichnet (*Overdubbing*-Verfahren) und gemeinsam abgespielt werden.

Um solch einfache Mehrspuraufnahmen durchzuführen (beispielsweise eine Percussion-Spur, mehrere Gesangsstimmen und eine Akustikgitarre aufzuzeichnen), benötigen Sie zu Zeiten digitaler Aufnahmetechnik nicht viel Geld und Know-how. Einfach zu bedienende Apps wie *Aubade Studio* sind bereits für vier Euro zu haben und helfen Ihnen, spielerisch Ihren ersten Song zu recorden. Auch eine kostenlose Version steht zum Download bereit. Wenn Sie auf MP3-Export und endlos lange Aufnahmen verzichten können, wird Ihnen sogar die kostenlose Demo-Version dieser App genügen. Mit ihrer Hilfe können Sie sich mit dem Mehrspurverfahren vertraut machen und Techniken wie das Schneiden von Audiospuren kennenlernen oder auch erste Schritte mit einem sogenannten »Piano Roll Editor« machen. Dabei werden in der Vertikalen Klaviertasten angezeigt, die die Tonhöhe anzeigen. In der Horizontalen tragen Sie dann auf einer Zeitleiste für die jeweilige Tonhöhe eine Spielinformation ein, die Start- und Endpunkt sowie Lautstärke und weitere Parameter enthält.

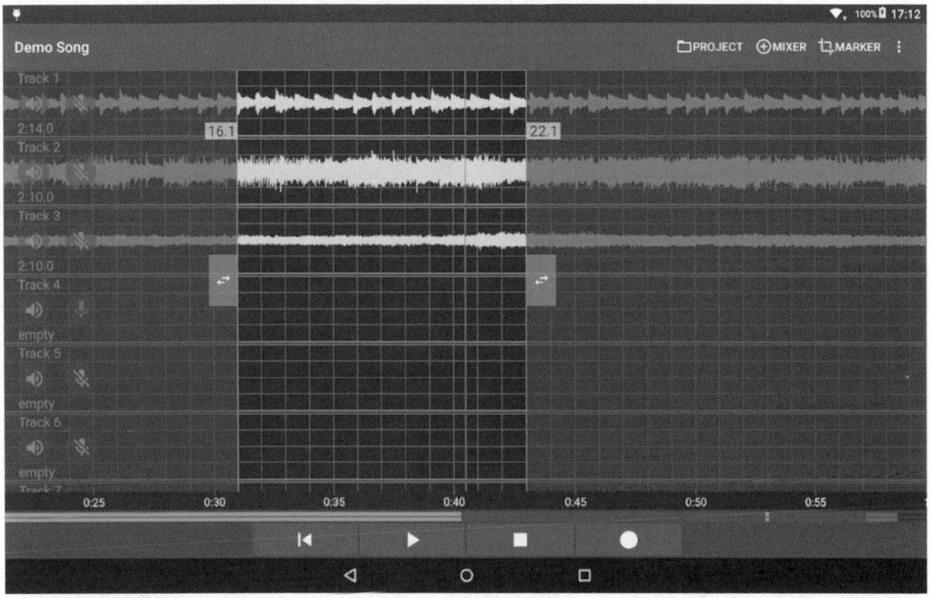


**Abb. 3:** Aubade Studio DEMO bietet Ihnen einen kostenlosen Einstieg in die Mehrspur-Aufnahmetechnik.

Mein persönlicher Favorit für komplexere Audio-Aufnahmen mit Android-Smartphones ist die App *Audio Evolution Mobile Studio*. Hier wird Ihnen für $ 9,99 ein vollwertiges kleines Softwarestudio geboten, das es in sich hat. Ob Aufzeichnen, Editieren, Arrangieren oder Abmischen – Audio Evolution Mobile DAW ist intuitiv zu verstehen und sogar auf kleineren Smartphone-Touchscreens noch gut zu bedienen.

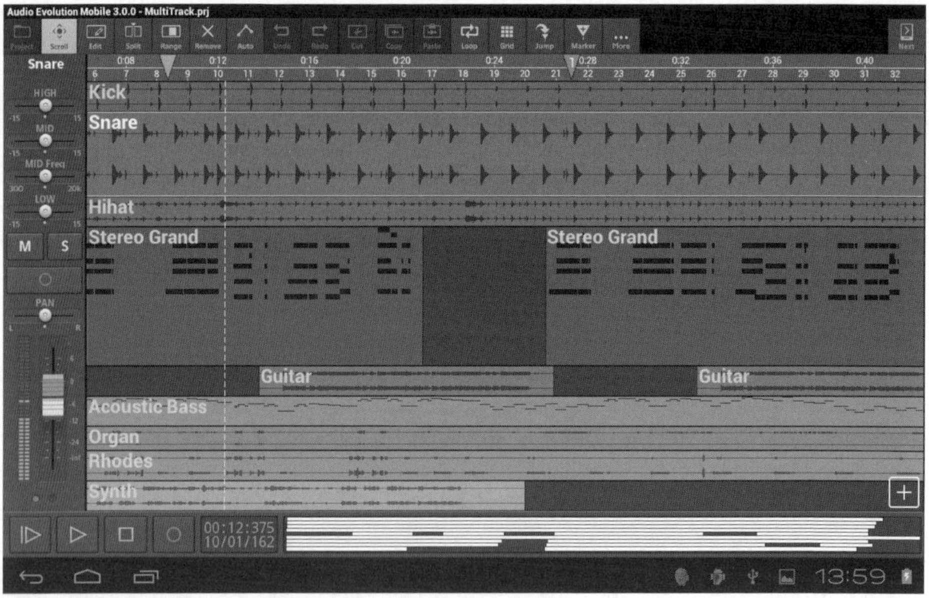


**Abb. 4:** Die App Audio Evolution Mobile Studio bietet Ihnen neben einem vollwertigen Arrangier-Modus …

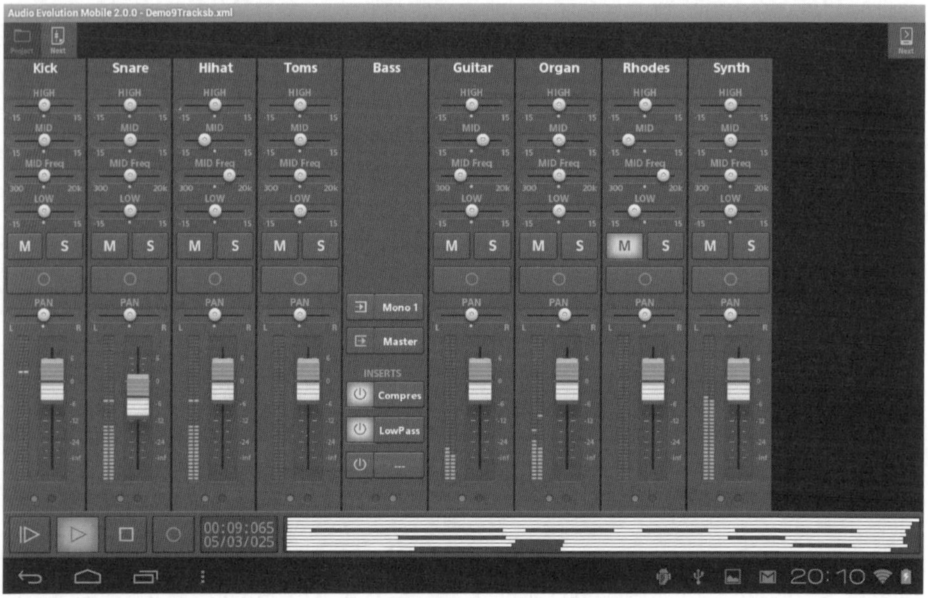


**Abb. 5:** … auch ein ausgereiftes Software-Mischpult.

Sicher hat jede der Apps ihre Stärken und Schwächen, ganz gleich, ob es sich um *nTrack Studio Pro DAW*, oder mit *FL Studio Mobile* um die Smartphone/Tablet-Variante eines vollwertigen Software-Studios handelt. Es gibt keine »beste« Recording-App, sondern nur Apps, die mehr oder weniger Ihren Anforderungen und Ihrem Verständnis von Audioproduktion entsprechen.

## Recording-Apps für iOS

Apps für Smartphones und Tablets mit dem iOS-Betriebssystem können Sie in Apples *App Store* erstehen. Das von Apple selbst angebotene *Garage Band* ist hier wohl das gängigste Programm, mit dem Apple-Anwender einfache Songs erstellen. Der Vorteil der Software ist, dass sie auch für Mac erhältlich ist. Sollten Sie also Besitzer von iPhone, iPad, Mac & Co. sein, müssen Sie sich auf den verschiedenen Geräten nicht erst langwierig in unterschiedliche Softwarelösungen einarbeiten, wenn Sie auf Garage Band setzen. Ein besonderes Schmankerl von Garage Band sind sicherlich seine maximal 32 parallelen Spuren, seine Loop-Funktion, integrierte Audio-Effekte, spezielle Instrumenten-Editoren und eine Samplebibliothek. (Falls das für Sie wie die sprichwörtlichen böhmischen Dörfer klingt, können Sie sich auf die weiteren Kapitel freuen, in den ich Ihnen zu all diesen Punkten zahlreiche Infos geben werde.)

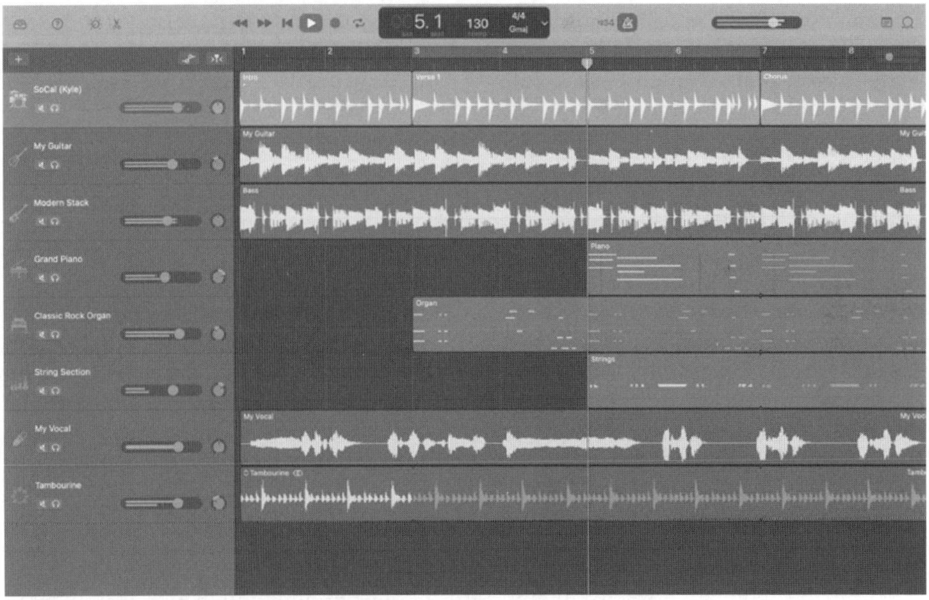

**Abb. 6:** Garage Band ist eine vollwertige Recording-Lösung für iOS.

Vergleichbare Apps, die Sie im App Store kaufen können, sind beispielsweise *Music Studio* oder auch *MultiTrack DAW*, die Ihnen einerseits über 100 Instrumente, bis zu 127 Spuren sowie zahlreiche Soundeffekte bieten und andererseits den Austausch von Beats aus der Zwischenablage mit anderen Apps ermöglichen. Das Programmieren von Beats, das Aufzeichnen von Gesang oder das Arrangieren und Abmischen kompletter Songs ist mit all diesen Apps kein Problem.

### Was Sie beim Kauf einer Recording-App beachten sollten

Es kann vorkommen, dass eine Recording-App die Aufnahmen einer Spur ein wenig zeitlich versetzt zu anderen Spuren aufzeichnet oder wiedergibt. Auf diese Weise ist es schon nach Aufnahme der zweiten Spur fast unmöglich, bei den weiteren Spuren mit der eigenen Performance noch »im Groove« zu bleiben.

Achten Sie deshalb darauf, dass die App Ihrer Wahl über einen *Verzögerungs-* oder *Latenzausgleich* verfügt. In den meisten Fällen finden Sie diese Funktion in den Einstellungen der Software. Nicht selten können Sie den zeitlichen Versatz zwischen den Spuren mit einem integrierten Testsignal und einer leicht zu bedienenden Analysefunktion ausmerzen.

Ist eine solche Funktion nicht gegeben, sollten Sie vor dem Kauf der App erst einmal die Demo-Version der Software testen und ein Dutzend Audiospuren aufzeichnen. Sind diese »in time« (laufen also ohne zeitlichen Versatz ab), können Sie getrost auf den Latenzausgleich verzichten.

### Hilfsprogramme

Eine tolle Sache sind auch zahlreiche Hilfsprogramme wie Stimmgeräte, Akkord- und Transponierhilfen, Texteditoren und vieles mehr, das Ihnen helfen kann, Ihren Recording-Alltag zu vereinfachen. Wenn Sie sich in den entsprechenden App-Stores ein wenig umschauen, werden Sie für nahezu jede Aufgabe, der Sie sich im Homerecording gegenübersehen, ein App-Tool finden, das Ihre Arbeit leichter von der Hand gehen lässt. Und viele dieser kleinen Softwarehelfer sind sogar kostenlos.

## Weitere Hilfsmittel

Was nutzt aber das beste Smartphone oder die tollste App, wenn Sie mit Ihren musikalischen Ideen an technische Grenzen stoßen? Denn letztlich sind auch moderne Mobilgeräte immer noch für den alltäglichen Gebrauch konzipiert. Mit Ihrem Wunsch, Ihr Smartphone als Recording-Lösung zu verwenden, befinden Sie sich deshalb bereits im Bereich der Special-Interest-Anwender. Sobald Sie die ersten Homerecording-Schritte gemacht haben, werden Sie deshalb mit großer Wahrscheinlichkeit beginnen wollen, Ihr Recording-Equipment mit verschiedenen Erweiterungen zu optimieren.

#### Einfache Erweiterungen

Mit entsprechenden Adaptern können Sie beispielsweise Ihr iPhone auf einfache Weise erweitern. So genügt es etwa, wenn Sie an Ihr iPhone ein Audio-Splitkabel anschließen, um zwei Mikrofonsignale gleichzeitig aufzeichnen zu können.

Außerdem kann es vorteilhaft sein, wenn Sie das wiedergegebene Signal bei gleichzeitiger Aufnahme über einen Kopfhörer mithören, statt es über den Smartphone-Lautsprecher abzuspielen. So vermeiden Sie Übersprechungen, also das Einstreuen des gleichzeitig wiedergegebenen Audiosignals in die Aufnahme. Sie sehen schon: Wenn Sie zwei Mikrofone plus Kopfhörer verwenden wollen, werden Sie um ein professionelles Erweiterungs-Kit für Ihr Smartphone oder ein externes Audio-Interface nicht herumkommen.

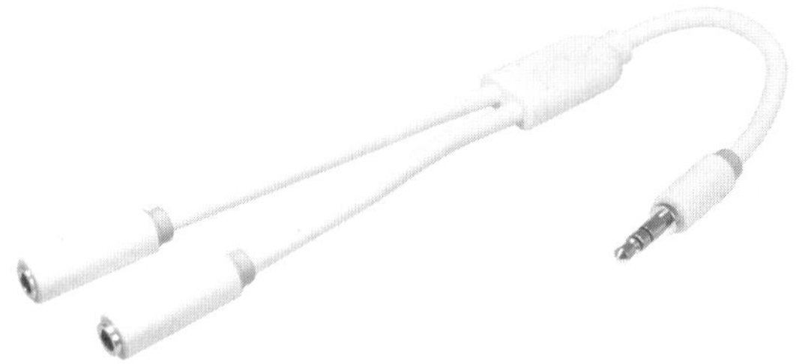

**Abb. 7:** Mit einem Audio-Splitterkabel erweitern Sie Ihr Smartphone für die Aufnahme mit zwei Mikrofonen (Quelle: `www.gravis.com`).

## Externe Audio-Interfaces

Sobald Sie Ihr Smartphone oder Ihren Tablet-PC mit einem externen Audio-Interface erweitern, bewegen Sie sich eindeutig im Homerecording-Feld. Die Auswahl reicht hier von der einfachen Audio-Schnittstelle bis zur kompletten mobilen Studio-Ausstattung mit integriertem MIDI-Interface.

Wenn sich Ihnen anfangs noch die Frage stellt, ob Sie sich eine einfachere mobile Recording-Lösung oder ein komplexeres stationäres Homestudio einrichten sollen, spielt das nach einigen Monaten eventuell keine Rolle mehr. Nutzen Sie einfach beides. Es spricht nichts dagegen, unterwegs Aufnahmen anzufertigen, die Sie später in Ihren eigenen vier Wänden aufbereiten und verfeinern.

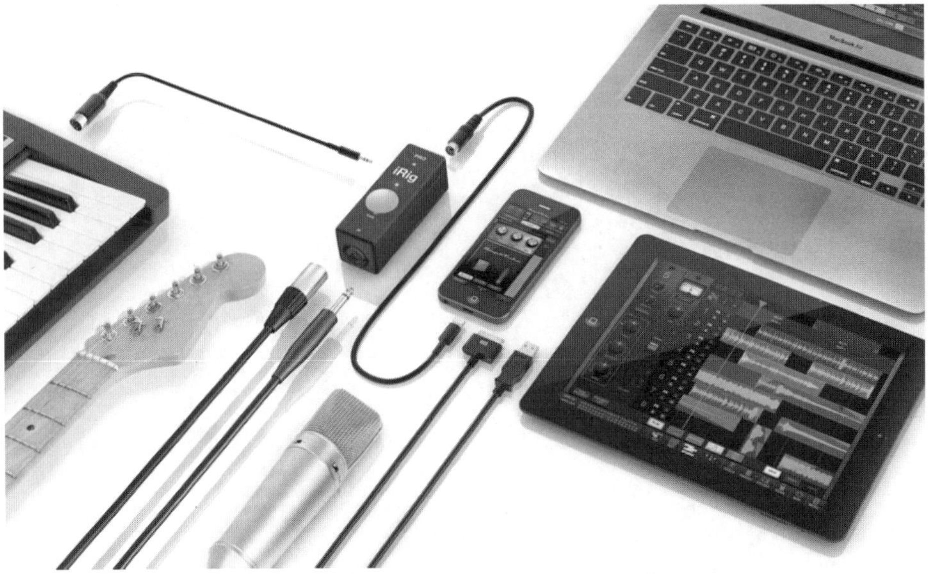


**Abb. 8:** Mit externen Audio-Interfaces, wie dem iRig Pro, wird aus Ihrem Smartphone ein mobiles Homestudio (Quelle: `www.ikmultimedia.com`).

Mit dem *iRig Pro* von *IK Multimedia* haben Sie die Möglichkeit, Mikrofone oder Instrumente an Ihr iPhone, iPad oder auch Ihren Mac anzuschließen und aufzuzeichnen.

Auch Apps zur Audioaufnahme, Echtzeit-Stimmbearbeitung und virtuelle Software-instrumente und -effekte gehören zum Lieferumfang. Für den Anschluss von Musik-instrumenten und Mikrofonen stehen Ihnen Audio-Eingänge im unsymmetrischen TS-Klinkenstecker- und XLR-Format bereit, aber auch eine DIN-Buchse zum Anschluss von Keyboards oder Controllern via MIDI-Kabel. Sogar der Anschluss von Kondensator-mikrofonen, die eine zusätzliche sogenannte »Phantomspannung« benötigen, ist möglich. Falls Ihnen diese Begriffe nichts sagen, können Sie unbesorgt sein! Sie halten das richtige Buch in den Händen, denn Sie werden all diese Anschlussmöglichkeiten in den nachfolgenden Kapiteln genauer kennenlernen.

### Externe Mikrofone

Falls Sie in erster Linie Sprach- oder Gesangsaufnahmen machen oder akustische Instrumente aufzeichnen möchten, bisher aber noch kein professionelles Mikrofon besitzen, können Sie Ihr Mobilgerät auch durch spezielle Mikrofon-Lösungen erweitern. Das *Apogee MiC Digital Microphone* ist ein Beispiel für ein Plug&Play-fähiges USB-Mikrofon für iOS- und OSX-Geräte. Es beinhaltet ein Audio-Interface, das die Klanginformationen in Studioqualität digital wandelt und kommt mitsamt Tischstativ und Digitalkabel daher.

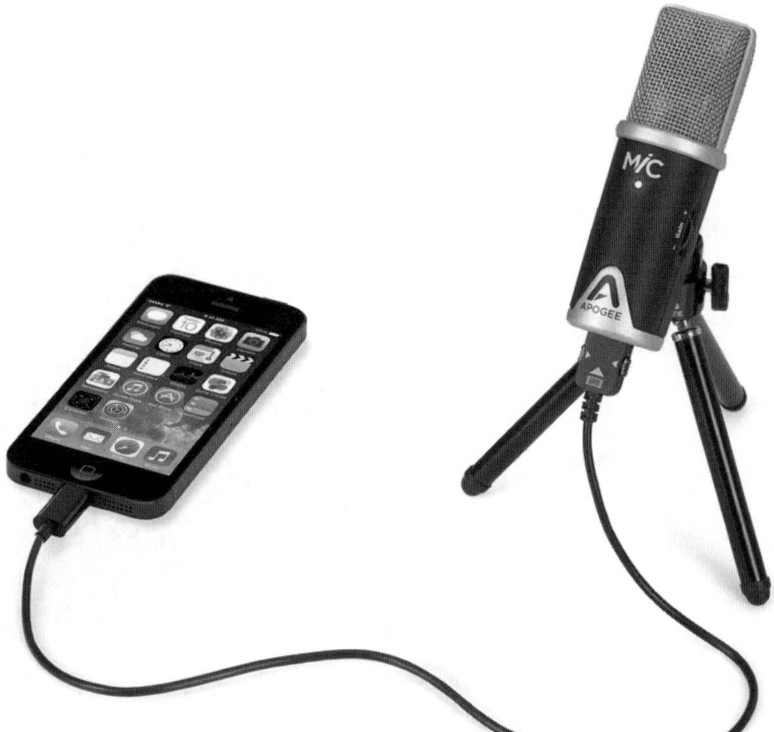


**Abb. 9:** Externe Mikrofone, wie das Apogee MiC Digital Microphone, können die Aufnahmequalität deutlich steigern (Quelle: `www.apple.com`).

Sollten Sie bereits ein professionelles Mikrofon besitzen, können Sie Ihr Smartphone oder Tablet auch mit einer Kombination aus Mikrofonvorverstärker und Audio-Interface erweitern. *iRig PRE* von *IK Multimedia* können Sie nicht nur an iPhone und iPad anschließen, sondern auch an Android-Geräten betreiben. So haben Sie die Möglichkeit, später das passende Mikrofon für Ihren Stimmklang oder Ihre jeweilige Aufnahmesituation zu finden.

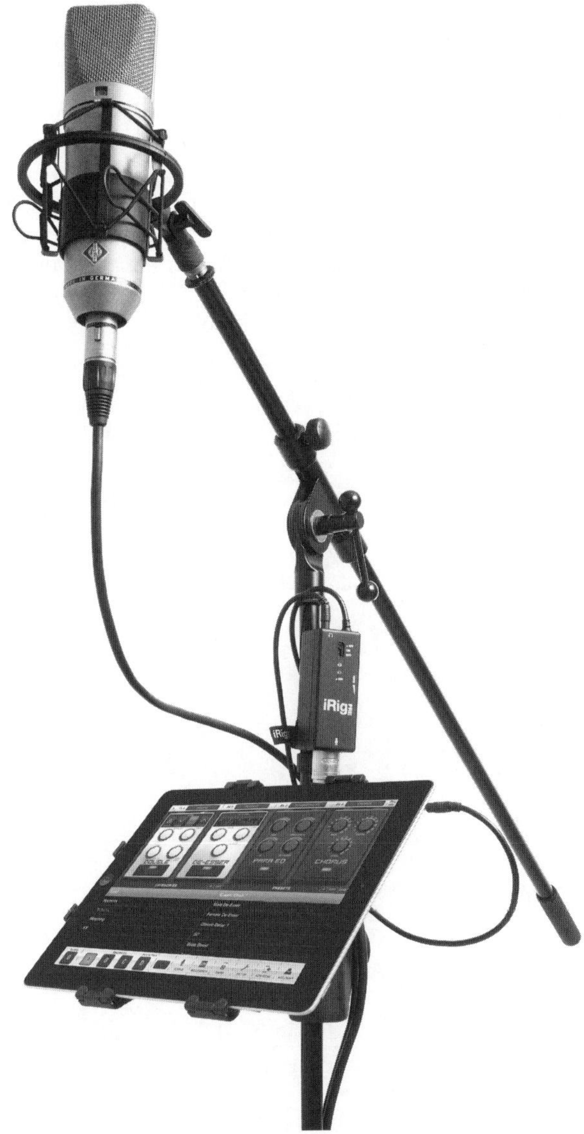

**Abb. 10:** Mit dem iRig PRE können Sie Studiomikrofone an Ihr iPhone oder Android-Smartphone anschließen (Quelle: `www.ikmultimedia.com`).

Mit diesem kurzen Technik-Überblick über den zurzeit wohl einfachsten Einstieg in die Homerecording-Welt haben Sie sicher schon Lust darauf bekommen, loszulegen. Und richtig so! Denn was nutzen lange Reden über Audioproduktion, wenn nicht auch Taten folgen? In den folgenden Kapiteln stelle ich Ihnen viele Details und Zusammenhänge, grundlegende Techniken und Praktiken sowie eine Unzahl verschiedener Equipments vor.

Schauen Sie sich so früh wie möglich auch die Tipps für einen erfolgreichen Recording-Workflow an (Kapitel 7). Denn auch wenn Sie mit sehr übersichtlichem Equipment arbeiten, wird Ihnen eine gute Planung und Organisation Ihrer Recordings eine große Hilfe sein. So kommen Sie im Handumdrehen zu ersten gut klingenden Aufnahmen und fertigen Mixes.

In den folgenden Kapiteln werden Sie unweigerlich auf eine Menge »Technik-Talk« treffen. Dabei sollten Sie aber nicht vergessen, dass es letztlich um Musik geht. Versuchen Sie, Technik und Techniken stets in den Dienst einzufangender Emotionen und intensiver Performances zu stellen, anstatt sich von Plänen und How-to-Listen leiten zu lassen. Nehmen Sie Tipps an und hinterfragen Sie sie, probieren Sie Dinge aus, gehen Sie auch ungewöhnliche Wege, machen Sie Fehler, lernen Sie daraus und bleiben Sie offen für Neues, aber vor allem: Stürzen Sie sich ins Homerecording!

# Teil 1

## Homestudio

»Welche Voraussetzungen muss ich beachten, wenn ich mir ein Homestudio einrichten will?« und »Mit welcher Hardware fange ich überhaupt an?« – dies sind die ersten Fragen, die sich einem angehenden Homestudio-Besitzer stellen. In den folgenden Unterkapiteln finden Sie die Antworten darauf.

Homerecording wird von manchen Audio-Profis belächelt. In einigen Fällen geschieht dies zu Recht: Nicht selten verlassen Aufnahmen die Heimstudiowände, die dem Hobbyproduzenten zwar gefallen, weil er sie selbst erstellt hat, die aber nicht im Geringsten mit gängigen Profiproduktionen mithalten können. Dabei gibt es viele einfache Tricks, mit deren Hilfe Sie einen guten, druckvollen Sound hinbekommen können, der zugleich transparent ist. Das setzt nicht immer ein hohes Budget voraus.

Doch bevor wir zu den Tipps für eine gelungene Aufnahmesession kommen und uns den Tricks im Mix zuwenden, muss nicht nur das nötigste Equipment bereitstehen. Es sollten auch entsprechende räumliche Voraussetzungen geschaffen werden. Wenn Sie all das vernachlässigen, hilft Ihnen auch das größte Budget nichts bei Ihrem Bestreben, einen halbwegs gescheiten Sound für Ihre Aufnahmen zu erarbeiten.

**In diesem Teil:**

Kapitel 1

# Was ist eine DAW?

*DAW* steht für *Digital Audio Workstation*. Sie ist heutzutage der Standard in professionellen wie auch in Heimstudios. Die DAW ist die technische Schaltzentrale, das Kernstück Ihres Heimstudios. Doch macht mich der Besitz eines PCs oder Macs bereits zum DAW-Besitzer? Mitnichten. Da gehört schon etwas mehr dazu. Zum Einsatz kommen für eine DAW ausschließlich ausgewählte Komponenten, die allesamt wirklich eigens für den Audioeinsatz zusammengestellt und für einen reibungslosen Arbeitsablauf aufeinander abgestimmt werden. Nicht jeder Multimedia-PC vom Discounter ist zugleich eine gute DAW – aber er kann es sein.

Sie sehen schon: Computer, Computer und nochmals Computer. Denn mit dem Einzug der Computertechnologie in die Recording-Welt haben Tonbandmaschinen mehr und mehr an Bedeutung verloren, wenngleich es (aus guten Gründen) nach wie vor Verfechter analoger Tonbandaufnahmen gibt.

Nicht nur Puristen und Audiofreaks schwören auf den besonderen, gesättigten Sound, der Tonbandaufnahmen ausmacht. Durch einen physikalischen Streueffekt der magnetischen Ausrichtung der Tonbandpartikel haben Aufnahmen, die analog auf Tonbändern aufgezeichnet werden, eine besondere klangliche »Wärme«. Die aufgenommene Musik (ich schreibe im Weiteren von *Audiosignalen*) klingt »wärmer«, weil die Signalinformationen weniger exakt und damit weniger technisch klingen, wenn sie wiedergegeben werden. Im musikalischen Volksmund wird sonst auch von einem »kalten«, »sterilen« oder »leblosen« Signal gesprochen.

**Know-how**

Vom *Bandsättigungseffekt* ist die Rede, wenn ein leicht übersteuertes Signal auf Tonband aufgezeichnet wird. Dies führt zu einer nicht exakten Ausrichtung der Partikel eines Magnettonbands und verleiht dem Audiosignal bei der Wiedergabe einen »warmen« und »satten« Sound.

Das geht so weit, dass Sie mittlerweile etliche Geräte auf dem Markt finden, die Ihnen dabei helfen, die »kalten« Signale Ihrer Digitalaufnahme technisch so zu bearbeiten, dass sie »wärmer« klingen. Dabei wird dann beispielsweise der Bandsättigungseffekt einer Tonbandaufnahme nachempfunden und von einer Software in die als »leblos« empfundenen Aufnahmen hineingerechnet. Mitunter finden auch Überspielungen statt. So können etwa Schlagzeugaufnahmen mit einer Tonbandmaschine aufgenommen werden, um tatsächlich einen gesättigten Sound zu erhalten. Diese Aufnahmen können später auf ein digitales Medium kopiert werden. Der Klang der Bandsättigung bleibt erhalten und wird digital optimal konserviert. Manches Mal wird auch andersherum vorgegangen: Digitale Aufnahmen werden dann auf ein Tonbandgerät gemastert, also während der Endbearbeitung überspielt, um einen natürlichen und »warmen« Gesamtsound zu erhalten.

Das alles ist stark durch Hörgewohnheiten beeinflusst, die wir über viele Jahrzehnte entwickelt haben, in denen Tonbänder die vorherrschenden Medien für die Speicherung von Audiosignalen waren (z. B. auf Musikkassetten). Ganz außer Acht lassen möchte ich die Bandsättigung deshalb nicht. Sie wird Ihnen später im Buchabschnitt über das Mixen und das Mastering Ihrer Aufnahmen wieder begegnen.

Doch zurück zur DAW. Gegenüber einem riesigen Studio hält diese viele Vorteile für Sie bereit. Sie benötigen beispielsweise kein riesiges Mischpult, und auch teure wie große Bandmaschinen müssen nicht angeschafft werden. Viele Instrumente und Effekte können direkt »aus dem Rechner« kommen, was Ihnen einen Batzen Geld und jede Menge Zeit spart. Die Bezeichnung »DAW« selbst zeigt Ihnen schon, was dieses Gerät ausmacht:

- Mit Ihrer DAW speichern und bearbeiten Sie Daten **digital**.
- Eine DAW ist für das Aufnehmen, das Bearbeiten und die Wiedergabe von **Audio**signalen optimiert.
- Ihre DAW ist eine **Work**station, die harte Arbeit verrichtet und deshalb robust und zuverlässig sein muss.

Werfen Sie einen Blick auf Abbildung 1.1. Sie zeigt Ihnen den Startpunkt für die Einrichtung Ihres Homestudios. Wenn wir einmal annehmen, dass Sie ein Paar Multimediaboxen oder einen Kopfhöreranschluss an Ihrer Soundkarte haben, reicht dieses Setup für den allerersten Anfang bereits. Ohne externes Equipment könnten Sie mit einem solchen System virtuelle Instrumente programmieren, deren Sound im Rechner mixen und eine CD mit den Musikstücken brennen. Fertig! Wie Sie bei diesen Schritten vorgehen, erfahren Sie in den nächsten Kapiteln.

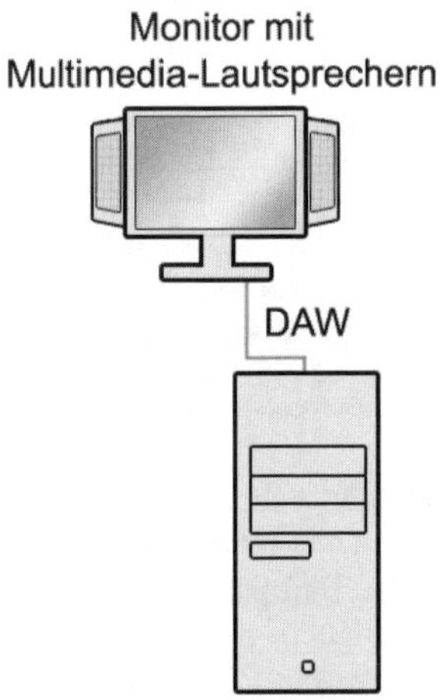


**Abb. 1.1:** Homestudio (Stufe 1)

Deshalb schauen wir uns einmal an, welche Komponenten Sie für die Zusammenstellung einer DAW benötigen und wie diese beschaffen sein sollten.

## 1.1 Wahl des Betriebssystems

Häufig wird in Tonstudios für die Audiobearbeitung auf Apple-Macintosh-Systeme zurückgegriffen, da diese ursprünglich bereits standardmäßig mit zuverlässigen SCSI-Controllern zur Steuerung des Datenflusses ausgestattet waren. Doch auch mit einem IBM-kompatiblen PC können Sie sich längst eine verlässliche DAW aufbauen. Die Pakete von modernen Softwarestudios, wie *Steinbergs Cubase* und *Ableton Live*, enthalten Installationsversionen für beide Rechnerarten. So sind Sie mit dem Kauf einer zentralen Studiosoftware in den meisten Fällen plattformunabhängig.

Da ich davon ausgehe, dass Sie als Leser dieses Buches mit großer Wahrscheinlichkeit bereits Heimanwender im Bereich PC mit einem Windows-Betriebssystem sind, gehe ich im Weiteren hauptsächlich auf diese Rechnerart ein. Dabei ist es nicht ganz unerheblich, ob Sie ein älteres Betriebssystem wie *Windows 8* oder neuere Versionen wie *Windows 10* verwenden. Und auch die Rechner-Architektur (32 Bit/64 Bit) macht einen Unterschied. Heutzutage kommen in Recording-Umgebungen nahezu ausschließlich Betriebssysteme mit 64-Bit-Versionen zum Einsatz, die es Ihnen ermöglichen, deutlich mehr als 8 MB RAM zu verwenden. Ein zu verschmerzender Nachteil liegt allerdings darin, dass zahlreiche (vor allem ältere) kostenlose Plug-ins unabhängiger Entwickler nicht speziell für 64-Bit-Umgebungen konzipiert wurden. Wenn Sie ein zukunftssicheres System einrichten möchten, führt kein Weg am Einsatz von *Windows 10* als sichere Betriebssystemvariante vorbei. Dabei können Sie getrost auf die weniger umfangreiche Standard-Version zurückgreifen, da nach meiner Erfahrung keine der zusätzlichen Funktionen der Professional-Versionen für das Betreiben einer DAW notwendig ist. In jedem Fall sollten Sie aber Sorge tragen, dass Service Packs und Updates stets installiert sind.

## 1.2 Die Minimalanforderungen

Bei der Festlegung von Minimalanforderungen für die Zusammenstellung von PC-Komponenten für Ihre DAW müssen Sie sich Gedanken darüber machen, was Ihre Workstation leisten soll und muss. Dabei sollten Sie sich folgende Fragen stellen:

- Wie viele Spuren sollen simultan aufgenommen werden?
- In welcher Qualität möchte ich aufnehmen?
- Soll das aufgenommene Material während der Aufnahme zeitgleich über den Audioausgang des Rechners/des Audio-Interface mitgehört werden?
- Wie ausbaufähig soll die DAW sein?
- Wie viel Zeit verbringe ich mit der DAW?

Und natürlich:

- Welches Budget habe ich zur Verfügung?

Für die Auswahl von Prozessorleistung, Arbeitsspeicher, Festplatte und die Wahl eines passenden Audio-Interface ist es nach wie vor entscheidend, dass Sie sich Gedanken um Spurenanzahl und Signalqualitäten machen.

Sie wollen Zahlen sehen? Auch wenn die Auswahl stark von den gewählten Komponenten und der zu verwendenden Software abhängt, kann ich an dieser Stelle als Richtwerte die Mindestanforderungen für den Betrieb eines Softwarestudios wie Cubase angeben:

| Komponente | PC | Mac |
| --- | --- | --- |
| Betriebssystem | 64-bit Windows 10 | OS X / mac OS ab Version 10.14 |
| Prozessor/CPU | Intel Core-i-Serie / AMD Ryzen Multi-Core | Intel Core-i-Serie |
| Arbeitsspeicher/RAM | 4 bis 8 GB | |
| Festplatte/HD | mind. 35 GB | |
| Monitorauflösung | mind. 1440 x 900 Pixel | |
| Grafikkarte | WDDM 2.0 Support und DirectX 10 | |
| Netzwerk | Verbindung zum Internet benötigt | |
| Anschlüsse | USB benötigt | |

**Tabelle 1.1:** Minimale Systemvoraussetzungen

Dies wird jedoch nicht ausreichen, um zusätzlich aufwendige Sampler und weitere Programme parallel laufen zu lassen. Allein die empfohlenen Systemanforderungen für den Standalone-Betrieb eines Samplers wie Native Instruments Kontakt liegen mittlerweile bei mindestens 4 bis 6 GB Arbeitsspeicher. Für die mitgelieferten Samples wird außerdem ein freier Festplattenplatz von 55 GB benötigt. Und mit jedem Jahr wachsen die GB-Zahlen der Systemvoraussetzungen mehr und mehr. Berücksichtigen Sie diese Umstände, wenn Ihr Audiosystem ausbaufähig bleiben soll.

## 1.3 Mainboard

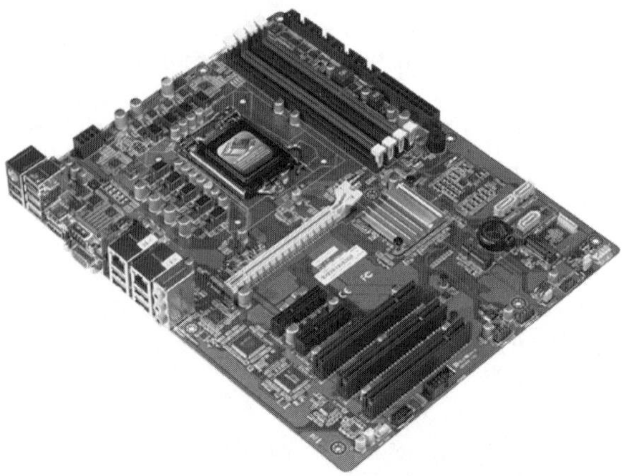

**Abb. 1.2:** Die Schaltzentrale (Quelle: www.aaeon.com)

Das *Mainboard* (auch *Motherboard*) ist die Hauptplatine des Computers. Auf ihm laufen alle »Fäden« zusammen. Als Schaltzentrale ist das Board **der** zentrale Faktor für die Leistung des Systems sowie für dessen Erweiterbarkeit. Ein gutes Mainboard für Ihre DAW ist also eine Investition in die Zukunft Ihres Heimstudios.

Beim Kauf eines Mainboards sollten Sie allerdings bereits wissen, welche Komponenten Sie darauf einsetzen wollen. In gewisser Weise müssen Sie das Pferd also zugleich von vorn wie von hinten aufzäumen.

Am besten erstellen Sie sich hierfür eine Liste mit allen für die DAW benötigten Bestandteilen (insbesondere der Erweiterungskarten). Hierzu können *PCI-Karten* ebenso zählen wie verschiedene Ausführungen von *PCIe*-Karten. Da ich Ihnen nur raten kann, aufgrund der vergleichsweise schlechten Audioqualität von der Benutzung integrierter Onboard-Soundkarten abzusehen, sollten Sie einen Slot für eine USB- oder FireWire-Controller-Karte einplanen. Sobald Sie über den Anfänger-Status hinaus sind, wird sich die Berücksichtigung dieses freien Extra-Steckplatzes auszahlen.

Für ein zukunftssicheres System sollten Sie auf ein Mainboard mit entsprechend vielfältigen PCI-Express-Steckplätzen setzen. Empfehlenswert ist etwa das Vorhandensein von mindestens zwei PCI-Express-4.0-Slots, da diese einen mehr als sechsmal so schnellen Datentransfer ermöglichen wie herkömmliche PCIe-1.0-Slots.

Beinahe alle Mainboards sind für bestimmte Prozessoren-Sockel konzipiert. Deshalb ist bei der Wahl Ihres DAW-Mainboards die Ausführung des darauf enthaltenen Sockels ein wichtiges Kriterium. Dieser Sockel hält den Prozessor, der die Rechenleistung für alle Vorgänge des Computers ausführt, und verbindet ihn mit den übrigen Komponenten des Systems. Hinweise darüber, welche Prozessoren und welche Sockel für den Betrieb mit einer bestimmten Audiosoft- und -hardware empfohlen werden, finden Sie in den Online-FAQs und auf den Internet-Supportseiten der Hersteller (beispielsweise Steinberg, Ableton, RME oder Focusrite).

Entscheidend kann auch der Chipsatz selbst sein, der auf dem Board oder den verbauten Erweiterungskarten verwendet wird. Die Chipsets bestimmen, wie gut (oder wie schlecht) die Kommunikation zwischen einzelnen Komponenten des Computers ist. Hier sind große Leistungsunterschiede möglich. Wenn Sie die Zusammenstellung Ihrer DAW planen, sollten Sie sich beim Musikalienhändler oder dem Hersteller der Soundkarte oder des Audio-Interface Ihrer Wahl erkundigen, welcher Chipsatz sich in Kombination mit dem jeweiligen Audioprodukt besonders eignet.

Beim Kauf von Einzelteilen sollten Sie nicht nur darauf achten, wie viele Steckplätze Sie benötigen und in welches Gehäuse das Mainboard eingebaut werden soll. Auch die genaue Bezeichnung des Boards ist entscheidend, da es die aktuellen *ATX-Boards (= Advanced Technology Extended)* in vielen verschiedenen Größen gibt *(ATX, Micro-ATX, Mini-ATX)*.

**Know-how**

Je weniger Steckplätze Sie belegen, desto einfacher wird für das Mainboard die Verwaltung der *IRQs*. Dies sind spezielle »Leitungen«, über die einem Prozessor regelmäßig mitgeteilt wird, dass er zu bestehenden Berechnungen weitere Aufträge erhält, die er kurzfristig bearbeiten soll (beispielsweise zur Ausführung von Steuerbefehlen).

Durch diese Unterbrechungsanforderungen wird innerhalb eines PC das (nahezu zeitgleiche) Zusammenspiel der Komponenten sichergestellt. Zu diesem Zweck steht eine begrenzte Anzahl von IRQs zur Verfügung. Müssen zu viele Geräte verwaltet werden, haben moderne Mainboards die Möglichkeit, IRQs auf mehrere Geräte zu verteilen *(Interrupt-Sharing)*. Für einen stabil laufenden und leistungsfähigen Audiorechner gilt: Je weniger IRQ-Sharing erforderlich ist, desto stabiler die DAW-Performance. Hinweise zur IRQ-Optimierung finden Sie in der Regel im Manual Ihres Mainboards.

Lassen Sie sich nichts andrehen! Als Anfänger kann es Ihnen sonst durchaus passieren, dass Sie ein ATX-Board in den Händen halten, das Sie in einen Tower für Micro-ATX-Boards einbauen wollen. Deshalb: Am besten alles zuvor schriftlich planen und vom Computerfachmann checken lassen.

Ein wichtiger Faktor für die Auswahl eines Boards kann bei Prozessoren ohne integrierten Speichercontroller auch die Geschwindigkeit des *Frontside-Bus (FSB)* sein. Er ist die Verbindung zwischen CPU und Chipsatz, also zwischen Recheneinheit und Schaltzentrale. Die Taktfrequenz des FSB bestimmt, wie schnell zu verarbeitende Daten zum Prozessor gelangen können. Vergleichen Sie die entsprechenden Werte verschiedener Boards und entscheiden Sie sich im Zweifel für die schnellste Variante, damit anfallende Daten von Ihrer DAW in Zukunft so schnell wie möglich verarbeitet werden können.

Die Möglichkeit, aktuelle BIOS- und UEFI-Versionen und -Updates auszuführen, sollten Sie bei der Auswahl eines Mainboards einplanen. Da BIOS bzw. UEFI die Kommunikation zwischen den einzelnen Komponenten steuern und auf Ihre DAW einiges an Arbeit zukommt, sollten Sie nicht am falschen Ende – sprich am Mainboard – sparen. Wenn Sie auf einen Markenhersteller zurückgreifen, machen Sie sicher nichts falsch.

## 1.4 BIOS / UEFI

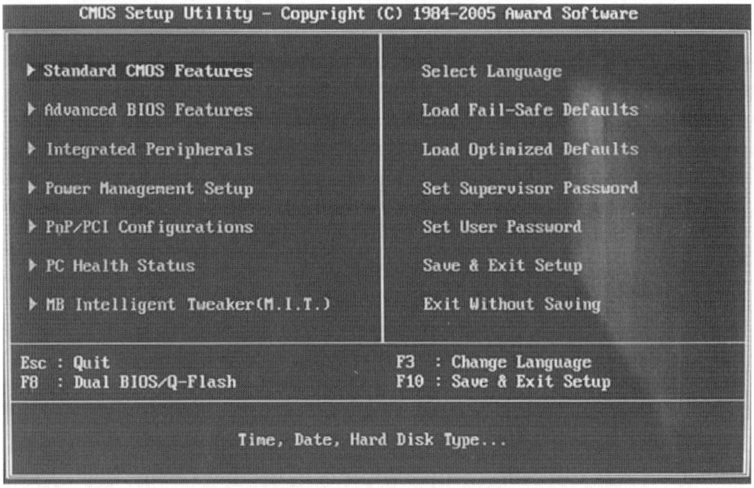


**Abb. 1.3:** Der innerste Zusammenhalt eines PC – das BIOS

*BIOS* steht für *Basic Input Output System*. Es ist bei x86-PCs in einem nicht-flüchtigen Speicher, dem *Flash-EPROM*, abgelegt und dient zur Steuerung der angeschlossenen Hardwarekomponenten untereinander. Die folgenden Punkte werden beim Start eines IBM-kompatiblen PC vom BIOS ausgeführt:

- POST (Power On Self-Test)
- Hardwareinitialisierung
- ggf. BIOS-Passwortabfrage
- ggf. Festplattenpasswortabfrage

- Startbildschirmanzeige (inkl. Systemwerte)
- Auswahlmöglichkeit des BIOS-Setups
- BIOS-Erweiterungen aufrufen, wie etwa
  - RAID-Umgebung
  - SCSI-Umgebung
  - Grafikkarten
  - Netzwerkkarten
- Auswahl der Bootquelle für das Laden des Betriebssystems
- Software-Bootloader von der Bootquelle laden
- ggf. Anzeige des Bootmanagers, sofern mehr als ein Betriebssystem installiert ist

Achten Sie beim Start Ihres Computers genau auf die Anzeige des BIOS. Hier wird Ihnen in 99,99 Prozent aller Fälle die Tastenkombination angezeigt, mit der Sie während des Computerstarts in das BIOS gelangen können, um Änderungen vorzunehmen.

**BIOS-Update**

Da sich das BIOS zumeist auf dem EPROM-Flash-Speicher befindet, spricht man beim Ersetzen des Flash-Speicher-Inhalts, also dem Aktualisieren des BIOS, auch vom *Flashen* des BIOS. Aber Vorsicht! Misslingt das Flashen, haben Sie ein Problem. Denn ein Computer ohne BIOS kann nicht funktionieren. In einem solchen Fall muss häufig der komplette Chip ausgetauscht werden, der normalerweise das BIOS enthält bzw. enthalten sollte. Sofern Sie kein erfahrener Anwender sind, rate ich Ihnen deshalb vom eigenhändigen BIOS-Update ab.

**BIOS-Nachfolger**

Mit *EFI* bzw. UEFI ist bereits eine Nachfolgeform für die seit Jahren in Betrieb befindlichen verschiedenen BIOS-Softwareversionen entwickelt worden. UEFI soll die Vorteile moderner 64-Bit-Systeme besser nutzen können.

## 1.5 CPU

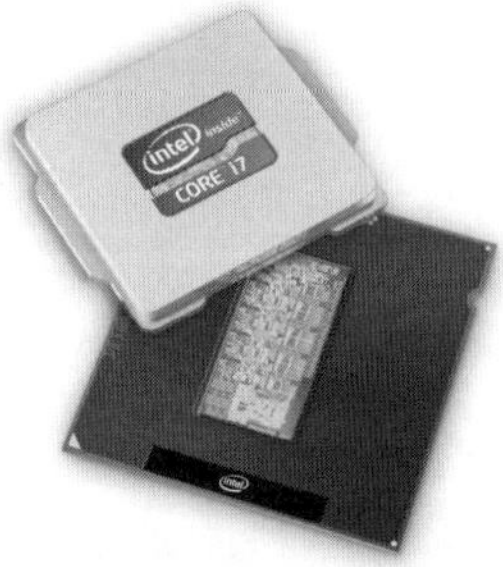


**Abb. 1.4:** Rechenkünstler (Quelle: `www.intel.com`)

Bei der Wahl des Prozessors gibt es selbstverständlich keine Beschränkung nach oben. Je schneller, desto besser. Bis vor einigen Jahren wurden aufgrund der für die Audiobearbeitung benötigten Fließkommarechnung (genauer *Gleitkommazahlrechnung*; einer speziellen Arbeitsweise der Rechnereinheit) Intel-Prozessoren denjenigen von AMD vorgezogen. Heute können Sie diese Unterschiede bei der Kaufentscheidung Ihres Prozessors aber vernachlässigen. Zur Prozessorwahl gehört zweifelsohne die Budgetfrage. Auch hier gilt: am besten vom Experten vor Ort beraten lassen, da die Entwicklung der Produkte auf diesem Sektor derart rasend schnell ist, dass viele Händler in ihren Prospekten oder Katalogen tatsächlich keine Preise mehr abdrucken, sondern den Hinweis »Tagespreis erfragen« anbringen.

Eine Möglichkeit, ein leistungsfähiges System aufzubauen, das mühelos mit der speicher- und prozessorintensiven Anwendung verschiedener, simultan laufender Programme und Prozesse umgehen kann, ist zurzeit die Verwendung von *Mehrkern-Prozessoren*.

**Übertakten**

Etliche Computerfreaks versuchen, mehr aus ihrem Equipment herauszuholen, als dafür vorgesehen ist. Im Bereich der Prozessoren heißt dies *Übertakten (Overclocking)*. Hierbei wird die CPU durch das Erhöhen des Systemtakt-Multiplikators oder Erhöhen des Systemtakts selbst mit einem Takt betrieben, der eigentlich zu hoch für den Prozessor ist.

Dies kann nicht nur zum Tod des Prozessors führen, sondern sich auch auf andere Bauteile des Systems auswirken. Gemessen daran, dass die CPU nicht die allein wichtige Komponente Ihres Systems ist und die Preise in diesem Bereich ständig fallen, kann ich Ihnen von diesem Risiko nur abraten. Sollte ein Prozessor während eines intensiven Spielspaßes das Zeitliche segnen, ist das zwar ärgerlich, aber sicher kein Weltuntergang. Passiert Ihnen dies während einer Recording-Session, die Sie mit Ihrer Band durchführen, nachdem Sie tagelange Vorbereitungen hinter sich haben und die Bandkollegen sich für die Aufnahmen freigenommen haben, sieht das schon anders aus. Das ist nur ein Beispiel, aber in der Praxis kommt es häufig zu diesen Konstellationen, für die eine Prozessorübertaktung schlichtweg ein unkalkulierbares Risiko darstellt. Deshalb mein Rat: Finger weg von CPU-Übertaktungen!

## 1.6 RAM

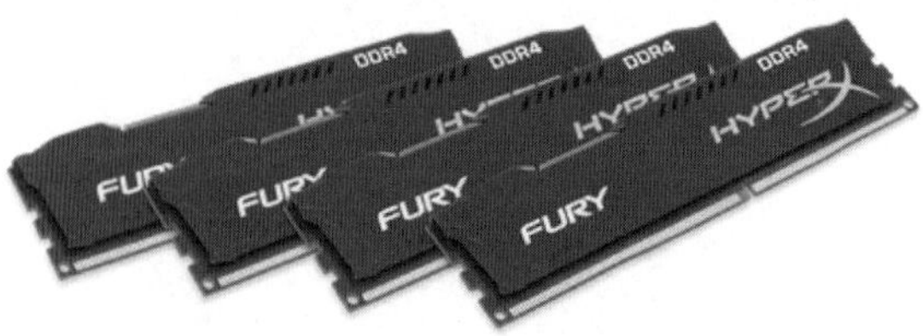


**Abb. 1.5:** Arbeitsspeicher (Quelle: `www.kingston.com`)

Die Abkürzung *RAM* steht für *Random Access Memory* und bezeichnet den Arbeitsspeicher eines Computers. Er dient Ihrem Rechner als Daten- und Programmspeicher und hält den Prozessor »auf Trab«, indem er ihn möglichst schnell und reibungslos mit neuen Daten versorgt. Hier sollten Sie so viel GB in Ihre DAW einbauen, wie Mainboard und Betriebssystem handhaben können. Achten Sie deshalb auch beim Kauf eines neuen Mainboards darauf, dass es Arbeitsspeicherriegel von der gewünschten Größe und Bauart verarbeiten kann. Denn heutzutage sind 4 bis 6 GB RAM für die Arbeit mit einigen Softwaresamplern nicht selten zu wenig.

Ein weiteres Kaufkriterium für die Speichermodule sollte sein, wie schnell ihr Speicher vom Mainboard versorgt werden kann, wie schnell der Speicher also Daten lesen und wieder »ausspucken« kann. Hiervon hängt ab, wie gut Prozessor und RAM-Speicher zusammenarbeiten können. Achten Sie deshalb darauf, mit welcher Taktzahl der Arbeitsspeicher arbeitet. Sie sollten auch sicherstellen, dass der Takt der RAM-Riegel dem des Frontside-Bus entspricht. Kenner schwören außerdem darauf, Arbeitsspeicher ausschließlich von Markenherstellern zu kaufen.

## 1.7 HDD

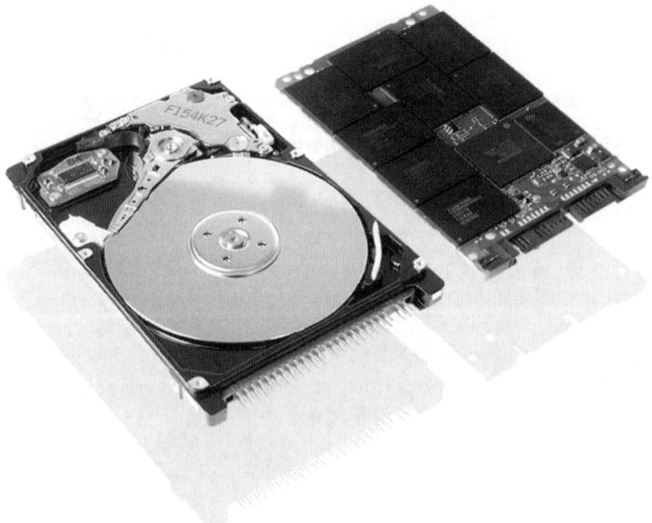

**Abb. 1.6:** Festplatten – und Solid State Drive (Quelle: `www.sony.com.au`)

Auf *Harddisk Drives (HDD)* werden alle Daten und Anwendungen Ihres Computersystems gespeichert und vorgehalten, wie zum Beispiel das Betriebssystem, das Softwarestudio Ihrer Wahl, unzählige Einzeldateien von Sample-Libraries sowie von Ihnen gespeicherte Daten von Aufnahmen und Bearbeitungen Ihrer Songs.

Wie beim Arbeitsspeicher, so sollte für Sie auch bei der Wahl der Festplatte(n) gelten, dass die Größe nur von Ihrem Geldbeutel beschränkt werden darf. Nicht nur, dass Sie für die Aufnahmen, diverse Mixes Ihrer Songs und die gemasterten Versionen ordentlich Platz einrechnen müssen – hier können schnell einige GB zusammenkommen –, vielmehr benötigen Sie auch für die Installation so mancher Sample-Library etliche Gigabyte (Beispiel von oben: *Kontakt* mit 55 GB Sampleinstallation). Auch sollten Sie sich vor Augen halten, dass schon bei CD-Qualität (44,1 KHz/16 Bit/Stereo) jede

Minute eines Audiotracks 10 MB groß ist. Rechnen wir dies für eine vier Minuten lange Mehrspuraufnahme mit 16 Monospuren hoch, haben sich schon bis zu 320 MB für diesen Song angesammelt. Deshalb heißt das Motto für die GB-Größe der Harddisk: Nicht kleckern, sondern klotzen!

Achten Sie auch auf den Festplattencache. Dieser Zwischenspeicher kann durchaus sehr unterschiedlich ausfallen. Bei zwei ansonsten gleichwertigen Harddisks sollten Sie bei Ihrer Kaufentscheidung auch diesen Faktor mit einbeziehen.

Eine weitere wichtige Größe, die Sie beim Kauf einer Festplatte berücksichtigen sollten, ist das Datentransfervolumen. Es ist entscheidend für die Datenmenge, die Ihre DAW später vom Wandler zur Festplatte schicken kann. Nicht nur für Mehrspuraufnahmen gilt auch hier: Je mehr Daten durchgeschickt werden können, desto besser.

Während es bis vor einigen Jahren angebracht war, auf die Umdrehungsgeschwindigkeit einer Festplatte hinzuweisen, arbeiten heute die meisten HDs mit 7200 Umdrehungen pro Minute.

Wenn Sie das nötige Kleingeld übrig haben und sich bereits gut mit Computern und Festplatten auskennen, kann ich Ihnen für Ihre DAW die Anschaffung eines *Raid-Systems* nahelegen. Es sorgt für eine geringere Ausfallwahrscheinlichkeit der Datenspeicher. Am besten lassen Sie sich dazu von einem Computerfachmann beraten.

### Datenrettung

Im Falle des Komplettausfalls Ihrer Festplatte(n) haben Sie natürlich ein ernsthaftes Problem. Angenommen, es liegen zahlreiche Stunden schwieriger Aufnahmen hinter Ihnen, die Sie viel Schweiß und Nerven gekostet haben. Und nun soll alles futsch sein? Deshalb sollten Sie regelmäßig Wiederherstellungspunkte Ihres Betriebssystems anlegen und Backups durchführen, bei denen Sie relevante Daten auf DVDs oder in einer Cloud speichern und archivieren. Besser noch, Sie greifen auf weitere Festplatten zur zusätzlichen Datensicherung zurück. All das werden nur diejenigen Glücklichen belächeln, denen ein solcher Festplattencrash bisher versagt geblieben ist. Doch in solchen Fällen gibt es manchmal noch Hoffnung:

- Bei Problemen mit dem Betriebssystem: Versuchen Sie einen Wiederherstellungspunkt zu laden.
- Bei Datenverlust: Versuchen Sie Daten mithilfe von Recovery-Tools wieder herzustellen.
- Bei Komplettausfall des HDD: Kontaktieren Sie ein Speziallabor für Datenrettung (z. B. *Convar, Ibas, Kroll Ontrack* oder *Vogon*).

Mögliche Fehlerquellen hierfür können sein:

- Headcrashs (Schreib-/Lesekopf setzt auf Speicherplatte auf) – Prävention: Vermeiden Sie Erschütterungen des Rechners, insbesondere während des Betriebs.
- Übermäßige Hitze – Prävention: Bringen Sie bei dauerhaftem Betrieb Kühlrippen oder eigene Kühler an die Festplatten an. Lassen Sie zwischen zwei eingebauten Festplatten ausreichend Platz frei, um für Wärmeabfuhr zu sorgen.
- Überspannung der Versorgungsspannung – Prävention: Lassen Sie das Netzteil Ihres Rechners überprüfen und ggf. austauschen.

## Überhitzung

Bedenken Sie, dass eine Festplatte bei Dauerbetrieb enorme Wärme produziert. Diese Hitze muss entweichen können, sonst verabschiedet sich die Festplatte früher oder später.

Sofern Sie zu den »Audio-Extremsportlern« und/oder Sicherheitsfanatikern gehören, können Sie auch separate Lüfter an Ihre Harddisks montieren. Ob das tatsächlich notwendig ist, können Sie jedoch am besten selbst entscheiden. Als Entscheidungshilfe kann die Montage eines Wärmefühlers dienen, wie er bei vielen Control-Panels enthalten ist. Der Support des Festplattenherstellers kann für gewöhnlich Auskunft darüber geben, ob die gemessene Temperatur kritisch oder im Bereich des Üblichen ist.

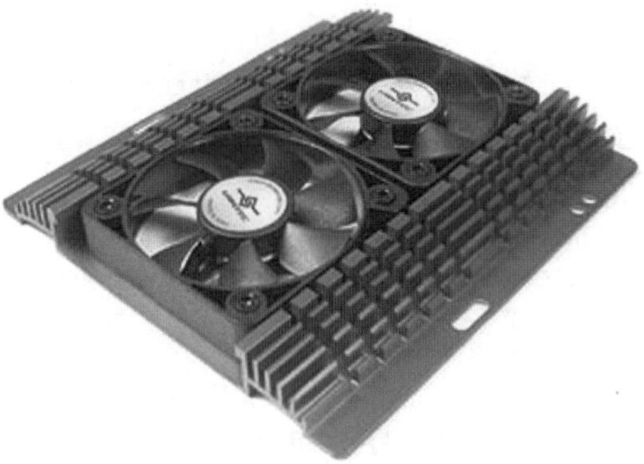

**Abb. 1.7:** Zusätzliche Kühlrippen mit integrierten Lüftern für die Festplatte (Quelle: `www.vantecusa.com`)

Eine andere Lösung ist das Anbringen von zusätzlichen Kühlkörpern an den installierten Festplatten. Zum Ableiten der Festplattenwärme können Sie die durch Festplatten und weitere Bauteile entstehende Wärme auch mithilfe von Gehäuselüftern aus dem DAW-Tower herausführen und so ein Überhitzen der Harddisk Drives vermeidet.

## Aktiv gekühlt/passiv gekühlt

Eine passive Kühlung bewirken Sie, ganz gleich ob bei Grafikkarten, RAM-Speicher, Festplatten oder anderen PC-Komponenten, durch das Anbringen von Wärme ableitenden Kühlkörpern. Diese weisen durch ihre Kühlrippen eine größere Gesamtoberfläche auf und können die entstehende Wärme deshalb besser an die sie umgebende Luft ableiten.

Eine aktive Kühlung erzeugen Sie durch den Einbau eines mit Rotorblättern versehenen elektrischen Lüfters oder durch eine Wasserkühlung. Sie kann temperaturgesteuert, manuell geregelt oder auch mit gleichbleibender, fest eingestellter Leistung betrieben werden.

## 1.8 Grafikkarte

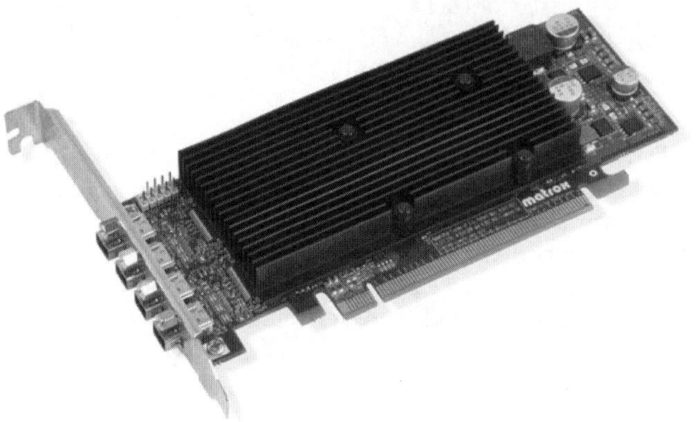

**Abb. 1.8:** Einfache, passiv gekühlte Grafikkarte mit Quad-Head (Quelle: `www.matrox.com`)

Um einen Monitor anschließen zu können, benötigen Sie für die Darstellung nicht unbedingt eine Grafikkarte. Viele Mainboards bieten heute bereits »von Haus aus« die von Ihnen benötigten zwei Monitoranschlüsse. Während Grafikkarten für Games wie auch für die Videobearbeitung mittlerweile höchste Ansprüche erfüllen müssen, brauchen sie für Ihre DAW nicht zwingend außerordentlich leistungsstark zu sein. 3-D-Fähigkeit und Ähnliches können Sie also getrost vergessen.

Dennoch sollten Sie nicht aus den Augen verlieren, was Sie bei der Auswahl der Rechnerkomponenten stets in den Vordergrund stellen: Die Komponenten sollen Audiodaten hochwertig, schnell und effizient aufnehmen, bearbeiten und ausgeben können. Das heißt, dass es ab einem gewissen Punkt Ihrer Tätigkeit als Heimproduzent zu einer enormen Belastung für Arbeitsspeicher und CPU kommen kann. Ein wichtiges Kriterium ist deshalb Entlastung. Versuchen Sie, durch die Auswahl der Rechnerkomponenten die zentralen Bauteile RAM und CPU so weit wie möglich zu entlasten. So könnten Sie etwa eine Grafikkarte danach auswählen, dass sie möglichst viel eigenen RAM-Speicher mitbringt, 1 GB oder mehr.

Außerdem ist die Frage wichtig, ob Sie mit einem oder mit zwei Monitoren arbeiten wollen. Meine Empfehlung ist hier ganz klar: Sofern Sie mit einem aufwendigen Softwarestudio wie beispielsweise Cubase arbeiten wollen, ist ein zweiter Monitor unerlässlich. Ihre Arbeit wird um einiges schneller vonstattengehen, wenn Sie die Ansicht nicht zwischen Projekt-Fenster und virtuellem Mischpult umschalten müssen, sondern stets beide zugleich im Blick haben können.

Für den Doppelmonitorbetrieb ist eine *Dual-Head-Grafikkarte* empfehlenswert. Diese bietet Ihnen dann zwei Monitor-Anschlüsse *(Heads)*. Neben dem standardmäßigen VGA-Anschluss bieten moderne Grafikkarten *DVI-Anschlüsse*. DVI steht für *Digital Visual Interface* und bietet gegenüber den VGA-Schnittstellen für analoge Signale bessere Bildqualität (auch bei langen Kabelwegen) und besonders hohe Auflösungen. Außerdem können Daten digital übertragen werden, wodurch höhere Auflösungen möglich werden. Die Grafikkarte, die Sie am Beginn dieses Unterkapitels in der Beispielabbildung 1.8 sehen, verfügt beispielsweise über vier miniDP-Anschlüsse für DisplayPort-auf-DVI-Adapter.

Auf dem aktuellen Stand sind Sie aber erst mit einer Grafikkarte, die mit *HDMI*-Anschlüssen ausgestattet ist. HDMI steht für *High-Definition Multimedia Interface*. Diese Technik bietet gegenüber DVI viele Vorteile, wie beispielsweise gestochen scharfe hohe Auflösungen. HDMI 2.0-Signale können auch für eine größere Farbtiefe und eine fließendere Bewegungsdarstellung sorgen und mit neueren Bildschirmformaten (bspw. 21:9) umgehen. Außerdem können Sie Ausschau nach Geräten mit *DisplayPort*-Anschlüssen halten. Ab der Version 1.3 können Sie dabei mindestens zwei Monitore in Reihe miteinander verbinden.

## 1.9 Monitor(e)

Dies bringt uns zur darstellenden Fraktion. Die tollste Grafikkarte nutzt Ihnen nichts, wenn deren hochauflösende Darstellung auf dem Monitor nicht mehr zu erkennen ist. Ich kann Ihnen deshalb nur empfehlen, auf zwei 23-Zoll- oder 24-Zoll-Monitore zurückzugreifen. Ein einzelner 27-Zöller kann sich schnell zum Problem für Ihre Arbeit entwickeln. Fahren Sie auf ihm eine hohe Auflösung, so können Sie kaum etwas erkennen. Setzen Sie die Auflösung herab, steht Ihnen effektiv weniger Platz auf dem Bildschirm zur Verfügung. Da ein Mehrspurprojekt erfahrungsgemäß schnell anwachsen kann, müssen Sie sich dann auf einige Arbeit mit der Computermaus gefasst machen. Das verdeutlicht, dass es besser ist, zwei 28-Zoll-»Aquarien« zu benutzen, als eine verkrampfte Hand bei der Mausbedienung zu bekommen.

In Abbildung 1.9 sehen Sie eine Darstellungsmöglichkeit für eine Sequenzersoftware mit integriertem Softwaremischpult. Sie haben beinahe alles, was Sie benötigen, auf einen Blick und müssen nicht ständig zwischen den verschiedenen Softwareinstanzen hin und her schalten. Gerade dann, wenn Ihre Projekte komplexer sind, wird ein Doppelmonitor-Setup für Sie nicht mehr aus dem Homestudio-Alltag wegzudenken sein.

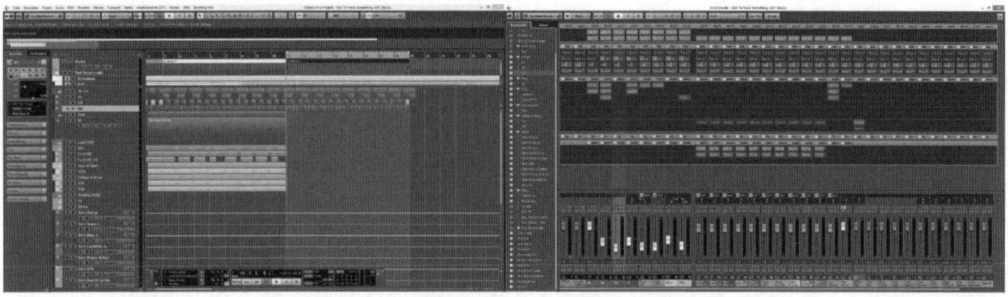

**Abb. 1.9:** Alles auf einen Blick – Screenshot eines Doppelmonitorsystems

**Hinweis**

Zur Not tun es auch zwei unterschiedliche Monitore. Beachten Sie aber, dass es dann zu Problemen bei der Angleichung der Farbwerte kommen kann. Selbst dann, wenn Sie in den Darstellungs-Setups der Monitore gleiche Farbprofile auswählen, ist nicht gewährleistet, dass das Bild bei identischen Farb-, Kontrast- und Helligkeitseinstellungen auch auf beiden Monitoren gleich aussieht. Unterschiedliche Monitormodelle (zumal, wenn sie auch noch von verschiedenen Herstellern stammen) führen zu unterschiedlichen Darstellungen.

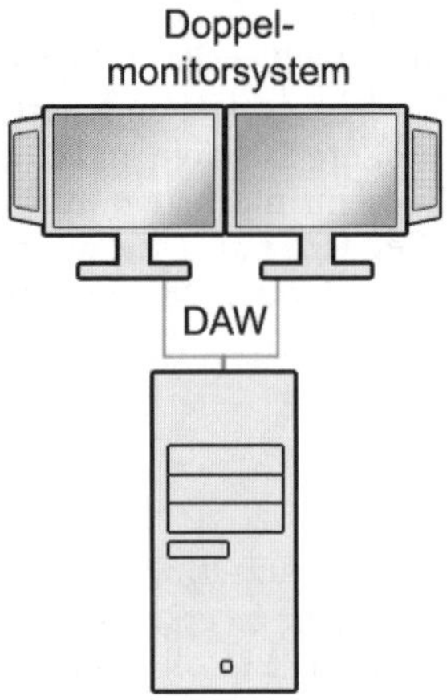


**Abb. 1.10:** Homestudio (Stufe 2)

## 1.10 Laufwerke

CD-ROM-Laufwerke waren gestern. Heute werden DAWs natürlich mit DVD-fähigen Kombigeräten ausgestattet, die sowohl CDs als auch DVDs lesen und schreiben können.

Das DVD-ROM-Laufwerk ist ein zentraler Bestandteil Ihrer DAW, da Sie mit ihm auch regelmäßige Sicherungen Ihrer Projektdaten durchführen können, die Sie nach Abschluss eines Homerecording-Projekts archivieren sollten. So können Sie jederzeit auf ältere Aufnahmen zurückgreifen, ohne eine allzu große Datenhalde auf Ihren Festplatten anzuhäufen.

Qualitätskriterien für die Auswahl von DVD-ROM-Laufwerken sind:

- die durchschnittliche Umdrehungsgeschwindigkeit (möglichst hoch)
- die Fehlerkorrektur (möglichst gut)
- die Zugriffszeit (möglichst gering)
- die Brenngeschwindigkeit (möglichst hoch)
- die Anzahl der Layer (optimal: Double-Layer für knapp 8 GB Daten)

Sollen anstelle zeitgemäßer DDP-Images außerdem Presswerk-reife Master-CDs gebrannt werden, empfiehlt es sich, auf Markengeräte mit eigener Analyse-Software zurückzugreifen. Der Hersteller Plextor bietet für zahlreiche seiner hochwertigen Brenner beispielsweise die Hilfsprogramme *PlexTools* und *Plex Utilities* an.

Für die Datensicherung kommen außerdem noch Festplatten in Betracht, die für Datenarchive entworfen wurden, wie beispielsweise die Seagate-Archive-8-TB-Festplatten, die sich vor allem bei sehr großen Datenmengen anbieten.

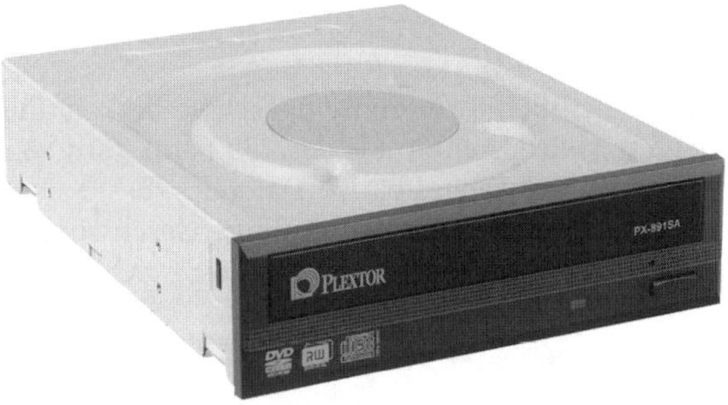


**Abb. 1.11:** Helfer für Datenaustausch und Datensicherung (Quelle: www.cmsdistribution.com)

**Master-CDs**

Zum Justieren der Maschinen für eine CD-R-/DVD-R-Produktion müssen Tausende von Rohlingen durch diese hindurchlaufen. Die Ausschussware wird dann als No-Name-Rohlinge günstiger als die geprüfte und für gut befundene Markenware angeboten. Die beste Haltbarkeit von CD-Rs liegt bei Rohlingen mit gelb-goldener Unterseite vor. Diese aus Phthalocyanin und (für die Reflexionsschicht) einer Legierung aus Gold und Silber bestehende CD-R-Ausführung kann auf Basis von Belastungstests das längste Leben für Ihre Daten gewährleisten.

## 1.11 Speicherkarten

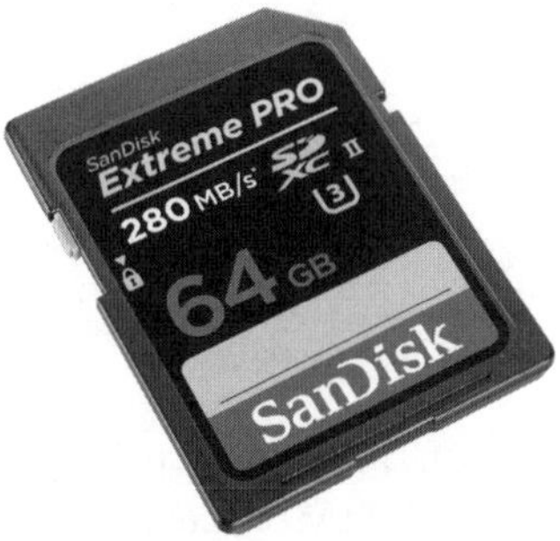


**Abb. 1.12:** Kleiner Datenhelfer Flash-Cards (Quelle: www.bechtle.de)

Für den Transport kleinerer Datenmengen eignen sich besonders gut USB-Sticks und Speicherkarten, die in den verschiedensten Formaten erhältlich sind. Der Transport größerer Datenmengen ist mit dem Aufkommen von Speicherkarten wesentlich erleichtert worden. Speicherkarten sind ein vergleichsweise sicherer Speicher, da sie recht unempfindlich gegenüber hohen und niedrigen Temperaturen sind. Sie benötigen keine eigene Stromversorgung, da sie, wie der Name *CompactFlash* verrät, auf der Bauweise von Flash-Speichern basieren. Vor allem typische Multimediarechner sind heutzutage standardmäßig mit Leseslots für Speicherkarten bestückt. Selbstverständlich ist auch ein nachträglicher Einbau möglich. Dieser findet häufig durch eine Blende in der Towerfront statt. Das bekannteste und am weitesten verbreitete Format ist aber wohl die *Secure Digital Memory Card* (*SD*).

SD-Karten unterscheiden sich vor allem hinsichtlich ihrer Schreibgeschwindigkeit, die durch den Datendurchsatz der Karte begrenzt wird. Achten Sie deshalb beim Kauf von SD-Karten auch auf ihre Geschwindigkeitsklasse. Der effektive Datendurchsatz liegt dabei häufig deutlich über den Mindestanforderungen für die jeweilige Geschwindigkeitsklasse (beispielsweise 280MB/s bei der SanDisk Extreme Pro 64GB SDXC).

| Klasse | Mindest-Datendurchsatz |
|---|---|
| Class 2 | 2 MB/s |
| Class 4 | 4 MB/s |
| Class 6 | 6 MB/s |
| Class 10 | 10 MB/s |
| Class 30 | 30 MB/s |
| Class 60 | 60 MB/s |
| Class 90 | 90 MB/s |

**Tabelle 1.2:** Geschwindigkeitsklassen von SD-Karten

### 1.11.1 USB-Sticks

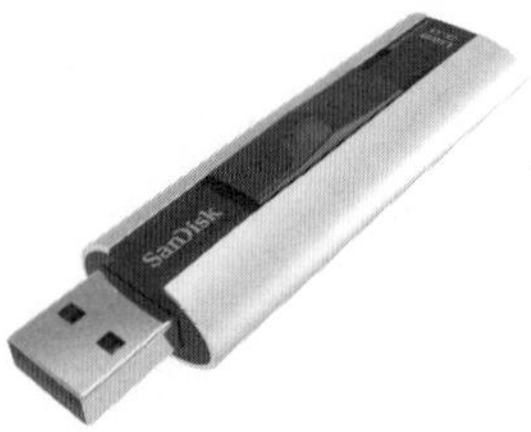


**Abb. 1.13:** Flash-Laufwerk mit USB 3.0 im Stickformat (Quelle: `www.sandisk.com`)

USB-Sticks sind hingegen ohne spezielle Lesegeräte universell an so gut wie jedem aktuellen Rechner einsteck- und einsetzbar und können sogar noch viele Zusatzfunktionen haben. Befassen Sie sich aber auch mit den verschiedenen USB-Standards, damit Sie nicht vom Datendurchsatz enttäuscht werden. Außerdem lohnt es sich das Internet nach Nutzer-Erfahrungen zu durchforsten, wenn es um die Zuverlässigkeit von USB-Sticks gibt. Hier gibt es durchaus einige bekannte »schwarze Schafe«.

## 1.12 Schnelle Schnittstellen

### 1.12.1 USB

Damit kommen wir auch schon zu den Anschlussarten, die Ihr Audiorechner benötigt. Dabei wird eins schnell klar: Ohne USB geht es nicht. Zeitgemäße Rechner übertragen hierüber alles, was vor einer gefühlten Ewigkeit noch über verschiedene Schnittstellen, ob parallel oder seriell, verteilt war.

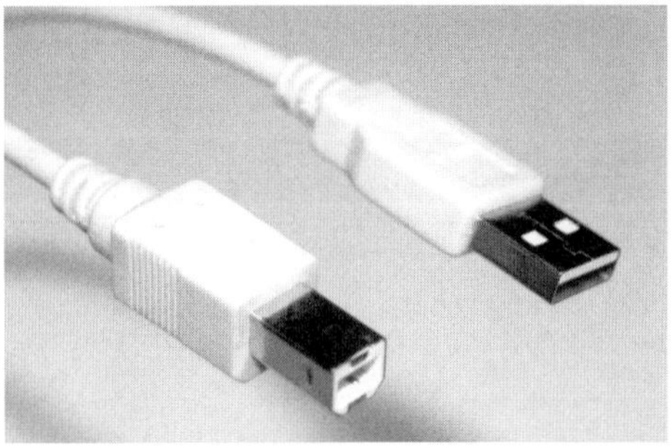

**Abb. 1.14:** Verbindungen für Daten-Tentakeln nach außen (USB)

Das gilt nicht nur für die oben erwähnten Speichersticks, sondern auch für Audio-Interfaces. So setzen nicht wenige Hersteller auf den USB-Port als Schnittstelle für Audiodaten, die vom Interface an den Rechner übertragen werden.

Wenn Sie USB-Schnittstellen pauschal für nicht leistungsfähig genug halten, um Audiodaten zwischen PC und Interfaces auszutauschen, sollten Sie sich folgende Werte anschauen. Während USB-Anschlüsse mit Low- und Medium-Speed nur einen Datendurchsatz von 1,5 Mbit/s (Maus, Tastatur) und 12 Mbit/s (Audio, ISDN) aufweisen, kommen höher getaktete Verbindungen in der USB-3.2-Spezifikation mit 20.000 Mbit/s daher. Das weiter verbreitete USB 3.0 bringt es immerhin schon auf etwa 5 Gbit/s.

Bei dieser Anschlussart stoßen Sie immer wieder auf die Unterscheidung zwischen USB 1, USB 2 und USB 3 bzw. 3.1 oder 3.2. Was steht wofür? Gegenüber der Version 1 liefert USB 2 eine Datenübertragung in vierzigfacher Geschwindigkeit und geht Strom sparender mit der Versorgung angeschlossener Geräte um. Außerdem ist High-Speed-Übertragung nur mit USB 2 möglich, eine Übertragung im sogenannten SuperSpeed nur mit USB 3 und USB 3.1 sowie 3.2. Auch wenn sich hier stets etwas ändert, seien Sie unbesorgt: Geräte, die für USB 2 konzipiert sind, sind in der Regel abwärtskompatibel und lassen sich mit Einschränkungen auch an älteren USB-Ports betreiben. Bei USB-3-Geräten sollten Sie aber auf die Kompatibilität von Steckern und Buchsen achten – Sie können beim Kauf größerer, Ressourcen fressender USB-Geräte auch darauf schauen, dass diese ggf. über einen integrierten USB-Hub verfügen, der neben der Stromverteilung auch den Anschluss weiterer USB-Geräte ermöglicht. So halten Sie Ihr System ohne Zusatzkosten ausbaufähig.

**Hinweis**

Für den Anschluss vieler Geräte an Ihren DAW-Rechner macht es durchaus Sinn, wenn Sie sich (vor allem für USB) Verteilerboxen, sogenannte *Hubs,* oder eine PCI-Karte mit weiteren USB-Anschlüssen zulegen.

### 1.12.2 FireWire

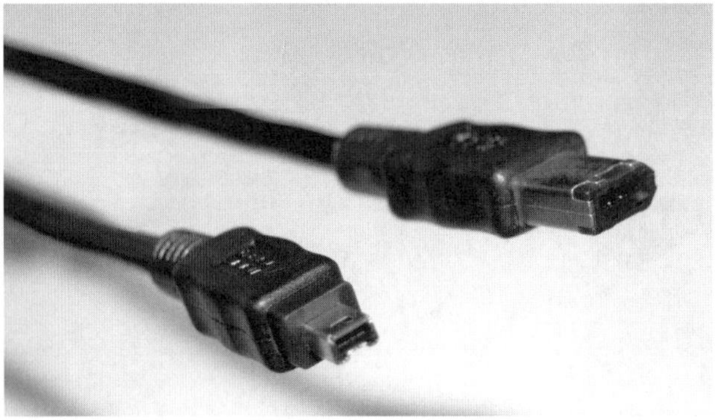

**Abb. 1.15:** Noch mehr Daten-Tentakeln nach außen (FireWire)

Dieses Übertragungssystem ist ähnlich dem USB-Standard ebenfalls seriell. Die technisch korrekte Bezeichnung lautet *IEEE 1394*. Beim Apple heißt es *iLink*. Was immer davon Sie lesen, es bezeichnet alles denselben Übertragungstyp. Während USB Daten von nahezu 500 Mbit/s erst mit der Version 2 übertragen konnte, brachte die *FireWire-Schnittstelle* schon bei ihrem ersten Marktauftritt einen Datentransfer von 400 Mbit/s (50 MB/s). Aus diesem Grunde legten sich nicht nur die Hersteller von DV-Camcordern früh auf FireWire als bevorzugte Schnittstelle gegenüber USB fest, um die aufgezeichneten Daten auf einen PC übertragen zu können. Auch heute ist es noch ein weitverbreiteter Irrglaube, dass Audiohardware mit USB-Schnittstelle »Spielzeug« ist, vergleichbare Geräte mit FireWire dagegen Profi-Equipment. Solche Unterscheidungen sollten bei Ihnen nur Kopfschütteln auslösen. Tatsache ist, dass die aktuelle FireWire-Generation (IEEE 1394b) noch bessere Übertragungsraten von bis zu 3.200 MBit/s bietet, in der Praxis aber nur selten anzutreffen ist.

Ein entscheidender Vorteil von FireWire ist, dass Sie für seine Übertragungsstabilität keine Hubs benötigen. Ferner zeichnet FireWire als Übertragungssystem aus, dass keines der verbundenen Geräte *Host* oder *Slave* ist. Das heißt, über FireWire miteinander verbundene Geräte sind sozusagen gleichberechtigte Partner, und es bedarf keines »Taktgebers«, da es sich bei einer Reihe verbundener FireWire-Geräte um eine *Peer-to-Peer-Architektur* handelt. Bis auf einen geschlossenen Ring von FireWire-Verbindungen zwischen Geräten ist somit jede erdenkliche Verzweigung und Verbindung möglich. Ein Nachteil von FireWire liegt allerdings in eben dieser »gleichberechtigten« Netzstruktur. Dadurch, dass eines der verbundenen Geräte automatisch als Taktgeber für das FireWire-Netzwerk bestimmt wird, muss dieses Gerät erst Rückfragen von den anderen Geräten einholen, was einen Teil der Datenübertragung ausmacht und somit die Leitung zum Teil bereits belegt, bevor die eigentlichen Nutzdaten gesendet und/ oder empfangen wurden.

### 1.12.3 Thunderbolt

Das Nonplusultra im Bereich der Peripherie-Schnittstellen stellt jedoch das 2011 von Apple eingeführte *Thunderbolt* dar. Durch die Verbindung der PCIe- und DisplayPort-

Protokolle erreicht diese Datentransfer-Lösung mit 10 GBit/s etwa die doppelte Transferrate von USB 3.0. Kabellängen können je nach Ausführung drei Meter (elektrisch) bzw. zehn Meter betragen (optisch). Auch können sich verbundene Thunderbolt-Geräte selbsttätig synchronisieren. Diese Highlights sind dadurch möglich, dass an den Kabelenden modernste Chips in den Steckern arbeiten und für eine reibungslose Datenaufbereitung sorgen. Durch diese Umstände scheint der Siegeszug von Thunderbolt vorprogrammiert zu sein.

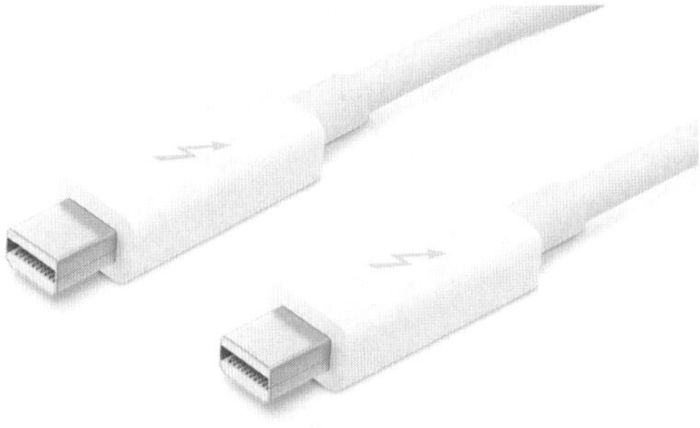

**Abb. 1.16:** Der ICE unter den Datenverbindungen – Thunderbolt (Quelle: `www.magma.com`)

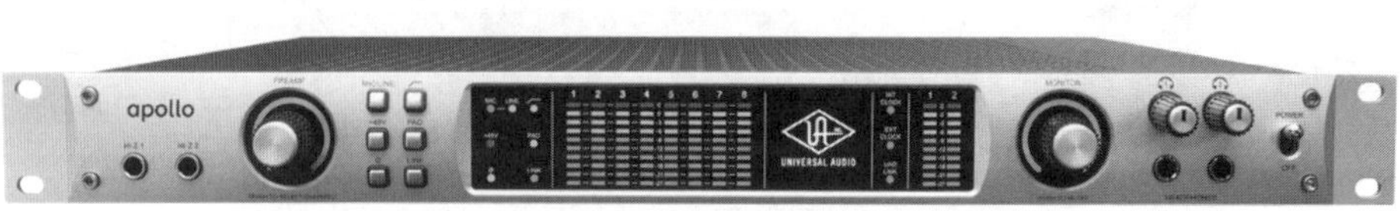


**Abb. 1.17:** Eines der ersten Audio-Interfaces mit superschnellem Thunderbolt-Anschluss ist das Universal Audio Apollo (Quelle: `www.uaudio.com`).

### 1.12.4 USB und FireWire im Vergleich

Schauen Sie sich die nachfolgende Tabelle für einen direkten Vergleich der wohl am weitesten verbreiteten Datenübertragungs-Formate an und entscheiden Sie selbst, welches das leistungsfähigere unter ihnen ist. Leider sind die aufgeführten neueren FireWire-Varianten, wie S3200, in der Praxis bei kaum einem Gerät zu finden. Das ist schade, bieten sie doch theoretisch Datendurchsätze von bis zu 3,2 GBit/s.

In Tabelle 1.3 finden Sie in der zweiten Zeile den erklärungswürdigen Punkt *Datenübertragung:*

| | USB 3 | FireWire |
|---|---|---|
| Aufbau | Peer-to-Peer | zentraler Host |
| Datenübertragung | asynchron | isochron |
| max. Übertragungsrate | 10 Gbit (USB 3.1 / Gen 2) | 3,2 Gbit (FW S3200) |
| max. Geräteanzahl in Kette | 127 | 63 |

**Tabelle 1.3:** Übertragungsdaten von USB und FireWire

| | USB 3 | FireWire |
|---|---|---|
| max. Kabellänge zw. Geräten | 5 m | 4,5 m |
| max. Kabellänge insgesamt | 30 m | 72 m |

**Tabelle 1.3:** Übertragungsdaten von USB und FireWire (Forts.)

Bei der *isochronen Datenübertragung* von FireWire werden mit dem Datenstrom auch Synchronisationsinformationen gesendet und der Datenfluss zwischen den Geräten mit deren Hilfe überprüft. Dies geschieht im Bereich weniger Mikrosekunden. Die *asynchrone Datenübertragung* über die USB-Schnittstelle stellt hingegen keine Möglichkeit zur Überprüfung der Synchronisation zur Verfügung.

## 1.13 Soundkarten

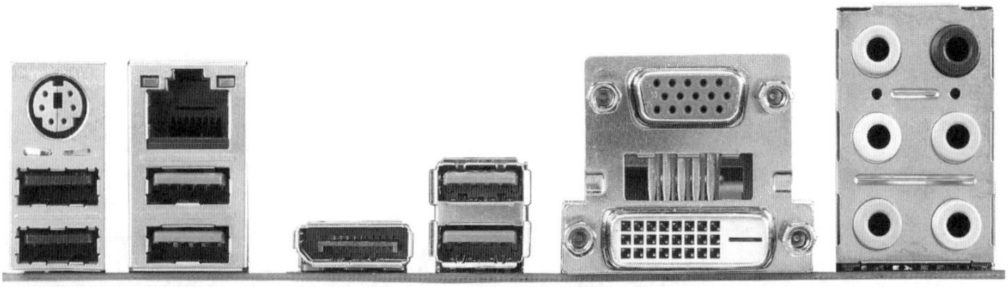

**Abb. 1.18:** Onboard-Soundkarte des MSI Z97 Guard-Pro Mainboards (Quelle: www.msi.com)

Sind Sie Besitzer einer Standard-Multimedia-Soundkarte? Oder meinen Sie: »Sound habe ich schon onboard, eine neue Karte brauche ich deshalb nicht«? Das sollten Sie sich noch einmal überlegen. Denn alle Mühe beim Einspielen und Abmischen ist vergebens, wenn das Resultat einfach nicht gut klingen kann.

Deshalb lohnt es sich, hier zumindest etwas mehr als nichts zu investieren, oder besser noch, sich ein auf die eigenen Audiobedürfnisse zugeschnittenes Audio-Interface zuzulegen. Der Markt ist dermaßen groß, dass es schon mit dem Teufel zugehen müsste, wenn Sie darunter nicht das richtige passende Gerät für sich finden sollten. Auch hier gilt wieder: Machen Sie sich klar, wie Sie arbeiten wollen, und auch, wie ausbaufähig Sie Ihre DAW gestalten wollen.

### 1.13.1 Stereo (analog)

Die typischerweise vorhandenen Buchsen einer Onboard-Soundkarte kommen Ihnen aber gerade recht, um hier verschiedene Anschlusstypen voneinander unterscheiden zu lernen. Einige von diesen werden Ihnen auch in professionelleren Audio-Interfaces wieder begegnen. Die notwendigsten Anschlüsse, die von beinahe jeder auch einfachsten Soundkarte zur Verfügung gestellt werden, sind:

### Line-In

Dieser Anschluss ist für Aufnahmen mit Line-Signalen vorgesehen, wie beispielsweise CD-Player, Mini-Discs, Tapedecks und Ähnliches. Als Buchse liegt hier in der Regel das Format Miniklinke vor.

## Soundqualität

Die analogen Audiosignale vom Line-Eingang wie auch vom Mikrofoneingang müssen zur Verarbeitung im Rechner erst vom *ADC (Analog/Digital Converter)* der Soundkarte in digitale Information umgewandelt werden. Für das Erreichen einer Soundqualität vom Niveau einer herkömmlichen Audio-CD muss der Converter hierbei mindestens eine Bittiefe von 16 Bit und eine Abtastrate von 44,1 kHz leisten. Wie so oft gilt aber auch hier: Mehr ist besser. Dann wird das Signal von einem *DSP (Digital Signal Processor)* zur Verarbeitung aufbereitet. Dieser DSP-Chip kann den Prozessor Ihrer DAW nicht selten erheblich entlasten.

### Mic-In

Auch diese Buchse kommt normalerweise in Miniklinkenausführung daher. Diese Anschlussmöglichkeit unterscheidet sich vom Line-In durch einen eigenen Verstärker, der das Mikrofonsignal erst aufbereitet.

## Hinweis

Bevor Sie sich aber schon ans Verkabeln machen: Denken Sie nicht einmal daran, diesen Eingang für Ihre Aufnahmen zu nutzen! Die eingebaute Mikrofonverstärkung wird Ihrem Gesangssignal in jedem Fall so viel Rauschen und »Gerümpel« hinzufügen, dass Sie selbst bei der besten persönlichen Performance nachher enttäuscht sein werden.

Für die Sprachübertragung von Internettelefonie, Teamspeak oder Ähnlichem sind diese Art Eingänge zweifelsohne geeignet. Zum Zwecke brauchbarer Musikaufnahmen können Sie sie aber getrost vergessen. Weiter hinten werde ich Ihnen professionelle Mikrofonvorverstärker vorstellen, die auch schon für einen schmalen Geldbeutel zu haben sind, bessere Ergebnisse liefern und Ihnen den Spaß am Homerecording nicht vermiesen.

### Speaker (Buchse: Miniklinke)

Für gewöhnlich eine weitere Klinkenbuchse. Sie gibt ein unverstärktes Signal aus. Zur Wiedergabe des Signals benötigen Sie deshalb sogenannte Aktivlautsprecher, die eine eigene Verstärkung mitbringen. Die Qualität des Audiosignals ist auch hier stark abhängig von der Qualität der Soundkarte wie auch der Qualität ihrer Anschlussbuchse.

## Know-how

Der Vollständigkeit halber finden Sie an dieser Stelle einen Überblick darüber, welche drei Methoden »klassische« Soundkarten heranziehen (bzw. herangezogen haben), um Klänge zu erzeugen:

1. *FM-Synthese: FM* steht für *Frequenzmodulation* und weist auf die Erzeugung von Tönen durch Wellengeneratoren, Modulatoren und Filtern hin. Die synthetische Schaffung modulierter Wellen entspricht dabei derjenigen von größeren Synthesizern, ohne allerdings in vielen Aspekten deren Qualität zu erreichen. – Die FM-Synthese herkömmlicher Multimedia-Soundkarten ist nur in den seltensten Fällen für die Arbeit im Homestudio zufriedenstellend und bietet sich vor allem zur schnellen und unkomplizierten Wiedergabe von MIDI-Daten an (siehe unten), da diese nicht die Töne selbst, sondern lediglich Informationen wie Instrument, Tonhöhe und ggf. Effekte enthalten. MIDI-Daten müssen also erst durch Zuweisung, z. B. durch FM-Soundsynthese, hörbar gemacht werden.
2. *Sampling:* Mit dem Begriff *Sampling* wird das Digitalisieren analoger Toninformationen bezeichnet. Zur Ausgabe der aufgenommenen Signale müssen die Daten wiederum in analoge Informationen gewandelt werden, um hörbar gemacht werden zu können. – Sowohl für die Wandlung analoger in digitale Signale wie auch für den umgekehrten Weg sind Multimedia-Soundkarten aus zahlreichen Gründen nur bedingt zu empfehlen.
3. *Wavetable-Synthese:* »The best of both worlds.« Bei dieser Form der Klangerzeugung greift die Soundkarte auf für sie hinterlegte Samples von Originalinstrumenten zurück und verändert diese entsprechend der geforderten Toninformation, wie Tonhöhe, Tonlänge, Lautstärke etc. Hier kommen also Sampling und Synthese in gewisser Weise zusammen. – Der Klang von Wavetable-Synthesizern auf Soundkarten kann mitunter schon erstaunlich gut klingen, ist jedoch für die Arbeit im Homerecording nicht zu empfehlen. Professionelle Synthesizer und Sampler haben sowohl in der Hardware- wie auch in der Softwareversion ganz einfach mehr zu bieten, als Originalklänge an das nötigste Minimum anzupassen. Eine erstklassige Wavetable-Synthese (welche Verkaufsargumente den Herstellern auch immer dazu einfallen mögen) ist noch lange kein Grund, sich für eine Soundkarte zu entscheiden. Wollen Sie einen guten Sound für Ihre Musik/Ihre Band erreichen, müssen Sie umdenken und sich als Besitzer eines kleinen Studios verstehen lernen. Multimedia-Equipment sollte deshalb für Sie nur in Ausnahmefällen in die engere Auswahl kommen.

### HiFi-In/Out (Buchsen: Miniklinke oder auch Cinch)

Von diesen Buchsen können Sie ein unverstärktes Audiosignal abgreifen, um es beispielsweise über eine Hi-Fi-Anlage oder eine Endstufe zu verstärken. Für die Beurteilung Ihrer Aufnahmen während des Mixes sollten Sie diesen Ausgang verwenden, wenn Sie über eine qualitativ hochwertige Endstufe oder gute aktive Monitorlautsprecher verfügen.

**Phones Out (Buchsen: Miniklinke)**

Hierbei handelt es sich um einen Anschluss, der Ihnen ein bereits verstärktes Audiosignal liefert. Spätestens, wenn ich Ihnen mehr über das Abhören von Recording-Signalen verraten habe, werden Sie nachvollziehen können, dass dieser Ausgang nicht zu empfehlen ist, um Ihre Aufnahmen sauber und einwandfrei über Monitorlautsprecher abzuhören.

**Abtastrate**

Wie oft ein Audiosignal in der Sekunde abgetastet wird, bestimmt die *Abtastrate*. Sie wird in kHz (Kilohertz) angegeben. Je höher sie ist, umso mehr Speicher wird zwar belegt, umso besser ist allerdings auch die Soundqualität. Vor allem die Höhen profitieren von einer größeren Abtastrate. Musik, deren Signal mit mehr kHz aufgenommen und verarbeitet wurde, kann über mehr Obertöne verfügen und damit insgesamt brillanter und sozusagen »harmonischer« wirken. CD- und damit Hi-Fi-Standard sind 44,1 kHz, Profistandard 48 kHz oder 96 kHz und mittlerweile sogar 192 kHz – die Abtastrate sollte für Sie ein wichtiges Kriterium beim Kauf einer Soundkarte sein.

**Auflösung**

Sie wird durch die Abtasttiefe des Audiosignals bestimmt und in Bit angegeben. Die Bittiefe legt fest, wie genau das Sampling stattfindet, und kann entscheidend für die Dynamik Ihrer Homerecording-Produktionen sein. 16 Bit entsprechen dabei dem Hi-Fi- und CD-Standard, 24 Bit sind momentan Studiostandard.

### 1.13.2 Stereo (digital)

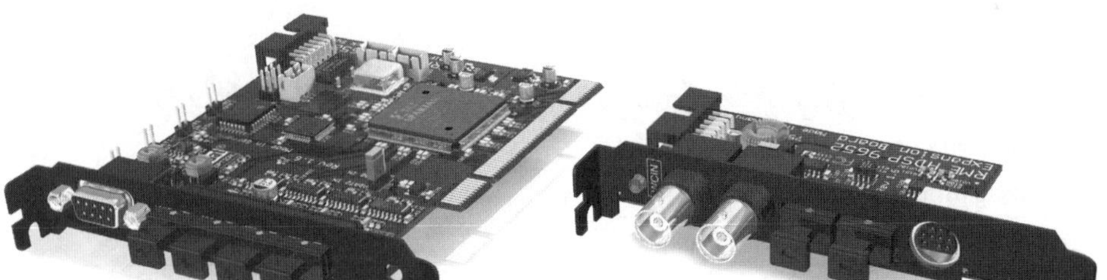

**Abb. 1.19:** Ein- und Ausgänge an der RME HDSP 9652 (Quelle: `www.rme-audio.de`)

Verfügten bis vor einigen Jahren noch ausschließlich hochwertige Soundkarten über Digitalanschlüsse, schwappte die digitale Revolution aus dem Hi-Fi-Bereich unaufhaltsam auch auf PC-Komponenten über. Neben Karten, die sowohl analoge als auch digitale Eingänge anbieten, gibt es auch »reine« Schnittstellenkarten, die ausschließlich ohne eigene Wandler daherkommen.

Soundkarten mit digitalen Anschlussmöglichkeiten bieten diese in der Regel in zwei Ausführungen an:

### Koaxiales Digital In/Out (Buchsen: S/PDIF)

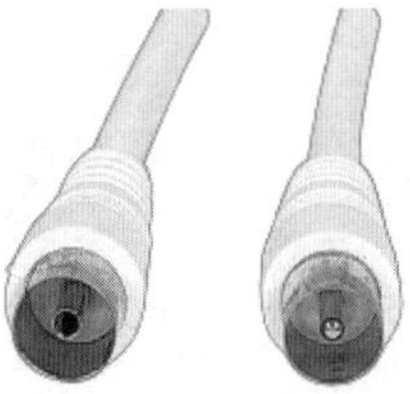

**Abb. 1.20:** Koaxiales Kabel zum Anschluss an S/PDIF-Buchsen

Über diesen Anschlusstyp wird in der Regel ein *S/PDIF-Signal* übertragen. Hierfür werden Cinchstecker und -buchsen verwendet. Das Kabel ist jedoch anders aufgebaut als standardmäßige Hi-Fi-Kabel mit Cinchsteckern: Es besteht aus einem Außen- und einem Innenleiter (genannt *Seele*), zwischen denen sich eine ausgedehnte Isolationsschicht breitmacht. *S/PDIF* steht für *Sony/Philips Digital Interface* und weist auf die Mutterfirmen dieses Digitalstandards hin, der vor allem im Hi-Fi-Sektor anzutreffen ist. Doch auch viele Geräte aus dem Bereich Recording-Equipment sind mit entsprechenden Buchsen ausgestattet, um digitale Signale zu senden oder zu empfangen.

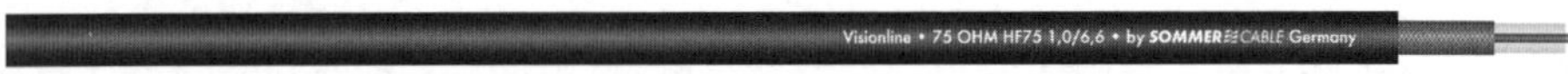


**Abb. 1.21:** Kabel mit Seele

Für S/PDIF-Signale gibt es zwei verschiedene Standards, die dem Hi-Fi-Nutzer allerdings meist nicht bekannt sind/sein müssen. In Tabelle 1.4 sehen Sie die wichtigsten Unterschiede im Überblick.

| | Professional Mode (Type I) | Consumer Mode (Type II) |
|---|---|---|
| Signalübertragung | symmetrisch | unsymmetrisch |
| Arbeitsspannung | 5 V | 0,5 V |
| Wellenwiderstand | 110 Ohm | 75 Ohm |

**Tabelle 1.4:** S/PDIF-Modes

### Optisches Digital In/Out (Buchsen: TOSLINK)

Nicht ganz so verbreitet wie die koaxiale Verbindung ist die Signalübertragung via Lichtwellenleiter. Auch diese Formatbezeichnung gibt Auskunft über die Entwicklerfirma, in diesem Falle Toshiba (*TOSLINK = Toshiba-Link*). Auch die über TOSLINK-Verbindungen gesendeten Daten werden häufig im S/PDIF-Format übertragen.

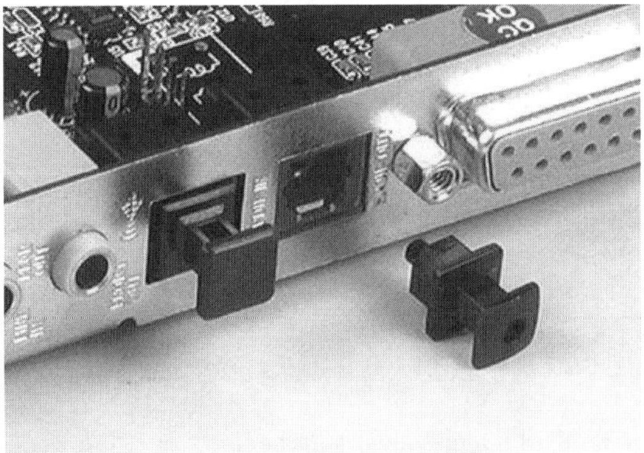

**Abb. 1.22:** Optische Soundkarteneingänge

Lediglich die Ausgabe- und Übertragungsart ist eine andere als bei der koaxialen Cinch-Variante (siehe oben).

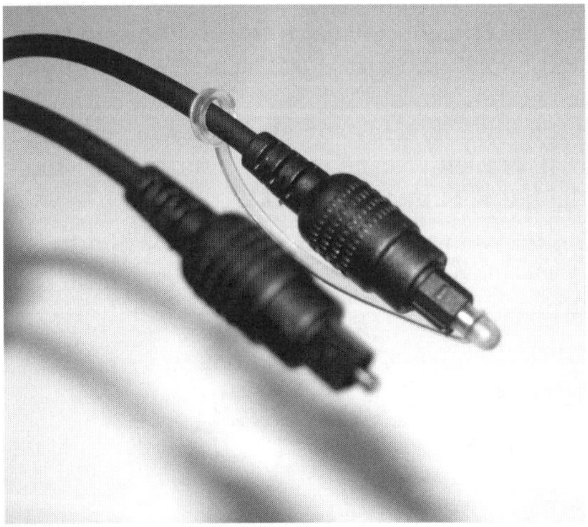

**Abb. 1.23:** TOSLINK-Verbindung – der Lichtwellenleiter

## Digitale Synchronisation

Geräte, die digitale Daten im S/PDIF-Format austauschen, müssen miteinander synchronisiert werden. Das heißt, das empfangende Gerät muss an seinem Eingang feststellen, mit welcher Frequenz der Sender seine Daten übermitteln möchte. Andernfalls kann keine Datenübertragung zustande kommen. Viele Geräte können automatisch erkennen, welche Frequenz an dem Eingang anliegt, andere wiederum nicht. Kommt es in Ihrem Setup zu Erkennungsproblemen digitaler Signalströme, sollten Sie manuell überprüfen, ob Sender und Empfänger synchronisiert sind (z. B. Gitarren-Modelingverstärker und Soundkarte oder Mikrofonvorverstärker und Soundkarte etc.).

### 1.13.3 Surround-Sound

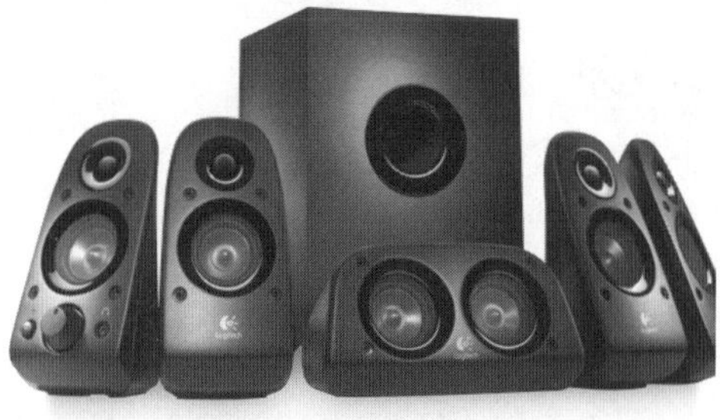

**Abb. 1.24:** 5.1-Anlage – auch ein Multimedia-Standard (Quelle: `www.logitech.com`)

*Surround-Sound* ist aus den Wohnzimmerkinos nicht wegzudenken. Kaum eine DVD, die nicht mit *5.1-Sound* wirbt. Mehr und mehr wird Surround-Sound auch für Audioproduktionen interessant. Was hinter den bezeichnenden Zahlengebilden steckt, muss sicher den wenigsten erklärt werden. Hier ein kurzer Überblick. In der Bezeichnung gibt die Zahl vor dem Punkt an, aus wie vielen einzelnen Lautsprechern Klänge wiedergegeben werden können, die im Mitten- und Höhenbereich stattfinden. Die Zahl hinter dem Punkt weist darauf hin, dass es ein Signal für einen zusätzlichen *Subwoofer* gibt, der für die Wiedergabe der tiefen Frequenzen verantwortlich ist. So steht *2.1* für ein Stereoset mit Subwoofer und *5.1* für das weitverbreitete heutzutage typische Surround-Setup von Mitte (Center), Vorne links (Front left), Vorne rechts (Front right), Hinten links (Rear left), Hinten rechts (Rear right) und Subwoofer (LFE).

Anstelle des Begriffs *Subwoofer* taucht mindestens ebenso häufig die Bezeichnung *LFE* auf. Dabei steht »LFE« für *Low Frequency Effects* und bezeichnet nicht das Gerät, sondern das Signal, das von ihm ausgegeben wird.

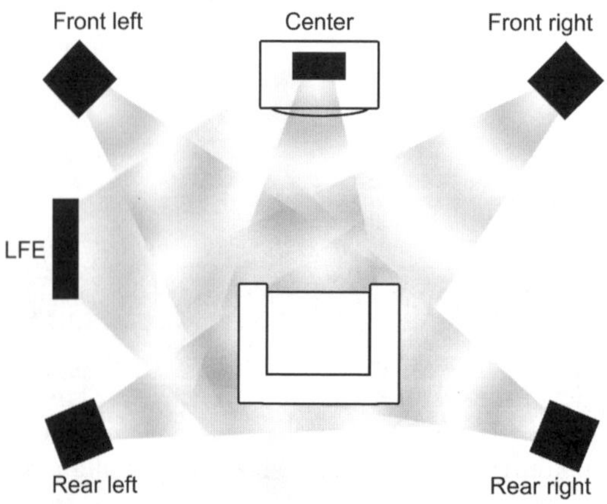


**Abb. 1.25:** Standardanordnung von 5.1-Lautsprechern

Ein netter Spaß könnte es beispielsweise sein, ein Livekonzert der eigenen Band direkt aus dem Mischpult mitzuschneiden und zusätzliche Raummikrofone aufzustellen, die dann später den Surround-Sound perfekt machen. Etwas aufwendig, aber mit ein wenig Einarbeitungszeit und Mühe durchaus durchführbar.

**5.1-Software**

Software, mit der Sie Ihre Band im Surround-Sound aufnehmen und abmischen können, muss nicht unbezahlbar sein. Für die Aufnahme tut es eine beliebige Mehrkanalanwendung. Für die Bearbeitung und die Codierung der Signale können Sie auf Programme wie Cubase oder Samplitude zurückgreifen.

### 1.13.4 Multichannel

*Multichannel* ist für viele Anwender **das** Zauberwort, wenn es um Audio-Interfaces für den Homerecording-Bereich geht. Je mehr Kanäle eine Soundkarte gleichzeitig aufnehmen und wiedergeben kann, desto besser. Dass aber nur die wenigsten Homerecording-Produzenten tatsächlich Multichannel-Funktionalität benötigen, ist ebenso ein offenes Geheimnis. Was ist der Vorteil und wer benötigt Multichannel-Audio-Interfaces?

Nun, die Antwort darauf ist einfach: Sie sind auf Multichannel-Recording angewiesen, wenn Sie mehr als ein Instrument zur gleichen Zeit aufnehmen wollen. Sie sind dagegen **nicht** auf Multichannel-Recording angewiesen, wenn Sie ausschließlich auf Plug-in-Instrumente mit Gesangsaufnahmen setzen. Selbst wenn Sie dazu noch die eine oder andere Gitarrenspur einspielen möchten – kein Problem. Auf welche Art und Weise Sie arbeiten und auch, ob für Ihr Equipment Multichannel-Recording notwendig ist, wissen Sie sicher am besten. So können beispielsweise die Audiosignale externer Synthesizer, die via MIDI angesteuert werden, problemlos auch sukzessive aufgenommen werden. (Dieser Arbeitsschritt ließe sich also immer noch mit einem herkömmlichen Stereo-Audio-Interface bewerkstelligen.)

### 1.13.5 Breakout-Varianten

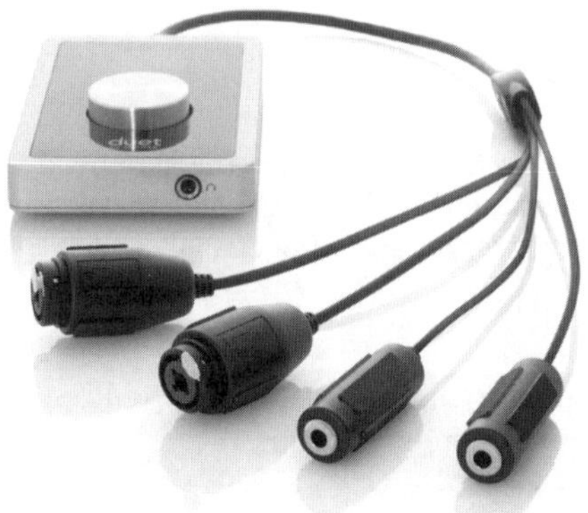


**Abb. 1.26:** Breakout-Kabel am Apogee Duet (Quelle: `www.apogeedigital.com`)

In Abbildung 1.26 sehen Sie mit dem *Apogee Duet* ein Audio-Interface, das mit einem sogenannten *Breakout-Kabel* nachgerüstet wurde. Dadurch können Sie an dieses Interface mehrere Signale zugleich getrennt einspeisen und ausgeben lassen, ohne dass die entsprechende Anzahl von Buchsen am Gerät selbst enthalten wäre. Kabel dieser Art werden als »Breakout«-Kabel bezeichnet, weil mit ihnen ein Teil der Arbeit nach außerhalb des Geräts verlegt wird, also sozusagen aus der eigentlichen Hardware »herausgebrochen« wird.

**Know-how**

Soundkarten, die eine *Vollduplexfunktion* bieten, ermöglichen Ihnen das Aufnehmen bei gleichzeitiger Wiedergabe. Dies ist ein ganz entscheidendes Argument für den Kauf eines Audio-Interface. Einfache Onboard-Soundkarten greifen zu diesem Zweck auf die Multimedia-Treiber des Betriebssystems zurück, was nicht empfehlenswert ist. Heutzutage verfügt nahezu jedes Audio-Interface über eigene Treiber, die den Vollduplexbetrieb der Karte ermöglichen. Achten Sie deshalb beim Kauf auch darauf.

## 1.14 Audio-Interfaces (Ausstattungsmerkmale und Funktionen)

*Audio-Interfaces* sind in sich geschlossene Soundsysteme, die Daten von Audiosignalen zu einer Schnittstelle der DAW senden und davon empfangen. In den meisten Fällen handelt es sich dabei um eine USB- oder eine FireWire-Schnittstelle. Viele dieser Geräte treten in Form eines 19-Zoll-Gehäuses auf, damit sie sicher in einem Studiorack montiert werden können. Andere sind als Desktop-Geräte für den Schreibtisch – pardon: Homestudio-Tisch – konzipiert.

Gegenüber den ehemals weitverbreiteten Soundkarten lässt sich der Siegeszug von Audio-Interfaces, die über USB oder FireWire mit einem Rechner verbunden werden, gut nachvollziehen: Der Rechner wird durch die Interfaces entlastet und (ganz wichtig!) die raren PCI-Steckplätze des Motherboards werden nicht belegt und stehen weiterhin für andere Zwecke zur Verfügung. Es können etliche Ein- und Ausgänge und Anschlussarten zur Verfügung gestellt werden.

### 1.14.1 USB

In Abbildung 1.27 sehen Sie ein typisches *Einsteiger-Interface*, das seine Daten via USB überträgt: das *Focusrite Scarlett 2i2*. Die Ausstattung des Geräts geht über das simple Zur-Verfügung-Stellen von Ein- und Ausgängen weit hinaus. Hier ein Überblick:

- Aufnahme und Wiedergabe mit 24 Bit/96 kHz
- 18 Input-Kanäle / 8 Output-Kanäle
- 2 Focusrite-Mikrofonvorverstärker (Combo-Buchsen) mit Gain-Regler und Ring-LEDs
- 2 schaltbare Hi-Z-Eingänge für direkten Instrumentenanschluss
- großer Hauptregler für Monitoring-Lautstärke
- USB-2.0-Schnittstelle mit 480 Mbps Datendurchsatz und Aktivitäts-LED
- Direct Monitoring für latenzfreies Mithören
- symmetrische Monitorausgänge
- regelbarer Kopfhörerausgang

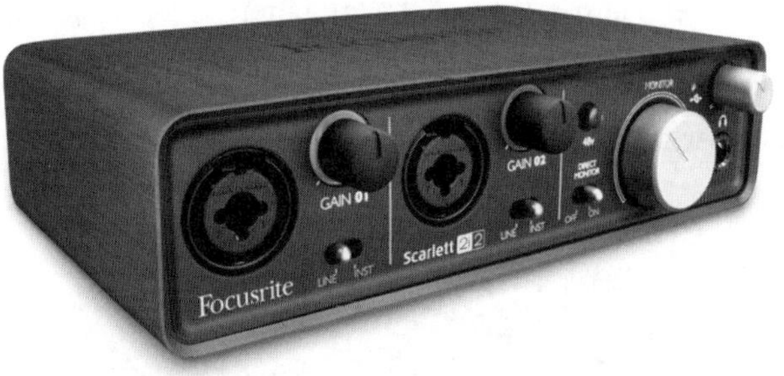


**Abb. 1.27:** Focusrite Scarlett 2i2 – USB-Audio-Interface für Einsteiger (Quelle: `www.focusrite.de`)

### 1.14.2 FireWire

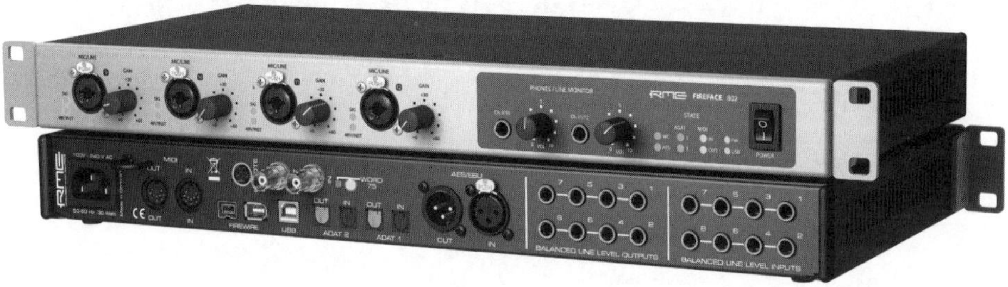


**Abb. 1.28:** FireWire-Audio-Interface – RME Fireface 802 (Quelle: `www.rme-audio.de`)

Einige Hersteller setzen statt auf USB auf eine integrierte FireWire-Schnittstelle. Ein Beispiel hierfür ist etwa das in Abbildung 1.28 zu sehende *RME Fireface 802*. Auch hierfür möchte ich Ihnen einen kurzen Überblick der gebotenen Features nicht vorenthalten, da das Bereitstellen der Eingangskanäle auch hier nur eines vieler Features ist:

- 12 analoge Ein-/Ausgänge
- insgesamt 30 Ein- und 30 Ausgangskanäle
- 4 Preamps/Instrumenten-Eingänge
- Aufnahme und Wiedergabe mit 24 Bit/192 kHz
- FireWire-Schnittstelle mit 400 Mbps Datendurchsatz (wahlweise auch USB-2.0-Betrieb)
- Full-Duplex und Zero-Latency/Direct Monitoring
- ultrageringe Latenz
- Referenzklasse-Wandler
- ADAT-, AES/EBU- und Word-Clock-Anschlüsse
- integrierte Effektsektion
- integriertes MIDI-Interface
- SyncCheck und SyncAlign zur Überprüfung der digitalen Kanäle
- inklusive Softwaremixer und Kanalbelegungs-Matrix

Dieses Interface bietet Ihnen nicht wahnsinnig viele separate Hardwareein-/-ausgänge. Durch die Möglichkeit, via Softwaresteuerung die Hardwareeingänge und die Software-

Playback-Kanäle auf die vorhandenen Hardwareausgänge zu routen, ergeben sich beim RME Fireface 802 schier unzählige Kombinations- und Routingmöglichkeiten.

### 1.14.3 Integrierte Audio-Interfaces

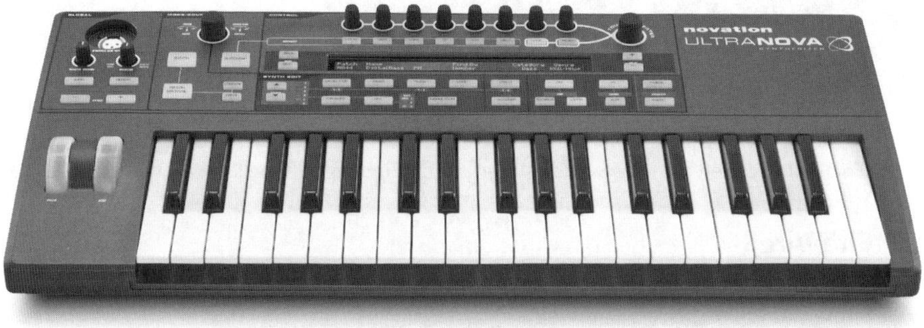


**Abb. 1.29:** Vorn Synthesizer mit Controllern – Novation UltraNova (Quelle: `www.novationmusic.de`)

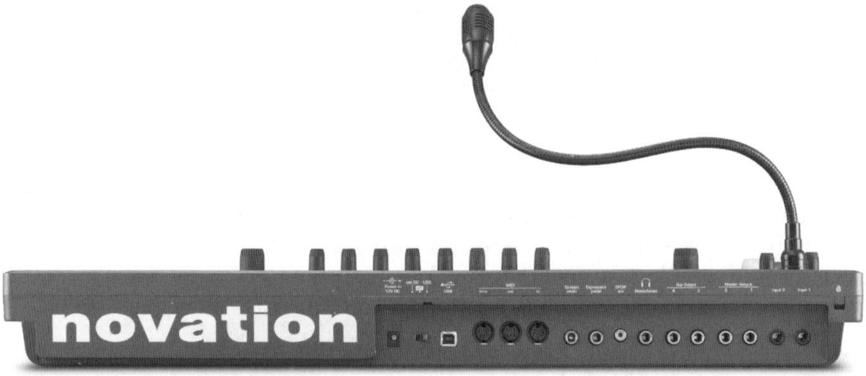


**Abb. 1.30:** ... und »hintenrum« ein integriertes Audio-Interface (Quelle: `www.novationmusic.de`)!

»All-in-one«-Lösungen sind immer beliebter. Hier ist beinahe jede Kombination denkbar. In Abbildung 1.29 und Abbildung 1.30 sehen Sie den Synthesizer *UltraNova* von *Novation*. Dieses Gerät bietet Ihnen nicht nur alle Vorteile eines erstklassigen *Synthesizers*, sondern kann Ihnen darüber hinaus auch als Audio-Interface dienen. Egal ob Line-Signal, Gitarrensound oder Mikrofon, dieses Gerät verarbeitet alles. Zwar steht an den Eingängen keine Phantomspeisung für die Inbetriebnahme von Kondensatormikrofonen zur Verfügung. Doch neben der Eingangsempfindlichkeit kann auch das Panning geregelt werden, da die Eingänge zusätzlich als Stereopaar fungieren können. Sie sehen: Nur weil ein Audio-Interface »lediglich« als Zusatzfunktion in ein anderes Gerät eingebaut ist, muss es nicht schlecht sein. Je nach Notwendigkeit und Bedarf sollten Sie die Wahl der Hardware Ihrer Produktionsweise anpassen – nicht andersherum! Denn wer so produzieren **muss**, wie es seine Hardware ihm vorgibt, handelt stets eingeschränkt.

Ein weiterer wichtiger Punkt, den es bei Audio-Interfaces zu beachten gilt, ist die Möglichkeit des *Zero Latency Monitorings (ZLM)*. – Wie bitte? Was ist denn ZLM?!?

## Zero Latency Monitoring (ZLM)

Wenn Sie das Audiosignal, das Ihre Soundkarte/Ihr Audio-Interface aufzeichnet, zugleich auch anhören möchten (was häufig unausweichlich ist – Beispiel: Gesang), wird das Signal an einem bestimmten Punkt der Signalkette abgegriffen. Bei einer Aufnahme mit Cubase kann dies zum Beispiel der *Monitoring*-Schalter der Software regeln. Der Wandler, der das analoge Audiosignal umwandelt, benötigt für seine Tätigkeit eine gewisse (wenn auch nicht lange) Zeitspanne. Die Daten werden durch die Schnittstellen des Rechners geschickt und von dessen Prozessor, dem Arbeitsspeicher, dem Treiber des Audio-Interface usw. verarbeitet. Die Aufnahmesoftware wiederum bearbeitet diese Daten, legt sie auf der Festplatte ab und so weiter und so fort. All diese kurzen Zeitspannen können sich zu einer beträchtlichen Dauer addieren. Den so entstehenden zeitlichen Versatz, also die Verzögerung zwischen dem eingehenden und dem ausgegebenen Signal, bezeichnet man als Latenz (engl.: »latency«). Kürzere Latenzzeitspannen von wenigen Millisekunden (1 bis 5 ms) stören im Homerecording üblicherweise nicht. Zeiten von 5 ms und mehr wirken sich aber in der Regel bereits negativ auf die Performance des aufgezeichneten Künstlers aus.

Achten Sie deshalb bereits beim Kauf Ihrer Homestudio-Hardware darauf, welche Latenzzeiten das jeweilige Gerät bietet. Da mit diesem Faktor häufig Werbung gemacht wird, handelt es sich keineswegs um eine kryptische, versteckte Information, sondern sie findet sich in jedem gut ausgeführten Handbuch von Soundkarten und Audio-Interfaces wieder.

Fazit: Am besten ist natürlich *Zero Latency Monitoring*, also eine nicht vorhandene Zeitverzögerung. Sie kommt in der Regel dadurch zustande, dass eingespeiste Audiosignale eine hardwareseitige Abkürzung nehmen und so nicht den Umweg über Schnittstellen und Software nehmen müssen.

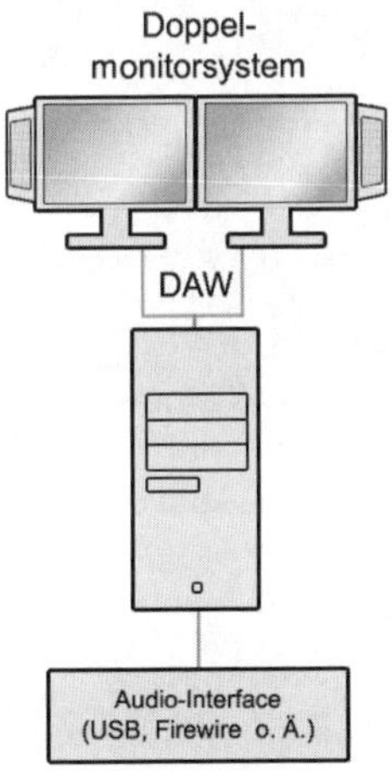


**Abb. 1.31:** Homestudio (Stufe 3)

### 1.14.4 Software für Audio-Interfaces

Moderne Soundkarten und Audio-Interfaces verfügen oftmals nicht nur über die reine Hardware, sondern können darüber hinaus häufig auch erstklassige Steuersoftware und Analysetools bieten.

#### Mixersoftware

Typische Funktionen einer Steuersoftware für mehrkanalige Audio-Interfaces sind etwa herkömmliche Funktionen eines einfachen Mischpults. Als Anschauungsstück sehen Sie in Abbildung 1.32 unten die Mixer-Software des *RME Fireface UFX*. Das Control-Panel von *TotalMix FX* verfügt zum Beispiel über mehrere Kanalzüge zum Regeln der Ein- und Ausgänge des Audio-Interface. Über eine getrennt zu öffnende Zuordnungsmatrix kann das interne Routing verändert werden, sodass kaum Wünsche offenbleiben. Auch die interne Effektsektion des Fireface UFX lässt sich hier bedienen. Alle Einstellungen lassen sich als *Presets* abspeichern, sodass Sie bei Bedarf jederzeit schnellen Zugriff auf verschiedene von Ihnen angelegte Setups haben.

(Mehr zu den Themen »Routing« finden Sie weiter hinten im Kapitel über Mischpulte.)

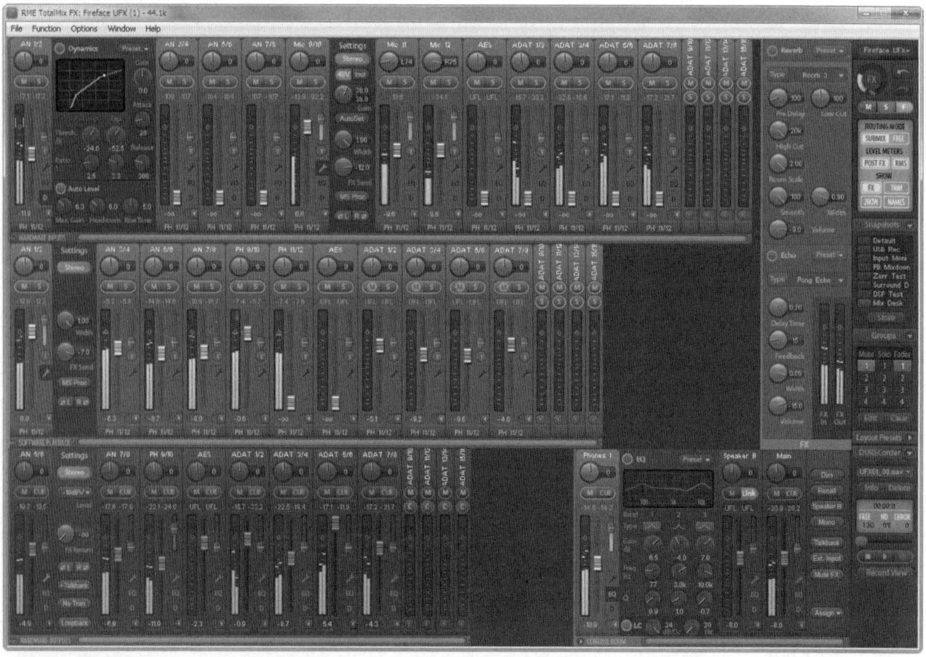


**Abb. 1.32:** Volle Kontrolle – Softwaremixer des RME Fireface UFX (Quelle: `www.rme-audio.de`)

> **Hinweis**
>
> Ganz sicher stellt zusätzliche Software ein Entscheidungskriterium für Käufer von Soundkarten und Audio-Interfaces dar.

Bevor diese Faktoren jedoch in die Kaufentscheidung einfließen, sollte jeder Homerecording-Fan sich ernsthaft fragen: »Brauche ich das alles?« Es gilt, die eigene Arbeitsweise zu analysieren und den konkreten Bedarf festzustellen. Bestenfalls sollten mittelfristige Umstände, wie ein eventueller Homestudio-Ausbau, das Verändern der eigenen Arbeitsweise und Ähnliches, bereits mit bedacht werden. Denn eines sollten Sie sich vor Augen führen: In vielen Fällen nutzt das Zusatzmaterial nicht nur, nein, es kostet auch!

## DSP-Chips

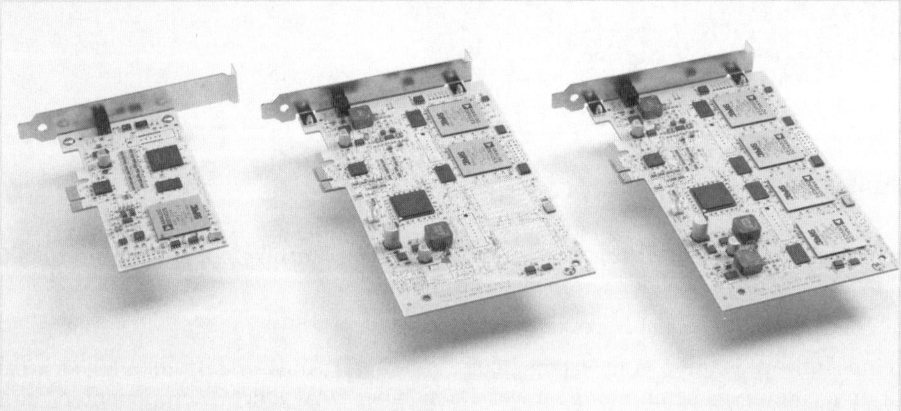

**Abb. 1.33:** Entlastungshilfe DSP-Chip – Kartenfamilie des PCIe-Systems UAD2 von Universal Audio (Quelle: www.uaudio.com)

Die Buchstaben *DSP* stehen für *Digital Signal Processing*. Da das menschliche Gehör bereits kleinste Abweichungen in Audiosignalen erkennt und darauf geschult ist, bestimmte Abweichungen als Fehler in der Audioinformation zu interpretieren, sind die digitalen Prozesse zur Veränderung und Erzeugung von Audiosignalen in der Regel recht aufwendig. Um den Prozessor Ihrer DAW zu schonen, bieten einige Hersteller Soundkarten und Audio-Interfaces mit integrierten DSP-Chips an, die einen Teil der anfallenden Audioarbeit übernehmen.

DSPs sind also Hilfsprozessoren, die den Hauptprozessor entlasten. Mittlerweile gibt es sogar Softwarehersteller, die zu ihren Produkten zugehörige Hardwarelösungen anbieten, die sich rein um die Verarbeitung der durch die Software bearbeiteten Signale kümmern. Wie bei den Audio-Interfaces wird auch hier auf verschiedene Wege der Einbindung ins Recording-System gesetzt: Bei der *UAD2*-Reihe von *Universal Audio* handelt es sich beispielsweise um PCIe-Steckkarten, deren Prozessoren die Algorithmen der Effekte berechnen. Wer sein Homestudio mit Geräten dieser Kategorie ausstattet und sie zu nutzen versteht, befindet sich zweifellos auf dem Weg zum Semi-Profi.

## 1.15 Netzteil

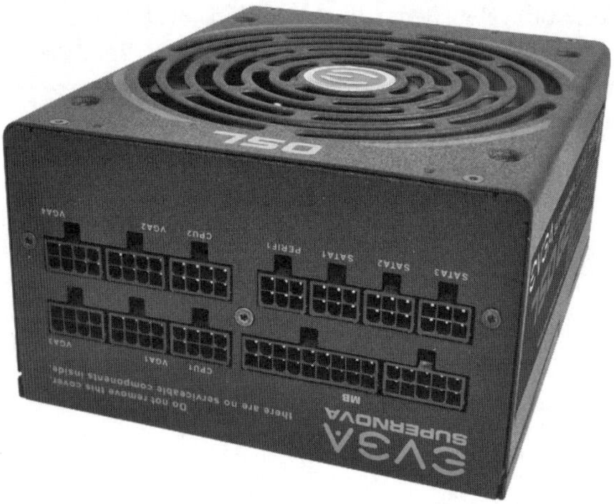

**Abb. 1.34:** Energieversorger Netzteil (Quelle: `www.evga.com`)

Weiter geht es mit den wichtigen inneren Werten: den Einzelkomponenten Ihrer DAW ... und zwar konkret mit der Stromversorgung.

Ihre Aussage: »Netzteil ist Netzteil – und basta!«

Meine Antwort: »... und gute Nacht!«, denn mit dieser Annahme machen Sie sich das (Homerecording-)Leben unnötig schwer. Da zu einer DAW etliche Komponenten gehören, die auch bei kleinem Preis besonders zuverlässig und leistungsfähig sein sollen, macht es keinen Sinn, bei dem Baustein zu sparen, der diese ganzen Komponenten mit Lebensenergie in Form von elektrischem Strom versorgt.

Die Aufgabe des Netzteils ist anspruchsvoll und nicht zu unterschätzen: Es nimmt die Netzspannung auf und wandelt diese in die vom Rechner benötigten Spannungen um, wobei es alle Versorgungsspannungen für die Einzelkomponenten bereitstellt, regelt und reguliert. In Gewerbe- und Wohngebieten, in denen sich sehr viele Haushalte und/oder andere große Stromverbraucher befinden, kann es in den Stromnetzen zu Schwankungen der bereitgestellten Spannung kommen. Moderne Netzteile können mit diesen Schwankungen umgehen und Spannungsunterschiede ausgleichen. Kaffeezeit in den Büros am Morgen? Die Kaffeemaschinen (in der Regel leistungsstark) zapfen die Stromversorgung an. Mittagszeit? Herde und Öfen saugen die Leitungen aus.

Doch welche Kriterien sind beim Kauf eines Netzteils (oder Towers mit eingebautem Netzteil) außer dem Spannungsausgleich zu beachten? Da hätten wir zum einen die ...

### 1.15.1 Leistung

Die Maximalleistung von Netzteilen wird in Watt angegeben und kann eigentlich (wie so viele Faktoren der DAW-Hardware) nicht groß genug sein. Für die Feststellung des tatsächlichen Bedarfs Ihrer DAW können Sie die Angaben der Wattzahlen für die Einzelkomponenten ganz einfach addieren. So erhalten Sie einen Richtwert, der Ihnen das

Leistungsminimum angibt, das das Netzteil Ihrem DAW-System zur Verfügung stellen sollte. Als Richtsummen können hierfür bei Drucklegung etwa gelten:

- 300 bis 400 Watt sind wohl der PC-Standard.
- 500 bis 550 Watt sollten anfänglich für Homerecording-Ansprüche genügen.

Je mehr Geräte versorgt werden müssen, desto größer muss das Netzteil selbstverständlich dimensioniert sein. Mein Tipp deshalb: Stellen Sie eine Auflistung aller Bauteile zusammen und legen Sie eine Tabelle mit den erforderlichen Stromaufnahmen an. Rechnen Sie nun fünf bis zehn Prozent hinzu und Sie haben einen Richtwert, welche Leistung das Netzteil Ihrer DAW bringen können muss, um sofort und in näherer Zukunft adäquat zu sein.

### 1.15.2 Lüfter

PC-Netzteile haben eingebaute Lüfter, die für die Be- und Entlüftung des Netzteils sorgen. Vorausgreifend auf die weiter hinten beschriebene Thematik »Gehäusedämmung« empfehle ich hier schon einmal ein *Silent-Netzteil,* das mit geräuscharmen geregelten Lüftern arbeitet.

### 1.15.3 Anschlüsse

Des Weiteren sollten Sie sicherstellen, dass das Netzteil Ihrer Wahl über genügend Anschlussmöglichkeiten verfügt. Damit meine ich nicht nur die jeweilige Steckerform in allen möglichen Variationen, sondern auch eine ausreichende Anzahl von Versorgungsleitungen, da Sie sonst mit Erweiterungskabeln (Y-Stecker) arbeiten müssen. Dies kann bei exzessivem Verwenden schnell zu einer Überlastung des Netzteils führen.

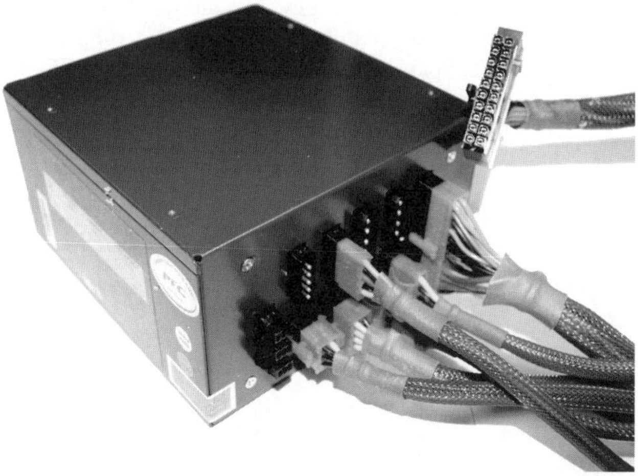

**Abb. 1.35:** Kabel und Stecker selber aussuchen – modifizierbares Netzteil

Von Vorteil sind selbstverständlich Netzteile, bei denen Sie selber bestimmen können, welche Kabel Sie zur Spannungsversorgung Ihrer DAW-Komponenten benötigen (siehe Abbildung 1.35).

**Hinweis**

Computerbastler finden im Internet auch zahlreiche Hinweise zum Modding (also der personalisierten Optimierung/Anpassung) von Netzteilen. Sofern Sie ein Computerneuling sind, möchte ich Ihnen hierzu jedoch eine einfache Formel mit auf den Weg geben, die Ihnen viel Ärger erspart:

Netzteil einbauen = ja

Netzteil aufschrauben = nein

### 1.15.4 Weitere Kriterien zur Netzteilauswahl

Selbstverständlich ist beim Kauf eines Netzteils auf die richtige Baugröße passend zum Formfaktor des Mainboards zu achten.

Ein nicht zu vernachlässigender Faktor sind auch die *Betriebsgeräusche* des Netzteils. Es sollten in ihm möglichst leise Ventilatoren verbaut sein. Sie können auch darauf achten, dass das Netzteil einen Temperaturfühler aufweist.

Ein Ausschalter ist obligatorisch. Durch ihn vermeiden Sie, dass Ihre DAW selbst dann noch Strom »zieht«, wenn der Rechner nicht benutzt wird.

Der *Wirkungsgrad* bezeichnet denjenigen Anteil der aufgenommenen Energie, der vom Netzteil an die PC-Bauteile weitergeleitet werden kann. Wenn Sie auf ein Netzteil mit dem Wirkungsgrad »80 plus« zurückgreifen, heißt das, dass mindestens 80 Prozent weitergegeben werden, das Netzteil somit vergleichsweise effizient mit der aufgenommenen Energie umgeht.

Um DAW-Abstürze zu vermeiden, die auf instabiler, unzuverlässiger Spannung beruhen, sollten Sie sich auch über die Spannungsstabilität des gewünschten Netzteils informieren. Sie sollten deshalb auf Schaltnetztteile mit *aktiven PFC-Netzfiltern* (»Power Factor Correction«) zurückgreifen, damit weder Spannungsschwankungen noch auf Elektrizität zurückzuführende Störgeräusche in Ihrem Homestudio zum Problem werden.

## 1.16 Gehäuse

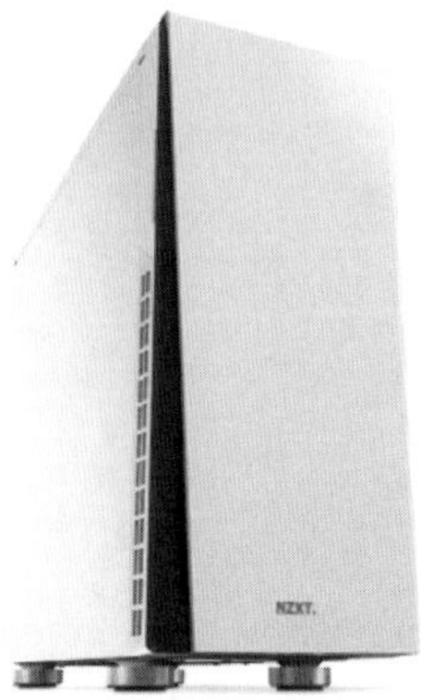

**Abb. 1.36:** MIDI-Tower (Quelle: www.nzxt.com)

Die Wahl eines Gehäuses für Ihren Audiorechner erscheint trivial. Bei genauem Hinsehen können sich aber viele Kleinigkeiten zu einem echten Ärgernis entwickeln.

Die Qual der Wahl geht los bei der Größe des Towers. Ich empfehle Ihnen, mindestens einen mittelgroßen *Miditower*, besser aber einen *Big Tower* auszusuchen. Denn mit kleineren Desktopgehäusen werden Sie letztlich nicht viel Spaß haben in Ihrer Karriere als Homerecording-Produzent. Nur Schönheit allein reicht, wie so oft im Leben, auch hier nicht aus.

## 1.16.1 Festplattenslots

Ein scheinbar offensichtlicher Punkt, der aber allzu gern bei der Gehäusewahl vergessen wird. Sofern Sie mit mehreren Festplatten arbeiten, sollten dafür auch ausreichend Installationsplätze im Tower vorhanden sein. Sonst werden Sie die Erweiterung Ihres Systems ab einem gewissen Punkt nur noch durch den Anschluss externer Festplatten realisieren.

## 1.16.2 Laufwerkslots

Das Gleiche gilt für die Anzahl von Slots für optische Laufwerke sowie Wechselrahmen für Festplatten. Auch hier lautet die Devise: je mehr, desto besser. Bedenken Sie, dass in der Regel auch für das nachträgliche Ausrüsten der DAW mit Displays zur Kontrolle und Überwachung der Systemperformance ein weiterer Laufwerk-Slot notwendig sein kann.

## 1.16.3 Gehäusebleche

Schicke Designgehäuse aus Plastik oder Plexiglas sind vielleicht **der** Blickfang auf jeder LAN-Party, aufgrund ihrer für gewöhnlich recht hohen Übertragung von potenziellen internen Schallquellen wie Laufwerken, Lüftern etc. kann ich Ihnen aber nur bedingt zu diesen raten. Besorgen Sie sich ein stabiles Gehäuse, das viele Verschraubungsmöglichkeiten für Gehäuselüfter bietet. Je größer diese sein können, desto besser.

## 1.16.4 Displays

Egal, ob die Höhe der momentanen Betriebstemperaturen von Prozessor, Festplatte, Mainboard oder Grafikkarte, ob Umdrehungsgeschwindigkeiten der Harddisks und/oder Gehäuse- und sonstiger Lüfter: *Front-* und *Top-Displays* geben Ihnen einen Einblick in die Arbeitsabläufe Ihrer DAW und den dabei benötigten Leistungsaufwand der Einzelteile. Spätestens wenn Leistungsprobleme auftauchen, Ausfälle zu verzeichnen sind oder einzelne Komponenten sich verabschieden, wird eine grobe Analyse dieser Systemdaten unerlässlich sein, um potenzielle Fehlerquellen finden oder ausschließen zu können. Deshalb können Displays nicht nur bloße Spielerei, sondern echtes Werkzeug sein.

### 1.16.5 Kabel

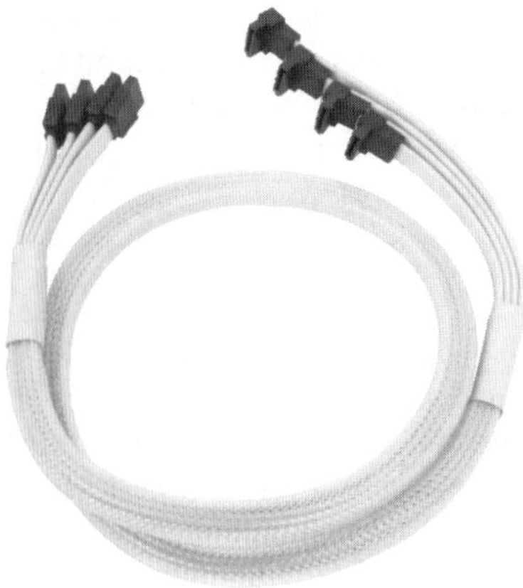

**Abb. 1.37:** Wie bei diesem SATA-Kabel von Nanoxia können mehrere SATA-Kabel elegant zusammen in einem Sleeve geführt werden (Quelle: `www.nanoxia-world.com`).

Je mehr Steckverbindungen durch Kabel hergestellt werden, umso eher kann es zu *Hotspots* kommen, an denen sich Wärme sammelt und die Zirkulation der Gehäuselüftung verhindert wird. Um dem entgegenzuwirken, können Sie beispielsweise SATA-Kabel in *Sleeves* zusammenführen und so für bessere Übersicht und optimale Luftzirkulation sorgen.

## 1.17 Lüfter

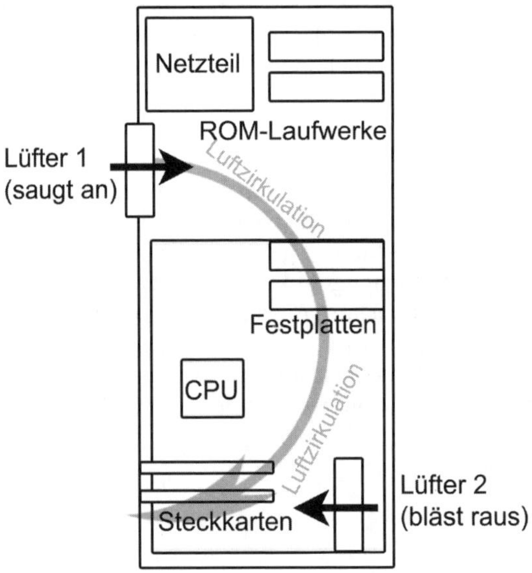


**Abb. 1.38:** Luftstrom in den Rechner einbauen – Auch etliche andere Strategien sind denkbar ...

Eine wichtige Aufgabe kommt den Lüftern zu: Sie können sowohl frische, kühle Luft in den Tower ziehen als auch warme Luft daraus abführen. In modernen, leistungsfähigen Computersystemen sind sämtliche Komponenten darauf ausgelegt, entweder möglichst wenig Wärme zu produzieren oder aber möglichst wenig Wärmestau zu verursachen. Aus diesem Grund sind viele Elemente bereits vom Hersteller mit eigenen kleinen Ventilatoren ausgestattet. Ganz gleich, ob Netzteil, CPU oder Grafikkarte: Lüfter müssen angebracht werden.

In Abbildung 1.38 sehen Sie aber noch eine weitere Variante, die viele Billig-PCs vermissen lassen: Gehäuselüfter.

Nun bringt es aber nicht viel, wenn Sie einfach ständig neue Luft ins Gehäuse hineinsaugen lassen. Sorgen Sie auch für eine Luftzirkulation, am besten so, wie es die Abbildung zeigt. Einen Lüfter im Inneren des Towers bringen Sie so an, dass er oben/hinten frische Luft ansaugt. Einen weiteren Lüfter montieren Sie an der unteren Gehäuseinnenseite. Dieser wird andersherum angebracht, da er die Luft hinauspusten/-transportieren soll. Für beide Lüfter gilt, dass sie nach Möglichkeit manuell regelbar sind. Ist dies nicht der Fall, gibt es natürlich auch thermoregulierte Lüfter, auf die Sie zurückgreifen können. Wenn Sie sie mischen, können Sie sich beispielsweise für einen thermoregulierten Lüfter unten/vorn entscheiden (tief im Gehäuse = verhältnismäßig gute Schallisolation) und für einen manuell steuerbaren Lüfter oben/hinten (nah am Lüftungsgitter = verhältnismäßig schlechte Schallisolation). Nun regeln Sie den Lüfter oben/hinten nach Bedarf und steuern somit zugleich dessen von seiner Drehzahl abhängige Lautstärke.

In neueren Gehäusen müssen PC-Netzteile nicht selten unten eingebaut werden. Dadurch ändern sich die Anforderungen für den Einbau von Lüftern. Statt auf ein nahezu hermetisch abgeriegeltes Silent-PC-Gehäuse setzen Sie besser auf das Herausführen von Wärme. Verbauen Sie also alle Lüfter so, dass sie warme Luft nach außen transportieren.

**Hinweis**

Damit sind wir auch schon beim richtigen Thema. Achten Sie beim Kauf von Lüftern unbedingt auf die dB-Angaben zur abgegebenen Lautstärke! An dieser Stelle fünf Euro zu sparen, um letztlich einen Lüfter mit 45 dB Lautstärke einzubauen, ist unsinnig und unnötig.

Die geräuschärmste Lösung für den Prozessor oder gar Ihre gesamte DAW stellt eine *Wasserkühlung* dar. Diese Variante ist allerdings um ein Vielfaches teurer als herkömmliche Lüfterlösungen mit *Rotorventilatoren*. Deshalb mein Tipp: Sparen Sie sich lieber das Geld und kaufen Sie leistungsstarke und leise Lüfter!

## 1.18 Gehäusedämmung

Das Thema Lautstärke setzt sich bei der Gehäusedämmung fort. In der Regel steht Ihre DAW in Ihrem Regieraum (Wohnzimmer/Arbeitszimmer), in dem Sie – bei großer Auslastung des Systems – die aufgenommenen oder generierten Audiosignale über Ihre Monitorlautsprecher hinsichtlich etlicher Qualitätskriterien beurteilen können müssen. Da ist es störend, eine laute Rumpelkiste neben sich stehen zu haben, die bestimmte Frequenzbereiche während des Abhörens verdeckt oder mit Soundmüll schlichtweg zukleistert. Sofern Sie über einen sogenannten *Silent-PC* verfügen ... Glückwunsch! Für alle anderen gilt: Eine Gehäusedämmung muss her.

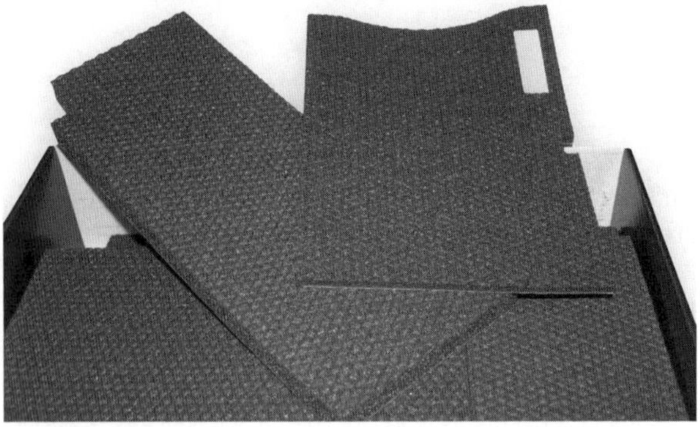

**Abb. 1.39:** Dämmmaterial fertig zugeschnitten

**Hinweis**

Bei den Dämmmaterialien gibt es die unterschiedlichsten Varianten. Mein Tipp: Geben Sie nicht mehr Geld als nötig aus und schauen Sie sich nicht ausschließlich in Computerläden um. So mancher Autoteilehändler bietet Dämmmatten zu viel günstigeren Tarifen an als der PC-Verkäufer um die Ecke, da auch Autofreaks oftmals viele Teile ihrer Boliden schallisolieren.

Die verwendeten Materialien sind hauptsächlich Schaumstoffe und Gummi, aber auch Mikrofaserplatten. Bei manchen Herstellern finden Sie auch mehrschichtige Dämmmatten, die noch effektiver dämmen sollen als Matten aus einer Einzelschicht.

Ein Beispielkit von Dämmmatten könnte etwa wie folgt aussehen:

- selbstklebende 10-mm-Absorptionsmatte als Dämmungsprofil
- selbstklebende 2-mm-Kunststoffmatte mit Silberbeschichtung als Resonanzdämmstoff

Häufig werden für die Seitenwände schwere Gummimatten verwendet, größere Schaumstoffstücke verhindern die Schallausbreitung zwischen den Steckkarten. Im vorderen Bereich wird dagegen häufig fleeceähnlicher Stoff verwendet. Für die nicht verwendeten Laufwerksschächte und ihre Seiten kommen Dämmstreifen zum Einsatz. (Sinnvolle Belüftungsschlitze an strategisch wichtigen Stellen nicht vergessen!)

Insgesamt können Sie auf diese Weise durchaus Schallreduktionen von bis zu 70 Prozent realisieren. Dabei ist die Schallabsorption aufgrund der Materialbeschaffenheit der Dämmmatten für verschiedene Frequenzen ganz unterschiedlich. Wie in Tabelle 1.5 zu sehen, wird aber der Gehäuseschall gerade in den für das Abhören von Gesangs- und Sprachaufnahmen entscheidenden Frequenzbereichen zumeist deutlich gedämpft.

| Frequenz | Schallabsorption |
|---|---|
| 800 Hz | 20 % |
| 1 kHz | 25 % |
| 2 kHz | 66,7 % |
| 4 kHz | 95 % |

**Tabelle 1.5:** Schallabsorption bei PC-Gehäusen durch Dämmung (Beispiel)

## 1.19 Maus und Tastatur

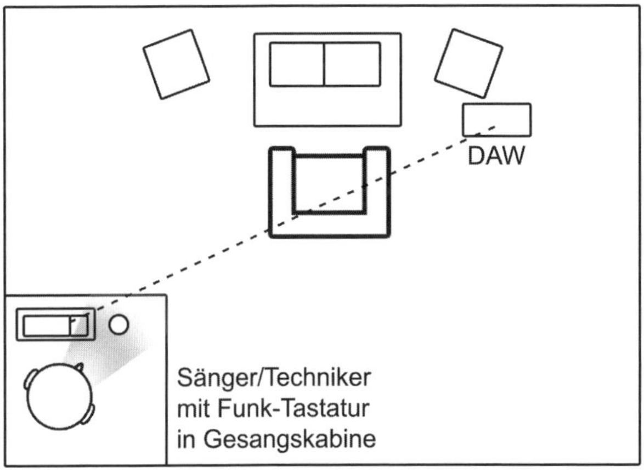


**Abb. 1.40:** Funktastatur als Fernsteuerung

Um eine *Funkmaus* und eine *Funktastatur* kommen Sie meiner Meinung nach heutzutage nicht mehr herum. Die optische Abtastung mit Leuchtdiode und Fototransistor hat den entscheidenden Vorteil, dass sie weitaus zuverlässiger ist als die manuelle Ballvariante. Die drahtlose *Funkverbindung* geschieht dabei heutzutage im zulassungsfreien 2,4-GHz-Bereich. Ferner sollte Ihre Maus über ein *Scrollrad* mit Tasterfunktion verfügen. So können Sie in der Sequenzer- und Bearbeitungssoftware entscheidend schneller in Ihren Projekten und Dateien navigieren. Bedenkt man, dass eine Computermaus nur wenige Euro kostet, ist alles andere nur unnötige Arbeitserschwerung.

Wie so vieles an Ihrer DAW sollte auch die Tastatur Ihrer Wahl so zuverlässig wie möglich sein. So schick sie auch aussehen: Kleine Tastaturen ohne Nummernblock haben bei einer DAW normalerweise nichts verloren, da darüber oftmals ein Großteil der Steuerung interner Sequenzer vorgenommen wird. Bedenken Sie also, dass die Tastatur Ihrer Homerecording-DAW mehr ist als nur ein Eingabegerät für Buchstaben und Zahlen. Viele Softwarefunktionen sind einfacher und schneller über die Tastatur zu erreichen als mit der Maus, die Ihre Hand bei stundenlanger Arbeit stark belasten kann. – In Abbildung 1.40 sehen Sie, dass Sie eine Funktastatur auch als Fernsteuerung für Ihre DAW nutzen können. Im Beispiel sind Aufnahme- und Regieraum durch eine Tür mit Glasscheibe getrennt, was der reibungslosen Übertragung der Tastaturdaten an die DAW im Regieraum keinen Abbruch tut. So können Sie zugleich performender Künstler und steuernder Techniker sein.

Während in früheren Zeiten nur die Funktionstasten eine besondere Bedeutung hatten, führt mittlerweile jede größere Software ihr eigenes System von Tastenkombinationen über die Steuerungs- `Strg` und Alternativtasten `Alt`. Diese Arbeitsweise mit Shortcuts sollten Sie sich unbedingt angewöhnen, um Zeit und Mühe zu sparen. Häufig werden für eine Software sowieso nur bestimmte Abläufe und Funktionen immer und immer wieder genutzt. Sich ein Set der wichtigsten Tastatur-Shortcuts anzueignen, ist deshalb mehr eine Sache der Entscheidung als des »automatischen« Auswendiglernens.

Durch die extensive Nutzung von Shortcuts in Softwarestudios wie Cubase sind findige Hersteller von Computertastaturen auf die Idee gekommen, Spezialtastaturen mit farbigen Tastenkappen herzustellen. Für Neueinsteiger ist solch eine Tastatur sicher eine große Hilfe, sie birgt aber neben dem aus meiner Sicht stets viel zu hohen Preis einen weiteren Nachteil. Da die Shortcuts vieler Bearbeitungs- und Studiosoftwares mittlerweile über Programmdialoge verändert und weitestgehend den eigenen Bedürfnissen angepasst werden können, stellen Tastaturen mit Farbcodierung eine Einschränkung dar. Spätestens wenn Sie fünf oder sechs der häufigsten Tastaturkürzel geändert oder angepasst haben, können Sie die Farbtastatur auf den Müll schmeißen.

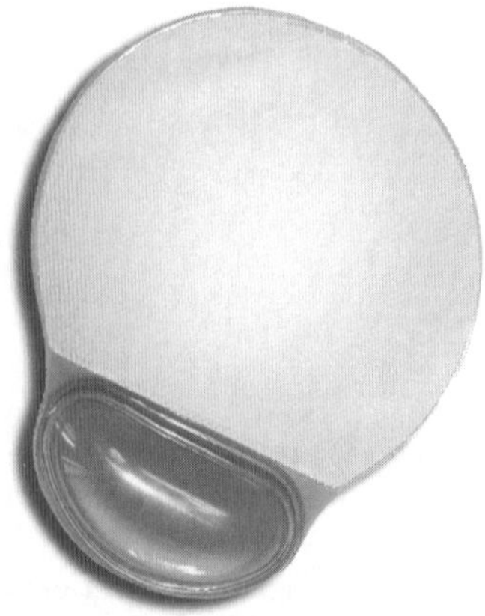

**Abb. 1.41:** Mauspad mit Gelauflage

## Hinweis

Achten Sie sowohl beim Nutzen der Tastatur wie auch der Maus stets auf einen ergonomischen Arbeitsplatz, eine gute Körperhaltung und eine relaxte Handhaltung an den Geräten, um Verspannungen und Sehnenbeschwerden vorzubeugen. Besonders Gelegenheitsnutzer von Computern können sonst nach einem langen Recording-Wochenende feststellen, dass die Aufnahmesession zur echten körperlichen Belastung geworden ist. Bevor es zu spät ist, sollten Sie sich deshalb beispielsweise für die Mausbedienung ein Gelkissen zulegen. Solche Arbeitserleichterungen gibt es mittlerweile in jedem gut sortierten Computershop zu kaufen.

## 1.20 Netzwerk

Mit modernen Betriebssystemen ist es ein Kinderspiel, sich ein hauseigenes kleines Netzwerk einzurichten. Das macht vor allem Sinn, wenn Sie mit einem Bandkollegen gleichzeitig auf verschiedene Daten zurückgreifen möchten, um Ihr nächstes Demo schneller fertig zu haben (einer bearbeitet die Daten, der andere arrangiert sie und mixt sie vor).

Empfehlenswert ist es, bei Windows-basierten Homerecording-Rechnern die Benutzerkontensteuerung zu nutzen. Richten Sie den PC als Administrator ein und nutzen Sie ihn während Ihrer DAW-Arbeit dann mit einem extra angelegten Benutzerkonto.

So ist Ihre DAW beim Surfen durchs Internet besser vor Angriffen geschützt. Denn eine Internetverbindung ist heute für jede DAW Pflicht. So können Sie stets die neuesten Updates herunterladen, Software authentifizieren und Daten mit befreundeten Musikern austauschen.

## 1.21 Datensicherheit

Wie Sie sehen, ist die Einrichtung eines kleinen Netzwerks durchaus von Vorteil. Nur sicher muss es sein! Vergessen Sie nicht, die interne Firewall des Betriebssystems einzurichten.

Ein Virenscanner sollte ebenfalls auf jeder DAW verfügbar sein. Dieser sollte seine Updates auf keinen Fall selbst ins Spiel bringen, sondern nur durch Ihre manuelle Betätigung abrufen, andernfalls verlangsamen Sie Ihr System eventuell im entscheidenden Aufnahmemoment bis auf Schneckentempo. Genauso, wie Sie regelmäßig Ihre Festplatten defragmentieren, Systemherstellungszeitpunkte setzen und wichtige Daten archivieren sollten, ist es auch ratsam, dass Sie sich angewöhnen, neue von außen zugeführte Daten mittels Virenscanner auf ihre Sicherheit hin zu prüfen.

## 1.22 Einrichtungstipps für den PC

Machen Sie sich klar, dass ein Computer lediglich eine Maschine ist, die nur das tut (oder tun sollte), was Sie ihr vorgeben. Deshalb mein Rat: Bedenken Sie die Festplatten-Bestückung und nutzen Sie wenn möglich verschiedene Festplatten für verschiedene Zwecke.

| Festplatte | Zweck |
|---|---|
| C:\ | System & Programme |
| D:\ | Projekte |
| E:\ | Libraries & Ressourcen |
| F:\ | Backup |

**Tabelle 1.6:** Beispielhafte Festplatten-Bestückung einer DAW

Eine gute Lösung ist beispielsweise, wenn Sie eine kleinere Festplatte von 500 GB (beispielsweise ein *SSD*, also *Solid State Drive*) ausschließlich für das Betriebssystem, Auslagerungsdateien und Ähnliches sowie Programme einrichten. Außerdem sollten Sie auf das Partitionieren größerer Platten verzichten und stattdessen auf mehrere einzelne Festplatten zurückgreifen, die Sie für die drei Funktionen *System*, *Projekte* und *Libraries* bereitstellen, wie oben zu sehen. So arbeitet Ihr System strukturiert und schnell, Datensicherungen auf eine weitere, größere *Backup*-Festplatte werden zum Kinderspiel. Stellen Sie sich einen Backup-Plan zusammen oder lassen Sie sich Arbeit von einer Backup- und Recovery-Software abnehmen.

Denken Sie auch daran, Ihre Festplatten regelmäßig zu defragmentieren. Nichts verlangsamt den Datenzugriff mehr als eine übervolle Festplatte, auf der alles durcheinander abgelegt ist. Am besten ist es, wenn Sie nach der ersten Installation des Betriebssystems sofort einmal eine Defragmentierung durchführen. Dann erst sollten Sie mit dem Hinzufügen von Audiosoftware loslegen.

## 1.23 Leistungsüberwachung

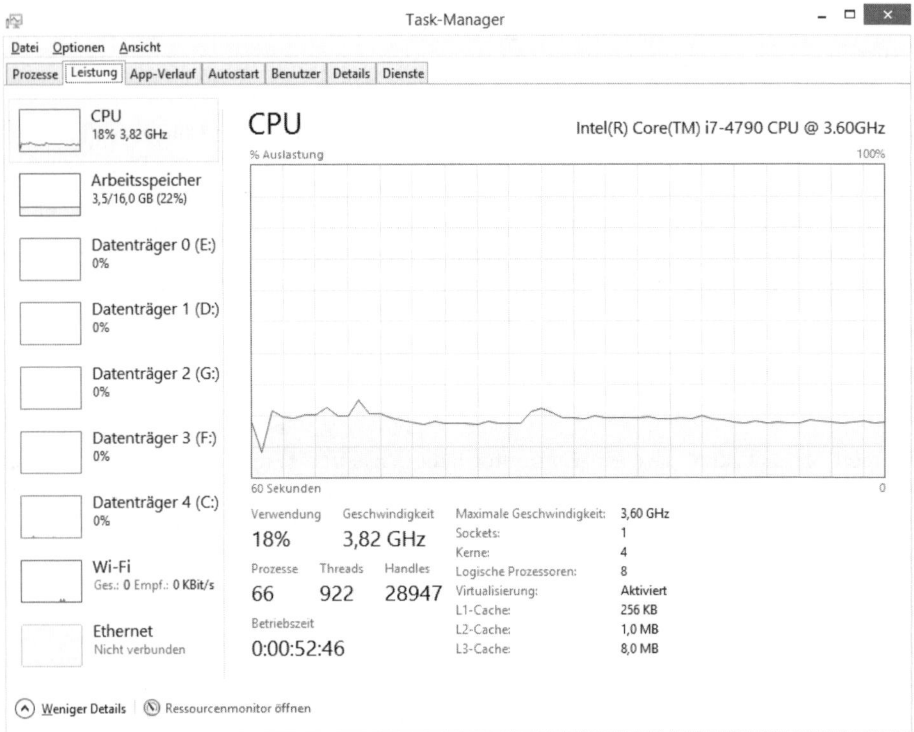


**Abb. 1.42:** Leistungsüberwachung mit Betriebssystem

Wie oben schon beschrieben, können Displays Auskunft über wichtige Systemdaten geben. Sie befinden sich aber zumeist nicht im Blickfeld, während Sie arbeiten, sondern sind in den auf dem Boden stehenden PC-Tower eingebaut. Noch besser ist es deshalb, wenn Sie die wichtigsten Daten während Ihrer Audioarbeit direkt auf dem Bildschirm sehen könnten. Zu diesem Zweck bieten einige Audiosoftwarelösungen eigene *Leistungsanzeigen*. Cubase hat beispielsweise eine Leistungsanzeige für CPU-Last und Harddisk-Beanspruchung sowie für die ASIO-Auslastung.

Wenn Ihnen weder die Genauigkeit der Softwarelösung noch die der Hardwaredisplays ausreicht, so können Sie über Ihr Betriebssystem detaillierte Werte anzeigen lassen. Besonderer Vorteil hier: Sie profitieren bei Windows von einer Anzeige des zeitlichen Verlaufs von CPU-Auslastung und ähnlichen Werten. Dies ermöglicht Ihnen festzustellen, zu welchem Zeitpunkt oder mit welcher Tätigkeit/welchem Programm die Systembelastung am größten bzw. am geringsten ist.

Um Ähnliches auch für Ihr Mainboard durchzuführen, bieten viele Mainboard-Hersteller spezielle Software, die Ihnen alle relevanten Werte numerisch und grafisch ausgibt.

Sie sehen schon: Ein Recording-Fachmann wird durch seine DAW zwangsläufig auch zu einem mehr oder weniger guten PC-Fachmann ...

## 1.24 Notebook als Musik-PC?

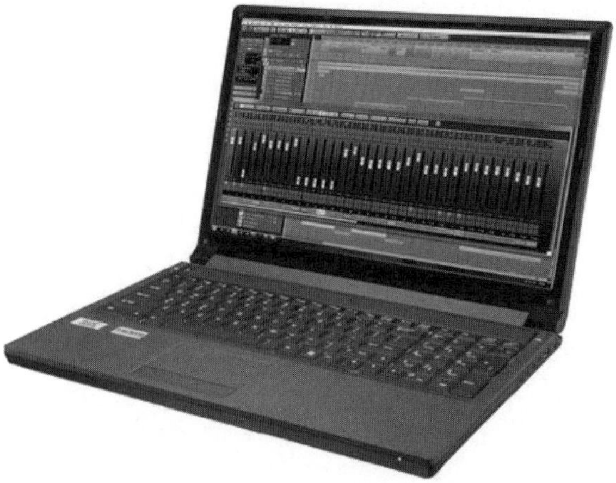

**Abb. 1.43:** »Schnelle mobile Einsatztruppe« (Quelle: `www.adkproaudio.com`)

Mittlerweile gibt es etliche Billigangebote für Notebooks in Discountern und Medienmärkten. Das bietet natürlich verlockende Voraussetzungen, sich einen solchen zumeist auf Multimedia ausgelegten transportablen Rechner zuzulegen, um damit seine Musikaufnahmen zu machen. So weit, so gut. Sicher ist es ein großer Vorteil, mit dem Notebook im Proberaum Aufnahmen machen zu können, doch dafür müssen noch andere Voraussetzungen geschaffen werden: Welches Audio-Interface nutzen Sie? Können Sie die Daten an einem anderen Rechner weiterbearbeiten?

Nutzen Sie Ihren Laptop im Recording-Prozess beispielsweise als mobile Aufnahmeeinheit. So können Sie beispielsweise in jedem herkömmlichen Proberaum mithilfe eines externen Audio-Interface via USB oder FireWire Mikrofonsignale aufnehmen und gleichzeitig MIDI-Daten aufzeichnen.

Besonders beliebt als mobiles Producer-Laptop sind die verschiedenen Versionen des Macbook Pro von Apple. Auch mit gebrauchten Geräten, die schon einige Jahre auf dem Buckel haben, können Sie zuverlässig Musik produzieren. Sie sollten nur darauf achten, dass auf dem Macbook Ihrer Wahl die MacOS-Version installiert werden kann, die den Mindestanforderungen Ihrer liebsten Recording-Software-Titel gerecht wird.

## 1.25 Fazit

Um einen Audiorechner zusammenzustellen, bedarf es schon einiger Erfahrung in der Auswahl der Komponenten. Es gibt viel zu bedenken und vieles zu beachten. Mit ein wenig Plan und Übersicht, wozu Ihnen die vorangehenden Abschnitte hoffentlich verholfen haben, sollte es aber klappen. Stellen Sie sich ein System zusammen, das Ihren Arbeitsabläufen entspricht. Sie haben noch keins? Kein Problem. Dann legen Sie einfach los und wachsen Sie mit Ihren Erfahrungen.

Auch Ihr Computer wird sich verändern. Passen Sie ihn, wann immer es Ihnen möglich ist, an Ihre Arbeitsweise an. Denn es kann nur einen geben ... und zwar nur einen Grundsatz: Die Technik soll an Ihnen ausgerichtet sein. Nicht andersherum! Wenn Sie Ihre Arbeit einschränken, weil Sie zu bequem sind, Änderungen am System vorzunehmen, oder sich schlichtweg nicht eingehend mit der Materie befassen, werden Sie sonst sehr schnell an Ihre (Recording-)Grenzen stoßen.

Kapitel 2

# Die passenden Räumlichkeiten

Richtig gelesen: Räumlichkeiten. Nun müssen Sie nicht gleich ein eigenes Studio bauen: Schon den ungenutzten Partykeller kann man mit wenigen Handgriffen und ein wenig Know-how zum Homestudio umrüsten. Aber auch eine Arbeitsecke innerhalb eines Wohnraums kann entsprechend hergerichtet werden. Wird ein professionelles Studio gebaut, so werden die Raumparameter am akustischen Bedarf ausgerichtet. Bei der Umgestaltung von Wohnräumen für den Homerecording-Bereich ist dies natürlich nur eingeschränkt möglich. Aber gerade deswegen macht es sich in jedem Fall bezahlt, sich mal etwas genauer anzuschauen, **warum** denn nun **was** genau **wie** umgesetzt werden sollte, um eine einigermaßen recordingfreundliche Arbeitsumgebung zu schaffen. Zu diesem Zweck gebe ich Ihnen zuerst einmal wichtige physikalische Grundlagen mit auf den Weg, die Ihnen das weitere Verständnis erleichtern sollen. Danach schauen wir uns die gängige Unterteilung eines Studios an.

## 2.1 Akustische Grundlagen – ohne Physik geht es nicht

Nicht nur für das Verstehen der Raumakustik, sondern auch für die Zusammenhänge bei der Aufnahme und dem späteren Mix ist es natürlich wichtig, dass wir auch einen kurzen Blick auf die physikalischen Grundlagen der Akustik werfen. Was macht überhaupt den Höreindruck eines Audiosignals aus?

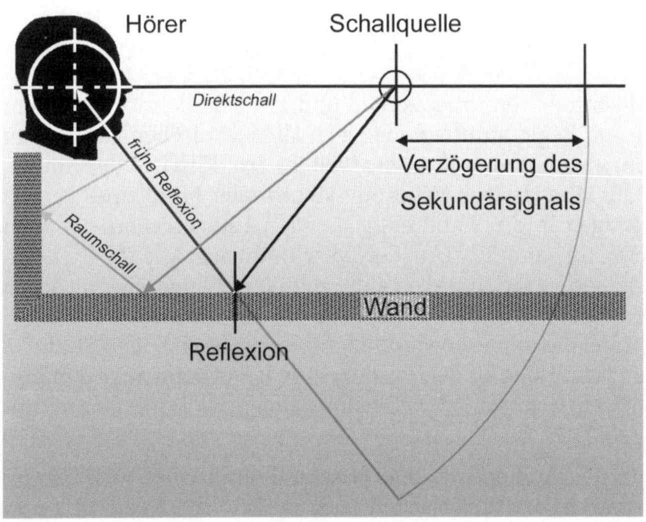


**Abb. 2.1:** Direktschall, frühe Reflexionen und Nachhall

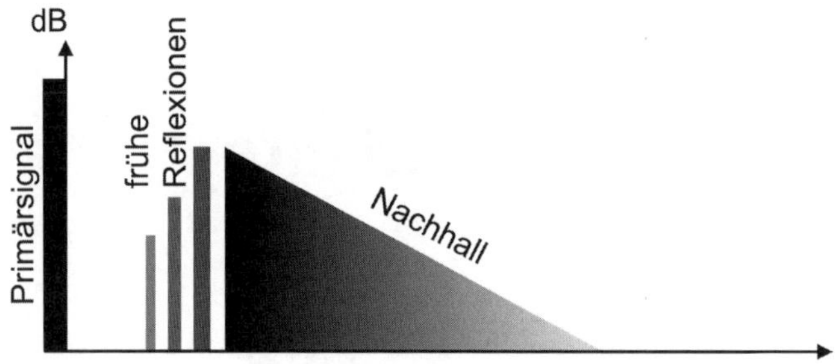


**Abb. 2.2:** Primärsignal, frühe Reflexionen und Nachhall

Der akustische Höreindruck wird im Wesentlichen durch die folgenden Faktoren bestimmt:

- *Verhältnis von Gesamtschall* zu Direktschall: Ein Audiosignal setzt sich aus dem von einer Schallquelle ausgesendeten Direktschall (sendet das Primärsignal) und mehreren Reflexionen zusammen. Dabei ist die Lautstärke des Direktschalls entscheidend für die Wahrnehmung der Entfernung der Schallquelle.
- *Verhältnis von Gesamtschall zu frühen Reflexionen*: Audiosignale werden in einem Raum von den darin befindlichen Flächen mehrfach reflektiert. Die ersten dieser Reflexionen sind in der Regel gegenüber dem diffuseren Nachhall deutlicher voneinander differenzierbar. Besonders der zeitliche Versatz dieser frühen Reflexionen ist entscheidend für die Wahrnehmung der Schallquelle im Raum.
- *Verhältnis von Gesamtschall zu Nachhall*: Die gegenüber den frühen Reflexionen diffuseren Schallrückwerfungen des Nachhalls sowie ihr zeitlicher Versatz prägen vor allem die Wahrnehmung des Höreindrucks im Hinblick auf die Raumgröße.

Wir werden in den folgenden Abschnitten noch auf diese Zusammenhänge zurückgreifen.

## 2.2 Der Regieraum

Der Regieraum ist die Schaltzentrale von Produzenten und Tontechnikern. Hier laufen alle Signalfäden zusammen. Im Regieraum befinden sich alle technischen Geräte, um Audiosignale aufzuzeichnen, abzuhören und zu bearbeiten. Das Klischee der Studioausstattung sieht wie folgt aus: Ein riesiges Mischpult steht in der Mitte eines kargen Raumes, der sowohl mit riesigen in die Wand eingelassenen Lautsprechern als auch mit kleineren Lautsprechern auf dem Rücken der Mischpultkonsole aufwartet. Im Raum befinden sich in kleinen offenen Schränken außerdem jede Menge Geräte, deren Lichter in allen erdenklichen Farben leuchten. Sie kennen dieses Bild sicher. (In Abbildung 2.3 sehen Sie zum Beispiel die Regie eines mittelgroßen professionellen Studios.) Die immer gleiche erste Frage von Laien an den Produzenten lautet dann auch dementsprechend: »Und du weißt wirklich, wofür jeder einzelne Knopf ist?« Darauf ertönt trocken die immer gleiche Lüge: »Ja.«

Fakt ist, dass viele der modernen Audiogeräte und Mischpulte mit einer Vielzahl von Funktionen aufwarten, die man in der Praxis selten auch tatsächlich **alle** einsetzt und kennt oder kennen muss. Dass ein voll ausgestattetes professionelles Studio auf den

Recording-Neuling wie das Innere eines UFOs wirkt, ist kein Wunder. Zu groß ist die Menge an Informationen, die neu auf ihn einströmen. Auf den folgenden Seiten wollen wir uns Schritt für Schritt der Klärung dieses Wusts von Neuigkeiten widmen.

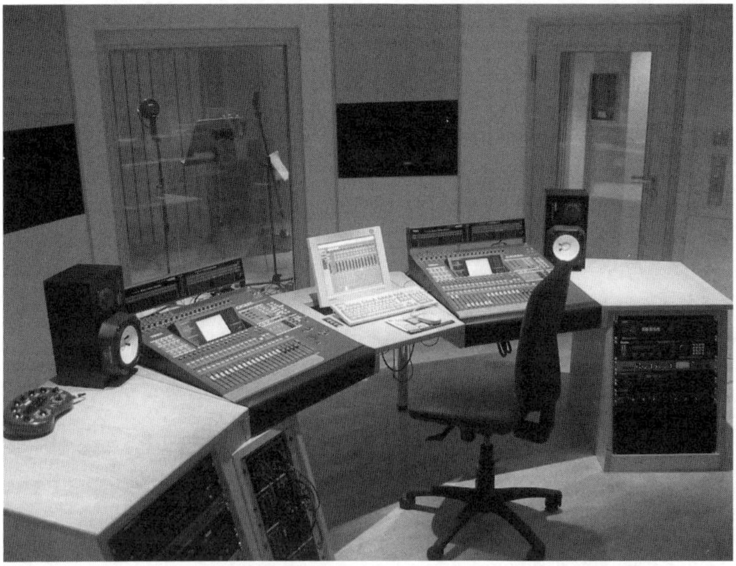

**Abb. 2.3:** Blick ins Audio-»Cockpit«

Ein weiterer Standard sind große Scheiben zwischen Regieraum und den Aufnahmeräumen. Sie stellen sicher, dass sich Musiker und Produzent nicht nur über ihr Gehör verständigen können, sondern auch mit Mimik und Gesten. Die räumliche Trennung ermöglicht im Tonstudio die Aufnahme eines möglichst »sauberen« Signals, das keinerlei Geräusche und Klänge enthält, außer denjenigen, die auch wirklich auf die Aufnahme gelangen sollen. Für Ihr Homestudio gibt es dabei verschiedene Wege, diese räumliche Trennung günstig selbst zu erstellen oder durch einfache Hilfsmittel näherungsweise zu imitieren.

Doch wie wird Ihr Arbeitszimmer oder Partyraum nun konkret zum Recording-Studio? Was gehört alles dazu? Und warum? Nun, mit der Anschaffung und Einrichtung einer DAW haben Sie schon einen großen Schritt getan. Für alle anderen gilt: Erst einmal den vorhandenen Rechner nutzen und nach und nach alles Notwendige aufstocken, sobald die Erfahrung da ist, um den tatsächlichen Bedarf festzustellen.

### 2.2.1 Direktschall und Hallradius

Bevor Sie anfangen, die Wände Ihres Wohnzimmerstudios mit wenig dekorativen Eierkartons zu versehen, möchte ich Ihnen erklären, wie die Akustik eines Regieraums beschaffen sein sollte und mit welchen Hilfsmitteln Sie das erreichen.

Jede Schallreflexion, die auf Ihrem Regieplatz annähernd so laut an Ihr Ohr dringt wie der Schall, der direkt aus den Abhörlautsprechern kommt, stellt ein Problem dar. Bedenken Sie: Sie müssen eindeutig beurteilen und einstellen können, wo sich ein Signal im Stereobild Ihrer Aufnahmen befindet. Klingt einfach, ist es aber keineswegs. Wenn es im Homestudio erst mal richtig wummert und zischt und einfach nicht mehr klar ist, ob es nun am Raum oder an der Aufnahme selbst liegt, können die hart erarbeiten Aufnahmen kurz vor dem soundtechnischen Aus stehen. Also: Was tun?

In Abbildung 2.3 sehen Sie, dass es im Regieraum eine Schwelle gibt, an der der *Direktschall* Ihrer Lautsprecher ebenso laut ist wie der *Reflexionshall*. Diese Schwelle bezeichnet den *Hallradius*. Optimal sollte dieser Hallradius möglichst groß sein. Dies erreichen Sie durch Akustikelemente, mit deren Hilfe Sie den Raumklang »trockener« machen. Damit meint man, dass die Schallreflexionen im Raum verringert werden. Zu diesem Zweck können Sie verschiedene Maßnahmen ergreifen:

1. Richten Sie die Lautsprecher Ihres Abhörplatzes so ein, dass sie die Schallwellen nicht unmittelbar auf eine glatte Fläche abstrahlen.
2. Bringen Sie vor großen Glasflächen, wie Fenstern und Balkontüren, Vorhänge an.
3. Bringen Sie eine Bassfalle im Raum an. (Die einfachste und bequemste Variante ist eine Couch hinter dem Regieplatz!)

### 2.2.2 Akustikelemente

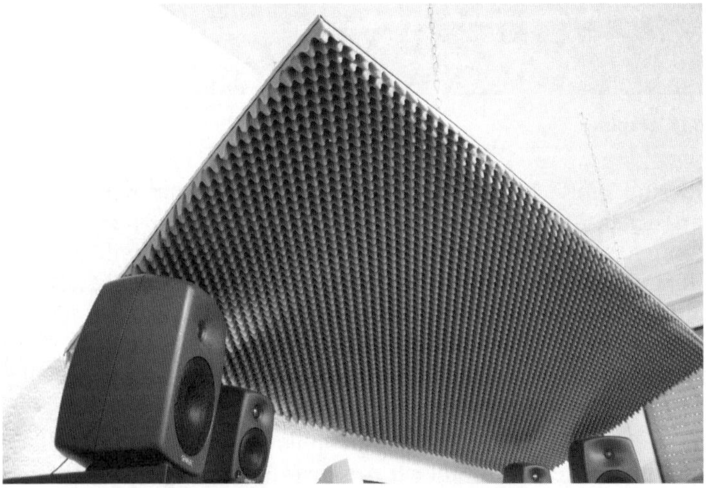

**Abb. 2.4:** Einfache Akustikabhängung über dem Regieplatz

Wenn all dies nicht zum gewünschten Erfolg führt, gibt es weitere Möglichkeiten, die allerdings entweder weitaus kostspieliger sind oder aber ein wenig handwerkliches Geschick erfordern. In Abbildung 2.4 sehen Sie eine mit Akustikschaumstoff beklebte Abhängung über einem Regieplatz. Sie ist schnell gebaut und befestigt und dennoch äußerst wirkungsvoll. Die Abhängung verhindert zugleich, dass Direktschall zur Zimmerdecke gelangen kann und Reflexionsschall von dieser auf den Regieplatz zurückwirft. Sollten Sie handwerklich nicht ganz so geschickt sein, empfehle ich Ihnen allerdings, sich eingehend im Baumarkt über Haken, Dübel und Deckenbeschaffenheit zu informieren, damit es nicht zu einer bösen Überraschung kommt und sich Ihr

Akustikelement aus der Decke verabschiedet. Bedenken Sie: Ihr Equipment und natürlich Sie selbst befinden sich darunter und könnten Schaden nehmen.

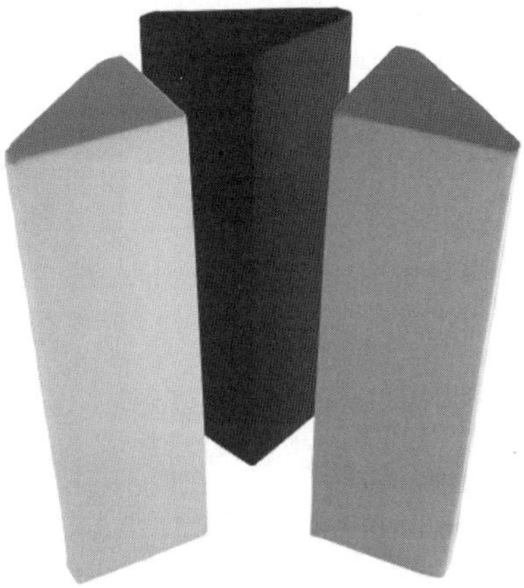

**Abb. 2.5:** Stehende Basswellen ade – die Bassfalle (Quelle: `www.fastaudio.com`)

Sollte es in Ihrem Raum hohl wummern, können Sie eine sogenannte *Bassfalle* anbringen. So bezeichnet man Akustikbauelemente, die den langwelligen Schall von Basstönen schlucken.

Dies ist vor allem in Räumen der Fall, in denen der Abstand von der Box zur reflektierenden Fläche (z. B. Wand) der Hälfte oder dem Vielfachen der Hälfte der Sinusschwingung entspricht. Ohne hier nun zu weit in Detail gehen zu wollen, sollte jedem Leser klar sein, dass diese »großen« Wellen nur mit großflächigen Elementen aufzufangen sind. Wie oben beschrieben, hat sich das Aufstellen einer einfachen Zwei- oder Dreisitzercouch hinter dem Regieplatz in solchen Fällen bewährt. Ist die Wand über der Couch allerdings karg, bietet sie den Basswellen immer noch zu viel potenzielle Reflexionsfläche.

Um Akustikelemente selber zu bauen, benötigen Sie aus dem Baumarkt lediglich Spanplatten, Kaninchendraht und als Füllstoff für Ihre Elemente Dämmwolle. Dass es sich bei solchen Bassfallen in Eigenbau nicht um schlichte rechteckige Kästen handeln muss, sehen Sie in Abbildung 2.5.

### Hinweis

In der Regel gilt: Je mehr mittelgroße Gegenstände ein Raum aufweist, um den Schall zu diffundieren, also diffus zu machen, umso besser für Ihr Homestudio. Durch die Verringerung von Reflexionen verringern Sie zwar die Hallanteile im Raum und damit zugleich auch die Lautheit der Audiosignale darin. Mit einer ausschließlichen Schall**dämmung** machen Sie den Raum allerdings »tot«, das heißt, er fängt auch die für die Natürlichkeit eines Audiosignals so wichtigen Obertöne in den oberen Frequenzen. Reflektierende Flächen sind also durchaus erwünscht. Die optimale Akustik erreichen Sie demnach über eine ausreichende Schalldämpfung bei ebenfalls ausreichender Schallstreuung.

## 2.3 Hi-Fi-Anlage als Abhöre

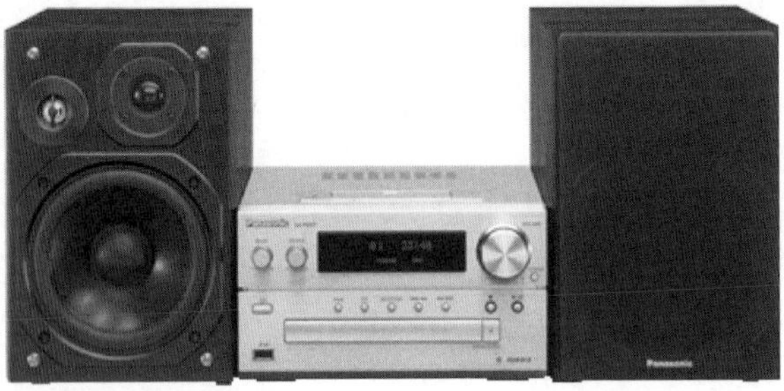

**Abb. 2.6:** Einfachste Lösung – eine »stinknormale« Hi-Fi-Anlage (www.panasonic.com)

Neben der DAW benötigen Sie selbstverständlich eine Möglichkeit, die Audiodaten, die Sie aufnehmen möchten oder im Rechner durch sogenannte virtuelle Instrumente erzeugen und verändern, auch hörbar zu machen.

Einige Leser haben dafür eventuell eine Hi-Fi-Anlage zur Hand. Reicht diese aus, um die eigenen Aufnahmen abmischen zu können? Die Antwort lautet ja und nein zugleich. Für den Anfang kann es durchaus ausreichend sein, den Ausgang der eigenen Soundkarte mit der Hi-Fi-Anlage zu verbinden ... und los. Aber halt! Ich möchte, dass Sie sich Folgendes einmal vorstellen: ein Labor mit vielen technischen Messinstrumenten. Darin Menschen in weißen Kitteln, die behutsam mit der Technik umgehen und sensible Vorgänge zu messen scheinen, immer wieder Ergebnisse notieren, wieder auf ihre Monitore und Messinstrumente schauen, kleinste Veränderungen vornehmen, die sich wiederum auf das Gemessene selbst auswirken. – »Keine Frage!«, denken Sie. »Hier wird sauber und genau gearbeitet. Kleidung und Inventar entsprechen dem.« Ich möchte nun nicht, dass Sie sich in Ihrem Homestudio einen weißen Kittel anziehen. Aber Sie sollten Ihren Regieraum, wo immer er sich auch befindet, nicht als einen Ort ansehen, der Ihnen den lautesten und »fettesten« Hörgenuss bietet und die Ohren »wegbläst«. Besser ist, Sie sehen ihn als eine Art Messplatz, wie bei einem Ingenieur. Sie selbst müssen an diesem Ort ein Techniker sein, der mithilfe von technischem Gerät physikalische Information aufzeichnet und verarbeitet. Dies ist kein Scherz und auch keine Übertreibung. Je genauer Sie verstehen, was dort überhaupt vor sich geht, wenn Sie ein Mikrofon benutzen oder Audiosignale durch die verschiedensten Effekte verbiegen, umso besser werden die Ergebnisse sein, die Sie auch mit einfachsten Mitteln erzielen.

Doch zurück zu unserer Hi-Fi-Anlage. Die Frage, ob Sie bei (hoffentlich) steigenden Ansprüchen eine Hi-Fi-Anlage oder aber halbwegs professionelle Monitorlautsprecher verwenden sollten, stellt sich deshalb nicht wirklich. (Denken Sie an den Vergleich mit dem Messplatz.)

Um mit einer herkömmlichen Hi-Fi-Anlage gute Ergebnisse als Recording-»Abhöre« zu erzielen, sollten Sie versuchen, das von der DAW wiedergegebene Audiosignal möglichst wenig zu verfälschen. Profis sagen, es soll möglichst *linear* sein. Hierbei beziehen sie sich auf die Darstellung einer Frequenzlinie, die wiedergibt, bei welchen Frequenzen die verwendeten Lautsprecher das ausgegebene Signal **wie** wiedergeben. Diese Linie sollte optimal so gerade wie möglich sein. Somit entsprächen die Frequenzen des ausgegebenen Signals an der DAW zu 100 Prozent demjenigen, das durch die Monitorlautsprecher hörbar gemacht wird. In diesem (höchst theoretischen) Fall wäre der Frequenzverlauf linear.

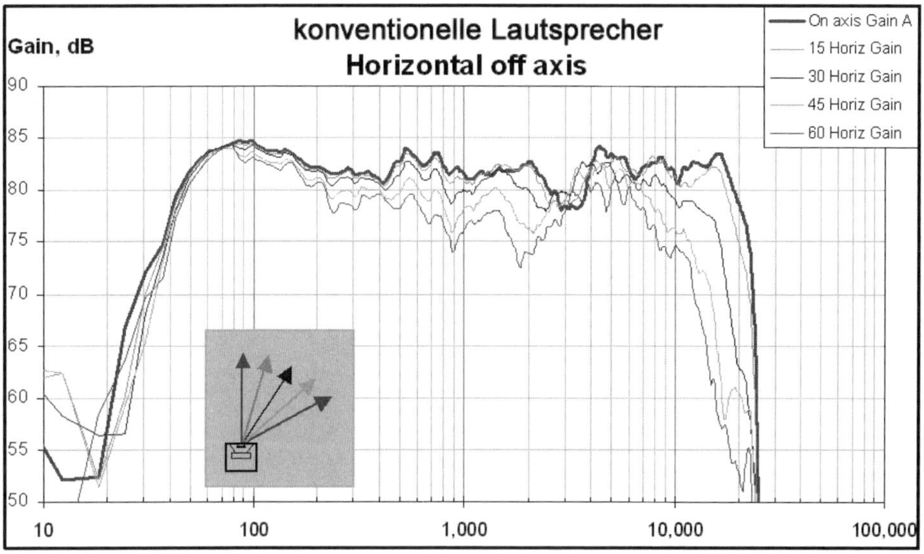


**Abb. 2.7:** Frequenzverlauf herkömmlicher Lautsprecher

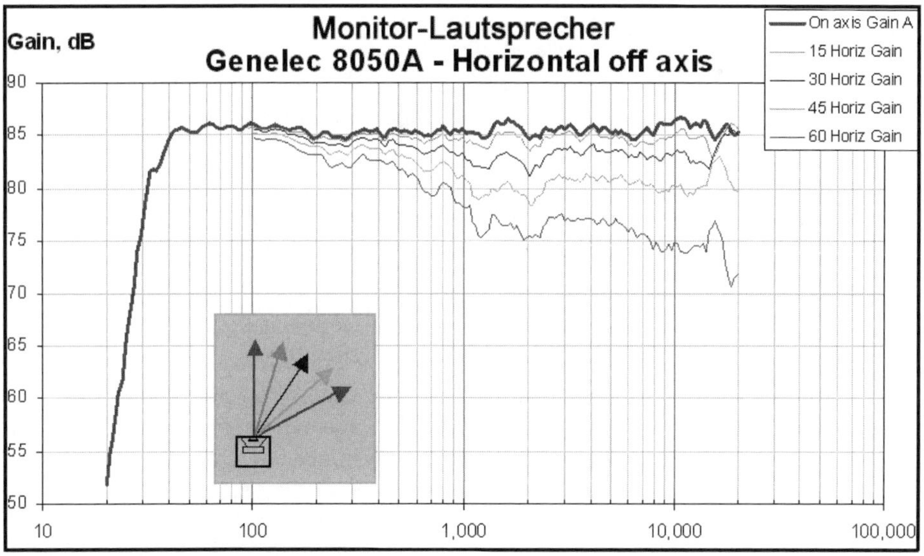


**Abb. 2.8:** Frequenzverlauf von Monitorlautsprechern – Genelec 8050-A

Nicht nur durch verschiedene Einstellungen des Hi-Fi-Verstärkers wie Höhen, Mitten, Bässe, Balance und Loudness, sondern auch durch die Bauweise (Membranbestückung, verwendete Materialien, Lautsprecherform etc.) der Hi-Fi-Lautsprecher wird der Klang verfälscht und beeinflusst. Die meisten dieser Faktoren haben bei einer Hi-Fi-Anlage die Aufgabe, den Klang zu beschönigen oder »fetter« klingen zu lassen. So gehört etwa eine eingeschaltete Loudness-Funktion heute zum Standard in deutschen Wohnzimmern. Für die Beurteilung von Recording-Signalen ist dies jedoch hinderlich. Sie sollten so pur wie möglich abgehört werden.

### Hinweis

So »linearisieren« Sie den Sound Ihrer Hi-fi-Anlage:

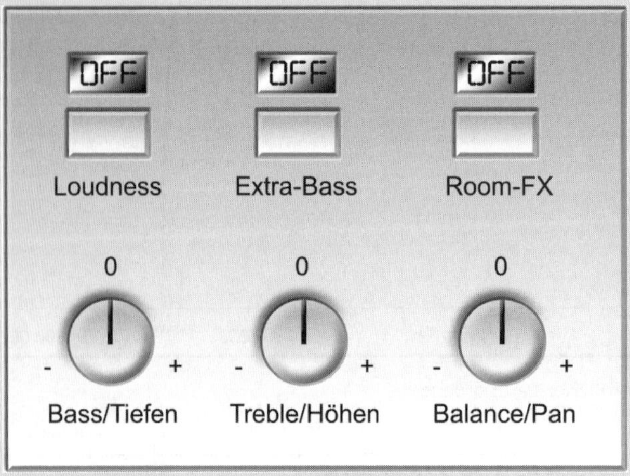


**Abb. 2.9:** Optimale Monitoring-Einstellungen am Hi-Fi-Verstärker

1. Stellen Sie den *Balance-* oder *Panorama-*Regler auf *mittig*. Nur so können Sie die Auslenkung von Audiosignalen im späteren Mix beurteilen.
2. Schalten Sie »Soundverfälscher«, wie *Loudness, Extra-Bass* und wie sie nicht alle heißen, aus. Diese haben im Monitor-Sound Ihres Homestudios nichts zu suchen.
3. Stellen Sie sicher, dass die Lautsprecher richtig ausgerichtet sind (siehe nachfolgendes Unterkapitel).
4. Stellen Sie die Einstellungen für das *Stereo-Panorama (Balance/Pan)* auf »0« bzw. *mittig*.
5. Stellen Sie alle vorhandenen *Equalizer* auf *Durchzug*. Dies erreichen Sie über die Funktion *Bypass* oder dadurch, dass Sie alle vorhandenen Regler auf Mittelposition setzen. Stellen Sie also alle verfügbaren Klangregelungen auf den Wert »0«. Weder Bässe noch Mitten noch Höhen sollten angehoben oder abgesenkt sein.

## Brummende Hi-Fi-Anlage

Mitunter kann es Ihnen passieren, dass das Abhören Ihrer Recording-Signale zu einer brummenden Angelegenheit wird. Das Beurteilen der Audiodaten wird so schier unmöglich. Hierfür gibt es viele mögliche Fehlerquellen. Eine möchte ich Ihnen hier vorstellen.

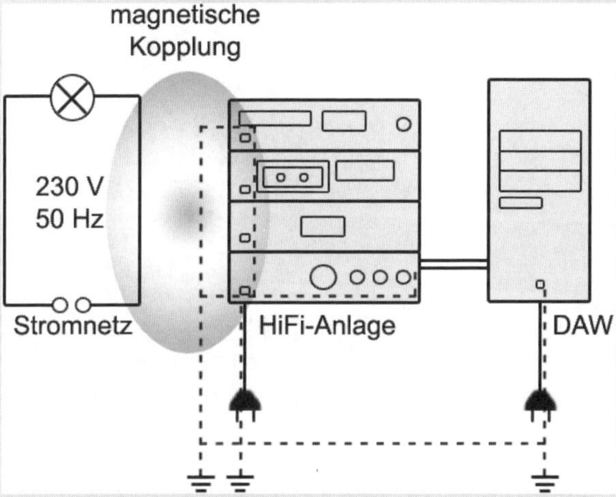


**Abb. 2.10:** Technische Probleme und mögliche Ursachen – Brummschleife durch magnetisches Koppeln

Ein Grund für das Brummen kann ein geerdetes Antennenkabel sein, über das die Hi-Fi-Anlage mit Rundfunksignalen versorgt wird. Aus dem 230-V-Netz streuen dabei magnetische Wechselfelder in die Elektronik der Anlage ein und verursachen eine *Brummschleife*. Dabei handelt es sich um eine sogenannte Gleichtaktstörung, da die »Brummspannung« zugleich auf der Abschirmung und den Signalleiter einwirkt und eine doppelte Schutzleiterverbindung zur bestehenden Kabelschirmung hinzufügt.

Mögliche Lösungen sind:

1. Einfachste Lösung: Antennenkabel entfernen. Klingt simpel, muss aber auch erst umgesetzt werden. Doch manchmal hilft auch dies nicht. Dann haben Sie noch weitere Möglichkeiten ...
2. Trennen Sie **keinesfalls** einen der Schutzleiter! Dies ist aus gutem Grund verboten, denn es kann unter Umständen sehr gefährlich sein.
3. Zur Vermeidung des niederfrequenten Stroms in der Abschirmung können Sie einen Mantelstromfilter einsetzen, der das Antennensignal über Kondensatoren koppelt. Dieselbe Wirkung hat das Auftrennen der Antennenkabelabschirmung.
4. Verabschieden Sie sich von Ihrer Hi-Fi-Lösung und arbeiten Sie mit eigens fürs Abhören von Recording-Signalen hergestellten Monitorlautsprechern.

## 2.4 Die Monitorlautsprecher

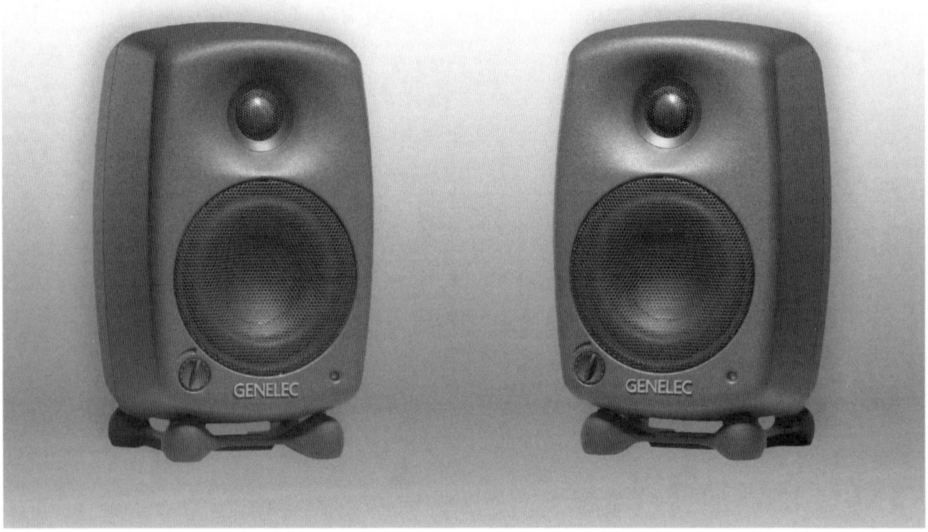


**Abb. 2.11:** Ein Standard fürs Monitoring – aktive Genelec-Lautsprecher (Quelle: www.genelec.de)

Wie schon beschrieben, bezeichnet der Begriff *Monitoring* das Abhören von Audiosignalen in einer Recording-Situation. Wenn im Zusammenhang mit Tonstudios die Rede von »Monitoren« ist, so sind zumeist nicht etwa Bildschirme gemeint (für deren Bezeichnung das Wort gemeinhin benutzt wird), sondern *Monitorlautsprecher.*

Diese Abhörlautsprecher gibt es nicht nur in den verschiedensten Größen und Preisklassen, sondern auch mit den unterschiedlichsten technischen Ausstattungsmerkmalen. Die wichtigste Unterscheidung ist wohl diejenige in passive und aktive Monitore.

### 2.4.1 Passive Monitore

*Passiv* bezieht sich auf die Wiedergabemöglichkeit der Lautsprecher. Sie sind passiv, weil Sie für diesen Typ Lautsprecher einen zusätzlichen Verstärker oder eine Endstufe benötigen, durch die die Audiosignale den Lautsprechern bereitgestellt werden. Passive Lautsprecher haben den Vorteil, dass sie für gewöhnlich günstiger sind als ihre aktiven Pendants. Darin liegt aber auch zugleich einer ihrer Nachteile. Der für die Wiedergabe benötigte Verstärker kostet natürlich auch eine gewisse Summe. Ob sich die Anschaffung dann noch rentiert, hängt deshalb vom konkreten Einzelfall ab.

Ein weiterer Nachteil von Passivlautsprechern, die über einen separaten Verstärker betrieben werden, ist eben genau jener Verstärker, da dieser den Klang durchaus maßgeblich beeinflussen kann.

Achten Sie beim Verstärkerkauf darauf, dass dessen Nennleistung über der Nennbelastbarkeit der Lautsprecher liegt und er nicht über eine Lüfterkühlung verfügt. Dies ist eine vermeidbare Geräuschquelle.

### 2.4.2 Aktive Monitore

... hingegen haben ein integriertes Netzteil und einen eingebauten Verstärker, der vom Hersteller auf die Lautsprecher abgestimmt wurde. Dies führt einerseits zwar in der Anschaffung zu Mehrkosten, da Sie beim Kauf von Aktivlautsprechern eben nicht nur einfach Lautsprecher kaufen, sondern zugleich einen Verstärker. Andererseits haben Sie die Gewissheit, dass Verstärker und Lautsprecher auch wirklich miteinander harmonieren und den Klang Ihrer Aufnahmen nicht unnötig verfälschen.

Im Budget-Bereich ist es üblich, dass paarweise angebotene Aktivlautsprecher über einen gemeinsamen Verstärker verfügen, der in einen der Lautsprecher eingebaut ist. Da dies aber wiederum eigene Probleme in der Signalübertragung mit sich bringt, verfügen höherwertige Aktivmonitore über je einen eigenen Verstärker pro Box.

**Hinweis**

Bedenken Sie, dass Ihre Aufnahmen immer nur so gut klingen können, wie es Ihr Equipment zulässt. Achten Sie deshalb beim Kauf außer auf die Wattzahl und die einmal vorausgesetzte größtmögliche Linearität auf weitere Aspekte der Monitorlautsprecher. So sollten diese z. B. magnetisch abgeschirmt sein, um gegen Strahlungseinflüsse von außen gewappnet zu sein.

### 2.4.3 Was sind Nahfeldmonitore?

Machen Sie sich noch einmal klar, welchem Zweck die Monitorlautsprecher dienen sollen. Ihnen kommt der Messplatz aus dem vorangegangenen Abschnitt in den Sinn? Genau! Für die Beschallung eines Wohnzimmers, eines Partykellers oder eines Festivals ist die Wattzahl der Anlage entscheidend. Aber fürs Monitoring im Studio? Bedenken Sie auch, was hinter der Bezeichnung »Monitor« steckt. Es ist lateinischen Ursprungs und steht für »Überwachen«. Sie überwachen also über die Monitorlautsprecher Ihre Audiosignale.

*Nahfeldmonitore* werden nun speziell für das Überwachen von Audiosignalen über kurze Distanzen entwickelt ... und nicht etwa, um einen Raum zu beschallen. Mit kurzer Distanz meine ich ein bis zwei Meter. (Den Begriff Hallradius haben Sie ja weiter vorn schon kennengelernt.) Innerhalb dieses sogenannten Nahfelds ist in der Regel der Direktschall, der aus Ihren Monitorlautsprechern an Ihre Ohren dringt, lauter als die Reflexionen dieses Schalls, die von Wänden, Möbelstücken, Fensterscheiben, Raumdecke und Fußboden an Ihre Ohren gelangen.

Für die kurze Distanz werden außerdem keine riesigen Lautsprecher benötigt, deren Lautsprechermembrane ebenfalls groß und damit schwer sein müssen, was wiederum zur Trägheit der Membrane führt. Das Klangbild kleiner Lautsprecher ist so gesehen ein genaueres.

Schlussfolgerung: Nahfeldmonitoring ist angesagt. Alles andere macht für ein Homerecording-Studio nur in Ausnahmefällen Sinn und beeinträchtigt höchstens Ihre Abhörmöglichkeiten. (Mittelfeldmonitore für Abhörentfernungen von zwei bis drei Meter/Fernfeldmonitore für Abhörentfernungen von drei bis fünf Meter.)

### 2.4.4 Kaufkriterien

Auf folgende Punkte sollten Sie beim Kauf Ihrer Monitorlautsprecher besonders achten:

- breiter Abstrahlwinkel der Membrane
- möglichst breiter Frequenzgang bei der Wiedergabe
- größtmögliche Linearität in Mitten und Bässen
- geringe Verzerrung von Lautsprechern (und Verstärker)
- gute Impulswiedergabe und geringes Nachschwingen der Membrane

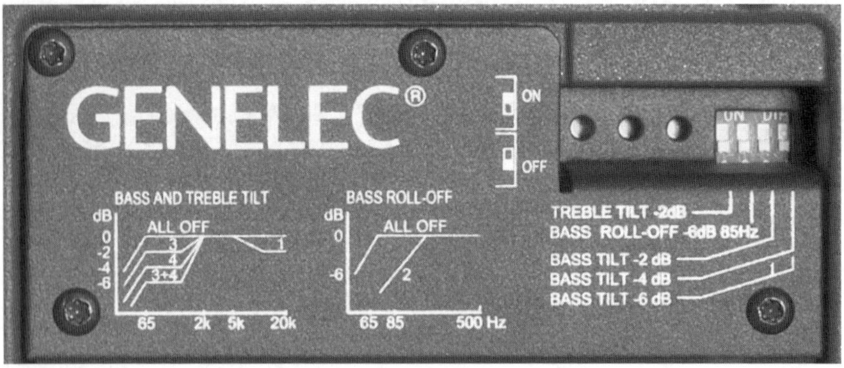


**Abb. 2.12:** Einstellung der Raumanpassung – Genelec 8020-A

Achten Sie bei der Zusammenstellung Ihrer Studioausstattung rechtzeitig darauf, ob es sich bei den Monitorlautsprechern Ihrer Wahl tatsächlich um ein Schnäppchen handelt oder ob lediglich der Stückpreis angegeben ist. Besonders bei professionellen Studiomonitoren werden diese häufig stückweise verkauft, was aber nicht unbedingt ein Nachteil sein muss.

### 2.4.5 Gehäuse

Hier ist vieles möglich, aber keineswegs alles gut. Verzichten Sie auf Monitorlautsprecher im Plastikgehäuse. Diese weisen häufig Eigenschwingungen auf und verfälschen so den Sound. Besser sind da schon Lautsprechergehäuse aus Holz, wobei es aber stark von dessen Qualität und Verarbeitung sowie der Bauweise der Lautsprecher abhängt, ob das Holz sich positiv auswirkt oder selbst zum Störfaktor wird. Denn vielfach verwenden Hersteller in Billigprodukten lediglich bessere Presspappe.

Eine bessere Lösung sind da schon Aktivlautsprecher mit durch Stege verstrebten Halbschalen aus Druckgussaluminium, so wie sie in der *8000er-Serie* von *Genelec* verwendet werden. Abgerundete Kanten verbessern dabei nicht nur das Erscheinungsbild, sondern verhindern auch die Entstehung sogenannter *Phantomschallquellen* (siehe unten) am Rand der Frontplatten. Die Kanten von rechteckigen Lautsprechergehäusen wirken auf die Schallwellen der Lautsprecher als akustische Unterbrecher *(Diffraktoren)*. Unwichtig? Kleinlich? Keineswegs! Denn durch diese vier Phantomschallquellen pro Lautsprechergehäuse verändert sich der Klangeindruck des Gehörten je nach Position des Hörers zum Gehäuse. Dieses Problem fällt bei abgerundeten Gehäusekanten weitaus weniger bis gar nicht ins Gewicht.

**Phantomschallquellen**

Wenn Sie versuchen, eine Schallquelle ausfindig zu machen, geschieht dies durch die sogenannte *Lokalisation*. Während zur Ortung ein entsprechendes ausgesendetes Ortungssignal notwendig ist (z. B. Radar, Sonar u. Ä.), findet die Lokalisation durch die räumliche Einordnung von Schallquellen statt, die nur von sich aus interpretierbare Informationen senden. Das klingt kompliziert, ist es aber nicht. Musikproduktionen arbeiten in der Regel mit Stereosignalen, eins auf dem linken, eins auf dem rechten Kanal. Wird ein Audiosignal auf beiden Lautsprechern identisch wiedergegeben, so lokalisiert man es in der Mitte. Obwohl es ja gar keine »mittlere« Box gibt. Dabei kann es passieren, dass Sie bei ungünstigen Konstellationen eine Schallquelle dort orten, wo sie sich überhaupt nicht befindet. So könnten beispielsweise von einer Fläche reflektierende Schallwellen Ihr Gehör irritieren. Wenn Sie eine solche falsche Lokalisation durchführen, ist die von Ihnen gehörte, aber nicht vorhandene Schallquelle eine Phantomschallquelle.

**Low-Budget-Monitore**

Oftmals finden Sie auch ältere Lautsprechermodelle zu einem Superpreis auf dem Gebrauchtmarkt. Hier sind immer noch alte Standards sehr gefragt, wie beispielsweise die *Yamaha NS-10M* oder *JBL Control 1*.

### 2.4.6 Monitorlautsprecher richtig aufstellen

Dabei werden von Anfängern häufig Fehler gemacht, die jedoch leicht zu vermeiden sind. Hier eine Schritt-für-Schritt-Anleitung:

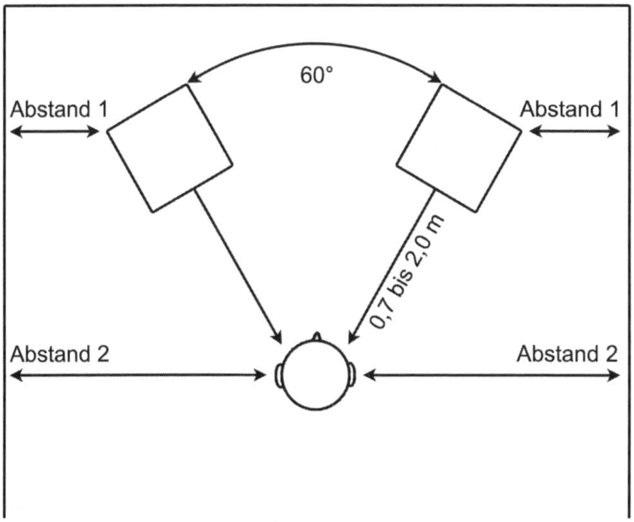


**Abb. 2.13:** Monitorlautsprecher richtig aufstellen – Symmetrie und Werte

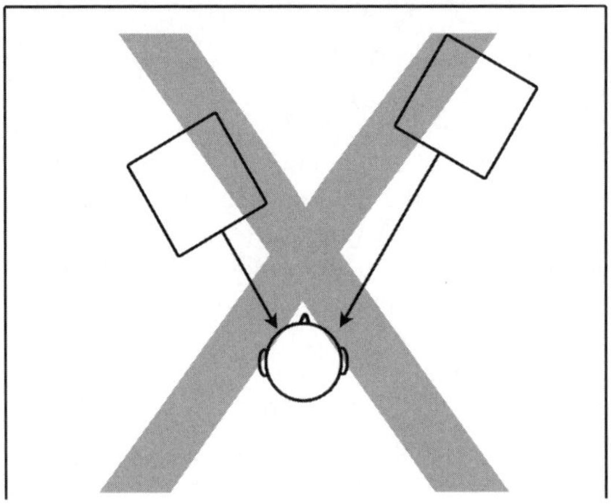

**Abb. 2.14:** Monitorlautsprecher falsch aufgestellt – unsymmetrisch und mit ungleichem Abstand

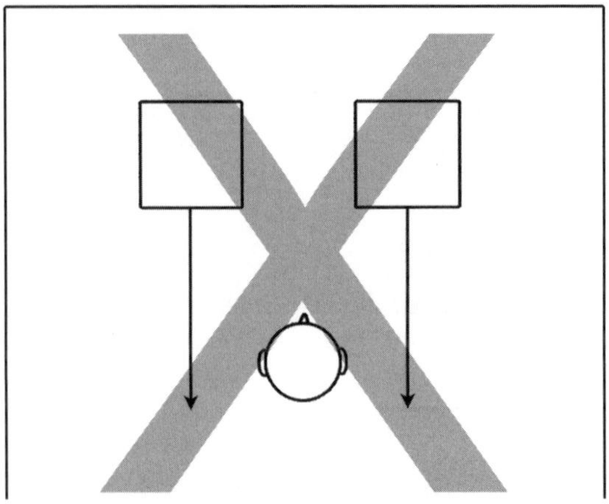

**Abb. 2.15:** Monitorlautsprecher falsch aufgestellt – symmetrisch und mit gleichem Abstand, aber Mittelachsenausrichtung an Hörposition vorbei

1. Stellen Sie die Lautsprecher symmetrisch auf, das heißt in etwa gleicher Entfernung zu Ihren Ohren und in ziemlich genau dem gleichen Winkel.
2. Richten Sie die Monitorlautsprecher horizontal aus: Stellen Sie sicher, dass die Mittelachsen der Lautsprecher genau auf den Abhörplatz zeigen. Optimal stehen die Lautsprecher dabei in einem 60°-Winkel zueinander.
3. Stellen Sie die Lautsprecher nicht zu nah zusammen und nicht zu weit auseinander. Im ersten Fall werden Sie sonst das Problem bekommen, die Auslenkung von Signalen im Stereobild beurteilen zu können. Im letzteren Fall geht Ihnen sonst für das Abhören der Audiosignale die Stereomitte verloren.
4. Stellen Sie die Lautsprecher nicht zu weit von Ihrem Abhörplatz entfernt auf. Optimal: 0,7 bis 2 Meter.

5. Sorgen Sie für einen weitestgehend schwingungsabsorbierenden Stand der Monitorlautsprecher (z. B. durch Gummifüße, Gummimatten oder spezielle Lautsprecherfüße in Pyramidenform). Man spricht hierbei vom Entkoppeln der Box von der Standfläche.

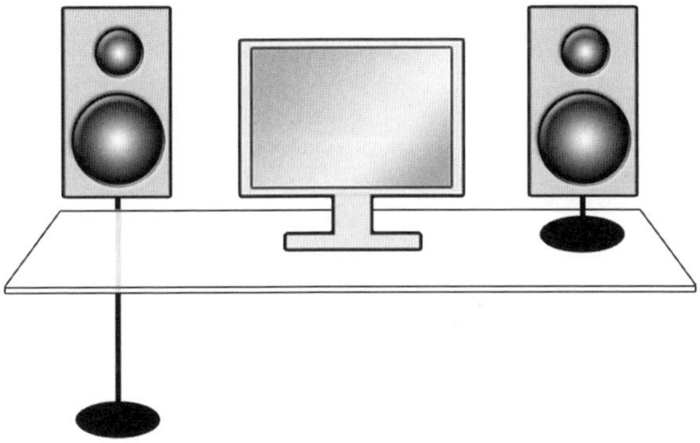

**Abb. 2.16:** »Guter Stand und guter Sound« einerseits und »Wummern« andererseits

6. Vermeiden Sie es, die Lautsprecher in oder auf einen Hohlkörper zu stellen (Regal, Schrank, Tisch etc.). Optimal ist eine Befestigung auf eigenen Stativen. Zur Not sind Lautsprecherhochständer auch mit ein wenig handwerklichem Geschick problemlos für wenig Geld selbst herzustellen.
7. Vermeiden Sie es sowohl, die Monitorlautsprecher mit dem Rücken zu nah an eine Wand zu stellen, als auch, sie zu weit von einer Wand entfernt frei im Raum aufzustellen. Genaue Abstandsangaben hängen vom jeweiligen Lautsprechertyp ab. Als grober Richtwert ist hier eine Entfernung zwischen 0,5 und 1 Meter angemessen.

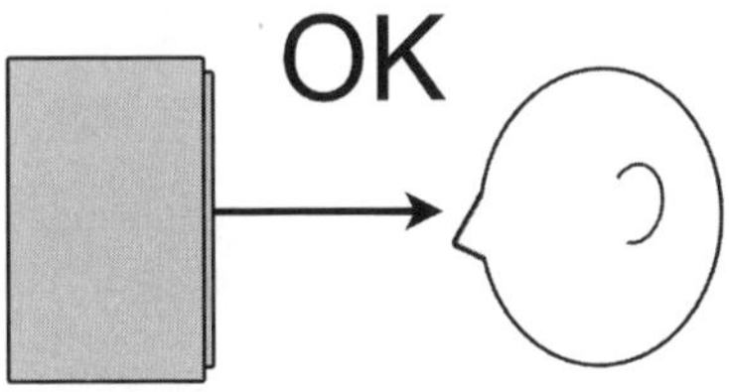


**Abb. 2.17:** Monitorlautsprecher aufstellen – gute vertikale Ausrichtung I

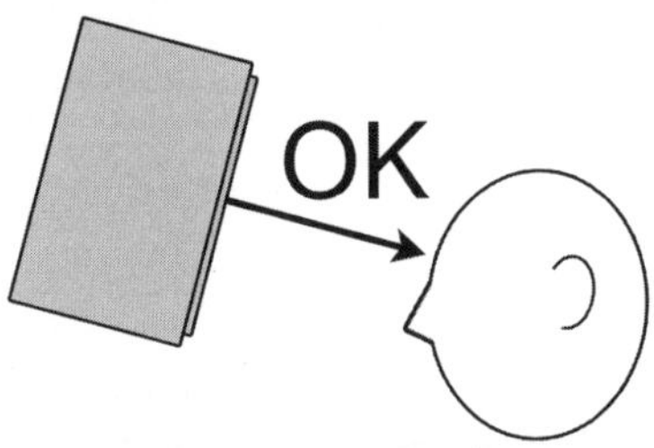


**Abb. 2.18:** Monitorlautsprecher aufstellen – gute vertikale Ausrichtung II

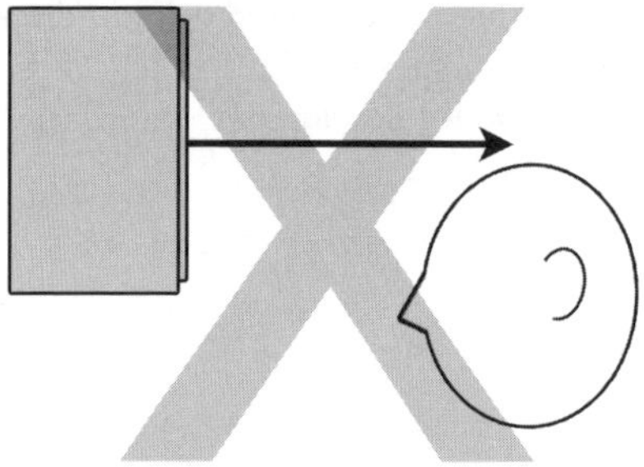

**Abb. 2.19:** Monitorlautsprecher aufstellen – schlechte vertikale Ausrichtung III

8. Richten Sie die Lautsprecher auch vertikal mit ihrer Mittelachse auf Ihren Regieplatz aus.
9. Sofern möglich: Passen Sie die Eingangssensitivität und das Bassverhalten der Monitorlautsprecher an den Raum und die Lautsprecherposition an.
10. Stellen Sie sicher, dass ausreichend Luft zirkulieren kann, da die Lautsprecher durch ihren eingebauten Verstärker als Abfallprodukt auch Wärme erzeugen.

## 2.5 Die Monitorkopfhörer

Die Vorteile, die Sie durch die Anschaffung von Kopfhörern zum Monitoring haben, sind nicht unerheblich. Denn wer kennt sie nicht, die nörgelnden Familienmitglieder oder sich stets über zu laute Musik beschwerenden Nachbarn?! Kein Problem! Mit Monitorkopfhörern werden sie von Ihren musikalischen Aktivitäten weitaus weniger gestört. – Sie sollten sich jedoch auch die Hinweise am Ende dieses Unterkapitels zu Herzen nehmen.

### 2.5.1 Geschlossene Kopfhörer

Hierzu gehören Kopfhörer, deren Muschel die Membran durch eine Hartschale nach außen abschottet. Bei geschlossenen Kopfhörer dringt somit kaum zusätzlicher Schall von außen an die Ohren. Sie können Ihr Audiosignal also so störungsfrei wie möglich abhören. Das macht sich vor allem in den Bässen bemerkbar, die von geschlossenen Kopfhörern meist verlustfreier übertragen werden können. Nachteilig ist bei dieser Variante aber, dass der Basssound aus denselben Gründen ein wenig »dosig« klingen kann. Außerdem kommt man unter diesem Kopfhörertyp häufiger ins Schwitzen und auch die Schalen können mitunter auf Dauer unangenehm drücken. Bereits beim Kauf sollten Sie deshalb darauf achten, dass die Hörmuscheln von den Kopfhörerbügeln nicht zu fest aneinandergedrückt werden.

### 2.5.2 Offene Kopfhörer

Diese Probleme tauchen bei offenen Kopfhörern seltener auf. Dementsprechend sind sie zumeist auch angenehmer zu tragen. Ihr Nachteil ist aber die geringere Abschirmung der Ohren gegenüber dem Umgebungsschall sowie die Abstrahlung des Schalls nach außen. Besonders während der Aufnahme mit Mikrofonen eignen sich offene

Systeme deshalb nicht, sofern man sich damit im Aufnahmeraum befindet. Günstige offene Kopfhörer sind häufig »ohraufliegend«, das heißt, sie umschließen die Ohrmuscheln nicht, was zu einem weniger sicheren Halt und damit schlechterem Tragekomfort führt.

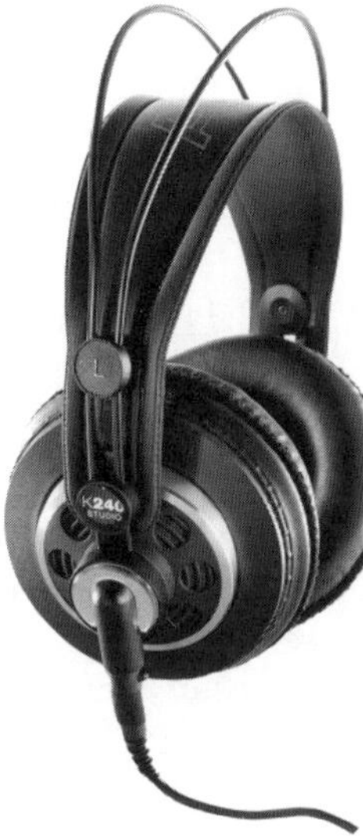


**Abb. 2.20:** Typische ohrumschließende, halboffene Kopfhörer – AKG K240 Studio (Quelle: www.akg.com)

### 2.5.3 Halboffener Kopfhörer

In Abbildung 2.20 sehen Sie den typischen halboffenen Kopfhörer-Hybriden, der das Beste aus beiden Welten in sich vereint. Während offene Kopfhörer vor allem die hohen Frequenzen stark nach außen weitergeben, wird deren Abstrahlung nach außen in halboffenen Kopfhörern weitestgehend unterbunden. Tiefen Frequenzen ist es dagegen leicht möglich, nach außen wie auch ans Ohr zu dringen, was unter Umständen zu Problemen beim Einordnen tiefer Signale führen kann.

Abbildung 2.20 zeigt Ihnen auch, dass die Polster der Kopfhörer die Ohrmuscheln komplett umschließen. Hierbei spricht man von »ohrumschließender« Bauweise. Ein besonderer Vorteil, den diese Kopfhörerreihe bietet, ist ihr Kabel. Es ist über einen kleinen Stecker an- und abklemmbar und ermöglicht somit einen schnellen und unkomplizierten Austausch. Auf diese Weise muss nicht gleich der ganze Kopfhörer zur Reparatur eingesendet werden, sollte es einmal zu einem Kabelbruch kommen.

**Hinweis**

Auf Ohrenstöpsel-Kopfhörer sollten Sie fürs Monitoring nicht zurückgreifen, sofern es sich dabei nicht um Geräte für professionelles In-Ear-Monitoring handelt. Die Wiedergabe des Audiosignals wird durch diese Kopfhörerart in beinahe jedem Frequenzbereich einfach zu stark verändert.

### 2.5.4 Kaufkriterien

Auf folgende Punkte sollten Sie beim Kauf Ihrer Monitorkopfhörer besonders achten:

- *Impedanz*: Sie bezeichnet den Widerstand der Kopfhörerspulen und wird in Ohm als Nennimpedanz bei 1 kHz angegeben. Je größer er ist, desto leiser ist der Kopfhörer. Da gibt es deutliche Unterschiede. Üblich sind hier Werte zwischen etwa 30 und 600 Ohm.
- *Klirrfaktor*: Er bezeichnet die Qualität der Signalabbildung durch die Kopfhörermembrane und wird im Prozentverhältnis angegeben. Ein Kopfhörer mit einem Klirrfaktor von einem Prozent würde demnach den Originalsound nur zu 99 Prozent wiedergeben können. Je kleiner dieser Wert, desto besser.
- *Schalldruckpegel*: Er gibt Auskunft über die Lautstärke des Kopfhörers und wird als Kennschalldruck in Dezibel (dB) angegeben. Üblich sind hier Werte zwischen etwa 85 und etwa 115 dB.
- *Übertragungsbereich*: Dieser bezeichnet die Frequenzen, die die Kopfhörer wiedergeben können, und wird dementsprechend in Hz angegeben. Üblich sind hier Frequenzbereiche von 5 bis 35 kHz. Da der Schalldruckpegel bei verschiedenen Frequenzen des Übertragungsbereichs deutlich unterschiedlich sein kann, kann der Übertragungsbereich zwar ein Faktor für Ihre Kaufentscheidung sein, stellt aber aus technischer Sicht kein eindeutiges alleiniges Unterscheidungskriterium hinsichtlich der Qualität von Kopfhörern dar.

### 2.5.5 Schnurlose Kopfhörer

Viele Hi-Fi-Freunde nennen ein Paar schnurloser Kopfhörer ihr Eigen. Aber können Sie diese wirklich für Ihr Heimstudio einsetzen? Meine Meinung zu analogen Funkkopfhörern: besser nicht. Grundrauschen und Aussetzer können den Sound dergestalt verschlechtern, dass an ein gutes Abhören des Audiosignals nicht mehr zu denken ist.

**Monitorkopfhörer anstelle von Monitorlautsprechern?**

Auch auf diese Frage kann ich nur mit einem deutlichen Nein antworten. Kopfhörer stellen zwar eine hervorragende Ergänzung zu einem guten Paar Monitorlautsprecher dar, sollten aber in keinem Fall die einzige Abhörmöglichkeit sein, auf die Sie zurückgreifen.

Der Vorteil des Kopfhörermonitorings ist auch zugleich sein Nachteil. Durch die starke räumliche Trennung von linker und rechter Membran können Sie die artifiziellen Schallquellen Ihrer Produktion zwar deutlicher differenzieren und damit auch lokalisieren, aus dem gleichen Grund ist jedoch das Stereobild bei der Abhöre mit Kopfhörern (sozusagen) »übersteigert«. Dies kann zum Problem werden, wenn Sie das Stereobild ausschließlich via Kopfhörer abhören und regeln. Im ungünstigsten Fall geht Ihnen auf diese Weise beim Mix die Stereomitte verloren und der Sound Ihrer Aufnahmen klingt dadurch saft- und kraftlos.

Ein weiteres Problem zeigt sich im Bereich der tiefen Frequenzen. Je nach Kopfhörermodell werden Bässe nur schlecht bis gar nicht übertragen. Dies führt dazu, dass man beim Mix über Kopfhörer dazu neigt, die unteren Frequenzen der Signale zu stark anzuheben oder aber nicht abzusenken, obwohl man es besser getan hätte. Das Resultat ist dann ein matschiger, wummernder Sound, der nur über die Kopfhörer gut klingt.

Führen Sie sich immer wieder vor Augen, dass Ihre Produktionen sich im besten Fall überall gut anhören – ganz gleich ob über ein schäbiges, altes Küchenradio, über die »fette« Anlage im Auto oder beim Anhören mit dem MP3-Stick. Ich habe es schon erlebt, dass im Büro des Chefs eines bekannten deutschen Musikverlags eine alte Anlage stand, deren Sound an sich derart muffig und trübe war, dass schlecht produzierte Demos Mühe hatten, auch nur einen einzigen erkennbaren Ton aus den Lautsprechern zu quälen. Wenn Sie mit einem schlecht produzierten Homerecording-Demo ausgerechnet an diesen Verleger kommen, so haben Sie von vornherein schlechte Karten. Allein schon deshalb kann ich eine Abhörkombination von Monitorlautsprecher und Kopfhörern unbedingt empfehlen.

### 2.5.6 Volle Kanne oder Wie laut sollte die Abhöre sein?

Weder über Monitorkopfhörer noch über Monitorlautsprecher sollten Sie Ihre Ohren zu stark belasten. Und das sage ich nicht etwa nur, weil mir etwas an Ihrer Gesundheit, sondern auch, weil mir etwas an Ihrem Sound liegt. Denn die bestmögliche Klangbeurteilung werden Sie bei gemäßigt lauter Abhörlautstärke im Bereich um etwa 77 dB SPL(C) erzielen.

In einigen Situationen (Pegeldifferenzen, Frequenzverteilung etc.) macht es zwar Sinn, den Mix laut abzuhören, für gewöhnlich hat dies jedoch eher negative Auswirkungen. Unter anderem ist es schwerer für das menschliche Gehör, Tonhöhen zu differenzieren, je lauter diese wiedergegeben werden. Und wer möchte schon schrägen Gesang und verstimmte Instrumente in seinen Aufnahmen propagieren?

Je »tiefer« Sie in eine Produktion hineinhören, desto öfter werden Sie feststellen, dass sich Ihr Gehör immer wieder auch geringeren Lautstärken anpasst, die Sie dann wiederum als »normal laut« empfinden. Deshalb gilt: Sowohl beim späteren Mix als auch bereits während des Recordings sollten Sie sich eine moderate Abhörlautstärke angewöhnen.

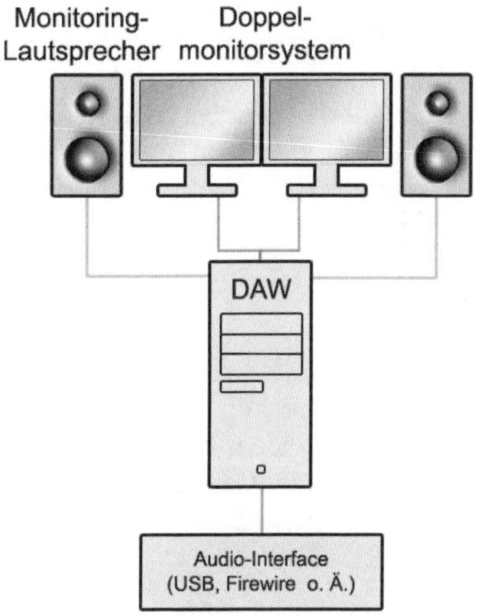


**Abb. 2.21:** Homestudio (Stufe 4)

## 2.6 Externe Controller

Wer bereits von Anfang an etwas mehr investieren möchte oder an einen Ausbau seines Heimstudios denkt, der darf sich aus einer großen Auswahl von *externen Controllern* bedienen. Mit diesen kleinen Wundergeräten können Sie beinahe alles, was Sie innerhalb Ihrer DAW mit verschiedenen Softwareprodukten regeln und einstellen, statt mit virtuellen Bildschirmreglern und -knöpfen mit externer Hardware erledigen. Vielen Anwendern hilft dies bei der Arbeit, oftmals auch dabei, sich an die neue virtuelle Umgebung zu gewöhnen. Wie erwähnt, es gibt externe Controller für die unterschiedlichsten Parameter und Anwendungsgebiete.

### 2.6.1 Synthesizer- und Instrumenten-Controller

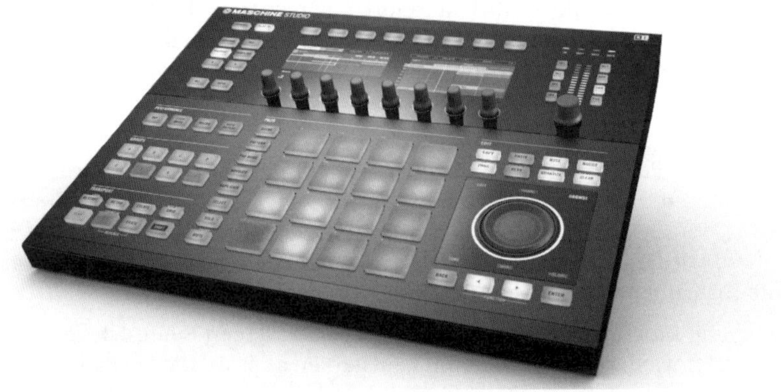

**Abb. 2.22:** Kreative Performance statt schnödem Parameter-Controller – Native Instruments Maschine Studio (Quelle: www.native-instruments.com)

Hierzu zählen nicht nur Hardware-Controller, mit deren Hilfe Sie Zugriff auf die wichtigsten Parameter von MIDI-Instrumenten haben. Besonders wenn Sie Dance-/Trance-/Techno-Fan sind, werden Sie viel mit Samplern und Synthesizern arbeiten. Moderne externe Controller bieten Ihnen intuitive Workflows für allerlei kreative Soundspielereien und können eine große Hilfe sein. Nicht nur, wenn Sie Oszillatoren und Filtersektion bedienen möchten. Sondern auch, wenn Sie sich einfach inspirieren lassen möchten.

### 2.6.2 Kaufkriterien

Über die Kompatibilität herkömmlicher Instrumenten-Controller müssen Sie sich keine Gedanken machen, da diese dem MIDI-Standard entsprechen (mehr dazu im Kapitel über MIDI). Neben den typischen MIDI-Parametern, die Sie mit einem Master-Keyboard bedienen können, sollte ein Synthesizer-/Instrumenten-Controller über die folgenden Regelmöglichkeiten verfügen:

- Oszillatorensektion
  - *Waveform*: Wellenform-Auswahl (Sinus, Triangel, Sägezahn, Rechteck, Zufall)

  - *Semitone*: Tonhöhenveränderung
  - *Detune*: Tonhöhenanpassung
  - *Portamento*: Übergangsverschmelzung zwischen Tönen
  - *Octave*: Oktavlagenveränderung
  - *Unison*: Unisonofunktion
  - *Env Depth*: Anpassung der Oszillatoren-Hüllkurventiefe
  - *LFO Depth*: Anpassung der Modulationstiefe
  - *Sync*: Oszillatoren-Synchronisierung
- Filtersektion
  - *Frequency*: Cut-off-Frequenz des Tiefpassfilters
  - *Resonance*: Frequenzbetonung der Cut-off-Frequenz
  - *Key Track*: Synchronisierung des Niederfrequenz-Oszillators mit dem Tastenanschlag
  - *Env Depth*: Anpassung der Filter-Hüllkurventiefe
  - *LFO Depth*: Niederfrequenz-Oszillator
  - *Overdrive/Noise*: Rauschgenerator
- LFO-Sektion
  - *Speed*: Schwingungsgeschwindigkeit des Niederfrequenz-Oszillators
  - *Delay/Amount*: Anteil des Niederfrequenz-Oszillators
  - *Waveform*: Wellenform-Auswahl (s. o.) für den Niederfrequenz-Oszillator
- Amp-Sektion und Modulationssektion
  - *Attack*: Einschwingphase
  - *Sustain*: Hüllkurvenpegel bis zum Loslassen der Taste
  - *Release*: Hüllkurvennachklingzeit
  - *Velocity*: Anschlagsdynamik

Bei Kreativ-Controllern ist die Auswahl möglicher Parameter dagegen schier unerschöpflich. Schauen Sie sich Produkt-Videos an, testen Sie gängige Tools beim Musikalienhändler Ihres Vertrauens oder probieren Sie die neuesten Trend-Geräte auf der Musikmesse aus. Zeitgemäße Controller wie *Maschine Studio* von *Native Instruments* (siehe Abbildung 2.22) bieten Ihnen intuitive Workflows, die Ihre Kreativität beflügeln können, ohne dass Sie sich zu viele technische Fragen stellen müssen.

### 2.6.3 Transport-Controller

Sofern Sie noch kein erfahrener Benutzer eines Softwarestudios sind, können Sie sich den Einstieg in die Steuerung solcher Programme durch die Benutzung eines *Transport-Controllers* erleichtern, da die herkömmliche Transportsteuerung der Software über Tastaturkürzel des Computer-Keyboards erfolgt und immer auch ein wenig der Einarbeitung und Gewöhnung bedarf. Transport-Controller hingegen verwenden Tasten und Symbole, die Ihnen durch die Steuerung anderer Abspielgeräte wie CD- und DVD-Player, Tapedecks und natürlich Tonbandmaschinen bekannt sind. Diese Controller werden üblicherweise per USB an den Computer angeschlossen. Mit ihrer Hilfe regeln

Sie die wichtigsten Transportfunktionen wie etwa Start, Stopp, Aufnahme, Vor- und Zurückspulen. Wie im Beispiel in Abbildung 2.23 zu sehen, werden sie auch mit *Touch-Fader* angeboten. Einige Modelle bieten auch *Jogwheels* zur schnellen Navigation und/oder Parameter-Anpassung.

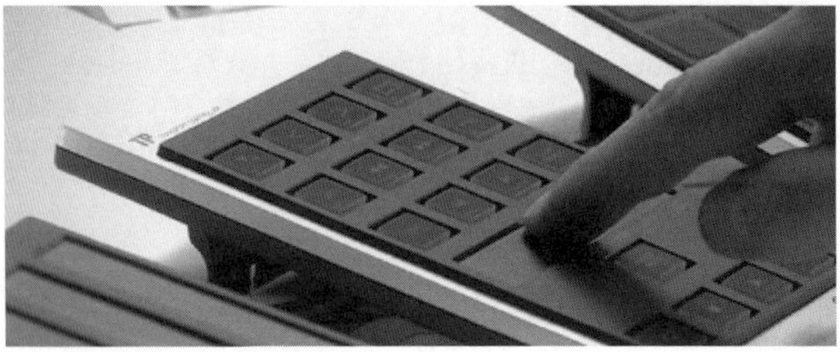

**Abb. 2.23:** DAW-Steuerung inkl. Touch-Fader – Steinberg CMC-TP (Quelle: `www.steinberg.net`)

Die Anpassung an die verschiedenen Softwarestudios gestaltet sich selten schwierig, da viele Hersteller für ihre Controller schon Templates mit ausliefern, die eine reibungslose Anpassung von Gerät und Software ermöglichen. Zahlreiche Transport-Controller stellen sogar frei programmierbare Tasten zur Verfügung.

Auch externe Transport-Controller sind nicht zwingend nötig, wenn Sie einen Einstieg in die Homerecording-Welt suchen. Sie können Ihnen aber den Einstieg erleichtern, indem sie Transportfunktionen der DAW-Software optisch und haptisch erfahrbar machen und diese nicht hinter kryptischen Tastaturkürzeln verbergen.

### 2.6.4 Mixer-Controller

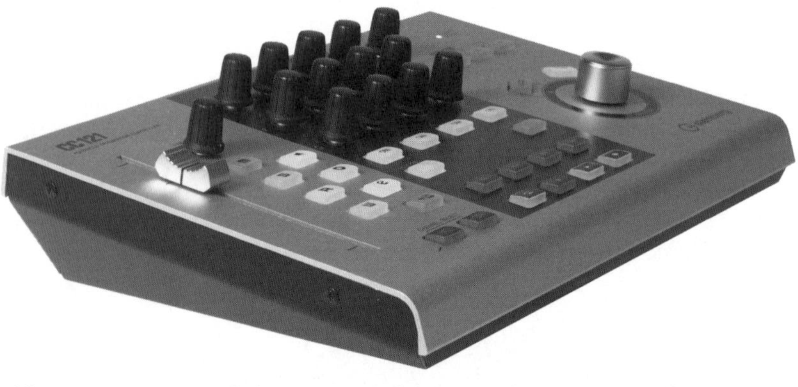


**Abb. 2.24:** Echtes Studiofeeling mit Motorfader – Steinberg CC121 (Quelle: `www.steinberg.net`)

Eine etwas aufwendigere Lösung stellen externe Controller zur Mixer-Steuerung von Softwarestudios dar. Hier gibt es auf dem Markt die unterschiedlichsten Varianten. Kaum noch beschränken sich die Geräte auf die reine Lautstärkeregelung einzelner Kanäle der Software. Auch die Equalizer- und Effektwege sind heutzutage oftmals mit Regelungsmöglichkeiten eingebunden.

In Abbildung 2.24 sehen Sie den *CC121* von Steinberg. Das Gerät wurde speziell für die Arbeit mit Cubase konzipiert und bietet eine »griffige« Alternative zur Produktionsarbeit mit Tastatur und Maus.

Standard sind bereits integrierte Lösungen von Transport- und *Mixer-Controllern,* die sowohl Lautstärke- und Klangregelung wie auch die Transportfunktionen abdecken.

Ein besonderes Schmankerl sind bei diesen Geräten *Motorfader,* wie sie bei Digitalpulten üblich sind. Damit dürfen Sie sich wie in einem großen Studio fühlen. Nicht nur, dass Sie die Fader- und Knopfbewegungen aufzeichnen können. Nein, mit Motorfadern bewegen sich die Regler wie von Geisterhand, sobald etwa die Software aktualisierte Steuerdaten an den Mixer-Controller sendet.

Ein entscheidender Vorteil in der Praxis ist, dass Sie mit dieser Art zu mischen bereits in der Software die sogenannten *Scenes* abspeichern können. Diese Mixer-Szenarien enthalten alle aktuellen Einstellungen zum Speicherzeitpunkt. Sobald Sie ein Song-Projekt laden, wird auch automatisch das Mixer-Szenario geladen und alle Regler und Parameter sind prompt auf die abgespeicherten Werte eingestellt. So können Sie zeitgleich an den unterschiedlichsten Projekten arbeiten, ohne beim Wechsel zwischen diesen Zeit mit der Einstellung des Mixers zu verlieren, wie es bei der Arbeit mit analogen Mischpulten der Fall ist.

## 2.6.5 Controller-Apps

Seit geraumer Zeit gibt es für die beliebtesten Smartphone-Betriebssysteme auch Controller-Apps. Mit ihrer Hilfe steuern Sie Ihre DAW-Software per Touchscreen vom Smartphone oder Tablet aus. Die Vorteile liegen auf der Hand. Da das Gerät in vielen Fällen bereits vorhanden ist, muss nur die App angeschafft werden. Das ist weitaus günstiger als die Anschaffung eines eigenständigen Hardware-Controllers.

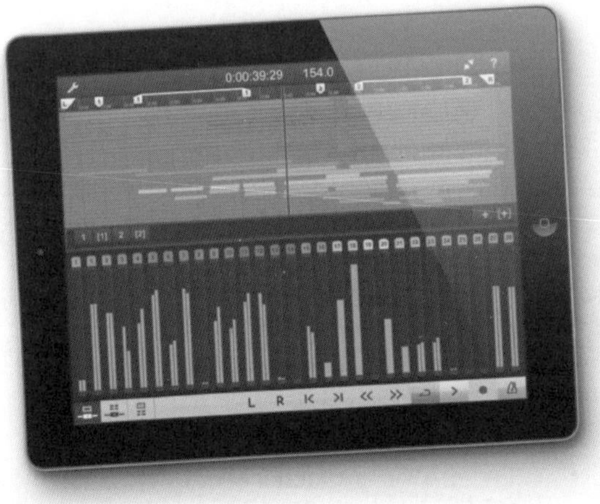


**Abb. 2.25:** Steinberg iC Pro – Remote Control App für Android und iOS (Quelle: `www.steinberg.net`)

Durch die Touchscreen-Oberfläche wird Ihr Controller flexibel. Im einen Moment stellt er das Transportfeld dar, im anderen das Mischpult, dann wiederum eine FX-Sektion.

Remote-Control-Apps sind deshalb erste Wahl, sofern Sie auf das fehlende haptische Feedback verzichten können, das Sie beispielsweise von »echten« Fadern und Potis erhalten.

## 2.7 Master-Keyboard

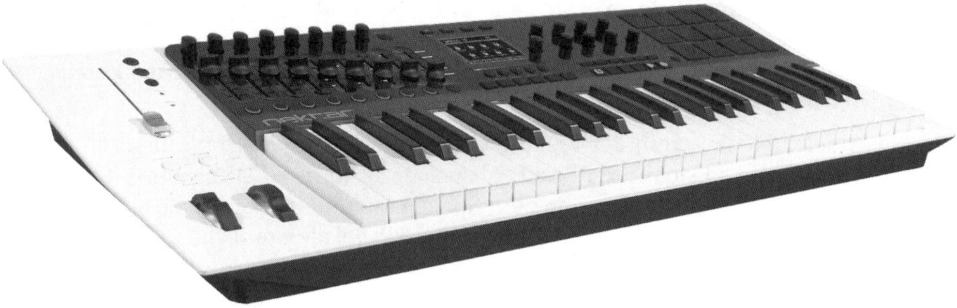

**Abb. 2.26:** Master-Keyboard mit Motorfader und Display – Nektar Panorama P6 (Quelle: www.nektartech.com)

»Master-Keyboard? Was soll das denn sein?« – Ein *Master-Keyboard* erleichtert Ihnen die Einrichtung Ihres Heimstudios. Es handelt sich dabei um eine zentrale Tastatur, mit der Sie alle MIDI-fähigen Instrumente ansteuern. Dabei ist es ganz gleich, ob es sich um virtuelle Instrumente in Ihrer DAW, 19-Zoll-Soundmodule oder weitere Keyboards oder Synthesizer mit eigener Tastatur handelt. Über das Master-Keyboard steuern Sie all diese Geräte an, ohne Ihren Arbeitsplatz oder irgendwelche Steckverbindungen wechseln zu müssen. Nicht selten können sogar die Transportfunktionen Ihrer DAW direkt vom Master-Keyboard aus gesteuert werden – so wie beim in Abbildung 2.26 abgebildeten Nektar Panorama P6.

**Hinweis**

Für gewöhnlich sind Master-Keyboards selbst »stumm« und enthalten keine Klangerzeuger. Aber auch Synthesizer und Keyboards mit eingebauter Tastatur können Sie als Master-Keyboards verwenden, wenn Sie die entsprechende Verkabelung herstellen. Hierfür müssen Sie dann aber den Lautstärkeregler des als Master-Keyboards verwendeten Geräts herunterziehen, damit nicht dessen Klanginformationen, sondern lediglich seine Spiel- und Steuerinformationen hörbar werden.

### 2.7.1 Kaufkriterien

Ein Master-Keyboard sollte zumindest 25 Tasten und einfache MIDI-Regelungsmöglichkeiten wie Lautstärke, Programm- und Kanalanwahl für die Soundsteuerung, eingebaute Pitch- und Modulationsräder sowie die Anschlussmöglichkeit für ein Haltepedal bieten. Beim Kauf eines Master-Keyboards sollten vor allem Faktoren wie Ihre Produktionsweise und Ihre Spielgewohnheiten in die Kaufentscheidung eingehen. So werden Sie etwa als virtuos spielender Keyboarder nichts mit einer lediglich zwei Oktaven umfassenden Tastatur anfangen können, während nicht jeder an Dance Music begeisterte Sound-Tüftler 88 gewichtete Tasten mit Hammermechanik benötigt. Achten Sie auch darauf, dass Sie ein Master-Keyboard mit Fullsize-Tasten und nicht etwa Minitasten auswählen. Diese können im täglichen Einsatz hinderlich sein, sofern Sie nicht gerade viel mit dem Laptop produzieren und unterwegs sind.

Außerdem ist auch das Erkennen der Anschlagsdynamik wünschenswert. Sofern Sie ein versierter Keyboarder oder Pianist sind, empfiehlt sich darüber hinaus eine Tastatur mit gewichteten Tasten. Diese vermittelt Ihnen das Spielgefühl eines Klaviers und trägt deutlich zu einer besseren Spieltechnik bei. Auch Anschlussmöglichkeiten für Fußpedale sind ein Qualitätskriterium. Zumindest ein Haltepedal für authentisches Klavierspiel darf vorhanden sein.

Bedenken Sie auch, ob es sich um eine reine Homerecording-Tastatur handeln soll oder ob auch Live-Einsatz infrage kommt. Hersteller *Döpfer* bietet beispielsweise Tastaturen, die bereits fest in ein Flightcase verbaut sind, sodass Sie für einen Transport einfach nur die Kabel ziehen und den Flightcase-Deckel anbringen müssen.

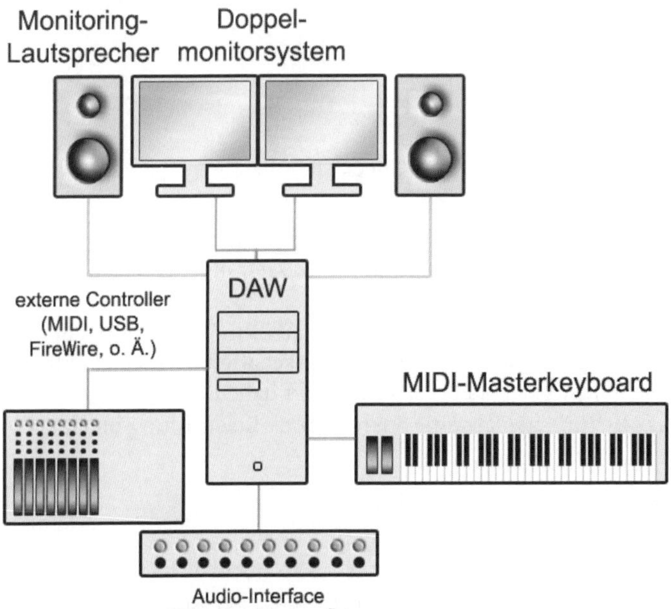


**Abb. 2.27:** Homestudio (Stufe 5)

## 2.8 Ergonomie beugt vor!

Eine entscheidende Arbeitserleichterung schaffen Sie sich, wenn Sie den Regieplatz Ihres Homestudios von Anfang an nach ergonomischen Gesichtspunkten ausrichten. Damit ist nicht gemeint, dass Sie einen Feng-Shui-Berater zurate ziehen, sondern ein wenig auf Ihre eigenen Arbeitsgewohnheiten Rücksicht nehmen sollten. Hierzu gehört die Auswahl von Möbeln und Geräten ebenso wie ihre Anordnung und Ausrichtung sowie die konkrete Arbeitsweise an und mit diesen. Nicht selten kommt es vor, dass man sich vornimmt, »nur mal eben« ein wenig an diesem oder jenem Track zu arbeiten, und darüber die Zeit vergisst. Bei entsprechend unergonomischer Einrichtung und schlechter Körperhaltung ist eine solche lange Nacht im Heimstudio dann gerne mal Auslöser von üblen Verspannungen bis hin zu Nacken-, Rücken- und sonstigen Schmerzen sowie Sehnenscheidenentzündungen.

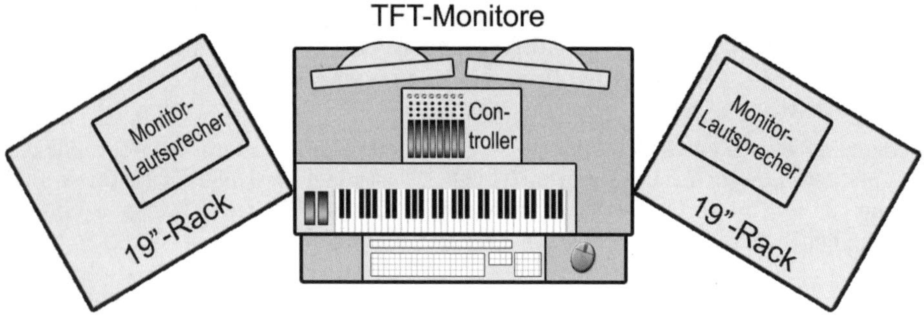


**Abb. 2.28:** Optimierter Arbeitsplatz – ästhetisch und sinnvoll

### 2.8.1 Checkliste »Ergonomie«

Hier eine kleine Ergonomie- und Arbeitsplatz-Checkliste, die Ihnen helfen soll, Ihre Arbeit angenehmer zu gestalten:

- Sorgen Sie für eine angemessene Sitzhöhe und eine aufrechte Sitzposition. Je nach Beschaffenheit des Stuhls oder Sessels kann ein Keilkissen die Wirbelsäule unterstützen.
- Vermeiden Sie es, bei der Bedienung der Computermaus Ihre Handwurzel auf der Tischkante zu platzieren. Ein Gelpad kann hier Abhilfe schaffen. Es gibt auch Mauspads zu kaufen, die ein solches Gelpad bereits integriert haben.
- Stellen Sie sicher, dass Ihr Arbeitsplatz eine ausreichende Beleuchtung bietet.

## 2.9 Der Aufnahmeraum

Selbstverständlich wird nicht jeder Leser dieses Buches die Möglichkeit haben, sich einen separaten Aufnahmeraum für sein Homestudio einzurichten. Aber auch eine temporäre Lösung, z. B. für die Dauer von Aufnahmen mit der eigenen Band, ist denkbar.

Als Planungstipp möchte ich vorwegschicken, dass es für Homerecording-Aufnahmen auch nicht zwingend erforderlich ist, einen großen Aufnahmeraum anzufertigen, da viele der ehemals nur über Verstärker und Mikrofon aufzunehmenden Instrumente, wie etwa E-Gitarre und E-Bass, heutzutage auch über Verstärker mit Digitalausgängen oder von vornherein durch Geräte mit Verstärkeremulationen wie z. B. den *Pod* von *Line 6* aufzunehmen sind. Einmal vorausgesetzt, Sie nehmen das Schlagzeug für Ihre Produktion im Proberaum auf (so wie weiter hinten beschrieben) und verfügen über digitale Verstärker für E-Gitarren und -Bässe sowie Keyboards ... In diesem Fall benötigen Sie einen Aufnahmeraum höchstens noch für den Gesang. Und diese Gesangskabine kann dann schon mal deutlich kleiner ausfallen als ein Aufnahmeraum fürs Schlagzeug.

Oftmals tut es aber auch der Einsatz von Schallelementen, die Sie so positionieren, dass nicht erwünschte Reflexionen nicht mit auf die Aufnahme kommen. Viele Produzenten bevorzugen ein möglichst direktes Signal, das nur wenige Reflexionen des Raums enthält. Dies ermöglicht es ihnen, im späteren Mix den Raumeindruck der Stimme mehr beeinflussen zu können. Würde das aufgezeichnete Audiosignal sehr starke Anteile des Raumklangs beinhalten, wäre dies deutlich schwieriger und die Stimme ließe sich nicht mehr so gut an den Sound der Instrumente anpassen und im musikalischen Bild platzieren.

Im schon erwähnten Partykeller-Studio kann sich aber durchaus eine Ecke für den Bau einer Gesangskabine finden. Dies bewerkstelligen Sie am schnellsten per Leichtbauweise durch ein Latten- oder Aluminiumgerüst, das Sie mit Gipsplatten aus dem Baumarkt verkleiden. Dämmwolle zwischen den Gipsplatten nicht vergessen, von außen tapezieren, von innen Akustikschaumstoff anbringen, Sichtfenster und Tür einbauen. Fertig!

**Hinweis**

Ein Tipp, um Kosten und Mühen zu sparen: Bei entsprechender Ausrichtung der Wände können Sie sich den Einbau eines Fensters sparen. Die Lösung ist eine Tür mit Glasscheibe, die zum Regieplatz hin ausgerichtet ist. Gebraucht gekauft und mit einer neuen Scheibe vom Glaser versehen, kostet eine solche Tür inklusive Rahmen etwa 40 Euro.

## 2.10 Der Proberaum als Studio

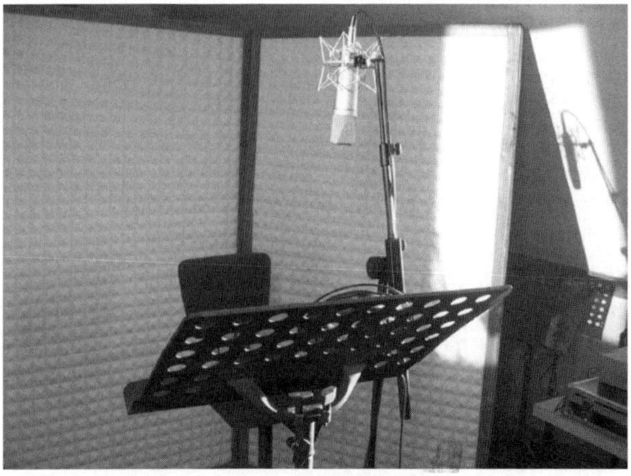

**Abb. 2.29:** Unvermeidliche Helfer – Stellwände

Richtig gelesen: »Proberaum als Studio«. Wenn Sie über einen Proberaum verfügen, in dem Sie musizieren können, so sind Sie klar im Vorteil. Hier können Sie ein komplettes Schlagzeug aufbauen und mit den entsprechenden Tricks auch aufnehmen. Wie dies genau aussehen kann, beschreibe ich für Sie im Kapitel »Aufnahme – Zielsetzung/Planung«.

## 2.11 Fieldrecorder – Digitale Mini- und Taschenstudios

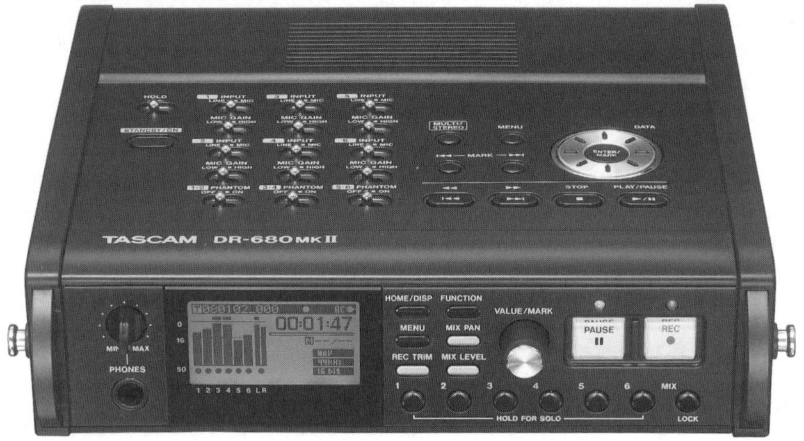


**Abb. 2.30:** Portabler Multitrack-Recorder – Tascam DR-680MKII (Quelle: www.tascam.eu)

Digitale Mehrspurgeräte setzen fast ausnahmslos auf SD-, SDHC- oder SDXC-Karten, verfügen oftmals über exzellente Soundqualität (24 Bit / 192 kHz / unkomprimierte Aufnahme), nicht selten über Displays und beinahe immer auch über USB-Anschlüsse zum schnellen Datentransfer auf eine DAW. Einige Geräte sind zudem kaskadierbar, sodass acht oder mehr Aufnahmespuren zur Verfügung stehen.

So klein diese Studios auch sind, es handelt sich dabei nicht selten um richtige »Aufnahme-Allzweckwaffen«. Funktional liegen oftmals auch Geräte verschiedener Preisklassen nicht weit auseinander. Hier einige der Standardfunktionen:

Geräte, die ausschließlich als *Fieldrecorder* konzipiert sind, bieten in der Regel eine kleinere Spurenanzahl als Mehrspur-Recorder für das Homestudio. Manche dieser kleinen Helfer können sogar mit zusätzlichen *virtuellen Spuren* glänzen, mit denen jede vorhandene Aufnahmespur multipliziert werden kann. Dadurch steht Ihnen dann eine zusätzliche Anzahl Spuren bereit, auf denen Sie weitere Durchläufe vorhandener Passagen aufnehmen können, ohne die vorherigen Aufnahmen löschen zu müssen.

Aufnahmen mit den *eingebauten Mikrofonen* können mittlerweile mit dem Studiostandard standhalten und lassen durchaus mehr als nur musikalische Notizen zu. *Digitale Effektsektionen* und eingebaute *virtuelle Gitarren- und Bass-Amps* bieten viel Spaß und machen die kleinen Digitalstudios zu echten musikalischen Notebooks für Ideen und kleinere Demos.

**Hinweis**

Für größer angelegte Produktionen eignen sich diese Geräte jedoch nur eingeschränkt. Gegenüber einem computergestützten DAW-System muss ein Taschenstudio aufgrund seiner vergleichsweise umständlichen Bedienbarkeit, seiner vergleichsweise eingeschränkten Funktionen und auch aufgrund seiner begrenzten Erweiterungsmöglichkeiten letztlich schlecht aussehen.

## Pingpong/Track Bouncing

*Track Bouncing* (zu Deutsch etwa: »Spur-Springen«) bezeichnet eine Methode zur Schaffung weiterer Aufnahmespuren. Dabei handelt es sich um einen Workaround, der den Zugewinn der Spurenanzahl durch einen Trick herstellt: Vorhandene Spuren werden zusammengemischt und auf einer freien Spur abgelegt, damit die Ursprungsspuren gelöscht werden können. Die für dieses Verfahren weitverbreitete Bezeichnung *Pingpong* entspringt natürlich der Art der Arbeitsweise, bei der die Audiosignale wie ein Pingpongball zwischen den Spuren hin- und hergeschickt werden.

## 2.12 Mehrspur-Kompaktstudios

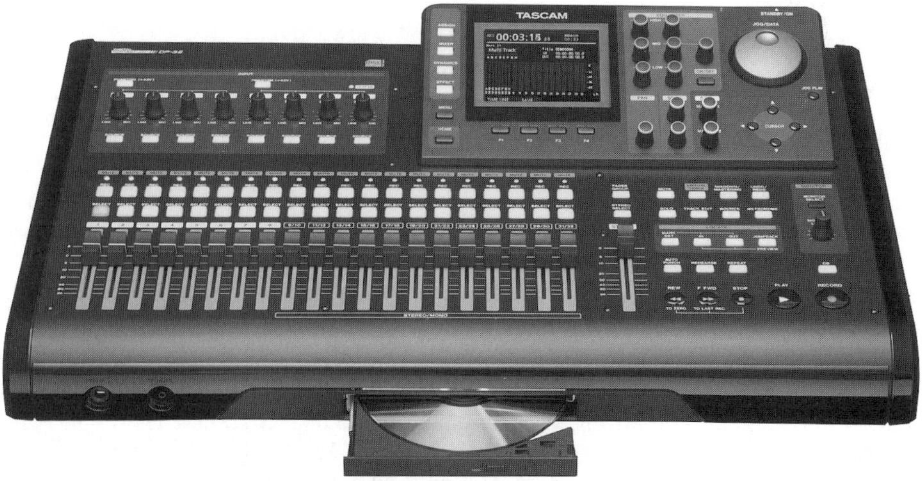


**Abb. 2.31:** Tascam DP-32 SD (Quelle: `www.tascam.eu`)

Die nächstgrößere Gerätegattung, wie etwa das in Abbildung 2.31 abgebildete *Tascam DP-32 SD*, ist ihren kleineren Pendants vor allem im Bereich Spurenanzahl, Effekte und Bearbeitungsmöglichkeiten überlegen. Neben 8 symmetrischen Mikrofoneingängen und je eigener EQ-Sektion für alle 32 zur Verfügung stehenden Spuren bietet etwa das *Tascam DP-32 SD* nicht nur stoßsichere Solid-State-Technologie auf SD-Karten. Es stellt auch eine Multieffektsektion sowie eigene Masteringeffekte bereit. Das *DP-32 SD* bietet auch die Möglichkeit zum Abspeichern sämtlicher Parameter in einer internen Daten-Bibliothek. Phantomspeisung an den Mikrofoneingängen darf natürlich ebenso wenig fehlen wie integrierte MIDI-Ports zur Synchronisation und Steuerung des Geräts.

Ein solches Gerät schlägt zwar schon mit etwas höheren Investitionskosten zu Buche. Jedoch amortisiert dieser sich durch deutlich weiter gesteckte Produktionsgrenzen als bei kleineren Taschenstudios. Denn letztlich halten Sie mit seiner Hilfe den zusätzlichen Ausstattungsbedarf an Effektgeräten, externen Mischern, Preamps usw. geringer.

## 2.13 Workstations

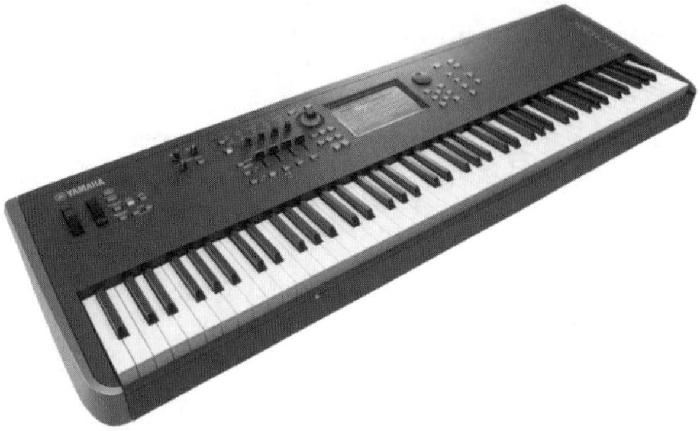

**Abb. 2.32:** Angesagte Workstation – Yamaha MODX8 (Quelle: de.yamaha.com)

1988 mit der *Korg M1* eingeführt, sind Workstations heute bei Musikalienhändlern ein fester Bestandteil der Keyboard-Abteilungen und bieten eine gute Möglichkeit, auf schnelle und einfache Art und Weise Songs aufzunehmen. Zuständig dafür ist die integrierte Sequenzerfunktion, die es ermöglicht, die MIDI-Informationen der gespielten Instrumente intern aufzuzeichnen und auch wiederzugeben.

Somit ist eine Workstation ein weitgehend in sich geschlossenes System, mit dem Sie Instrumentalaufnahmen bewerkstelligen können. Mittlerweile ist auch die Aufnahme externer Instrumente wie Gesang und Gitarren kein Problem mehr. Denn bei zeitgemäßen Workstations wie der in Abbildung 2.32 abgebildeten Yamaha MODX8 gehören auch Audio-Interfaces zur Ausstattung. Aufgrund der vergleichbar bescheidenen Möglichkeiten zur Nachbearbeitung eignet sich die Arbeit mit Workstations am ehesten zum schnellen Aufnehmen einfacher Arrangements oder zum Abspielen von Recording-Sequenzen im Livebetrieb. Auch als Master-Keyboard machen viele Workstations eine gute Figur. Einige davon bieten sogar hochwertige Tastaturen, die mit gewichteten Hammermechaniken aufwarten können, wie sie für Digitalpianos typisch sind.

Workstations bieten außerdem eine Menge verschiedener Multisample-Sounds (s. u.) für beinahe jeden Bedarf (Drums, Bass, Piano, Streicher und natürlich typische Keyboard-Sounds).

### Was ist Multi-Sample-Technik?

Ein *Sample* ist eine abrufbare digitalisierte Aufnahme eines Instruments. Wird nur ein einziger gespielter Ton (und damit auch ein einziges Sample) verwendet, um über den gesamten produzierbaren Tonhöhenumfang einer Tastatur der gewählten Tonhöhe entsprechend wieder abgerufen zu werden, so klingt das Ergebnis meist wenig authentisch. Je weiter der reproduzierte Ton vom Originalton des Ursprungssamples abweicht, desto größer der Unterschied. Um diesem Umstand entgegenzuwirken, werden bei der Multi-Sample-Technik mehrere einzelne Samples verschiedener Tonhöhen benutzt, um geringere Abweichungen und damit eine größere Authentizität zu erzielen.

# Kapitel 3

# Das Mischpult

In diesem Kapitel stelle ich Ihnen die verschiedenen Sektionen und Funktionen von Mischpulten vor. Die Kenntnis dieser Bereiche ist das A und O für die technische Arbeit an Ihren Aufnahmen.

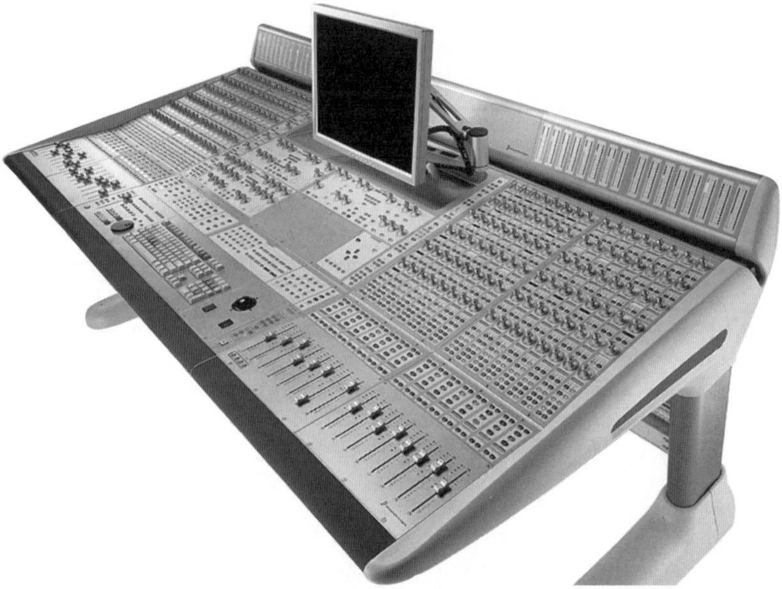

**Abb. 3.1:** Große Studiokonsole mit beeindruckender Technik – Digidesign ICON (Quelle: www.avid.com)

Mischpulte (oder auch Mixer) gibt es in den verschiedensten Ausführungen. Ob riesig große Spezialanfertigungen für große Tonstudios oder kleine Massenware für Homestudios – um den Einsatz eines solchen Mixers kommt man in der Regel weder bei Livekonzerten noch beim Anfertigen von Aufnahmen herum. Und auch im Homerecording macht sich das Fehlen fundamentaler tontechnischer Kenntnisse entweder bereits bei der Qualität des Aufnahmesignals, spätestens jedoch im Mix der Aufnahmen bemerkbar. Früher oder später sollte sie deshalb stattfinden, die Beschäftigung mit dem Thema »Mischpult«.

Ganz gleich, ob es sich dabei um einen Hardwaremixer mit physischen Bauteilen oder um ein virtuelles Softwaremischpult handelt, die Arbeitsweise ist in der Regel stets die gleiche. Die Begrifflichkeiten und Methoden der Signalaufbereitung sind in beiden Fällen vielfach identisch.

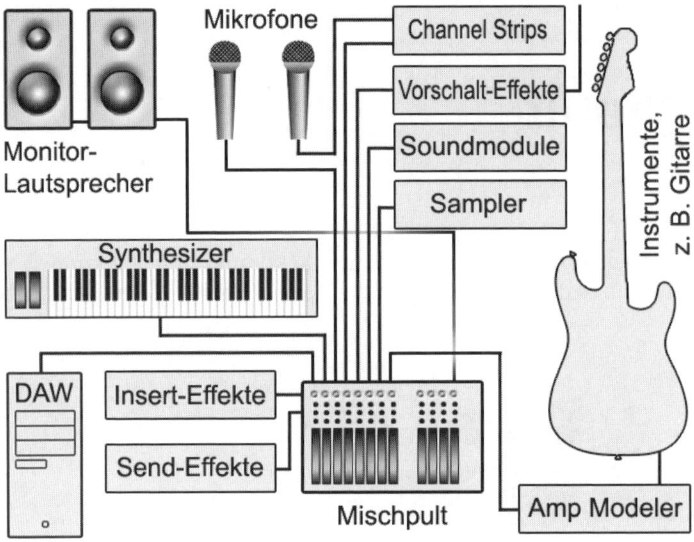


**Abb. 3.2:** Mischpulteinsatz im Homestudio – ein Beispiel

Sofern Sie nicht mit Patchbays (Steckfeldern) zur Signalverteilung arbeiten, handelt es sich bei Ihrem Mischpult idealerweise um die zentrale Verteileinheit aller vorhandenen Audiosignale. Das heißt: In das Mischpult können Sie Ihr gesamtes Homerecording-Equipment einspeisen, sofern es Klang über Kabel liefert. Abbildung 3.2 zeigt Ihnen mit einem Musterbeispiel, was alles dazugehören kann:

- Soundkarten-Ausgang/-Ausgänge des PC
- Mikrofone und Mikrofonvorverstärker
- Line-Signal von Gitarren- und Bassverstärkern
- Amp Modeler
- Synthesizer, Keyboards und Soundmodule
- Effektgeräte
- Monitorlautsprecher

Diese Liste lässt sich beliebig um weiteres Equipment erweitern. Falls Sie etwa mehrere externe MIDI-Geräte von einem Master-Keyboard oder einer DAW aus ansteuern, haben Sie beinahe keine andere Möglichkeit, als die Signalzusammenführung mittels eines Mischpults umzusetzen. Das heißt jedoch nicht, dass es nicht auch Recording-Situationen und Homestudio-Setups gibt, die auf den Einsatz eines Mischpults verzichten können. Dies kann beispielsweise der Fall sein, wenn sämtliche Instrumente ausschließlich virtuell, also im Rechner, erzeugt werden und lediglich der Gesang »von außen« aufgenommen wird (z. B. bei Dance-, House- oder HipHop-Produktionen etc.). In solchen Fällen würden es auch ein Mikrofonvorverstärker und ein guter A/D-Wandler tun. Der ganze Rest – inklusive Mix – kann dann über eine Studiosoftware geregelt werden. Doch auch für die Bedienung eines Softwaremixers sollten Sie einige grundlegende Dinge über Mischpulte wissen.

## 3.1 Funktionsweise eines Mixers

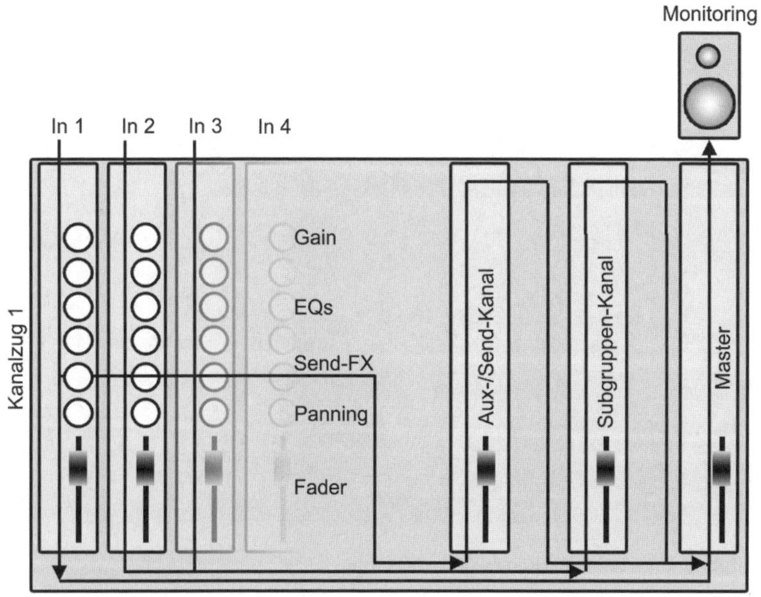


**Abb. 3.3:** Sektionen und Signalfluss in Mischpulten

Im Folgenden werfen wir einmal einen Blick auf die Arbeitsweise und den Aufbau eines solchen Geräts. Dabei wird Ihnen in den nächsten Unterkapiteln ein Begriff immer wieder begegnen: *Signalfluss*. Damit bezeichnet man den konkreten Weg, den ein Audiosignal durch die verschiedenen Bearbeitungssektionen eines Mischpults nimmt. Da dieser Weg durch viele Funktionen eines Mischpults variiert werden kann, um spezifische Veränderungen der eingespeisten Audiosignale zu ermöglichen, ist der Signalfluss innerhalb eines Mischpults manchmal nicht auf den ersten Blick zu erkennen.

Anhand Abbildung 3.3 können Sie aber bereits erahnen, wie komplex der Signalfluss sein kann. Zwar bietet nicht jedes Mischpult alle Möglichkeiten, doch ist es in vielen Fällen eine Kombination der nachfolgend einzeln angeführten Punkte. Während Vorverstärkung, Equalizer mit Festfrequenz und Send-Wege auch zum Standard kleinerer Mischpulte gehören, sind Einbindungsmöglichkeiten für Insert-Effekt und vollparametrische EQs dort seltener anzutreffen. Das sind viele neue Begriffe, die ich Ihnen im Weiteren erläutern werde.

## 3.2 Übersicht verschaffen

Das große Feld von Knöpfen und Schiebereglern wird deutlich übersichtlicher, wenn Sie es in kleinere Sinnabschnitte unterteilen. Dabei gibt es, je nach praktischer Erfordernis, verschiedene Ansätze. Dadurch können Sie ein Mischpult mit nur wenigen Erläuterungen schnell überblicken und zahlreiche seiner Funktionen auf einen Blick erkennen. Nicht zuletzt deshalb, weil viele Hersteller diese Betrachtungsunterteilungen optisch durch das Design ihrer Mischpulte unterstützen.

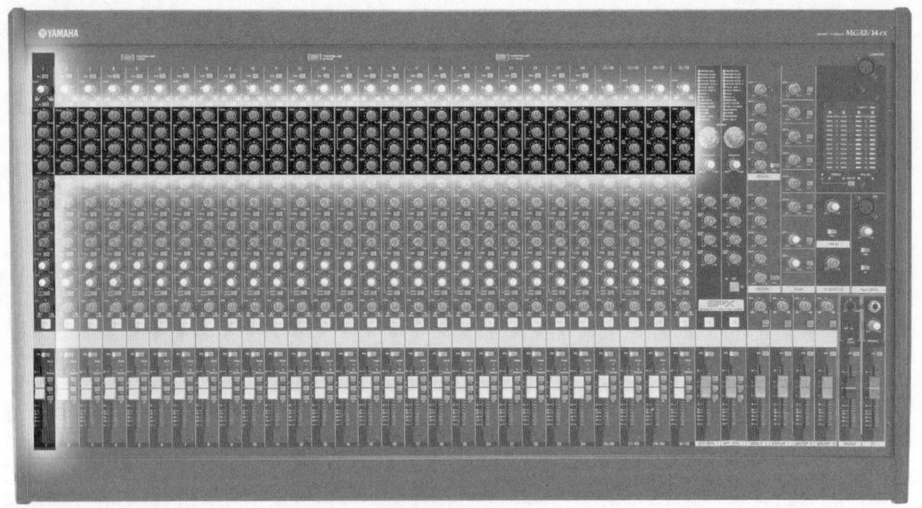

**Abb. 3.4:** Horizontale und vertikale Einheiten beim Mischpult

Zum einen können Sie eine vertikale Unterteilung nach Kanalzügen vornehmen. Mit ihnen regeln Sie den Klang des Audiosignals einer an diesen Kanal angeschlossenen Signalquelle. Kanalzüge bieten als einfachsten Signalweg eines eingespeisten Audiosignals die Signalführung von der Eingangsbuchse über mögliche Klangveränderungssektionen bis zur Weiterleitung an den regelbaren Hauptausgang des Mischpults. Von diesem werden die Audiosignale der einzelnen Kanäle zusammengeführt und ausgegeben. Die Kanalzüge sind für gewöhnlich durch vertikale Trennstriche voneinander bereits auf den ersten Blick unterscheidbar (siehe Abbildung 3.4). Wenn Sie den Signalfluss des am Eingang anliegenden Audiosignals verfolgen wollen, können Sie schrittweise von oben nach unten vorgehen. Bei einfach gehaltenen Mischpulten kommt das Signal innerhalb der Kanalzüge also für gewöhnlich zuletzt am zugehörigen Lautstärkefader an.

Zum anderen können Sie das Mischpult auch in horizontale Sektionen unterteilen. Oftmals sind dabei alle Regler einer Sektion, ob Effektwege, Equalizerregler oder andere, durch jeweils gleichfarbige Knopfkappen gekennzeichnet, die die Drehknöpfe/Potenziometer (auch *Potis* genannt, siehe Abbildung 3.4) zieren.

Über diese beiden Unterteilungen hinaus finden sich auf der Bedienoberfläche eines Mischpults noch weitere Bereiche, die in die Klangregelung oder den Signalfluss eingreifen. Hierzu gehören die globalen Einstellungen für die Send-Effekte sowie für Monitoring-Einstellungen. Dabei kann die Architektur von Mischpulten deutlich unterschiedlich sein. So findet man bei mittleren und größeren Mischpulten beispielsweise häufig eigene Kanalzüge für den Einsatz der Effektwege. Bei kleineren Mischpulten müssen diese hingegen aus Platzgründen oft einer einfacheren Ausstattung weichen, die durch die Verwendung deutlich platzsparenderer Potis realisiert wird.

Wenn es um die Feinheiten geht, verfolgt beinahe jeder Hersteller bei seinen Mischpulten ein eigenes Konzept. Aber seien Sie unbesorgt: Man muss natürlich nicht **alle** Funktionen eines jeden Mischpults kennen, um gute Ergebnisse zu erzielen.

# 3.3 Kanalzüge

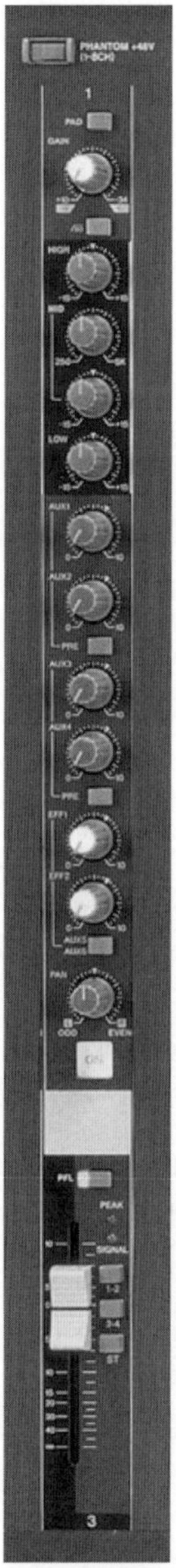

**Abb. 3.5:** Vertikale Einheit – kompletter Kanalzug

Als *Kanalzug* (engl.: *channel strip)* wird der Bereich eines Mischpults bezeichnet, den ein Audiosignal vom Eingang in das Mischpult über verschiedene miteinander verbundene Bearbeitungsschritte bis zur Weiterleitung an andere Kanäle (Subchannels/Masterchannel) durchläuft. Diese Channel Strips sind zumeist vertikal nebeneinander angeordnet. Es gibt aber auch etliche »Abzweigungen« und Umwege, die das Signal nehmen kann.

## 3.3.1 Eingangsbuchsen

Mit der Eingangsbuchse finden wir den Einstieg in die Welt der Kanalzüge. Jeder Kanal verfügt über mindestens einen Eingang, über den ihm ein Audiosignal zugeführt wird. Hier können dann auch die unterschiedlichsten Eingangstypen zur Verfügung stehen.

Am weitesten verbreitet sind hier wohl Buchsen für Klinkenstecker, an denen Signalquellen mit vergleichsweise hohem Pegel angeschlossen werden. Wenn Sie Hi-Fi-Geräte wie CD-Player, Mini-Disc-Player und Ähnliche an das Mischpult anschließen wollen, werden Ihnen hierfür mitunter Cinch-Buchsen angeboten (z. B. bei DJ-Mixern).

Um die Rückführung von Signalen gewährleisten zu können, die vom Mischpult an ein Aufnahmegerät (DAW mit Audio-Interface, Bandmaschine o. Ä.) gesendet wurden, finden Sie bei einigen Mixern *Tape-In*-Buchsen. Um diese zu aktivieren, müssen Sie im Eingangsbereich der betreffenden Kanäle für gewöhnlich einen entsprechenden *Tape*-Schalter drücken.

Zur Verarbeitung von symmetrischen Mikrofonsignalen gibt es *XLR*-Buchsen. Über diese Anschlüsse werden insbesondere Signalquellen mit geringerem Pegel ins Mischpult eingespeist. Sofern Sie diese tatsächlich für Mikrofone benutzen möchten, sollten Sie sicherstellen, dass der Kanal ggf. über eine eigene Phantomspeisung verfügt, sofern Sie diese für Kondensatormikrofone benötigen. Über einen Schalter können Sie eine Spannung von 48 V auf eine Leitung des Mikrofonkabels legen. (Mehr dazu erfahren Sie in Kapitel 17, »Mikrofone«.)

**Hinweis**

Oftmals bieten kleinere Mixer nur wenige XLR-Eingänge und stattdessen zahlreiche Klinkenbuchsen. Sofern es sich dabei um Buchsen handelt, die eine symmetrische Signalführung ermöglichen, macht das keinen Qualitätsunterschied aus.

Stehen mehrere Eingangsbuchsen zur Verfügung, so müssen Sie den belegten Eingangstyp durch einen Wahlschalter festlegen, damit das Eingangssignal der Wahl weiterverarbeitet wird.

Ein Hinweis noch zum Thema Phantomspeisung: Seien Sie unbesorgt. Wenn Sie die Phantomspeisung versehentlich auf eine Leitung legen, die zu einem dynamischen Mikrofon führt, besteht für dieses normalerweise keine Gefahr.

**Know-how**

Stellen Sie sicher, dass der Lautstärkefader der Mastersektion auf 0 heruntergeregelt ist. Ist dies nicht der Fall, kann es beim Anschließen von Klinkensteckern zu einem lauten Knackgeräusch kommen, wenn das Signal für kurze Zeit mit der Masseführung verbunden wird. Bei XLR-Steckern ist dies nicht der Fall, da ihr Massepin ein wenig vorsteht und die Masse zuerst verbindet.

### 3.3.2 Gain oder Trim

Nachdem das Audiosignal über die Eingangsbuchse in das Mischpult eingespeist wurde, können Sie seinen Signalpegel über einen eingebauten Eingangsverstärker anheben, falls notwendig. Man spricht dabei auch vom *Aussteuern* und *Einpegeln*. Aber Achtung! Der beste Startpunkt ist hier zunächst die Nullposition des Reglers.

Viele Mischpulte bieten Ihnen optische Überwachungsmöglichkeiten für die Aussteuerung der Signalpegel. Die einfachste Variante stellt wohl eine rote Leuchtdiode dar, die sich in der Nähe des *Gain*-Reglers befindet. Überschreitet der Signalpegel den für eine verzerrungsfreie Verarbeitung zulässigen Wert, so leuchtet diese LED auf. Eine elegantere Lösung ist das Ablesen des Signalpegels mittels des kanaleigenen *Level-Meters*, sofern vorhanden. Doch gerade kleinere Mischpulte verfügen eher selten über Aussteuerungsanzeigen für jeden Kanal. Deshalb können Sie hier eine andere Variante der Pegelüberprüfung anwenden. Durch Betätigen des Schalters für die *PFL*-Funktion können Sie den Signalpegel eines Kanals unabhängig von dessen Faderstellung überprüfen. Er wird dann je nach Mischpult entweder in der Aussteuerungsanzeige des Kanals oder der Mastersektion angezeigt. Probieren Sie es aus!

Stehen solche Anzeigen nicht zur Verfügung, so können Sie das Signal auch nach Gehör verstärken. Achten Sie dabei darauf, dass es bei den Pegelspitzen, also den lautesten Stellen im Signalverlauf, nicht zu unerwünschten Verzerrungen durch Übersteuerung kommt. Dann sollte nichts schiefgehen.

Ist das Eingangssignal bereits deutlich zu kräftig, haben Sie an manchen Mischpulten einen mit *Pad* bezeichneten Schalter zur Verfügung, über den Sie den Signalpegel mit einem pauschalen Wert absenken können. Diese Funktion gibt es auch an vielen Kondensatormikrofonen. Diesen pauschal stark verringerten Signalpegel können Sie dann über die Eingangsverstärkung auf ein angemessenes Arbeitslevel hieven.

### PFL

Die Abkürzung *PFL* steht für *Pre-Fader Listen* (auf Deutsch »Vor der Lautstärkeregelung abhören«). Bei manchen Mischpulten finden Sie einen mit *PFL* bezeichneten Knopf im Bereich des Lautstärkefaders. Durch Aktivieren der *Pre-Fader-Listen*-Funktion können Sie beispielsweise feststellen, ob eine auftretende Übersteuerung durch ein zu lautes bzw. zu stark verstärktes Eingangssignal oder aber durch die Kanallautstärke selbst erzeugt wird. Tritt ersterer Fall auf, so sollten Sie die Eingangsverstärkung verringern, in letzterem Fall muss die Kanallautstärke über den Kanalfader vermindert werden. Sie können auch mehrere Kanäle zugleich einpegeln, indem Sie die *PFL*-Knöpfe der betroffenen Kanäle drücken. Da das Signal für die *PFL*-Funktion vor der Lautstärkeregelung des Kanals abgegriffen wird, sind die Positionen der Lautstärkefader währenddessen unerheblich.

Generell ist es ein guter Tipp, wenn Sie, stets bevor Sie das Eingangssignal eines Kanalzugs über den Eingangsverstärker anheben, sicherstellen, dass die Klangquelle das Audiosignal überhaupt mit ausreichender Lautstärke an den Mischpulteingang sendet. Wenn möglich, regeln Sie dann zuerst am Ausgang der Klangquelle nach. Erst danach werden Sie feststellen können, ob es notwendig ist, den Gain-Wert am Mixer nachzuregulieren, der die Verstärkung des Eingangssignals regelt.

### »Φ«-Schalter

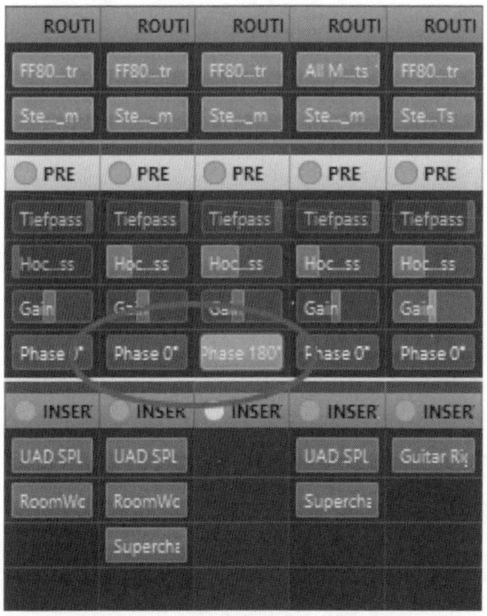

**Abb. 3.6:** Symbolvariation – Phasenschalter in Cubase

Einige Mischpulte bieten Ihnen in der Eingangssektion einen Schalter mit dem Schriftsymbol des griechischen Buchstabens *Phi*. Durch Betätigen dieses Schalters nehmen Sie am Eingang eine Verpolung des symmetrischen Signals (z. B. XLR-Mikrofonsignal) vor. Dies ermöglicht Ihnen, Signalauslöschungen und Kammfiltereffekte zu verringern, die durch Phasenverschiebungen auftreten können. (Eine detaillierte Erläuterung dazu finden Sie im Kapitel 17 über Mikrofone und deren Einsatz.)

Wie Sie in Abbildung 3.6 sehen können, sind anstelle des Phi auch das Symbol Ø sowie die Bezeichnung *Phase Reverse* gebräuchlich.

**Praxistipps – Anschließen und Einpegeln von Instrumenten**

Hier eine Übersicht über die wichtigsten Schritte zum Anschließen von Klangquellen ans Mischpult und zum Einpegeln der Eingangssignale:

1. Stellen Sie sicher, dass der Masterfader für die Regelung der Gesamtlautstärke des Mischpults auf 0 steht.
2. Schließen Sie die Klangquelle an das Mischpult an.
3. Ziehen Sie den Masterfader auf.
4. Ziehen Sie den Kanalfader auf und überprüfen Sie, ob die am Eingang anliegende Lautstärke ausreichend ist.
5. Ist das Eingangssignal zu schwach, so heben Sie es mit dem Gain- (Vorverstärkung) bzw. Trim-Regler an.
6. Überprüfen Sie dabei durch die verfügbaren Anzeigen und/oder einen verzerrungsfreien Klang, ob es zur Übersteuerung kommt.
7. Rocken Sie!

### 3.3.3 Insert-Wege

Über die Insert-Buchsen eines Mischpults können Sie den Signalfluss eines Kanals unterbrechen. Deshalb spricht man auch vom *Abgreifen* des Signals über die Inserts. So können Sie etwa das Audiosignal an ein externes Effektgerät weiterleiten und von diesem aufbereiten lassen, um es dann über dieselbe Insertbuchse an die Bearbeitungssektionen des Mischpults zurückzusenden. Auf diese Weise integrieren Sie sozusagen das zusätzliche Effektgerät in Ihr Mischpult. Man spricht dann vom *Einschleifen* von Effekten. Aber keine Bange: Erst mit dem Einstecken eines Steckers wird der Signalfluss unterbrochen. Es besteht also keine zwingende Notwendigkeit, die Inserts durch eine weitere Verbindung zu überbrücken.

Der Aufbau des Insert-Bereichs fällt bei den am Markt angebotenen Mischpulten durchaus unterschiedlich aus. Eine Ausführung stellt getrennte Buchsen zum Abgreifen des Audiosignals und für dessen Rückführung bereit. Viele Hersteller setzen dagegen für die Inserts auf einzelne Stereobuchsen.

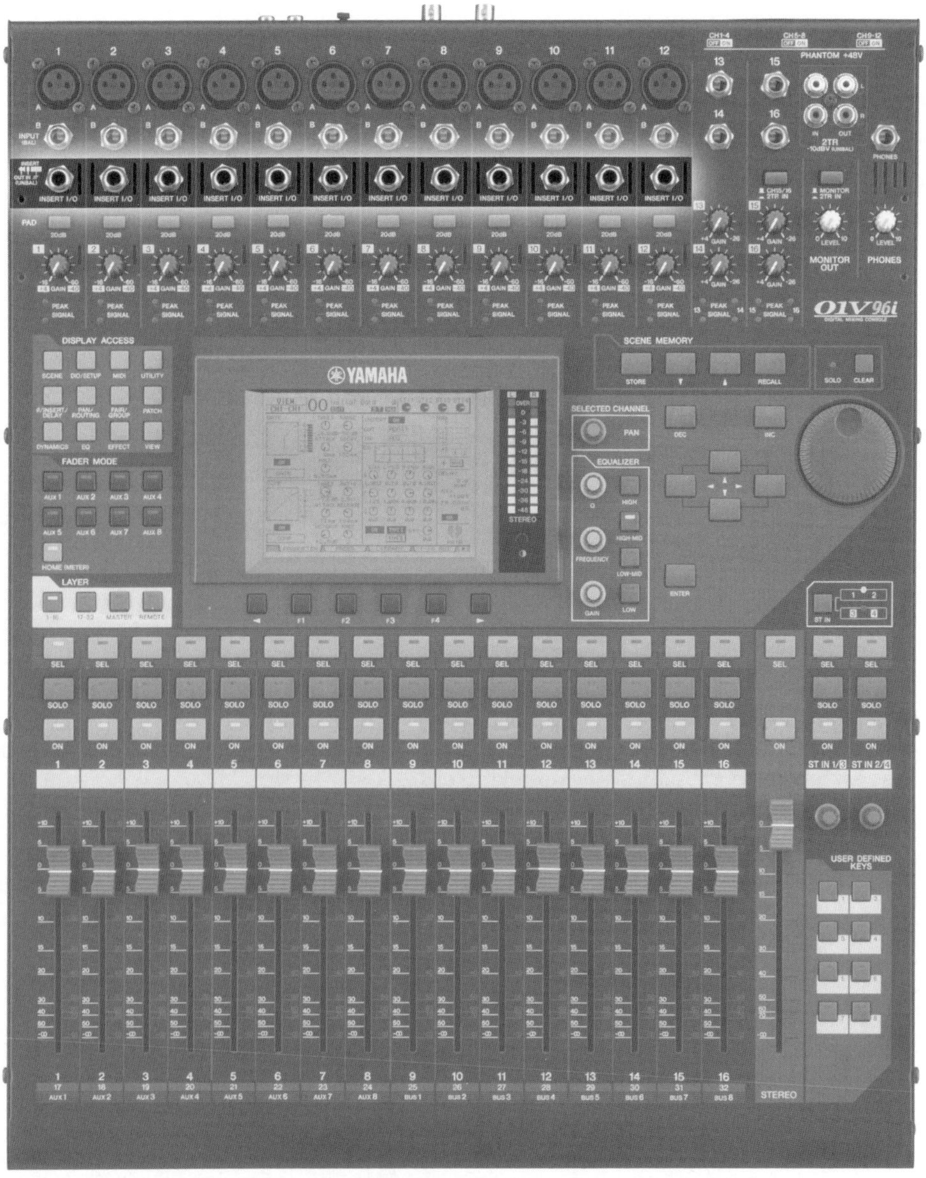

**Abb. 3.7:** Insert-Buchsen im Anschlussbereich des Yamaha 01V96
(Quelle: www.yamahaproaudio.com)

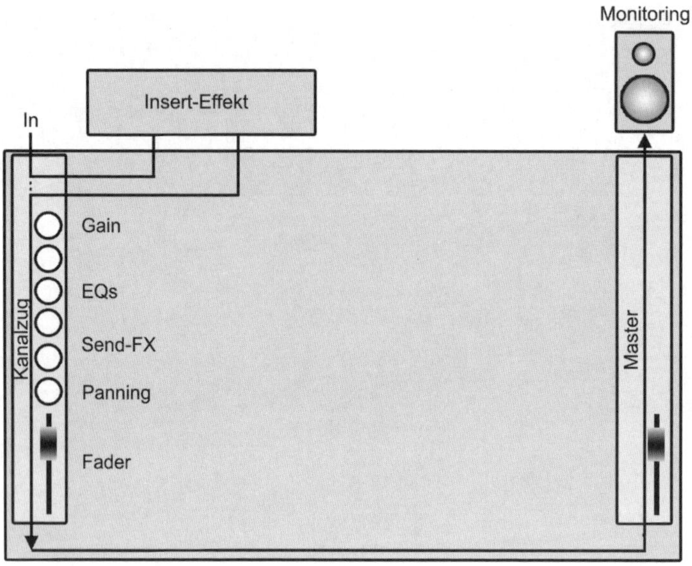


**Abb. 3.8:** Insert-Buchsen im Anschlussbereich des Yamaha 01V96 (Quelle: `www.yamahaproaudio.com`)

Für Erstere können Sie mit herkömmlichen Monoklinkenkabeln arbeiten. Um Letztere nutzen zu können, benötigen Sie spezielle Insert-Kabel. Diese Kabel haben den Aufbau »Stereoklinkenstecker auf zwei Monoklinkenstecker«. In Abbildung 3.9 können Sie sehen, dass so das an der Insert-Buchse abgegriffene Audiosignal quasi über »links« nach draußen gesendet und über »rechts« an das Mischpult zurückgeschickt wird.

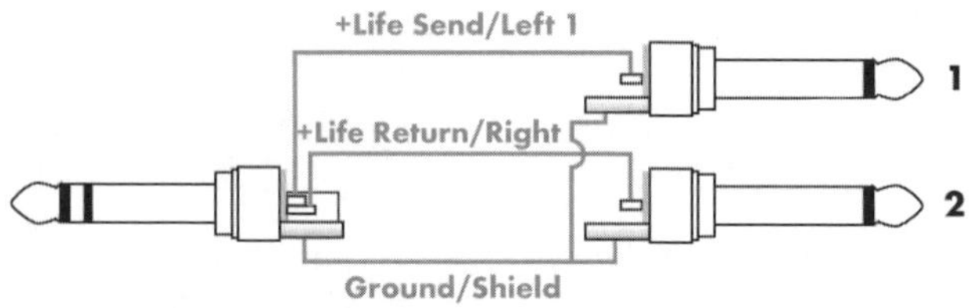


**Abb. 3.9:** Mitunter notwendig: spezielle Insert-Kabel

Typische Effekte, die man über den Insert-Weg in den Signal-Weg eines Mischpultkanals einschleift, sind solche, die der Signalaufbereitung dienen. Hier einige konkrete Anwendungsbeispiele für Ihren Homestudio-Alltag:

- Schleifen Sie über den Insert-Weg ein Noisegate ein, wenn das Eingangssignal zu viel Rauschen oder Übersprechungen nicht gewünschter Schallquellen enthält.
- Schleifen Sie über den Insert-Weg einen Kompressor ein, wenn das Eingangssignal hinsichtlich seines Lautheitseindrucks nicht ausreichend durchsetzungsstark ist.
- Schleifen Sie über den Insert-Weg einen Limiter ein, wenn das Eingangssignal zu hohe Pegelspitzen enthält.

- Schleifen Sie über den Insert-Weg eine Pitchkorrektur ein, wenn das Eingangssignal (z. B. von einem Sänger/einer Sängerin) nicht gut intoniert ist.

### 3.3.4 Equalizer

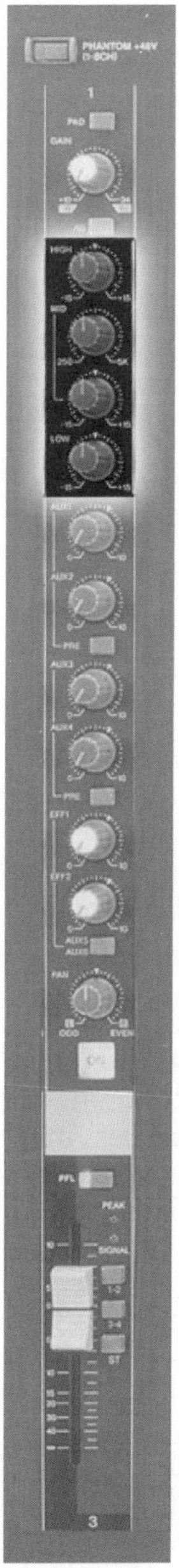

Abb. 3.10: Klangregelung durch Filter – die Equalizer

Über die *Equalizer-/EQ-Sektion* regeln Sie den Klang des Kanalsignals. Lassen Sie sich nicht verwirren: Gebräuchlich ist hier auch der Begriff *Entzerrer*, gemeint ist aber ein und dasselbe. Mit einem Equalizer können Sie ein Signal klanglich verändern, um beispielsweise Wummern in den Bässen zu verhindern, für mehr Brillanz in den Höhen zu sorgen oder auch dessen Durchsetzungsfähigkeit in den Mitten sicherzustellen.

Die verschiedenen Frequenzbereiche, in denen Sie mit einem Equalizer die Klangänderung vornehmen können, werden als *Bänder* bezeichnet. Eventuell ist Ihnen schon einmal die Wortkonstruktion *3-Band-EQ* begegnet. Diese sagt aus, dass der betreffende Equalizer über voneinander getrennte Klangregelungen für drei verschiedene Frequenzbereiche verfügt.

Die maximale Anhebung/Absenkung des Signals bei der ausgewählten Frequenz kann beispielsweise +/-15 dB betragen. Der Software-Equalizer von Cubase ermöglicht sogar eine mögliche Signalanhebung/-absenkung von +/-24 dB.

### Festfrequenz-EQ

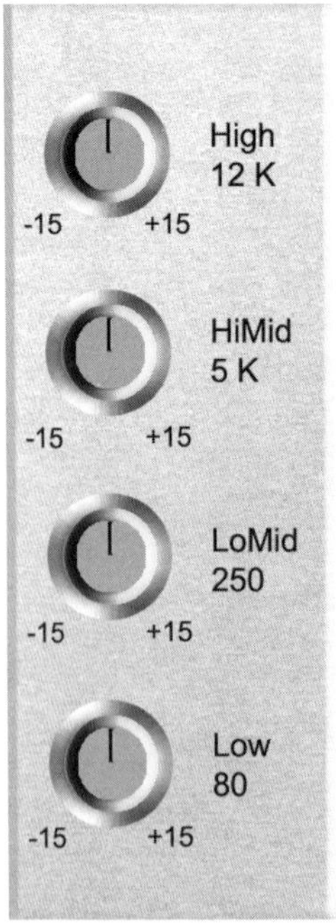


**Abb. 3.11:** Einfache Klangregelung – Festfrequenz-EQ

Bei dieser Art von Equalizern finden Sie Klangregler vor, die bei einer festgelegten Center-Frequenz arbeiten. Nicht nur die Center-Frequenz, sondern auch die Bandbreite der Festfrequenz-EQs ist nicht variierbar. (Mit *Bandbreite* bezeichnet man den Umfang des Frequenzbereichs, der von der Klangänderung betroffen ist.) In Abbildung 3.11 sind das Höhenfilter (bei 12 kHz), das Mittenfilter (bei 5 kHz und 250 Hz) sowie ein Bassfilter (bei 80 Hz) als Festwert-/Festfrequenz-EQs ausgelegt.

### Sweep-EQ

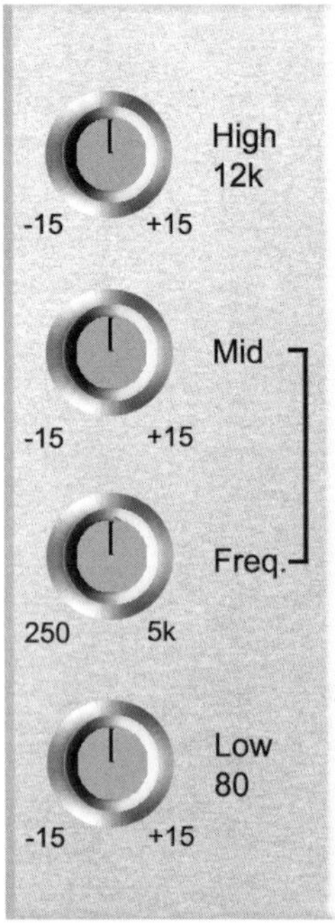


**Abb. 3.12:** Mehr Freiheit – Sweep-EQ für die Mitten

Eine flexiblere Lösung stellt ein *Sweep-EQ* dar. Da das menschliche Gehör im mittleren Frequenzbereich besonders empfindlich ist und sehr genau differenzieren kann, ist hier eine besonders anpassungsfähige Klangregelung nötig. Dem trägt ein Sweep-EQ Rechnung, da Sie damit nicht nur den Grad der Anhebung/Absenkung des Signals, sondern auch den Frequenzbereich wählen können, in dem er arbeitet (z. B. zwischen 250 Hz und 5 kHz).

### Semiparametrischer EQ

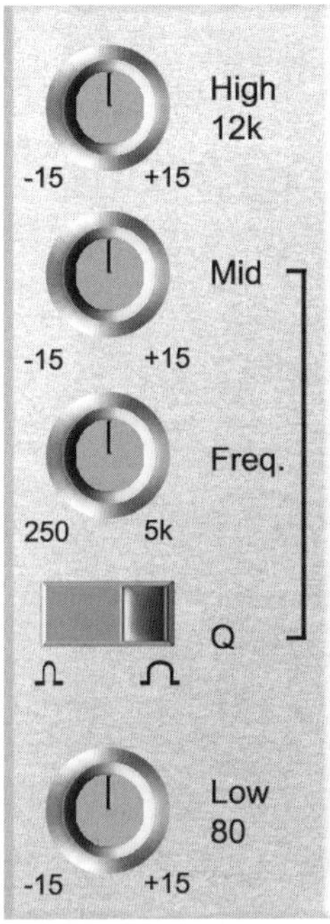


**Abb. 3.13:** Noch mehr Freiheit – semiparametrischer EQ für die Mitten

Der *semi-* oder *halbparametrische EQ* bietet neben der Sweepauswahl des Frequenzbereichs zusätzlich einen Wahlschalter, über den Sie festlegen, mit welcher Bandbreite der EQ arbeiten soll. *Halbparametrisch* heißt diese Ausführung deshalb, weil die Bandbreite nicht stufenlos regelbar ist.

### Vollparametrischer EQ

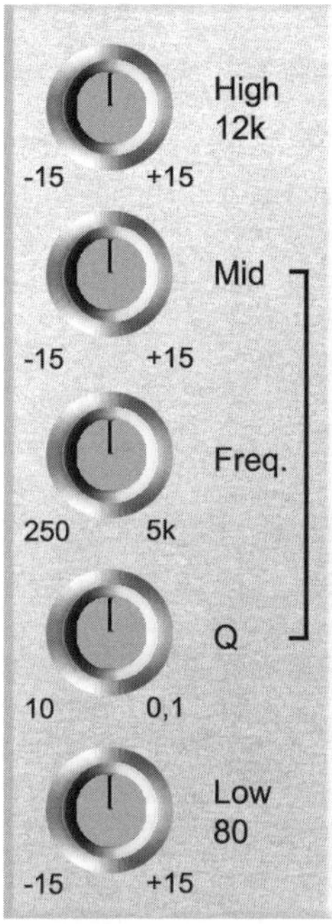


**Abb. 3.14:** Flexible Klangregelung – parametrischer EQ

Als *vollparametrisch* werden hingegen Equalizer bezeichnet, deren Gütefaktor Sie frei einstellen können. Dies ist etwa beim Mitten-EQ in Abbildung 3.14 der Fall. (Sie fragen sich, was ein *Gütefaktor* ist? Dann schauen Sie doch mal in die »Kleine Equalizer-Kunde« – s. u.)

### Kleine Equalizer-Kunde

Um die Veränderung des Klangs durch die verschiedenen Klangregelungstypen besser einschätzen zu können, möchte ich Ihnen die unterschiedlichen Wirkungsweisen näher vorstellen. Blättern Sie nicht weiter! Es lohnt sich wirklich, über diese technischen Aspekte Bescheid zu wissen. Andernfalls bleibt ein guter, klarer Sound für Ihre Homerecording-Ergebnisse purer Zufall.

### Q-Faktor

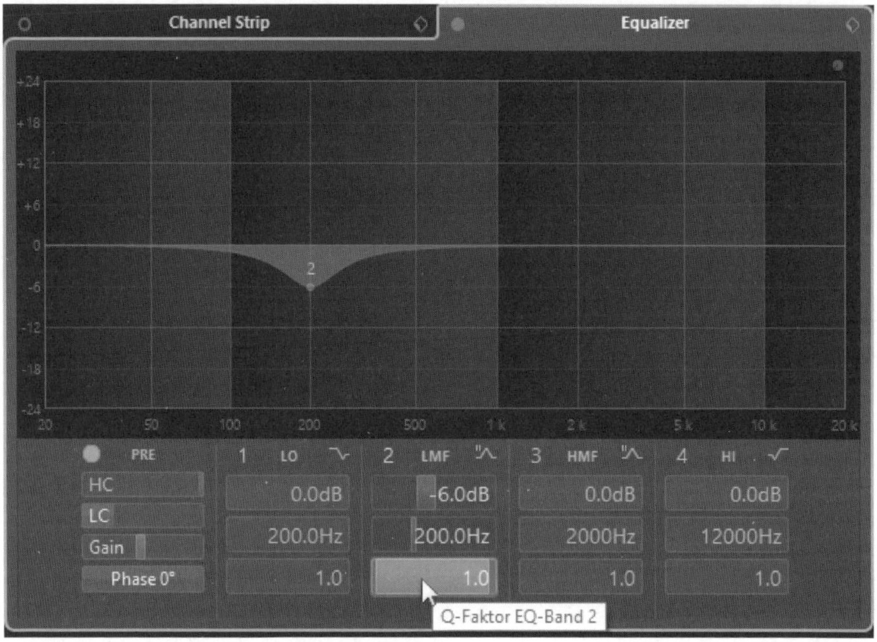


**Abb. 3.15:** Wie viel Frequenz darf's sein? – Der Q-Faktor

Die Bandbreite, also der Einflussbereich, auf den ein Equalizerband einwirkt, ist nicht etwa hart begrenzt. Vielmehr entspricht die Auslenkung grafisch betrachtet einer Glocke (siehe Abbildung 3.15). Aufgrund dieser Glockenkurve spricht man auch von einem *Glockenfilter* oder *Peak-Filter*. Der *Peak*, also der höchste Punkt, ist dabei stets an der ausgewählten Frequenz zu finden und befindet sich in der Mitte der Auslenkung. Deshalb wird für diese Frequenzposition auch der Name *Center-Frequenz* verwendet. Rechts und links von der Center-Frequenz können Sie in der Abbildung die Flanken der Frequenzkurve sehen.

Durch das Einstellen des *Q-Faktors* können Sie also im Zusammenhang mit dem Maß der Frequenzanhebung/-absenkung festlegen, wie stark die Flankensteilheit um die gewählte Center-Frequenz herum ist. Weil der Q-Faktor Einfluss auf die Qualität der Bandbreite hat, auf die die Klangregelung einwirkt, spricht man beim Q-Faktor auch vom *Gütefaktor*. Je höher Sie den Gütefaktor wählen, desto genauer (und kleiner) ist auch der ausgewählte Frequenzbereich, den Sie bearbeiten.

#### Was sind Eckfrequenzen?

Als *Eckfrequenzen* bezeichnet man diejenigen Frequenzen, an denen die Kurve des verstärkten oder abgesenkten Frequenzbereichs 3 dB unter bzw. über dem Peak liegen. In Abbildung 3.16 liegen die Eckfrequenzen beispielsweise bei 900 und 1.100 Hz.

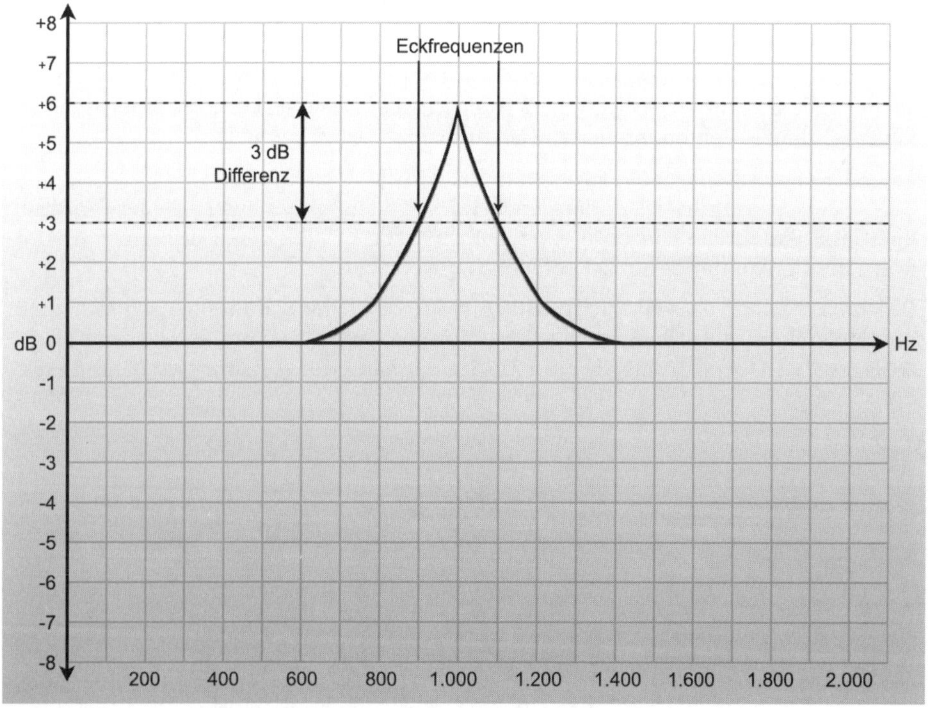


**Abb. 3.16:** Eckfrequenzen von Filterkurven

| Gütefaktor | Bandbreite | entspricht in Intervallen | |
|---|---|---|---|
| ∞ | | Prime | |
| 8,651 | 1/6 Oktave | große Sekunde | |
| 4,318 | 1/3 Oktave | große Terz | |
| 2,871 | 1/2 Oktave | | verminderte Quinte |
| 2,145 | 2/3 Oktave | 2 Terzen | |
| 1,414 | 1 Oktave | 3 Terzen | 2 Quinten |
| 1,044 | 1 1/3 Oktaven | 4 Terzen | |
| 0,920 | 1 1/2 Oktaven | | 3 Quinten |
| 0,819 | 1 2/3 Oktaven | 5 Terzen | |
| 0,667 | 2 Oktaven | 6 Terzen | 4 Quinten |
| 0,557 | 2 1/3 Oktaven | 7 Terzen | |
| 0,511 | 2 1/2 Oktaven | | 5 Quinten |
| 0,471 | 2 2/3 Oktaven | 8 Terzen | |
| 0,404 | 3 Oktaven | 9 Terzen | 6 Quinten |

**Tabelle 3.1:** Gütefaktor, Bandbreite und Intervalle

## Was gibt der Q-Faktor genau an?

Der numerische Wert des Q-Faktors gibt nicht die Frequenzbandbreite in Hertz an, sondern die Spanne der betroffenen Tonintervalle. Der Q-Faktor errechnet sich wie folgt: Q-Faktor = Center-Frequenz / (Eckfrequenz 2 – Eckfrequenz 1).

Liegen bei einer Center-Frequenz von 2.000 Hz die Eckfrequenzen bei 2.350 Hz und bei 1.650 Hz, so ergibt sich daraus ein Q-Faktor von 2,85. Das Filter arbeitet demnach über eine Bandbreite von etwa einer halben Oktave. Sie können also am Q-Faktor ungefähr die Bandbreite der betroffenen Oktaven ablesen.

Beachten Sie aber, dass ein großer Gütefaktor eine kleine Bandbreite nach sich zieht und andersherum. Deshalb in Tabelle 3.1 zum besseren Verständnis und zum Nachschlagen eine Übersichtstabelle zum Zusammenhang von Q-Faktor und Bandbreite.

### Shelf

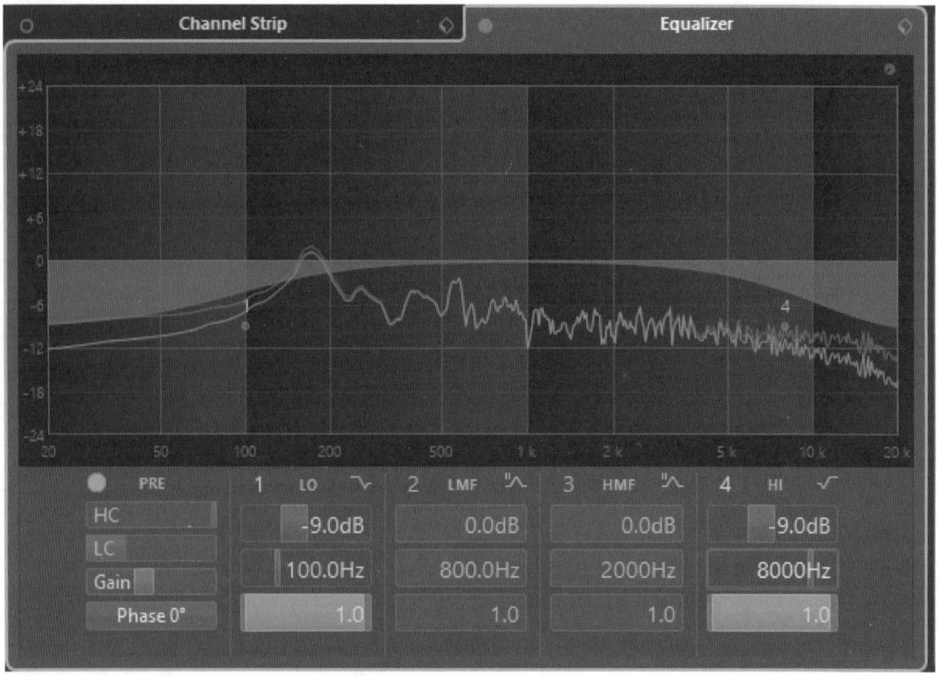


**Abb. 3.17:** Pauschale Ebenen – EQ-Shelves

Durch den Einsatz von *Shelf-EQs* nehmen Sie Einfluss auf grobe Bereiche an den Enden des bearbeitbaren Frequenzspektrums. Die Frequenz, an der ein Shelf-EQ seine Arbeit aufnimmt, wird als Eckfrequenz bezeichnet. So kommt es bei der optischen Betrachtung der Frequenzveränderungen auf beiden Seiten der Eckfrequenz zu grafischen Plateaus, die ein unterschiedliches Niveau haben.

## Hinweis

Typische *Shelf*-Regler sind etwa diejenigen für Höhen und Bässe, wie sie auch an Hi-Fi-Verstärkern zu finden sind!

### High-Pass/Low-Cut

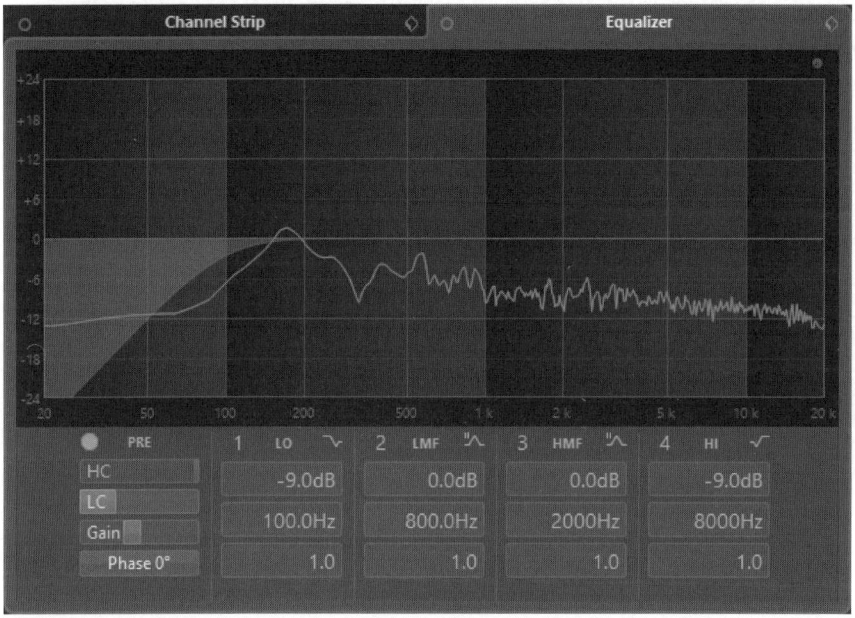


**Abb. 3.18:** Zuständig für »untenrum« – der High-Pass

Hierbei handelt es sich um ein *Hochpassfilter*, das das Signal im unteren Bereich absenkt. Das Filter lässt also nur die Höhen passieren. Die Flankensteilheit ist bei vielen Hochpassfiltern fest vorgegeben.

## Know-how

Die Hochpassfunktion eignet sich gut zur »Entrümpelung« von Audiosignalen im Bassbereich. Aus diesem Grund findet man *HiPass-* oder *Low-Cut*-Schalter auch an vielen Kondensatormikrofonen, die für Gesangsaufnahmen verwendet werden. Da niedrige Frequenzen in Gesangssignalen kaum vorkommen (vom Nahbesprechungseffekt einmal ausgenommen – siehe Kapitel 17, »Mikrofone«), können Sie mit dem Einschalten des Hochpassfilters nicht viel falsch machen. Gerade für ein Homestudio, das sich in einer Wohnetage befindet oder an einer stark befahrenen Straße liegt, eignet sich ein Hochpassfilter, um sowohl Trittschall als auch Straßenlärm (etwa das »Grollen« vorbeifahrender LKWs) nicht in die Aufnahme gelangen zu lassen oder daraus zu entfernen.

### Low-Pass/High-Cut

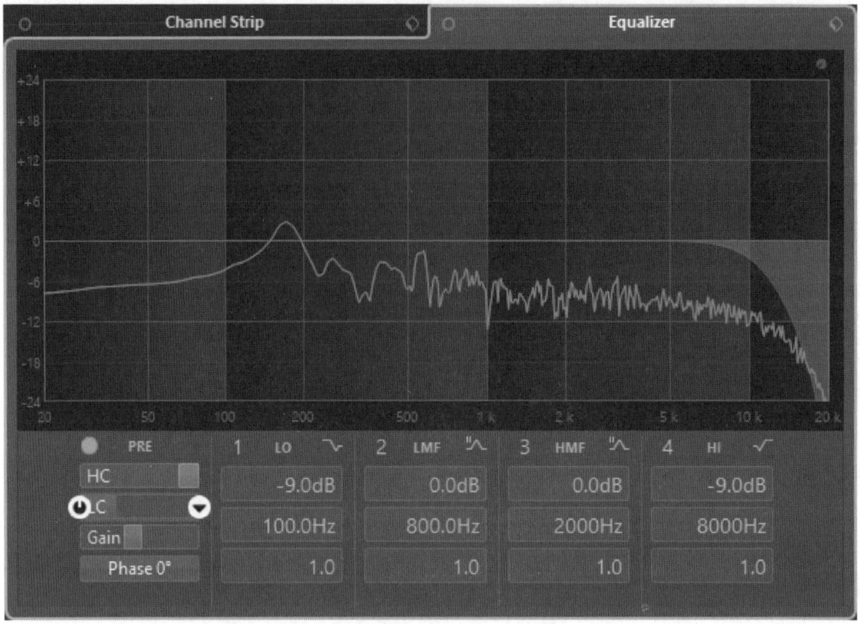


**Abb. 3.19:** Klangregelung ganz oben – das Tiefpassfilter

Mit einem Tiefpassfilter lassen Sie nur die tiefen Frequenzen passieren und schneiden die hohen Frequenzen ab (*Hi-Cut*). So können Sie störende Signalanteile im oberen Frequenzbereich, wie beispielsweise Rauschen, entfernen. Die Flankensteilheit ist auch bei Tiefpassfiltern oftmals fest vorgegeben.

### Praxistipps – Equalizer

Hier noch einige Tipps zur Anwendung von Equalizern. Weitere Praxistipps finden Sie in Teil 7, »Mix und Mastering«.

- Sofern vorhanden, sollten Sie vom Schalter *EQ-Bypass* Gebrauch machen, um das Originalsignal mit dem veränderten Signal vergleichen zu können.
- Stellen Sie bereits bei der Aufnahme sicher, dass gewünschte Signalanteile auch aufgenommen werden. Denn was im Signal nicht enthalten ist, kann auch mittels eines Equalizers nicht mehr »hineingeregelt« werden.
- Um eine zusätzliche Klangregelung verwenden zu können, z. B. einen paragrafischen EQ, können Sie diesen auch als externes Effektgerät über den Insert-Weg eines Kanals einschleifen.

### 3.3.5 Send-/Aux-Wege

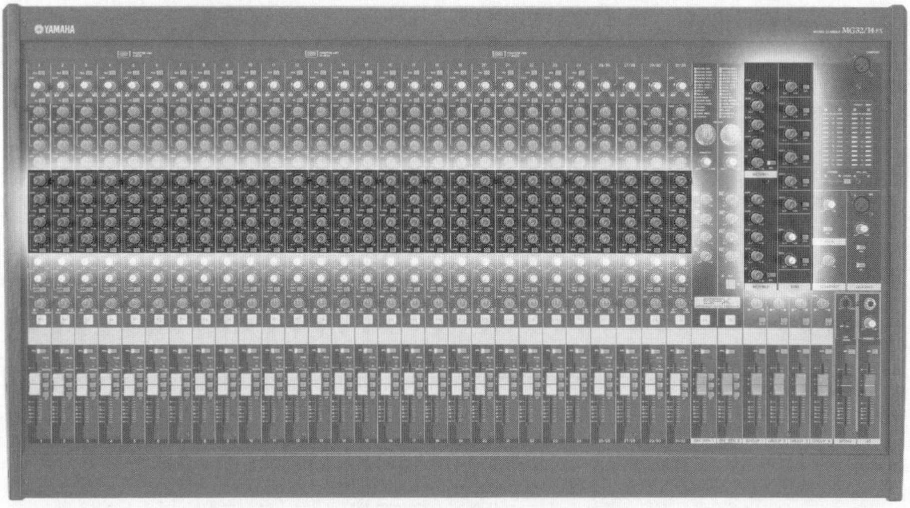

**Abb. 3.20:** Hilfe von außen einbinden – die Send-Wege

Auch wenn heutzutage bereits die kleinsten Mischpulte digitale Effektgeräte eingebaut haben, so besitzt der eine oder andere Leser eventuell ein Pult ohne integrierte Effekte. Das muss aber nicht heißen, dass Ihr Sound komplett ohne Effekte auskommen muss. Beinahe jeder Mixer, und sei er noch so klein, verfügt heute über mindestens einen Send-/Aux-Weg. Oftmals stehen Recording-Einsteiger vor dem Problem, dass ihnen die Verkabelung externer Effektgeräte mit dem Mischpult ein Rätsel ist und/oder die Einstellung der zugehörigen Regler nicht den gewünschten Effekt zeitigt. Um hier ein wenig weiterzuhelfen, stelle ich Ihnen im Folgenden die Aux-Wege von Mischpulten näher vor.

**Hinweis**

Wussten Sie, dass Sie die Aux-Wege Ihres Mischpults auch als Monitorwege nutzen können?

#### Signalfluss der Aux-Wege

Die Abkürzung *Aux* steht für *Auxiliary Bus* (deutsch: »Hilfsweg«) und verdeutlicht, dass es sich dabei neben den Main- und Gruppenkanälen innerhalb des Mischpults um Hilfssignalwege handelt. Außerdem gebräuchlich ist die Bezeichnung *Send-Wege*. Bei durch den Aux-Bus dem Sound beigemengten Effekten spricht man auch von *Send-Effekten*. Diese Bezeichnungen rühren daher, dass jeder dieser Wege über einen *Send*-Anschluss verfügt, über den Sie das Audiosignal eines Kanals abgreifen und nach außerhalb des Mischpults senden können, um es dort beispielsweise von einem Effektgerät bearbeiten zu lassen.

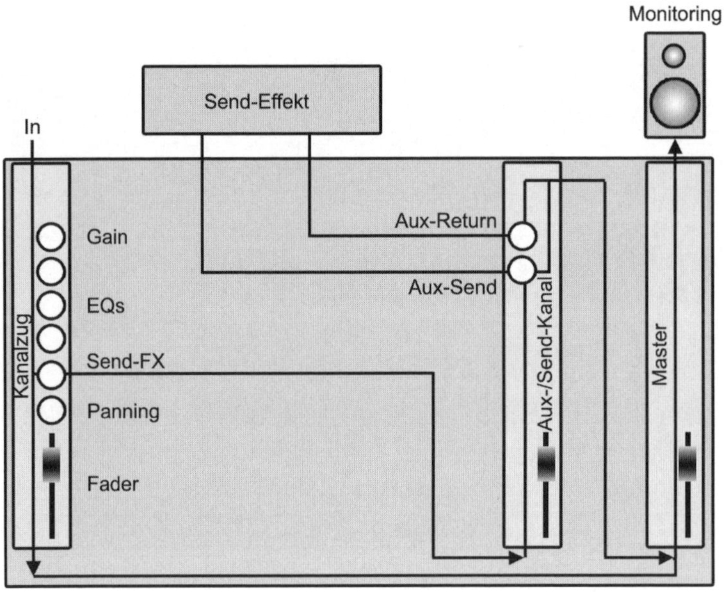


**Abb. 3.21:** »Antennen« nach draußen – die Aux-Wege

Selbstverständlich muss der bearbeitete Sound auch wieder ins Mischpult zurückkommen, um dort erneut eingebunden werden zu können. Dies geschieht über zugehörige Rückkanäle, die *Return*-Buchsen der Hilfswege.

Gegenüber der Einbindung von Insert-Effekten besteht der wesentliche Unterschied darin, dass der Signalfluss des jeweiligen Kanals nicht unterbrochen wird, sondern lediglich ein regelbarer Anteil des Audiosignals »abgezapft« und parallel weitergeleitet wird. Dadurch bleibt das Originalsignal auf dem Kanal erhalten. Aus diesem Grund kommen über die Send-Wege häufig Effekte zum Einsatz, die das Originalsignal ergänzen, wie zum Beispiel Hall, Delay und Modulationseffekte wie Chorus, Flanger und Phaser.

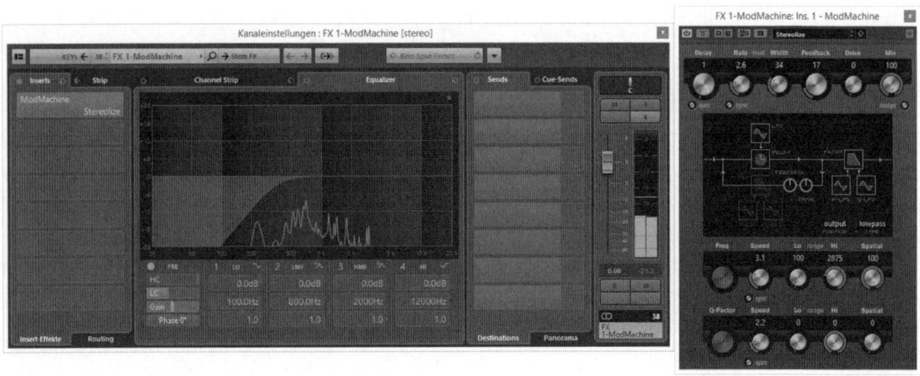


**Abb. 3.22:** Luxusausstattung – Software-Effektkanal in Cubase

Bei sehr komfortablen Mixern können die Aux-Wege auch schon mal als vollwertige eigene Kanäle vorliegen. Auch die Mischpulte umfangreicher Softwarestudios bieten solche voll ausgestatteten Effektkanäle. In Abbildung 3.22 sehen Sie zum Beispiel den Screenshot eines Effektkanals in Cubase, der nicht nur über mehrere Inserts (Pre- und Post-Fader) und ein eigenständiges Panning verfügt, sondern darüber hinaus auch Eingangsverstärkung, Phasendrehung und einen frei wählbaren Ausgangs-Bus bietet. Ein weiterer Vorteil von Software-Aux-Wegen ist, dass Sie (wie im Beispiel in Abbildung 3.22) frei wählen können, ob es sich um einen Mono- oder Stereoweg handeln soll. Eben eine Luxusausstattung, die als Hardwareausführung sonst nur in Studiokonsolen vorkommt, die für das Homerecording unerschwinglich sind!

### Anschluss von Send-Effekten an das Mischpult

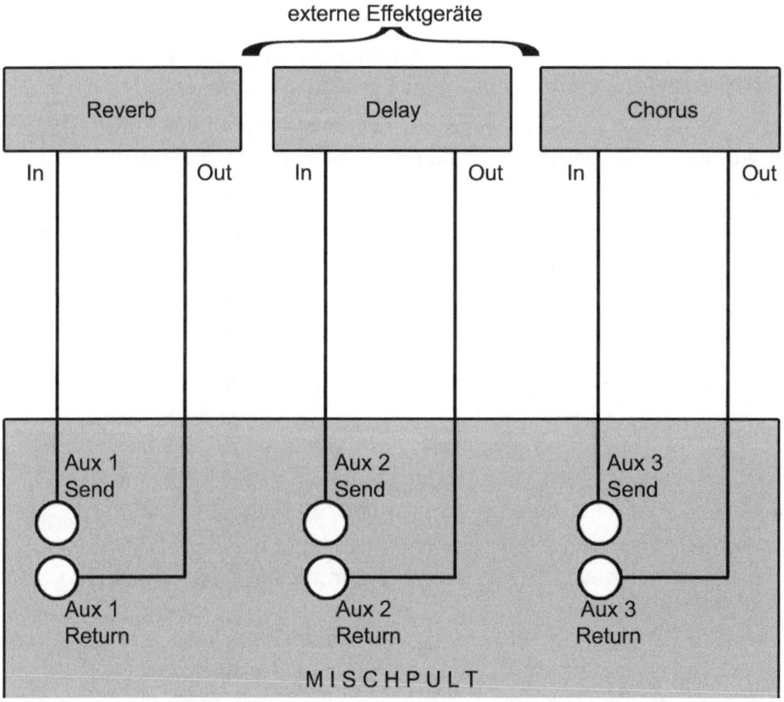


**Abb. 3.23:** Send-Effekte am Mischpult – Beispielverkabelung

Aus der vorangehenden Erklärung über die Funktionsweise der Aux-/Send-Wege haben Sie eventuell schon herauslesen können, wie die beteiligten Geräte miteinander verkabelt werden müssen. Wenn Sie in Abbildung 3.23 schauen, können Sie dies noch genauer nachverfolgen.

Um ein Effektgerät an einen Send-/Aux-Weg anzuschließen, gehen Sie wie folgt vor:

1. Regeln Sie die *Send-* und *Return*-Regler (Potis und Fader) der betreffenden Aux-Wege herunter.

2. Verbinden Sie den entsprechenden Aux-Output des Mischpults mit dem Eingang des gewünschten Effektgeräts. (Der Aux-Ausgang kann auch die Bezeichnung *Send-Output* oder einfach *Send* tragen.)
3. Verbinden Sie den Ausgang des Effektgeräts mit dem zum gewünschten Aux-Weg gehörenden (!) Aux-Return des Mischpults. (Der Aux-Return kann auch die Bezeichnungen *Effect-Return* oder einfach Return tragen.)
4. Drehen Sie den *Send*-Regler für den Aux-Kanal sowie den zugehörigen *Return*-Regler moderat auf.
5. Regeln Sie über den *Aux*-Regler des gewünschten Mischpultkanals die Signalstärke, die zum Effektgerät gesendet werden soll.

### Pre und Post

Bei manchen Mischpulten können Sie nicht nur den Signalanteil regeln, der über den Send-Weg nach draußen fließen soll, sondern auch, ob der Effektanteil vor oder nach der Lautstärkeregelung eines Kanals heraus gesendet werden soll.

Üblicherweise nutzt man Send-Wege mit der *Post(-Fader)*-Einstellung. Dadurch wird beim Herunterziehen des Lautstärkefaders eines Kanals nicht nur das Originalsignal, sondern auch das über den Send-Weg herausgesendete Signal verringert.

Dahingegen hat der Lautstärkefader des zugehörigen Kanals bei der Send-Einstellung *Pre(-Fader)* keinen Einfluss auf das Effektsignal. Bei dieser Einstellung machen Sie mit dem Absenken der Kanallautstärke zwar das Originalsignal leiser, die Lautstärke des Effekts verändert sich jedoch nicht.

### Praxistipps – Send-Effekte

Mit ein paar Hinweisen möchte ich Ihnen die Arbeit mit Send-Effekten vereinfachen. Auch hier darf aber der Hinweis nicht fehlen, dass Sie die »echten« Praxistipps weiter hinten im Buch im Teil 7, »Mix und Mastering«, finden.

- Regeln Sie gegebenenfalls die Eingangsempfindlichkeit am Effektgerät nach, falls es zu unerwünschten Übersteuerungen kommt oder das Eingangssignal am Effektgerät zu gering ist.
- Wenn Sie einen Send-Effekt auf mehreren Kanälen zugleich anwenden und dieser generell zu laut ist, sollten Sie den Aux-Return herunterregeln.
- Wenn ein Send-Effekt nicht zu arbeiten scheint, ist es möglich, dass entweder etwas mit der Verkabelung nicht stimmt oder aber kein ausreichend lautes Signal am Effektgerät ankommt. In diesem Fall sollten Sie zuerst die Verkabelung überprüfen (s. o.) und dann ggf. den Effekt-Send-Anteil erhöhen.

## 3.3.6 Panning

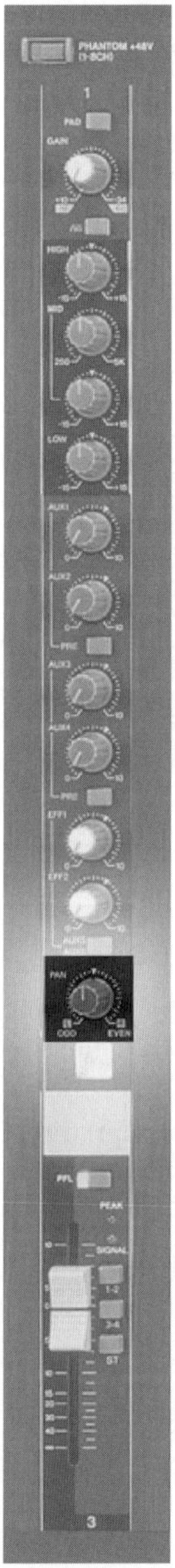

**Abb. 3.24:** Panningsektion

Nun, da das Signal in das Mischpult geleitet und aufbereitet (Inserts), klanglich bearbeitet (Equalizer) und mit Effekten versehen wurde (Sends), können Sie noch dessen Position im Stereobild bestimmen. Dies geschieht über die *Panorama*-Regler. Man spricht hierbei auch vom *Panning*.

### Panningarten

Insbesondere Softwaremixer stellen mitunter verschiedene Panningkonzepte zur Auswahl:

### Balance

Diese Panningfunktion ist auch bei Hardwaremischpulten der Standard. Der zugehörige Regler trägt zumeist die Bezeichnung *Pan*. Mit seiner Hilfe können Sie die Position des Signals eines Monokanals im Stereobild festlegen.

### Dual-Panner

Bei dieser Variante handelt es sich um zwei kombinierte *Balance*-Regler, mit denen Sie die Verteilung der beiden Kanalanteile einer Stereosignalquelle (links/rechts) getrennt im Stereobild regeln können. Dies entspricht hinsichtlich des Pannings der Arbeitsweise mit zwei getrennten Monokanälen.

### Odd/Even

Wenn Sie die Bezeichnung *Odd/Even* an den Panning-Potis eines Mischpults sehen, so handelt es sich um einen Mixer mit mehreren Subgruppenausgängen, auf die Sie das Signal eines jeden Kanals routen können. Durch Drehen des Pan-Potis in Richtung *Odd* oder *Even* können Sie bestimmen, wie das Signalverhältnis sein soll, das vom Kanal auf die Subgruppenkanäle gesendet wird.

Dabei steht *Odd* für die ungeraden Subgruppenkanäle (z. B. »1/L«, 3 etc.) und *Even* für die geradzahligen (z. B. »2/R«, 4 etc.). Auf diese Weise lässt sich das geroutete Signal im Stereobild platzieren, obwohl die Subgruppen nicht über eine eigene Panoramaregelung verfügen.

**Praxistipps – Panning**

Auch hier dürfen natürlich die Praxistipps nicht fehlen, ebenso wenig wie der obligatorische Hinweis auf weitere Tipps zum Panning in Teil 7, »Mix und Mastering«.

- Sofern Sie zwei Monokanäle zu einem Stereokanal kombinieren, regeln Sie einen Kanal nach links, den anderen nach rechts, um ein Stereobild zu erzeugen.
- Sie sollten wissen, dass die Signallautstärke eines Stereosignals, dem Sie auf getrennten Kanälen die gleiche Panningposition (z. B. *Center*) zuweisen, deutlich höher wird.
- Beachten Sie, dass die Lautstärke der Stereosumme zweier Kanäle umso höher ist, je mehr es sich im Panning der Mittelposition nähert. (Hochwertige Studiomischpulte sowie Mixer von Softwarestudios bieten hierfür einen automatischen Leistungsausgleich.)
- Um die Differenzierbarkeit verschiedener Instrumente im Mix zu gewährleisten, können Sie diese im Stereobild »auffächern«. So ist es bei großen Orchesterproduktionen beispielsweise üblich, die verschiedenen Instrumentengruppen entsprechend ihrer Sitzanordnung auch im Stereobild zu verteilen. Dadurch wird »Soundmatsch« vorgebeugt und die verschiedenen Instrumentengruppen sind deutlicher voneinander zu unterschieden.
- Übertreiben Sie es bei Ihrem Mix nicht mit der Stereoweite, sondern achten Sie lieber auf eine gewisse Monokompatibilität. Hören Sie dazu Ihren Mix auch immer mal wieder mono ab und überprüfen Sie, ob einige Instrumente »verloren gehen«. Unter Umständen sollten Sie dann die Auslenkung der Signale im Stereobild verringern. (Das Erzeugen einer imposanten Stereoweite ist eher die Aufgabe des Masterings denn des Mixes.)

### 3.3.7 Direct-Out

Manche Mischpulte bieten vor dem Kanalfader eine Möglichkeit, das Signal über eine *Direct-Out*-Schaltung abzugreifen. Die zugehörige Buchse finden Sie im Anschlussbereich des jeweiligen Kanals.

Das Direct-Out-Signal ist bestens dafür geeignet, um (wie der Name schon sagt) direkt an ein Aufnahmemedium angeschlossen zu werden. Wenn Ihr Mischpult also über Direct-Out-Ausgänge verfügt, können Sie diese beispielsweise mit den Eingängen Ihres Audio-Interface verbinden.

## Fader

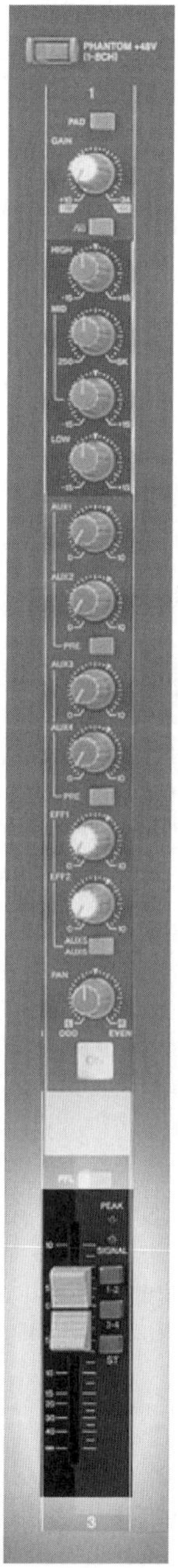

**Abb. 3.25:** Kanalweise Lautstärkeregelung – Fader

Mit dem Kanalfader bestimmen Sie, mit welcher Lautstärke das durch den Kanalzug bearbeitete Signal an die Subgruppen oder die Mastersektion weitergeleitet wird. Die konkrete Ausführung ist bei den meisten Mischpulten als Flachbahnregler realisiert. Da viele einzelne Kanäle in ein Lautstärkeverhältnis zueinander gebracht werden müssen, erleichtern Fader gegenüber Potis das Ablesen. Man sieht auf einen Blick, *welcher* Kanal *wie* laut ist.

Im Bereich des Faders können Sie für gewöhnlich außerdem die Schalter *Mute* und *Solo* finden. Mit Ersterem schalten Sie den Kanal stumm, der zweite bewirkt das Gegenteil. Ist er gedrückt, so hören Sie nur den auf *Solo* geschalteten Kanal, alle anderen sind stumm. So können Sie Signalverhältnisse miteinander vergleichen, ohne die Lautstärkefader bewegen zu müssen. Das ist ein erheblicher Vorteil, weil das Einstellen aller Regler eine akribische Sache sein kann, die mitunter recht zeitaufwendig ist. Je größer ein Mischpult ist, desto wichtiger werden seine *Mute*- und *Solo*-Funktionen in der Praxis. Während *Mute*-Schalter auch bei vielen kleinen Mischpulten häufig vorkommen, sind *Solo*-Schalter häufiger bei großen Analogpulten, digitalen Mischpulten und Softwaremixern anzutreffen.

### Fadertypen

Auf den ersten (oberflächlichen) Blick unterscheiden sich die Fader verschiedener Mischpulte kaum voneinander. Es gibt aber durchaus Unterschiede. Schauen wir dafür einmal unter die »Haube« eines Mischpults.

### VCA-Fader

Diese Faderausführung regelt einen Verstärker mit variablem Verstärkungsgrad (*VCA* steht für *Voltage Controlled Amplifier*). Dafür wird auf eine äußere Steuerspannung zurückgegriffen. Bei längerem Gebrauch (über viele Jahre) kann aufgrund der Bauweise bei manchen Fadern dieses Typs an bestimmten Positionen ein Verstärkungssprung auftreten, nicht jedoch ein Kratzen im Sound.

### Vorwiderstand mit Aufholverstärker

Ähnlich einer Lautstärkeregelung bei Hi-Fi-Verstärkern regeln Sie bei dieser Variante über den Fader zunächst einen Widerstand. Ein hinter dem Fader nachgeschalteter Aufholverstärker hebt das Signal dann um einen festen Wert an. Gegenüber einem *VCA*-Regler verstärken Sie das Signal also nicht, sondern *dämpfen* es. Entgegen dem *VCA*-Fader fließt das Signal bei dieser Ausführung sozusagen durch den Fader bzw. durch Teile davon.

### Motorfader

Fader mit Motor kommen zum Einsatz, wenn das Mischpult über die Möglichkeit zur Automation verfügt. Aufgrund ihrer Funktionsweise ist auch bei VCA-Fadern das externe Automatisieren durch Aufzeichnung und Regelung ihrer Steuerspannung möglich.

Generell werden bei einer Mischpultautomation die Regelwege der einzelnen Fader aufgezeichnet und können so später wieder abgerufen werden. Ein weiterer Vorteil ist die sich daraus ergebende Möglichkeit, durch Schnappschüsse ganze Szenarien von Faderpositionen für verschiedene Mix- und Recording-Situationen abspeichern zu können.

#### Faderbestückung

Schauen wir noch etwas genauer hin: Die häufigste Ausführung der Faderbestückung ist das *Schiebepotenziometer*, das es in zwei verschiedenen Bauweisen gibt. Die eine, bei der ein Metallschleifer einen Kohleschichtwiderstand abfährt, ist die kostengünstige Variante. Fader dieser Bauart neigen dazu, als Begleiterscheinung nach einiger Zeit ein Kratzen zu produzieren, während sie bewegt werden. Auch sind sie oftmals weniger leichtläufig. Bei einer anderen Faderbauart stoßen Sie nicht auf diese Probleme. Dabei handelt es sich um die Bestückung des Schiebewiderstands mit leitfähigen Kunststofffolien. Im Profibereich kommen außerdem extrem rauscharme Schieberegler mit einem Netzwerk aus Metallfilmwiderständen zum Einsatz. Da hierbei jeweils mehrere Widerstände eingebaut sind, die der Schieberegler unter Nutzung eines Kontakts überfährt, ist die Lautstärkeregelung aber nur stufenweise möglich. Das ist aber kein Grund zur Besorgnis, denn im Homerecording-Bereich werden diese Fader nahezu nie von Herstellern verbaut.

Wie Sie sehen, lohnt es sich, gerade bei den Fadern eines Mischpults genauer hinzusehen. Weitere Kriterien, die Ihnen als Entscheidungshilfe beim Kauf dienen sollen, finden Sie am Ende dieses Kapitels.

#### Praxistipps – Fader

Weitere Praxishinweise für den kreativen Einsatz von Fadern lesen Sie in Teil 7, »Mix und Mastering«:

- Ist ein Signal zu leise, sollten Sie rechtzeitig andere Signale in deren Lautstärke herunterregeln, statt das leisere Signal permanent anzuheben. Dies führt in der Regel zu einem »explodierenden« Mix, bei dem Kanalübersteuerungen kaum zu vermeiden sind.

- Regeln Sie einzelne Fader stets nach, sobald ein Signal in der Summe eine Übersteuerung verursacht.

Beachten Sie bei der Lautstärkeregelung zusammenhängender Monokanäle stets die Zusammenhänge von Lautstärke und Panorama. Auch feinste Unterschiede in der Lautstärke können von unserem Gehör wahrgenommen werden. Dabei interpretieren wir unter anderem die Lautstärkeunterschiede gleicher Signale auf verschiedenen Kanälen als Auslenkung. Diese Auslenkung nehmen wir im Stereobild auf einer Linie zwischen den Lautsprechern wahr. Aus diesem Grund ist nicht nur beim Auslenken von Signalen über den *Pan*-Regler, sondern auch bei der Arbeit mit den Kanalfadern Genauigkeit gefragt, soll ein Instrument im Panorama des Mixes letztlich deutlich lokalisierbar sein.

## 3.4 Gruppen-/Summenkanäle

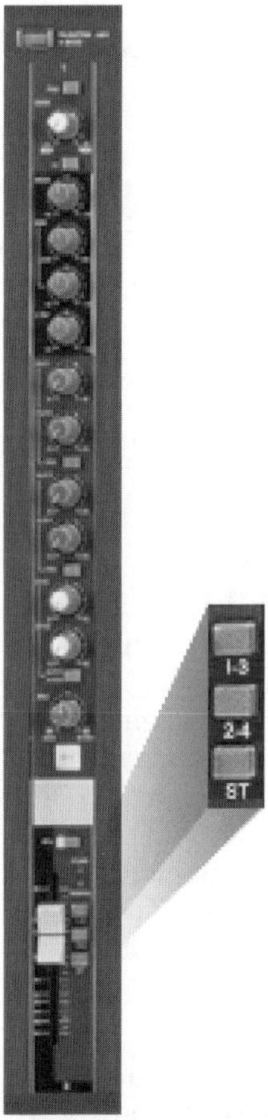


**Abb. 3.26:** Verteilerstation – der Routingbereich

Während kleinere Mischpulte die bearbeiteten Signale ihrer Einzelkanäle zumeist einfach zur übergeordneten Masterregelung senden, geben Ihnen etliche größere Mixer die Möglichkeit, den weiteren Signalfluss selber zu bestimmen. Die Auswahl des Signalwegs findet (wie in Abbildung 3.26 zu sehen) in der Regel über Schaltknöpfe statt. Die Beschriftungen dieser Knöpfe lauten dann z. B. *1/L-2/R*, *3-4*, *D Out* und ähnlich.

Durch das Einrichten eines Routings haben Sie oftmals auch die Möglichkeit, Subgruppen einzurichten. Für Aufnahmen können Sie die Ausgänge dieser Subgruppen mit den Eingängen Ihrer Soundkarte oder Ihres Audio-Interface verbinden, um die zusammengeführten Einzelkanäle gruppenweise aufzunehmen. Auf diese Weise können Sie mehr Einzelsignale aufnehmen, als Ihnen Eingangskanäle an Ihrer DAW zur Verfügung stehen. In diesem Zusammenhang spricht man auch von einem *Submix*.

Bevor Sie mit Ihrem Budget an den Preisen für ein großes Mischpult verzweifeln, kann ich Sie beruhigen: Für den Homerecording-Bereich tut es in der Regel auch ein kleineres Mischpult, sofern Sie nur über wenig Outboard-Equipment verfügen. Schließlich können viele Aufnahmeideen auch schrittweise im Overdubbingverfahren umgesetzt werden.

### 3.4.1 Subgruppen und Routing

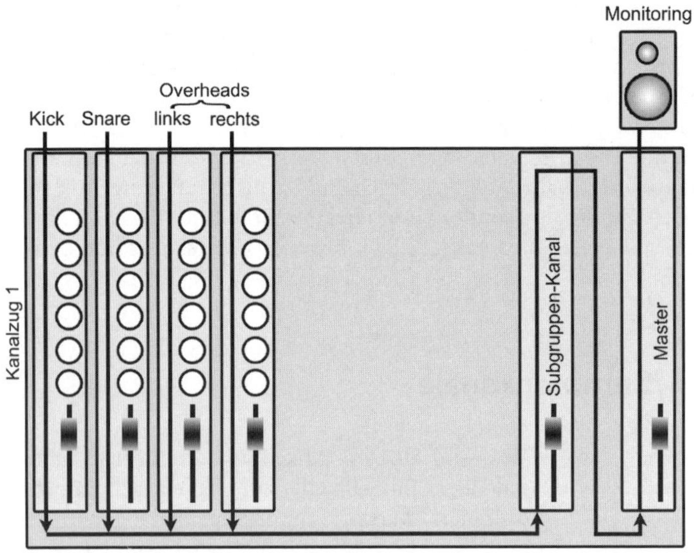


**Abb. 3.27:** Verzweigter Signalfluss – Subgruppenrouting

Wie erwähnt, lassen sich durch das Routing von Kanalausgängen oftmals vor den Masterkanal noch Subgruppen schalten, in die der Signalfluss einzelner Kanäle umgelenkt wird. Dies kann Ihnen ganz erheblich die Arbeit erleichtern.

Subgruppenregler können in zwei getrennte Monokanäle unterteilt sein, sodass Ihnen für jedes Stereosignal je ein Fader zur Verfügung steht. Bei kleineren Mischpulten fehlt den Subgruppen mitunter eine darüber hinausgehende Klangregelung.

Stellen Sie sich beispielsweise folgende Mixingsituation vor: Auf acht Einzelkanälen regeln Sie die Audiosignale einzelner Instrumente eines Schlagzeugs (Kick- und Snaredrum sowie zwei Kanäle für die Overheadmikrofone). Sie haben für den Moment alles »perfekt« eingestellt und sind mit dem Mix zufrieden. Fein! Doch nach und nach kommen viele weitere Instrumente hinzu: Bass, Gitarren, Keyboards und schließlich auch noch Gesang und einige nette Effekte. Plötzlich ist Ihr Schlagzeug im Mix nicht mehr so durchsetzungsstark wie zuvor. Angenommen, die Pegelspitzen der einzelnen Instrumente des Schlagzeugs lassen noch das Hinaufregeln der Lautstärkeregelung zu. Ohne Subgruppenrouting müssten Sie nun alle Kanäle des Schlagzeugs separat angleichen. Das kann zu einem gehörigen Aufwand ausarten, je länger Ihr Mix dauert und je mehr Instrumente hinzukommen. Haben Sie dagegen eine Subgruppe für die Schlagzeugkanäle eingerichtet, sieht die Sache deutlich anders aus. Das Anheben oder das Absenken aller Schlagzeugsignale geschieht dann mit maximal zwei Reglern: einer für links, einer für rechts.

In Abbildung 3.27 können Sie verfolgen, wie der Signalweg für ein solches Routing verläuft. In Abbildung 3.28 sehen Sie, wie dieses Setup in einem Softwarestudio konkret aussieht.

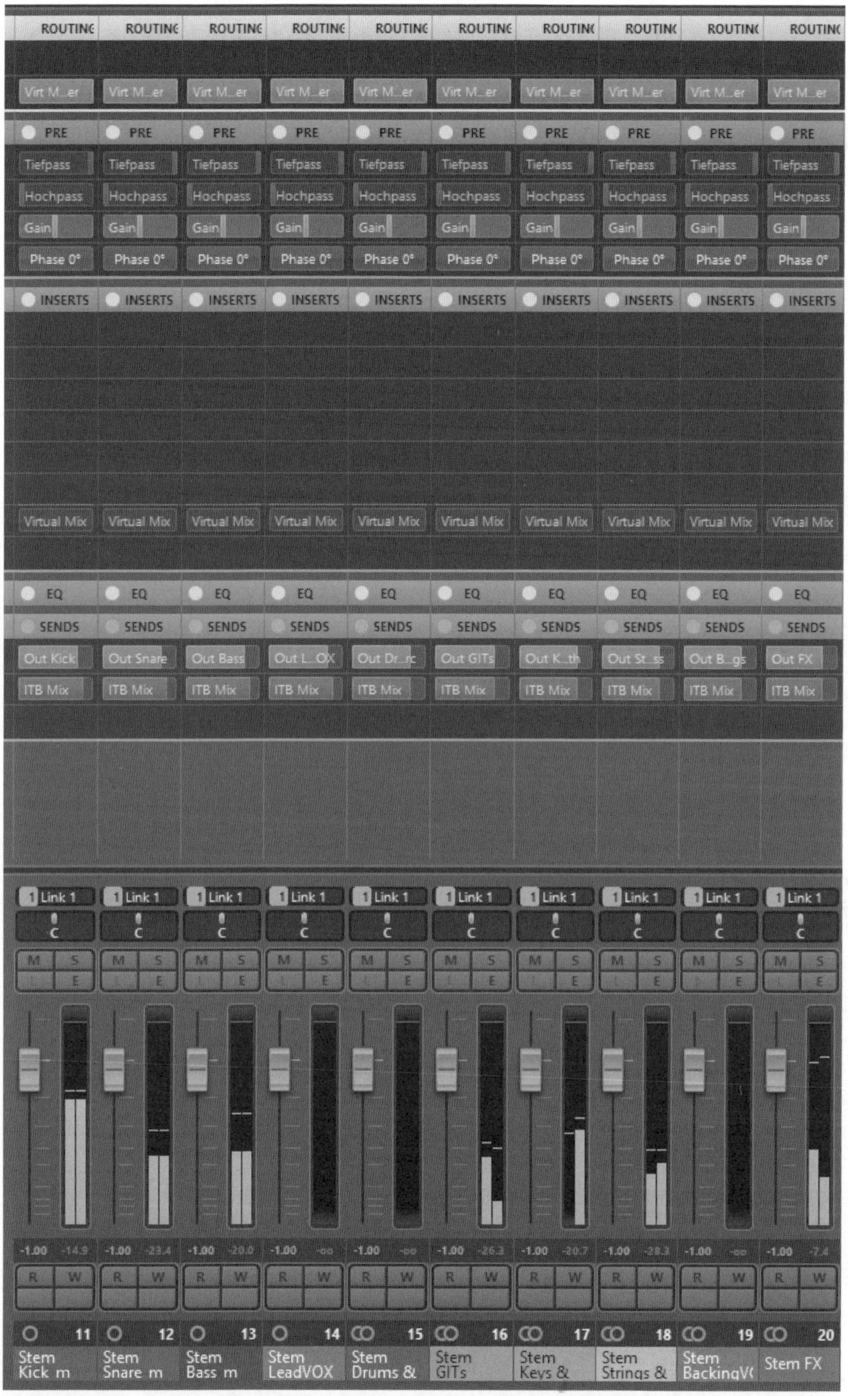


**Abb. 3.28:** Arbeitserleichterung – Subgruppen in CubaseRouting und Busse

In dieser Zusammenfassung finden Sie die wichtigsten Bustypen, auf die Sie das Signal »routen« können, sowie ihre Beschaffenheit hinsichtlich der Signalverarbeitung:

### Master-Bus

Alle Audiosignale, die auf den Master-Bus gesendet werden, gehen direkt in die finale Signalsumme ein und werden von dort aus dem Mischpult herausgesendet. Deshalb ist üblicherweise nur noch eine »generelle« Lautstärkeregelung aller hierhin gerouteten Signale möglich.

### Subgruppen-Bus

Die auf den Subgruppen-Bus gelenkten Signale fassen in der Regel Instrumentengruppen zusammen. Auch hier ist mitunter nur noch eine generelle Lautstärkeregelung für alle darauf gerouteten Signale möglich.

### Monitor-Bus

Auf den Signalweg Monitor-Bus werden Audiosignale geleitet, die unabhängig vom Hauptmix geregelt werden sollen (beispielsweise um einem Musiker einen Kopfhörermix für dessen Aufnahme bereitzustellen). Am Ende steht ein eigener Monitorausgang, der getrennt vom Masterkanal regelbar ist.

### Aux-/Send-Bus

Signale, die an einen Aux- oder Send-Bus gesendet werden, gehen von dessen Rückkanal aus weiter zur Mastersektion. Die Wahrscheinlichkeit, dass für den Aux-Bus eine eigene Klangregelung vorhanden ist, ist eher gering.

### Praxistipps – Subgruppen

Hier einige Praxishinweise für die Arbeit mit Subgruppen und Summenkanälen:

- Fassen Sie nur solche Kanalsignale in Subgruppen zusammen, die auch einen Bezug zueinander haben, wie z. B. die einzelnen Instrumente eines Schlagzeugs oder mehrere Backing Vocals.
- Wann immer Ihnen der Signalfluss bei wachsender Komplexität des Mischpultsetups nicht mehr klar ist, sollten Sie versuchen, die Signalwege anhand der vorgenommenen Routing- und Schaltereinstellungen sukzessive nachzuvollziehen. Hierfür sollten Sie stets beim Eingang des betreffenden Kanals beginnen und sich Schritt für Schritt in Richtung Kanalfader, Subgruppen-Fader und Masterfader vorarbeiten.
- Manche Mischpulte ermöglichen Ihnen auch das gleichzeitige Routing auf Subgruppen und Master. Steht Ihnen dabei noch zusätzlich eine Link-Funktion zum Zusammenführen von Subgruppe und Master zur Verfügung, so können Sie durch diese Zusammenschaltung identischer Signale künstlich einen höheren Pegel des ausgegebenen Signals erzeugen, ohne die Fader des Mischpults bis in einen Bereich aufziehen zu müssen, der dem Ausgabesignal einen hohen Rauschanteil beifügt. Dies kann insbesondere beim Einsatz eines Setups mit Monitorlautsprechern zwischenzeitlich hilfreich sein, sofern diese über keine oder nur schwer zugängliche Regler für die Verstärkung des Eingangssignals verfügen.

- Sofern Sie Audiosignale über die Subgruppen an Ihr Audio-Interface oder Ihre Soundkarte weiterleiten, sollten Sie es vermeiden, die Send-Effekte auf diese Subgruppen anzuwenden. Dies würde dazu führen, dass Sie sie mit aufzeichnen und folglich nicht mehr zu einem späteren Zeitpunkt verändern können. Hier empfiehlt es sich eher, die Send-Effekte ausschließlich auf den Master zu routen, damit Sie die Signale der Subgruppen »trocken« aufnehmen können. Auf diese Weise können Sie das Hinzufügen typischer Send-Effekte auf den abschließenden Mix vertagen und bis zum Schluss Einfluss darauf nehmen.

## 3.5 Monitorwege

Über den Monitorweg eines Mischpults kann ein eigenständiger Mix aller Kanäle erstellt werden. Dieser wird dann über den zugehörigen Monitorausgang hinausgeschickt. Nicht alle Mischpulte, vor allem nicht die kleineren Vertreter, bieten den Luxus eines getrennten Monitorwegs. Sie sollten sich auch die Frage stellen, ob Ihre Aufnahmepraxis diesen überhaupt erfordert. Statt auf Teufel komm raus einen teureren Mixer mit Monitorweg zu erstehen, könnten Sie darauf verzichten und Ihr Geld stattdessen in einen Mixer mit einer anderen für Sie wichtigen Funktion investieren.

Wann brauchen Sie ein Mischpult mit Monitorweg? Ganz einfach: wenn Sie ihn auch tatsächlich nutzen möchten. Das kann in ganz unterschiedlichen Situationen sinnvoll sein:

In Aufnahmesituationen, in denen Sie in Ihrem Heimstudio mit weiteren Musikern arbeiten, macht es Sinn, einen separaten Monitormix anfertigen zu können und ihn dem Musiker, dessen Instrument aufgezeichnet werden soll, auf die Ohren zu schicken.

Auch wenn Mix und Recording in getrennten Räumen stattfinden, kann es hilfreich sein, einen separaten Monitormix für den Aufnahmeraum anzufertigen. Auf diese Weise können Sie beispielsweise bei der Arbeit mit empfindlichen Kondensatormikrofonen störende Übersprechungen durch Signale aus dem Kopfhörer während der Aufnahmen vermeiden.

Und zu guter Letzt spricht auch nichts gegen den Einsatz eines Monitorwegs, wenn Sie ein Multi-Instrumentalist, Recording-Maniac und Purist sind, der während der Aufnahmen verschiedener Instrumente jeweils ein anderes Mischverhältnis bereits vorhandener Audiosignale benötigt, um sein Overdubbing bestmöglich umzusetzen.

Würden Sie nicht auf einen Monitorweg zurückgreifen, müssten Sie zwischen den Schritten »Aufnahme« und »Abhören« in all den oben beschriebenen Situationen immer wieder den mühsam erstellten Mix Kanal für Kanal umstellen.

### Talkback – was ist das?

Die *Talkbackfunktion* ermöglicht es, Rücksprache mit einem Musiker zu halten, der seine Aufnahmen in einem von der Tonregie getrennten Raum einspielt. Sie erfordert ein Mikrofon, dessen Signal über einen zugeordneten Taster oder Schalter im Monitormix des Aufnehmenden hörbar gemacht wird. So wird es nicht mit aufgenommen.

Es ist also kein Problem, einem Musiker auch während einer laufenden Aufnahme Anweisungen zu geben. Talkbackmikrofon und -schalter sind oftmals fest ins Mischpult eingebaut. Manche Mischpulte bieten auch die Möglichkeit, ein sogenanntes *Schwanenhalsmikrofon* anzuklemmen, und es gibt Produzenten, die für die Talkbacksteuerung Fußschalter bevorzugen, um die Hände für die Regler des Mischpults und ihre Kaffeetasse freizuhaben.

In der Regel wird es für Sie nicht notwendig sein, ein Talkbackmikrofon einzusetzen. Sobald Sie aber in eine Situation mit zwei getrennten Räumen für Regie und Aufnahme kommen, ist die Talkbackfunktion eine große Hilfe. Stellen Sie sich z. B. folgende Aufnahmesituation vor: Sie haben das Schlagzeug im Band-Proberaum mit Mikrofonen versehen und verkabelt und führen die Signale zu einem Mixer in einem benachbarten Raum, da Sie die Signale dort vom Schlagzeuggesamtsound separiert hören und damit überhaupt erst richtig beurteilen können. Allein um dem Schlagzeuger nun Anweisungen während des Einpegelns der einzelnen Mikrofonsignale zu geben, werden Sie schon etliche Male zwischen den Räumen hin und her wandern müssen. Dies erübrigt sich durch den Einsatz eines Talkbackmikrofons.

Falls Ihr Mischpult nicht über eine Talkbackfunktion verfügen sollte, hier mein Tipp: Nutzen Sie einen freien Kanal als Talkback, indem Sie an diesen ein Mikrofon anschließen, dessen Signal nicht auf die Aufnahmespuren, wohl aber auf den Monitor- oder Master-Bus geroutet wird.

## 3.6 Masterbereich

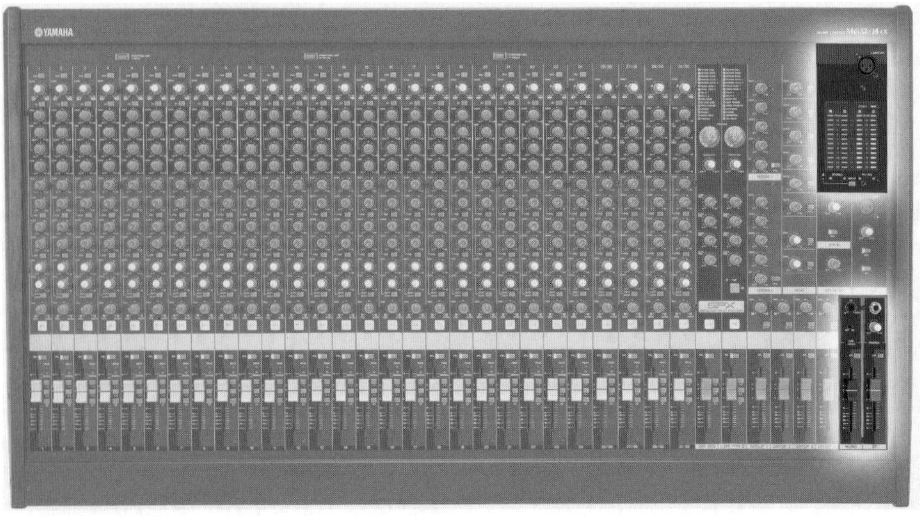


**Abb. 3.29:** Endstation – die Mastersektion

Die Mastersektion enthält neben den beiden Fadern der Masterkanäle in der Regel auch die zentralen Bedienelemente anderer Kanäle, die in den Master-Bus münden. Zu diesen Bedienelementen gehören die Send- und Return-Regler der Aux-Wege, ebenso wie die zentralen Regler des Monitorwegs und Auswahlschaltknöpfe für das Routing des Eingangs-Busses der Masterkanäle.

### 3.6.1 Masterkanäle

In den beiden Masterkanälen des Mischpults fließen, je nach Routing, die Einzelkanäle und/oder Subgruppen zusammen. Eine Klangregelung gibt es hier in der Regel nicht mehr. Diese würde die aufbereiteten (und hoffentlich für gut befundenen) Signale »verbiegen«. Die Zielsetzungen für Aufnahme und Mix sind in dieser Sektion des Mischpults unterschiedlich.

*Für die Aufnahme gilt:* Die aufzunehmenden Audiosignale werden über den Master-Bus abgehört und müssen hinsichtlich ihrer Beschaffenheit qualifiziert und hinsichtlich ihres Klangs beurteilt werden. Ist ihre Soundqualität gut und ihr Klang wie gewünscht, werden die Audiosignale aufgezeichnet.

*Beim Endmix eines Stücks gilt:* Die aufgenommenen Audiosignale werden über den Master-Bus abgemischt und müssen hinsichtlich ihrer Gesamtbeschaffenheit qualifiziert und hinsichtlich ihres Gesamtklangs beurteilt werden. Sobald Soundqualität und Klang gut und wie gewünscht sind, werden alle gemischten Signale zu einem Stereotrack heruntergemixt.

## 3.7 Anzeigen

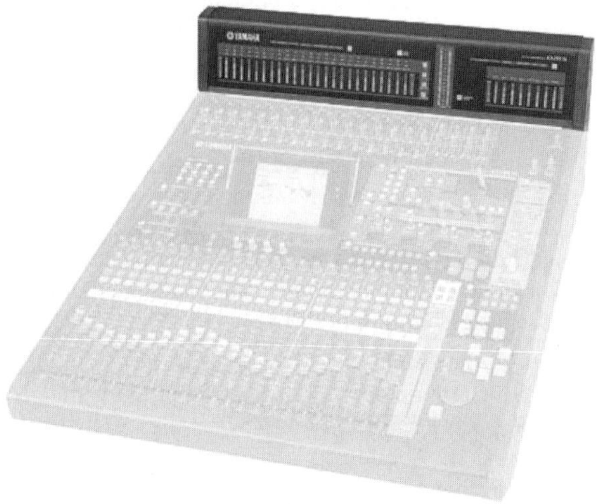

**Abb. 3.30:** Alle Pegel auf einen Blick – die Meter-Bridge

Auch die größte Anzahl von Kanälen und Subkanälen, Insert- und Aux-Wegen nutzt Ihnen nichts, wenn Sie das Signal, das Sie in das Mischpult einspeisen, nicht hinsichtlich seiner Qualität beurteilen können. Natürlich sollte diese Beurteilung in erster Linie über das Gehör stattfinden, das ist richtig. Aber eine Unterstützung durch verschiedene Anzeigen ist in vielen Recording-Situationen wünschenswert.

### 3.7.1 Level-Meter

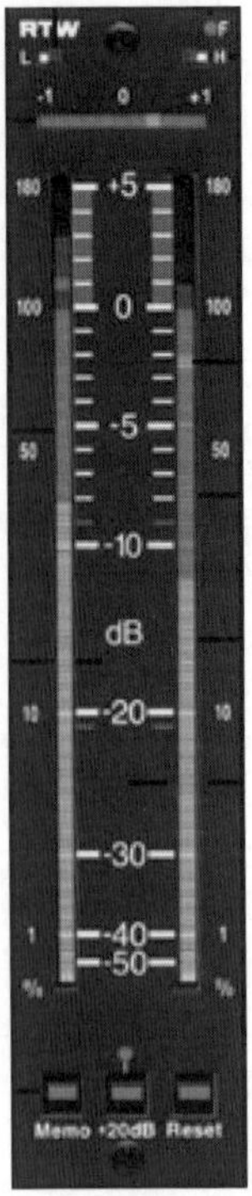


**Abb. 3.31:** Spitzenwerte! – Das Peak-Meter

*Level-Meter* dienen am Mischpult zum Aussteuern (auch: *Einpegeln*) von Signalen. Um eine gute Signalqualität zu gewährleisten, müssen die Spitzenwerte möglichst innerhalb eines bestimmten Bereichs liegen. Die Level-Meter-Anzeigen geben zu diesem Zweck die Lautstärkespitzen (engl. *peaks*) wieder. Weil eine solche Anzeige zum Messen der Signalspitzen genutzt wird, spricht man auch vom *Peak-Meter* (dt.: »Spitzenwertanzeiger«).

Peak-Meter werden häufig als Kette von LEDs umgesetzt. Diese sind bei fast allen Geräten so ausgelegt, dass sie bei unterschiedlichen Aussteuerungswerten in verschiedenen Farben aufleuchten. Häufig sind hier die Farben Gelb oder Orange (Signalpegel okay) und Rot (Signalpegel kritisch) anzutreffen. Einige Hersteller unterteilen noch weiter und bieten zusätzlich grüne LEDs an (beispielsweise grün = Signalpegel okay, gelb/orange = Signalpegel kritisch, rot = Signalpegel zu hoch).

Die einfachste Variante ist ein Level-Meter im Masterbereich. Es bezieht sich auf die Signalsumme der beiden Masterstereokanäle. Bei vielen Mixern lässt sich eines der Level-Meter außerdem zum Einpegeln eingehender Signale verwenden. Dies geschieht dann durch die Aktivierung der PFL-Schaltung in den Kanälen. So können Sie die Bewertung des Signalpegels vor dem Durchlaufen des Kanalfaders durchführen.

Vielfach entfällt die Mehrfachnutzung des Meters im Masterbereich aber, wenn es sich um ein aufwendigeres Mischpult handelt, das für jeden Kanal separate Level-Meter zur Verfügung stellt. In diesem Fall zeigen die Level-Meter in der »Normalfunktion« die Post-Fader-Werte der zugehörigen Kanäle an. Das Aussteuern über die PFL-Funktion geschieht dann für gewöhnlich über die Level-Meter der jeweiligen Kanäle.

Um Mischpulte günstiger anbieten zu können, verzichten manche Hersteller darauf, Level-Meter für jeden einzelnen Kanal im Gerät zu verbauen. Ein Pluspunkt mittelgroßer und großer Mischpulte, den Sie beim Kauf beachten können, ist die Nachrüstbarkeit durch eine sogenannte *Meter-Bridge* (siehe Abbildung 3.30). Dabei handelt es sich um eine Einheit, die sämtliche Level-Meter der Einzelkanäle eines Mischpults enthält. Auf diese Weise nachgerüstet, haben Sie bei der Anschaffung des Mischpults vorerst Geld gespart und später eine komfortable Arbeitsumgebung geschaffen.

#### Peak Hold

Da die Pegelspitzen zu unerwünschten Verzerrungen durch Übersteuerung führen können, gilt ihnen also besonderes Augenmerk. Aus diesem Grund verfügen einige Anzeigen über eine *Peak Hold*-Funktion. Hierbei erlischt das Lämpchen, das für den momentan höchsten Signalpegel steht, nicht sofort, sondern die Anzeige des Spitzenwerts wird für eine kurze Zeitspanne aufrechterhalten. Dies kann beim Einpegeln und Überwachen von Signalpegeln hilfreich sein. Insbesondere Softwaremixer bieten variable Peak-Hold-Funktionen mit wählbaren Releasezeiten, über die Sie die Peak Holds steuern können.

### Dezibelangaben

dB ist nicht gleich dB! Die Anzeigen verschiedener Geräte, die Werbeprospekte zahlreicher Hersteller sowie etliche Fachbücher erscheinen dem Recording-Neuling bei der Nennung von Pegelwerten verwirrend, da sie von verschiedenen dB-Werten sprechen. Da gibt es *dBu* und *dBSPL* oder einfach schlicht die Angabe *dB*. Aber *welche* Bezeichnung steht denn nun für *was*? Und warum gibt es überhaupt unterschiedliche dB-Einheiten?

Das logarithmische Verhältnis, in dem zwei elektrische oder akustische Größen mit gleicher Einheit zueinander stehen, wird als *Pegel* bezeichnet. Diesen Pegel (oder auch: dieses Verhältnis) wird zahlenmäßig durch dB-Angaben ausgedrückt. *dB* steht dabei für *Dezibel*, den zehnten Teil eines *Bel*, benannt nach dem Physiker Alexander Graham Bell. Während *relative Pegel* (Dämpfungen, Verstärkungen) das Verhältnis zweier beliebiger Werte beschreiben, drücken *absolute Pegel* das Verhältnis eines Werts zu einem genormten Standardwert aus. Streng genommen handelt es sich beim dB aber um eine Pseudoeinheit, da seine Zahlenangabe ein Verhältnis von Werten beschreibt.

Je nachdem, welches Verhältnis beschrieben wird, steht hinter dem »dB« zusätzlich ein näherer Bezeichner. Die drei wichtigsten dieser dB-Angaben möchte ich Ihnen hier kurz vorstellen:

- *dBFS:* Angaben in dBFS beziehen sich auf die maximal mögliche Aussteuerung eines digitalen Signals (FS = full scale; dt. etwa: voll ausgeschöpfte Skala). Diese Angabe begegnet Ihnen z. B., wenn Sie ein Signal mit einem Audio-Editor bearbeiten und dessen Signalpegel um 1 dBFS verändern.
- *dBu:* Dies ist die Einheit des Spannungspegels Lu, der das Verhältnis eines Spannungswerts zum Wert der Bezugsspannung darstellt. Diese betrug lange Zeit 0,775 Volt. Die Angabe 0 dBu gibt an, dass der betrachtete Spannungswert der Bezugsspannung von 0,775 V entspricht. Durch diesen festen Bezugswert handelt es sich beim Spannungspegel um einen absoluten Pegel. Als Studio-Aussteuerungspegel im Rundfunkbereich ist ein Spannungspegel von +6 dBu (1,55 V) üblich (auch »Funkhauspegel« genannt), während in professionellen Tonstudios international größtenteils mit dem Aussteuerungspegel von +4 dBu (1,228 V) gearbeitet wird. (Übrigens: Beim Spannungspegel Lu steht das *L* für *Level* und das kleine bzw. tiefgestellte *u* für *Unit* oder auch für *unloaded*, also »ohne Last«.)
- *dBV:* Auch hierdurch wird ein Spannungspegel angezeigt. Dieser bezieht sich jedoch auf eine andere Bezugsspannung (1 V), die mitunter in den USA und/oder Japan herangezogen wird.
- *dBSPL:* Da es sich bei Schall um wellenförmige Veränderungen des Luftdrucks handelt, wird in manchen Situationen versucht, diesen Schalldruck zu messen. Dessen Veränderungen werden durch den Schalldruckpegel beschrieben und in dBSPL angegeben. SPL steht dabei für *Sound Pressure Level* (dt.: Schalldruckpegel). Auch hierbei handelt es sich um einen absoluten Pegel, dessen Bezugswert ein Schalldruck

von 0,00002 Pa (Pascal) ist. Die Angabe *0 dBSPL* gibt also an: Der betrachtete Schalldruckpegel entspricht dem Bezugsschalldruck von 0,00002 Pa – der menschlichen Hörschwelle. Der Schalldruckpegel in dBSPL drückt somit die Lautstärke aus, die durch den Schalldruck bestimmt wird.

Im Widerspruch zu einigen anderen Büchern über Studiotechnik und Homerecording möchte ich hier nicht das Märchen vom »doppelt so lauten Ton« nähren. Relative Pegel werden stets subjektiv empfunden. Eine Tasse Tee kann heiß sein und eine andere Tasse heißer. Aber kann eine Tasse Tee doppelt so heiß sein wie eine andere? Der Tee kann zwar den doppelten Temperaturwert haben, aber ob dieser Unterschied auch als Verdopplung empfunden wird, ist dennoch rein subjektiv. So verhält es sich auch mit der Lautstärke. Ein Signal, das um +6 dB angehoben wird, ist also genauso wenig doppelt so laut, wie ein Signal, das um -6 dB verändert wird, halb so laut ist. Ob dies letztlich aber auch als Verdopplung der Lautstärke empfunden wird, ist völlig subjektiv.

## Headroom

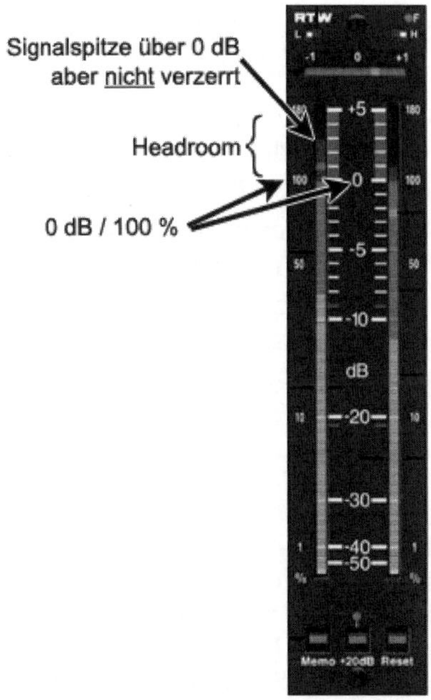


**Abb. 3.32:** Eiserne Reserve – der Headroom

Viele Geräte sind für einen gewissen Pegel optimiert (*Studiopegel*). Diese Pegel sind als Referenzwert neben der Anzeige angebracht. Sie lauten etwa *0 dB* oder auch *100 %*. Tritt nun in einem Audiosignal eine Dynamikspitze auf, die oberhalb des Studiopegels liegt, hat das nicht sofort eine Verzerrung des Signals zur Folge. Vielmehr gibt es eine gewisse Reserve, in der die Pegelspitzen sich befinden können. Diese Aussteuerungsreserve wird als *Sicherheitspegel* oder *Headroom* bezeichnet. Er ist bei den verschiedenen Geräten unterschiedlich. Generell gilt die Formel:

Arbeitspegel + Headroom = max. Analogpegel

### Übersteuerung

Bei der Übersteuerung eines Signals über einen zulässigen Wert, der eine verzerrungsfreie Bearbeitung zulässt, spricht man auch vom *Clipping*. Manche Mischpulte stellen für die Überwachung von Übersteuerungen auch lediglich eine Warndiode zur Verfügung, die häufig mit der Bezeichnung *Clip* versehen ist.

Für die tägliche Praxis in Ihrem Homestudio ist es wichtig, sich klarzumachen, dass es an Ihrem Audiomessplatz (Sie erinnern sich?) einen fundamentalen Unterschied zwischen dem Übersteuern von analogen und dem von digitalen Signalen gibt.

Digitale Verzerrungen setzen unvermittelter ein. Aus diesem Grund muss für die Arbeit mit Analog/Digital-Wandlern ein größerer Headroom zur Verfügung gestellt werden. Dadurch wird gewährleistet, dass die vom Wandler verarbeiteten Signale zwar über ausreichende Grundpegel verfügen, es aber nicht zu einem digitalen Clipping kommt.

### Ansprechverhalten

Ein entscheidender Faktor ist die Geschwindigkeit, mit der ein Peak-Meter einsetzt (*Ansprechverhalten*). Für das zuverlässige Anzeigen von Dynamikspitzen sollte eine möglichst kurze Zeitspanne benötigt werden, bis die Anzeige anspricht. Eine gewisse Trägheit der Anzeige ist dagegen wünschenswert, wenn plötzlich auftretende Dynamikspitzen in ansonsten verhältnismäßig leisen Signalen nicht angezeigt werden sollen. Die Anzeige agiert dann näher am Lautheitseindruck, den das Audiomaterial hinterlässt.

## 3.7.2 VU-Meter

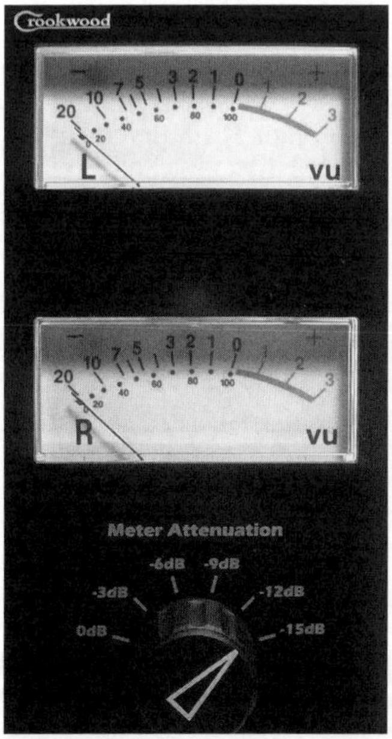


**Abb. 3.33:** Gut, weil träge – das VU-Meter

Aufgrund ihrer mechanischen Trägheit werden für bestimmte Zwecke auch häufig Zeigerinstrumente eingesetzt. Durch ihr langsames Ansprechen zeigen sie zwar nicht exakt die Pegelspitzen an, können jedoch eine Abbildung des Lautheitseindrucks von Audiosignalen vermitteln. Diesem Umstand Rechnung tragend, heißen diese Anzeigen denn auch *Volume Unit Meter* (dt.: »Lautheitseinheitenmesser«) oder kurz *VU-Meter*.

Zum Aussteuern des Spitzenwerts von Signalen sind VU-Meter jedoch bei analogen Aufnahmen nur bedingt brauchbar. Für die Messung der Signalspitzen digitaler Aufnahmen sind sie sogar gänzlich unangebracht, weil aufgrund ihrer Trägheit unbrauchbar.

### Know-how

Um mit unterschiedlichen Geräten auf ähnlichem Niveau arbeiten zu können, wird eine Standardisierung genutzt. Je nach Ausführung entspricht die Peak-Anzeige 0 (oder auch 100 %) eines VU-Meters einem Spannungspegel von entweder +4 oder +6 dBu. Die Ein- und Ausschwingzeit von VU-Metern ist mit Werten von beispielsweise 300 ms verhältnismäßig träge.

### Crest-Faktor

Der *Crest-Faktor* stellt einen wichtigen Unterschied zwischen Spitzenwertmesser und VU-Meter dar. Er gibt das Verhältnis Spitzenwert zu Effektivwert wieder und informiert somit über das Einschwingverhalten von Signalen. Dabei rücken die *Transienten* (dt.: Einschwingvorgänge) von Signalen in den Fokus. Je kleiner der Crest-Faktor (also je geringer das Verhältnis von Spitzenwert [Peak] und Effektivwert [RMS]), desto lauter klingt das Material.

Einige Hersteller gehen zur Bearbeitung der Signaldynamik denn auch so weit, nicht »nur« Kompressoren und Limiter anzubieten (siehe Teil 2, »Outboard-Equipment & Effekte«), sondern gleich den kompletten Dynamikverlauf einer Hüllkurvenveränderung zu unterziehen. Sinn und Zweck des Vorgangs ist dabei die Optimierung des Crest-Faktors. Ein Beispiel hierfür ist der *Transient Designer* des deutschen Herstellers *SPL* (siehe weiter hinten Teil 2, »Outboard-Equipment & Effekte«).

### Praxistipps – Level-Meter

Nachfolgend einige Hinweise zur Mischpultpraxis mit Level-Metern. Lesen Sie zu diesem Thema auch unbedingt im Teil 7, »Mix und Mastering«, nach:

- Stellen Sie sicher, dass Sie die beteiligten Geräte innerhalb Ihrer Recording-Kette nicht zu stark aussteuern, da Sie dadurch unerwünschte Verzerrungen erhalten, die später kaum mehr herauszufiltern sind.
- Stellen Sie sicher, dass Sie die beteiligten Geräte innerhalb Ihrer Recording-Kette nicht zu gering aussteuern, da Sie dadurch den Signal-Rausch-Abstand unnötig verringern.

- Um eine gute Signalkontrolle zu ermöglichen, können Sie die Eingänge Ihrer Soundkarte oder Ihres Audio-Interface auch mit einer separaten Software überwachen, die Ihnen mehr und/oder bessere Einstellmöglichkeiten und Anpassungen für Spitzenwert- und Lautheitsanzeige bereitstellt. Hierfür eignet sich zum Beispiel die Software TT Dynamic Range Meter.
- Als fortgeschrittener Homestudio-Besitzer können Sie für die Überwachung von digitalen Datenströmen auch digitale Pegelmesser nutzen, die in der Lage sind, die einzelnen Samples abbilden zu können.
- Kontrollieren Sie bei schmalbandigen Filteranhebungen die Pegel der entsprechenden Signale lieber zweimal und vertrauen Sie im Zweifelsfall auf Ihr Gehör. Denn hier kann es aufgrund von »frequenzblinden« Level-Metern zu Übersteuerungen kommen, die von deren Anzeige nicht dargestellt werden.
- Beachten Sie beim Aussteuern den wichtigen Unterschied zwischen analogen und digitalen Geräten: Für die *Aussteuerung analoger Geräte* sollten Sie die Spitzen Ihrer Signale auf einen Arbeitspegel von 0 dB bringen. Wird der Arbeitspegel zwischenzeitlich geringfügig überschritten (Headroom), ist dies nicht weiter schlimm. Für die *Aussteuerung digitaler Geräte* sieht die Sache anders aus. Hier bedeutet *0 dB* die tatsächliche Aussteuerungsgrenze. Jede Überschreitung dieser Grenze durch Signalspitzen zieht unweigerlich Übersteuerungen nach sich. Sorgen Sie deshalb künstlich für den benötigten Headroom (z. B. -10 dBFS).

## 3.8 Digitale Mixer – Übersicht

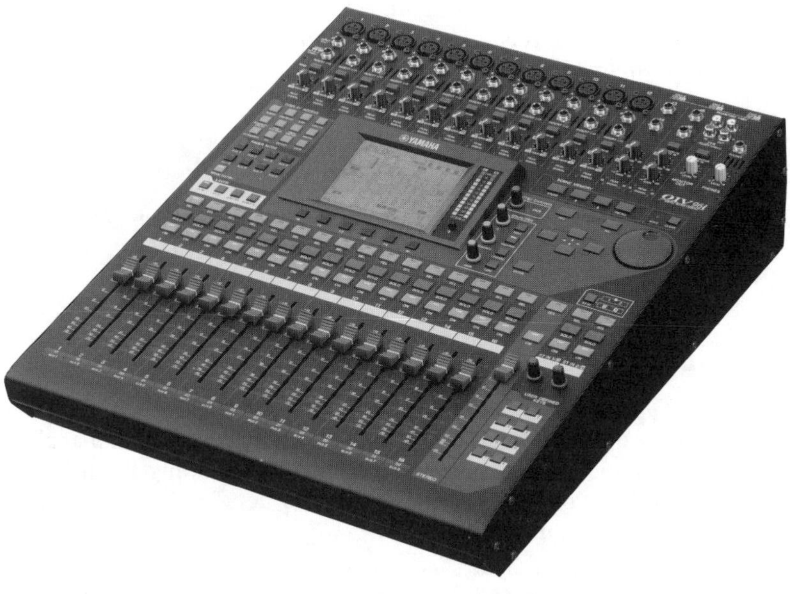

**Abb. 3.34:** Auch in der neuesten Version ein Standard in (Projekt-)Studios – Yamaha 01v96i (Quelle: `www.yamaha.com`)

Viele der vorangehenden Beschreibungen über die Funktionsweisen und Vorgänge bei Mischpulten bezogen sich auf analoge Mischpulte, bei denen die Audiosignale in Form elektrischer Spannung durch die verschiedenen Bauteile der Sektionen geschickt werden. Ein entscheidender Unterschied zwischen analogen und digitalen Mischpulten sowie Softwaremixern besteht in deren Signalverarbeitung. Um Audiodaten mit einem Digitalpult bearbeiten zu können, müssen diese in ein digitales Format übersetzt werden. Dies geschieht durch A/D-Wandler am Eingang. D/A-Wandler sorgen am Ausgang dafür, dass die Daten wieder hörbar gemacht werden. Die Verarbeitung der Signale findet also gegenüber Analogpulten in digitalen Mixern durch Umrechnungen und Berechnungen statt.

Viele Jahre galt in mittelgroßen Studios das Digitalpult *Yamaha 02r* als Standard. In kleineren Projektstudios mit Homerecording-Budget trat oftmals der kleinere Bruder des 02r, das *Yamaha 01v* in Erscheinung. Sie gehörten zu den ersten Digitalmischpulten, die auch mit einer eigenen digitalen Effektausstattung angeboten wurden. Auch wenn sich gerade das *01V* in seiner neuesten Version 01v96i in Projektstudios gehalten hat, werden diese Features mittlerweile aber auch in deutlich kostengünstigeren Kleinmixern verbaut. Zudem hat sich die Leistungsfähigkeit von Wandlern, Digitaleffekten usw. in den vergangenen Jahren drastisch erhöht. Deshalb haben Homerecording-Begeisterte heute die Qual der Wahl aus einer Vielzahl von bezahlbaren Digitalmixern. Bitte beachten Sie aber: Nur weil ein Mischpult digitale Effekte mitbringt, handelt es sich noch lange nicht um ein Digitalpult. Entscheidend dafür ist die Art und Weise der Signalverarbeitung.

**Hinweis**

Aufgrund der Arbeitsweise digitaler Mischpulte weicht ihr Signalfluss manchmal von demjenigen eines analogen Pults ab. Insbesondere Softwaremixer bieten hier mitunter weitreichende Flexibilität.

**Was ist Total Recall?**

Als *Total Recall* bezeichnet man die Möglichkeit, bei einem digitalen Mischpult tatsächlich **alle** Parameter abspeichern zu können. Auf diese Weise lässt sich auch eine vollständige Automation aller Abläufe durchführen.

### 3.8.1 Analog-Digital-Hybride

Als *Hybride* möchte ich hier Mischpulte anführen, die auf analoge wie auch digitale Technik zurückgreifen. In bestimmten Bereichen werden Audiosignale auf analoge Art verarbeitet, in anderen wiederum kommen digitale Verarbeitungen zum Einsatz. Schauen wir uns hierfür als exemplarisches Beispiel für den Bereich Kleinmischpulte das *Yamaha MG20XU* etwas genauer an:

Zunächst einmal bietet der Mixer 20 Mikrofoneingänge mit rauscharmer Signalverstärkung, Hochpassfiltern und für einige dieser Eingänge Phantomspeisung für Kondensatormikrofone. Er stellt 12 Eingänge für Line-Signale bereit und kann diese in zwei Gruppenkanälen bündeln. Vier Aux-Wege und zwei FX-Sends sorgen für flexible Klanggestaltung. So weit, so gut.

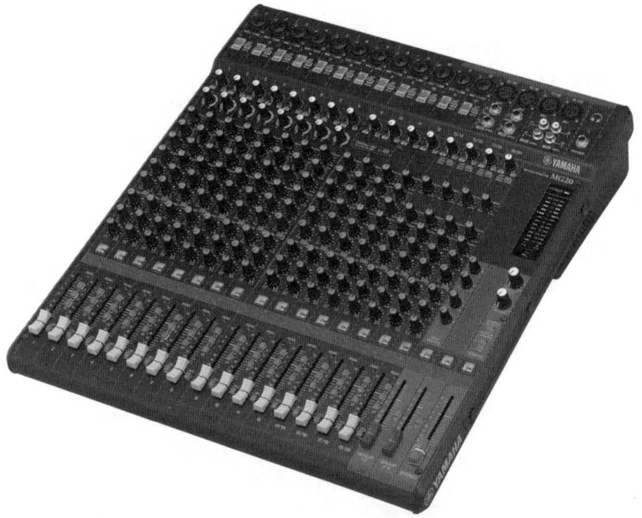

**Abb. 3.35:** Kompakter Hybrid – Yamaha MG20XU (Quelle: www.yamaha.com)

Doch was macht das Mischpult zum Hybriden? Entgegen reinen Analog-Mischpulten kann das MG20XU eingehende Signale nicht nur in seinen analogen Leiterbahnen weiterverarbeiten, sondern greift auch auf eine digitale Effektsektion zurück. Per USB kann das Mischpult beispielsweise mit Sound von einem angeschlossenen iPad/iPhone gespeist werden. Außerdem kann der Mixer mit einigen Einschränkungen auch mittels der App *MG Rec&Play* vom iPad/iPhone aus gesteuert werden.

## 3.8.2 Softwaremixer

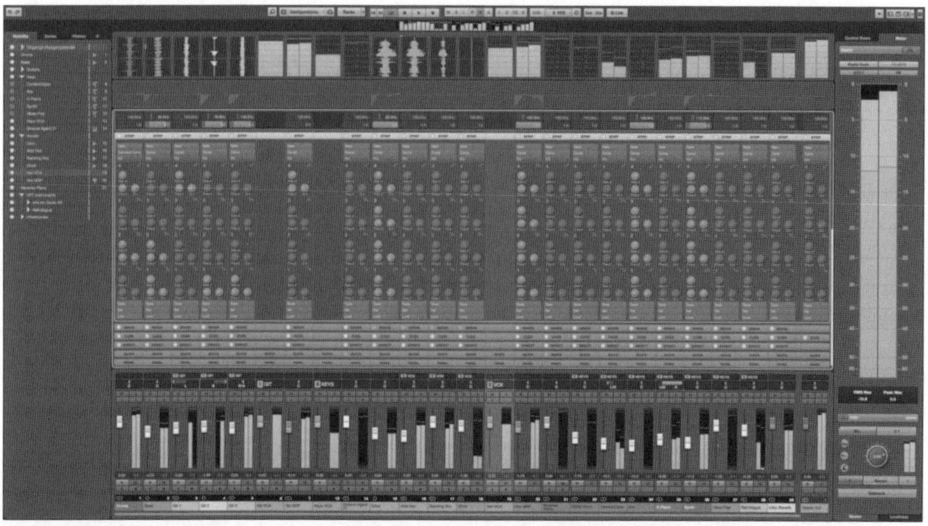

**Abb. 3.36:** Professionelle Arbeitsumgebung – Mixer in Cubase

Einen Schritt weiter als die digitalen Mischpulte gehen Softwaremixer. Hier werden alle Funktionen ausschließlich berechnet. Die Benutzeroberfläche ist virtuell. Die Vorteile rein virtueller Mischpulte sind offensichtlich: Sie sind leichter und oftmals weitreichender konfigurierbar als ihre Hardwarependants und lassen für gewöhnlich das Abspeichern und Laden **sämtlicher** Parameter zu, da ja alles Benötigte mit konkreten Werten berechnet wird. Hier ist also *Total Recall* an der Tagesordnung.

Entgegen der jahrelangen Entwicklung, alle erdenklichen Vorgänge und Oberflächen nachzubilden und via Bildschirm und Maus zu bedienen, möchte so mancher (Homerecording-)Produzent lieber an realen Knöpfen drehen. Deshalb bieten zahlreiche Hersteller nicht nur ausgereifte virtuelle Mischpulte, sondern auch externe Controller an, die über MIDI, USB und/oder FireWire in die Softwarebedienung integriert werden können (siehe Abschnitt 2.6, »Externe Controller«).

Gönnen Sie sich die Einarbeitungszeit in die Softwareumgebungen. Geben Sie nicht frühzeitig auf. Das Durchhalten lohnt sich! Sollten Sie in Bezug auf die Grundlagen mit der Arbeit am Mischpult noch unsicher sein und sollte Ihnen das Arbeiten mit einem umfangreichen Softwaremischpult zu abstrakt erscheinen, können Sie auch die Anschaffung eines mittelgroßen Analogpults mit einigen Subgruppen in Betracht ziehen. Sicher werden Sie schon bald auf einen Digitalmixer umsteigen wollen und schließlich auch mit der wenig haptischen Oberfläche eines Softwaremischpults arbeiten können. Das lohnt sich, weil der Funktionsumfang heutiger Softwaremixer denjenigen von Digitalmixern oftmals um Längen schlägt.

## 3.9 Einsatzmöglichkeiten

Falls Sie nicht sicher sind, ob Sie zusätzlich zu einem Softwaremixer ein Mischpult benötigen, finden Sie hier einige Anwendungsbeispiele. Ein Mischpult kann Ihnen dienen ...

- ... als vorgeschalteter Submixer. So können Sie Gruppen externer Signalquellen zusammenfassen (z. B. mehrere Keyboards, Expander etc.).
- ... als Monitormixer für das latenzfreie Abhören von Aufnahmesignalen. Selbst kleinste Mixer lassen sich so sinnvoll einsetzen. Wenn der Mix im Rechner stattfindet und sämtliche Aufnahmen via Overdubbing getätigt werden, kann ein kleines Mischpult auch eingesetzt werden, um Latenzprobleme mit der DAW während der Aufnahme vollständig zu umgehen. Beispiel gefällig? In Abbildung 3.37 sehen Sie eine Verkabelung, bei der der Digital-Amps direkt mit dem Digitaleingang einer Soundkarte verbunden ist und parallel dazu ein analoges Signal in ein Mischpult geht. Auf diese Weise schalten Sie das Problem der Latenzzeiten durch Monitoring über das DAW-Signal ein für allemal aus.
- ... als Recording-Mixer mit eingangsseitiger Bündelung der Audiosignale auf eine Stereosumme (z. B. wenn das Audio-Interface nur ein Stereosignal aufgreifen kann). Umständlich, aber machbar!

- ... als Schaltzentrale zur Weiterleitung der Audiosignale aufzunehmender Einzelkanäle und aufgenommener Einzelspuren sowie zum Bereitstellen einer Stereosumme für das Monitoring von Recording-Signalen. Der Standard!
- ... als Abhörregler für den Mix. Im Grunde würden hierfür, wie bei einer Hi-Fi-Anlage, schon zwei Kanäle reichen. Einsteiger können etwa ihren Mix über einen Softwaremixer im Rechner anfertigen und ihn über ein externes Mischpult mit aktiven Monitorlautsprechern abhören.

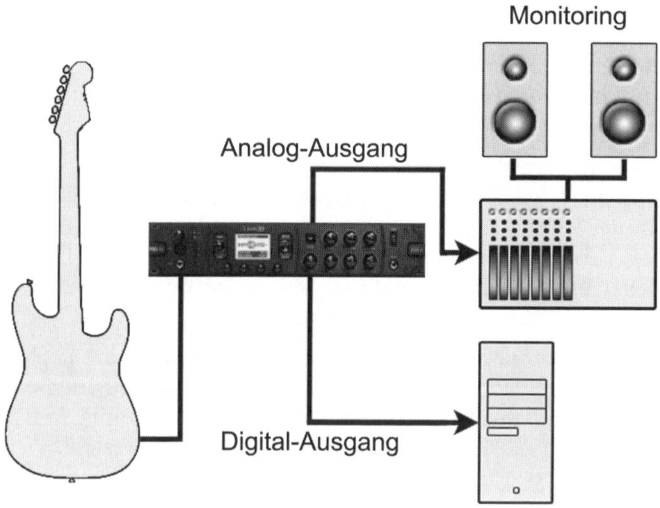


**Abb. 3.37:** Latenzzeiten ade – paralleles Signalabgreifen fürs Monitoring

## 3.10 Automation

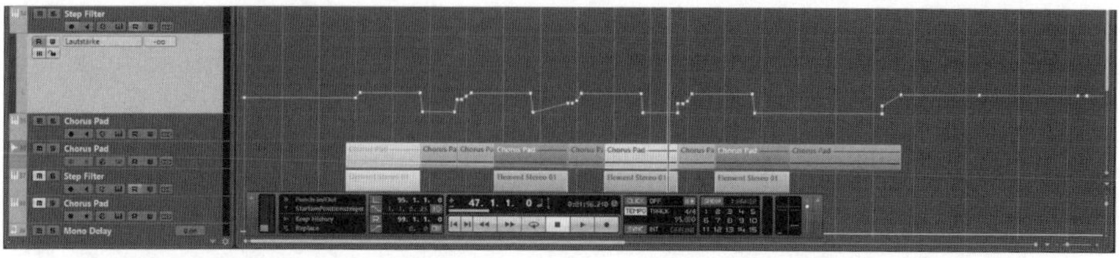

**Abb. 3.38:** Komplexe Automationsverläufe in Cubase

Moderne Produktionen leben häufig von einem massiven Einsatz fortwährender Parameterveränderungen und Reglerbewegungen der verschiedensten Art. Da werden etwa Lautstärkeverhältnisse von unzähligen Einzelkanälen zugleich verändert, das Panning nicht nur für die Signalkanalzüge, sondern auch für die Effekt-Busse verändert und laufend Einfluss auf die Signalanteile von Effekten genommen. Filter dienen nicht nur zur

Klangverbesserung, sondern durch die Bewegung ihrer Parameterwerte auch als eigenständige Effekte. Durch zusätzliche Automation der *Solo*- und *Mute*-Funktionen lassen sich Rauschanteile reduzieren.

So manche zeitgemäße Studioproduktion setzt beinahe ausschließlich auf interessante Mixingtechniken mit aufwendigen Automationsabläufen. Doch selbstverständlich ist auch ein dezenter, nicht zu vordergründiger Einsatz von Automation möglich. Je ausufernder Ihre Ideen für einen lebhaften Einsatz von Mix-Parametern sind, umso geringer die Chance, dass Sie mit einem Hardwaremixer ohne Automation auskommen werden, um die gewünschte »Bewegung« in Ihre Produktion zu bringen. Selbst wenn Sie sagen, dass Ihre Songs keinen solchen »Automations-Overkill« erfordern, können Ihre Tracks dennoch von der Aufzeichnung von Steuerungsdaten profitieren. Denn die eine oder andere Automation hier und da kann in Ihrer Produktion mitunter entscheidende subtile Aufmerksamkeitsreize setzen.

Die Anschaffung eines Mischpults mit Fader- oder gar Komplettautomation setzt auch heute noch ein kleines Vermögen voraus. Doch es geht auch anders. Mit einem kleinen Digitalmischpult stehen Ihnen bereits zahlreiche Automationsfunktionen zur Verfügung. Eine noch günstigere Variante: Sofern Sie Ihr Recording über einen einfachen Hardwaremixer, den Mix aber über einen aufwendigen Softwaremixer machen, steht Ihnen der (beinahe unbegrenzte) Automationshimmel offen.

Wie Sie in Abbildung 3.38 sehen, können Sie in aktuellen Softwaremixern die Regler-Automation im wahrsten Sinne des Wortes »aufzeichnen«. Durch das Einzeichnen von Automationsdaten ist es für Sie kinderleicht, auch komplexeste Vorgänge ohne Trial & Error zu erzeugen. Dabei sorgt die grafische Darstellung nicht nur für Übersicht. Vielmehr fördert das visuelle Verfolgen der Parameteränderungen am Bildschirm auch Ihr Verständnis für den Zusammenhang verschiedener Automationsparameter.

**Praxistipps – Automation**

- Kopieren Sie identische Automationsdaten in einem Softwaremixer nicht auf mehrere Einzelspuren. Praktischer ist das Routen der Einzelkanäle auf eine Subgruppe, deren Parameter Sie dann automatisieren können.
- Beachten Sie bei der Automation den Zusammenhang von Signalpegeln und Stereoauslenkung.

## 3.11 Welchen Mixer brauche ich? – Kaufkriterien

Sie sehen, beim Kauf eines Mischpults gilt es vieles zu beachten, das für den späteren Produktionsalltag entscheidend sein kann. Sicher: Ein Verkaufsschlager ist ein Verkaufsschlager, weil viele andere Kunden dieses Gerät gekauft haben. Darüber, ob das Mischpult für Ihre eigenen Arbeitsabläufe passt, sagt dies aber rein gar nichts aus. Mein Tipp: Ziehen Sie die nachfolgenden Aspekte beim Kauf eines Mischpults als Entscheidungshilfe heran:

- *Grundsatzüberlegung:* Benötige ich (jetzt oder in Zukunft) tatsächlich alle verwendeten Extrafunktionen oder ist auch ein Mixer mit weniger Schnickschnack, aber mit mehr Kanälen sinnvoll?
- *Leistungsumfang:* Verfügt das Mischpult über die erforderliche Anzahl von Kanälen, um die Signale aller im Homestudio vorhandenen Klangerzeuger zusammenfassen zu können?
- *Zukunftsträchtigkeit:* Lässt es darüber hinaus auch noch die Einbindung weiterer, zukünftiger Klangerzeuger zu?
- *Direct-Outs:* Sollen die Einzelkanäle direkt aufgenommen werden? In diesem Fall sind Direct-Outs erforderlich.
- *Regelwege:* Bieten Ihnen zwei Mischpulte beinahe die gleichen Funktionen, so sollten Sie auch die Regelwege in die Liste Ihrer Kaufkriterien einbeziehen. Je länger beispielsweise der Regelweg eines Faders ist, umso genauer lässt sich damit für gewöhnlich der Pegel des jeweiligen Kanals einstellen. Professioneller Standard sind hier beispielsweise Fader mit einem Regelweg von 100 mm.
- *Drehpotenziometer:* Für die Knöpfe des Mischpults gilt hinsichtlich der Ausstattung Ähnliches. Sie sollten nach Möglichkeit stufenlos regelbar sein. Einzige Ausnahme bildet eine Einrastfunktion für die Center-Anwahl von Panning und Filteranhebung/-absenkung. Diese vereinfacht die Poti-Arbeit mit dem Mixer in der Praxis wesentlich.
- *Kanalanzahl:* Jeder Kanal des Mischpults bringt ein gewisses Eigenrauschen mit sich. Bedenken Sie deshalb, dass mit wachsender Anzahl der Kanäle auch der Rauschanteil des Summensignals steigen kann.
- *Automation:* Soll das Hardwaremischpult nicht nur zum »Vorhören« von Signalen dienen, sondern auch Automation bieten? In letzterem Fall empfiehlt sich die Anschaffung eines kleinen Digitalpults.
- *Scenes:* Möchten Sie zugleich an vielen verschiedenen Stücken arbeiten, ist ein Digitalmixer mit Scene-Memory eine gute Wahl.

Weitere Entscheidungskriterien für den Kauf eines Digitalmischpults können sein:

- Bietet das Mischpult A/D-Wandler mit hoher Samplingrate (beispielsweise 48 oder 96 kHz) und eine interne Signalverarbeitung mit großer Wortbreite (beispielsweise 24 oder 32 Bit)?
- Bringt das Mischpult digitale Bearbeitungsmöglichkeiten wie eine eigene Effektsektion mit?
- Kann das Mischpult hardwareseitig erweitert/modifiziert werden?
- Ist das Display des Digitalmixers übersichtlich und bietet nicht nur die Anzeige von Werten, sondern gar von grafischen Darstellungen?
- Gibt es eine Übersicht über die verarbeiteten Signalpegel (Stichworte PFL, Meter-Bridge)?
- Ist die Bedienung von Oberfläche und Automation leicht nachvollziehbar?

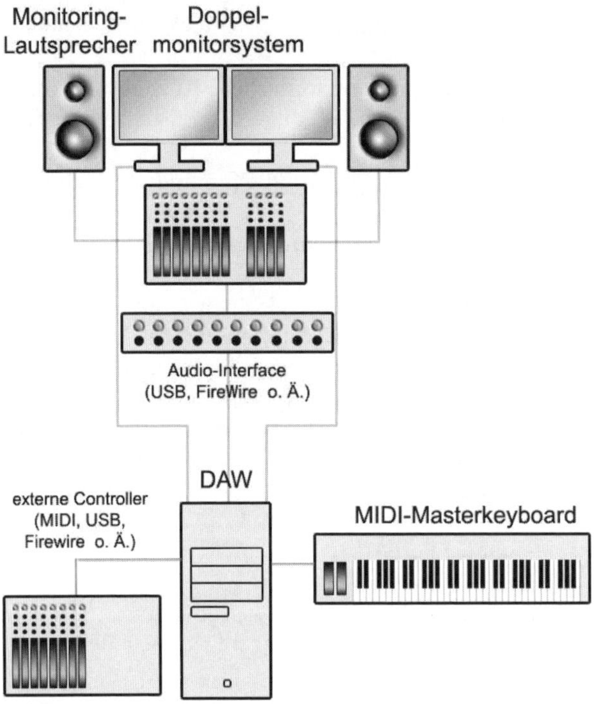


**Abb. 3.39:** Homestudio (Stufe 6)

# Teil 2

## Outboard-Equipment & Effekte

Was außer einer DAW und Kenntnissen von den Möglichkeiten eines Mischpults noch notwendig ist, ist das Wissen um die verschiedenen Facetten der Signalverbesserung, Klangbearbeitung und Soundmanipulation. Hierum geht es im Weiteren. Die folgenden Abschnitte sollen Ihnen mit dem notwendigen technischen Grundwissen das Rüstzeug geben, Ihre Aufnahmen und deren Mix später nach Ihren Vorstellungen umsetzen zu können.

In der Regel reicht es nicht aus, nur ein Aufnahmegerät (z. B. eine DAW) und ein Mischpult zu nutzen, um Aufnahmen durchzuführen. Die aufzunehmenden Audiosignale können häufig noch verbessert, ihr Klang verändert und manipuliert werden. Zwar gibt es mittlerweile viele Mischpulte, die bereits etliche Effekte eingebaut haben. Doch auch um diese verstehen zu lernen und damit richtig nutzen zu können, benötigen Sie physikalisches Grundwissen. Gleiches gilt auch für externe und virtuelle Instrumente. Bei Letzteren beiden müssen Sie außerdem noch wissen, wie Sie diese Effekte virtuell einbinden oder real verkabeln müssen, um überhaupt einen einzigen Ton davon bearbeiten lassen zu können.

Ich möchte Ihnen eine Produktion nahelegen, die komplett in Ihrer DAW stattfindet. Deshalb zeige ich Ihnen im Folgenden immer auch die entsprechenden Plug-in-Oberflächen zu den jeweiligen Effekten.

## In diesem Teil:

# Kapitel 4

# Grundsätzliches zu Effekten

Viele Geräte haben schon Effekte eingebaut. Aber nicht immer macht es Sinn, diese auch während der Aufnahme zu nutzen. Generell kann ich Ihnen nur empfehlen, während einer Produktion möglichst lange die Kontrolle über den Klang der aufgenommenen Instrumente zu behalten. Da sich im Laufe einer Produktion immer wieder neue Ideen auftun, die einfach zu gut sein können, um sie zu verwerfen, kann sich das Gesamtklangbild einer Aufnahme immer wieder ändern. Wenn Sie in einem solchen Fall alle Effekte bereits mit aufgenommen haben, so stehen Sie vor einer schier unlösbaren Aufgabe.

Hier ein Beispiel aus der Praxis: Sie sind stolzer Besitzer eines Line 6 Firehawk FX, das ist (grob ausgedrückt) eine Fußleiste, die Ihnen verschiedene Verstärker- und Lautsprechersimulationen inklusive vieler Effekte, wie etwa Wahwah, Chorus und Hall bietet. In diesem Gerät ist wirklich alles drin, was man für Gitarrenaufnahmen benötigt. Das Problem ist nur, dass Sie das, sobald Sie Ihre Gitarrenspuren mit all diesen toll klingenden Effekten einspielen und aufnehmen, nicht mehr rückgängig machen können. Wie den übermäßigen Hall aus dem Gitarrensound entfernen oder die zu starke Kompression wieder herausbekommen? Das ist nicht nur schwierig, sondern schlicht unmöglich. Hätten Sie das Audiosignal mit einem reinen und unverfälschten Klang aufgenommen und lediglich den Monitorsound mit dem ausschmückenden Multieffekt-Sound versehen, so könnten Sie sich die erneute Aufnahme des Materials sparen. Es muss also ein Einsatz von Effekten her, der für Ihr Recording vorteilhaft ist. Und den Anfang hierfür machen Sie dadurch, dass Sie sich mit den verschiedenen Effekten und den zugehörigen physikalischen Grundlagen vertraut machen. Denn bei nahezu allen Geräuschen und Klängen, die wir tagtäglich hören, ist beispielsweise ein gewisser Anteil von Raumklang enthalten. Würden Sie die aufgenommenen Signale »trocken« lassen und lediglich hinsichtlich Lautstärke und Stereopanning zusammenmischen, wäre das Ergebnis eine seltsame Klangverbindung, die je nach Musikrichtung entweder zu viel oder zu wenig Dynamik, zu viel oder zu wenig Raumklang, zu viel oder zu wenig Höhen, Mitten, Tiefen oder was auch immer enthielte.

Auch Überlegungen zur Entscheidung, ob und welche Hardwareeffekte oder Software-Plug-ins verwendet werden sollen, spielen eine Rolle für die Planung Ihres Homestudios. Hier sind vor allem die (oftmals) preisgünstigeren Software-Plug-ins im Vorteil, die außerdem nicht den Platz verbrauchen, wie es bei Outboard-Equipment ansonsten der Fall ist. Einige Softwareschmieden gehen sogar so weit, dass deren virtuelle Effekteracks Eigenschaften von Outboard-Equipment aufweisen. *Propellerheads Reason* ist hierfür ein gutes Beispiel. In der Effektsektion bietet das Programm ein nettes Gimmick. Wenn der Anwender sich auf seinem Computermonitor die Rückseitenansicht anzeigen lässt, baumeln dort virtuelle Kabel hin und her.

## 4.1 Effektekategorien

Der sinnvolle Einsatz von Effekten bezieht sich immer auf bestimmte Gebiete der Audiobearbeitung. Kein Gerät macht einfach per Knopfdruck pauschal einen guten Sound. Dafür ist die Definition eines »fetten Beats« oder einer »echt heavy sägenden Gitarre« einfach stets zu subjektiv. Die Kategorien der verschiedenen Gebiete der Audiobearbeitung sind natürlich an der einen oder anderen Stelle fließend. Hier möchte ich Ihnen aber eine mögliche Einteilung vorstellen, die Ihnen als Hilfe zur Differenzierung dienen soll:

- *Dynamikaufbereitung:* Hierzu zählen Kompressoren, Limiter, Maximizer, Noisegates, Denoiser, De-Esser und Transient Designer.
- *Filter-Effekte:* Parametrische und grafische Equalizer sowie De-Esser fallen hierunter.
- *Raumklangerzeuger:* Hierunter fallen die verschiedenen Halleffekte wie Raumhall, Plattenhall, Gated Reverb und Reverse Reverb sowie verschiedene Delayarten (Tape Delay, Tape Echo, Pingpong).
- *Modulationseffekte:* In diesem Bereich der Klangveränderung finden sich Effekte wie Chorus, Flanger, Tremolo, Phaser, Vibrato und Rotary wieder.
- *Verzerrungseffekte:* Zu den verschiedenen Verzerrungseffekten gehören Overdrive und Distortion.
- *Psychoakustikeffekte:* Dazu zählen beispielsweise Harmonic Exciter, Enhancer, Subharmonikprozessoren, Stereo Imager, Stereo Widener und Auralizer.

Kapitel 5

# Dynamikaufbereitung

Die Aufgabe von Dynamikprozessoren ist es, das Laut-leise-Verhältnis innerhalb von Audiosignalen zu verändern. Dies mag auf den ersten Blick banal klingen. Die Komplexität des Themas wird Ihnen aber bewusst werden, wenn wir im Folgenden etwas genauer hinschauen und uns die beteiligten Parameter anschauen. Ganz allgemein lässt sich sagen, dass Sie die Dynamikbearbeitung von Signalen nach Möglichkeit im Mix und nicht bereits während des Recordings durchführen sollten. Auf diese Weise haben Sie sämtliche Audiosignale pur und unverfälscht vorliegen. Beim Mix können Sie dann eine Optimierung und Anpassung des Klangs verschiedener Instrumentenspuren untereinander vornehmen. Ansonsten kann es Ihnen durchaus passieren, dass Sie mit den konkreten Bearbeitungen der vorliegenden Signale nichts mehr anfangen können. Also: Versuchen Sie, bis zum Schluss die volle Kontrolle über Ihre Audiosignale zu behalten, sofern dies hinsichtlich Ihrer Hard- und Softwareausstattung möglich ist.

## 5.1 Kompressor

Mit einem Kompressor können Sie den Dynamikumfang von bearbeiteten Signalen einschränken. Im Klartext heißt das, dass Sie mit seiner Hilfe Audiosignale, deren Signalspitzen große Unterschiede aufweisen, sozusagen »einebnen«. Dadurch kommen leisere Passagen besser zur Geltung. Dies macht den Kompressor zum perfekten Tool, um beispielsweise Sprachaufnahmen, Gesangs- oder auch Gitarrensound voller klingen zu lassen. Vielleicht kennen Sie die Situation: Der Gesang ist im Gesamtsound zu leise. Heben Sie die Gesangsspuren an, kommt es zum Clipping; senken Sie die Lautstärken aller anderen Instrumente ab, wird der Dynamikumfang des Equipments nicht mehr voll genutzt oder es rauscht in leisen Passagen sogar. In diesem Fall hilft Ihnen ein Kompressor weiter. Seine Wirkung entspricht in etwa der eines automatisierten Faders kombiniert mit einem Aufholverstärker.

Ein Kompressor kommt für gewöhnlich im Insert-Weg zum Einsatz, da so auf dem weiteren Signalweg ausschließlich das durch den Kompressor aufbereitete Audiosignal weiterverarbeitet wird.

### 5.1.1 Funktionsweise

Schauen Sie sich Abbildung 5.1 bis Abbildung 5.3 an, um die Funktionsweise eines Kompressors nachvollziehen zu können.

In Abbildung 5.1 sehen Sie zunächst den unbearbeiteten Ausschnitt aus einer beispielhaften Waveform-Darstellung. Das Signal weist deutliche Unterschiede bei den Pegelspitzen auf. Im Großen und Ganzen enthält es eher durchschnittlich laute Pegel, mitunter treten aber auch einzelne Spitzen deutlich daraus hervor.

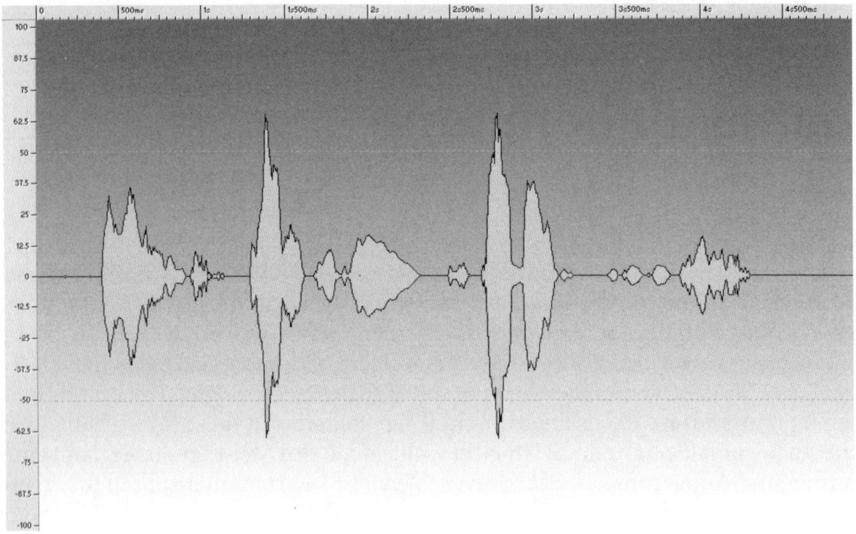


**Abb. 5.1:** Audiosignal vor der Bearbeitung durch einen Kompressor

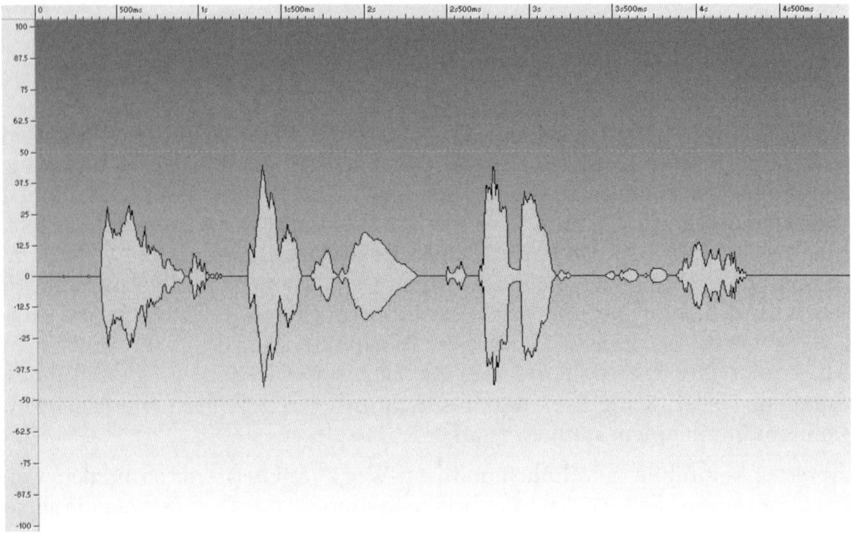


**Abb. 5.2:** Audiosignal nach der Kompression mit 6:1-Ratio

Nach der Kompression sieht die Wellenform der Sprachaufnahme aus wie in Abbildung 5.2. Die Pegelspitzen, die beim Originalsignal noch deutlich herausragten, sind nun durch die Kompression zusammengestaucht worden. Während Sie das Originalsignal nicht mehr sehr viel lauter hätten machen können, sieht das nach dem Einsatz des Kompressors schon anders aus. Das auf diese Weise nachbearbeitete Signal kann nun deutlich in seiner Lautstärke angehoben werden. Da dies fester Bestandteil beim Einsatz eines Kompressors ist, verfügen die Geräte über integrierte Aufholverstärker, mit deren Hilfe Sie das Signal anheben können. In Abbildung 5.3 sehen Sie, dass das Audiosignal der Beispielaufnahme auf diese Weise um ganze 6,7 dB (!) angehoben werden konnte. Das kommt den leiseren Passagen natürlich sehr zugute, die dadurch nun weniger zwischen den Pegelspitzen »verschwinden«.

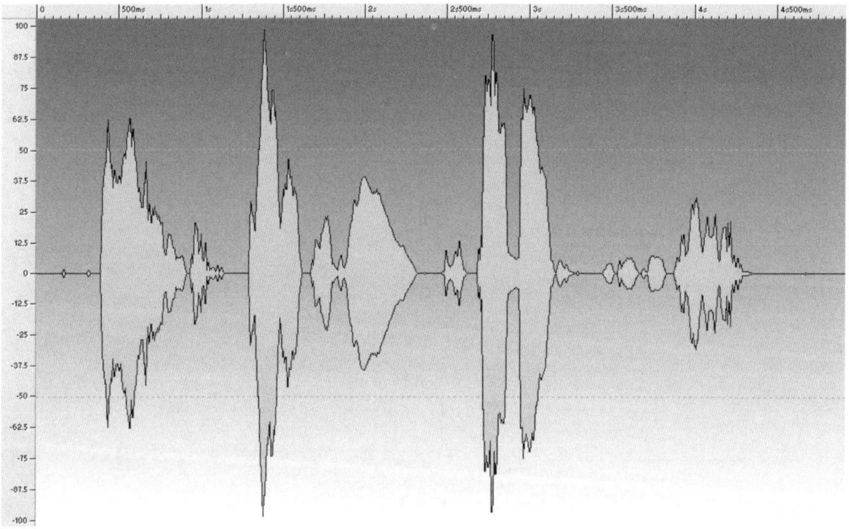

**Abb. 5.3:** Komprimiertes Audiosignal nach dem Anheben um +6,7 dB

## 5.1.2 Parameterbeschreibung

Schauen wir uns einmal an, welcher Regler nun genau welche Wirkung nach sich zieht und welche Anzeigen Sie für die Arbeit mit einem Kompressor kennen müssen.

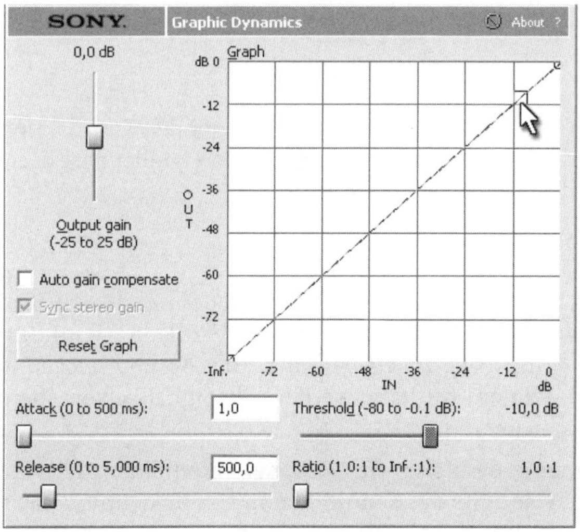


**Abb. 5.4:** Kennlinie

### Kennlinie

Die Veränderung des ausgehenden Signals durch den Ratiowert können Sie an der *Kompressorkennlinie* ablesen. Dabei steht die X-Achse für das Eingangs- und die Y-Achse für das Ausgangssignal. Im Kompressor-Screenshot in Abbildung 5.4 sehen Sie, wie die Kompressorkennlinie als Gerade von links unten nach rechts oben verläuft. Der Pegel des Eingangssignals entspricht also demjenigen des Ausgangssignals.

#### Das »Knie« der Kompressorkennlinie

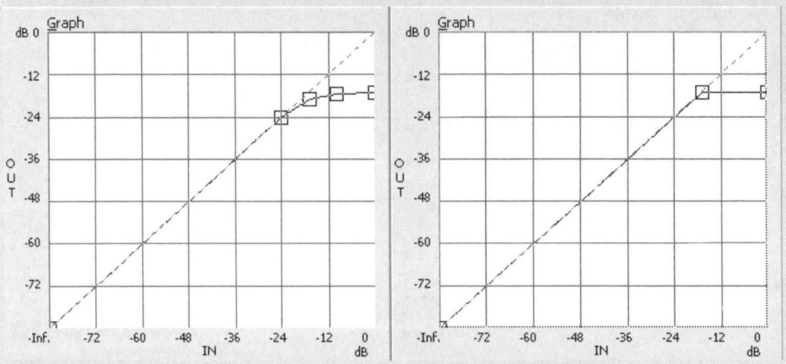


**Abb. 5.5:** Kennlinienvergleich (links: Soft Knee/rechts: Hard Knee)

Der Scheitelpunkt der Kompressorkennlinie am Thresholdwert wird auch als »Knie« der Kennlinie bezeichnet. Je nach Form des Kennlinienverlaufs unterscheidet man zwischen einer Hard-Knee- und einer Soft-Knee-Kennlinie. In der Praxis macht sich der Unterschied dergestalt bemerkbar, dass eine Kompression mit Hard-Knee-Kennlinie unvermittelter einsetzt, während bei einer Kompression mit Soft-Knee-Kennlinie Zwischenstufen der Kompression eingebaut sind, um diese unmerklicher stattfinden zu lassen.

### Threshold

Über den *Thresholdwert* bestimmen Sie, ab welchem Lautstärkepegel der Kompressor einsetzen soll. In Abbildung 5.5 wird der Thresholdwert durch einen Handler markiert, der sich auf Höhe des 10-dB-Werts des Eingangssignals befindet.

### Ratio

Mit dem *Ratio*-Regler legen Sie das Reduktionsverhältnis fest, mit dem das Gerät Signale oberhalb des Thresholdwerts komprimieren soll. Dieses Verhältnis wird für gewöhnlich in der Form »2:1«, »3:1«, »6:1« etc. angegeben. Bei einer Kompression mit einem Thresholdwert von -10 dB und einem 6:1-Ratio werden alle Signalspitzen oberhalb von -10 dB auf ein Sechstel gestaucht.

In Abbildung 5.6 können Sie erkennen, dass sich die Kompressorkennlinie mit dem Einstellen des Ratiowerts verändert. Wenn Sie die Kennlinie nun von links unten nach rechts oben ablesen, so stellen Sie fest, dass das ausgehende Signal (Y-Achse) ab einem

Eingangspegel von -10 dB (X-Achse) abgesenkt wird. Je höher Sie das Kompressionsverhältnis wählen, desto weiter sinkt die Kennlinie für das Ausgangssignal ab dem Thresholdwert ab.

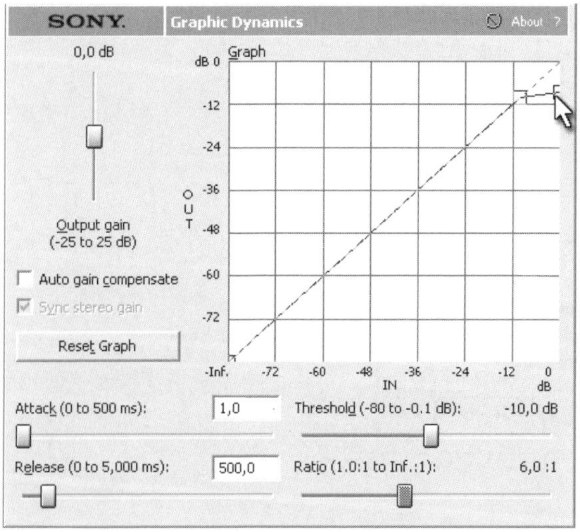


**Abb. 5.6:** Ratio

## Hinweis

Manche Geräte und Softwarehersteller setzen das Wissen um dieses Verhältnis auch bereits voraus. Der Ratio-Regler würde dann z. B. schlicht auf 6,0 stehen. Dies wäre in unserem Beispiel gleichbedeutend mit einem Reduktionsverhältnis von 6 zu 1 (Ratio 6:1).

### Attack

Über den *Attackwert* regeln Sie, wie schnell der Kompressor auf Pegelspitzen reagieren und mit seiner Arbeit beginnen soll. Hier steht meist eine Regelspanne von 1 bis etwa 500 ms zur Auswahl. Kurze Attackzeiten sorgen für eine zuverlässige Komprimierung beinahe aller Pegelspitzen, können aber unter Umständen auch zu einem unerwünscht hohen Dynamikverlust führen. Lange Attackzeiten sind besonders gut geeignet für Keyboard-Pads und Streicherflächen, die wenig perkussive Anteile aufweisen.

### Release

Mit dem *Releasewert* können Sie festlegen, wie schnell die Kompression aussetzen soll, nachdem der gewählte Thresholdwert vom Signal wieder unterschritten wird. Er wird häufig auch als *Decaywert* angegeben und bietet in der Regel eine Auswahl von 1 ms bis 5 s. Lange Releasezeiten können zum Beispiel das *Sustain (Ausklingen)* eines Instrumententons deutlicher hörbar machen.

### Gain

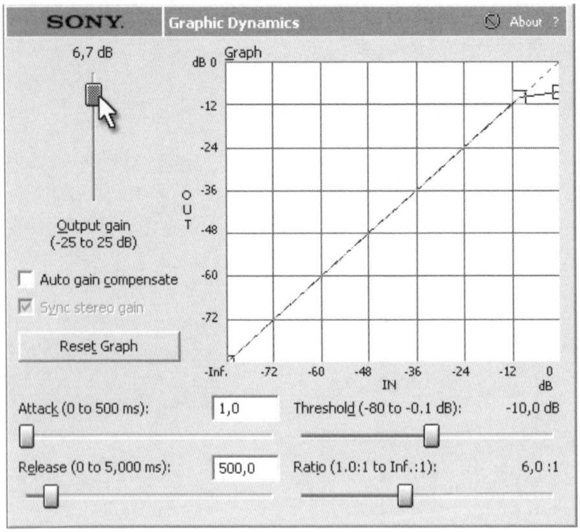


**Abb. 5.7:** Output-*Gain*-Regler

Der *Gain*-Regler dient dem Ausgleich des durch die Kompression entstandenen Pegelverlusts. Wie in Abbildung 5.7 zu sehen, wird dieser manchmal auch als *Out Gain* deklariert, weil es durchaus Geräte gibt, bei denen auch der Pegel des zugeführten Signals am Kompressoreingang regelbar ist. Dies geschieht dann durch den *In Gain* oder auch *Input Gain*.

In der Praxis sieht das wie folgt aus: War der Spitzenpegel vor der Kompression etwa 6 dB oberhalb des Thresholdwerts, so wird er nach einer Kompression mit 6:1-Ratio ungefähr 1 dB darüber liegen. Es wird also ein Anheben des Signals um mindestens etwa 5 dB möglich sein, bevor es zur Signalübersteuerung kommt. (Je nachdem, wie viel Headroom zuvor noch zur Verfügung stand.) Das Wissen um diese Zusammenhänge hilft Ihnen in der Praxis, schnell und zuverlässig angemessene Kompressoreinstellungen zu finden.

#### Was ist eine Kompressor-Sidechain?

Eine besondere Kompressionstechnik stellt das »Füttern« eines Kompressors über eine *Sidechain* dar. Hierbei wird nicht der Thresholdwert des zu komprimierenden Signals selbst, sondern der eines zweiten Signals für die Kompression herangezogen. Dies macht Sinn, wenn ein Signal auf ein anderes reagieren soll.

Ein Beispiel aus der Praxis ist das Moderieren von Fernseh- oder Radiosendungen. Wann immer der Moderator spricht, aber im Hintergrund noch Musik läuft oder andere Geräusche zu hören sind, werden diese Signale durch einen Kompressor abgesenkt, ohne jedoch über die *Gain*-Regelung wieder entsprechend angehoben zu werden. Im Gegenteil: Oftmals wird das durch den Kompressor bearbeitete Signal sogar noch um einen geringen Wert (z. B. -1 dB) abgesenkt oder aber schlicht durch ein großes Kompressionsverhältnis gestaucht. Hierfür werden in der Regel nicht zu kurze Attackzeiten gewählt. Wird der Kompressor nun über eine Sidechain mit dem Sprachsignal des Moderators versorgt, so werden nicht nur die Pegelspitzen des Signals komprimiert, sondern das gesamte Signal auch automatisch leiser gestellt. Diese Technik des Sidechain-Einsatzes ist auch als *Ducking* bekannt und verbessert erheblich die Sprachverständlichkeit des Moderators.

### 5.1.3 Spezielle Kompressoreffekte

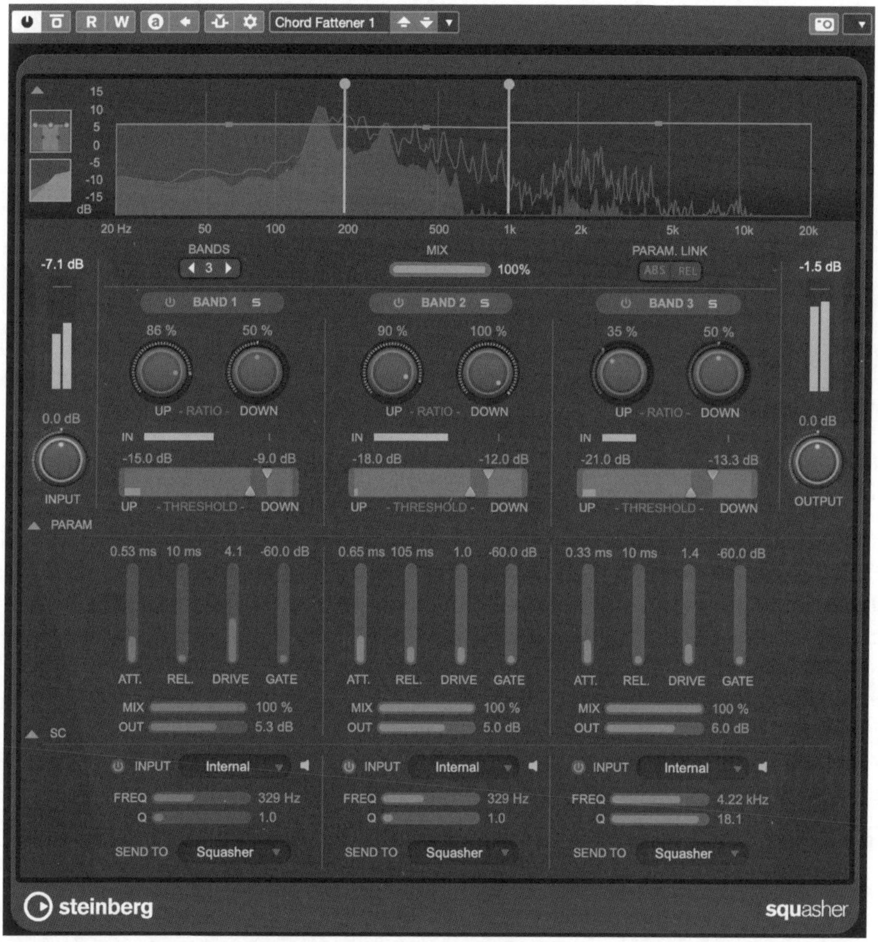


**Abb. 5.8:** Multibandkompression in Steinberg Cubase

Zu den speziellen Kompressoreffekten zählt der *Multibandkompressor*. Dabei handelt es sich sozusagen um mehrere Kompressoren, die nebeneinander arbeiten. Mit ihm haben Sie die Möglichkeit, verschiedene Frequenzbereiche unterschiedlich stark zu komprimieren. In Abbildung 5.8 können Sie sehen, dass dabei für die verschiedenen Frequenzbereiche in den meisten Fällen sämtliche Parameter getrennt eingestellt werden können. Mitunter überlappen sich bei einigen Multibandkompressoren deren

Regelbereiche sogar leicht, was zu einem ausgewogenen Klangbild des komprimierten Signals führen soll. Multibandkompressoren werden häufig verwendet, um das zusammengefasste Subgruppensignal eines Schlagzeugs homogener zu gestalten. Sie finden aber auch beim Mastering von Songs Verwendung, um die Gesamtdynamik der Aufnahme noch zu verbessern.

## 5.1.4 Weitere Ausführungen

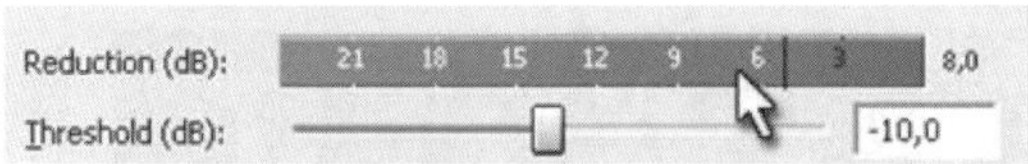


**Abb. 5.9:** *Gain Reduction*-Anzeige

Zur weiteren Ausstattung eines Kompressors kann auch eine *Gain Reduction*-Anzeige gehören. Sie zeigt Ihnen die durch die Kompression hervorgerufene Lautstärkeminderung an. Angepasst an die Arbeitsweise des Kompressors bewegt sich diese Pegelanzeige dementsprechend von oben nach unten (bzw. wie in Abbildung 5.9 zu sehen von rechts nach links), um zu verdeutlichen, dass es sich sozusagen um einen »negativen« Pegelausschlag handelt. Eine Lautstärkeminderungsanzeige ist ein gutes Tool, um die Arbeit mit einem Kompressor besser verstehen zu lernen.

## 5.1.5 Kaufkriterien

Wenn Sie beim Kauf eines Kompressors eine Vollausstattung wünschen, so sollte das Gerät über folgende Funktionen verfügen:

- getrennte Pegelanzeigen für das Eingangs- und Ausgangssignal
- Regler für Output Gain und Input Gain
- stufenlose Regelungsmöglichkeiten für alle Parameter
- zugleich möglichst große wie auch genaue Regelbereiche für Attack- und Releasezeiten
- Gain-Reduction-Anzeige
- Auto-Gain-Funktion
- Auto-Funktion für Attack- und Releasewerte
- Anzeige der Kennlinie (bei Softwarekompressoren)

Kaum ein Gerät auf dem Markt dürfte jedoch all diese Voraussetzungen erfüllen.

**Praxistipps**

*Wie kann ich mit einem Kompressor eine Sprachaufnahme durchsetzungsstärker machen?*

Es hängt selbstverständlich von der Aufnahme ab, mit der Sie arbeiten. Ein Ratiowert von 6:1 bis 8:1 ist bei der Kompressorbearbeitung gesprochener Sprache aber durchaus üblich. Um den »fetten« Sound eines Radiomoderators zu erzielen, kann das Kompressionsverhältnis auch schon mal 10:1 betragen. Bei Gesangsstimmen arbeitet man hingegen eher mit moderaten Werten von 2:1 bis 5:1.

*Wie kann ich verhindern, dass der Kompressor die Dynamik des Schlagzeugsounds zerstört?*

Wenn Sie Ihren Drumsound mit einem Kompressor präsenter machen möchten, aber die Dynamik nicht komplett »eingeebnet« werden und damit verloren gehen soll, sollten Sie die Attackwerte am Kompressor nicht zu kurz wählen (über 5 ms). So vermeiden Sie, dass die perkussiven Pegelspitzen wegkomprimiert werden.

*Wo soll ich beim Einstellen eines Kompressors den Thresholdwert ansetzen?*

Ziehen Sie den *Threshold*-Regler bis knapp unter die äußersten Signalspitzen. Dies ist in der Regel ein guter Startpunkt für das Einstellen des Thresholdwerts. Senken Sie nun bei vorerst geringem Kompressionsverhältnis (2:1 oder 3:1) den Thresholdwert langsam bis zum gewünschten Ergebnis ab. Ist das Ergebnis nicht deutlich genug, können Sie den Ratiowert schrittweise erhöhen. (Beachten Sie aber in jedem Fall auch die Hinweise zu den Attack- und Releasezeiten!)

*Pumpen unerwünscht!*

Für gewöhnlich wird ein Kompressor unmerklich eingesetzt. Zwar soll das Ergebnis hörbar sein, nicht aber das Arbeiten des Kompressors. So können etwa kurze Attack- und Releasezeiten bei starker Kompressionsrate zu einem deutlich hörbaren Einsatz des Kompressors führen. Das hörbare Laut-leise-Regeln des Kompressors wird auch als »Pumpen« bezeichnet und ist in der Regel unerwünscht, weil es Nebengeräusche oder Ausklingphasen von Signalimpulsen häufig allzu deutlich hervorhebt. Wann immer dies der Fall ist, sollten Sie zunächst die Releasezeit vergrößern oder aber eine geringere Kompressionsrate einstellen.

*Doppelkompression vermeiden!*

Vermeiden Sie es, ein Signal mehr als einmal zu komprimieren, da auch dies mitunter zum unerwünschten Kompressorpumpen führt. Stellen Sie also sicher, dass ein Signal, das in einem Einzelkanal stark komprimiert wurde, nicht in einer Subgruppe nochmals stark komprimiert wird. (Eine Ausnahme bildet hier die Multibandkompression bei Drum-Subgruppen und während des Masterings.)

*Auto Gain nur bei geringem Ratioverhältnis!*

Bei Kompressoren als Software-Plug-in-Ausführung ist auch die Auto-Gain-Funktion weitverbreitet. Hierbei arbeitet die Software vorausschauend und hebt das komprimierte Signal um jeweils den maximalen Wert an. Diese Funktion eignet sich vor allem bei weniger stark komprimierten Signalen, da es sonst auch hier schnell zum unerwünschten Kompressorpumpen kommen kann.

## 5.2 Limiter

Beim *Limiter* handelt es sich um eine spezielle Ausgestaltung des Kompressors. Mit seiner Hilfe begrenzen Sie die bearbeiteten Audiosignale auf einen maximalen Pegel, Sie »limitieren« also die Pegelspitzen.

Der Einsatz eines Limiters macht dort Sinn, wo Sie hohe Pegelspitzen vermeiden möchten oder müssen. So ist es für die Arbeit mit digitalem Equipment etwa von Vorteil, die Kanalsumme am Master-Bus auf 0 dB zu begrenzen, um unerwünschtes Übersteuern zu vermeiden.

Wie schon beim Kompressor, so ist auch der Einsatz eines Limiters nur im Insert-Weg eines Kanals sinnvoll, um das Signal in seinem Pegel zu beschränken. Im Gegensatz zum Kompressor sollte ein Limiter als Post-Fader-Insert-Effekt eingespeist werden. Da nicht alle Mischpulte diese Funktion bieten, ist auch das Einschleifen in den Insert-Weg eines nachgeschalteten Subgruppenkanals empfehlenswert.

## 5.2.1 Funktionsweise

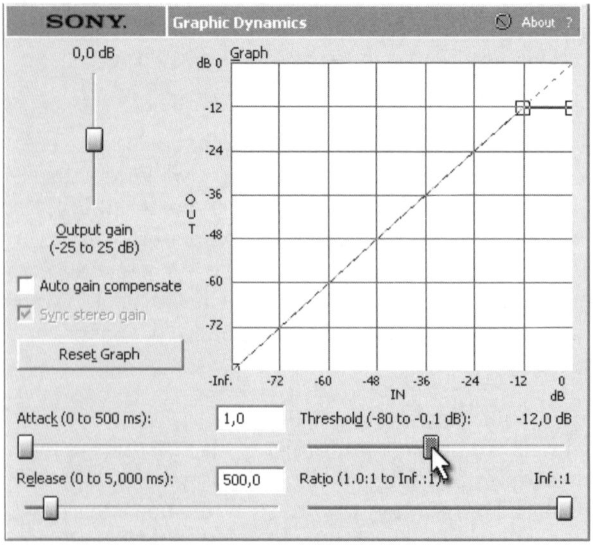


**Abb. 5.10:** Kompressor als Limiter eingestellt

Wie in Abbildung 5.10 zu sehen, erreichen Sie das Begrenzen von Signalspitzen auf den Thresholdwert durch das Anwählen eines möglichst großen Kompressionsverhältnisses. In unserem Beispiel lesen Sie als Ratiowert *Inf.* für *Infinite*, also endlos, ab. Die Folge ist, dass alle Signale oberhalb des gewählten Thresholdwerts maximal (nämlich bis auf den Thresholdwert selbst) zusammengestaucht werden. Die Attackzeiten sollten Sie zu diesem Zweck selbstredend möglichst kurz, die Releasezeiten entsprechend lang wählen.

In Abbildung 5.11 sehen Sie die Wellenform einer Sprachaufnahme vor der Begrenzung durch einen Limiter, in Abbildung 5.12 das bearbeitete (limitierte) Signal. Die Unterschiede sind deutlich zu erkennen. Während die Pegelspitzen zuvor bis an 0 dB heranreichten, betragen alle maximalen Pegelspitzen nun -6 dB. Werfen Sie auch einen Blick auf die »Körper« der einzelnen Sprachsequenzen. Hier hat keinerlei Veränderung stattgefunden.

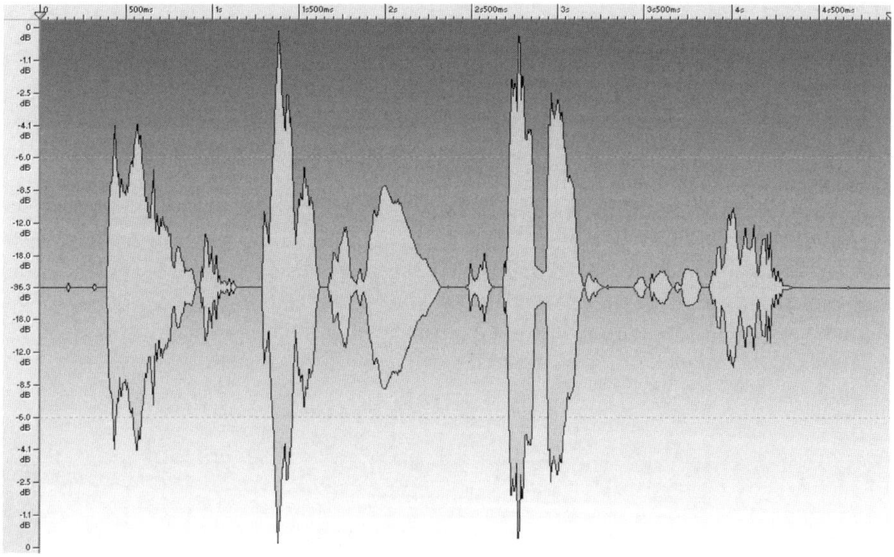


**Abb. 5.11:** Audiosignal vor der Bearbeitung durch einen Limiter

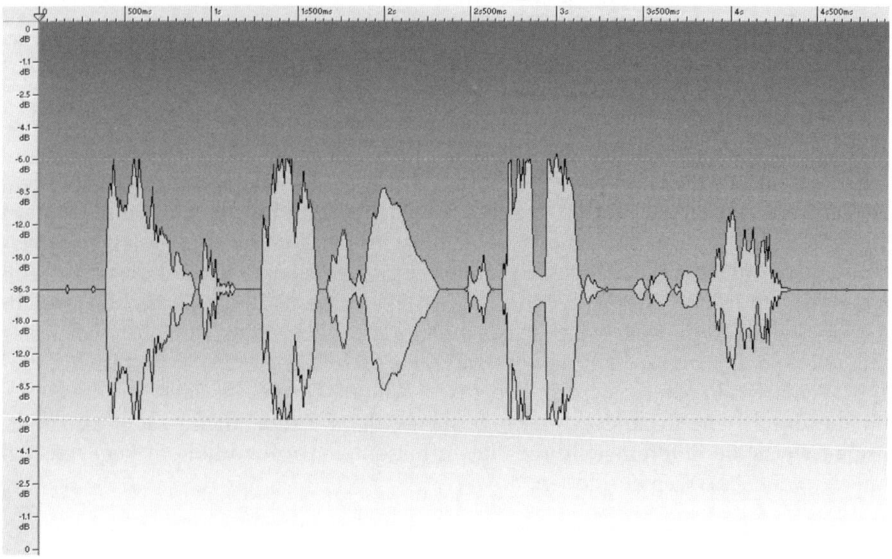


**Abb. 5.12:** Audiosignal nach dem Limiting

## 5.2.2 Parameterbeschreibung

Die Bedienelemente eines Limiters entsprechen im Wesentlichen denjenigen eines Kompressors. Geräte, die als reine Limiter ausgerichtet sind, benötigen jedoch in der Regel keine *Ratio*-Regelung, da das Kompressionsverhältnis maximal sein soll.

**Praxistipp**

*Wie kann mir ein Limiter beim Drumsound helfen?*

Die einzelnen Instrumente eines Schlagzeugs produzieren einen sehr attackreichen Sound, das heißt, der Anschlag des jeweiligen Kessels oder Beckens ist zumeist deutlich zu hören, während der nachfolgende Ton deutlich geringere Pegelspitzen aufweist. Dies kann dazu führen, dass beim Abmikrofonieren eines Schlagzeugs einzelne Mikrofonsignale Probleme beim Einpegeln bereiten. So kann es etwa vorkommen, dass die Snare bereits eingepegelt ist, ein einzelner Schlag wie ein Rimshot oder ein Flam (die Schlagzeuger unter Ihnen wissen, was ich meine) aber höhere Signalspitzen aufweist. Um einem solchen Fall vorzubeugen, können Sie im Insert-Weg des Snarekanals einen Limiter einsetzen, der das hereinkommende Signal auf 0 dB oder auch -0,1 dB begrenzt.

**Vorsicht, Falle!**

Im Beispiel oben habe ich zwar mit dem relativ niedrigen Thresholdwert einen großen Reduktionspegel eingestellt, in der Praxis sollten Sie es aber vermeiden, allzu große Pegelbeschränkungen vorzunehmen. Dies ergibt häufig ein unnatürlich klingendes Signal. Vergessen Sie nicht: Unser Gehör ist sehr empfindlich und gut geschult, besonders hinsichtlich menschlicher Sprache.

## 5.3 Expander

Durch den Einsatz eines *Expanders* können Sie leise Signalanteile **unterhalb** eines Schwellenwerts absenken. Damit arbeitet ein Expander entgegengesetzt zu einem Kompressor, der die Dynamik eines Signals einschränkt, indem er Signalanteile **oberhalb** eines Schwellenwerts absenkt. Expander kommen deshalb überall dort zum Einsatz, wo die natürliche oder aufgenommene Dynamik eines Signals nicht ausreicht oder leise Signalanteile weiter abgeschwächt werden sollen. Dies kann beispielsweise bei Sprach- und Gesangsaufnahmen der Fall sein. Mehr dazu weiter unten in den Praxistipps. Auch ein Expander wird in den Insert-Weg eingeschleift. Dies ist notwendig, damit die durch den Expander im Pegel abgesenkten Signalanteile nicht auf unerwünschte Weise die Filtereinstellungen beeinflussen oder mit zu hohem Pegel zusätzlich noch in den Aux-Weg einfließen.

### 5.3.1 Funktionsweise

In Abbildung 5.13 können Sie sehen, dass die Kennlinie eines Expanders sich (entsprechend seiner Arbeitsweise) genau andersherum verhält als diejenige eines Kompressors. Werfen Sie einen Blick auf Abbildung 5.14. Es handelt sich um die Wellendarstellung einer Sprachaufnahme, in der man deutlich einige leisere Signalanteile zwischen dem Gesprochenen sehen kann. Hierbei handelt es sich um Atemgeräusche.

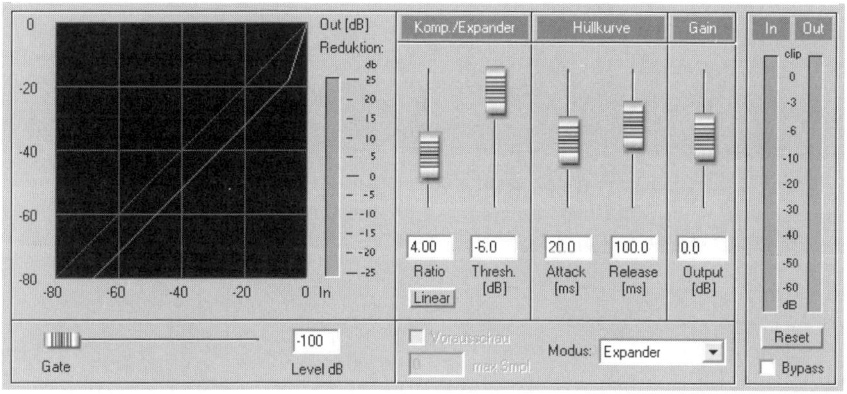


**Abb. 5.13:** Kennlinie eines Expanders

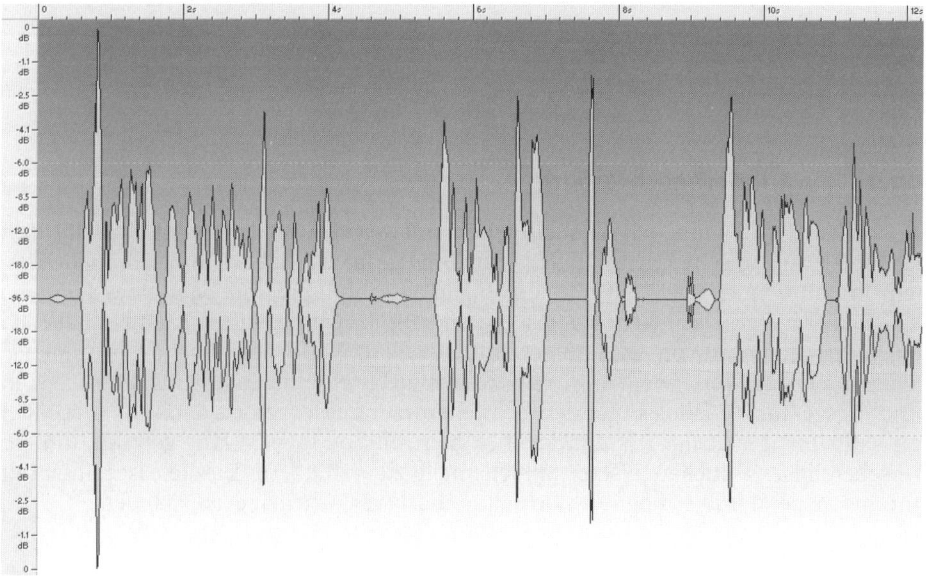

**Abb. 5.14:** Audiosignal vor der Bearbeitung durch den Expander

Mit einem Expander können Sie diese Atemgeräusche absenken. Wie sich dies auf das Signal auswirkt, können Sie in der Wellenformdarstellung in Abbildung 5.15 sehen. Die Geräusche der Sprecheratmung sind nicht vollkommen verschwunden, sondern lediglich zusammengestaucht worden.

Die Expandereinstellungen, die ich Ihnen am Anfang des Kapitels gezeigt habe, um eine deutliche Kennlinie zu erzeugen, wären aber für dieses Audiobeispiel nicht passend gewesen.

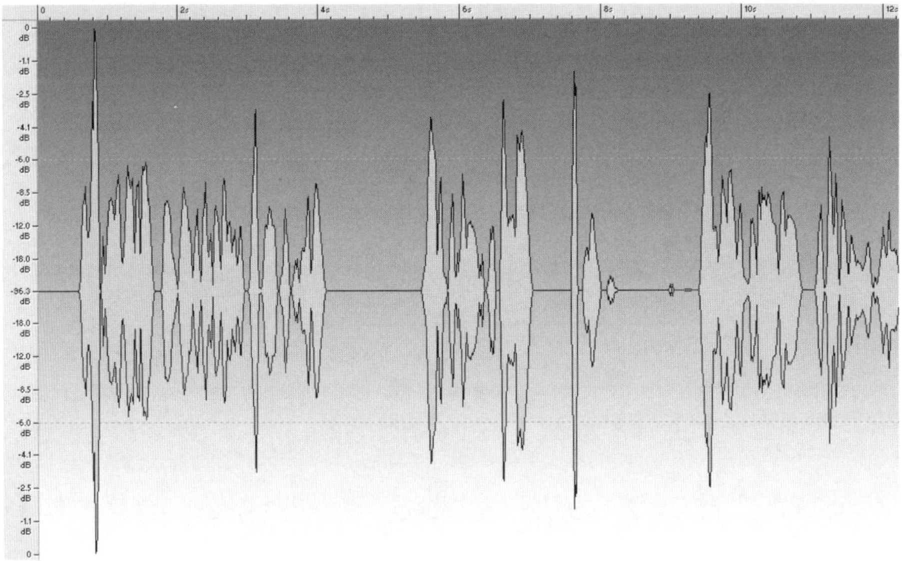

Abb. 5.15: Audiosignal nach der Bearbeitung mit einem Expander

## 5.3.2 Parameterbeschreibung

In Abbildung 5.16 können Sie deshalb sehen, mit welchen (moderateren) Einstellungen ich die Atemgeräusche innerhalb der Aufnahme gestaucht habe. Die Regelmöglichkeiten sind im Grunde identisch mit denjenigen eines Kompressors oder eines Limiters, lediglich der Verlauf der Kennlinie ist ein anderer. Im vorliegenden Exempel habe ich einen Schwellenwert von -45,4 dB gewählt. Auf diese Weise bleiben jene Signalanteile, die gesprochene Wörter enthalten, nahezu unangetastet und hauptsächlich die leiseren Atmungsgeräusche fallen unter den Schwellenwert. Diese werden dann im gewählten 2:1-Verhältnis gestaucht. Die Attackzeit ist hier mit 20 ms recht lang gewählt, um ein versehentliches Stauchen leiserer Sprachanteile zu verhindern. Die Releasezeit ist mit 100 ms moderat und ermöglicht noch ein unhörbares Arbeiten des Expanders.

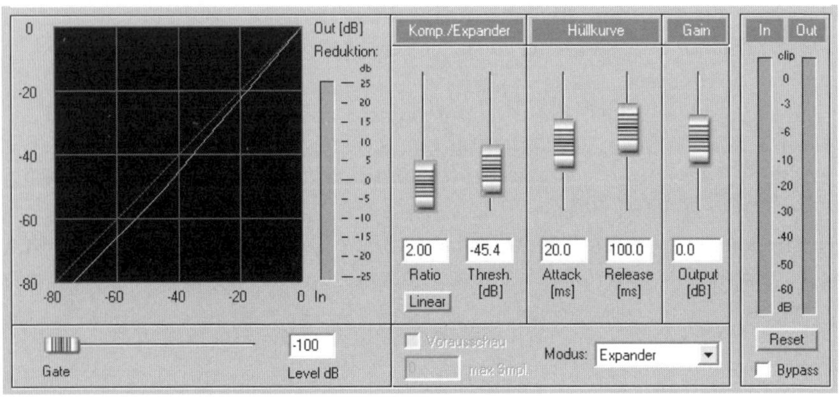


Abb. 5.16: Beispielhafte Einstellungen eines Expanders

**Praxistipps**

*Wie können meine Gesangsaufnahmen vom Einsatz eines Expanders profitieren?*

Bei der Aufnahme eines Sängers wird nicht nur die Information aufgezeichnet, die sich in Noten ausdrücken lässt. Vielmehr werden auch weitere Signale aufgezeichnet, wie beispielsweise das Atmen des Sängers zwischen den Gesangspassagen. Damit dieses sich nicht aufdringlich laut in den Gesamtsound mischt, kann ein Expander zum Einsatz kommen, der die Atemgeräusche automatisch »leiser stellt«. Bedenken Sie aber, dass es durchaus professionelle Produktionen gibt, bei denen das Atmen des Sängers auch gezielt als Stilmittel eingesetzt wird. Dies ist z. B. bei den Alben *Origin of Symmetry* von Muse oder auch *Something Wicked This Way Comes* von Iced Earth der Fall.

*Wie kann ich mit einem Expander meine Gitarrenaufnahmen bearbeiten?*

Ein Expander kann Ihnen dabei helfen, das Brummen eines Gitarrenverstärkers in den Spielpausen automatisch leiser zu stellen, ohne dass Sie es komplett herausschneiden. Ein gewisser Anteil von Nebengeräuschen verhilft so mancher Aufnahme auch zu einer gewissen unnachahmlichen Atmosphäre. Es gibt durchaus auch »große« Produktionen, die gezielt so erstellt werden, dass der Hörer sich fühlt, als säße er in einem Club und würde einer Band live zuhören. Aufnahmen von Norah Jones sind dafür ein wunderbares Beispiel. Die Arbeitsweise beim Einsatz des Expanders ist hier natürlich wieder die gleiche wie schon im vorangehenden Beispiel. Die Kompression kann aber auch ruhig noch geringer gewählt werden (z. B. 1,5:1) und der Thresholdwert sollte keinesfalls zu hoch liegen. Einen Richtwert kann man hierfür aber nicht aussprechen, da dieser stark vom jeweiligen Signal abhängt.

**Vorsicht, Falle!**

Wählen Sie den Thresholdwert für den Expander nicht zu hoch. Die Folge kann sonst ein »abgehacktes« Signal sein, weil der Expander Stellen herunterregelt, die eigentlich ihren natürlichen Pegel hätten beibehalten sollen. Aus diesem Grund verfolgen Sie einen guten Ansatz, wenn Sie den Thresholdwert zunächst recht niedrig einstellen und dann langsam bis zum gewünschten Effekt erhöhen.

## 5.4 Noisegate

Mit einem *Noisegate* können Sie leise Signalanteile komplett unterdrücken. Es handelt sich also sozusagen um einen extrem arbeitenden Expander. Bei leisen Signalanteilen handelt es sich häufig um Nebengeräusche, wie z. B. Rauschen. Es gibt einerseits Geräte, die direkt als eigenständige Noisegates speziell für diesen Zweck ausgelegt sind. Andererseits haben Sie auch die Möglichkeit, einen Kompressor mit entsprechenden Einstellungen zu versorgen, um den gewünschten Effekt zu erzielen.

Der Einsatz eines Noisegates ist auch sinnvoll, um nicht vermeidbare, unerwünschte Übersprechungen, die sich in einer Aufnahme befinden, zu mindern. Dies ist etwa bei der Aufnahme des Schlagzeugs der Fall. Hier sind Übersprechungen an der Tagesordnung. Im Homestudio eignet sich ein Noisegate außerdem auch gut, um Gesangs- und Sprachaufnahmen machen zu können, ohne dass in den Pausen Nebengeräusche enthalten sind. Auch ein Noisegate wird in den Insert-Weg eingespeist, wobei eine Post-Fader-Belegung hier allerdings selten Sinn macht. Denn schließlich sollen die unerwünschten leisen Signalanteile, die vom Noisegate unterdrückt werden, nicht noch (beispielsweise) über den Send-Weg zu einem Hallgerät gesendet werden.

## 5.4.1 Funktionsweise

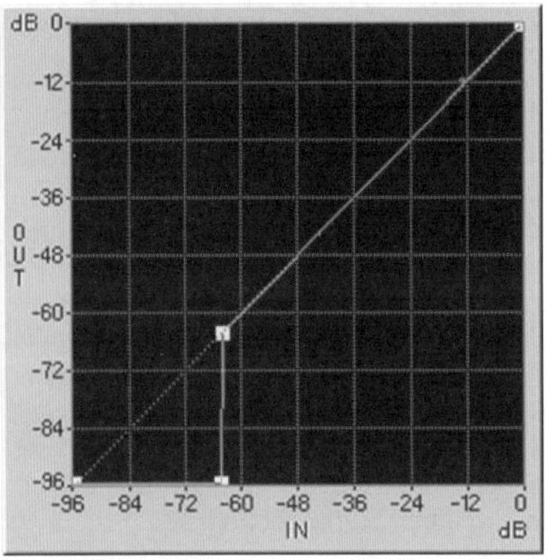


**Abb. 5.17:** Kennlinie eines hart einsetzenden Noisegates

Mit der Funktionsweise und den Bedienelementen eines Kompressors und Expanders haben Sie auch bereits die Arbeitsweise und die wichtigsten Komponenten eines Noisegates kennengelernt. Das Noisegate regelt alle Signalspitzen unterhalb eines von Ihnen bestimmten Schwellenwerts (Threshold) zurück, damit sie nicht mehr hörbar sind. Stellen Sie sich ein Noisegate also vor wie einen sehr automatisierten *Mute*-Knopf, dem Sie feste Vorgaben für die von ihm zu verrichtende Arbeit geben können. In Abbildung 5.17 können Sie eine für ein Noisegate typische Kennlinie sehen. Wenn Sie sie wiederum von links unten nach rechts oben lesen, stellen Sie fest, dass erst ab -64 dB das Eingangssignal zum Ausgang durch das »Tor« hindurchgelassen wird. Die dort zu sehenden Einstellungen sind recht radikal. Die Kennlinie kann durchaus »weicher« verlaufen, in dem Sinne, dass das Noisegate nicht plötzlich öffnet, sondern geringere Pegelspitzen bereits mit geringem Ausgangspegel passieren lässt.

### Parameterbeschreibung

Werfen Sie nun einen Blick auf die Wellenformdarstellung des Audiobeispiels in Abbildung 5.18. Ich habe den Ausschnitt für Sie in der Vertikalen stark vergrößert, damit Sie die eher geringen Pegelspitzen der in der Aufnahme enthaltenen Übersprechungen deutlicher sehen können.

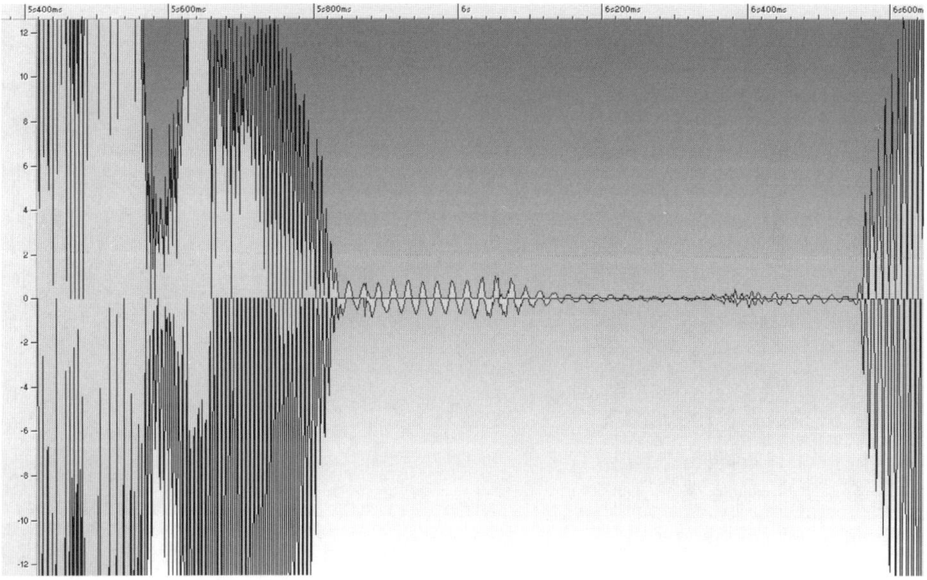

**Abb. 5.18:** Audiosignal vor der Bearbeitung durch das Noisegate (hereingezoomt)

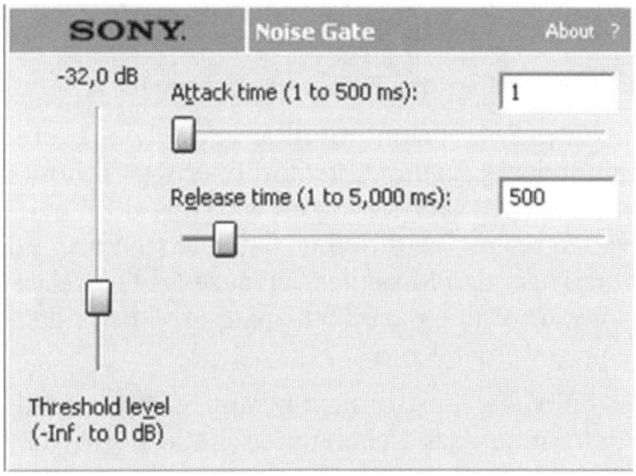


**Abb. 5.19:** Bedienelemente eines Noisegates

In Abbildung 5.19 sehen Sie, welche Einstellungen ich im Audiobeispiel anwende, um die Pausen zwischen dem Nutzsignal mithilfe des Noisegates zu »bereinigen«. Der Schwellwert ist mit -32 dB hier zwar recht hoch gewählt, die Hintergrundmusik ist bei diesen Sprachaufnahmen aber auch sehr deutlich zu hören und ihr Pegel dementsprechend hoch. Die Attackzeit ist kurz, um ein schnelles Schließen des Gates zu erwirken, und die Releasezeit daran gemessen lang, damit das Ausklingverhalten des Nutzsignals nicht gestört wird. In Abbildung 5.20 wird deutlich, was diese Einstellungen praktisch bewirken. »Wir müssen draußen bleiben!«, heißt es für die über die Kopfhörer aufgenommenen Übersprechungen im Audiobeispiel.

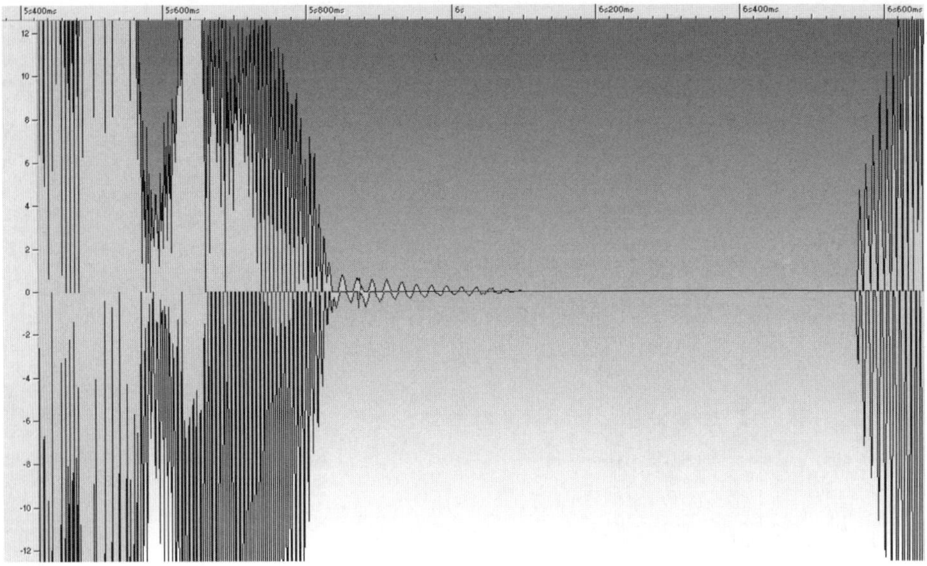


**Abb. 5.20:** Audiosignal nach der Bearbeitung mit einem Noisegate (hereingezoomt)

## Praxistipps

*Wie kann mir ein Noisegate helfen, einen differenzierten Drumsound zu bekommen?*

Während das Mikrofon zur Aufnahme einer Snaredrum mitunter auch viele leisere Passagen wandeln und an das Mischpult oder Aufnahmemedium übertragen muss, gilt dies für die Kickdrum nur sehr selten. In den meisten Fällen wird hier doch (wie der Name schon sagt) etwas fester »reingetreten«. Leisere Signalanteile sind also in der Regel unerwünscht. Für die Aufnahme oder den Mix eines Schlagzeugs heißt das, dass ein Noisegate entweder bereits beim Recording oder auch später im Mix in den Insert-Weg des Kickdrumkanals eingespeist werden kann.

Die leisen Signalanteile verschwinden und die Kickdrumspur kann entsprechend »aufgezogen« oder komprimiert werden, ohne dass Nebengeräusche in Form von Mikrofonübersprechungen zu hören sein werden.

*Wann sollte ich statt auf einen Noisegate besser auf einen Expander zurückgreifen?*

Als eine einfache Faustregel kann z. B. gelten, dass Sie ein Noisegate immer dort einsetzen sollten, wo unerwünschte **fremde** Signalanteile enthalten sind. Hierzu zählt etwa das Rasseln des Snare-Teppichs beim Spielen der Schlagzeug-Toms. Dagegen gibt es auch Situationen, in denen Nebengeräusche des Instruments selbst, das Sie gerade aufnehmen, im Signal enthalten sind. Hierzu zählen bei Gitarrenaufnahmen etwa Rutschgeräusche bei Akkordwechseln oder die Atmungsgeräusche eines Sängers. Für diese Fälle eignet sich eher der Einsatz eines Expanders, um das jeweilige Signal nicht seiner Natürlichkeit zu berauben.

*Was soll ich zuerst anwenden, einen Kompressor oder ein Noisegate?*

Die Reihenfolge hängt natürlich (wie so oft) vom gewünschten Ergebnis ab. Machen Sie sich klar, was bei beiden Setups passieren kann. Fall 1: Sie komprimieren ein Audiosignal und heben somit die leiseren Pegelspitzen an. Für die nachfolgende Bearbeitung mit einem Noisegate heißt dies, dass der Schwellenwert des Gates deutlich höher gewählt werden muss. Fall 2: Sie setzen erst ein Noisegate mit niedrigem Schwellenwert ein und schalten den Kompressor nach. Ein Resultat könnte nun sein, dass der Kompressoreinsatz das Einsetzen und Abschalten des Noisegates deutlich hörbar macht. Hier ist Feingefühl für das Abstimmen der beiden Geräte aufeinander gefragt! Sie sehen, das Zusammenspiel von Effekten kann sehr komplex sein, da sich die einzelnen Bearbeitungsschritte gegenseitig stark beeinflussen können. Entscheiden Sie deshalb situationsabhängig. Für die Audiosignale perkussiver Instrumente gelten andere Voraussetzungen als für Instrumentensounds mit langem Sustain usw.

**Vorsicht, Falle!**

Für den Einsatz von Noisegates können sich ganz ähnliche Probleme ergeben, wie sie auch bei Expandern auftreten können. In der Parameterbeschreibung habe ich oben bereits darauf hingewiesen, dass Sie die Releasezeit des Noisegates nicht zu kurz wählen sollten, um das Sustain des Nutzsignals nicht abzuschneiden. Außerdem sollten Sie die Attackzeit recht kurz wählen, um das Einsetzen des Noisegates nicht zu deutlich hörbar werden zu lassen. Den Schwellenwert sollten Sie, wie auch schon beim Expander beschrieben, langsam von unten herauffahren, bis der gewünschte Effekt eintritt.

## 5.5 Denoiser

Bei einem *Denoiser* handelt es sich gegenüber einem Noisegate, das in den Pausen zwischen nutzbaren Audiosignalen agieren soll, um einen Effekt zum Verringern von Rauschanteilen während nutzbarer Audiosignale.

### 5.5.1 Funktionsweise

Eine typische Arbeitsweise für einen Denoiser ist das steilflankige Unterdrücken von hohen Frequenzanteilen. Dabei bestimmt der Pegel der durch ein Bandpassfilter »extrahierten« Signalanteile in den hohen Frequenzen die Filterung. Die Arbeitsfrequenz ist hierbei oftmals fest vorgegeben und das Filter setzt nur ein, wenn der Pegel der hohen Frequenzen unterhalb eines gewählten Schwellenwerts liegt. So kann verhindert werden, dass das Nutzsignal durch den Denoiser zu stark beschnitten wird, wenn es hohe Frequenzen (Töne und/oder Obertöne) enthält.

Einige Denoiser arbeiten auch mit sogenannten *Noiseprints*. Der Begriff lässt sich am besten mit »Geräuschabdrücke« übersetzen. Dabei wird eine Audiostelle ohne Nutzsignal herangezogen und das verbleibende Rauschen als Noiseprint gespeichert. Eine Endlosschleife des Noiseprints wird verpolt und zum Originalsignal abgespielt. Hierdurch kommt es zu Auslöschungen der problematischen Frequenzbereiche.

### 5.5.2 Parameterbeschreibung

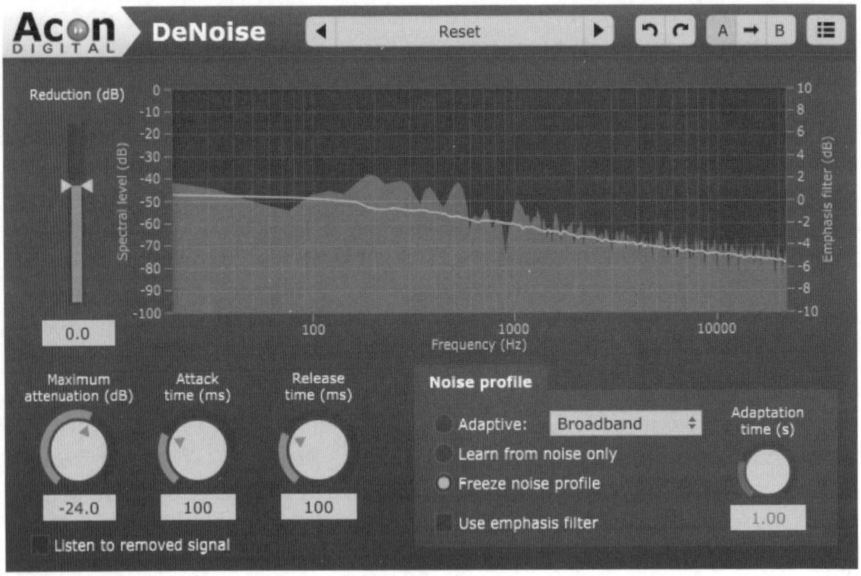


**Abb. 5.21:** Rauschen ade – DeNoiser-Software von Acon Digital (Quelle: `www.acondigital.com`)

Über die Werte für Attack- und Release-Zeit regeln Sie, wie schnell der Denoiser zugreifen und von der Signalbearbeitung wieder ablassen soll.

Den Thresholdwert passen Sie mit dem *Reduction*-Schalter an. Über die *Snapshot*-Taster *A* und *B* (rechts oben) können Sie verschiedene Einstellungsvarianten des Denoisers gegenhören. Im Bereich *Noise Profile* können Sie sich zwischen einem verpolten Signalanteil entscheiden, der adaptiv ist und sich laufend anpasst, sowie einem Noiseprint, das Sie »einfrieren« und so fortwährend verfügbar machen.

### 5.5.3 Kaufkriterien

Beim Denoiser-Kauf, gleich ob es sich um eine Hardware- oder um eine Softwarelösung handelt, sollten Sie darauf achten, ob es sich um einen Denoiser oder schlicht um einen Enhancer (oder sogar um einen einfachen Equalizer) handelt.

## 5.6 De-Esser

Bei Sprach- und Gesangsaufnahmen ist nicht selten eine außerordentliche Brillanz im Signal gewünscht. Dies kann in einigen Situationen dazu führen, dass die s-Laute von Sprechern oder Sänger allzu deutlich zu hören sind und aus dem Klang hervorstechen, was dazu führt, dass die Stimmaufnahmen nicht »smooth« in den Restsound eingebettet werden können. Hier können Sie einen *De-Esser* einsetzen, denn er senkt gezielt diejenigen Frequenzen ab, die für das scharfe Zischen der s-Laute verantwortlich sind. Da diese Frequenzen stark von der Stimme des Sängers oder Sprechers abhängen, gibt es allerdings keine Allroundlösung.

Auch ein De-Esser unterbricht die Signalkette im Insert-Weg und greift dort das Signal zur Bearbeitung ab. Dies muss so sein, damit die s-Laute im Signal gedämpft werden, bevor sie in die Klangregelung und sogar die Send-Wege eingehen können. Denn die unangenehmen Zischlaute könnten sonst möglicherweise auch deutliche Hallfahnen nach sich ziehen und damit noch stärker hervorstechen. Einige Hersteller empfehlen auch, den De-Esser noch vor der eigentlichen Kompression einzusetzen, um eine zu starke Komplettkompression durch noch vorhandene Zischlaute zu unterbinden.

## 5.6.1 Funktionsweise

Eventuell fragen Sie sich nun, warum der De-Esser im Unterkapitel »Dynamikaufbereitung« und nicht in Kapitel 6, »Filtereffekte«, eingeordnet ist. Die Antwort liegt in der Funktionsweise dieser Geräte. Bei herkömmlichen De-Essern handelt es sich um frequenzabhängige Kompressoren, die ihr Steuersignal über eine Sidechain beziehen.

Der Arbeitsbereich eines De-Esser-Kompressors ist also auf einen bestimmten Frequenzbereich begrenzt. Dies ist sinnvoll, weil die markanten Frequenzanteile der sogenannten Zisch- und Reibelaute (s, ss, sch, tsch usw.) allesamt recht hoch sind. Mitunter kann auch die Ausführung weiterer Konsonanten problematisch sein und durch einen De-Esser entschärft werden. Hierzu zählen zum Beispiel die t- und z-Laute.

**Zur Erinnerung**

Beim Sidechain-Betrieb eines Kompressors wird nicht der Thresholdwert des zu komprimierenden Signals selbst, sondern der eines zweiten Signals für die Kompression herangezogen. Dadurch reagiert das bearbeitete Signal auf ein anderes.

Konkret sieht der Vorgang beim De-Esser dann so aus: Der De-Esser selbst ist also ein Kompressor, der mit einem Signal mit störenden Zisch- und Reibelauten gefüttert wird. Die Sidechain des De-Essers wird nun mit demjenigen Anteil desselben Signals gespeist, das die betroffenen, problematischen Frequenzanteile enthält. Als Folge werden ausschließlich diejenigen Frequenzanteile komprimiert, die auch über die Sidechain zugeführt wurden. Da (im Gegensatz zum üblichen Betrieb eines Kompressors) eine Anhebung des komprimierten Signals ausbleibt, sind die Zisch- und Reibelaute nun deutlich leiser.

**Hinweis**

Die Kennlinie eines De-Essers ist eine Hard-Knee-Kennlinie, damit die betroffenen Frequenzen rigoros und mit schnellem Ansatz heruntergeregelt werden können.

## 5.6.2 Parameterbeschreibung

De-Esser gibt es in den verschiedensten Ausführungen. Oftmals sind dabei allerdings nicht alle Parameter zugänglich. In Abbildung 5.22 sehen Sie etwa einen Software-De-Esser von *SPL*. Er verfügt über einen Regler zur Steuerung der Absenkung (*S-Reduction*) und mit den Schaltern *Male* und *Female* über eine Anwahl von zwei Festfrequenzen, die bei 6 und 7 kHz liegen. Mit der Funktion *Auto-Threshold* können Sie ein automatisches Anpassen des Schwellenwerts für die Kompression der Festfrequenzauswahl bewirken. So arbeitet der De-Esser lautstärkeunabhängig auch dann noch zuverlässig, wenn der Pegel des Eingangssignals beispielsweise Unterschiede von 20 dB aufweist.

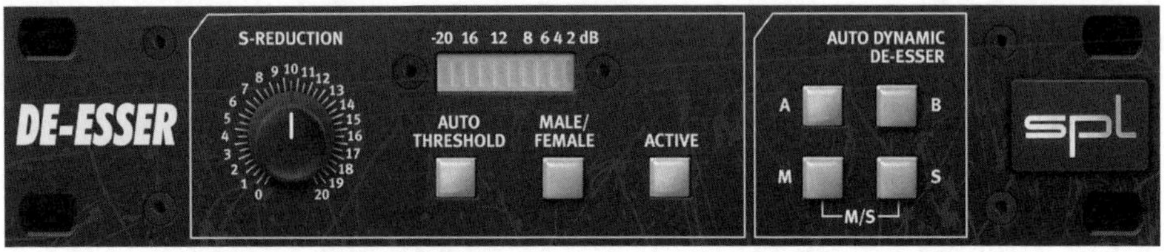


**Abb. 5.22:** De-Esser mit festen Frequenzwerten und Auto-Threshold (Quelle: `www.spl.info`)

De-Esser verfügen nicht selten über eine rückläufige Pegelanzeige, die die Reduktionsstärke anzeigt *(GR* für *Gain Reduction)*. Bei vielen De-Essern können Sie die Frequenz wie auch den Thresholdwert frei wählen. Auch das Vorhandensein eines *Monitor*-Schalters kann hilfreich sein. Mit seiner Hilfe können Sie den heruntergeregelten Signalanteil abhören, also ein Ohr auf den Sidechain-Inhalt werfen. Das kann Ihnen helfen, die richtige Frequenz zu finden (s. u.).

Die Luxusausführung sehen Sie in Abbildung 5.23. Der De-Esser von *Waves* zeigt Ihnen neben dem *Threshold*-Regler den Eingangspegel des Signals an, sodass Sie den Schwellenwert schon allein optisch gut anpassen können. Die Anzeige *Attn* zeigt Ihnen den Attenuationwert an. Sie entspricht dem Gain-Reduction-Meter. Rechts können Sie den Ausgangspegel des Plug-ins überwachen. An der linken Seite finden Sie unten ebenfalls einen *Monitor*-Schalter, der weiter unten in diesem Text noch eine nicht unerhebliche Rolle spielen wird. Zusätzlich zur Frequenzauswahl können Sie die Form des Filters wählen, dessen Signalanteil der De-Esser-Sidechain zugeführt wird: entweder als Bandpass, um nur bei der angegebenen Frequenz zu filtern, oder als Highpass, um mehrere verschiedene s-Laute herauszufiltern.

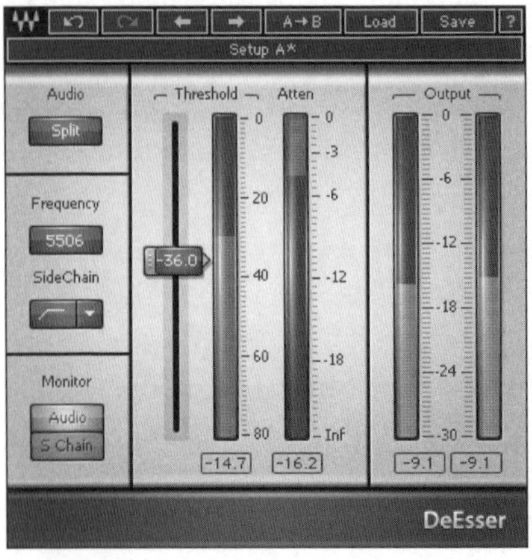


**Abb. 5.23:** Bedienelemente am De-Esser (Quelle: `www.waves.com`)

Interessant ist an dieser Stelle auch die beim Waves-De-Esser mögliche Auswahl zwischen Split- und Widebandmodus. Hier können Sie das Signal vor dem Einsatz des internen De-Esser-Kompressors aufsplitten, sodass die Kompression tatsächlich keine Auswirkung auf Signalanteile in den tieferen Frequenzen haben kann. Abbildung 5.24 zeigt Ihnen den Signalfluss dieser Splitschaltung.

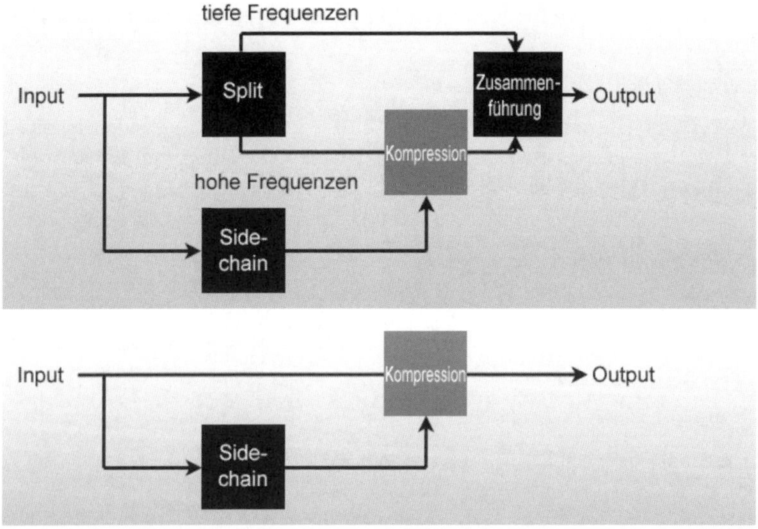


**Abb. 5.24:** Verschiedene De-Esser-Taktiken – oben: Split, unten: Wideband

## 5.6.3 Kaufkriterien

Bei Kauf eines De-Essers sollten Sie sich folgende Fragen stellen:

- Handelt es sich tatsächlich um einen De-Esser mit interner Sidechain-Kompression oder lediglich um ein einfaches Notchfilter? (Dies wäre dann ein Equalizer.)
- Verfügt der De-Esser über eine frei zuweisbare Frequenzwahl?
- Bietet der De-Esser eine Splitfunktion zur Abtrennung und separaten Bearbeitung hoher Frequenzanteile?
- Ist der Schwellenwert des De-Essers frei wähl- und damit anpassbar?
- Gibt es eine Auto-Threshold-Funktion?
- Bietet der De-Esser genügend optische Unterstützung durch entsprechende Pegelanzeigen? (Input-, Attenuation/Gain Reduction und Output-Meter)
- Kann der zu komprimierende Signalanteil durch eine Monitorfunktion abgehört werden?

### Praxistipps

*Wie kann ich die richtige Arbeitsfrequenz für meinen De-Esser herausfinden?*

Hierfür können Sie ähnlich vorgehen wie bei der Suche nach der Center-Frequenz für ein Notchfilter. Voraussetzung ist allerdings, dass der De-Esser Ihrer Wahl über eine Monitorfunktion verfügt. Los geht's: Schalten Sie die Monitorfunktion des De-Essers ein. Nun verändern Sie die Center-Frequenz für das Sidechain-Signal, bis Sie die störenden Zisch- und Reibelaute besonders deutlich und stark hören können. Schalten Sie die Monitorfunktion aus und senken Sie den Thresholdwert bis knapp unterhalb des Spitzenpegels des Eingangssignals.

Auf diese Weise nutzen Sie den De-Esser sehr dezent. Sollen die s-Laute stärker gedämpft werden, so senken Sie den Schwellenwert langsam herab, bis das gewünschte Ergebnis zu hören ist.

*In welchem Frequenzbereich arbeitet ein De-Esser?*

Das hängt vom jeweiligen Signal ab. Für die oben beschriebene Suche nach der passenden De-Esser-Frequenz gibt es aber durchaus Startwerte, die Ihnen helfen, schneller ans Ziel zu gelangen. Ich habe sie für Sie in Tabelle 5.1 gefasst.

| Laut | Frequenz |
|---|---|
| ss bei Männerstimmen | 4.500 Hz |
| sch bei Männerstimmen | 3.400 Hz |
| ss bei Frauenstimmen | 6.800 Hz |
| sch bei Frauenstimmen | 5.100 Hz |

**Tabelle 5.1:** Mögliche Startfrequenzen für die Arbeit mit einem De-Esser

*Was, wenn der De-Esser bei diesen Frequenzen keine Wirkung zeigt?*

Denken Sie daran, dass das Zischen von Zisch- und Reibelauten je nach Mikrofon, Mikrofonvorverstärker und natürlich auch abhängig vom Sprecher bzw. Sänger durchaus auch in anderen Frequenzen liegen kann.

**Vorsicht, Falle!**

Vermeiden Sie es, den Thresholdwert des De-Essers zu stark abzusenken. Liegt der Schwellenwert für die Kompression zu niedrig, klingt der Sound schnell »muffig« und verliert an Brillanz.

## 5.7 Transient Designer

Um die Arbeitsweise des *Transient Designers* zu verstehen, sollten wir uns erst eine zentrale Frage stellen: Was sind Transienten?

**Transienten**

Als Transienten werden Schwingungen bezeichnet, die schnell und impulshaft sind. Man spricht auch von »steilen Signalen«, da ihre Wellenformdarstellung einen steilen Anstieg zeigt. Transienten werden von unserem Gehör zur eindeutigen Identifizierung natürlicher Klänge herangezogen.

Die elektroakustische Aufnahme und Wiedergabe von Klängen ist streng genommen niemals eine tatsächliche Aufzeichnung, sondern lediglich eine Abbildung. Dies führt unter anderem dazu, dass die Einschwingvorgänge (Transienten) von Aufzeichnungssignalen falsche Bewegungen der Lautsprechermembrane bewirken. Dies ist insbesondere dann der Fall, wenn es sich um steilflankige Signale handelt, wie sie bei perkussiven Instrumenten entstehen. Die Materialträgheit der Bauteile (Membran, Aufhängung etc.) kann dann ein exaktes Abbilden des Naturklangs verhindern.

Mit einem Transient Designer können Sie das Einschwing- und Ausklingverhalten von Signalen beeinflussen. So können Sie etwa perkussiven Instrumenten ein längeres Sustain geben oder (je nach Wunsch) deutlichere oder verhaltenere Einschwingphasen erzeugen. Deshalb werden Transient Designer für gewöhnlich zur Bearbeitung von beispielsweise Schlagzeugsounds eingesetzt. Der Effekt entspricht dabei etwa demjenigen einer veränderten Mikrofonpositionierung während der Aufnahme eines perkussiven Instruments. Aufgrund seiner Arbeitsweise als »Klangoptimierer« kommt ein Transient Designer in der Regel im Mix und nicht schon während des Recordings zum Einsatz. Das Einspeisen eines Transient Designers in den Signal-Weg macht nur im Insert-Weg Sinn, weil das bearbeitete Signal diesen komplett durchlaufen soll. Eine Pre-Fader-Schaltung ist hier notwendig, damit zuverlässig auf die zu bearbeitenden Signalanteile zugegriffen werden kann, ohne dass diese von den Lautstärkeeinstellungen des Kanals beeinflusst werden. Im Gegensatz zu allen anderen bisher vorgestellten Dynamikprozessoren verrichtet ein solches Gerät seine Arbeit jedoch lautstärkeunabhängig. Einen *Threshold*-Regler wird man hier also vergeblich suchen. Seine Funktionsweise beschränkt den Transient Designer außerdem natürlicherweise darauf, in einzelne Kanäle eingespeist zu werden. Im Gegensatz zu Kompressoren, Gates und Expandern arbeitet ein Transient Designer deshalb »musikalischer« und erzeugt natürlicher klingende Signalveränderungen. Für den Einsatz ganzer Subgruppen oder gar im Mastering eignet sich ein solches Gerät aufgrund seiner Funktionsweise allerdings nicht.

## 5.7.1 Funktionsweise und Parameterbeschreibung

Auch bei diesem Gerät ist es nützlich, seine Arbeitsweise zu verstehen, um es sinnvoll einsetzen zu können. Schauen wir uns Vorgänge und Abläufe deshalb einmal genauer an:

Ein Transient Designer realisiert die Bearbeitung der Ein- und Ausschwingvorgänge mit einer Hüllkurvenbearbeitung von Audiosignalen. Um diese Hüllkurven zu erzeugen, werden für das Einschwing- und das Ausschwingverhalten je zwei unabhängige Hüllkurvengeneratoren eingesetzt.

### Hüllkurven für das Einschwingverhalten (Attack)

Wie in Abbildung 5.25 zu sehen, verfolgt die erste Hüllkurve das Originalsignal, die zweite Hüllkurve erzeugt einen längeren Einschwingvorgang.

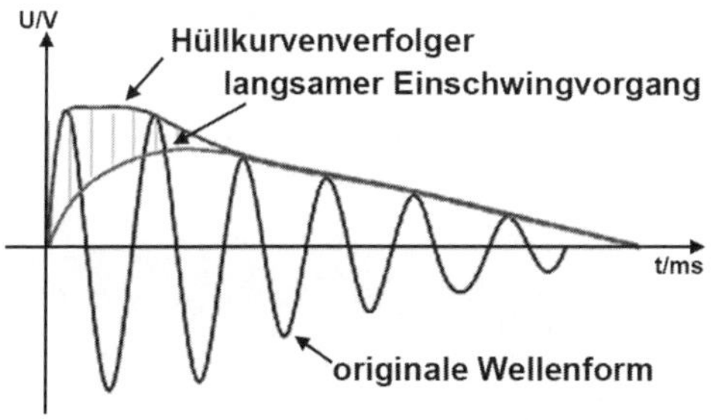


**Abb. 5.25:** Getrennte Attack-Hüllkurven beim Transient Designer

Zwischen beiden Hüllkurven besteht nun eine Differenz, aus der sich eine Steuerspannung für die Attackregelung errechnet. Über den *Attack*-Regler des Transient Designers können Sie diese Steuerspannung ansprechen und ändern.

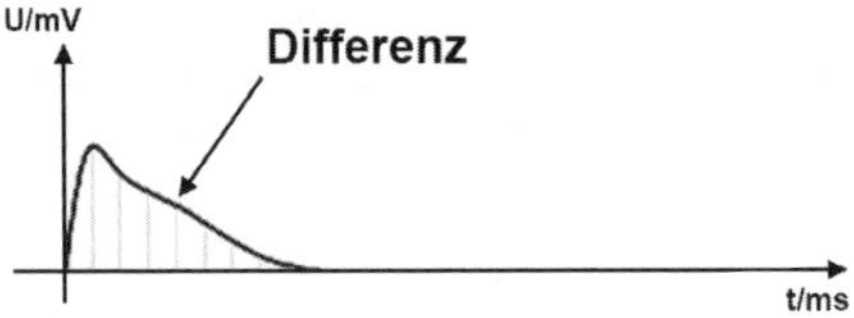


**Abb. 5.26:** Arbeitsgrundlage – die Differenz der Attack-Hüllkurven

Stellen Sie den *Attack*-Regler mit einem positiven Wert ein, so setzen Sie diese Steuerspannung herauf und gestalten damit das Ausgangssignal steilflankiger als das Eingangssignal und andersherum.

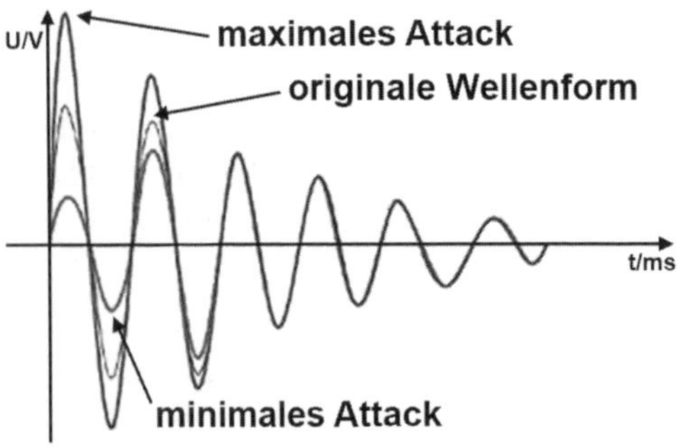


**Abb. 5.27:** Das Ergebnis – vom Transient Designer bearbeitetes Signal-Attack

### Hüllkurven für das Ausschwingverhalten (Sustain)

Abbildung 5.28 können Sie entnehmen, wie die Hüllkurvenverfolgung des Originalsignals und die zweite, generierte Hüllkurve mit längerer Ausschwingzeit aussehen. Diese werden vom Transient Designer durch dessen separaten Sustain-Hüllkurvengenerator erzeugt, wobei der Pegel der zweiten Hüllkurve zeitweilig dem vorangegangenen Spitzenpegel entspricht.

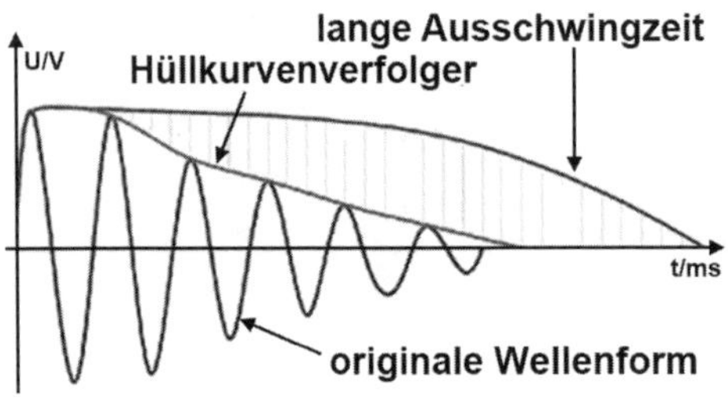


**Abb. 5.28:** Getrennte Sustain-Hüllkurven beim Transient Designer

Auch hier ergibt sich natürlicherweise eine Differenz der beiden Hüllkurven, aus der sich wiederum die Steuerspannung für die Regelung des Sustains errechnet. Mit dem *Sustain*-Regler des Transient Designers greifen Sie dann auf diese zu.

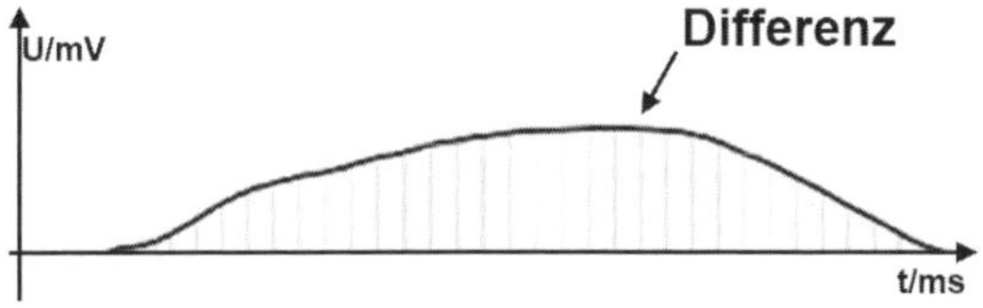


**Abb. 5.29:** Arbeitsgrundlage – die Differenz der Sustain-Hüllkurven

Regeln Sie den Sustainwert nun herauf, verlängern Sie dadurch das Ausschwingverhalten des Ausgangssignals und vice versa (siehe Abbildung 5.30).

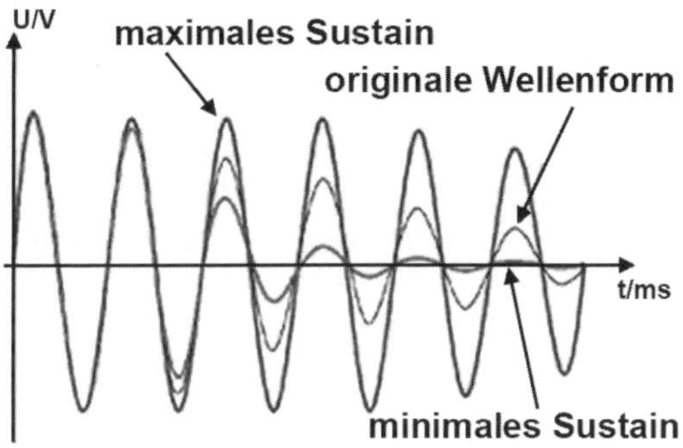


**Abb. 5.30:** Das Ergebnis – vom Transient Designer bearbeitetes Signal-Sustain

### Kaufkriterien

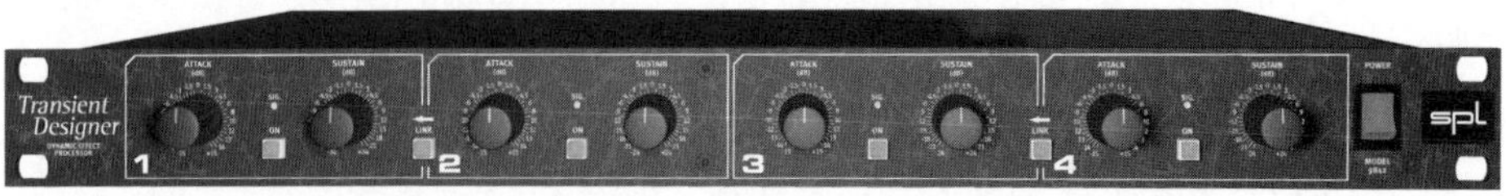


**Abb. 5.31:** Hardwareausführung – der SPL Transient Designer (Quelle: `www.spl.info`)

Worauf Sie beim Kauf eines Transient Designers achten sollten, lässt sich schnell und einfach sagen: darauf, dass es sich auch tatsächlich um einen solchen handelt. Zu diesem Zweck werden nämlich auch Geräte angeboten, die eher der Arbeitsweise eines Kompressors entsprechen. Wenn Sie die vorangehenden Unterkapitel aufmerksam gelesen haben, werden Sie den deutlichen Unterschied kennen. Beide Geräte arbeiten auf gänzlich andere Weise, wenngleich sich ähnliche Resultate einstellen **können**. Und ich betone: können ...

**Praxistipps**

*Wie kann mir ein Transient Designer helfen, meine Schlagzeugaufnahmen aufzuwerten?*

Um beispielsweise das Ausklingverhalten von Schlagzeug-Toms nachträglich mit einem Transient Designer zu bearbeiten, können Sie das Gerät in die entsprechenden Insert-Wege einspeisen und durch das Anwählen einer negativen Sustainzeit die Ausklingdauer der Instrumentensignale verkürzen.

*Wie kann ich mit einem Transient Designer Hallfahnen bearbeiten?*

Mit einem Transient Designer können Sie selbstverständlich auch bereits eingerechnete Effekte in einem Audiosignal verändern. Hierzu zählt etwa der Nachhall eines Chors.

*In welchen Situationen ist der Einsatz eines Transient Designers sinnvoll und was bewirkt er?*

Das Einsatzgebiet ist vielfältig. Hier eine Auswahl:

- Stellen Sie bei verzerrten Gitarrensignalen positive Attackwerte ein, um dem Sound zu mehr Dynamik zu verhelfen.
- Verhelfen Sie einer Kickdrum oder einem Drumloop zu mehr Durchsetzungsfähigkeit im Mix, indem Sie deren Attack erhöhen.
- Verschaffen Sie dem Gesamtsound mehr Transparenz durch Verkürzung des Snareteppich-Sustains.
- Sie können den Effektanteil eines Instruments deutlicher gestalten, indem Sie dem Signal vor Eintritt in den Aux-Weg mehr Sustain zuweisen.
- Nehmen Sie einzelnen Instrumenten im Mix die Direktheit. Regeln Sie hierfür das Signal-Attack herunter und das Sustain herauf.

**Vorsicht, Falle!**

Vermeiden Sie es, einen Transient Designer für die Audiosignale einer Gesangsaufnahme heranzuziehen. Die von mir in diesem Buch schon so oft erwähnte im Alltag geschulte Empfindlichkeit des menschlichen Gehörs erkennt hierbei bereits feinste Veränderungen. Die Manipulation des Klangs wirkt deshalb schnell irritierend.

## 5.8 De-Clicker

Ein *De-Clicker* macht das, was sein Name sagt: Er »entklickt« Ihre Audiosignale. Das bedeutet, dass störende schnelle Signalimpulse vom De-Clicker herausgefiltert werden.

Einen De-Clicker können Sie hervorragend einsetzen, um Vinylrestauration zu betreiben, aber auch, um eventuell auftretende, lästige Signalauslenkungen zu entfernen, wie sie beim Einsatz von Audio-Equipment an »schlechten« Stromkreisen vorkommen können. Auch zum Verringern von Schmatz- und Mundgeräuschen von Sprechern und Sängern, die durch hochempfindliche Kondensatormikrofone oftmals deutlich mit auf eine Aufnahme wandern, ist ein De-Clicker eine echte Geheimwaffe. Der De-Clicker benötigt für seinen Einsatz eine gewisse Vorlaufzeit, weshalb er dann auch als Software zum Einsatz kommt. Eine Hardwarelösung ist mir dagegen nicht bekannt.

### 5.8.1 Funktionsweise

Der Vorlauf des De-Clickers ergibt sich aus der notwendigen Analyse des zu bearbeitenden Audiomaterials. Hierbei muss die Software eventuell auftretende Transienten oberhalb eines Schwellenwerts erkennen. Bei auftretenden steilflankigen Signalauslenkungen werden diese einer Sidechain zugeführt und verpolt. Das Signal unterhalb des Schwellenwerts wird wie bei einem Noisegate unterdrückt und nicht in die Sidechain eingefügt. Das durchgelassene verpolte Signal mit seiner gegenphasigen Amplitude wird dem Originalsignal hinzugefügt. Die verpolten Transienten löschen diejenigen des Originalsignals aus und die »Clicks« sind verschwunden.

### 5.8.2 Parameterbeschreibung

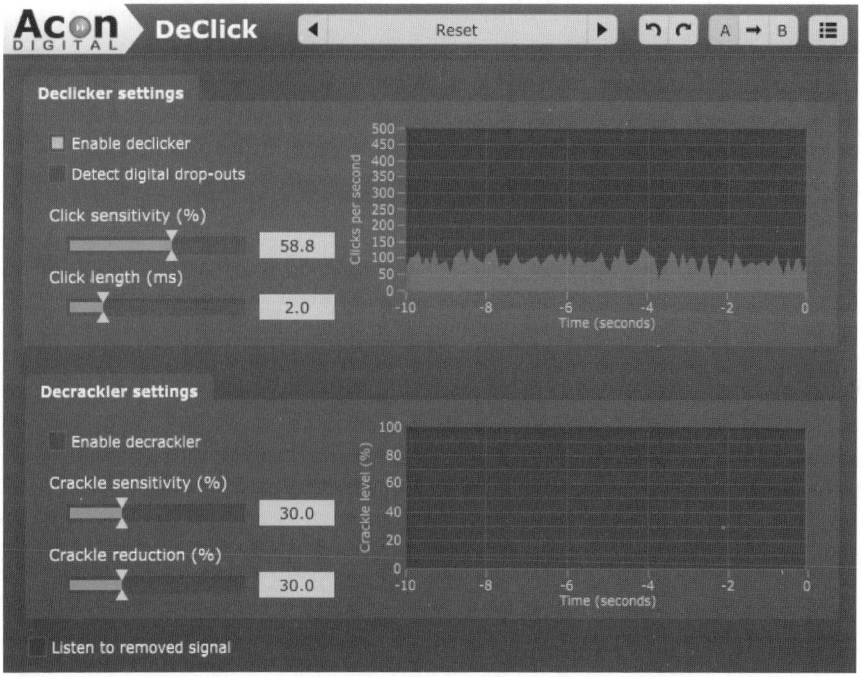


**Abb. 5.32:** Bedienelemente eines Software-De-Clickers (Quelle: www.acondigital.com)

Mit Hilfe des Thresholdwerts bzw. des Sensitivity-Reglers können Sie festlegen, wo sich der Schwellenwert befinden soll. Der Regler *Click Length* entspricht der Release Time und bestimmt, ab welcher Zeitspanne der Effekt von der Signalbearbeitung ablassen soll. Über die Funktion *Listen to removed Signal* haben Sie die Möglichkeit, ausschließlich den entfernten Signalanteil abzuhören. Einige DeClicker bieten Ihnen sogar verschiedene Modi mit unterschiedlichen Algorithmen, nach denen sich die Berechnungen der Software richten. Die abgebildete Software von Acon Digital hat eigene Bereiche für das Entfernen sowohl einzelner Clicks (oben) als auch für Knistern in Form wiederholter Crackles (unten).

### 5.8.3 Kaufkriterien

Achten Sie beim Kauf eines De-Clickers unbedingt darauf, dass Sie alle zentralen Werte selbst regeln können. Andernfalls kann es zu unerwünschten Ergebnissen kommen. So kann zum Beispiel ein De-Clicker ohne *Threshold*-Regler das Ende für eine Aufnahme bedeuten, die viele perkussive Passagen enthält.

**Praxistipps**

*Wie finde ich die richtigen Einstellungen für die Arbeit mit einem De-Clicker?*

Am besten hören Sie hierfür das Sidechain-Signal des De-Clickers an und verändern die Parameter des Effekts, bis das zu entfernende Knacksen bestmöglich zu hören ist. Nun wechseln Sie vom Sidechain- in den Standard-Modus und überprüfen das Klangergebnis im Zusammenhang. Gegebenenfalls regeln Sie die Effektstärke noch einmal nach. Fertig.

*Kann der De-Clicker das Rauschen in einer Aufnahme verringern?*

Kurze Antwort: Nein. Das ist die Aufgabe eines Denoisers.

**Vorsicht, Falle!**

Bedenken Sie, dass viele Nebengeräusche, die Ihnen als Produzent einer Aufnahme auffallen, von vielen Hörern überhaupt nicht wahrgenommen werden, weil eine Musikaufnahme sehr viele Informationen beinhaltet, die das Gehör verarbeiten muss. Setzen Sie einen De-Clicker deshalb nur dann ein, wenn es wirklich nicht anders möglich ist. So kann ein De-Clicker beispielsweise keine dauerhafte Lösung für eine knackende Audiohardware sein. Hier müssen dann nachhaltigere Lösungen her.

Kapitel 6

# Filtereffekte

Eine ausführliche Beschreibung der generellen Funktionsweise von Klangfiltern haben Sie in Kapitel 2, »Das Mischpult«, bereits kennengelernt. Deshalb möchte ich Ihnen nach kurzer Einleitung an dieser Stelle in erster Linie spezielle Filtertechniken vorstellen, die Ihnen im Produktionsalltag bei der Aufbereitung Ihrer Signale helfen.

## 6.1 Equalizer

Mit einem *Equalizer* (Abkürzung: *EQ*) regeln Sie den Klang eines Audiosignals. Weil bestimmte EQ-Einstellungen dazu dienen, die Signalanteile bei einzelnen Frequenzen so stark abzusenken, dass sie nicht mehr hörbar sind, spricht man anstelle von Equalizern häufig auch von Filtern oder Klangfiltern. Aufgrund der Möglichkeit, auftretende Klangunterschiede zwischen aufgezeichneten Signalen und ihrem Original durch das Anwenden von Equalizern auszugleichen, ist in Rundfunk- und Tonmeisterkreisen auch der Begriff *Entzerrer* gebräuchlich. Das rührt daher, dass die Unterschiede im Signalklang als »Verzerrungen« eingestuft werden, wenn die Aufnahmen keine ausreichend genaue Abbildung des Originalklangs darstellen.

Equalizer kommen überall dort zum Einsatz, wo nicht das gesamte Signal, sondern lediglich gezielte Frequenzbereiche eines Signals in ihrem Pegel angehoben oder abgesenkt werden müssen. Auch ein kreativer Einsatz von Equalizern hat sich in vielen Musikrichtungen durchgesetzt. Dabei werden häufig Filtereffekte aus der Klangsynthese imitiert und mit Equalizern auf natürliche Instrumente, wie z. B. Schlagzeug oder Gesang, angewendet.

Bei Equalizern handelt es sich in der Regel weder um Insert- noch um Send-, sondern um Inline-Effekte. Sie befinden sich im Signal-Weg zwischen den Abzweigungen von Insert- und Effekt-Bussen. Sofern Sie über die in Ihr Mischpult integrierten Equalizer zusätzliche Klangfilter einbinden wollen, werden Sie dies für gewöhnlich über die Insert-Wege vornehmen. Ob dies Pre- oder Post-Fader geschieht, hängt lediglich davon ab, ob Sie das durch das zusätzliche Filter bearbeitete Signal noch in einen Aux-Bus abzweigen wollen.

### 6.1.1 Spezielle Equalizer

Wie eingangs erwähnt, möchte ich Ihnen in diesem Kapitel hauptsächlich spezielle Equalizertechniken vorstellen, mit denen Sie Ihren Mix verbessern können. Diese Techniken werden Ihnen im Teil 7 über »Mix und Mastering« wieder begegnen. Grundlegendes zur Funktionsweise von Equalizern finden Sie in Kapitel 3, »Das Mischpult«.

Equalizer sind quasi »Inline-Effekt«. Im Kanalzug findet die Filterbearbeitung zwischen Insert- und Send-Bearbeitung statt. Sofern Sie zusätzliche EQs verwenden wollen, hängt die Entscheidung, in welcher Sektion Sie sie einspeisen, von dem Ziel ab, das Sie mit dem Filter erreichen wollen.

Für eine grobe Signalaufbereitung (z. B. als Low-Cut oder High-Cut) können Sie einen Equalizer in den Insert-Weg einschleifen. Da in vielen Fällen der Signalklang noch durch die Dynamikbearbeitung verändert wird, ist von EQs im Insert-Weg fürs Erste abzuraten. Sofern überhaupt ein Einschleifen über diesen Weg notwendig sein sollte, sollten Sie bei Verwendung mehrerer Insert-Effekte einen Equalizer als letztes Glied der Kette einsetzen. Dies geschieht beispielsweise auch in den sogenannten Channel Strips.

Der Einsatz von EQs muss übrigens nicht zwangsläufig nur der (subjektiven) Klangverbesserung eines Signals dienen (siehe Kapitel 3, »Das Mischpult«), sondern kann durchaus auch äußerst kreativ gestaltend sein.

## Grafischer EQ

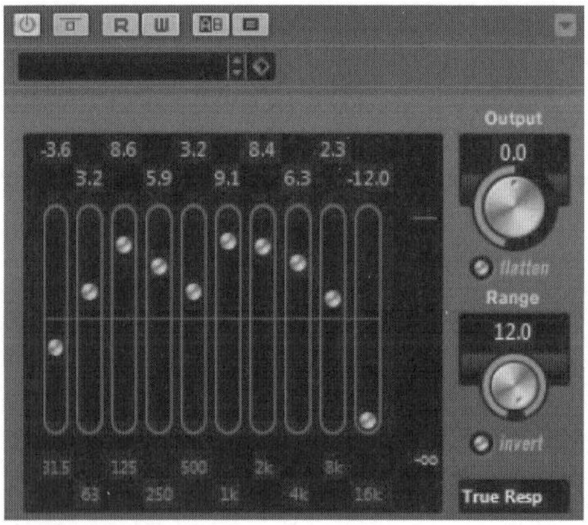


**Abb. 6.1:** Typischer grafischer Equalizer (10 Frequenzbänder) in Cubase

Im Unterschied zu parametrischen Equalizern weisen grafische Equalizer feste Frequenzbänder auf. Üblich ist dabei eine Anzahl von bis zu 64 Bändern. Diese Anzahl ist aber nur selten anzutreffen, besonders dann, wenn es sich um Geräte der unteren Preisregionen handelt.

Aufgrund ihrer Arbeitsweise sind grafische Equalizer also stark eingeschränkt, da sie weder eine freie Auswahl der Frequenz noch das Einstellen der Bandbreite zulassen. Sie eignen sich jedoch gut, um mit geringem Aufwand schnelle Ergebnisse zu erzielen. Das ist auch der Grund, warum grafische Equalizer häufig im Hi-Fi-Bereich zum Einsatz kommen. Im Tonstudiobereich trifft man sie allerdings seltener an.

In Abbildung 6.1 finden Sie eine entsprechende Softwareausführung. Wie Sie sehen können, bieten Ihnen hierbei einige Plug-ins den Vorteil, dass Sie die Anzahl der Bänder (und damit die Genauigkeit des grafischen EQs) modifizieren können. So ist etwa für die oben gezeigte Software auch ein Plug-in mit 30 Frequenzbändern wählbar. Die Bearbeitung mit einer Software lässt so viele Frequenzbänder zu, dass die Klangfilterung ab einer gewissen Anzahl von Bändern einer Hüllkurvenbearbeitung gleichkommt. Warum dies so ist, verstehen Sie, wenn Sie einen Blick auf Abbildung 6.2 und Abbildung 6.3 werfen. In der *Envelope*-Version tendiert die Anzahl der Bänder gegen unendlich bzw. ist der frequenzmäßige Schritt zwischen den Bändern derart gering, dass statt der Regler eine Hüllkurvenlinie zum Einsatz kommt. Beachten Sie auch, dass bei allen drei verwendeten Screenshots des grafischen Equalizers die Einstellungen hinsichtlich der Klangveränderung gleich sind.

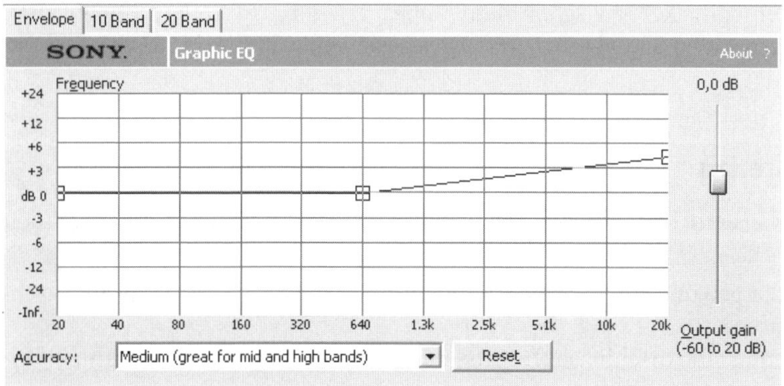


**Abb. 6.2:** Grafischer Equalizer mit Hüllkurve

## Paragrafischer EQ

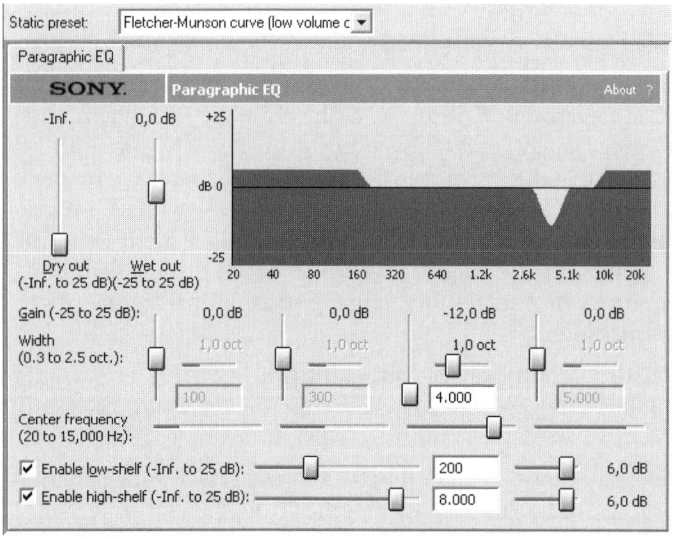


**Abb. 6.3:** Erweitertes Zusammenspiel – paragrafischer Equalizer

*Paragrafische Equalizer* bieten quasi das Beste aus beiden Equalizerwelten. Die praktische Anwendung dieses Equalizertypus stelle ich Ihnen in Kapitel 12, »Masteringeffekte«, vor. Schauen Sie sich aber an dieser Stelle schon einmal Abbildung 6.3 an.

Im Screenshot sehen Sie, dass der abgebildete paragrafische Equalizer über vier getrennte Bänder verfügt, deren Center-Frequenz Sie frei wählen können. Im Beispiel liegt das verwendete Band bei 4 kHz. Des Weiteren können Sie hier die Bandbreite in Oktaven sowie eine Anhebung bzw. Absenkung der Frequenz auswählen. Sozusagen »fest installierte« Low und High Shelves bilden inklusive freier Frequenzwahl weitere Einstellmöglichkeiten. Entgegen der grafischen Variante bei dem abgebildeten paragrafischen EQ bietet der Bereich der Pegelanpassung dieser Klangfilterbearbeitung zusätzlich eine Balancemöglichkeit zwischen dem unbearbeiteten, trockenen Signal (engl. *dry)* und dem bearbeiteten Signal (engl. *wet*). Dies geschieht mithilfe der Regler *Dry Out* und *Wet Out*.

### 6.1.2 Kaufkriterien

Stellen Sie sich vor dem Kauf eines zusätzlichen Equalizers zumindest die folgenden Fragen:

- Können Sie die gewünschte Bearbeitung nicht im Hardware- oder Softwaremischpult durchführen?
- Haben Sie genügend Anschlüsse (Inserts) zur Verfügung, um das Gerät einzuspeisen?
- Verfügt der (grafische) Equalizer über eine ausreichende Anzahl von Frequenzbändern?

**Praxistipps**

*Wie kann ich mit einem Equalizer das »Wummern« aus einem Sound entfernen?*

Die Lösung ist der Einsatz eines Shelf-Equalizers. Wählen Sie als Ausführung ein Low Shelf und stellen Sie einen negativen dB-Wert ein. Wählen Sie die Signaldämpfung nicht zu schwach, aber vorerst auch keinesfalls zu hoch. Im Bereich von -4 dB bis -6 dB liegt ein guter Startpunkt. Nun verschieben Sie den Frequenzbereich von unten (20 Hz) nach oben (bis etwa 150 Hz oder ggf. auch mehr), bis der gewünschte Effekt eintritt. Sollte das »Wummern« noch immer hörbar sein, obwohl die Shelf-Frequenz bereits bei 200 Hz oder darüber liegt, so können Sie versuchen, die Signaldämpfung langsam heraufzufahren, und den Annäherungsvorgang noch einmal mit negativen dB-Werten über -6 dB ausprobieren.

Für das Beispiel habe ich als Dämpfungswert *Unendlich (Inf.)* gewählt. So wird der Shelf-EQ zum Low-Cut-Filter. Die gewählten Einstellungen sehen Sie in Abbildung 6.4.

Der Einsatz eines Equalizers als Low-Cut-Filter (High-Pass) eignet sich auch hervorragend, um im Homerecording-Studio Fußbodengeräusche (Trittschall) zu entfernen.

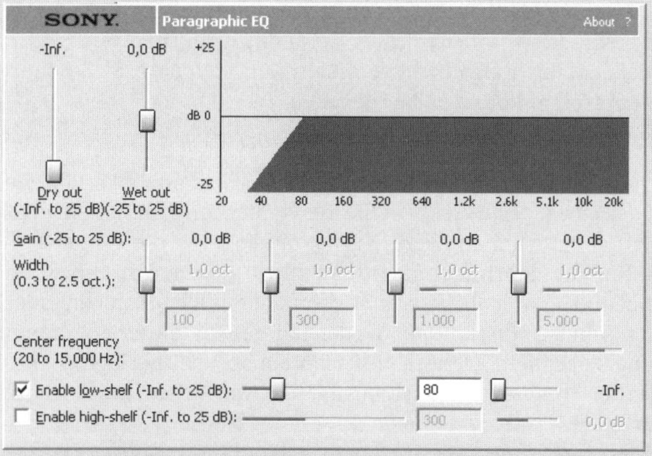


**Abb. 6.4:** »Entwummernde« Wirkung – Shelf-EQ

*Wie kann ich mit einem Equalizer gezielt Störfrequenzen herausfiltern?*

Die Lösung ist die Verwendung einer Notchfiltereinstellung, um z. B. Resonanzfrequenzen von Schlagzeug-Toms zu eliminieren. *Notch* bedeutet »Kerbe« und genau das ist es auch, was Sie mit einer solchen Filtereinstellung bewirken: Sie schlagen eine Kerbe in das Frequenzverhalten des bearbeiteten Signals, das heißt, Sie wenden ein Klangfilter mit extrem hohem Gütefaktor und einer starken frequenzbezogenen Signaldämpfung an. Im Audiobeispiel habe ich mich für einen vierfach gestackten (engl. für: »gestapelten«) Kerbfilter entschieden. Mit seiner Hilfe lässt sich das Wummern der Sprachaufnahme gezielt entfernen. Entgegen dem Einsatz des Low Cuts bleiben auf diese Weise noch tiefe Signalanteile übrig, wodurch dem resultierenden Sprachsignal mehr Fülle bleibt als im Audiobeispiel zuvor.

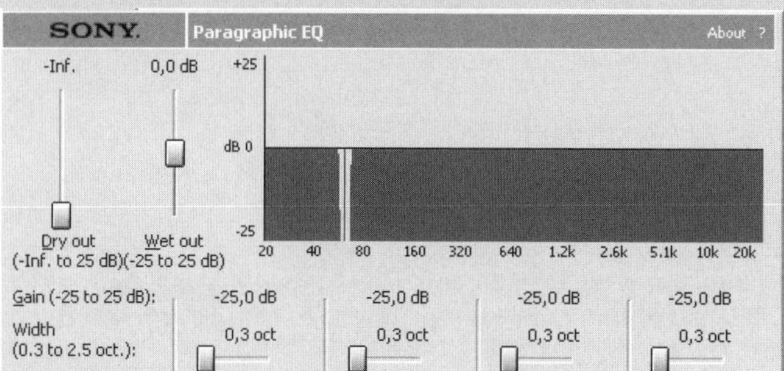


**Abb. 6.5:** Gezielter Einsatz – Notchfilter

Sie können Notchfilter auch einsetzen, wenn sich zu spät während eines Aufnahme- und Mixprozesses herausstellt, dass ein bestimmtes Gerät ein Brummen verursacht. Dieses befindet sich oftmals auf einer sich nicht verändernden Frequenz. Sie können ihm dann perfekt mit einem Notchfilter zu Leibe rücken.

*Wie finde ich die richtige Frequenz für den Einsatz eines Notchfilters?*

Hierfür können Sie wie folgt vorgehen: Stellen Sie eine nicht zu schmale Bandbreite ein (z. B. eine Oktave/Gütefaktor 1,44) und setzen Sie die Verstärkung für das zugehörige Frequenzband auf einen sehr hohen Wert. Nun verändern Sie die Center-Frequenz des Bandes, bis Sie die Störfrequenz überdeutlich hören. Anschließend dämpfen Sie das Frequenzband so weit ab, bis das Störsignal deutlich schwächer oder überhaupt nicht mehr zu hören ist. Nun können Sie das Filter noch feintunen, indem Sie den Gütefaktor nochmals erhöhen. Eventuell müssen Sie bei sehr geringer Bandbreite noch einmal die Center-Frequenz angleichen, aber das war's dann auch schon: Ihr Notchfilter ist eingerichtet.

Werfen Sie einen Blick auf Abbildung 6.6, Sie hilft Ihnen, die Beschreibung besser zu verstehen.

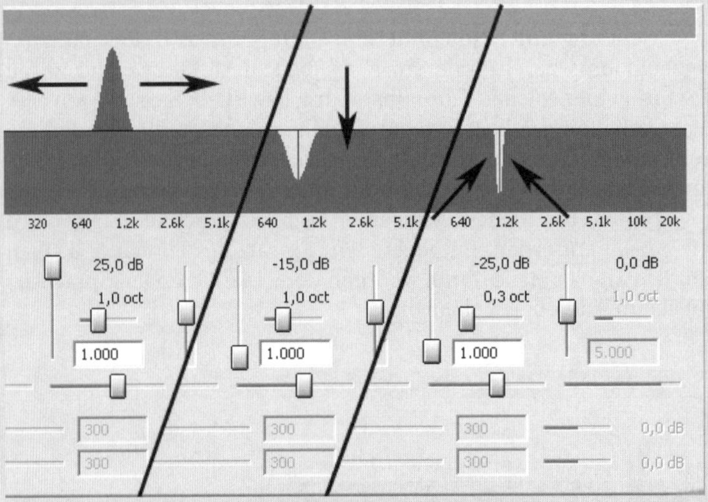


**Abb. 6.6:** Schritt für Schritt – Notchfiltereinstellungen finden

*Wie kann ich durch einen Equalizer erreichen, dass sich Instrumente, deren Sound sich in etwa im selben Frequenzbereich befindet, im Mix nicht verdecken und differenzierbar werden?*

Es kann schon mal vorkommen, dass sich zwei Instrumente einen Frequenzbereich teilen und deshalb verwaschen klingen. Die Lösung hierfür heißt *Komplementär-Equalization*. Hierbei führen gegensinnige EQ-Einstellungen bei gleichen Frequenzen dazu, dass die Instrumente, auf die die Einstellungen angewendet werden, im Gesamtklangbild deutlicher voneinander unterscheidbar sind.

Hier ein Beispiel: Ein Synthesizer-Bass und eine Kickdrum spielen in gleicher Rhythmik und etwa im selben Frequenzbereich. Versuchen Sie herauszufinden, wo die hohen Anteile der Kickdrum sich frequenzmäßig in etwa befinden. Der »Klick«-Sound der Kickdrum in meinem Audiobeispiel ist beispielsweise um 5,5 kHz sehr deutlich zu hören. Deshalb verstärke ich ihn und senke das Basssignal mit gegensinnigen Einstellungen ab. Wie dies konkret geschieht, sehen Sie in der Abbildung 6.7.

Nun sollten Sie sich noch entscheiden, welches der beiden Instrumente für den Low-End-Bereich zuständig sein soll. Nehmen Sie auch hier eine Komplementär-Equalization vor. Im Beispiel habe ich dies mit gegensinnigen Shelves geregelt. Sie können aber auch hier mit allen anderen Equalizingtechniken gute Ergebnisse erzielen und müssen die Tiefbassregion nicht zwingend nur einem einzigen Instrument allein überlassen.

Die Equalizereinstellungen erlauben es nun, den Gesamtpegel der Kickdrum etwas zu vermindern und die Lautstärke des Synthesizer-Basses leicht anzuheben. Als Ergebnis ist einerseits das Attack der Kickdrum jetzt deutlich zu hören. Auf der anderen Seite klingt der Basssound nun deutlich weniger »mulmig« und besetzt (gegenüber der Kickdrum) eher die unteren Mitten. Durch die Komplementär-Equalization sind beide Instrumente jetzt klar voneinander getrennt wahrnehmbar.

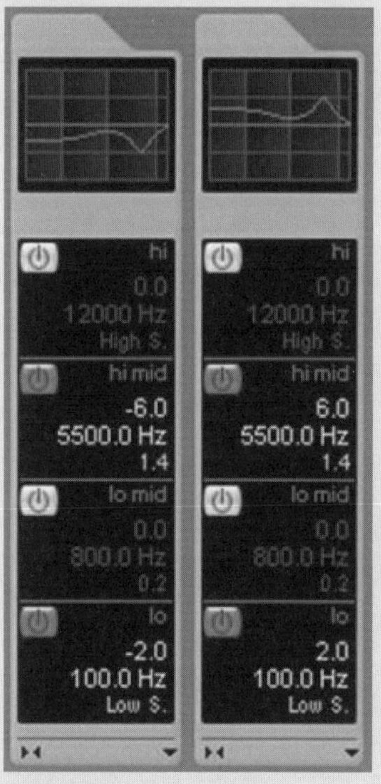


**Abb. 6.7:** Gegensinnige Filtereinstellungen – Komplementär-EQing

## Vorsicht, Falle!

Verbiegen Sie die Signale Ihrer Aufnahmen nicht zu sehr, wenn es sich dabei nicht um einen eigenen Effekt handeln soll. Versuchen Sie, Sounds stets so auszuwählen, dass sie Ihrem gewünschten Klangziel des Gesamtsounds bereits weitestgehend entsprechen. Die im Beispiel vorgenommenen Änderungen sind sicherlich grenzwertig, da sie mit + und -6 dB bereits recht krass ausfallen. Verbiegen Sie die Signale durch zu starke Klangfiltereinstellungen, klingen sie schnell unnatürlich. Dies gilt selbstverständlich insbesondere für Natursounds wie Schlagzeug, Akustikgitarre und vor allem Sprache und Gesang.

Kapitel 7

# Raumklangerzeuger

Bevor ich Ihnen die gängigsten Funktionen von Hall- und Delaygeräten näherbringen, möchte ich Ihnen wichtige Grundlagen erläutern, die Ihnen einen Einblick in Entstehung und Zusammenhänge von Schallquellen, Reflexionen und Nachhall geben. Dies wird Ihnen ermöglichen, die später vorgestellten Bedienelemente sehr schnell zu verstehen und eine Parameterwahl zu treffen, die gute Ergebnisse liefert. »Gut« heißt in diesem Fall, dass das Soundergebnis so am ehesten Ihren Wünschen und Vorstellungen entsprechen wird. Sie sollten die nachfolgenden Unterkapitel nur dann überblättern, wenn ich Ihnen zu Begriffen wie *Haas-Effekt* und *frühe Reflexionen* nichts mehr zu erläutern brauche.

Angenommen, Sie haben sich unter Berücksichtigung der Hinweise aus dem ersten Kapitel dieses Buches eine kleine Gesangskabine gezimmert und ein wunderbar trockenes Gesangssignal aufgenommen, das Sie nun mit Hall versehen möchten. Um die Schallquelle in Ihrem Stereomixraum zu positionieren, sollten Sie sich die folgenden akustischen Gesetze klarmachen. Schauen wir uns also einmal an, wie Hall überhaupt entsteht.

## 7.1 Hall – die Basics

### 7.1.1 Direktschall contra Raumschall

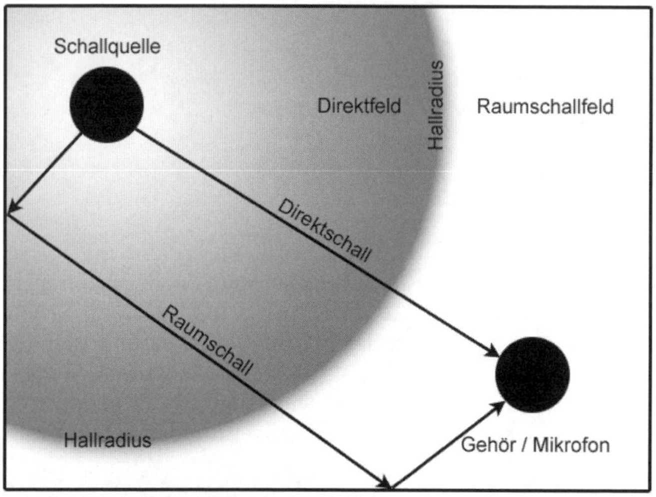


**Abb. 7.1:** Raumschall contra Direktschall

Im Kapitel über das Nahfeldmonitoring haben Sie bereits den Begriff *Direktschall* kennengelernt. Er bezeichnet denjenigen Schall, der von einer Schallquelle aus auf unmittelbarem Wege auf den Hörer (Ohr oder Mikrofon) trifft. Als *Raumschall* bezeichnet man dagegen den Schall, der in einem geschlossenen Raum erst nach mehreren Reflexionen auf den Hörer trifft. Den Abstand von der Schallquelle bis zu derjenigen Schwelle, an der Direktschall und Raumschall sich die Waage halten, nennt man *Hallradius*. Werfen Sie dazu unbedingt auch einen Blick auf Abbildung 7.1, um die Zusammenhänge zu sehen.

**Hinweis**

Beachten Sie, dass die Grafik Faktoren wie das Direktfeld und das Raumschallfeld nur exemplarisch aufzeigt. In der Praxis wird der Hallradius sich aufgrund der Raumgegebenheiten nicht konzentrisch verhalten.

## 7.2 Raumschall und frühe Reflexionen

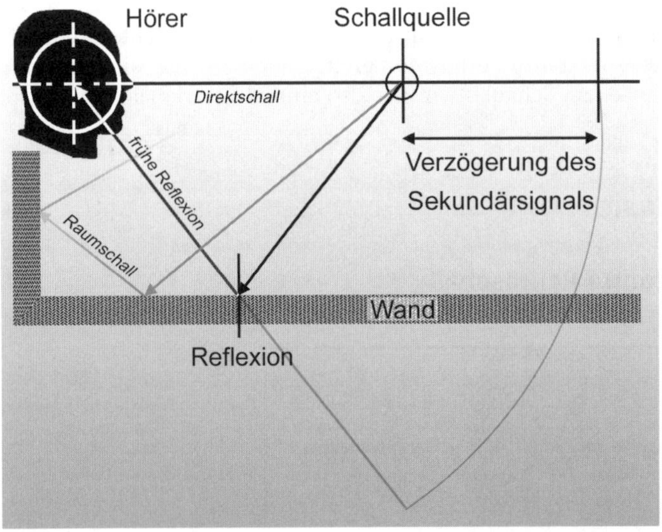


**Abb. 7.2:** Ein wichtiger Faktor – frühe Reflexionen

Ein weiterer wichtiger Punkt ist die *Verzögerung des Sekundärsignals*. Sie bestimmt nicht nur, wie wir die Raumgröße und Beschaffenheit wahrnehmen, in der sich die Schallquelle befindet. Vielmehr ist das Zusammenspiel der Faktoren auch dafür zuständig, wie wir die Entfernung zur Schallquelle wahrnehmen. Als Sekundärsignal wird dabei dasjenige Signal bezeichnet, das als Erstes nach dem Direktsignal wahrgenommen wird. In Abbildung 7.2 können Sie sehen, wie sich die Verzögerung des Sekundärsignals ergibt.

### Nachhallzeit

Die *Nachhallzeit* ist nicht die Summe aus den Zeitdauern von Direktschall und der Verzögerung des Sekundärsignals zum Hörer. Vielmehr gibt man mit der Nachhallzeit die Zeitspanne an, nach der der Schalldruckpegel eines Schallevents um 60 dB, also auf den tausendsten Teil des Anfangsschalldrucks, in einem Raum abgenommen hat.

#### Lokalisierbarkeit

Ein wichtiger Punkt beim Einsatz von Hall- und Delayeffekten ist die *Lokalisierbarkeit* des Originalsignals. Vielleicht haben Sie sich auch schon einmal gewundert, warum der Hall in professionellen Produktionen hervorragend klingt, in Ihren eigenen Homestudio-Aufnahmen aber das Originalsignal verwaschen, weit entfernt und wie hinter einem Schleier klingen lässt. Die Lösung liegt auch hier wieder mal in einem Studium der akustischen Grundlagen.

Um eine Schallquelle lokalisieren zu können, zieht das menschliche Gehör dasjenige Signal heran, das als frühestes auf das Ohr trifft. Dies nennt man *Präzedenzeffekt*. Bekannt wurde er unter den Bezeichnungen *Gesetz der ersten Wellenfront* und (als Spezialfall) *Haas-Effekt*. Besonders der Haas-Effekt wird immer wieder in Büchern über Homerecording zitiert. Mein Ratschlag: Vergessen Sie 90 Prozent des dort Geschriebenen, denn dort werden Haas-Effekt und Präzedenzeffekt unzulässigerweise vermischt. Dabei wird beinahe immer ein überaus wichtiger Faktor vernachlässigt: der Pegel des Sekundärsignals. Die dort gezogenen Schlussfolgerungen aus dem Haas-Effekt sind deshalb falsch. Aber der Reihe nach ...

### Was unterscheidet Präzedenz- und Haas-Effekt?

Für die Zweifler unter Ihnen gebe ich Ihnen hier eine genauere Differenzierung: Selbst wenn ein Direktsignal gegenüber einem verzögerten Signal bis zu 10 dB leiser ist, wird die erste Wellenfront immer noch als Signalquelle erkannt, sofern die Verzögerung zwischen 10 und 30 ms liegt. Beim Haas-Effekt handelt es sich also um einen Sonderfall des Präzedenzeffekts, der sich zwar bei der PA-Beschallung und Raumakustik, nicht jedoch bei Stereoaufnahmen nutzen lässt.

Zum besseren Verständnis noch einmal etwas weiter differenziert: Ein Direktsignal und ein reflektiertes Signal werden, sofern sie beide den gleichen Pegel aufweisen, als zwei nicht zusammenhängende, getrennte Signale wahrgenommen, wenn die Verzögerung des späteren Signals mindestens 50 ms beträgt. Ist die Verzögerungsspanne kürzer, so wird eine Vermischung der beiden Signale gehört. Die Pegel von Direktschall und Reflexionsschall resultieren dann in einem gemeinsamen lauteren Pegel. Egal aus welcher Richtung kommend, werden die später eintreffenden Reflexionen hinsichtlich ihrer Quelle automatisch dem Direktsignal zugeordnet.

### Hinweis

Den Hinweis auf die Wichtigkeit der Pegelhöhe des Reflexionsschalls für diese Zusammenhänge sucht man bei vielen Beschreibungen zum Thema vergeblich. Für reale Reflexionen trifft dies jedoch nicht zu.

### Wissen praktisch eingesetzt

Das Wissen um diese Zusammenhänge ermöglicht Ihnen einen gezielten und zugleich kreativen Einsatz von Raumklangeffekten. Von den folgenden Wirkungen sollten Sie gehört haben. Sie sind besonders hinsichtlich der Lokalisation von Direkt- und Reflexionsschall wichtig:

- **Echo**
  Sie sollten wissen, dass Sie die Zeitspanne, in der ein Reflexionssignal auftreten soll, selbstverständlich auch über 50 ms hinaus vergrößern können. Wenn dessen Pegel entsprechend gering ausfällt, entsteht allerdings eine komplett andere Wirkung. Dann entsteht, was als *Echo* bezeichnet wird. Beim Echo ist für das Sekundärsignal eine eigenständige Position lokalisierbar.
- **Summenlokalisation**
  Ist die Anfangszeitlücke unterhalb von 2 ms, so interpretieren wir das Sekundärsignal nicht mehr als eigenständiges Signal, sondern hören es mit dem Direktsignal verschmolzen. Eine Differenzierung ist hier aufgrund der sehr kurzen Zeitspanne einfach nicht mehr möglich.

### Übersicht

Tabelle 7.1 stellt die Zusammenhänge noch einmal in komprimierter Form für Sie dar.

| Verzögerung des Reflexionssignals | Signalart | Wirkung |
|---|---|---|
| PreDelay <15 ms | Sprachsignal | kleiner Raum |
| 30 – 50 ms | Sprachsignal | großer Raum |
| < 2 ms | Sprachsignal | Summenlokalisation |
| 2 ms – 50 ms | Sprachsignal | Bereich des Präzedenzeffekts |
| < 50 ms | Sprachsignal | Echo |
| < 100 ms | Musiksignal | Echo |

**Tabelle 7.1:** Signalverzögerung und Raumwirkung

### Praxistipp – Entkoppeln Sie Hall und Hallquelle

Wählen Sie das Pre-Delay anfangs groß und verringern Sie es erst dann, wenn es wirklich notwendig ist. Die Anfangszeitlücke ist ein wichtiger Faktor, der die Verständlichkeit und Lokalisierbarkeit des Direktsignals garantiert. Man spricht hierbei auch vom *Entkoppeln* des Halls von seiner Quelle.

## Unterschied Hallgerät/natürlicher Raumklang

Das *Pre-Delay* (die *Anfangszeitlücke*) von verschiedenen Schallquellen in einem Raum ist zumeist unterschiedlich. Bei der Verwendung von nur einem Hallgerät über einen Aux-Weg für den kompletten Mix stellt sich deshalb das Problem, dass nur eine Zeiteinstellung für das Pre-Delay möglich ist.

## Hinweis

Wichtig! Das Pre-Delay ist keine Konstante, die vom jeweiligen Raum, sondern immer auch von der Position der Schallquelle darin sowie dem Ort des Hörers abhängig ist.

### 7.2.1 Aufbau – die »Anatomie« des Halls

Hall hat einen spezifischen Aufbau. Hierzu gehören immer die folgenden Punkte:

- *Primärsignal:* Das Primärsignal geht vom Schallereignis einer Schallquelle selbst aus. Es hat für gewöhnlich den höchsten Pegel der Bestandteile des Halls. Die Zeitspanne, in der das Primärsignal gegenüber den anderen Hallkomponenten den Hörer erreicht, ist natürlicherweise am kürzesten.
- *Frühe Reflexionen:* Bei den frühen Reflexionen handelt es sich (wie der Name schon sagt) um diejenigen Reflexionen, die als Erste auf den Hörer bzw. das Mikrofon treffen. Sie können unter Umständen noch mehr oder weniger deutlich voneinander getrennt wahrgenommen werden und können hinsichtlich der Lokalisation vom Gehör dem Primärsignal deutlich zugeordnet werden.
- *Diffushall:* Die Zeitspanne von Reflexion zu Reflexion wird kürzer und kürzer, bis sie so gering ist, dass sie nicht mehr als einzelne Reflexionen, sondern nur noch als Diffusschall wahrgenommen werden. Aufgrund der Verzögerung des Diffusschalls zum Primärsignal ist eine eindeutige Zuordnung zum Primärsignal nicht immer gegeben. Eine eindeutige Lokalisation ist deshalb für den Diffusschall (wie auch dessen Name schon sagt) nicht möglich.
- *Nachhallzeit:* Die Nachhallzeit ist die Zeitspanne vom Schallereignis bis zu demjenigen Zeitpunkt, an dem in einem Raum der Schalldruckpegel der Reflexionen des Schallevents auf den tausendsten Teil des Anfangsschalldrucks (-60 dB) abgeschwächt wurde.

### 7.2.2 Höreindruck

Wie Sie Abbildung 7.3 entnehmen können, ist vor allem der Faktor der frühen Reflexionen für den Höreindruck entscheidend. Neben Aspekten wie der Lautstärke des Direktsignals (laut = nah, leise = entfernt) bewirkt die Zeitspanne bis zum Einsatz dieser *Early Reflections*, ob wir ein Signal als nah oder entfernt wahrnehmen. Weder die Dauer des Diffushalls noch dessen Lautstärke können dies leisten.

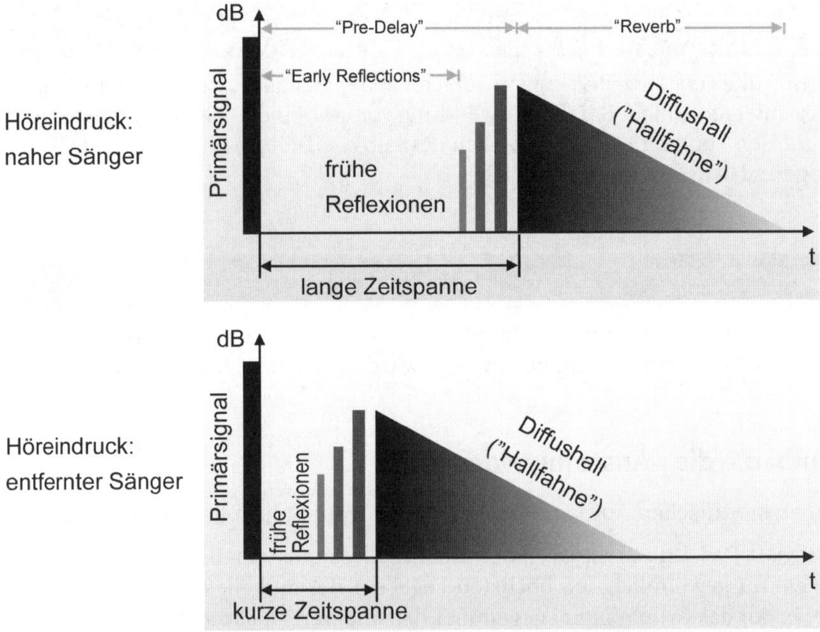


**Abb. 7.3:** Wichtig für den Höreindruck – der Aufbau von Hallsignalen

| Hallaspekt | prägt |
|---|---|
| Primärsignal | Entfernung der Schallquelle/Lokalisation |
| Frühe Reflexionen | Entfernung der Schallquelle/Raumbeschaffenheit |
| Diffushall | Raumgröße/Raumbeschaffenheit |
| Nachhallzeit | Raumgröße/Raumbeschaffenheit |

**Tabelle 7.2:** Was bewirkt was beim Hall?

Jetzt aber los zur Betrachtung der Raumklangeffekte!

## 7.3 Reverb

Hallräume werden überall dort angewendet, wo Signale zu »trocken« klingen. Dies kann der Fall sein, wenn über ein sehr nahes Mikrofonieren kein oder kaum Raumschall mit aufgezeichnet wurde. Auch Aufnahmen, die in akustisch stark bedämpften Räumen gemacht wurden, werden oftmals künstlich mit einem räumlichen Nachhall versehen, um die Natürlichkeit des Signalklangs zu wahren. Digitalaufnahmen wie beispielsweise Gitarrenaufnahmen, die mit Amp-Simulatoren wie einem Line 6 Pod erstellt wurden, werden häufig mit Reverb aufbereitet. Es gibt wohl kaum einen Gesangspart in einem modernen Rock-, Pop- oder Dance-Song, der nicht mit Hall und/oder Delay versehen wurde.

Raumklangeffekte sind **die** typischen Vertreter von Send-Effekten. Sie werden also über den Send- bzw. Aux-Weg gespeist. Dies ermöglicht eine vielfältige Regelung des bearbeiteten Signalanteils, ohne direkt in den jeweiligen Einzelkanal eingespeist zu werden. Dabei regeln Sie den Anteil, der zum Effekt gesendet wird, über den *Aux-/Send*-Regler des jeweiligen Kanals und die Lautstärke des Effekts im Mix über den Fader des Aux-/ Send-Kanals. Alle feineren Einstellungen werden im Hallgerät selbst vorgenommen.

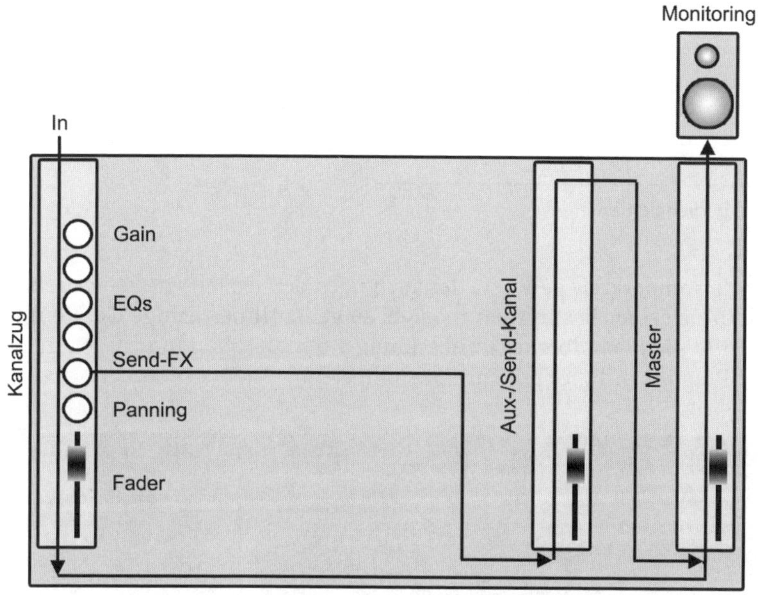


**Abb. 7.4:** Signalfluss bei der Send-Einbindung von Hallgeräten

## Achtung! Hall ist nicht »Hall«

*Reverb* ist die englische Übersetzung des deutschen Begriffs »Hall«, wohingegen der englische Begriff *Hall* für »Halle« steht und eine konkrete Ausführung, wie etwa bei Hallgeräten ein bestimmtes Programm, bezeichnet, das hinsichtlich seiner Parameter den Raumeindruck einer Halle vermittelt.

## 7.3.1 Parameterbeschreibung

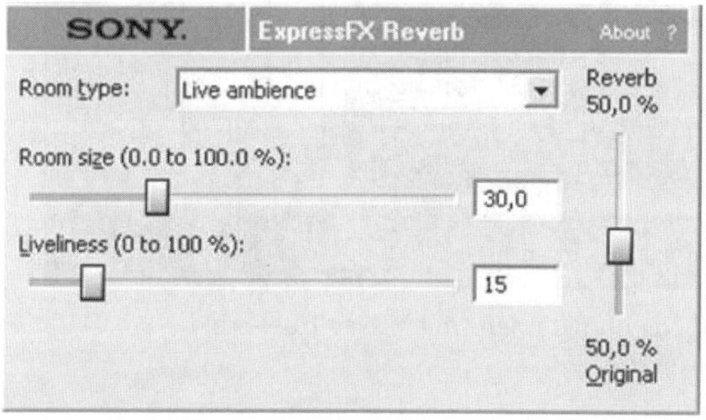


**Abb. 7.5:** Typische Bedienelemente von einfachen Halleffekten

Die Regler, die Ihnen moderne Hallgeräte bieten, geben Ihnen die Möglichkeit, Parameter wie frühe Reflexionen und Nachhallzeit einzustellen. Im Einzelnen sind die folgenden Einstellmöglichkeiten und Bezeichnungen bei Hallgeräten und -Plug-ins weitverbreitet:

| Regler | Aspekt |
|---|---|
| Room type | Presetname |
| Room size | Nachhallzeit |
| Liveliness | Höhendämpfung |
| Original/Reverb | Dry/Wet |

**Tabelle 7.3:** Einfache Bedienelemente

Wenn Sie zu dem Anwenderkreis gehören, der auch noch den letzten Parameter seiner künstlichen Hallräume selber bestimmen möchte, so geben Ihnen einige Geräte und Parameter die volle Auswahlbandbreite. In Abbildung 7.6 und Abbildung 7.7 sehen Sie zwei Beispiele für Plug-ins mit großem Parameterangebot.

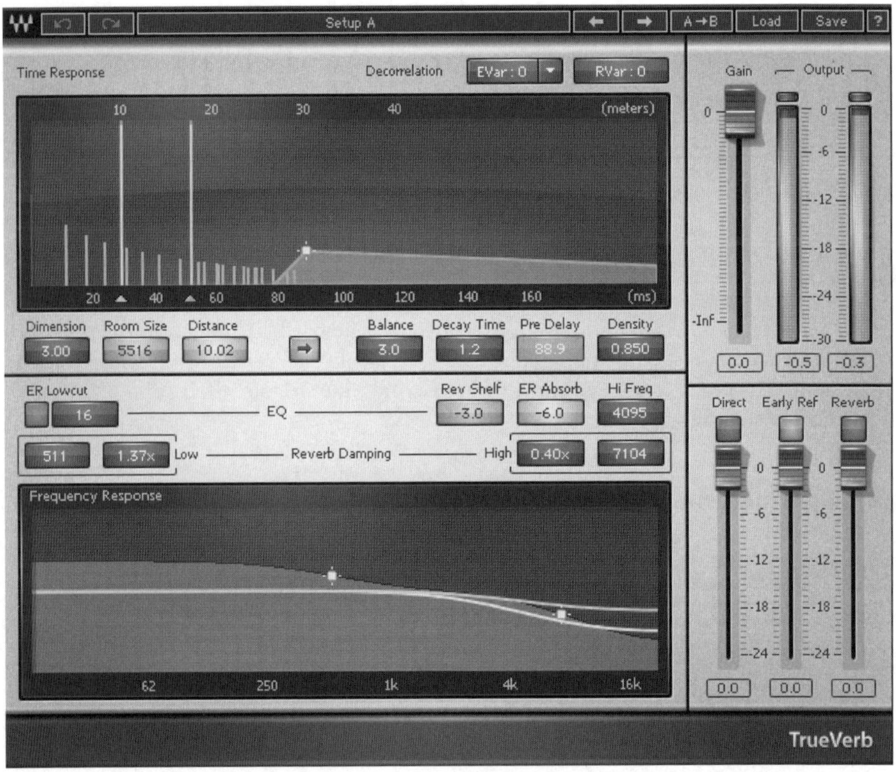


**Abb. 7.6:** Für Fortgeschrittene – erweiterte Bedienfunktionen (mit Waves TrueVerb)

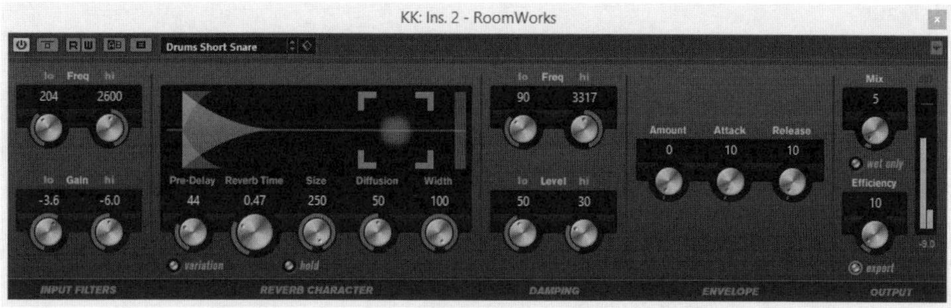


**Abb. 7.7:** Für Fortgeschrittene – erweiterte Bedienfunktionen II (in Cubase)

Natürlich möchte ich Ihnen auch eine Kurzerläuterung der hier auftauchenden Regler nicht vorenthalten. Werfen Sie einen Blick auf Tabelle 7.4.

| Regler | Aspekt |
|---|---|
| Dimension | Art der frühen Reflexionen |
| Room Size | kubische Raumgröße |
| Distance | Entfernung der Signalquelle |
| Reverb Time/Decay Time | Nachhallzeit |
| Pre-Delay | Zeitspanne bis zum Beginn des Diffushalls |
| Density | Dichte der Hallreflexionen |
| Shelf | Hochfrequenz-Shelf-Filter |
| ER Absorbtion / Room Absorption | natürliche Dämpfung der Höhenanteile im Hall |
| Shelf Frequency | Eckfrequenz des Hochfrequenz-Shelf-Filters |
| Reverb Damping (Bereich) | Eckfrequenzen und Dämpfungsgrad weiterer Filter |

**Tabelle 7.4:** Einfache Bedienelemente

Lesen Sie zum Einstellen dieser und weiterer Parameter in jedem Fall auch die Praxistipps am Ende dieses Kapitels.

## 7.3.2 Historische Hallgeräte

Die Überschrift zeigt Ihnen, dass es für die meisten der heute verwendeten typischen künstlichen Hallprogramme reale Vorbilder gab, die heute durch Berechnung digitaler Daten imitiert werden. Hierzu zählen unter anderem der Hallraum, die Hallspirale oder der Federhall, der Bandhall und die Hallplatte. Ich möchte sie Ihnen hier kurz vorstellen, damit Sie sich einen Eindruck von ihrer unterschiedlichen Herangehensweise und ihrem Klang machen können. Auf diese Weise können Sie die Programme klar voneinander differenzieren und beim Mix stets gezielt die Auswahl treffen, die Ihnen vorschwebt.

## Hallraum

Auch in modernen Effektgeräten findet man Presets wie etwa *Echo Chamber*. Was aber ist eine solche »Echokammer« und wo wird und wurde sie eingesetzt?

Historisch fand tatsächlich ein ganzer Raum als Hallerzeuger Verwendung. Nicht gerade ein Hallgerät für unterwegs. Zu diesem Zweck wurde das zu verhallende Signal oftmals in einen Kellerraum geführt und dort von einem Lautsprecher wiedergegeben, dessen Nachhallreflexionen im Raum wiederum von einem Mikrofon gewandelt und im Regieraum zum Originalsignal hinzugemischt wurden. Dieses »Hallgerät« war also im wahrsten Sinne des Wortes eine Festinstallation. Die verwendeten Räume waren extrem reflexionsstark und konnten (auch bei geringer Raumgröße) lange Nachhallzeiten bewirken.

Die Hallprogramme moderner Effektgeräte bilden diesen Hall ab und geben Ihnen dafür oftmals verschiedene Raumtypen als Auswahl, wie z. B. *Bathroom (Badezimmer)*, *Chamber (Kammer)*, *Hall (Halle)* oder *Church (Kirche)*.

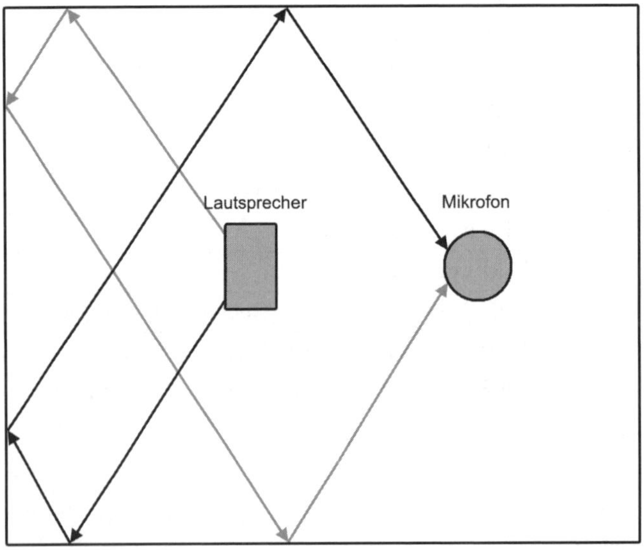


**Abb. 7.8:** Fester kann ein Hall nicht installiert sein – der Hallraum

### Ambience

Unter diesem Programmnamen finden Sie einen typischen Raumklang für mittelgroße Räume, den Sie einfach an Ihre Soundbedürfnisse anpassen können.

### Spring Reverb

Ein beliebter Hall, der von digitalen Effektgeräten nachgebildet wird, ist der *Federhall*. Er ist ein echter Klassiker. Beim Federhall wird der Nachhall durch eine oder mehrere Hallspiralen erzeugt. Deren Aufhängungen sind an beiden Enden mit je einem Magneten versehen. An der einen Seite wird der dort befindliche Magnet mit einer Spule angeregt, die vom zu verhallenden Signal gespeist wird. Der Magnet am anderen Ende der

Stahlfeder gibt die durch sie laufenden und durch die Hallspirale veränderten Schallschwingungen wiederum an eine Spule weiter. Von dort aus kann das so gewandelte Hallsignal im Soundmix weiterverwendet werden.

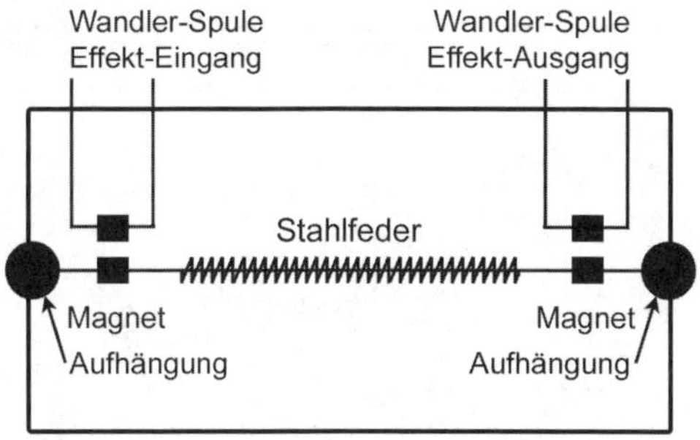


**Abb. 7.9:** Schwingende Spirale als Raumeffekt – Federhall

Hallspiralen wurden noch vor einigen Jahren als preiswerter Effekt vor allem in Gitarrenverstärkern eingebaut. Die Nachteile eines Spiralhalls, die von seiner Bauform herrühren, wie etwa Klangverfärbungen, Scheppern und Erschütterungsempfindlichkeit, sind natürlich bei den nachgebildeten Spring-Reverb-Routinen digitaler Soundprozessoren praktisch nicht mehr existent. Ein Federhall eignet sich hervorragend für Instrumente wie E-Gitarren oder Rock-Orgelsounds.

### Plate Reverb

Auch der *Plattenhall* ist ein weitverbreitetes Preset bei digitalen Hallgeräten und Plug-ins. Beim *Plate Reverb* handelt es sich um einen durch eine Hallplatte erzeugten Nachhalleffekt. Die Funktionsweise ist dabei ähnlich wie die des Federhalls. Auch die Hallplatte wird durch einen Wandler zum Schwingen angeregt. Dabei entstehen auch rückläufige Wellenbewegungen, die von den Plattenrändern zurückkommen. Diese werden dann wiederum gewandelt. Im Gegensatz zum Spiralhall wurden hierfür Mikrofone benutzt. Der durch eine Hallplatte erzeugte Effekt kommt dem natürlichen Hall näher als der Federhall. Dies liegt nicht zuletzt daran, dass hier sowohl Dämpfer eingesetzt werden können als auch die Mikrofonposition sich auf den Halleffekt auswirken kann.

**Goldener Hall**

Noch vor einigen Jahren gehörte der Plattenhall mitunter zur teuersten Anschaffung in einem Tonstudio. Entsprechende Plattenhallgeräte, in denen eine Goldfolie die Stahlplatte ersetzte, waren zwar leichter und platzsparender, konnten aber schnell einige Zehntausend Mark kosten.

Heutzutage treten auch die bauformbedingten Nachteile eines Plattenhalls, wie z. B. seine großen Abmessungen, sein Gewicht und auch hier wieder die Erschütterungsempfindlichkeit, bei modernen DSP-Plattenhalleffekten selbstredend nicht mehr auf. Das ist besonders deshalb erfreulich, weil der Plattenhall nach wie vor der Standardeffekt bei der Verfeinerung vor allem von Gesangssounds ist.

### Tape Echo

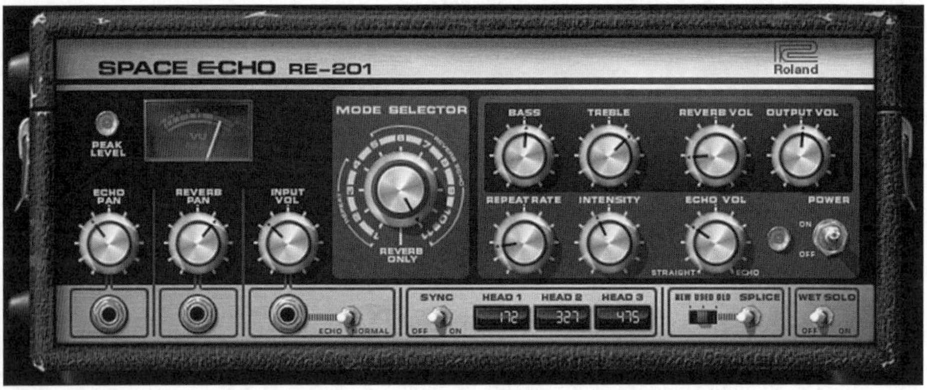


**Abb. 7.10:** Simulation endloser Aufzeichnung – Bandhall-Plug-in (Quelle: `www.uaudio.com`)

Beim *Bandecho* wird/wurde eine Tonband-Endlosschleife über mehrere Aufnahme- und Wiedergabetonköpfe geführt. Dabei sind sowohl die Aufnahme- als auch die Wiedergabetonköpfe gleichzeitig aktiv, im Gegensatz zu herkömmlichen Kassettenrekordern oder Hi-Fi-Tapedecks. Das zu verhallende Signal wird von einem Aufnahmetonkopf auf das Band aufgenommen und von den Wiedergabeköpfen, die ihm im Tonbandverlauf nachfolgen, zeitverzögert wiedergegeben. Das macht den Echo-Charakter des Effekts aus. Wie viele Wiederholungen (Reflexionen) wiedergegeben werden können, hängt dabei von der Anzahl der Wiedergabetonköpfe ab. Die Dauer des Halls basiert auf der Banddurchlauflänge und der Bandgeschwindigkeit. Dieser Effekt wurde vor allem in den 1950er- und 1960er-Jahren bei Rock'n'Roll-Aufnahmen verwendet. In den 1970ern profitierten dann psychedelische Stücke von diesem Verzögerungseffekt. In Abbildung 7.10 sehen Sie die UAD-Plug-in-Version des aus dieser Zeit stammenden Roland Space Echo RE-201.

## 7.3.3 Spezielle Reverbeffekte

Über diese klassischen Halleffekte hinaus gibt es auch einige typische Hallprogramme, die ursprünglich zumeist durch eine Kombination mit verschiedenen weiteren Effektgeräten erzeugt wurden und heute ein fester Bestandteil im Preset-Dschungel digitaler Effektgeräte sind.

### Gated Reverb

Beim *Gated Reverb* handelt es sich um einen opulent angewendeten Halleffekt, dessen Nachhallzeit ursprünglich durch ein Noisegate extrem verkürzt wurde. Den Klang des Gated Reverb kennen Sie sicher aus älteren Produktionen von Phil Collins, der seinem Schlagzeug (vor allem den Toms) damit eine außerordentliche Klangfülle und immensen Druck verschaffte.

### Reverse Reverb

Das *Reverse Reverb* ist ein häufig verwendeter Effektsound für dramatische Übergänge von Songparts. Ursprünglich erzeugt durch eine rückwärtslaufende Bandaufnahme eines aufgezeichneten Nachhalls, wird der Effekt heutzutage natürlich von modernen DSPs digital errechnet.

## 7.3.4 Softwareausführung

Für die Ausführung von Halleffekten spricht beim Homerecording vieles für die Anschaffung von Softwareeffekten: Einige Hallprogramme können recht komplex ausfallen und müssen abgespeichert werden, da sie sonst kaum wieder erstellbar wären. Die Hardwareausführungen bieten dafür stets nur eine begrenzte Anzahl von Speicherplätzen und weisen in der Regel auch nur wenige Kontrollmöglichkeiten, wie etwa Pegelanzeigen und Parameterdisplays, auf. Der Vorteil von Software-Plug-ins liegt deshalb eindeutig in der unbegrenzten Speicherfähigkeit von User Presets und übersichtlicher grafischer Unterstützung für die Parameterjustierung. Auch Platzersparnis und Anschaffungspreis sind Kriterien, die oftmals für eine Plug-in-Ausführung sprechen. Dies führt uns zu den ...

## 7.3.5 Kaufkriterien

Beim Kauf eines Hallgeräts oder einer entsprechenden Effekt-Plug-in-Software sollten Sie Ihr Augenmerk unbedingt auf die folgenden Punkte richten:

- Ist der Effekt nicht schon integriert in der digitalen Effektsektion des vorhandenen oder noch anzuschaffenden Mischpults?
- Bietet das Gerät oder die Software ausreichend Regelmöglichkeiten für die wichtigsten Parameter des Effekts?
- Entsprechen die einstellbaren Werte einem realen Pendant (Pre-Delay in Sekunden, Wet-Out in dB etc.) oder zeigen alle verfügbaren Skalen lediglich Werte von 0 bis 100? Dies wäre eine quasi prozentuale Angabe, die häufig verwendet wird, aber nicht sehr aussagekräftig ist.
- Ist die Anzeige der Parameter übersichtlich und fein genug in ihrer Auflösung der einstellbaren Werte?
- Ist ein Display vorhanden, auf dem die Einstellungen der Parameter grafisch abgebildet werden? Dies macht die Bedienung für Sie deutlich einfacher, weil plastischer und praxisbezogener.
- Bietet das Gerät oder die Software ausreichend unterschiedliche Hallarten, wie etwa Hallräume, Federhall, Plattenhall, Bandhall und modernere Standardhalleffekte?
- Werden auch Möglichkeiten zur Einstellung der Raumbeschaffenheit durch Dämpfungsfilter geboten?

Und natürlich der allerwichtigste Punkt:

- Klingt das Hallgerät oder die Software gut?

## Praxistipps

*Wie kann ich vermeiden, dass der Hall das Originalsignal verwischt und das Instrument weit entfernt klingt?*

Um dies zu verhindern, sollten Sie den Hall vom Primärsignal entkoppeln, indem Sie eine größere Zeitspanne für den Einsatz der *Early Reflections* wählen. Ist dieser Parameter an Ihrem Hallgerät oder Plug-in nicht vorhanden, können Sie es stattdessen auch mit einer Vergrößerung der Pre-Delay-Zeitspanne versuchen.

*Wie hängen Raumgröße und Hallzeiten zusammen?*

Die Antwort ist einfach: streng genommen gar nicht. Nicht die Raumgröße, sondern die Raumbeschaffenheit ist für die Nachhallzeit entscheidend. Stellen Sie sich etwa einen Raum vor, der so groß ist wie das Hauptschiff des Petersdoms. Sind alle Flächen optimal mit absorbierendem Material ausgestattet, so könnte selbst dieser sehr große Raum »tot« klingen und nur geringste Reflexionen aufweisen. Das Gegenteil wäre in einem gekachelten mittelgroßen Raum der Fall. Dennoch weisen viele Räume (mit sozusagen mittelmäßiger akustischer Beschaffenheit) für ihre Größe typische Nachhallzeiten auf.

| Raumtyp | Nachhallzeit |
|---|---|
| kleiner Raum | 0,2 bis 0,5 Sekunden |
| mittelgroßer Raum/Club | 0,7 bis 1,2 Sekunden |
| Theater/Kammerspiel | 1,1 bis 1,8 Sekunden |
| Konzerthalle | 1,6 bis 2,3 Sekunden |
| Kirche, Kathedrale | 5 bis 6 Sekunden |

**Tabelle 7.5:** Räume und deren ungefähre Hallzeiten

## Vorsicht, Falle!

Sorgen Sie stets dafür, dass die zu verhallenden Signale bereits eine bestmögliche Aufbereitung durch die Insert-Sektion und Inlineklangfilter durchlaufen haben. Andernfalls werden undeutliche und wenig differenziert klingende Signale durch den Einsatz von Halleffekten noch weiter verschlechtert. Der Hall soll das i-Tüpfelchen sein und nicht die Maskerade eines ansonsten schlecht klingenden Signals.

## 7.4 Delay

Wie schon der Nachhall, so handelt es sich auch beim *Delay* um einen Verzögerungseffekt. In Form des Pre-Delays haben Sie ihn bereits als Bestandteil des Halls kennengelernt. Der Klang ist echoähnlich, aber eben nur *ähnlich*. Delays werden häufig eingesetzt, um Signale voller klingen zu lassen. Dies ist im Bereich Gesang oder auch bei Gitarrensoli weitverbreitet. Auch um bestimmte Phrasen eines Gesangs oder einzelne perkussivere Signalimpulse zu wiederholen, wird oft auf ein Delay zurückgegriffen. Aufgrund seines echoähnlichen Charakters kann ein Delay eine unglaubliche räumliche Weite erzeugen und einer Produktion auf diese Weise Tiefe verleihen. Auch ein Delay wird normalerweise in den Send-Weg eingespeist. Sofern das Gerät über einen *Dry/Wet-* bzw. *Mix*-Regler verfügt, ist aber auch eine Einbindung in den Insert-Weg denkbar.

## 7.4.1 Funktionsweise

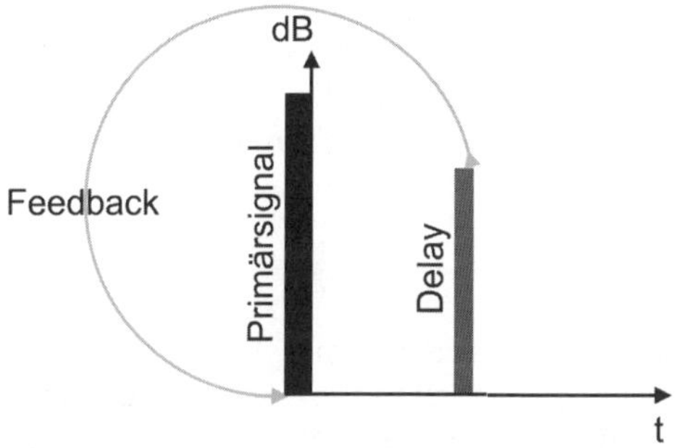


**Abb. 7.11:** Unterschied zum Echo – die Feedbackschleife

Während es sich bei einem Echo um eine einmalige Signalwiederholung handelt, wird bei einem Delay das Originalsignal zwar ebenfalls nach einer zeitlichen Verzögerung (leiser) wiedergegeben. Das Delay macht jedoch aus, dass es das jeweils letzte Delaysignal wiederum dem Signaleingang zuführt. Da es sich bei dieser Technik um eine Rückspeisung handelt, spricht man auch vom *Feedback* des Delays.

## 7.4.2 Parameterbeschreibung

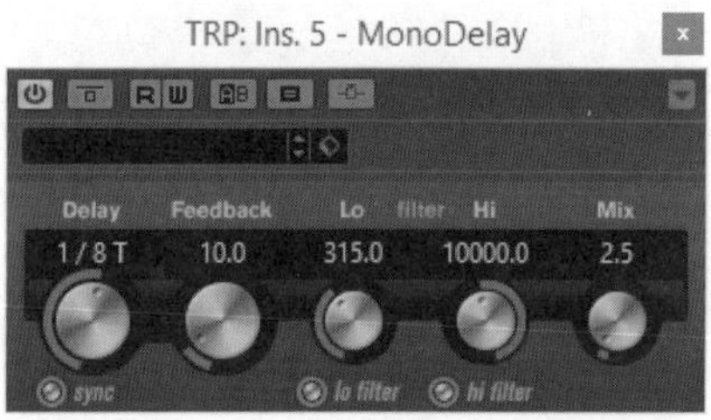


**Abb. 7.12:** Typische Bedienelemente eines Delays in Cubase

### Delay

Über den *Delay*-Regler legen Sie fest, mit welcher Zeitverzögerung die erste Signalwiederholung stattfinden soll. Die Zeitspanne entspricht also nicht der gesamten Delaydauer, sondern dem Pre-Delay-Wert von Halleffekten. Typisch sind hier Wertangaben in Millisekunden oder aber in Notenwerten, sofern es sich um ein Delay mit *TempoSync*-Funktion handelt. Im Anhang dieses Buches finden Sie eine Delaytabelle, die Sie zum Programmieren der Delayzeiten heranziehen können, wenn diese der Dauer bestimmter Notenwerte entsprechen sollen.

#### Sync

Mittels *Sync* oder *TempoSync* wird bei Delaygeräten für gewöhnlich eine Funktion bezeichnet, die eine Auswahl der Delayzeit unterbindet und stattdessen Zeitwerte anbietet, die der Dauer bestimmter Notenwerte entspricht.

Da diese vom Ablauftempo eines Stücks abhängig sind, ist entweder eine weitere Eingabemöglichkeit für das Einstellen des zu verwendenden Songtempos notwendig oder das Delaygerät bezieht die Tempogrundlage durch eine Synchronisation mit dem Sequenzerprogramm. Dies ist bei Softwaredelays selbstverständlich häufig realisiert, da diese beinahe ausschließlich nur dann lauffähig sind, wenn sie in einem Hostprogramm aufgerufen werden. Aus diesem liest die *Sync*-Funktion des Delays die Tempodaten aus und errechnet für Sie selbsttätig die Zeitwerte, die der Dauer verschiedener Notenwerte entsprechen.

#### Feedback

Über den *Feedback*-Regler steuern Sie den Signalrückfluss des Delays. Wie in Abbildung 7.12 sehen, werden für die Feedbackschleife häufig Angaben in Prozent gemacht. *100 % Feedback* steht dann für eine volle Rückführung des Ausgangssignals an den Delayeingang. Je kürzer Sie diesen Wert wählen, desto eher werden die Delays abgeschwächt. Die Feedbackeinstellungen bestimmen also die Anzahl der Wiederholungen, die das Delay vom Originalsignal wiedergibt.

#### Mix

Das Verhältnis zwischen dem Pegel des Originalsignals und dem des Effektsignals bestimmen Sie über diesen Regler. Bei manchen Geräten werden auch hier die Bezeichnungen *Wet/Dry* für »bearbeitet/unbearbeitet« benutzt.

#### Display

Bei Hardwaregeräten ist ein übersichtliches Display natürlich eine Grundvoraussetzung für den Bedienkomfort eines Delays. Bei Softwaredelays gehen einige Hersteller sogar so weit, dass direkt in die Anzeige eingegriffen werden kann. Auf diese Weise können Sie die Parameterveränderungen grafisch vornehmen, was eine einfache intuitive Bearbeitung ermöglicht.

### 7.4.3 Spezielle Delayeffekte

Darüber hinaus gibt es einige besondere Hard- und Softwareabwandlungen, die dem Delayeffekt weitere Facetten und Möglichkeiten verleihen.

#### Modulationsdelay

In Abbildung 7.13 sehen Sie zum Beispiel das Modulationsdelay aus Steinbergs Cubase. Es verändert die Delays des Originalsignals mit jedem Feedbackdurchlauf hinsichtlich ihrer Tonhöhenmodulation. Mit dem Regler *Rate* steuern Sie bei diesem Effekt die Modulationsrate. (Mehr zum Thema Modulation finden Sie in Kapitel 8, »Modulationseffekte«.)

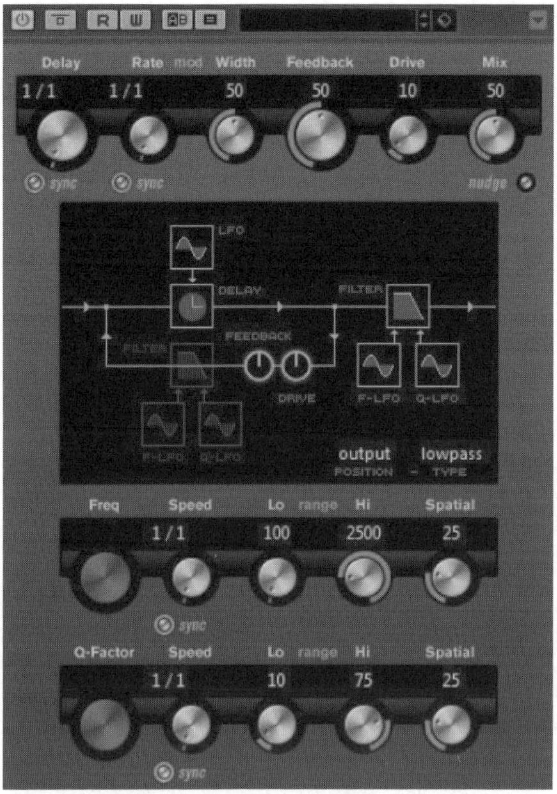


**Abb. 7.13:** Modulationsdelay in Cubase

### Pingpongdelay

Beim Pingpongdelay handelt es sich um ein Delay mit zwei getrennt voneinander regelbaren Kanälen. Das Plug-in Double Delay, das ich Ihnen am Anfang dieses Unterkapitels vorgestellt habe, und auch das Sony-Multi-Tap-Delay lassen sich also als Pingpongdelays betreiben, nicht aber das ebenfalls gezeigte Modulationsdelay.

## 7.4.4 Kaufkriterien

Einige Kriterien zur Auswahl eines Delaygeräts oder -Plug-ins haben Sie ja bereits kennengelernt. Hier nun meine Empfehlung zur Auswahl bei der Neuanschaffung:

- Lässt das Gerät eine stufenlose Regelung der Delayzeiten zu?
- Werden die zeitbezogenen Parameter mit sinnvollen und verständlichen Werten angegeben? (Unterschätzen Sie diesen Punkt nicht. Die Delayzeit aus einer prozentualen Auswahl von 0 bis 100 auszuwählen ist schier unmöglich!)
- Bietet das Delay eine Möglichkeit zum *TempoSync*?
- Verfügt das Gerät über ein ausreichend informatives Display?
- Lässt sich das Delay auch als Muti-Tap-Delay betreiben?

- Ist der Mix zwischen *Dry*- und *Wet*-Signal regelbar, sodass das Delay auch im Insert-Weg betrieben werden könnte?
- Verfügt das Gerät über einen zusätzlichen Modulationsbereich?
- Werden ein Tiefpassfilter oder eine Dämpfungsfunktion geboten?

## Praxistipps

*Wie kann ich mit einem Delay meinen Gesang »fetter« machen?*

Hier kann das Delay helfen, indem Sie eine kurze Delayzeit und einmalige Wiederholung einstellen. Dies erzeugt eine zeitlich leicht verschobene Doppelung der Hauptstimme. Der Klang entspricht in etwa demjenigen einer doppelten Aufnahme der Gesangsstimme. Über eine interne Modulation kann das Delay noch hinsichtlich seiner Tonhöhenmodulation verändert werden, was den Eindruck einer echten Doppelung verstärkt. Diesen Effekt verwendet man häufig bei Rap- und R'n'B-Produktionen, um die Hauptstimme zu stützen, ohne eine weitere Stimme aufnehmen zu müssen. Auch das Doppeln nur einzelner Passagen oder gar einzelner Wörter kann sinnvoll sein.

*Wie kann mir ein Delay helfen, den Sound eines Gitarrensolos aufzuwerten?*

Besonders dann, wenn in Rock-, Hardrock- und Heavy-Metal-Produktionen »das volle Brett« gefahren wird (der Sound der Rhythmusgitarren also dicht und vordergründig ist), fällt es einem Recording-Anfänger schwer, den Sound einer Sologitarre noch wahrnehmbar im Mix zu platzieren. Neben einigen EQ-Tricks kann hier manchmal ein Delay auf dem Solosound Wunder wirken. Die Delayzeiten sollten Sie dabei allerdings mit Bedacht wählen. Denn es kann zwar ein schöner Effekt sein, wenn der Gitarrist quasi mit sich selbst im Duett spielt. Genau dieser Effekt kann aber auch zum Problem werden, wenn das Solo nicht nur auf Pentatonik beruht, sondern komplexere Skalen zum Einsatz kommen. Schnell ist es passiert, dass Originalsignal und Delaysignal nicht harmonisch zueinanderpassen. Wählen Sie deshalb lieber moderate Delayzeiten und vermeiden Sie sowohl eine zu starke Einstellung des Delayfeedbacks (*Wet Signal*) als auch der Delayzumischung zum Originalsignal (*Dry Signal*).

*Warum ist der Delayeffekt nicht so stark, wie ich es mir wünsche, und das Originalsignal auch auf dem Aux-Weg noch immer sehr laut zu hören?*

Dies kann auf eine falsche Einstellung der internen Mixregelung des Delays zurückzuführen sein. Für den Betrieb im Send-Weg empfehle ich Ihnen die Einstellung *100 % Wet*. So gewährleisten Sie, dass sich im Aux-Weg nur das reine Effektsignal befindet, das dann über die *Aux*-Regler auch voll getrennt steuerbar ist.

## Vorsicht, Falle!

Die Fallen, in die Sie beim Einsatz eines Delays tappen können, sind immer dieselben: Anfänger verwenden häufig »schlechte«, weil unrhythmische Delays, indem sie rhythmisch falsche Delayzeiten wählen. Verfügt Ihr Delay nicht über eine *Sync*- oder *TempoSync*-Funktion, so können Sie im Anhang dieses Buches entsprechende Delaywerte finden, die dort tempobezogen den gängigsten Notenwerten zugeordnet sind.

Auf diese Weise vermeiden Sie einen durch den Delayeinsatz ausgelösten Rhythmuskollaps Ihres Songs.

Vermeiden Sie es auch, dieselbe Delayeinstellung allzu häufig in einem Song anzuwenden. Besser ist, Sie beschränken seinen Einsatz auf einzelne Momente, damit der Hörer sich nicht am Effekt »satthört«.

### Der Hauch einer großen Produktion

Durch den Einsatz von Softwaredelays in Sequenzerprogrammen ist es auch möglich, die Parametereinstellungen eines einzigen Geräts sowie die Signalanteile pro zugewiesenem Kanal zu automatisieren. Dadurch lässt sich ein einzelnes Plug-in in mehreren Situationen im Verlauf eines Songs nutzen. Machen Sie Gebrauch davon, denn der Effekt ist verblüffend! Neben dem Abwechslungsreichtum wird einem geschulten Hörer sofort auffallen, dass es sich um verschiedene Delays (oder sogar Delayarten?) handelt. Es klingt dann geradezu so, als hätten Sie viele verschiedene Delaygeräte und sehr viele Spuren verwendet: ein Merkmal, das sonst nur auf »große« Produktionen zutrifft.

# Kapitel 8

# Modulationseffekte

Modulationseffekte greifen auf das Prinzip der *Phasenverschiebung* (siehe unten) zurück. Ihre Wirkung lässt sich wohl am besten so beschrieben: Sie verändern den Klang des Originalsignals, indem sie den Klangeindruck »voller« gestalten und/oder ihn von »schwebend« bis hin zu »völlig verbogen« und »psychedelisch« klingen lassen. Die gängigen Effekttypen sind hier wohl Chorus, Flanger und Phaser. Modulationseffekte werden für gewöhnlich in den Send-Weg eingespeist. Da sie aber häufig auch über Regelungen für das *Dry/Wet*-Verhältnis verfügen, gestatten sie auch einen Einsatz im Insert-Weg.

## 8.1 Grundlagen der Akustiklehre

Um Ihr Verständnis für die Funktionsweise von Modulationseffekten zu erleichtern, möchte ich Ihnen die folgenden wichtigen Punkte aus dem Bereich Akustiklehre nicht vorenthalten:

### 8.1.1 Phasenverschiebung

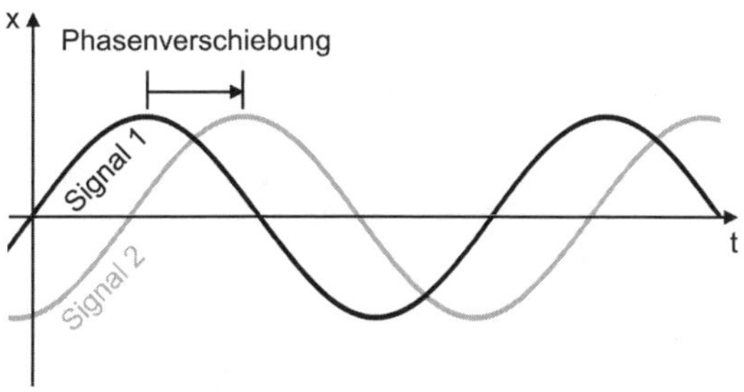


**Abb. 8.1:** Verschiebung der Phasen zweier Sinuskurven

Bei der Phasenverschiebung handelt es sich um den zeitlichen Versatz zweier gleicher Signalphasen zueinander. Im Beispiel in Abbildung 8.1 sehen Sie zwei ansonsten identische Signale, die mit zeitlichem Versatz auftreten.

Stellen Sie sich beispielsweise eine Aufnahmesituation vor, in der Sie mit zwei Mikrofonen eine Signalquelle aufnehmen wollen. Je nachdem, wie weit voneinander entfernt sich die Mikrofone befinden, kann es bei einigen Konstellationen dazu kommen, dass die Schallwellen der Signalquelle das eine Mikrofon eher erreichen als das andere. Deshalb ist die Stereomikrofonie eines der Felder, in dem das Wissen um Phasenverschiebungen helfen kann, etwaige Probleme bereits im Vorfeld zu eliminieren.

**Hinweis**

Laufen die Phasen zweier Signale miteinander, so bezeichnet man sie als *in Phase.*

## 8.1.2 Interferenz

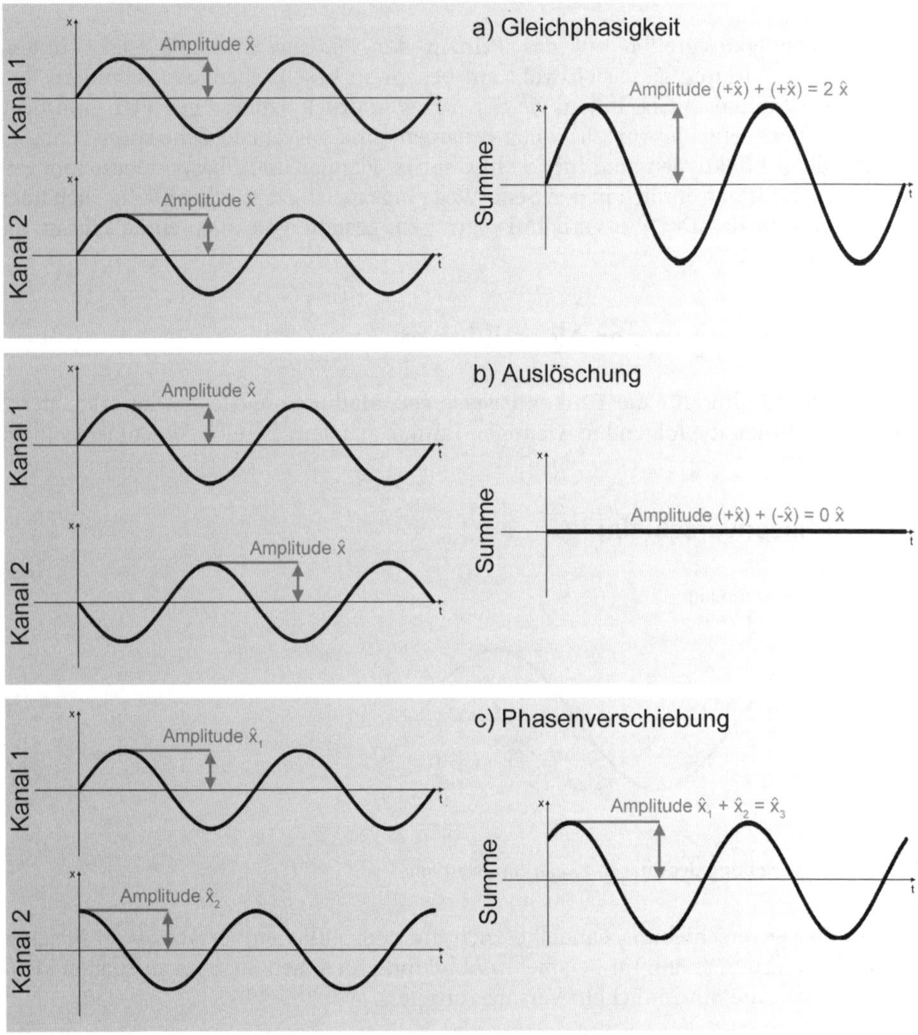


**Abb. 8.2:** Interferenz zweier Signalverläufe und resultierendes Signal

Wenn sich zwei Schallwellen gleicher Frequenz überlagern, kann es zu Signalverstärkungen bzw. -dämpfungen kommen, im schlimmsten Fall sogar zu Auslöschungen !

Und das kommt so: Überlagern sich zwei Schallwellen, so spricht man von *Interferenz*. Die dabei entstehende Addition der Schwingungen wird als *Superposition* bezeichnet. Sofern sie sich hinsichtlich Frequenz und Wellenlänge nicht unterscheiden, verstärken sich ihre Amplituden, wenn sie in Phase laufen (*konstruktive Interferenz)*. Zwei Signale mit gleicher Amplitude wären zusammen dann also doppelt so laut. Eine Phasenverschiebung um 180° kann hingegen ein gegenseitiges Auslöschen der Signale (*destruktive Interferenz*) bewirken. Umgangssprachlich ausgedrückt ist dies also der Fall, wenn ein negatives »Wellental« auf einen identischen »Wellenberg« trifft und andersherum.

### Was ist eine Schwebung?

Als *Schwebung* bezeichnet man einen Mittelton aus zwei Tönen, der entsteht, wenn sich zwei Schallwellen überlagern, die nicht die gleiche, aber eine ähnliche, also benachbarte Frequenz haben.

Hier noch abschließend eine Überblickstabelle zum Thema Interferenz:

| Frequenz 1 und Frequenz 2 | Amplitude 1 und Amplitude 2 | Phase 1 und Phase 2 | resultierende Frequenz | resultierende Amplitude |
|---|---|---|---|---|
| identisch | - | unterschiedlich | Ausgangsfrequenzen | Summe aus Amplitude 1 + 2 |
| identisch | identisch | identisch | Ausgangsfrequenzen | Amplitude doppelt so laut |
| identisch | identisch | gegenläufig | (theoretisch gleich den Ausgangsfrequenzen ) | keine (Auslöschung) |
| identisch | unterschiedlich | unterschiedlich | Ausgangsfrequenzen | Summe aus Amplitude 1 + 2 |
| geringfügig unterschiedlich | - | - | Mittelwert aus Frequenz 1 und 2 (Schwebung) | - |

**Tabelle 8.1:** Interferenztabelle

### Was ist der Kammfiltereffekt?

Der *Kammfiltereffekt* kann bei einer Phasenverschiebung auftreten und ist normalerweise ein unerwünschtes Ergebnis. Betrachten Sie Abbildung 8.3: Wenn die Periode (oder deren Vielfache) einer Frequenz mit der Verzögerung eines zweiten Signals gleich ist, verdoppelt sich deren Amplitude, während sich die Frequenzen, die dazwischen liegen, auslöschen. So erklärt sich auch der Begriff *Kammfilter*. Denn durch die regelmäßigen Frequenzauslöschungen entstehen in der Frequenzkurve des Signals signifikante Täler, die an die Zacken eines Kamms erinnern.

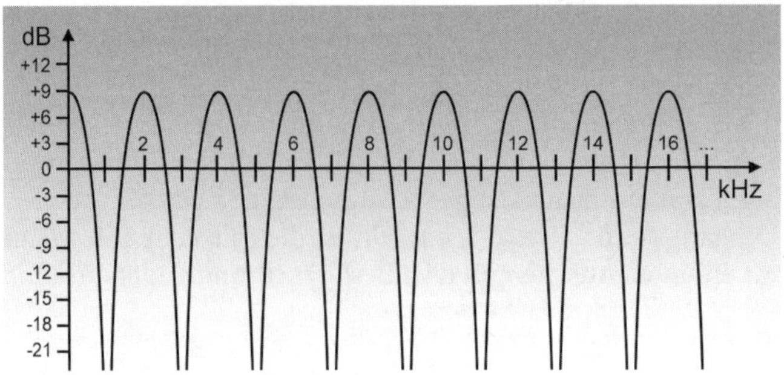


**Abb. 8.3:** Frequenzkurve beim Kammfiltereffekt

## 8.2 Funktionsweise

Durch eine Signalverzögerung im Bereich von 0 bis 100 ms wird zwischen dem Originalsignal und dem bearbeiteten Signal eine Phasenverschiebung erzeugt. Durch die ausgangsseitige Summierung beider Signale entsteht auf diese Weise der typische »schwebende« Klang der Modulationseffekte. Die Modulation geschieht dabei durch einen *LFO (Low Frequency Oscillator)*. Der Oszillator moduliert das Signal nach einer bestimmten Wellenform. Diese können Sie bei vielen Geräten frei wählen. Die niedrigen Frequenzen der Oszillatormodulation stellen sicher, dass die Klangveränderungen auch wahrnehmbar bleiben, was bei sehr hohen Frequenzen nicht gewährleistet wäre.

**Was ist ein LFO?**

Wie oben schon erläutert, steht die Abkürzung *LFO* für *Low Frequency Oscillator*, also *Niederfrequenz-Oszillator*. Dieser erzeugt eine Wellenform mit einer Frequenz von unter 10 Hz, die bei Synthesizern und Modulationseffekten zur Steuerung verschiedener Klang formender Aspekte herangezogen wird.

Hier eine einleitende Übersicht über mögliche Modulationen durch einen LFO. Aber keine Bange: Ich beschreibe sie in den folgenden Unterkapiteln ausführlicher.

| LFO moduliert ... | und findet sich im ... |
|---|---|
| Tonhöhe mit zeitlichem Versatz | Chorus |
| zeitlicher Versatz | Flanger |
| Phase des Phasenschiebers | Phaser |
| Tonhöhe | Vibrato |
| Signallautstärke | Tremolo |
| Filtereckfrequenz | Filtereffekt (Chorus, Flanger, Phaser) |
| wechselseitig Panoramalautstärken eines Stereokanals | »Wandern« des Sounds im Stereobild (Autopanning) |

**Tabelle 8.2:** LFO und Resultat

# 8.3 Chorus

Der *Chorus* bewirkt einen Zugewinn an Klangfülle. Ein ähnlicher Klang kann auch entstehen, wenn mehrere Instrumentalisten dieselbe Passage miteinander spielen und dabei geringfügig unterschiedlich intonieren. Die Tonhöhe des bearbeiteten Signals wird vom Chorus also ein wenig verstimmt. Ein Chorus bewirkt folglich, dass das Signal eines Instruments klingt, als würde dieses »im Chor«, also in Mehrfachbesetzung gespielt. In der Praxis sind geringfügige Intonationsunterschiede vornehmlich bei bundlosen Instrumenten der Fall. Aus diesem Grund eignet sich der Chorus bestens, um beispielsweise Gesangsstimmen oder Streichersounds auf schnelle Art und Weise »fetter« zu machen, ohne dass sie zu sehr ihre Natürlichkeit einbüßen. Dies klingt dann so, als ob mehrere dieser Instrumente zugleich spielen würden. Aber auch für den Sound von Gitarren- oder Orgelaufnahmen kann ein Chorus eine echte »Geheimwaffe« sein.

## 8.3.1 Funktionsweise

Beim Choruseffekt moduliert ein LFO die Tonhöhe einer verzögerten Kopie des Eingangssignals. Diese Verzögerung liegt in der Regel zwischen 0 und 100 ms.

## 8.3.2 Parameterbeschreibung

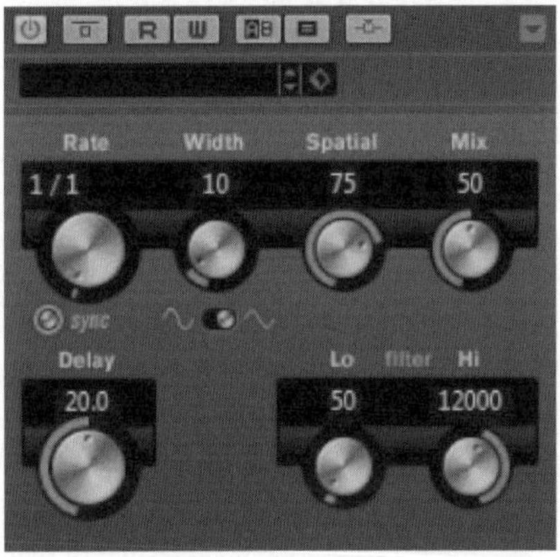


**Abb. 8.4:** Typische Bedienelemente eines Chorus in Cubase

### Frequency

Über diesen Regler steuern Sie die Modulationsfrequenz, durch die die Stärke der Tonhöhenveränderung durch den Effekt bestimmt wird. Da es sich um einen LFO handelt, werden die angebotenen Werte hier für gewöhnlich unterhalb von 10 Hz liegen.

### Delay

Mit dem Delaywert regeln Sie den zeitlichen Versatz des bearbeiteten Signals. Hier finden unterschiedliche Werte Verwendung, wobei aber geringe Werte (<100 ms) üblicher sind. Da die Einstellungen des Delays entscheidend für die Tiefe des Effekts sind, verwenden einige Hersteller anstelle der Bezeichnung *Delay* auch die Beschriftung *Depth/Tiefe*.

### Mix

Mit dem *Mix*-Regler legen Sie das Verhältnis zwischen bearbeitetem und unbearbeitetem Signal fest. Auch hier werden häufig separate Regelungsmöglichkeiten geboten, die dann für gewöhnlich die Bezeichnungen *Wet* und *Dry* tragen.

### Spezielle Choruseffekte

Wie oben beschrieben, erzeugt ein Chorus den Eindruck, mehrere Instrumente würden miteinander unisono spielen. Dies führt zu Ausformungen und Abwandlungen des Choruseffekts. Diese heißen dann auch so wie die Besetzung, die sie imitieren, z. B. *Ensemble* oder *Symphonic*. Hierbei werden dann mitunter verschiedene weitere Modulationsparameter genutzt.

#### Praxistipps

*Wie kann ich mit einem Chorus den Sound von Strings/Streichern aufwerten?*

Die Anwendung eines Chorus lässt Violinen- und Viola-Sections, aber auch gerade einzelne Stimmen voller klingen, ohne dass Sie mehr Spuren verwenden müssen, bis Sie eine ähnliche Klangfülle erreichen. Voraussetzung hierfür ist, dass Sie die Einstellungen des Chorus moderat halten. Probieren Sie ein wenig mit den verschiedenen Parametern herum. Mein Tipp: Versuchen Sie Einstellungen zu finden, die die Natürlichkeit des Originalsignals erhalten und den Chorus nicht zu aufdringlich wirken lassen. Auf diese Weise setzen Sie den Effekt subtil und nicht zu plakativ ein. Das Anhören wird Ihnen und anderen dann länger Freude bereiten.

*Wie kann ich meinen E-Piano-Sound mit einem Chorus bearbeiten?*

In diesem Fall sollten Sie ganz besonders auf dezente Einstellungen der Choruswerte achten, da es sich beim E-Piano um ein Harmonieinstrument handelt. Durch die verschiedenen Frequenzen des Gespielten kann es sonst zu einem schrägen, deutlich disharmonischen Klang kommen. Moderate Einstellungen verschaffen dem Sound eines E-Pianos aber eine unglaubliche Breite. Funky!

#### Vorsicht, Falle!

Mit bestimmten Parameterregelungen setzen Sie einen Chorus quasi »außer Gefecht«, und er erinnert dann mehr an einen Vibratoeffekt. Wie lässt sich das bloß ändern? Versuchen Sie es einmal so: Das *Dry/Wet*-Verhältnis darf nicht zu sehr zuungunsten des *Wet*-Signals eingestellt sein. Regeln Sie also etwas mehr Anteile des Originalsignals hinzu. Die optimale Chorusqualität erreichen Sie bei einer 50:50-Einstellung des Verhältnisses. Verhilft dies allein noch nicht zum gewünschten Effekt, so erhöhen Sie ggf. zusätzlich auch die Delayzeit geringfügig. Dies alles sollte den Chorus wieder wie einen Chorus klingen lassen.

# 8.4 Flanger

Ein Flanger erzeugt Schwebungen, die aufgrund der Modulation eine regelmäßige und wiederkehrende Veränderung durchlaufen. Der Begriff *Flanger* stammt von seiner ursprünglichen, mechanischen Erzeugung her. Die Spulenhalterungen heißen im Englischen »flanges«. Hieraus wurde das Verb »to flange« entlehnt, da der Effekt durch das manuelle Verzögern einer von zwei Spulen entstand, die das gleiche Signal abspielten. Auf diese Weise entstand der typische Flangersound und mit ihm der Begriff Flanger. Der Flanger kann hervorragend eingesetzt werden, um »dramatische« Übergänge zu erzeugen (z. B. bei Gitarrensounds) oder eintönig und leblos klingende Signale aufzuwerten und lebhafter zu gestalten. Auch ein Flanger wird normalerweise in den Send-Weg eingeschliffen.

## 8.4.1 Funktionsweise

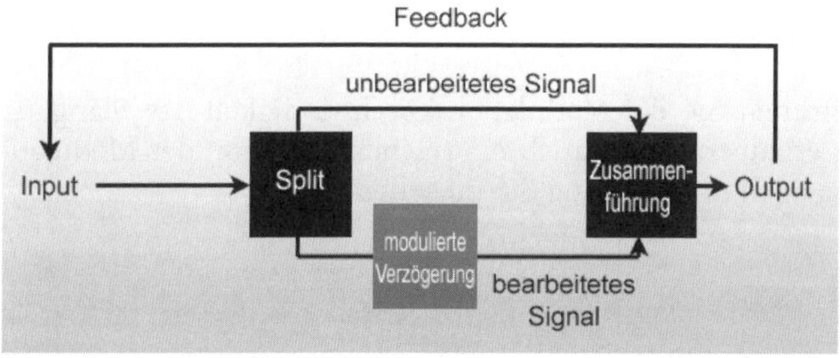


**Abb. 8.5:** Arbeitsweise eines Flangers

Während der Chorus die Tonhöhe des bearbeiteten Signals verändert, moduliert der Flanger lediglich den zeitlichen Versatz. Dieser beträgt in der Regel 1 bis 5 ms. Dadurch entstehen mit der sich ständig verändernden Interferenz wechselnde Schwebungen (Erläuterung zum Begriff *Schwebung:* siehe oben). Das ausgegebene Signal wird über eine Feedbackschleife wieder dem Eingang zugeführt, was den Effekt nochmals verstärkt. Ein Flanger arbeitet also nach dem Prinzip eines modulierten Kammfilters.

## 8.4.2 Parameterbeschreibung

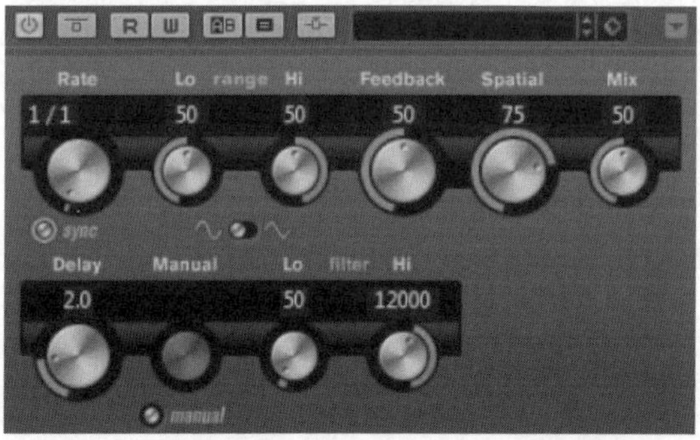


**Abb. 8.6:** Typische Bedienelemente eines Flangers in Cubase

Hier die wichtigsten Regler eines Flangers und ihre Funktion. Die Beschreibung aller nicht aufgeführten Parameter finden Sie in den Erläuterungen zu den vorangegangenen Modulationseffekten.

### Feedback

Steuert die Signalrückführung vom Ausgang des Flangers an seinem Eingang.

### Delay

Der Delaywert steuert auch hier, wie beim Chorus, die Verzögerung des Bearbeitungssignals.

### Spatial

Die Weite des Signals können Sie im Plug-in-Beispiel zwischen mono (0 %), Original (50 %) und größtmöglicher Verbreiterung des Stereobildes (100 %) wählen.

### Rate

Über den *Rate*-Regler bestimmen Sie die Modulationsgeschwindigkeit des Flangers. Einige Geräte und Plug-ins erlauben Ihnen auch eine Synchronisation der Modulationsrate zum Songtempo. (So auch in Abbildung 8.6 zu sehen.)

## Praxistipps

*Wie kann mir ein Flanger beim Sound eines programmierten Schlagzeugs helfen?*

Angenommen, Sie befinden sich in der (nicht unüblichen) Situation, dass Sie für die Programmierung eines Schlagzeugs in einem Ihrer Songs auf einen Sampler zurückgreifen, und Sie sind mit dem Ergebnis alles andere als zufrieden. Was Sie auch versuchen, einzelne Instrumente der Drums klingen einfach »tot« und leblos. Eine Veränderung der Lautstärke und selbst der Einsatz von Multi-Samples bringt Sie nicht weiter. Hier kann das Anwenden eines Flangers unter Umständen Wunder bewirken. Durch seinen Einsatz können Sie beispielsweise beim Snaresound den Eindruck erzeugen, ein Schlagzeuger hätte das Snarefell mit jedem Schlag an einer etwas anderen Stelle getroffen. Probieren Sie es aus. Es funktioniert. Ich habe bereits Rock-Produktionen gemacht, die auf diese Weise mit einem einzigen Snare-Sample auskamen (!) und dennoch auf Dauer nicht steril klangen. Die Voraussetzung hierfür ist, dass Sie eine entsprechend große Delayzeit und eine nicht allzu starke Effekttiefe wählen, da der Effekt sonst zu vordergründig klingt. Das Ziel sollte hier eine nur leichte Klangveränderung sein, die allmählich stattfindet und somit einem ansonsten »toten« Signal Lebhaftigkeit verpasst.

*Wie kann mein Songarrangement vom Einsatz eines Flangers profitieren?*

Es gibt bestimmte, immer wiederkehrende Produktionsgimmicks, auf die Musikproduzenten zurückgreifen. Dazu gehört etwa der Reverse-Cymbal-Sound zur Glättung eines Übergangs zwischen Songparts wie etwa Bridge und Chorus. Beinahe ebenso häufig wird wohl auch der Flanger zu diesem Zweck benutzt, denn der besagte Übergang zwischen Parts ist für einen Flangereinsatz geradezu prädestiniert.

Klingt das oben angesprochene Reverse Cymbal nicht interessant genug und einfach »platt«, kann ein Flanger dem Sound vielleicht auf die Sprünge helfen. Probieren Sie es aus. Hier ist Ihre Kreativität gefragt. Auch einem ansonsten eher langweiligen Sound kann ein Flanger zusätzliche Dramatik verleihen. Stellen Sie die Werte so ein, dass der Effekt deutlich wahrnehmbar ist. Ein Beispiel hierfür ist etwa das Snare-Fill eines Schlagzeugers, das unbegleitet vor oder in einem Song auftaucht. Das klingt »trocken« vielleicht etwas fade, macht mit einem Flanger aber schon richtig was her. Übertreiben Sie es aber nicht und lassen Sie den Flanger nicht zu häufig auftauchen, denn eine Songstelle wirkt nur dann dramatisch, wenn sie auch etwas Besonderes, Herausragendes bietet. Setzen Sie den Flanger zu oft ein, so wirkt er nicht mehr außergewöhnlich und Sie verschleudern sein Potenzial.

**Vorsicht, Falle!**

Oftmals klingt ein Flanger zu »metallisch« und das bearbeitete Signal wirkt, als würde sich das Instrument in einer riesigen Blechdose befinden. Wenn das der (unerwünschte) Fall ist, so sollten Sie den Feedbackwert so weit zurückregeln, bis der »dosige« Klangcharakter der Signalbearbeitung verschwindet.

## 8.5 Phaser

Ein *Phaser* klingt ähnlich einem Flanger, seine Wirkung wird jedoch in der Regel als stärker empfunden. Der Phaser ist **der** typische psychedelische Effekt in der Signalbearbeitung und wird häufig zur Bearbeitung und/oder Verfremdung von Synthesizer-Sounds verwendet. Das Einschleifen des Phasers wird ebenfalls im Send-Weg vorgenommen.

### 8.5.1 Funktionsweise

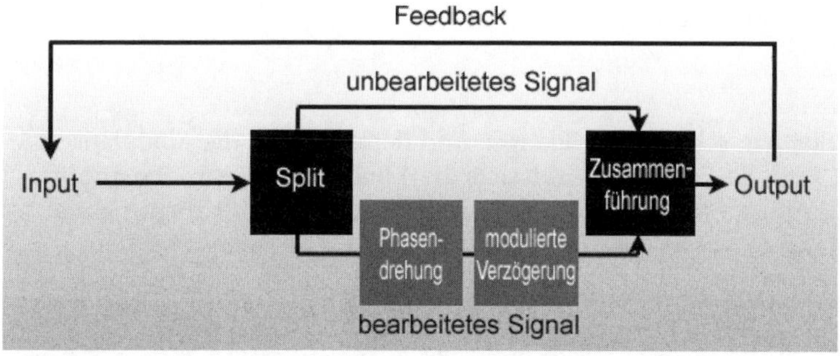


**Abb. 8.7:** Arbeitsweise eines Phasers

Wie ein Phaser arbeitet, verrät bereits sein Name, denn *Phaser* steht für *Phase Shifter*, also *Phasendreher*. Durch Modulation der Verzögerung des kopierten Originalsignals entstehen bei der Zusammenführung dieses bearbeiteten Signals mit dem Originalsignal Frequenzauslöschungen und -anhebungen. In der Einleitung zu diesem Unterkapitel habe ich Ihnen diesen Effekt bereits als Kammfiltereffekt vorgestellt. Wie beim Flanger, so wird auch beim Phaser dieses Kammfilter durch die eingestellte Modulation im Frequenzspektrum hin und her geschoben. Gegenüber dem Flanger arbeitet der Phaser aber mit einer zusätzlichen Phasendrehung des Bearbeitungssignals, und tiefe Frequenzen werden länger verzögert als hohe, wodurch der charakteristische Phaser-Sound entsteht. Durch die Rückführung des Ausgangssignals an den Eingang kann dieser Effekt nochmals deutlich verstärkt werden.

## 8.5.2 Parameterbeschreibung

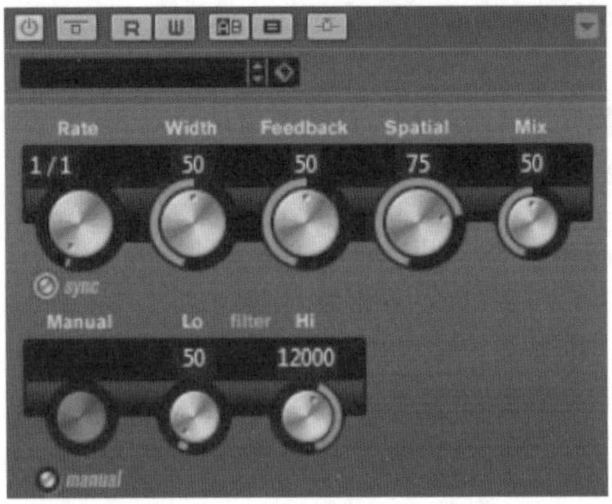


**Abb. 8.8:** Typische Bedienelemente eines Phasers in Cubase

Nachfolgend lesen Sie die Beschreibung der gängigsten Regler eines Phasers samt deren Funktion. Alle nicht aufgeführten Regler finden Sie bereits in den Beschreibungen der Modulationseffekte weiter oben erläutert.

### Feedback

Auch beim Phaser ist eine Signalrückführung des Ausgangs an den Eingang üblich, deren Intensität Sie über diesen Regler steuern.

### Rate

Hierüber steuern Sie, wie schon beim Flanger und dem Chorus, die Modulationsgeschwindigkeit. Im Falle des Phasers wirkt sich die Einstellung dieses Werts auf die wechselnde Verzögerungsgeschwindigkeit des phaseninvertierten Bearbeitungssignals aus.

**Praxistipp**

*Wann sollte ich einen Phaser anstelle eines Flangers oder Chorus einsetzen, um einen »spacigen« Soundeffekt zu erzielen?*

Ein Phaser eignet sich besonders gut für den Einsatz bei Harmonieinstrumenten oder Sounds, die sehr reichhaltig und deutlich mit Obertönen ausgestattet sind, wie beispielsweise typische Synthesizer-Sounds im Dance-, Trance- und Techno-Bereich.

Da diese Sounds häufig schon an sich sehr »fett« klingen, kann ein Flanger so manches Mal nicht zum gewünschten Erfolg führen, ohne dass das Ergebnis klanglich enttäuscht und metallisch, blechern, ja »dosig« klingt. Wann immer dies der Fall ist: Versuchen Sie Ihr Glück mit einem Phaser. Sie werden erstaunt sein.

**Vorsicht, Falle!**

Was für Chorus und Flanger gilt, muss für den Einsatz eines Phasers geradezu umgedreht werden: Probieren Sie auch extreme Einstellungen seiner Parameter aus. Denn wenn Sie schon auf einen Phaser zurückgreifen, wollen Sie sicher auch einen ultimativ psychedelischen Klang erzeugen. Die Falle liegt also eher darin, den Effekt zu wenig anzusprechen und ihn dadurch nicht offensichtlich genug hörbar zu machen.

## 8.6 Vibrato

Den Vibratoeffekt kennen Sie klangtechnisch sicher durch seine häufige Verwendung für Gitarren- und Orgelsounds. Auch er wird in den Send-Weg eingespeist, um zum Originalsound zugemischt werden zu können.

### 8.6.1 Funktionsweise

Wie der Chorus, so erzeugt auch der Vibratoeffekt regelmäßige modulierte Tonhöhenvariationen. Im Unterschied zum Chorus wird dabei jedoch weder eine Signalsplittung vorgenommen noch erfolgt eine Verzögerung des bearbeiteten Signals. Es treten deshalb keine Schwebungen im Effektsound auf. Eine Feedbackrückführung des Ausgangssignals gehört normalerweise nicht zum Funktionsrepertoire eines Vibratoeffekts, da sie für den Klangeffekt nicht zuträglich wäre, sondern das Ausgabesignal nur verfälschen würde, was im ungünstigsten Fall zu deutlichen Dissonanzen innerhalb des Ausgangssignals selbst führen würde.

### 8.6.2 Parameterbeschreibung

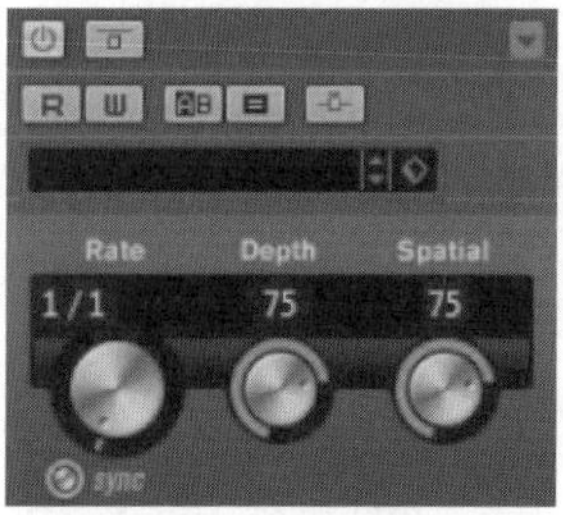


**Abb. 8.9:** Typische Bedienelemente eines Vibratos in Cubase

#### Rate

Über diesen Regler können Sie die Modulationsgeschwindigkeit steuern, mit der die Tonhöhenänderungen vorgenommen werden.

#### Depth

Mit diesem Wert bestimmen Sie die Modulationstiefe. Bei einigen Geräten und Plugins können weitere Parameter, wie die Stereobreite oder auch das Dry/Wet-Verhältnis regelbar sein.

### 8.6.3 Vibratoähnliche Effekte

Die folgenden Effekttypen werden häufig mit dem Vibratoeffekt verwechselt. Dabei gibt es deutliche Unterschiede:

#### Tremolo

Gegenüber der Tonhöhenmodulation des Vibratos wird beim Tremolo ausschließlich die Lautstärke moduliert. Dieser Effekt wurde vor vielen Jahren vor allem für E-Pianos, Orgelsounds und Gitarren verwendet. Durch seinen Einsatz können Sie deshalb einen gewissen Retrosound erzeugen. Ein aktueller Vertreter von Tremolo-Gitarrensounds ist etwa Lenny Kravitz.

#### Rotary

Eine Abwandlung des Vibratoeffekts, der sogenannte *Leslie-Effekt* (oft auch als Effekt-Preset *Rotary Speaker* anzutreffen) wird gern für Orgelsounds verwendet. Ursprünglich war er vor Jahrzehnten in Orgeln des Herstellers Leslie eingebaut und entstand durch rotierende Lautsprecher, die dadurch sowohl Lautstärke wie auch Tonhöhe modulierten. Der Rotaryeffekt ist also sozusagen eine Kombination aus Tremolo- und Vibratoeffekt.

#### Praxistipps

*Wie kann ich mit einem Rotaryeffekt den Sound meines E-Pianos verbessern?*

Durch den Einsatz eines dezent, aber deutlich wahrnehmbar eingestellten Rotaryeffekts können Sie aus beinahe jedem E-Piano einen klassischen Rhodes-Sound herausholen. Dieser eignet sich besonders gut für leichte, jazzige Stücke.

*Wann kann ich mit einem Tremoloeffekt meine Gitarre aufwerten?*

Bei entsprechend langsamer Modulation wirkt ein auf ein Gitarrensignal angewendeter Tremoloeffekt beruhigend bis »einlullend« (meine persönliche Meinung). In einer Ballade eignet sich ein Tremoloeinsatz bei Gitarren somit dazu, eine lebhafte und dennoch ruhige Atmosphäre zu erzeugen.

*Wie kann ich einen stärkeren Vibratoeffekt erzeugen?*

Wenn Sie den Vibratoeffekt über den Send- bzw. Aux-Weg ansteuern, Ihnen das Signal aber immer noch zu sehr »original« klingt ... denken Sie um. Schleifen Sie das Vibrato über den Insert-Weg ein, damit kein bisschen des Originalsignals mehr am Vibrato vorbeikann.

**Vorsicht, Falle!**

Wählen Sie die Einstellungen für den Vibratoeffekt allzu krass, so leiert das Instrument, dessen Signal Sie bearbeiten. Deshalb gilt: Drehen Sie den Effekt beim Mix lautstärketechnisch nur allmählich hinein und vermeiden Sie es nach Möglichkeit, ihn sofort mit aufzunehmen.

## 8.7 Autopanning

Beim *Autopanning* wird das Signal im Stereobild hin- und hergeschickt. Neben außergewöhnlich, weil ungewohnt klingenden schnellen Autopanning-Variationen können Sie mit einem langsam eingestellten, allmählichen Autopanning durch das Wandern eines Signals im Stereobild interessante Stereoeffekte erzeugen, ohne auf eine Automatisierung angewiesen zu sein. So eignet sich der Effekt besonders gut dafür, Signale, die zum Auffüllen des Gesamtsounds dienen (z. B als Loop ständig wiederkehrende Tonfolgen, sogenannte *Sequenzerläufe)*, automatisch zu pannen. Speisen Sie einen Autopanner in den Send-Weg ein, so behalten Sie durch das Originalsignal noch eher dessen Position im Stereobild bei. Nehmen Sie das Einschleifen über den Insert-Weg vor, obwohl das *Wet/Dry*-Verhältnis nicht regelbar ist, wandert das Signal ausschließlich (Bedingung: *Pan*-Regler auf *Stereomitte/Center*).

### 8.7.1 Funktionsweise

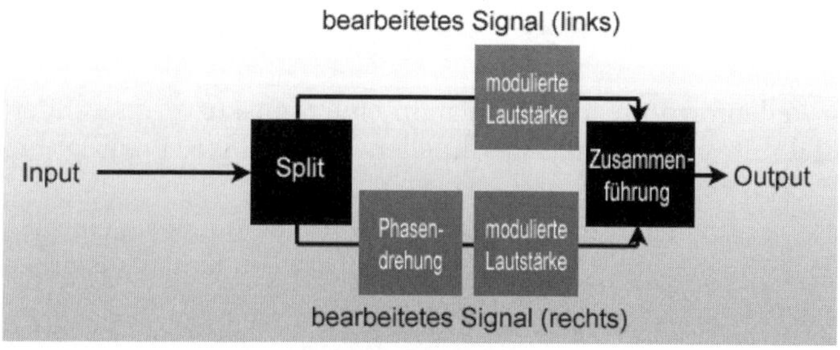


**Abb. 8.10:** Arbeitsweise des Autopannings

Das Signal wird am Eingang des Effekts getrennt und beide Seiten werden mit der eingestellten Modulationsfrequenz unterschiedlich stark in der Lautstärke verändert. Die Modulation wird auch hier durch einen Niederfrequenz-Oszillator (LFO) gesteuert. Da zusätzlich die Phase des einen Signals invertiert wird, wirkt die Modulation der Lautstärke auf beiden Bearbeitungskanälen gegensinnig. Dadurch wechselt der Signalpegel auf beiden Kanalseiten und das Signal wandert hin und her. Dies entspricht einem regelmäßigen Hin- und Herdrehen des *Balance*-Reglers.

### 8.7.2 Parameterbeschreibung

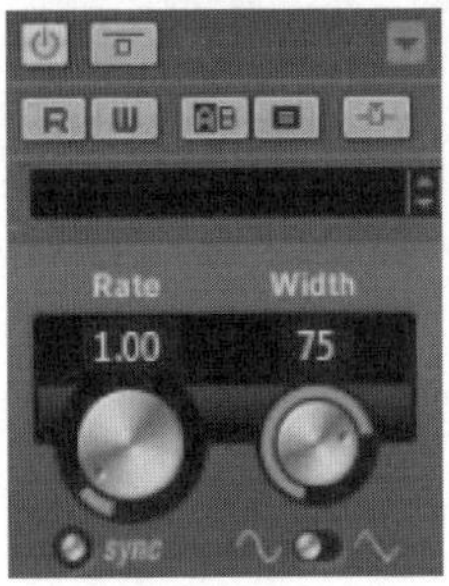


**Abb. 8.11:** Typische Bedienelemente eines Autopanners in Cubase

#### Rate

Hierüber regeln Sie die Modulationsfrequenz der Lautstärkeänderung. Der Wert wirkt sich auf die Geschwindigkeit des Wechsels zwischen linkem und rechtem Kanal aus. Je höher Sie die Frequenz wählen, desto schneller wandert das Signal im Stereobild.

#### Width

Mit diesem Regler legen Sie die maximale Auslenkung der Kanalsignale fest und regeln somit die Stereoweite (eben *width)* des Effekts.

#### Waveform

Durch Veränderung der Wellenform können Sie die Härte des Autopanning-Wechsels bestimmen.

- *Sinus:* Wählen Sie als Wellenform für die Modulation eine Sinuskurve, so wandert das Signal im Stereobild mit verhältnismäßig schnellem Wechsel gleichmäßig umher.
- *Triangel:* Die Dreiecksform ähnelt als Modulationswellenform dem Einsatz einer Sinuswelle, erzeugt jedoch einen deutlich lineareren Wechsel der Kanallautstärken des Stereosignals.

**Praxistipps**

*Wann wirkt ein Autopanning auch mit extremen Einstellungen dezent?*

Hierfür sollten Sie das Autopanning auf Instrumente anwenden, die nur vereinzelt Töne oder kurze Melodien spielen. Dazu gehören beispielsweise kurze Staccato-Einwürfe, die ein Instrument in einem Song macht, oder auch Melodien, die nicht aus zu lang gehaltenen und zu vielen Tönen bestehen. (Das vorangegangene Audiobeispiel zu diesem Effekt ist exemplarisch für diesen Zusammenhang.)

*Das Autopanning erzeugt ein verzerrtes Ausgangssignal. Was läuft hier falsch?*

Da der Ausgangspegel des Autopanners aufgrund der Addition der Signalpegel bei voller Auslenkung die doppelte Größe des Eingangssignals besitzt, kann es zu unerwünschten Übersteuerungen kommen. Dieses Clipping können Sie abschalten, indem Sie den Ausgabepegel über den *Output*-Regler so weit herabsetzen, bis die unerwünschten Verzerrungen ausbleiben.

**Vorsicht, Falle!**

Problematisch kann das Autopanning werden, wenn Sie es auf Signale anwenden, die einer deutlichen Lokalisation im Stereobild bedürfen. So ist etwa das Umherwandern der Lead Vocals in einem Song für eine einzelne Songstelle interessant, wirkt aber für die komplette Dauer eines Songs eher störend. Permanent auf den Hauptgesang angewendet, ist der Einsatz des Autopannings deshalb in der Regel unpassend.

## 8.8 Kaufkriterien

Hier noch die obligatorische Liste der Kaufkriterien. Schauen wir uns einmal an, worauf Sie bei der Anschaffung von Modulationseffekten wie Chorus, Flanger usw. achten sollten:

- Bietet das Gerät oder die Software tatsächlich alle erforderlichen Regelmöglichkeiten für die zentralen Effektparameter?
- Werden »Fantasiewerte« oder quasi prozentuale Angaben (Skalen von 0 bis 100) zur Verfügung gestellt oder sind die gebotenen Werte nachvollziehbar und realistisch (Frequenz in Hz, Delay in ms, Output in dB)?
- Sind stufenlose Parametereinstellungen möglich?
- Verfügt das Gerät zur Erleichterung im Arbeitseinsatz über eine grafische Darstellung auf einem Display?
- Gibt es eine *TempoSync*-Funktion, die Ihnen eine vom Songtempo abhängige Auswahl der Modulationsfrequenz ermöglicht? (Dies gilt vor allem für Software-Plugins.)

Kapitel 9

# Verzerrungseffekte

Jeder von uns kennt sie: *Verzerrer.* Sie bilden nicht nur das Kernstück des Gitarrensounds von Rock- und Heavy-Metal-Songs, sondern finden auch für weitere Instrumente in anderen musikalischen Stilrichtungen Verwendung. Eine Unterscheidung der verschiedenen Unterarten fällt hier schwerer als bei anderen Effekten, da die Grenzen fließend sind. Betrachten Sie die folgenden Unterkapitel deshalb als Anhaltspunkt und nicht als Dogma.

## 9.1 Distortion, Overdrive und Ähnliches

Ihre klassische Verwendung finden Verzerrer beim Gitarrensound. Aber auch zur Verfremdung von Gesang und Schlagzeug oder zur Bearbeitung von Basssounds eignen sich Verzerrer hervorragend. Beim Verzerrer wird wahlweise eine von beiden Möglichkeiten der Einspeisung in den Signalweg genutzt: entweder eine Insert-Schaltung oder ein Anschließen des Verzerrers an den Send-Weg. Im ersten Fall benutzen Sie den Verzerrer als Signalaufbereiter, der das ursprüngliche Signal verändert, wie es auch bei einem Gitarrenverstärker üblich ist. Im anderen Fall regeln Sie den bearbeiteten Signalanteil zum Originalsignal hinzu.

### 9.1.1 Funktionsweise

*Overdrive* bedeutet übersetzt *Übersteuerung*, während *Distortion* für *Verzerrung* steht. Dies bezeichnet unterschiedliche Grade und macht auch schon die Wirkung dieser Effekte deutlich. Dabei bilden Verzerrereffekte wie Overdrive und Distortion die Verzerrung »realer« Geräte nach. Hierbei gibt es einen oftmals signifikanten Unterschied zwischen Röhren- und Transistorverstärkern. Um diesen zu verstehen, sollten Sie einen Blick in die folgende Rubrik werfen:

#### Harmonische

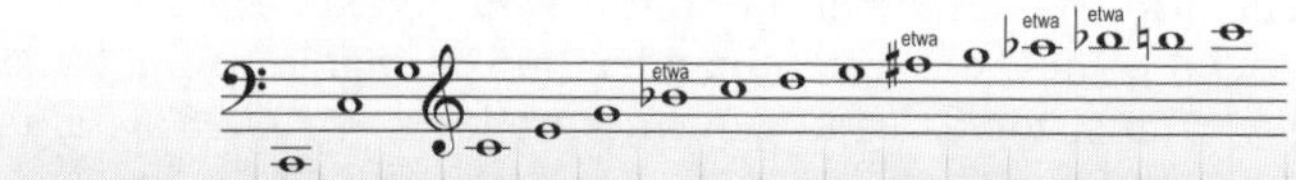


| Harmonische | 1. | 2. | 3. | 4. | 5. | 6. | 7. | 8. | 9. | 10. | 11. | 12. | 13. | 14. | 15. | 16. |
|---|---|---|---|---|---|---|---|---|---|---|---|---|---|---|---|---|
| Obertöne | GT | 1. | 2. | 3. | 4. | 5. | 6. | 7. | 8. | 9. | 10. | 11. | 12. | 13. | 14. | 15. |
| Frequenz in Hz | 65 | 130 | 195 | 260 | 325 | 390 | 455 | 520 | 585 | 650 | 715 | 780 | 845 | 910 | 975 | 1040 |
| Frequenz | f | 2f | 3f | 4f | 5f | 6f | 7f | 8f | 9f | 10f | 11f | 12f | 13f | 14f | 15f | 16f |

**Abb. 9.1:** Harmonische – Grundton und Obertöne eines Klangs

Jeder Klang besteht aus einem Grundton und mehreren Obertönen. Der Grundton und die zugehörigen Obertöne sind die Partialtöne, aus denen sich das zusammensetzt, was wir als Klang wahrnehmen. Diese Partialtöne werden auch als *Teiltöne* oder *Harmonische* bezeichnet. In der Reihe der Partialtöne eines Klangs ist also der Grundton die erste Harmonische. Beginnend mit dem Grundton liegt die Frequenz der nachfolgenden Obertöne immer um das nächsthöhere ganzzahlige Vielfache der Grundtonfrequenz höher.

## Nichtlineare Verzerrungen

Als nichtlineare Verzerrungen bezeichnet man Frequenzen, die dem Grundton hinzugefügt werden. Dies geschieht entweder direkt bei der Klangerzeugung oder durch Komponenten während der Aufnahme oder Wiedergabe. Dabei kann die Qualität eines Klangs durch den Klirrfaktor angegeben werden, der aus dem Pegelverhältnis des Grundtons zu dessen Obertönen abgeleitet wird.

Sie fragen sich, was das alles mit Overdrive und Distortion zu tun hat? Nun, dies sind die Grundlagen zum Verständnis verschiedener Verzerrungstypen. So wirken etwa Verzerrungen mit hervorgehobenen geradzahligen Teiltönen auf uns »klarer« und angenehmer als solche mit hervorgehobenen ungeradzahligen Teiltönen. Differenzierter ausgedrückt heißt dies ...

### Röhrenverzerrung

Die Verzerrungen, die ein Röhrenverstärker beim Übersteuern des Signals erzeugt, sind nichtlinear und weisen einen quadratischen Klirrfaktor auf, wobei ihre Kennlinie unsymmetrisch ist. Daraus ergibt sich für ihren Klang der wichtigste Faktor, und zwar dass Sie dabei nur die geradzahligen Harmonischen betonen können. Klanglich macht sich das so bemerkbar, dass durch diese Art der Verzerrung besonders diejenigen Teiltöne hervorgehoben werden, die harmonisch nahe Verwandtschaft mit dem Grundton aufweisen. Dies führt dazu, dass der Klang einer Röhrenverzerrung umgangssprachlich als »warm« und »rund« bezeichnet und vergleichsweise als angenehm empfunden wird.

### Transistorverzerrung

Ein Transistorverstärker erzeugt dagegen beim Übersteuern des Signals nichtlineare Verzerrungen mit kubischem Klirrfaktor, deren Kennlinie symmetrisch ist. So werden ungeradzahlige Harmonische betont, die untereinander nur geringe Verwandtschaft aufweisen. Diese typischen Transistorverzerrungen interpretieren wir eher als einen unangenehm klingenden, rauen Sound.

### Fazit

Über diese verschiedenen Verzerrungsarten hinaus werden durch die elektronische Verzerrung auch neue, spektrale Signalanteile erzeugt, die nichts mit dem Grundton des Ursprungsklangs gemein haben. Wenn man denn eine Zuweisung von Verzerrereffekten zu authentischen Hardwareverzerrungen vornehmen möchte, so könnte man beim Overdriveeffekt am ehesten von einer Nachbildung der wärmeren Röhrenverzerrung, beim Distortioneffekt hingegen von einer Nachbildung der »schärfer« klingenden Transistorverzerrung sprechen.

## 9.1.2 Parameterbeschreibung

Für die Parameterbeschreibung ziehe ich hier exemplarisch ein Overdrive-Plug-in heran, ohne es bevorzugen zu wollen. Letztlich müssen Sie sich anhand des gewünschten Klangs selbst für einen Verzerrungseffekt entscheiden.

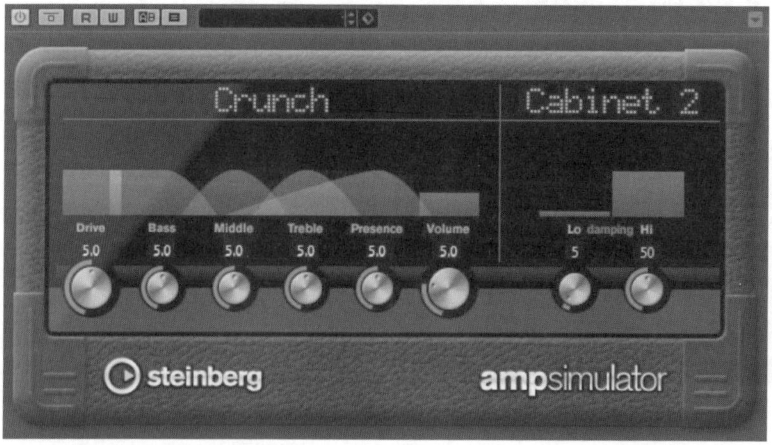


**Abb. 9.2:** Typische Bedienelemente eines Verzerrers/Amp-Simulators in Cubase

### Verzerrer-Auswahl

Bei einigen Plug-ins können Sie verschiedene Verzerreralgorithmen wählen, die verschiedene Obertöne im bearbeiteten Signal hervorheben. Dadurch ändert sich der Klang des Effekts nicht unbedingt hinsichtlich seines Intensitätsgrads, sondern eher hinsichtlich seines Klangcharakters von warm über scharf bis aggressiv, je nach Auswahl.

### Drive

Über diesen Regler steuern Sie den Grad der Übersteuerung. Dabei handelt es sich sozusagen um eine Vorstufenübersteuerung.

### Klangregelung

Von Bässen über Mitten bis zu Höhen können Sie bei dem hier abgebildeten Plug-in die Klangregelung der virtuellen Vorstufe regulieren. (Typische Werte für diesen Bereich finden Sie in Tabelle 9.1 etwas weiter hinten.)

### Presence

Dieser Regler gehört zur Standardausstattung von Overdrive- und Distortioneffekten. Über ihn können Sie die oberen Harmonischen anheben, was zu einer präziseren

Klangdefinition im Obertonbereich führt. So können Sie den Klang des Verzerrers deutlich brillanter und präsenter machen.

#### Speaker Simulation

Hierdurch wird der Effekt-Klang so verändert, dass er klingt, als würde er mithilfe eines Mikrofons vor einer Lautsprecherbox abgenommen. *Lo-* und *Hi-Damping* ermöglichen Ihnen das Abschwächen der Randbereiche des Frequenzspektrums. Der resultierende Klang konzentriert sich dadurch deutlicher auf den Mittenbereich.

### 9.1.3 Weitere Verzerrereffekte

#### Distortion

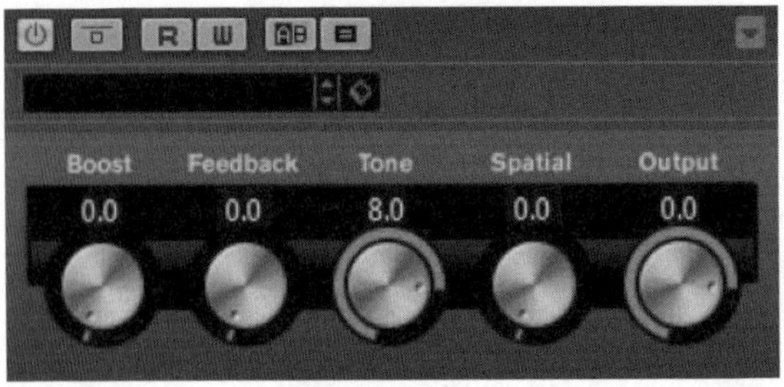


**Abb. 9.3:** Typische Bedienelemente eines Distortioneffekts in Cubase

Frappierende Unterschiede zwischen den Bedienelementen von Overdrive und Distortion gibt es normalerweise nicht. Generell klingt eine Distortionverzerrung gegenüber dem Overdrivesound mehr »deutlich verzerrt« denn »geringfügig übersteuert«.

In Abbildung 9.3 sehen Sie mit dem *Distortion*-Plug-in aus Steinbergs *Cubase* ein Plug-in, mit welchem Sie schnell gute Ergebnisse erzielen können. Hier tauchen auch Bedienelemente wie Boost und Feedback auf. Hinter dem ersten verbirgt sich das Maß der Verzerrung. Die Funktion des zweiten Reglers haben Sie bereits bei den Modulationseffekten kennengelernt. Er regelt den Signalanteil, der vom Ausgang an den Eingang eingespeist wird, um so eine Art Rückkopplungseffekt zu erzielen.

### 9.1.4 Bauweise

#### Bodeneffekte

Als sogenannte »Tretminen« sind die Bodeneffekte bekannt. Natürlich gibt es auch beinahe jeden beliebigen anderen Effekt als »Bodentreter«, ein Verzerrer ist aber oftmals die günstigste Variante, um auch beim Einsatz weniger hochwertiger Verstärker einen »fetten« Heavy-Sound zu erzeugen.

#### Natürliche Verzerrung durch Verstärkerschaltung

Optimal nutzen Sie für die am natürlichsten und »wärmsten« klingende Verzerrung Ihres Gitarrensounds einen Röhrenverstärker oder zumindest einen Röhren-Preamp.

### Modelingprozessoren

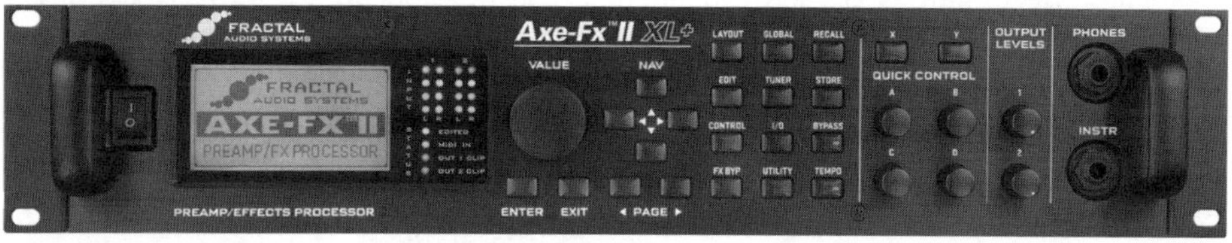


**Abb. 9.4:** Guitar Modeling der Extraklasse – Fractal Audio Axe-Fx (Quelle: `www.fractalaudio.com`)

Mit den Modelingprozessoren ist seit einigen Jahren ein sehr komfortables Werkzeug zu erschwinglichen Preisen erhältlich, mit dem Sie Gitarren und andere Instrumente mit einer authentisch klingenden warmen Röhrenübersteuerung auch digital verzerren können. Der Vorteil dieser Geräte liegt darin, dass oftmals nicht nur verschiedene Verstärkertypen, sondern auch Lautsprecherarten emuliert werden. Geräte wie von *Line 6* oder *Fractal Audio* gehen so weit, dass sie zusätzlich den klangverändernden Einfluss konkreter Mikrofone auf den Sound errechnen. Mitunter können Sie sogar selbst den Abstand des jeweiligen Mikrofons zur virtuellen Lautsprechermembran bestimmen. Da die Signalausgabe bei diesen Geräten auch über den Digitalausgang oder gleich via USB geschieht, haben Sie keine Verluste in der Klangqualität zwischen abgehörtem und aufgenommenem Audiosignal zu befürchten. Für Homestudios sind Modelingprozessoren deshalb beinahe uneingeschränkt zu empfehlen.

### Softwareausführung

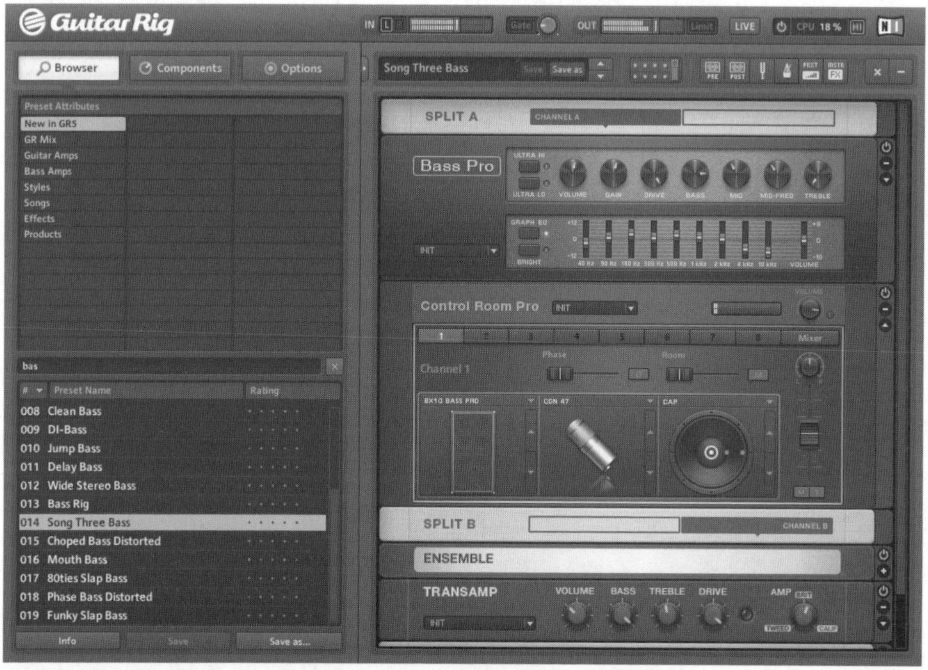


**Abb. 9.5:** Simulation von Verstärker-Lautsprecher-Effekt-Kombination (Quelle: `www.native-intruments.com`)

Auch im Softwarebereich werden die Algorithmen der Modelingprozessoren bereits angeboten. In Abbildung 9.5 sehen Sie den zurzeit wohl bekanntesten Vertreter *Guitar Rig* von *Native Instruments*. Mit einer Vielzahl von Verstärkern, Mikrofonen, Lautsprecherboxen und Effekten verschwimmen hier die Grenzen zwischen virtueller und realer Welt ...

### 9.1.5 Kaufkriterien

Wenn es Ihnen um den möglichst weit gefächerten Einsatz eines Distortiongeräts geht, sollten Sie beim Kauf die folgenden Punkte beachten:

- Handelt es sich ausschließlich um einen Overdrive- bzw. einen Distortioneffekt oder lässt sich zwischen beiden umschalten? Wird eventuell auch eine Fuzz-Verzerrung geboten?
- Ist eine Regelmöglichkeit zur Feinabstimmung des Klangs vorhanden?
- Gibt es einen *Presence*-Regler zur Anhebung der oberen Harmonischen?
- Ist die Verzerrung eingebettet in eine Modelingumgebung? (Dies erweitert Ihre klanglichen Möglichkeiten beinahe ins Unendliche.)

**Praxistipps**

*Welche Verzerrereinstellungen brauche ich für meinen Gitarrensound bei verschiedenen Musikrichtungen?*

Zuallererst einmal ist es selbstverständlich reine Geschmackssache und auch situationsabhängig, **wie viel** von **welcher Art** Verzerrung Sie verwenden möchten. Hier aber Anhaltspunkte für den schnelleren Erfolg beim Ausprobieren verschiedener Einstellungen. Generell rate ich Ihnen vom Einsatz einfacher Verzerrungseffekte für Ihren Gitarrensound aber ab. Für Ergebnisse, die besser (weil authentischer) klingen, ist es ratsam, Amp- und Cabin-Simulationen zu benutzen.

| Stil | Typ | Drive | Bass | Mitten | Höhen |
|---|---|---|---|---|---|
| Rock | Overdrive | 67 % | leicht angehoben | leicht abgesenkt | Mittelposition |
| 70s | Fuzz | 75 % und mehr | leicht angehoben | stark abgesenkt | stark abgesenkt |
| Lead Guitar | Overdrive | bis zu 80 % | leicht abgesenkt | Mittelposition | leicht angehoben |
| Metal | Overdrive | 95 % | deutlich angehoben | leicht angehoben | deutlich angehoben |
| Trash | Distortion | 95 % | stark angehoben | leicht angehoben | stark angehoben |

**Tabelle 9.1:** Verzerrereinstellungen und Musikstile

*Wie kann mir ein Verzerrer beim Schlagzeugsound helfen?*

Besonders in Musikrichtungen wie Drum'n'Bass oder auch Industrial wird gerne auf Verzerrung für die Drums zurückgegriffen. Hierbei ist aber weniger nicht etwa mehr. Im Gegenteil: Nicht kleckern, sondern klotzen! Ist der Effekt nicht deutlich genug herauszuhören, wirkt er eher wie ein ungewolltes Übersteuern des Signals. Erst der dauerhafte, »harte« Einsatz der Verzerrung macht jedem Hörer klar, dass es sich hier nicht um ein Versehen oder tontechnisches Unverständnis handelt. Am besten greifen Sie deshalb also direkt auf einen krassen Verzerrungseffekt wie zum Beispiel Fuzz zurück.

*Kann ich auch Gesang durch einen Verzerrer »jagen«?*

Aber selbstverständlich! Zwar macht das aus butterweichen Vocals noch lange keine Death-Metal-Growls, aber eine ansonsten eher dürftige Stelle kann dadurch durchaus aufgewertet werden. Achten Sie aber darauf, dass (sofern nicht erwünscht) die Textverständlichkeit nicht unter der eingesetzten Verzerrung leidet.

*Wie kann ich feststellen, ob das verzerrte Signal übersteuert?*

In manchen Recording- und Mixsituationen kann es für Sie schwierig sein, festzustellen, ob ein bestimmter Anteil der hörbaren Übersteuerung und Verzerrungen Teil des Effekts ist oder aber durch eine unzulässige Signalübersteuerung am Equipment verursacht wird. Sofern es Ihnen nicht möglich ist, den Sound zu differenzieren, bleibt Ihnen die Möglichkeit der Pegelkontrolle. Führen Sie also regelmäßig eine Kontrolle der Level-Meter durch, um böse Überraschungen zu vermeiden.

### Vorsicht, Falle!

Ein häufig gemachter Fehler beim Einsatz von Verzerrern ist bei Homerecording-Anfängern eine zu krasse Einstellung des Verzerrungsgrads. Dies geschieht dann frei nach der Gleichung »mehr Verzerrung = härterer Sound«. Und da die eigene Rock- oder Metal-Band eben die härteste sein soll, werden Verzerrung und Lautstärke ganz nach oben gestellt. (Im Film der legendären Spinal Tap sogar »auf 11«, also um eins lauter als bei allen anderen Bands.) Der Effekt, der sich bei zu starker Übersteuerung oder Verzerrung einstellt, ist allerdings ein anderer. Ab einem gewissen Verzerrungsgrad geht der eigentliche Ton verloren und nur das künstlich verstärkte Obertonspektrum bleibt erhalten. Als Folge davon wird der Sound in den Bässen und unteren Mitten dünn, verliert an Druck und bekommt stattdessen eine unangenehme Schärfe in den oberen Mitten und Höhen. Regeln Sie den Drivewert des Verzerrers deshalb lieber einmal zu viel nach unten als nach oben.

Kapitel 10

# Psychoakustikeffekte

Um Ihnen das Einsatzgebiet von Psychoakustikeffekten verdeutlichen zu können, beginne ich dieses Unterkapitel ausnahmsweise einmal mit einer notwendigen Erläuterung.

**Psychoakustik**

Das Gebiet der Psychoakustik beschäftigt sich mit dem Zusammenhang von Schallempfindung und den ihr zugrunde liegenden physikalischen Größen, also dem Zusammenhang zwischen Hör- und Schallereignis. Dabei werden konsequenterweise statt der physikalischen Parameter spezielle äquivalente Wahrnehmungsparameter verwendet. Während in der Akustik Begriffe wie *Frequenz* und *Pegel* herangezogen werden, spricht man in der Psychoakustik dagegen von *Tonhöhe* und *Lautheit*. Dementsprechend geben die Werteskalen psychoakustischer Größen die subjektiven Empfindungsgrade von Versuchspersonen wieder, nachdem diese statistisch ausgewertet wurden.

Psychoakustikeffekte bedienen genau dieses Feld, indem sie durch bestimmte physikalische Änderungen oder eine Kombination aus mehreren Bearbeitungsschritten bestimmte Aspekte von Audiosignalen hinsichtlich ihres **Eindrucks** zu ändern versuchen. Psychoakustikeffekte greifen sozusagen in die Schallwirkung ein und ziehen als Grundlage dafür Erkenntnisse der Psychoakustik heran. So handelt es sich bei Psychoakustikeffekten um klanggestaltende Prozesse, die sich unter anderem die Beschaffenheit des menschlichen Gehörs zunutze machen, um ihre Wirkung zu erzielen.

## 10.1 Exciter

Durch den Einsatz eines *Exciters* können Sie die Höhen eines Audiosignals gestalten, indem Sie es mit neuen Obertönen auffrischen. Ein häufiges Arbeitsgebiet für einen Exciter ist das Mastering. Hier kann er dem Material noch einmal den letzten Feinschliff in den Höhen geben. Aufgrund seiner Arbeitsweise wird ein Exciter auch in der Audiorestauration verwendet, um altes, »muffig« klingendes Material, das arm an Obertönen ist, zu überarbeiten. Einen Exciter schleifen Sie in den Insert-Weg ein, da Sie seinen Effektanteil über dessen Ausgabesignal am Gerät (oder Plug-in) selbst regeln und unbearbeitete Signalanteile das Ergebnis nicht schmälern sollten. Eine Ausnahme bildet hier der Exciter im Masterbereich. Hier sollte er besser zwischen Pult und Mastermaschine bzw. Post-Fader eingespeist werden. So wird das Signal bei einem Fade-

Out nicht weiterhin gleich stark bearbeitet. Stattdessen setzt bei leiser werdendem Signal eine vergleichsweise Höhendämpfung ein, die dem natürlichen Hören entspricht, wenn sich eine Schallquelle vom Hörer entfernt. Eine fortwährende künstliche Betonung der Höhen würde hier also unnatürlich klingen.

### 10.1.1 Funktionsweise

Ein Exciter fügt dem Audiosignal nach dessen Analyse zusätzliche, künstliche Harmonische hinzu. Er arbeitet also deutlich unterschiedlich zu einem Klangfilter, das lediglich die vorhandenen Höhen anheben kann. So verblüffend die Wirkung und so mystisch ihr Ruf auch sein mag, die Arbeitsweise dieser Geräte ist vergleichsweise simpel. Dazu kurz ein erneuter Einblick in die Welt der Akustik:

#### Wellenform und Obertöne

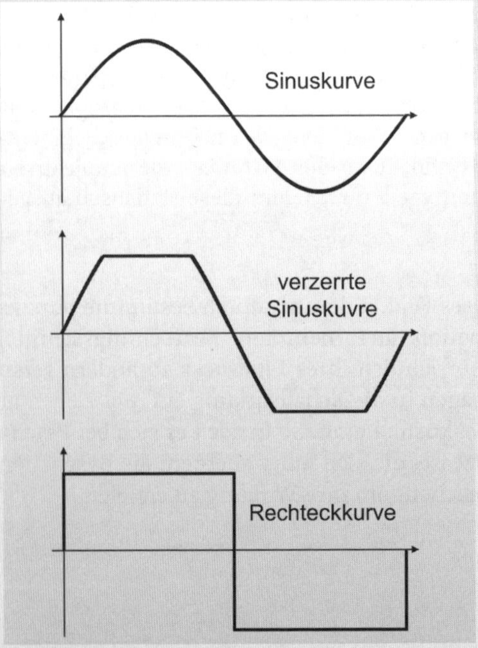


**Abb. 10.1:** Von der Sinuswelle zur Rechteckwelle

Eine Sinuswelle besitzt keine Obertöne. Bei ihr klingt einfach nur der reine Ton einer bestimmten Frequenz. Eine Rechteckkurve hingegen besitzt maximal viele Obertöne. Um einer Sinuskurve weitere Obertöne hinzuzufügen, muss sie deshalb so weit verstärkt werden, dass sie verzerrt und ihr Verlauf bei voller Amplitude nicht mehr korrekt wiedergegeben werden kann. Dabei wird der Klang der ursprünglichen Sinuskurve immer obertonreicher, je mehr ihr Kurvenverlauf sich einer Rechteckform annähert.

Ein Exciter macht sich diese Umstände zunutze, indem er das Eingangssignal verzerrt, um diesem weitere Obertöne hinzuzufügen. Damit es sich bei den neu hinzugewonnenen Obertönen ausschließlich um neue Harmonische des oberen Frequenzbereichs handelt, wird das Eingangssignal zuvor durch ein Low-Cut-Filter bearbeitet, das ein Passieren aller Frequenzanteile unterhalb einer bestimmten Höhenfrequenz nicht zulässt. Die neuen, durch die Verzerrung entstandenen Obertöne können dem Originalsignal zugemischt werden und werden zusammen ausgegeben. Darüber hinaus ist auch eine zusätzliche Anhebung der Höhen durch einen integrierten Equalizer gebräuchlich. Auch eine Verzögerung des generierten Signals wird mitunter herangezogen, um durch die Impulsverbreiterung der entstehenden Phasenverschiebung das Signal »fetter« klingen zu lassen.

## 10.1.2 Parameterbeschreibung

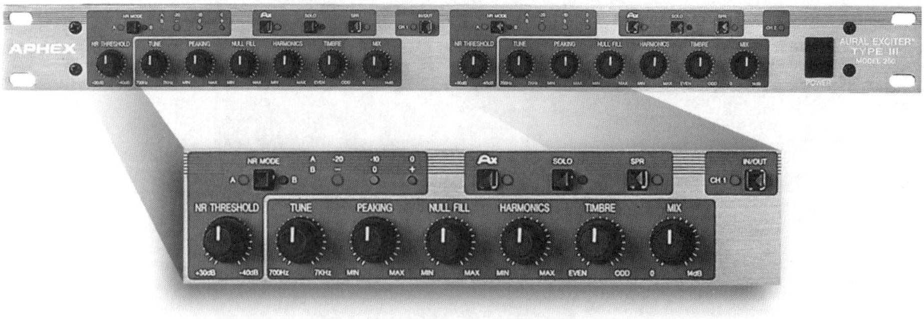


**Abb. 10.2:** Typische Bedienelemente eines Exciters (Quelle: www.aphex.com)

Schauen wir uns einmal die typischen Bedienelemente eines Exciters am Beispiel des in Abbildung 10.2 gezeigten Klassikers an, dem *Aphex Aural Exciter*:

- *Tune:* Hiermit legen Sie die Eckfrequenz des High-Pass-Filters fest. Es bestimmt, welche (verbleibenden) Frequenzanteile für die Verzerrungen herangezogen werden sollen.
- *Peaking:* Der Peaking-Regler dient Ihnen zum Anzerren der getroffenen High-Pass-Auswahl des Audiosignals.
- *Null Fill:* Die *Null-Fill*-Funktion ermöglicht es Ihnen, fehlende Interpolation an der Maximalamplitude des verzerrten Signals künstlich auszugleichen.
- *Timbre:* Über diesen Regler bestimmen Sie das Verhältnis zwischen geradzahligen und ungeradzahligen Harmonischen unter den hinzugefügten Obertönen. Die Skala reicht deshalb auch von *Even* (geradzahlig) bis *Odd* (ungeradzahlig) Er ließe sich auch als *Warmth*-Regler beschriften. Je weiter Sie den Wert in Richtung Even drehen, desto »wärmer« klingen die hinzugefügten Partialtöne.
- *Mix:* Mit dem *Mix*-Potenziometer steuern Sie, wie groß der Anteil des bearbeiteten Signals im Gesamtmix sein soll. Hierfür greift der Aural Exciter auf eine Sidechain-Schaltung zurück, bei der das Eingangssignal zusätzlich zum bearbeiteten Signal unbearbeitet bis zur Mixsektion durchgeschliffen wird.

### 10.1.3 Softwareausführung

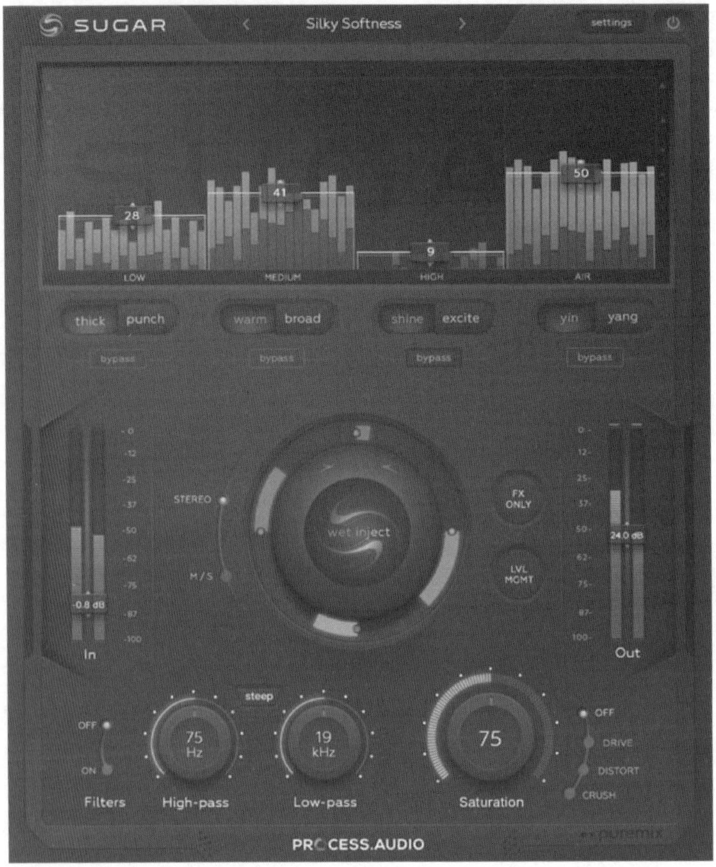


**Abb. 10.3:** Multiband-Exciter Plug-in – Process.Audio Sugar (Quelle: `process.audio`)

Als Softwareausführung sind Exciter noch weitaus seltener anzutreffen als ihre raren Hardwarependants. Ein Beispiel für ein gelungenes Plug-in, mit dem verschiedene Frequenzbänder unterschiedlich bearbeitet werden können, ist das in Abbildung 10.3 zu sehende *Process.Audio Sugar*.

## 10.2 Enhancer

Im Gegensatz zu einem Exciter bearbeitet ein *Enhancer* den Bassbereich. Mit seiner Hilfe können Sie die tiefen Frequenzen eines Instruments oder Mixes anheben. Ein Enhancer wird deshalb in erster Linie für Basssounds und Kickdrums sowie für den Bassbereich im Gesamtmix eines Songs angewendet. Seine Einspeisung erfolgt in den Insert-Weg.

### 10.2.1 Funktionsweise

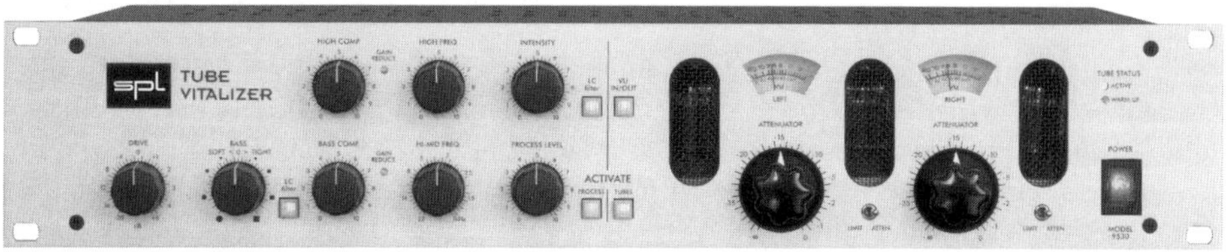


**Abb. 10.4:** Röhren-Enhancer – SPL Tube Vitalizer Modell 9530 (Quelle: `www.spl.info`)

Das Einsatzgebiet ist aber nicht der einzige Unterschied zwischen den Psychoakustikeffekten Enhancer und Exciter. Auch die Arbeitsweise ist eine andere. Während der Exciter neue Obertöne generiert, arbeitet ein Enhancer als Equalizersystem, das die Bässe mithilfe mehrerer Bandpassfilter bearbeitet. Ein Enhancer generiert also keine neuen Obertöne hinzu, sondern bearbeitet vorhandenes Frequenzmaterial.

## 10.3 Subharmonikprozessoren

*Subharmonikprozessoren* kommen dort zum Einsatz, wo entweder ultratiefe Basssignale der Standard sind (Dance- und Disco-Musik), oder auch dort, wo Signalanteile in einem bestimmten unteren Frequenzbereich schlichtweg nicht vorhanden sind. Auch Subharmonikprozessoren werden in den Insert-Weg eingespeist oder als Vorschalteffekt verwendet.

### 10.3.1 Funktionsweise

Ein Subharmonikprozessor erzeugt neue grundtonbezogene Partialtöne, die unterhalb derjenigen liegen, die im Audiosignal bereits enthalten sind. Diese werden auch als *Subharmonische* bezeichnet.

## 10.4 Kaufkriterien

Die Kaufkriterien bei Psychoakustikprozessoren sind nicht so hart zu betrachten, wie dies bei anderen Effektgeräten der Fall ist. Letztlich kann hier nicht die Arbeitsweise selbst, sondern lediglich das Ergebnis (also die **Wirkung**) herangezogen werden. Ein Beispiel ist der *Vitalizer* von Hersteller *SPL*, mit dem Sie bestimmte Harmonische in Klängen anheben können, was das Gerät jedoch nicht schlechtere Ergebnisse als andere erzielen lässt. Das Resultat ist eben nur **anders**. So fällt es im Bereich der Psychoakustikprozessoren besonders schwer, konkrete Qualitätskriterien anzusprechen oder bestimmte Kaufaspekte zu betonen.

## Praxistipps

*Der Exciter/Enhancer verändert das Signal kaum. Was mache ich falsch?*

Eventuell hören Sie nicht genau hin. Ja, Sie haben richtig gelesen. Vergleichen Sie das Ausgabesignal in jedem Fall mit dem unbearbeiteten Signal. Oftmals erkennen Sie die Wirkung erst dann, wenn Sie das Gerät ausschalten. Dies wäre dann auch schon ein optimal eingesetzter Exciter bzw. Enhancer. Denn bei dessen Verwendung sollte nicht das vordergründige deutliche Verfremden eines Signals das Ziel sein. Das Zauberwort beim Einsatz eines Exciters heißt »Klangveredelung«.

*Wann lohnt sich für mich der Einsatz eines Exciters?*

Der Einsatz eines Exciters lohnt sich immer dann, wenn Sie das Ergebnis, das er liefert, **nicht** mit einem EQ bewerkstelligen können.

*Auf welche Bereiche wirkt sich der Einsatz eines Exciters am deutlichsten aus?*

Vor allem die Sprachverständlichkeit innerhalb von Audiosignalen kann durch einen Exciter deutlich verbessert werden. Auch die Lokalisation einzelner Instrumente im Mix kann durch die Verwendung eines Exciters vorteilhaft beeinflusst werden.

## Vorsicht, Falle!

Vermeiden Sie es, **jedes** Signal Ihrer Aufnahmen von einem Exciter oder Enhancer stark bearbeiten zu lassen oder auch einzelne Signale oder Stereosummen zu drastisch durch einen Exciter/Enhancer zu verändern. Das Ergebnis klingt sonst schnell deutlich unnatürlich und harsch, um die Worte der Psychoakustik zu wählen. Hören Sie das bearbeitete höhenlastige Audiomaterial über einen längeren Zeitraum ab, so gewöhnt sich Ihr Gehör daran und es kann Ihnen so vorkommen, als müssten weitere Höhen hinzugefügt werden. Stellen Sie deshalb sicher, dass der scheinbar fehlende Höhenanteil trotz dauerhaften Exciter- und/oder Enhancer-Einsatzes nicht durch die Ermüdung Ihres Gehörs entsteht. Vermeiden Sie es auch, den Exciter bereits beim Recording oder vor dem Mix eines Songs einzuschalten, da Sie sonst die tatsächliche Qualität der einzelnen Audiosignale nicht mehr gut genug beurteilen können. Der richtige Zeitpunkt für den Exciter/Enhancer kommt im Mix oder beim Mastering.

Kapitel 11

# Sonstige Effekte

Über die bisher vorgestellten Standardkategorien hinaus gibt es auch Effekttypen, die sich schwer in Schubladen stecken lassen. Hierzu gehört etwa die ...

## 11.1 Pitchkorrektur

Bis vor einigen Jahren waren *Pitch Shifter* Werkzeuge, die beinahe ausschließlich der Verfremdung von Audiomaterial dienten. Dies war vor allem bei der menschlichen Stimme der Fall, ganz gleich ob bei Sprache oder Gesang. Doch die Zeiten haben sich geändert und die angewandten Techniken und Algorithmen der Tonhöhenveränderung wurden extrem verfeinert und ausgebaut. Diese Entwicklung führte dazu, dass die Bezeichnungen der aktuell verfügbaren Pitch Shifter die Nähe zum neuen Einsatzgebiet zeigen. Hierzu zählen etwa Begriffe wie *AutoTune* oder *Pitch Correction*. Das Anwendungsgebiet hat sich also verschoben. Heute dienen die Geräte und Plug-ins dieser Kategorie häufiger der Tonhöhenkorrektur denn der gestalterischen Tonhöhenveränderung.

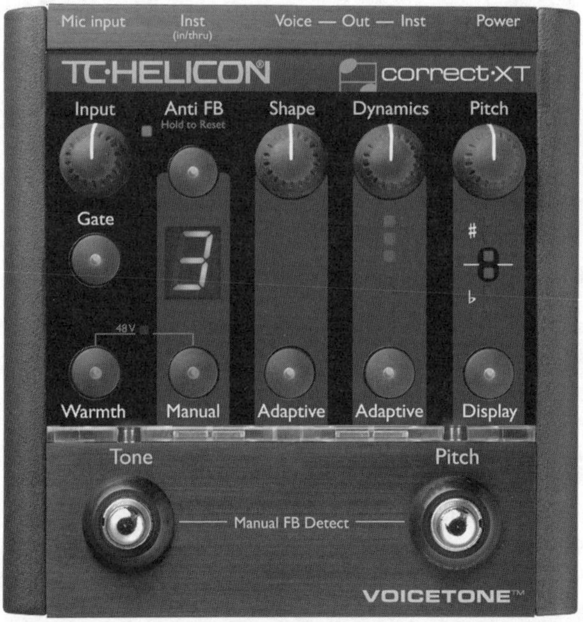


**Abb. 11.1:** Hardware-Tonhöhenkorrektur für unterwegs – TC Helicon Voicetone (Quelle: `www.tc-helicon.de`)

Dabei kommen Auto-Tune-Geräte vor allem im Bereich Gesang zum Einsatz. Ganze Firmenbereiche haben sich mittlerweile auf dieses Feld ausgerichtet. So etwa die Firma *TC Helicon*, die mit ihrem Bodengerät *Voicetone* nicht nur eine erstklassige Tonhöhenkorrektur, sondern auch einen Kompressor, einen De-Esser und einiges mehr bietet. Mit etwas umfangreicheren Geräten, wie dem *TC Helicon Voicelive Extreme*, können Sie nicht nur ganz »herkömmlich« die Tonhöhe Ihrer Stimme korrigieren, sondern auch eine Vielzahl von Effekten hinzufügen oder sogar automatisch komplette Chöre erstellen, ohne dass diese allzu unnatürlich klingen.

### 11.1.1 Funktionsweise

Geräte wie das VoiceWorks analysieren das Eingangssignal hinsichtlich seiner Tonhöhe und gleichen es mit den Frequenzen der Einzeltöne von Tonleitern ab. Dabei können Sie selbstverständlich selber festlegen, welche Tonarten dazu benutzt werden sollen und wie stark die Angleichung sein soll. Bis in die feinsten Parameter sind Modifizierungen möglich. Da auch die Formanten des Stimmsignals analysiert und auf das Ausgangssignal übertragen werden, sind die Ergebnisse wirklich verblüffend: Eine gut gemachte, dezente Tonhöhenkorrektur ist für den Laien selten in einem Song festzustellen und gehört heute schon zum »guten Ton« beinahe jeder Pop-Produktion.

### 11.1.2 Parameterbeschreibung

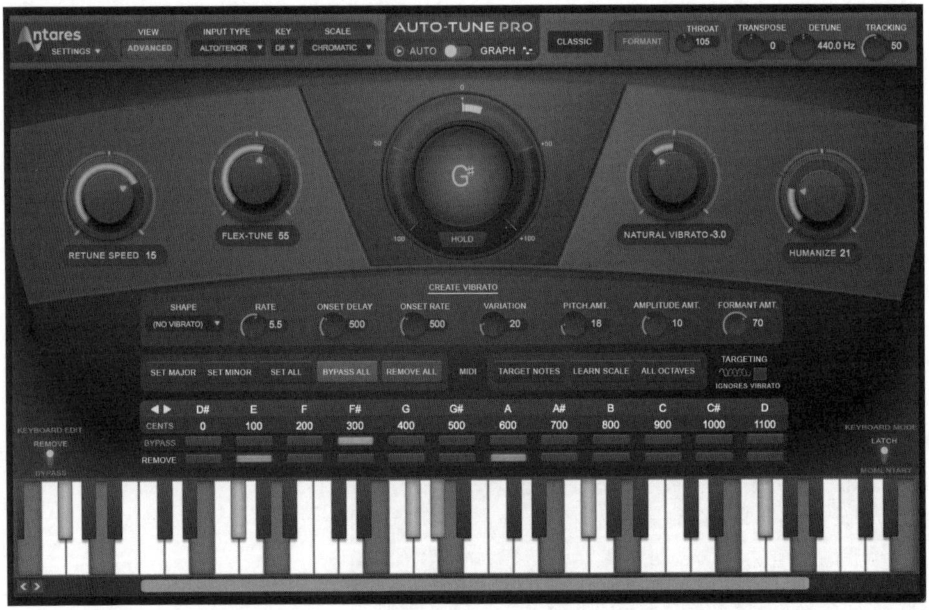


**Abb. 11.2:** Typische Bedienelemente einer Pitchkorrektur I – Antares Auto-Tune Pro (Quelle: `www.antarestech.com`)

Schauen wir uns einmal die gängigen Parameterregler einer Pitchkorrektur anhand des Software-Plug-ins Antares Auto-Tune Pro an. Hier muss unterschieden werden zwischen einer automatischen Bearbeitung, wie sie auch Hardwarelösungen anbieten, und einem grafischen Modus, wie er bei Softwareprodukten angeboten wird. Der Modus für die automatische Tonhöhenkorrektur bietet dabei z. B. folgende Möglichkeiten:

- *Input Type:* Eingabe der Stimmart (z. B. Sopran, Alt, Tenor etc.) zur optimalen Zuordnung von Tönen, Obertönen und Formanten.
- *Key & Scale:* Eingabe der Referenztonart
- *Tracking:* Die Software sucht im Eingangssignal wiederkehrende Muster, um dessen Tonhöhe bestimmen zu können. Über den *Tracking*-Regler legen Sie die Sensitivität fest, nach der diese Bewertung vorgenommen werden soll.

... sowie eine Sektion, die das Kernstück der Tonhöhenkorrektur bildet. Sie umfasst Regler für ...

- *Retune Speed:* Hierüber legen Sie fest, wie schnell die Tonkorrektur erfolgen soll.
- *Flex Tune:* Hier wird die Toleranz bestimmt, ab der Tonhöhenänderungen vom Plug-in akzeptiert werden sollen.
- *Natural Vibrato:* Regelt, wie mit regelmäßigen Tonhöhenänderungen umgegangen werden soll.
- *Humanize:* Steuert die Natürlichkeit des Auto-Tune-Einsatzes.

Abgerundet wird der automatische Modus durch eine Vibratosektion, in der Sie das Verhalten des bearbeiteten Signals beeinflussen und ihm ein zusätzliches Vibrato verpassen können. Hierzu gehören Einstellmöglichkeiten für ...

- *Shape:* legt die zugrunde liegende Wellenform für das synthetische Vibrato fest.
- *Rate:* steuert die Geschwindigkeit des künstlichen Vibratos.
- *Variation:* schafft zufällige Variationen im Vibratoverlauf.
- *Onset Delay:* bestimmt den zeitlichen Versatz für den Einsatz des Vibratos.
- *Pitch Amount, Amplitude Amount und Formant Amount:* steuert das Maß der Vibratovariation, der Lautstärkevariation innerhalb des Vibratos sowie des Resonanztimbres.

Außerdem hilft eine Anzeige der Pitchgenauigkeit des Originalsignals. Diese Anzeige funktioniert wie ein Stimmgerät für Gitarre oder Bass und verfügt über eine *Hold*-Funktion. Dies ermöglicht Ihnen eine einfache und schnelle Analyse problematischer Stellen hinsichtlich ihrer Tonhöhe.

Weiterhin sind heute vor allem bei Softwarelösungen (virtuelle) Displays üblich, die den Frequenzverlauf des Eingangs- wie auch des Ausgangssignals zeigen (siehe Abbildung 11.3).

Im grafischen Modus können sie Tonfolgen erkennen lassen, die dann als Kurve angezeigt werden. Im horizontalen Verlauf sehen Sie dann die gesungenen/gespielten Tonhöhen des Eingangssignals. Dabei sind diese Tonhöhen in ein vertikales Frequenzraster eingepasst.

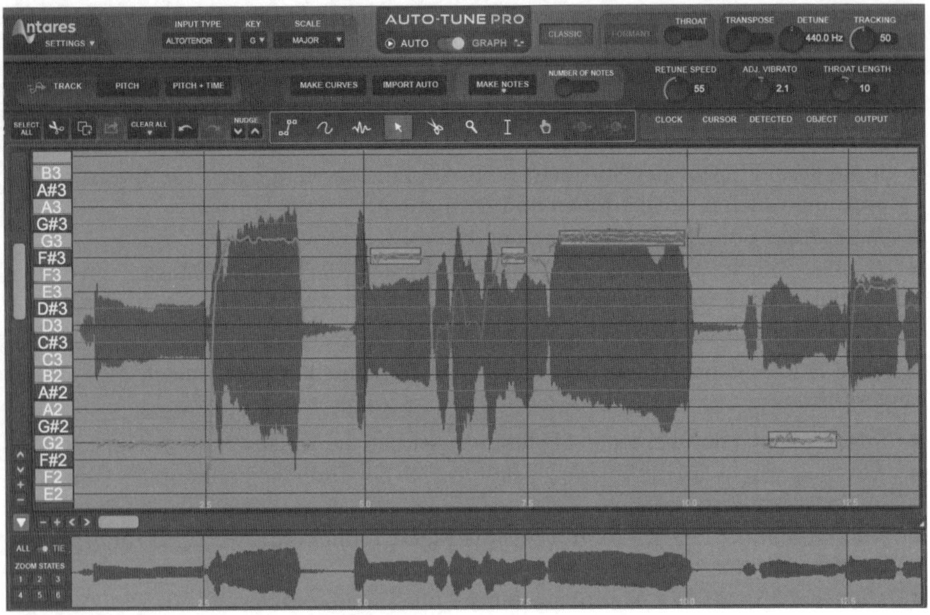

**Abb. 11.3:** Typische Bedienelemente einer Pitchkorrektur II – Antares Auto-Tune Pro (Quelle: www.antarestech.com)

## 11.1.3 Weitere Softwareausführungen

Neben Plug-ins wie Antares Auto-Tune gibt es auch komplette Softwarestudios, die sich der Tonhöhenkorrektur verschrieben haben und zahlreiche Features bieten. Der Urvater der komplexen softwarebasierten Tonhöhenkorrektur ist *Celemony Melodyne.*

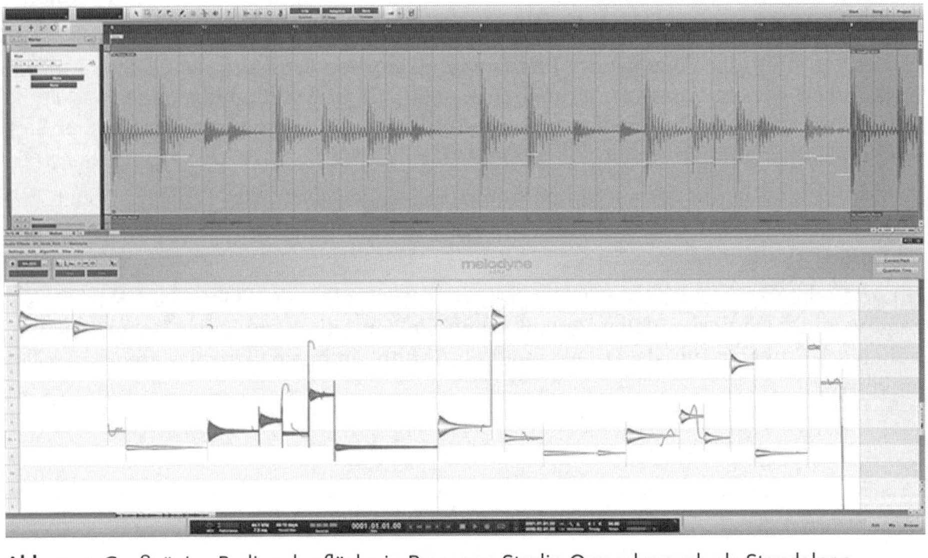

**Abb. 11.4:** Großzügige Bedienoberfläche in Presonus Studio One oder auch als Standalone-Software – Celemony Melodyne (Quelle: www.presonus.com)

Es wartet mit einer großzügigen grafischen Bedienoberfläche auf und bringt unter anderem vorgefertigte Algorithmen mit, die zur gezielten Bearbeitung der Tonhöhenänderung verschiedenster Instrumente dienen. Dabei gehen die Bearbeitungen von mono- und sogar polyfonem Tonmaterial und auch das Umwandeln von Audiosignalen zu MIDI-Informationen kaum zulasten der Authentizität der Audiosignale. Die Voraussetzung ist allerdings, dass Sie bereit sind, sich ein wenig in die Logik des Programms und die Beschaffenheit von Audiomaterial einzuarbeiten.

### 11.1.4 Kaufkriterien

Ob Pitch Shifter, Tonhöhenkorrektur oder Harmonien erzeugendes Tool, eine Empfehlung kann ich Ihnen hier nicht aussprechen. Aber schauen Sie sich die folgenden Praxistipps an. Sie werden Ihnen helfen, sich ein Bild zu machen und eine grobe Auswahl treffen zu können.

#### Praxistipps

*Was ist besser, eine Hardware- oder eine Softwarelösung für die Tonhöhenkorrektur?*

Das ist eine Frage des Einsatzbereichs. Wenn Sie auch im Live-Einsatz auf eine Tonhöhenkorrektur zurückgreifen möchten, empfehle ich Ihnen die Anschaffung eines Hardwaregeräts. Diese gibt es mittlerweile auch als »Bodentreter« zu erschwinglichen Preisen. Auf diese Weise brauchen Sie keinen zusätzlichen Tonmann, der das Gerät während eines Gigs bedienen muss. Eine Software-Pitch-Correction bietet hingegen oftmals den Vorteil einer grafischen Oberfläche, die Ihnen eine detailliertere Arbeit ermöglicht.

*Warum kann ich die Pitchkorrektur auch langsam einstellen? Ist eine schnellere Tonhöhenkorrektur nicht besser?*

Das kommt ganz darauf an, wie das zu bearbeitende Signal aussieht. Haben die zu bearbeitenden Noten eher kurze Tondauern, so sollten Sie auf eine schnelle Pitchkorrektur zurückgreifen. Langsame Korrekturzeiten eignen sich hingegen gut für lange Tondauern und Variationen, wie etwa Vibrato, Legato und Portamento zwischen den Noten. Eine langsame Pitchkorrektur verändert das Originalsignal in der Regel zwar weniger, setzt jedoch eine bereits im Ansatz ausreichende Intonation voraus.

*Warum beendet meine Pitch-Correction-Software das Tracking, noch bevor die Melodie zu Ende ist, die* analysiert werden soll?

Der Trackingmodus im Antares Auto-Tune arbeitet mit einem Pufferspeicher, der bei langen Phrasen schon mal zu klein geraten kann. Versuchen Sie es in diesem Fall mit dem Heraufsetzen der Puffergröße in den Programmoptionen.

#### Vorsicht, Falle!

Seien Sie vorsichtig mit zu starken Eingriffen durch Pitch Shifter und Tonhöhenkorrekturen. Schnell klingt das Ergebnis unnatürlich. Unser Gehör ist besonders für die menschliche Stimme äußerst sensibilisiert und kann kleinste artifizielle Anteile feststellen. Andererseits: keine Sorge! Die Grenzen sind auch hier fließend, denn ein Pitch-Correction-Sound, der gezielt die Aufmerksamkeit des Hörers erregt, kann auch zur Trademark werden. Das beste Beispiel hierfür ist der typische »Cher-Sound«.

Kapitel 12

# Masteringeffekte

Nachdem Sie Ihren Mix eines Songs erstellt haben, haben Sie mit dem Mastering eine letzte Chance, den Sound aufzuwerten und an Hörgewohnheiten und optimale Werte anzupassen. Die zum Mastering erforderlichen Effekte haben Sie weitestgehend schon in den vorausgegangenen Kapiteln kennengelernt. Dafür ist die »Effektkette«, die Reihenfolge der Effekte, enorm wichtig. Schauen wir einmal, was (je nach Situation) alles dazugehören kann. Hierzu werfen wir einen Blick auf das Mastering-Plug-in *Ozone* der Firma *iZotope* (`www.izotope.com`).

## 12.1 Paragrafischer Equalizer

Der *paragrafische Equalizer* ist als erster Schritt des Masterings hervorragend geeignet. Mit ihm bearbeiten Sie die Frequenzen der vorliegenden Stereosumme.

### 12.1.1 Funktionsweise

Hinweise zur Funktionsweise des paragrafischen EQs finden Sie weiter vorne in Kapitel 5, »Filtereffekte«.

### 12.1.2 Parameterbeschreibung

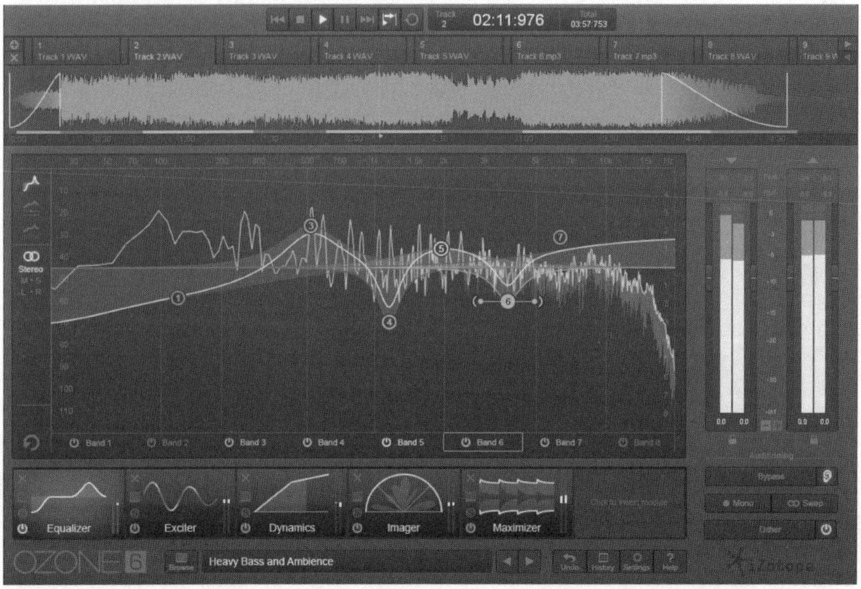


**Abb. 12.1:** Frequenzbearbeitung durch einen paragrafischen Mastering-Equalizer

Der paragrafische EQ in Ozone verfügt über bis zu acht getrennte Bänder, bei denen Sie die Parameter frei einstellen können. In Abbildung 12.1 können Sie sehen, dass diese Masteringsoftware auch die Emulation eines analogen Equalizers zur Auswahl stellt. Hierbei wird das Ausgleichen von Phasenartefakten unterbunden, sodass ein rauerer Klang entsteht, der dem eines klassischen Vakuumröhrenequalizers ähnelt.

**Praxistipps**

*Wie kann ich mit einem paragrafischen Equalizer den bestmöglichen Effekt erreichen?*

Den besten Effekt erzielen Sie, indem Sie den Equalizer nur dezent einsetzen. Achten Sie auf die Frequenzen, in denen das Material noch problematisch ist, aber verbiegen Sie den mühsam erstellten Mix nicht zu sehr!

*Wie kann ich meinen Song klingen lassen wie meine Lieblings-CD?*

Die Voraussetzungen hierfür werden natürlich bereits beim Instrumentieren des Songs und bei dessen Mix geschaffen. Im Mastering ist ein 100-prozentiges Anpassen nicht möglich. Eine weitestgehende Angleichung an das Frequenzverhalten eines Songs ist aber durchaus möglich. Softwaretools, die auf Mastering spezialisiert sind, bieten oftmals eine *Lernen*-Funktion. Sie ermöglicht, dass Sie das Frequenzverhalten Ihres Lieblingssongs mit dem »ultrafetten« Sound analysieren lassen können. Per Knopfdruck kann die Masteringsoftware dann Ihren eigenen Track an die Vorgabe anpassen. Ob Ihr Ergebnis aber ebenso gut klingt wie das Original, hängt (wie erwähnt) von vielen weiteren Faktoren ab.

*Welche Fragen sollte ich mir beim EQing im Mastering stellen?*

**Die Fragen könnten etwa lauten:**

- Fehlt dem Material »Druck« in den unteren Frequenzbereichen? Ist dieser nicht evtl. besser mit einem frequenzabhängigen Masteringkompressor zu erreichen?
- Fehlt dem Material »Brillanz« in den oberen Frequenzbereichen? Ist diese nicht evtl. besser mit einem Mastering-Exciter zu erreichen?
- Gehen einzelne Instrumente im Mix unter, weil ein bestimmter Frequenzbereich in den Mitten nicht präsent genug ist? Wäre dies nicht eine Sache für den Mix gewesen?

**Vorsicht, Falle!**

Ein häufiger Anfängerfehler ist, das Material im Mastering komplett zu verbiegen, um Fehler im Mix auszugleichen. Hier lohnt sich immer der Schritt zurück: Schaffen Sie einen Mix, der bereits ein ausgewogenes Klangbild bietet, und regeln Sie im Mastering nur nach. Hier sollen Sie **optimieren**, nicht etwa **retten**.

## 12.2 Multiband-Dynamikbearbeitung

Hierbei können sowohl Kompressoren als auch Limiter sowie Expander zum Einsatz kommen. Die Auswahl hängt ausschließlich vom zu bearbeitenden Signal ab. Softwareausführungen von Mastering-Tools bieten hier in der Regel Lösungen mit drei oder vier unabhängigen Regelbereichen an. Die Bearbeitung mit einem Multiband-Dynamikprozessor im Mastering dient der Verdichtung des Sounds.

### 12.2.1 Funktionsweise

Details zur Arbeitsweise von Multibandkompressoren finden Sie weiter oben im Text im Kapitel 5, »Dynamikaufbereitung«.

### 12.2.2 Parameterbeschreibung

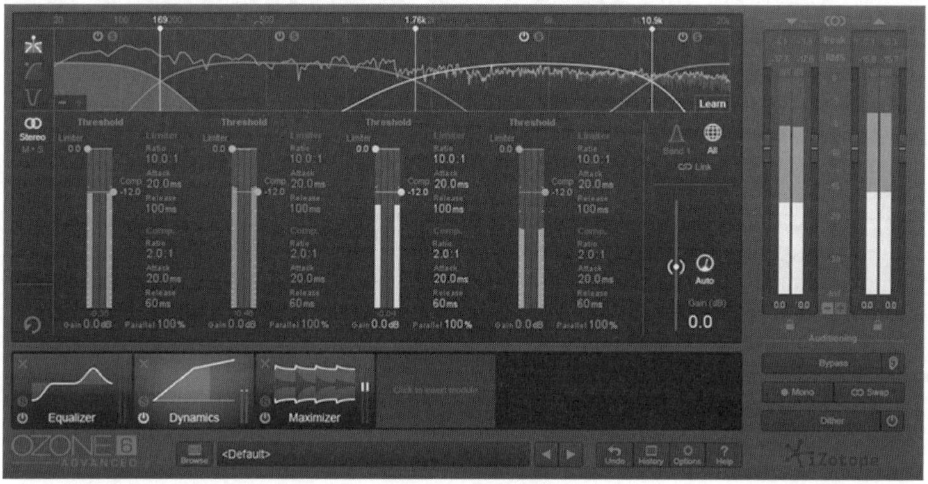


**Abb. 12.2:** Bedienelemente der Multiband-Dynamikbearbeitung

Die Begrenzung des Wirkungsbereichs ist ein entscheidender Faktor der Mastering-Kompression. Nutzen Sie deshalb an dieser Stelle des Masterings nicht einfach einen herkömmlichen Kompressor, der das Signal lediglich komplett »aufbläht«. Ausgewiesene Multiband-Mastering-Kompressoren bieten Ihnen Funktionen, die eine sehr detaillierte und gezielte Dynamikbearbeitung Ihres Audiomaterials ermöglichen.

**Praxistipps**

*In welche Frequenzbereiche soll ich die Multiband-Dynamikbearbeitung einteilen?*

Setzen Sie die Cut-off-Frequenzen der einzelnen Frequenzbereiche »musikalisch«, das heißt, teilen Sie die vorhandenen Klangregionen sinnvoll im Bezug zum Gehörten ein. Dies könnte beispielsweise so geschehen:

- im Bereich von 20 bis 120 Hz für das Bassfundament
- im Bereich von 120 Hz bis 2 kHz für den Bereich von Gesang und die Basis der Instrumentensounds
- im Bereich von 2 kHz bis 10 kHz für Schlagzeugbecken und die Harmonischen der Instrumentenklänge
- im Bereich 10 kHz bis 20 kHz für den sogenannten *Air*-Bereich

*Wie kann ich mit einem Multiband-Dynamikprozessor »ultratiefe« Basssignale verstärken?*

**Hierfür gehen Sie wie folgt vor:**

- Legen Sie den Frequenzbereich für die »ultratiefen« Bässe fest (z. B. 20 bis 60 Hz).
- Wählen Sie eine Kompressionsrate nebst passender Begleitparameter (z. B. Kompression: 10:1, Threshold: -9 dB, Attack: 30 ms, Release: 750 ms) und heben Sie den Gainwert für dieses Band bis zum gewünschten Maß an.

**Vorsicht, Falle!**

Problematisch kann es für Ihr Mastering werden, wenn Sie die verschiedenen Frequenzbereiche deutlich unterschiedlich komprimieren. Der Sound klingt zwar kompakt, wenn die diversen Frequenzbereiche verschieden komprimiert werden, dies setzt aber voraus, dass die Kompression nicht in dem einen Bereich mit 10:1 und im anderen Bereich gar nicht vorgenommen wird. Die beste Multibandkompression ist diejenige, die den Mitten Präsenz verschafft, dabei den Höhen im Gesamtsound Raum belässt und die Bässe so aufwertet, dass sie dem Gesamtsound ein »rundes« Fundament geben. Versuchen Sie in solch bildlichen Kategorien zu denken, es wird Ihnen helfen, einen druckvollen und ausgewogenen Mastering-Sound zu erreichen.

## 12.3 Harmonic Exciter

Durch die Verwendung eines Exciters können Sie das Soundmaterial eines Songs durch zusätzliche Harmonische noch einmal lebendiger gestalten. Er ermöglicht es Ihnen, durch das Generieren neuer Obertöne mehr Glanz und Brillanz in Ihre Produktion zu bekommen.

### 12.3.1 Funktionsweise

Auch den Exciter habe ich Ihnen bereits vorgestellt. Sie finden die Beschreibung zu seiner Funktionsweise in Kapitel 9, »Psychoakustikeffekte«.

### 12.3.2 Parameterbeschreibung

Auch hier gilt wieder: Bestenfalls haben Sie beim Mastering die Multibandausführung eines Exciters zur Hand, um gezielt auf verschiedene Frequenzbereiche einwirken zu können.

**Praxistipps**

*Mein Exciter bietet keine Multibandbearbeitung. Was nun?*

In der Hardwareausführung können Sie den Arbeitsbereich eines Exciters auch einschränken, indem Sie ihm einen Equalizer vorschalten, der wahlweise als High-Pass-Filter oder (je nach Notwendigkeit) dementsprechend als Bandpass-Filter arbeitet.

*Wie kann mir ein Exciter helfen, einen druckvolleren Basssound zu bekommen?*

In Abbildung 12.3 sehen Sie, dass der Exciter der Software Ozone eine zusätzliche *Delay*-Funktion bietet. Verzögern Sie die Bassanteile eines Mixes um etwa 1 ms, so wirkt er kräftiger und gewinnt an Durchsetzungsvermögen. Da hierbei aber Signalpegel verloren gehen kann, sollten Sie den entsprechenden Frequenzbereich im Bereich der Multibandkompression gegebenenfalls nachregeln.

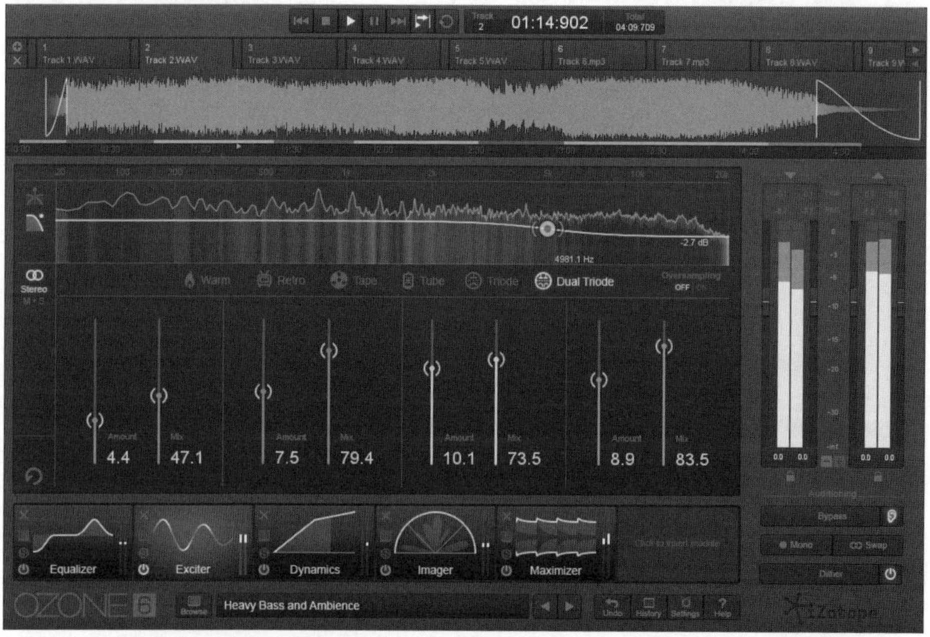


**Abb. 12.3:** Multibandausführung – harmonischer Exciter beim Mastering

## 12.4 Stereo Imager

Auch von diesem Werkzeug ist zu Masteringzwecken eine Multibandausführung wünschenswert. Mit seiner Hilfe verbreitern Sie die Stereowirkung eines Songs über das übliche Potenzial des einfachen Pannings hinaus. Dieser Effekt macht oftmals den alles entscheidenden Unterschied zwischen einer Demo- und einer Hitproduktion aus. Zumindest ist es so ziemlich das Erste, was jedem Hörer bei einem Vergleich beider Produktionen unbewusst auffällt, der Laie in der Regel aber nicht zu formulieren vermag.

### 12.4.1 Funktionsweise

Die Funktionsweise eines *Stereo Imagers* zum Erweitern des Stereobildes erscheint banal: Da ein Signal, das auf beiden Stereokanälen zu gleichen Teilen vorhanden ist, als in der Stereomitte befindlich empfunden wird, zieht die Funktion der Stereoverbreiterung diese Signale voneinander ab.

### 12.4.2 Parameterbeschreibung

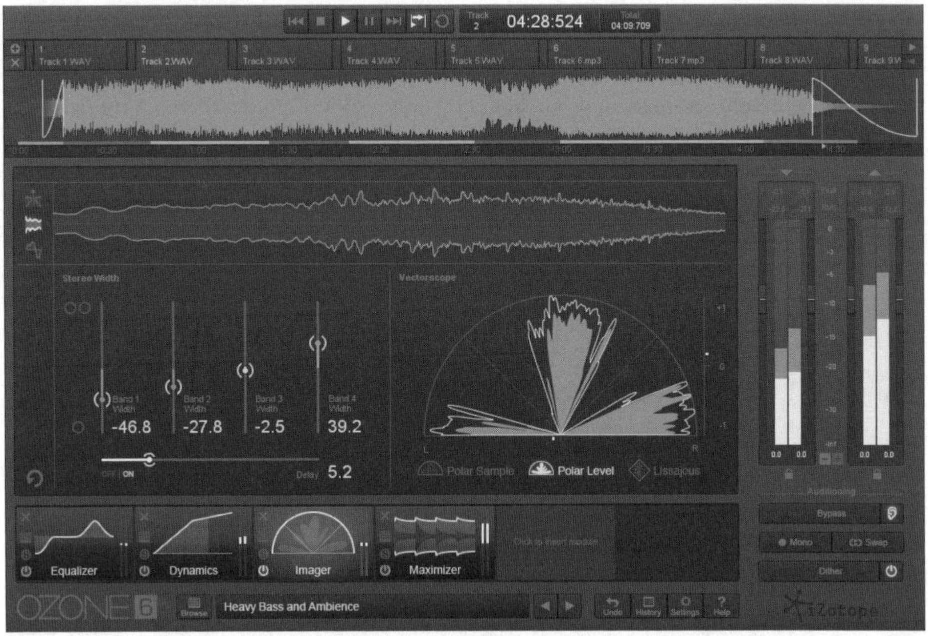


**Abb. 12.4:** Mehr Stereoweite – Stereo Imager im Mastering

Um herauszufinden, in welchem Maße gleiche Signalanteile in Ihrem Song vorhanden sind und wie sich das Verhältnis entwickelt, während Sie die Stereoverbreiterung vornehmen, können Sie zur Korrelationsmessung eine Phasenanzeige oder ein Vektorskop einsetzen (siehe Abbildung 12.4). Die Phasenanzeige zeigt Ihnen an, wie sich die Signalanteile von linkem zu rechtem Kanal verhalten. Die gebräuchlichen Werte sind hier -1 für *außer Phase* und +1 für *in Phase*. Je länger die Anzeige Ihnen dabei eine positive Korrelation angibt, desto stärker können Sie den Effekt der Stereoverbreiterung noch anwenden. Die Anzeige des Vektorskops gibt dagegen die kanalweise Stereoverteilung des Signals hinsichtlich seines Phasenverhältnisses wieder. In der Regel ist das Signal hier mehr hoch als breit. In Abbildung 12.4 sehen Sie beide Anzeigen bei angewendeter Stereoverbreiterung.

#### Praxistipps

*Wie muss ich die verschiedenen Bänder des Stereo Imagers einstellen?*

Um die Vorteile eines Stereo Imagers nutzen zu können und zugleich die möglichen Nachteile weitestgehend auszuschließen, sollten Sie bei einem Multiband-Stereo-Widener die Auslöschungen so einstellen, dass sie nach unten hin abnehmen (also etwa Bässe: 0 %, Mitten: 30 %, Höhen: 80 %).

*Wie kann ich vermeiden, dass mein Song nicht mehr monokompatibel ist?*

Die einfachste Lösung ist das regelmäßige Abhören des bearbeiteten Stereobilds mit einer einfachen Kanalsummierung des Masters. Dabei werden linker und rechter Kanal addiert und zusammen ausgegeben. Im schlimmsten Fall kommt es dabei zu deutlichen Signalauslöschungen, die einzelne Instrumente im Monomix »untergehen« lassen. Sofern dies der Fall ist, sollten Sie zuerst versuchen, nur Bässe, Mitten und Höhen in der Stereoverbreiterung neu zu staffeln. Eventuell ist auch eine Neueinteilung der Bänder sinnvoll. Die sicherste Lösung ist aber, auf eine allzu aggressive Stereoverbreiterung zugunsten der Monokompatibilität zu verzichten.

**Vorsicht, Falle!**

Durch diese Subtraktion gewinnt das Material zwar an Stereoweite, unter Umständen geht aber in der Lokalisation auch die Signalmitte verloren. Nutzen Sie einen Stereo Widener ohne Frequenzbegrenzung nicht zu stark, sonst verliert Ihr Song im Stereobild die Mitte und damit auch Punch und Durchsetzungsfähigkeit. Ein weiterer, häufig gemachter Fehler geschieht beim Einsatz von Monitorkopfhörern. Diese verschaffen Ihnen schnell einen Eindruck immenser Stereoweite, da die Kanäle getrennt voneinander wahrgenommen werden und kein *Crossover* zwischen rechtem Kanal und linkem Ohr sowie linkem Kanal und rechtem Ohr stattfinden kann. Hören Sie deshalb einen Kopfhörermix zusätzlich immer auch auf Lautsprechern ab.

## 12.5 Loudness Maximizer

Mit dem *Loudness Maximizer* können Sie die Pegel des bearbeiteten Materials maximieren und darüber hinaus den Lautheitseindruck eines Songs vergrößern. Der Loudness Maximizer sitzt deshalb nach der frequenzweisen Bearbeitung als letztes Glied in der Signalbearbeitung des Masteringprozesses. Wie vehement sich der Einsatz dieses Geräts auf die Signalpegel auswirkt, sehen Sie in Abbildung 12.5.

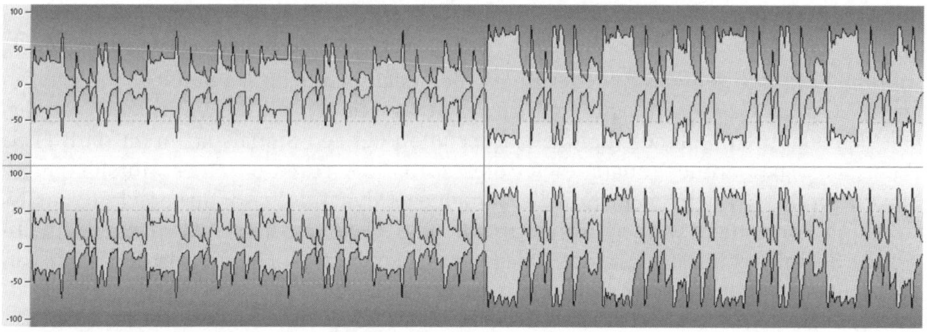


**Abb. 12.5:** Loudness Maximizer – Wellenform vorher/nachher

## 12.5.1 Funktionsweise

Während eine Normalisierungsfunktion den kompletten Mix nach dem lautesten Pegel analysiert und dessen Spitzenwert (nebst allen weiteren Pegelspitzen um das gleiche Maß) an 0 dB heranführt, arbeitet ein Loudness Maximizer dynamischer. Seiner *Normalizer*-Funktion ist ein Limiter vorgeschaltet, der alle Signalspitzen ab einem bestimmten Schwellenwert auf diesen begrenzt. Somit kann die nachfolgende Normalisierung umso stärker ausfallen, ohne dass es dabei zu Übersteuerungen kommt.

## 12.5.2 Parameterbeschreibung

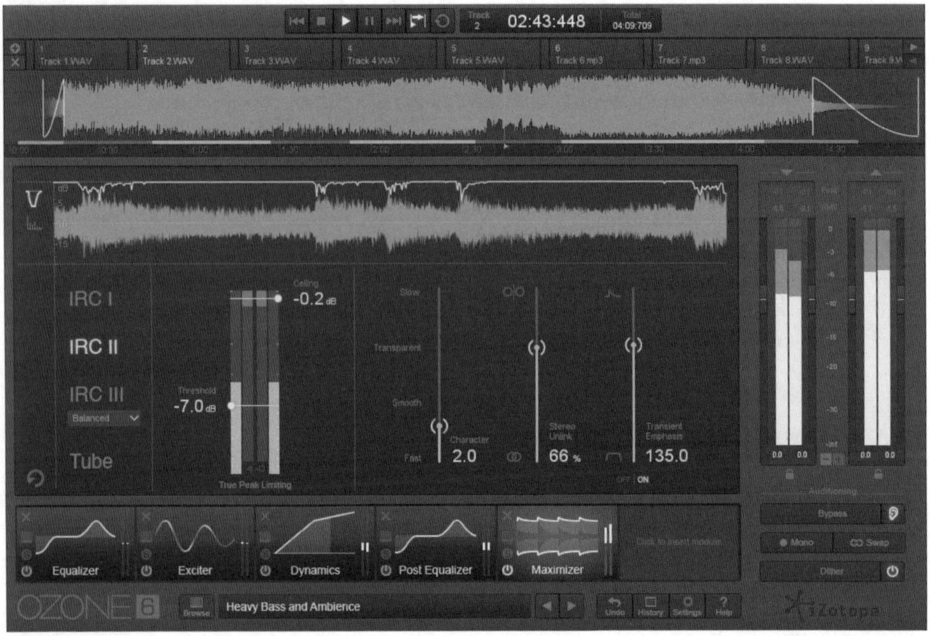


**Abb. 12.6:** »Volle Pulle!« oder doch lieber »druckvoll und differenziert«? – Loudness Maximizer im Mastering

In Abbildung 12.6 sehen Sie wiederum die Bedienelemente dieses Bereichs in der Mastering-Software Ozone. Hier gibt es noch Zusatzfunktionen wie das Verhindern von *Signal Clipping* durch fehlende digitale Interpolation bei den Signalspitzen an 0 dB (*True Peak Limiting*). Darüber hinaus bietet dieses Tool die Funktion eines »intelligenten« Maximizer an, bei dem nicht nur die Signalpegel dynamisch vorausberechnet, analysiert und kontrolliert werden, sondern mit dem *Character*-Regler auch eine »intelligente« Beeinflussung des Limiter Release des Maximizers. Hier regeln Sie dann von *schnell* über *sanft* und *transparent* bis hin zu *langsam*.

**Praxistipp**

*Gibt es einen Trick, mit dem ich das Signal generell noch lauter machen kann?*

Je schneller der Limiter des Loudness Maximizers arbeitet, desto lauter wird die Gesamtwirkung des Ausgangssignals. Sie erreichen dies, indem Sie ggf. die Releasezeit des Limiters verkürzen (z. B. deutlich unter 500 ms). Eine zu starke Verkürzung der Releasezeiten zieht aber für gewöhnlich Übersteuerung und damit auch unzulässige Signalverzerrungen nach sich. Auf der anderen Seite lässt sich über den Daumen gepeilt angeben, dass Sie die Releasezeiten umso länger wählen sollten, je stärker die Begrenzung durch den Limiter stattfindet.

## 12.6 Dithering

Beim *Dithering* wird die Wortbreite des digitalen Signals in eine niedrigere Bittiefe konvertiert. Arbeitet Ihre Audiosoftware z. B. mit einer Auflösung von 24 Bit oder 32 Bit, so muss für den CD-Standard von 16 Bit eine Umrechnung der digitalen Audiodaten erfolgen, damit der Dynamikumfang des Signals nicht verloren geht. Ein weiteres Problem stellen die sogenannten Quantisierungsverzerrungen dar, die durch den Ditheringprozess stark vermindert werden können. Da es sich hierbei um einen »Feinschliff« handelt, nach dem das Signal keine weiteren Veränderungen erfahren sollte, befindet sich die Ditheringfunktion am Ende der Masteringkette.

### Was sind Bittiefe und Wortlänge?

Bittiefe und Wortlänge bezeichnen dasselbe. Die Wortlänge wird in Bit angegeben und ist der entscheidende Faktor für die Dynamik des digitalisierten Audiomaterials. In Abbildung 12.7 können Sie sehen, wie sich Wortlänge und Samplerate voneinander unterscheiden. Die Samplerate bestimmt, wie viele Samples bei der Digitalisierung eines analogen Signals von diesem genommen werden. Je mehr Samples pro Minute zur Verfügung stehen (z. B. 96 kHz statt 44,1 kHz), umso besser können hohe Frequenzen in der Digitalisierung des analogen Signals abgebildet werden. Durch das Erhöhen der Bitrate (z. B. 24 Bit statt 16 Bit) steht mehr Dynamikumfang zur Verfügung bzw. lässt sich das Signal-Rausch-Verhältnis verbessern.

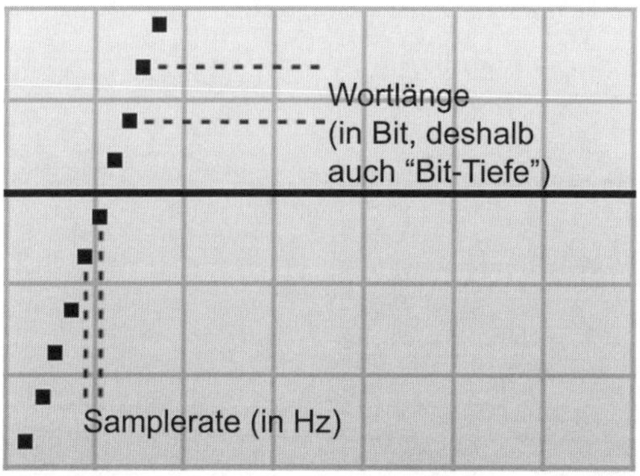


**Abb. 12.7:** Einheiten der Digitalisierung von Audiosignalen – Wortlänge und Samplerate

## Funktionsweise

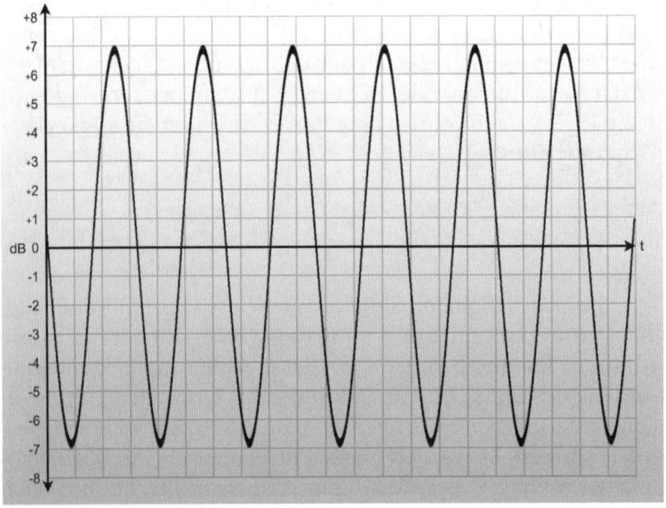


**Abb. 12.8:** Digitalisierte Wellenform ohne Zoom – scheinbar eine durchgängige Wellenform

Für eine Erläuterung des Ditherings müssen wir uns erst einmal anschauen, wie ein digitales Audiosignal überhaupt aufgebaut ist. Wenn Sie sich Abbildung 12.8 anschauen, so lässt sich nicht sofort erkennen, dass digitale Audioinformationen in einzelne Schritte unterteilt sind. Tatsächlich besteht eine »Wellenform« aber nur aus separaten Abtastungen, wie Sie in der hineingezoomten grafischen Darstellung in Abbildung 12.9 erkennen können. Diese nehmen wir erst in ihrer konkreten Abfolge als zusammenhängendes Audiosignal wahr.

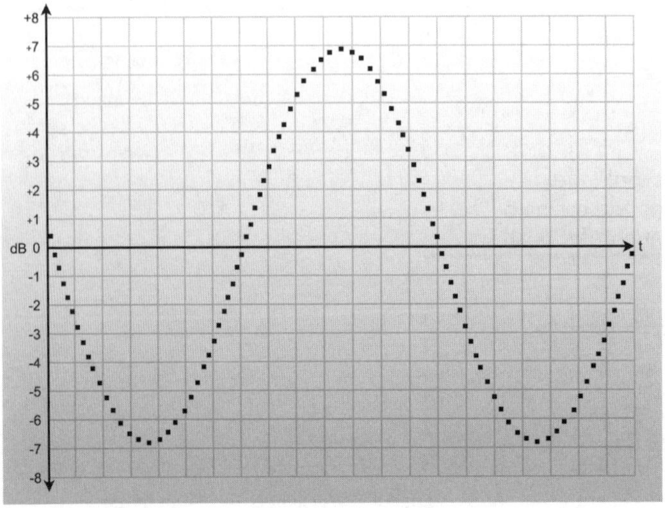


**Abb. 12.9:** Digitalisierte Wellenform im Zoom – einzelne Abtastungen

Muss die Wortbreite nun verringert werden, z. B. von 32 Bit auf 16 Bit, so ist der Dynamikabstand zwischen den einzelnen Abtastungen nun größer, die Wellenform wird sozusagen mehr und mehr »aufgebrochen«. Diese fehlende Interpolation macht sich als Quantisierungsfehler in Form von Artefakten bemerkbar, die im ursprünglichen Originalsignal nicht enthalten waren. Eingangs habe ich diese bereits als Quantisierungsverzerrungen erwähnt.

Beim Dithering lösen Sie dieses Problem, indem die Ditheringfunktion dem Signal mit der verringerten Wortbreite ein sehr leises Rauschen (Quantisierungsrauschen) hinzufügt, das sich nahezu gleichmäßig über sämtliche Frequenzbereiche erstreckt. Da dieses Rauschen weniger »hart« ist als dasjenige, das im Signal selbst enthalten ist, kann es beim Dithering zu echten »magischen« Momenten kommen. So ist es aufgrund der technischen Zusammenhänge beispielsweise möglich, dass der wahrgenommene Dynamikumfang nach der Verringerung der Wortbreite sogar größer ist als das ursprüngliche Signal-Rausch-Verhältnis, obwohl Rauschen hinzugefügt wurde.

## 12.6.1 Parameterbeschreibung

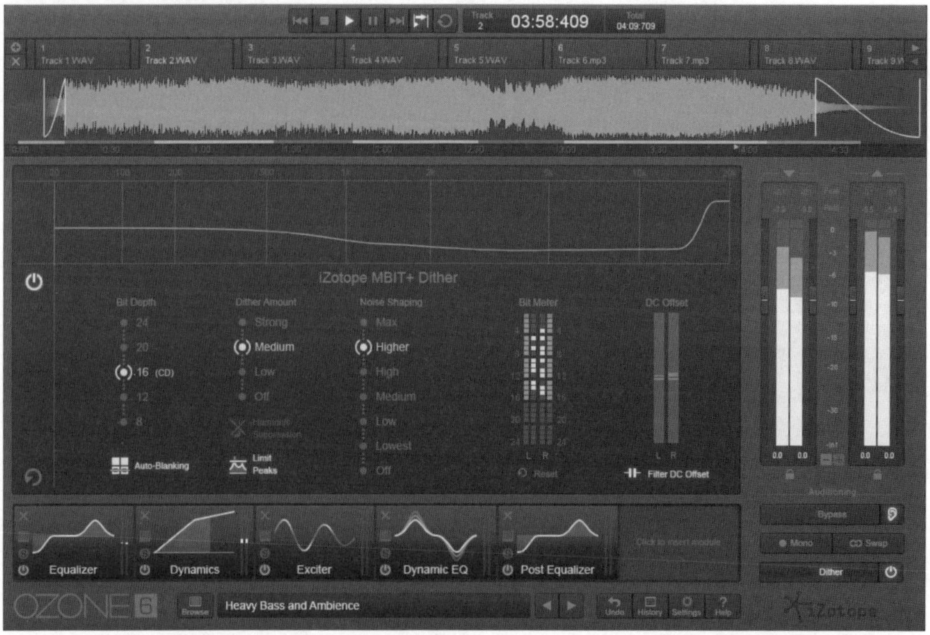


**Abb. 12.10:** Typische Bedienelemente für das Dithering

- *Bit Depth:* Hier legen Sie die Wortbreite des Ausgangsmaterials fest.
- *Dither Amount:* Über diese Auswahl bestimmen Sie, wie viele Bits für das Dithering herangezogen werden.
- *Noise Shaping:* Über diese Auswahl bestimmen Sie, wie das hinzugefügte Rauschen verändert werden soll, um dem Dithering zuträglich zu sein und zugleich beinahe unhörbar zu bleiben. Eine typische Form wäre etwa der Einsatz eines Filters, das das zusätzliche Rauschen zu den tieferen Frequenzen hin stark absenkt.

- *Auto-Blanking:* Diese Funktion unterbindet das Hinzufügen von Ditherrauschen, wenn das Originalsignal still ist.
- *Limit Peaks:* Mit dieser Funktion können Sie eine automatische Pegelbegrenzung des Ditherrauschens aktivieren. Besonders wenn Sie Rauschen mit stark konturiertem Frequenzverlauf anwenden, ist diese Funktion hilfreich, um das Ditherrauschen deutlich weniger hörbar zu machen.

**Praxistipps**

*Je mehr Dither (Amount), desto besser?*

Diese Gleichung geht nicht auf. Nutzen Sie beim Dithering Amount 1 Bit Wortbreite, so können zwar eventuell Verzerrungen übrig bleiben, die nicht vom Ditherrauschen maskiert werden. Andererseits kann aber eine zu hohe Bitanzahl (konkret: 2 Bit) auch zu einem höheren Grundrauschen des Audiomaterials führen.

*Warum hat meine Audiodatei nach dem Dithering auf 16 Bit Wortbreite noch immer eine 24-Bit-Auflösung?*

Ein Mastering-Plug-in rechnet lediglich die Signalinformationen um. Die Dateispezifikationen müssen aber erst noch durch das Hostprogramm gewandelt werden. Dabei werden diejenigen Bits, die das Mastering-Plug-in beim Dithering leer hinterlässt, einfach abgeschnitten.

*Ist es nicht besser, sofort mit 16 Bit und 44,1 kHz zu arbeiten, wenn später per Dithering auf diese Werte heruntergerechnet werden muss, um eine Audio-CD zu erstellen?*

Die Antwort ist klar: Nein. Indem Sie mit höheren Wortbreiten und Sampleraten arbeiten, bringen Sie wichtige Daten in den Ditheringprozess mit ein, durch die die Errechnung eines höherwertigen Audiosignals ermöglicht wird.

**Vorsicht, Falle!**

Ein Standardfehler ist es, das Dithering mehrmals innerhalb des Masteringprozesses durchzuführen. Das Dithern des Audiomaterials sollte stets zum Schluss und optimal nur ein einziges Mal erfolgen. Nur so können Sie die bestmögliche Audioqualität erzielen.

## 12.7 Kaufkriterien

Beachten Sie vor dem Kauf eines Mastering-Tools, ganz gleich, ob es sich um eine Hardware- oder um eine Softwarelösung handelt, die folgenden Punkte:

- Überzeugen Sie sich, dass der enthaltene Equalizer möglichst viele Regelmöglichkeiten und Bänder bietet. (Vier unabhängige Bänder sollten das Minimum sein.) Eine Software sollte einen paragrafischen EQ mit sechs bis acht Frequenzbändern bieten können.
- Sofern es sich um eine Software handelt, ist es ein Plus, wenn diese über eine *Lernen*-Funktion verfügt, mit deren Hilfe Sie das Frequenzverhalten Ihres Songs an dasjenige eines *Source*-Songs Ihrer Wahl angleichen können.

Kapitel 13

# Mic-Preamps und Kanalzüge

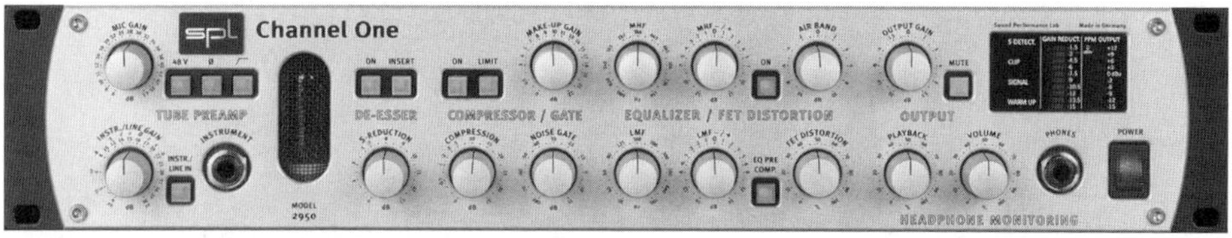


**Abb. 13.1:** Kompletter Kanalzug – SPL Channel One Model 2950 (Quelle: `www.spl.info`)

Während ein einfacher *Mic-Preamp* lediglich das Signal eines Mikrofons ausreichend verstärkt, um es weiterverarbeiten zu können, bilden sogenannte *Channel Strips* komplette Kanalzüge aus Mischpulten nach (Sie erinnern sich: »vertikale Mischpulteinheiten«. Diese dienen dann nicht nur dem Verstärken des Signals, sondern bereits der eingehenden Signalaufbereitung durch Dynamikbearbeitung, Klangfilter und allerlei andere nützliche Features. Sofern Sie für Ihr Homestudio sehr aufs Budget achten müssen (aber auch nur dann), empfehle ich Ihnen die Anschaffung eines einfachen Mikrofon-Preamps. Die restliche Signalbearbeitung können Sie dann kostensparend von Ihrer DAW vornehmen lassen. Die Anschaffung eines (in der Regel teureren) Channel Strips kann sich allerdings auch lohnen. Dies ist der Fall, wenn Sie nicht über jede Menge Outboard-Equipment verfügen und dennoch das Signal bestmöglich aufbereiten möchten.

**Hinweis**

Täuschen Sie sich nicht. Es kann durchaus Sinn machen, auf die Bearbeitungsextras von Channel Strips zu verzichten und »lediglich« einen simplen Mikrofonvorverstärker anzuschaffen, dafür aber auf ein teures Gerät der Oberklasse zurückzugreifen. Um herauszufinden, welche Lösung für Sie am besten ist, können Sie bei einigen Musikalienhändlern entsprechende Geräte auch über das Wochenende ausleihen und antesten. Trauen Sie sich zu fragen, denn nur Ihr Bedarf und Ihr Soundwunsch sollte entscheiden, welches Gerät für Sie sinnvoll ist.

## 13.1 Funktionsweise

Wie der Name *Channel Strip* schon sagt, wird von diesem der Signalfluss eines Mischpultkanals nachgebildet. Anhand Abbildung 13.2 können Sie nachvollziehen, wie das Eingangssignal verändert wird, bis am Ende ein »anständiger« Gesangssound vorhanden ist, den es aufzunehmen lohnt. Dabei ist es oftmals auch möglich, den Signalfluss zu beeinflussen und per Knopfdruck zu verändern. Auf diese Weise lässt sich dann beispielsweise der Kompressor hinter die Klangregelung schalten und Ähnliches (siehe Abbildung 13.2). Funktionen wie *Expander* und *Vintage Harmonics* habe ich zwar in die Abbildung einfließen lassen. Diese sind jedoch nicht die Regel.

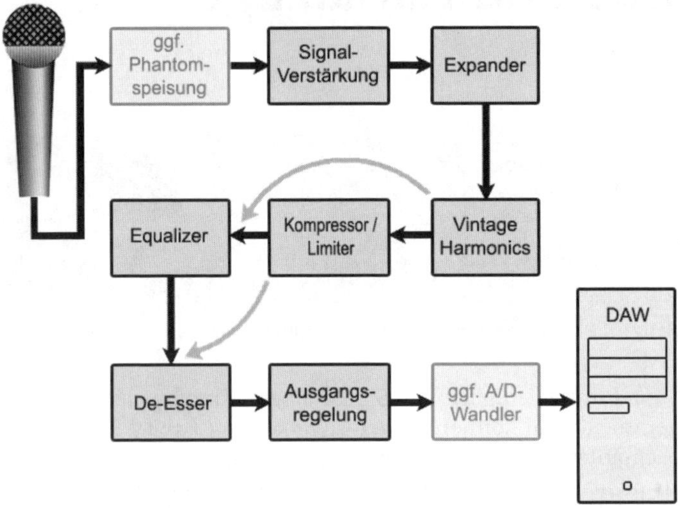


**Abb. 13.2:** Signalfluss von Channel Strips

## Was ist eine »diskrete« Verstärkerschaltung?

Viele Hersteller bewerben ihre Mikrofonvorverstärker oder Channel Strips mit dem Hinweis auf deren *diskrete Verstärkerschaltung*. Aber was bedeutet das? *Diskret* steht hierbei nicht für »zurückhaltend« oder »verschwiegen«, sondern bezeichnet den Aufbau des Verstärkers. Während einige Hersteller auf fertige Chips (ICs) zurückgreifen, bauen andere ihre Schaltungen aus separaten Einzelteilen auf. Dieser Verstärkeraufbau aus Einzelteilen (wie beispielsweise Kondensatoren) gegenüber der IC-Bauweise wird als *diskret* bezeichnet. Dabei stehen die oftmals verwendeten Klassen (Class A, Class A/B, Class B) für die Art und Weise, wie die Bauteile mit Strom versorgt werden. Hierbei ist die Class-A-Lösung unter den genannten die hochwertigste.

## 13.2 Parameterbeschreibung

Ein Mikrofonvorverstärker bietet Ihnen in der Regel zumindest die Funktionen, die Sie in Abbildung 13.2 sehen. Typische Ausstattungsmerkmale sind z. B.:

- *Mikrofonvorverstärker:* Hier wird das Mikrofonsignal auf den notwendigen Arbeitspegel angehoben.
- *De-Esser:* Störende Zischlaute werden im Sprachsignal gedämpft.
- *Kompressor/Limiter:* In diesem Bereich nehmen Sie die dynamische Aufbereitung des Mikrofonsignals vor.

- *Equalizer:* Diese EQ-Sektion dient dem Ausgleichen von Schwächen im Frequenzverhalten des Mikrofons.
- *Output-Regler:* Da sich durch die Bearbeitungsschritte innerhalb des Preamps der Pegel des Signals verändern kann, können Sie es hiermit nachregulieren.
- *Pegelanzeige:* Sie dient (selbstverständlich) zur Überwachung des Ausgangspegels.

## 13.3 Extras

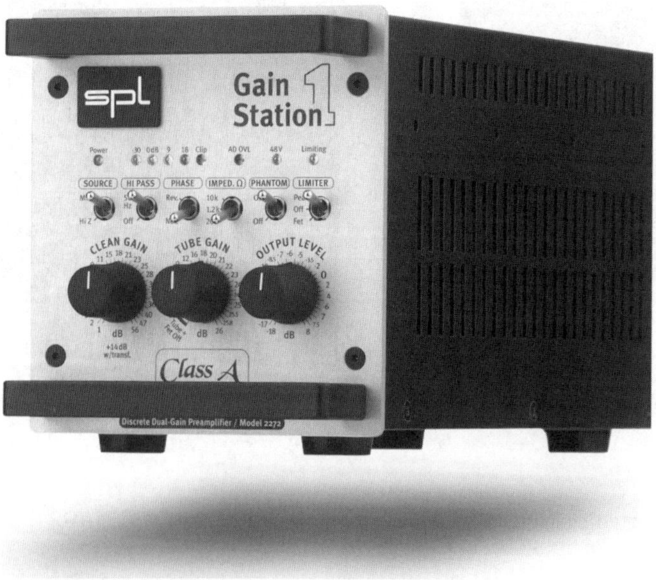


**Abb. 13.3:** Transportabler Würfel – SPL Gainstation1 (Quelle: www.spl.info)

Im Aufbau ähneln sich zwar die meisten Geräte und sind als 19-Zoll-Geräte mit 1 oder 2 Höheneinheiten ausgelegt, aber auch hier tut sich auf dem Markt immer mal wieder etwas. So sehen Sie in Abbildung 13.3 etwa die *Gainstation* des deutschen Herstellers *SPL*. Dabei handelt es sich um einen kleinen Mikrofonvorverstärker-Würfel, der mit einer erstklassigen Technik aufwarten kann. Zu diesem Gerät können Sie beim Hersteller eine passende Schultertasche gleich mitbestellen. Ganz gleich, wo Sie aufnehmen, ob im Homestudio, im Proberaum oder wo auch immer, Ihren Gesangs- oder Sprachsound haben Sie so stets dabei.

Neben einer interessanten Form bieten einige Geräte auch mehr oder minder hilfreiche Zusatzfunktionen zur Bearbeitung des Gesangssounds. Hierzu gehören etwa *Vintage-Harmonics*-Sektionen, mit denen Sie dem Gesangssound zusätzliche Obertöne hinzufügen können, oder auch ein *Tube-Sound*-Bereich für das Anzerren des Signals, um diesem mehr »Wärme« hinzuzufügen. Die Level-Meter sind hier als LED-Variante, dort als VU-Meter angelegt. Die Variationen sind erheblich.

Letzten Endes sollten Sie ganz einfach nach Ihren Bedürfnissen und natürlich nach Ihrem Gehör entscheiden, welches Gerät Ihnen am besten gefällt und beim Einsatz in

Ihrem Homestudio die beste Figur bzw. den besten Sound macht. Letztlich ist dies immer derjenige Sound, der Ihnen selbst am besten gefällt.

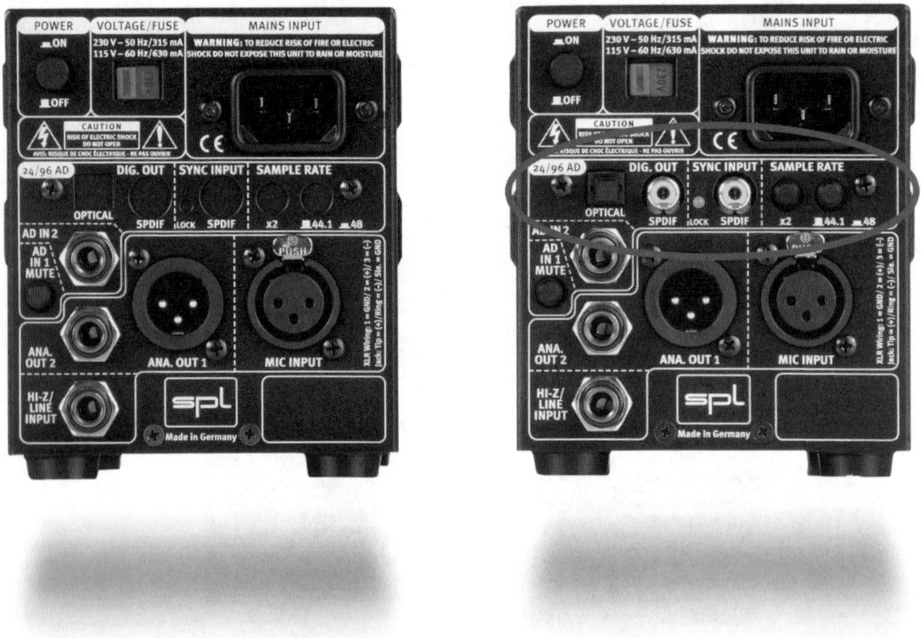


**Abb. 13.4:** Digitale Erweiterungskarte in der SPL Gainstation (Quelle: `www.spl.info`)

Was besonders ins Gewicht fällt, ist allerdings die Möglichkeit, einen Mic-Preamp mit eigenen A/D-Wandlern auszustatten. Da es sich hierbei in der Regel um einen recht teuren Gesamtbaustein handelt, verzichten viele Hersteller bei den Basismodellen ihrer Mikrofon-Preamps auf den Einbau dieser kostspieligen Bauteile. Dies macht dann zwar das Grundmodell erschwinglich, setzt aber voraus, dass Sie bereits über einen Wandler verfügen, den Sie mit dem Signalausgang Ihres Channel Strips füttern.

Sie haben in diesem Buch bereits viele Eigenarten der Digitalisierung von analogen Audiosignalen kennengelernt. Es handelt sich dabei um einen Prozess, der höchste Detailgenauigkeit erfordert, um eine gute Signalqualität gewährleisten zu können. Wandler ist also nicht gleich Wandler. Sicher hat auch Ihre Multimedia-Soundkarte einen A/D-Wandler zu bieten. Ob dieser jedoch Ihren Anforderungen entspricht, stellt sich spätestens bei der Bearbeitung der Audiodaten oder (schlimmstenfalls) nach Mix und Mastering heraus, wenn Sie Ihren Song mit einer Profiproduktion vergleichen. Dann jedoch ist es zu spät, um noch etwas Grundlegendes wie die Signalwandlung am Beginn des Aufnahmeprozesses zu ändern.

Die einzige Lösung ist es also, gute Wandler einzusetzen. Die von den Herstellern der Mikrofonvorverstärker angebotenen Wandler sind meist hochwertig und auf das jeweilige Gerät abgestimmt. Die Ergebnisse sind also dementsprechend gut. Wenn Sie sich ein solches Gerät anschaffen wollen, sollten Sie deshalb immer auch nach dem Preis für eine Erweiterungskarte fragen, die den A/D-Wandler enthält.

## 13.4 Kaufkriterien

Das Feld der Mikrofon-Preamps ist groß und beim Kauf eines solchen Geräts gibt es eine Menge zu beachten.

- Ist ein A/D-Wandler im Gerät enthalten? Wenn nicht ...
- Gibt es digitale Erweiterungskarten mit einem A/D-Wandler zum Nachrüsten? (Wenn ja, kann das Nachrüsten selber vorgenommen werden?)
- Kann die Reihenfolge der integrierten Bearbeitungsschritte geändert werden (Signalflussänderung per Knopfdruck)?
- Wenn es sich um einen Channel Strip handelt: Werden alle gängigen Sektionen geboten (Preamp, Kompressor, Equalizer, De-Esser, Ausgangsregelung)?

**Praxistipp**

*Mit welchen Komponenten erziele ich die besten Ergebnisse? Gilt: je teurer, desto besser?*

Die Antwort lautet klar und deutlich: Nein! Wenn Sie sich ein Set aus Mikrofon, Vorverstärker und Wandler zusammenstellen, finden Sie einen brauchbaren Ausgleich zwischen guter Performance und Bezahlbarkeit, indem Sie beim Mikrofon und dessen Preamp sparen und sich dafür aber einen hochwertigen und teureren A/D-Wandler zulegen.

# Kapitel 14

# Multieffektgeräte

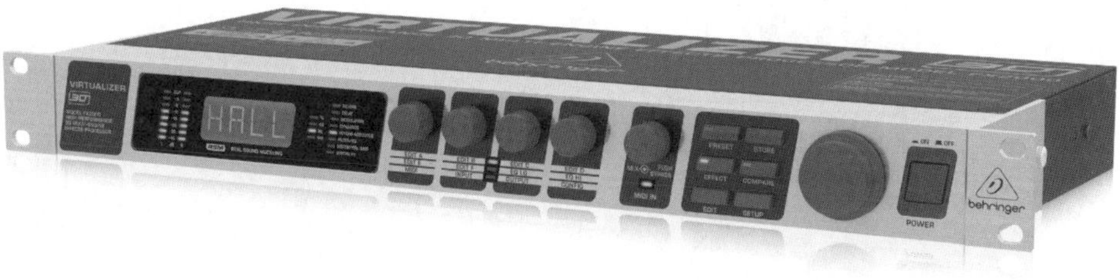


**Abb. 14.1:** Bezahlbar und leistungsstark – Multieffektgerät Behringer FX2000 (Quelle: `www.behringer.com`)

Schauen Sie sich bei Ihrem Musikalienhändler in jedem Fall auch nach Multieffektgeräten um. Besonders dann, wenn Sie lediglich Spur für Spur aufnehmen und nur hin und wieder für das Monitoring verschiedener Signale diverse Effekte benötigen, reichen auch einfache Ausführungen von Multieffektgeräten aus. Auf diese Weise können Sie viel Geld sparen und müssen nur ein Gerät verkabeln. Ein weiterer positiver Punkt ist, dass Sie sich nur in ein einziges Gerät einarbeiten müssen, was wiederum eine Menge Zeit spart.

Das in Abbildung 14.1 gezeigte Multieffektgerät *FX2000* von *Behringer* verfügt beispielsweise sowohl über Hall- und Delayeffekte als auch über Effekte aus den Bereichen Modulation, Reverb, Delay und Dynamikbearbeitung.

## 14.1 Kaufkriterien Outboard-Equipment

Hier einige Punkte, die Sie beim Kauf von Effekt- und Multieffektgeräten beachten sollten:

- Handelt es sich um ein 19-Zoll-Gerät, das in einem Rack untergebracht werden kann?
- Gibt es hinsichtlich der Qualität vergleichbare Software-Plug-ins, die Ähnliches leisten können, aber preiswerter und platzsparender sind?
- Gibt es Anzeigen und sind diese ausreichend gut ausgestattet (Beleuchtung, Auflösung, evtl. grafische Darstellung)?
- Klingt das Gerät gut und hat es ein geringes Eigenrauschen?
- Besonders bei Multieffektgeräten gilt: Sind wirklich ausreichend Einstellungsmöglichkeiten für die notwendigen Parameter vorhanden (bei Halleffekten z. B. für Pre-Delay u. Ä.)?

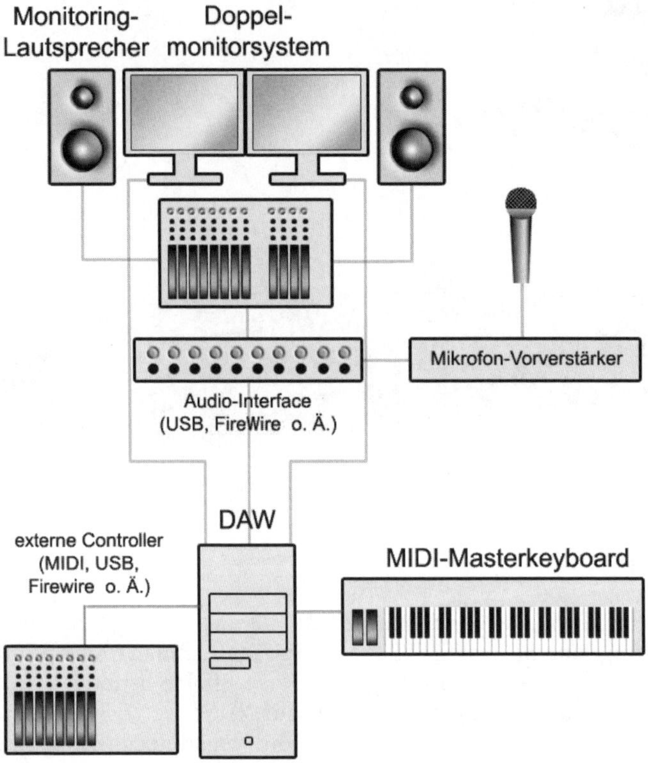


**Abb. 14.2:** Homestudio (Ausbaustufe mit Outboard-Equipment)

Kapitel 15

# Racksysteme

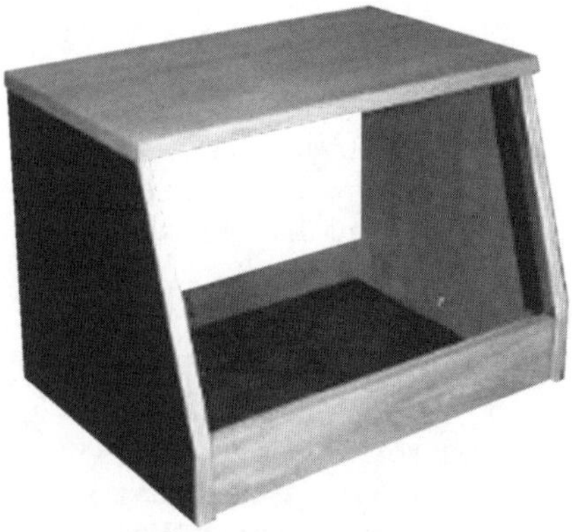

**Abb. 15.1:** Darin kommt zusammen, was zusammengehört – Studioracks (abgeschrägte Variante)

Sofern Sie mit Outboard-Equipment arbeiten, stellt sich bereits mit dem dritten oder vierten Gerät ein Problem: Wie können Sie die Geräte platzsparend und sinnvoll stapeln oder unterbringen? Die Lösung ist das Einrichten eines *Racks* (dt.: »Einbaugehäuse«). Darin können Sie die verschiedenen Geräte zusammenfassen. Bei einer Verwendung als zentrales Rack in Mischpult- und/oder DAW-Nähe spricht man auch vom *Siderack*.

## 15.1 Standards

Vorteilhaft ist dabei, dass die Hersteller vieler Geräte auf einheitliche Formate bei den Abmessungen setzen. In der Breite sind dies für gewöhnlich 19 Zoll, was 48,1 cm entspricht. Da es sich hierbei um einen gebräuchlichen Studio- und Live-Standard handelt, passen Geräte dieses Formats in alle gängigen Racks, die Ihnen beim Musikalienhändler Ihrer Wahl angeboten werden.

Zur Befestigung der 19-Zoll-Geräte dienen Schrauben, mit denen Sie sie auf den dafür vorgesehenen Rackschienen stufenlos verschrauben können. Da die Hersteller einiger Geräte auch auf das 9½-Zoll-Format setzen, sind hierzu allerdings gelegentlich Hilfsmittel erforderlich. Deshalb sind die halb so breiten 9½-Zoll-Geräte auch minimal aufwendiger in einem Rack zu installieren. Für ihre Befestigung benötigen Sie spezielle Einbaurahmen (*Rackmaster*), die von manchen Herstellern separat verkauft werden. Es gibt aber auch No-Name-Rackmaster zu kaufen, die bereits etliche Lochungen aufweisen, um verschiedene 9½-Zoll-Geräte und auch Equipment, das diesen Größenstandards so gar nicht entsprechen will, in einem 19-Zoll-Rack verschrauben zu können.

Auch bei den Höhenabmessungen gibt es einen Standard. Das gängige Format ist hier eine »Höheneinheit«. Gebräuchlich ist auch die Abkürzung *HE* sowie international *HU* für *height unit*. Geräte mit 1 HE sind etwa 1,75 Zoll (4,45 cm) hoch. Dies ist entscheidend, weil ein Rack ja eine sinnvolle Ordnung in Ihr Outboard-Equipment bringen soll, die verschiedenen Geräte aber unterschiedliche Höheneinheiten hoch sind. Da kommt schnell einiges zusammen. Schauen Sie vor der Anschaffung eines Racks deshalb immer darauf, wie viele Höheneinheiten es bieten muss, um alle erforderlichen Geräte fassen zu können und eventuell sogar noch ausbaufähig zu sein.

## 15.2 Details

In Abbildung 15.1 sehen Sie ein typisches Studiorack, das alles bietet, was für eine ergonomische Studioeinrichtung wichtig ist. Denn bei genauerer Betrachtung stellen Sie fest, dass dessen Front von unten nach oben verlaufend leicht nach hinten abgeschrägt ist. Dies ist für die Bedienung der Geräte ein deutlicher Vorteil, weil Beschriftung und Anzeigen des Outboard-Equipments für Sie somit deutlicher einzusehen sind. Auf der Oberseite findet sich eine Aussparung, in die Sie einen Rack-Mixer einlassen können. Hierbei spricht man vom *Winkelrack*.

Manche Racks bieten mitunter abnehmbare Rückwände, sofern diese (z. B. in großen Studios) frei im Raum stehen. Ansonsten sind sie offen. Denken Sie daran, dass sich in einem Rack schnell Staub ansammelt und auch eine nicht unerhebliche Hitze entstehen kann, sofern Sie auch die zugehörigen Trafos zu den 19-Zoll-Geräten darin unterbringen. Allein um eine ausreichende Luftzirkulation gewährleisten zu können, ist eine offene Variante in einigen Fällen besser fürs Homestudio geeignet. Profiracks besitzen manchmal auch eingebaute Lüfter, die das untergebrachte Equipment vor Überhitzung schützen.

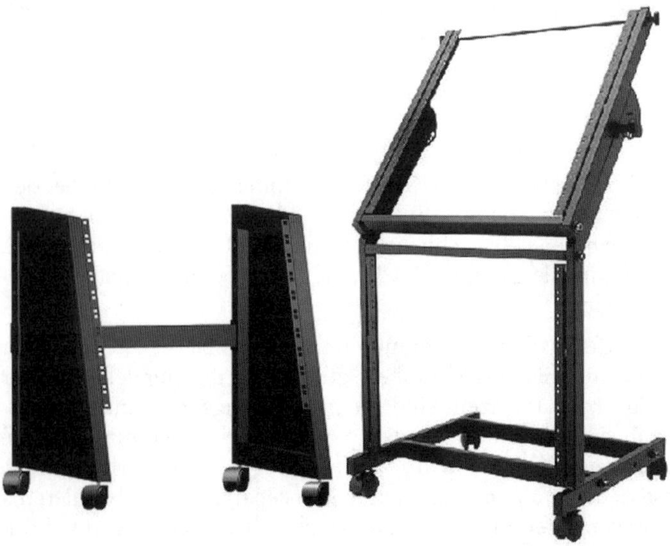

**Abb. 15.2:** Preiswerte Lösung – Metallracks

Nicht zu vergessen sind selbstverständlich Metallracks, die sozusagen das »nackte« Gerüst bieten. Hier können Sie die benötigten Geräte kostengünstiger verschrauben, denn Metallracks kosten für gewöhnlich weitaus weniger, sind aber dafür auch kein so schönes Studiomöbel. Ein Vorteil dieser Racks ist zwar, dass die Geräte in jedem Fall eine ausreichende Kühlung bekommen. Nachteile sind jedoch, dass die Geräte nicht vor äußeren Einflüssen wie Staub und Feuchtigkeit geschützt sind. Wie Sie in Abbildung 15.2 sehen können, gibt es diese auch mit abgeschrägter Front und der Möglichkeit, 19-Zoll-fähige Mischpulte aufzuschrauben.

Als Zubehör für Holzracks sind auch einbaubare Schubladen, Schreibplatten, Tastaturauszüge, Hitzereflektoren, Lüftungsgitter und viele weitere nützliche Details erhältlich. Nicht benötigte Höheneinheiten werden für gewöhnlich mit dafür vorgesehenen Metallblenden versehen. Bei transportablen Racks ist auch der Einbau von Aufsatzschlössern üblich.

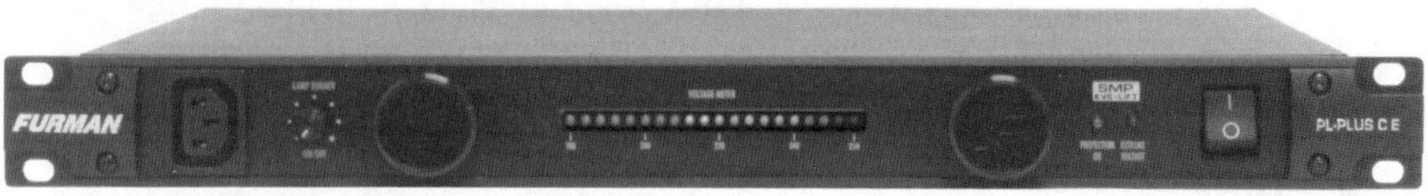


**Abb. 15.3:** Filternetzleiste und Rackbeleuchtung – Furman PL-Plus CE (Quelle: `www.furmansound.com`)

Nicht unerhebliche Punkte sind die Faktoren Stromversorgung und Beleuchtung. In Abbildung 15.3 sehen Sie mit der *Furman PL-Plus CE* eine Filternetzleiste (siehe weiter unten in Abschnitt 15.7, »Sauberer Strom und Filternetzleisten«), die auch eine Rackbeleuchtung bietet. Das Gerät ist in 19-Zoll-/1-HE-Ausführung erhältlich und verfügt rück- und vorderseitig über insgesamt elf Kaltgeräteanschlüsse, eine separate 10-Ampere-Sicherung sowie einen *An-/Aus*-Schalter für die Kaltgerätebuchsen. Da die Beleuchtung aus- und einfahrbar und sogar dimmbar ist, handelt es sich hierbei um eine große Hilfe beim Handling eines Racks. Solche kombinierten Geräte sind perfekt, um den in Racks stets knapp bemessenen Platz optimal zu nutzen.

## 15.3 Transportracks

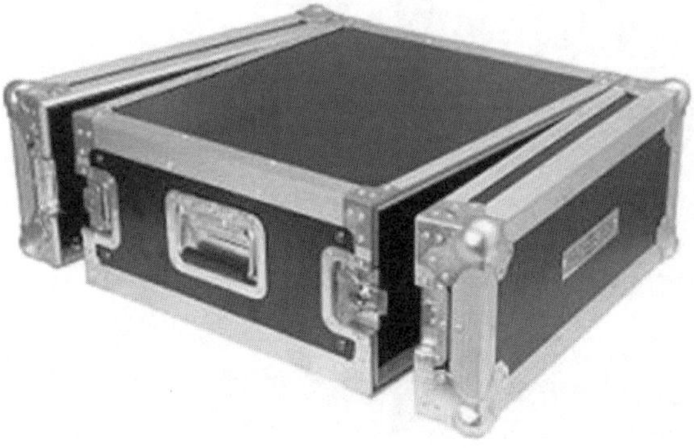

**Abb. 15.4:** Lösung für mobile Nutzung – Transportracks

Eine praktische Alternative zu fest installierten Studioracks bieten transportable Racks, wie sie im Live-Einsatz verwendet werden. Diese Racks sind in sogenannter *Flightcase*-Bauweise gefertigt, die sich unter anderem dadurch auszeichnet, dass Multiplex-Schichtholz verwendet wird, das zugleich strapazierfähig wie auch leicht ist. Außerdem sind die Kanten zu ihrem Schutz mit Aluminiumschienen eingefasst und an den Ecken Schutzkappen als Stoß- oder Stapelecken montiert. Zum Transport können diese Racks komplett geschlossen werden, um das darin installierte Equipment zu schützen. An der Front- und Rückseite befinden sich abnehmbare Deckel, die kurzfristig über Butterflyverschlüsse (auch *Catches* genannt) angebracht werden können. Aufgeschraubte oder ins Rackgehäuse eingelassene Tragegriffe und Rollen erleichtern vor allem bei großen und/oder schweren Racks den Transport.

**Hinweis**

Beim Butterflyverschluss handelt es sich um einen metallenen Schnapp- und Drehmechanismus, dessen Griff in seiner Form an einen Schmetterling erinnert.

## 15.4 Rigs

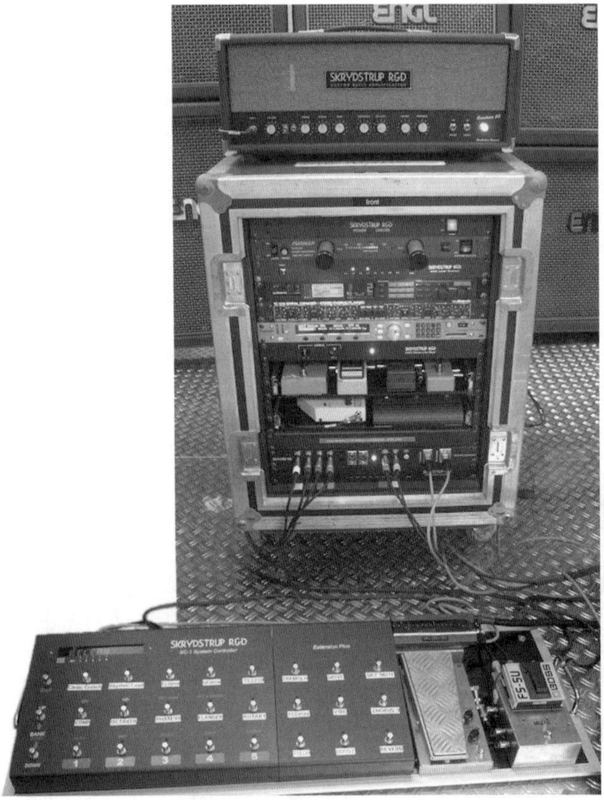


**Abb. 15.5:** Einzelanfertigung – Skrydstrup-Rig

Dass das Zusammenstellen der Technik eines Racks (sogenannte *Rigs*) eine nicht ganz einfache Sache ist, sofern es professionellen Ansprüchen genügen soll, zeigt die Tatsache, dass es eine regelrechte Szene gibt, die ihre eigenen Rig-Gurus hat. Hierzu zählen im Bereich der Guitar Rigs seit vielen Jahren etwa Bob Bradshaw und Steen Skrydstrup, die sich besonders im Bereich der Live-Racks für Rock-Gitarristen einen Namen gemacht haben. Denn um beim Einbau, der Verkabelung und Stromversorgung Interferenzen und Ähnliches zu vermeiden, bedarf es schon einer gehörigen Portion an Technikverständnis und Planungsvermögen. Deshalb sind die entsprechenden »Rackmeister« sogar selber Hersteller von Equipment für Stromversorung, Schaltungen und Fernbedienungen ihrer Rigs und Racks.

## 15.5 Racks im Eigenbau

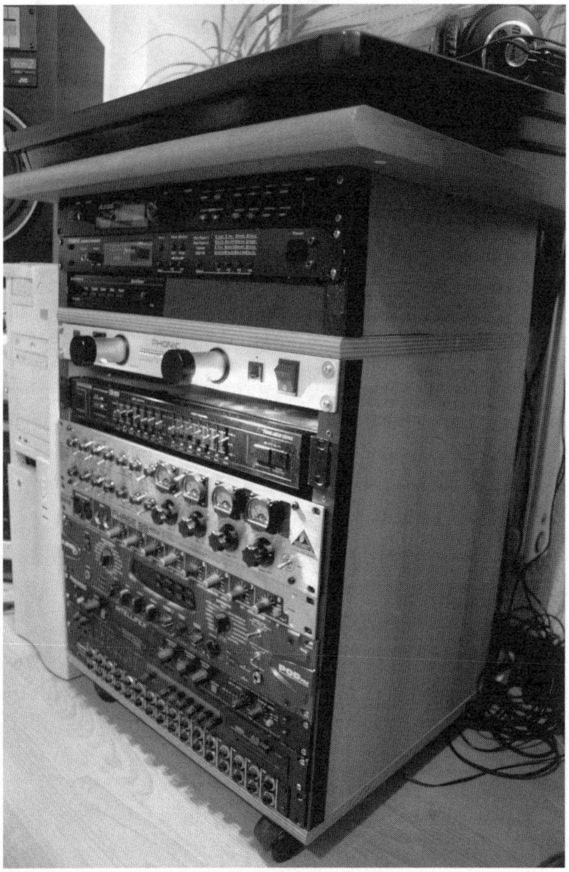

**Abb. 15.6:** Günstige Homestudio-Variante? Warum nicht – für den Anfang reicht oft auch ein Eigenbau-Rack.

Wenn Sie sich die Preise für Studioracks anschauen, kommt sicher schnell die Frage auf, ob Sie sich diese Anschaffung nicht sparen können. Meine Antwort darauf ist ganz klar: ja und nein. Bauen Sie sich doch Ihr Homestudio-Rack einfach selber oder funktionieren Sie Möbelstücke als Rack um.

Ein kompletter Eigenbau mit Einzelteilen aus dem Baumarkt erfordert natürlich schon einige handwerkliche Fertigkeiten, ausreichendes Werkzeug und auch Planungsgeschick. Wenn Sie sich handwerklich nicht ausreichend fit fühlen, dann sollten Sie allerdings besser die Finger davon lassen – schließlich kosten die eingebauten Geräte mitunter ein halbes Homerecording-Vermögen. Bricht das Rack zusammen, könnten diese Geräte Schaden nehmen.

Doch es gibt eine bezahlbare Alternative: Funktionieren Sie doch in Möbelhäusern erhältliche, einfache Schränkchen zu Studioracks um. Oftmals gibt es diese als praktische, rollbare Nachttischchen oder Schreibtischtrolleys. Beim Kauf sollten Sie allerdings unbedingt und vor allen Dingen auf die Breite der Möbelstücke achten. Überzeugen Sie sich, dass sich die Geräte-»Körper« von 19-Zoll-Geräten auch wirklich einbauen lassen. Bedenken Sie, dass es sich bei den formattypischen 19 Zoll um das Maß der Frontblendenbreite handelt. Die Geräte selbst haben im Durchschnitt eine Breite von etwa 43 bis 44,5 cm. Das Innenmaß des umfunktionierten Schränkchens sollte also eine Einschubbreite von mindestens 45,1 cm bereitstellen, um die Geräte auch wirklich fassen zu können. Da der Lochmittenabstand von einer Seite zur anderen 46,6 cm beträgt, müssen auch die Seitenwände des Möbelstücks eine entsprechende Breite aufweisen.

Die Gerätetiefen können deutlich unterschiedlich ausfallen und sind nicht genormt. Profiracks gibt es deshalb hinsichtlich ihrer inneren Tiefenmaße in verschiedenen Ausführungen. Üblich sind hierbei Rackbauweisen mit Einbautiefen von 34 cm, 45 cm und 54 cm.

Hinsichtlich der Höheneinheiten ist das Ganze schon etwas einfacher. Zwar entsprechen die Innenmaße der in Möbelhäusern angebotenen Schränkchen hinsichtlich des Höheninnenmaßes selten den Einteilungen nach Höheneinheiten von Outboard-Equipment, doch das macht nichts. Es ist nicht verkehrt, einen Luftschlitz im Homestudio-Rack zu belassen, um eine Belüftung der Geräte zu ermöglichen.

Sofern Sie die Geräte in Ihrem Möbelrack auch an den Seiten verschrauben möchten, sollten Sie darauf achten, dass die Schrauben nicht aus dem Holz herausbrechen und dieses beschädigen können. Eine einfache Lösung dagegen bieten Plastikleisten, die Sie auf den Seitenrändern befestigen.

Ein kritischer Punkt sind bei Möbeln die angebrachten Rollen. Schätzen Sie vor der Installation Ihres Equipments unbedingt ab, wie schwer es in etwa ist, damit die Möbelrollen nicht durch Überlastung wegbrechen. Viele Hersteller geben in den Handbüchern zu ihren Geräten deren Gewicht an. Wie schon erwähnt: Ihr Equipment ist wertvoll, lassen Sie es nicht durch Fahrlässigkeit zu Schaden kommen.

## 15.6 Checkliste Racks

Hier eine Checkliste, die Ihnen Kaufentscheidung und Einrichtung Ihrer Racks erleichtern soll.

### 15.6.1 Kaufkriterien

- Wird das Rack ausschließlich im Homestudio verwendet oder soll es auch mobil zum Einsatz kommen (z. B. Proberaum)? Schaffen Sie sich ggf. ein Flightcase-Rack an.
- Bietet das Rack genügend Höheneinheiten, um alle benötigten Geräte fassen zu können und dabei eventuell noch ausbaufähig zu sein?
- Wird evtl. ein Winkelrack zum festen Einbauen eines Top-Mixers benötigt?
- Bei umfunktioniertem Möbelstück: Verfügt das »Rack« über Möbelrollen, die für das Gewicht der zu installierenden Geräte geeignet sind?

### 15.6.2 Installationstipps

- Ordnen Sie die benötigten Geräte so an, dass Sie die am häufigsten verwendeten in unmittelbarer Reichweite vorfinden. Eine Anordnung des Equipments in Racks rings um den Regieplatz ist deshalb sinnvoll.
- Verwenden Sie eine Rackbeleuchtung, sofern Sie viel mit dem Outboard-Equipment arbeiten.
- Sorgen Sie für eine gute Stromversorgung durch die Installation von Filternetzleisten mit globalen *Ein-/Aus*-Schaltern, eigenen Sicherungen und Stromgleichrichtern.

## 15.7 Sauberer Strom und Filternetzleisten

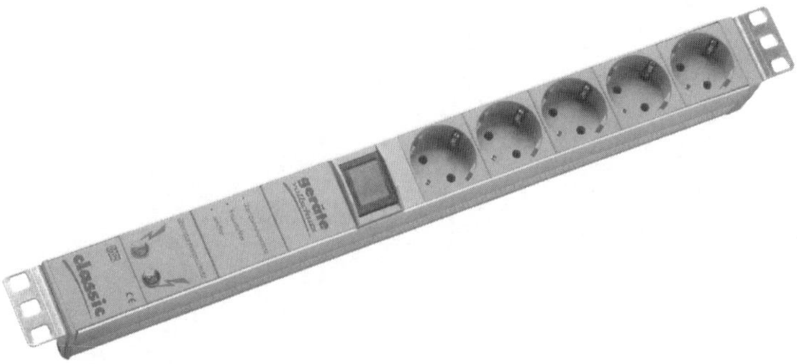

**Abb. 15.7:** Viele Stromversorgungsfunktionen in einem Gehäuse

Netzfilter dienen dazu, Hochfrequenzstörungen zu verringern, die durch die schnellen Strom- und Spannungsänderungen von Schaltnetzteilen hervorgerufen werden können. Oftmals enthalten Leisten dieser Art auch eigene Sicherungen für die zusätzliche Sicherheit Ihrer angeschlossenen Geräte sowie geräteübergreifende *An-/Aus*-Schalter.

Kapitel 16

# Kleine Kabelkunde

Zum Outboard-Equipment gehört selbstverständlich auch eine »gute« Verkabelung der installierten Gerätschaften. Das bedeutet nicht nur, die korrekten Anschlüsse untereinander zu verbinden. Vielmehr ist auch die Qualität des verwendeten Kabel-, Stecker- und Buchsenmaterials entscheidend. Denn wer denkt, dass es sich bei Kabeln ja »nur« um ein paar Verbindungen zwischen Geräten handelt und es deshalb nicht nötig sei, hierbei auf Qualität zu achten, liegt nicht nur falsch. Wenn er Pech hat, ruiniert er sich sogar seinen hart erarbeiteten Sound durch ein paar Billigimport-Steckverbindungen. Ich möchte hier ganz sicher nicht gegen Fernost-Importware wettern ... Aber die Praxis zeigt, dass der ganz normale Wahnsinn fernöstlicher Massenproduktion in einigen Fällen auch seine negativen Seiten haben kann.

So kann es etwa vorkommen, dass man sich Kabel unter der Prämisse kauft: günstig = gut. Das Ganze gepaart mit dem Hintergedanken: »Das wird schon nichts ausmachen, schließlich haben Mikrofon und Vorverstärker ja ein Vermögen gekostet.« Na klar, irgendwo muss schon gespart werden. Das ist sicher richtig. Homerecording ist zumeist Hobby, und das Equipment will schließlich auch erst mal verdient werden. Doch wer am falschen Ende spart, darf sich letztlich nicht beschweren. Denn die Lebenserwartung von Kabeln ist endlich. Schließlich sollen die Kabel bei größeren und komplexeren Homestudios in Festinstallation auch eine Zeit lang halten.

## 16.1 Qualitätsprüfung

Doch wie um Himmels willen erkenne ich ein gutes Kabel? Ab zum Musikalienhändler oder in den Elektrofachmarkt des Vertrauens und schnipp,schnapp ein paar der Überträger aufgeschnitten? Nein. Es geht auch einfacher. Dazu müssen Sie aber wissen, dass die Qualität eines Kabels von etlichen Faktoren abhängt. Für unsere Homerecording-»Schiene« soll an dieser Stelle die Unterscheidung nach Mantel, Litze, Stecker und Lötstellen reichen, um sich ein Bild beim Kabelkauf machen zu können.

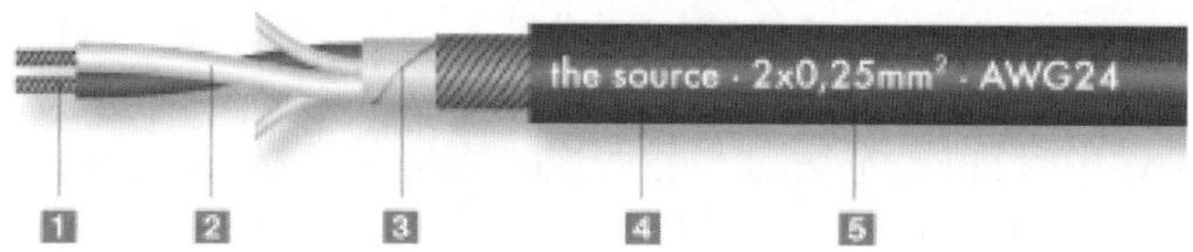


**Abb. 16.1:** Kabelaufbau

### Litzen (1)

Sie sind das Kabelinnerste. Durch sie fließt der Strom, der das Audiosignal transportiert. Qualitätslitzen bestehen aus sauerstofffreiem Kupfer (OFC). Dadurch sind die Litzen flexibel und trotz ihrer Biegsamkeit bruchsicher. Während die Litzen in Billigkabeln einfach parallel laufen und mit Isolation versehen werden, sind Qualitätskabel eng und konzentrisch verseilt. Durch diese Zopfstruktur haben sie viele Vorteile. So garantieren verseilte Kabel etwa auch bei Überlängen eine neutrale und beinahe verlustfreie Übertragung.

Schon mal etwas von Spezialkabeln mit Hochfrequenzlitzen gehört? Auch diese sind verseilt. Da die audiophile Information nur durch die Oberfläche, also den Rand der Litze und nicht etwa durch den Kern übertragen wird, ist nämlich auch die Höhenübertragung von verseilten Kabeln besser. Ob dies jedoch für den Homerecording-Bereich eine Rolle spielt, sollten Sie am besten selbst entscheiden. Sofern Sie einen Unterschied hören, wissen Sie, was zu tun ist: verseilte Kabel kaufen.

### Isolation (2)

Ein weiterer Grund für die Anschaffung hochwertiger Kabel stellt ihre Isolation dar. Während schlechte Isolationen Übersprechungen und »Raschelgeräusche« begünstigen, werden diese bei Qualitätskabeln durch Isolationen aus Polypropylen (PP) und hochwertigem Polyethylen (PE) verhindert. Auch die Wärmebeständigkeit solcher Isolationen ist besser. Das macht sich unter anderem beim Löten bemerkbar. Hier läuft die Isolation beim Löten nicht zurück, sondern behält ihre Form.

### Schirmung (3)

Zwischen Isolation und Mantel befindet sich die Schirmung. Gute Kabel haben eine so bezeichnete *Doppelschirmung*, die aus mehreren Materialien bestehen kann: einem Kupferwendel, einem aluminierten Vlies sowie einer Spezialfolie aus PVC, die mit Karbonpartikeln versetzt ist, um ebenfalls leiten zu können. So garantieren diese Kabel den bestmöglichen Einstreuungsschutz gegenüber Störsignalen und sind gleichzeitig immer noch äußerst flexibel.

### Mantel (4)

Kabel aus der Billigproduktion können durchaus unangenehme Nebenfolgen haben. Ich habe es selbst erlebt: mal eben das Rack zur Seite geschoben, um eine Geräteverkabelung zu ändern, und siehe da ... Eins der Kabel sieht aus, als ob jemand versehentlich Seife darauf geschmiert hätte. Die weißliche Masse ist allerdings klebriger und macht das Kabel zum Ärgernis. Aufrollen? Anfassen? Ich kann nur sagen: Das ist wirklich eklig! – Doch was ist hier passiert?

Für die Erklärung müssen wir uns kurz die Produktion eines Kabels vor Augen führen. Der Grundstoff, aus dem ein solches Kabel besteht, ist PVC. Dieses wird versetzt mit Lauge, die als Weichmacher dient. So bekommt die Kabelumhüllung mehr Flexibilität. Da Geld aber bekanntlich die Welt regiert, strecken Billigproduzenten gerne das PVC-Granulat mit Talkum/Kreide oder Quarzsand, um Geld zu sparen. Das geht zum einen zulasten der Mantelflexibilität. Zum anderen bekommt das Mantelmaterial dadurch aber auch eine schwammartige Konsistenz. Diese ist dafür verantwortlich, dass Kabel mit Mänteln aus gestrecktem PVC in feuchten Umgebungen diese Feuchtigkeit aufnehmen. Und seien wir mal ehrlich: In den meisten Proberäumen, Keller-Homestudios oder auch Band-Bullys herrscht alles andere als trockene Luft vor. Bei Erwärmung wird diese Feuchtigkeit vom Kabelmantel dann wieder »ausgeschwitzt« und abgegeben.

Das Ärgerliche ist dabei, dass zusammen mit dieser Feuchtigkeit gleich auch der Weichmacher auf Nimmerwiedersehen entschwindet. Die Folge ist ein poröses und brüchiges Kabel, dessen Mantel seine eigentliche Funktion eingebüßt hat. Besonders unangenehm ist, dass dabei mitunter ein säuerlich-scharfer Geruch abgegeben wird.

Die Mäntel für gute Mucker-Kabel werden dagegen mit Spezialgranulaten für Audiotechnik, sogenannten Soft-PVCs, hergestellt. Solche Kabel kosten dann vielleicht etwas mehr als die Billigware, sind dafür aber zuverlässig und schwitzen keine klebrige, stinkende Masse aus.

### Kennzeichnungen (5)

Man kennt das: Im Geschäft hängt Kabel neben Kabel und wäre kein Schild oder ein Auszeichnungsetikett daran, könnte man sie kaum unterscheiden. Auf vielen hochwertigen Kabeln steht aber auch drauf, was drin ist. Diese Kennzeichnungen enthalten dann häufig Angaben über den Adernquerschnitt und den Adernaufbau. Wer sich mit dem Thema eingehend beschäftigt, kann über diese Kriterien dann also sofort sehen, was er gerade verbaut.

### Stecker

Jedes der Glieder, die zwischen Kabel und Leiterbahnen stehen, also Stecker, Ringe und Lötstellen, sollte optimal niedrige Übergangswiderstände darstellen. Anderenfalls muss das Audiosignal aufbereitet, nämlich wiederum verstärkt werden.

Bei Steckern kommt es bei der Qualitätsprüfung außerdem auch ganz darauf an, welche Art Ihnen vorliegt. Bei Cinchsteckern kann es beispielsweise vorkommen, das Ihnen bei Billigkabeln fest verbundene Blechpins entgegenstieren. Besser sind hier aber Massivpins, da sich bei den hohlen Blechpins auf Dauer Feuchtigkeit sammeln kann, die das Material von innen rosten lässt und sich so negativ auf die Leitfähigkeit der Steckverbindung auswirkt.

Bei Klinkensteckern kann es durch Korrosion schlimmstenfalls sogar zu einem minimalen Verrutschen/Verziehen der Isolationsringe kommen. Das Resultat: kein Kontakt, kein Sound. Und das alles nur wegen eines minimal verrosteten Steckverbinders. Das Schlimmste aber: Es können Tage vergehen, bis Sie eine solche Fehlerquelle innerhalb Ihres Equipments aufgespürt haben.

Wenn Sie auf Nummer sicher gehen wollen, kaufen Sie sich vergoldete Stecker. Für diese müssen Sie Ihr Portemonnaie zwar ein wenig weiter aufmachen, aber dafür garantieren sie Ihnen in Ihrem Heimstudio über Jahre sichere Kontakte.

### Lötstellen

Je nachdem, welche Art Lötmittel verwendet wurde, kann auch hierunter die Signalqualität leiden. So kann etwa ein verunreinigtes Lötbad den Widerstand einer Lötstelle erhöhen. Hier sind wir nun aber bereits an einem sehr »feinfühligen«, sehr genauen Punkt des Themas angekommen. Deshalb: Schlussstrich und Überblende zur ...

### Esoterik

Richtig gelesen! Dieses Unterkapitel könnte auch »Religion« oder »Aberglaube« heißen. Denn es gibt vieles, was der Qualität eines Kabels zugeschrieben wird, jedoch nicht wirklich physikalisch nachweisbar ist. Dazu gehört beispielsweise die Legende vom »klingenden« Kabel.

Was jedoch nicht in den Bereich Esoterik fällt, sind physikalische Vorteile. So haben Sie etwa die Möglichkeit, die Höhen eines Signals durch ein entsprechendes gutes Kabel anzuheben. Voraussetzung hierfür sind aber Komponenten, die innerhalb des Signalflusses die Audioqualität in diesem Sinne nicht zusätzlich allzu stark »negativ« beeinträchtigen.

Wichtig (und auch nachweisbar) ist außerdem eine weitestgehend verlustfreie und originalgetreue Übertragung des Audiosignals. Dies sollte bei der Ausstattung Ihres Homestudios dann auch Ihr Ziel sein.

### Einstreuung

Durch den Einsatz von Netzteilen, Strom führenden Leitungen und Lautsprechermembranen kommt es quasi überall im Homestudio zu Magnetfeldern. Diese können negative Auswirkungen auf die Klangqualität haben, wenn es zu einer unzulässigen wechselseitigen Beeinflussung kommt. Dabei müssen nicht einmal alle auftretenden Störungen leitungsgebunden sein, denn verschiedene Einstreuungsarten können Ihnen Ihr (Homerecording-)Leben erschweren:

Kommen verschiedene Stromkreise auf gemeinsamen Leitern zusammen, spricht man beispielsweise von einer galvanischen Kopplung. Hierbei können die Störquellen unter Umständen sogar im benachbarten Gebäude liegen. Bei Geräten und Kabeln, die nicht ausreichend vor Strahlung abgeschirmt sind, können diese auch als Antenne wirken und Radiowellen oder Funksignale empfangen. Induktive und kapazitive Kopplungen können hingegen durch parallele Leitungsführungen in Kabelkanälen entstehen.

#### Know-how

- Leitungsgebundene Störungen
  Hierbei wirkt die Störquelle unmittelbar über Strom oder Signal führende Leitungen auf das dadurch gestörte Gerät (die sogenannte »Störsenke«) ein und beeinflusst dieses.
- Leitungsungebundene Störungen
  In diesem Fall koppeln elektromagnetische Strahlungen zwischen Störquelle und Störsenke, wobei Leitungen nicht als Übertrager, sondern (im Falle der Störsenke) als Empfänger wirken.

#### Hinweis

Beachten Sie beim Kauf von Geräten, ob diese einen bestandenen EMV-Test hinter sich haben, bei dem ihre elektromagnetische Verträglichkeit geprüft wurde. Denn hierfür gibt es in Form von Richtlinien und Normen europaweit verbindliche Vorgaben, in Deutschland mit dem »Gesetz über die elektromagnetische Verträglichkeit« sogar eine eigene Vorgabe der Jurisdiktion hinsichtlich der Schutzanforderungen.

Als praktisches Beispiel möchte ich hier das oftmals vorkommende Lautsprecherknacken anführen, zu dem es im Homestudio kommen kann, wenn der Kühlschrank im Nebenraum abschaltet. Hierbei handelt es sich um eine hochfrequente leitungsgebundene Störung über die Netzleitung, die durch das Abschalten des Kompressormotors des Kühlschranks entsteht. Dies spricht dafür, dass der Schaltkontakt des Thermostats im Kühlschrank nicht ausreichend entstört ist. Eine mögliche Lösung ist es, die Schaltvorgänge zu vermeiden (also beispielsweise den Kühlschrank für die Dauer einer wichtigen Aufnahme komplett abzuschalten), eine andere, das Gerät auszutauschen oder vom Fachhändler modifizieren zu lassen.

## 16.2 Symmetrisch/unsymmetrisch

Um Störungen durch Einstreuungen zu verhindern, werden symmetrische Kabel verwendet. Doch was ist an einem solchen Kabel symmetrisch und was passiert mit einer Störung, wenn sie auf ein symmetrisches Kabel trifft? Am besten werfen Sie, während Sie die Erläuterung lesen, einen Blick auf Abbildung 16.2.

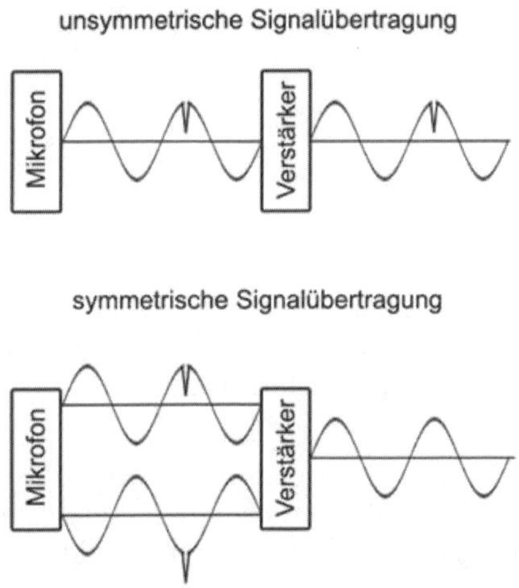


**Abb. 16.2:** Unsymmetrische und symmetrische Signalübertragung

Sie sehen eine perfekte Sinuswelle, die im weiteren Verlauf eine Störung enthält. Geschieht dies bei einer unsymmetrischen Signalübertragung, so ist diese Störung auch dann noch enthalten, nachdem das Signal verstärkt wurde. Das ursprüngliche Signal wiederherzustellen, indem die Störung aus dem Signal entfernt wird, ist nicht möglich.

Bei symmetrischer Übertragung des Signals ist das anders. Hier wird das Signal auf einer weiteren Leitung übertragen. Der Clou dabei: Die Phase dieser zweiten Signalübertragung wird um 180 Grad gedreht. Durch einen Differenzverstärker werden die beiden Signale dann wieder zusammengeführt. Da die Störung in ein und dieselbe Richtung auf die Leitung Einfluss nimmt, die beiden Nutzsignale jedoch Amplituden in entgegengesetzter Richtung aufweisen, hebt sich das Störsignal durch den Differenzverstärker selbst auf.

Man kann deshalb durchaus ganz pauschal sagen, dass unsymmetrische Signale anfällig für Störungen sind, symmetrische hingegen nicht. Wenn Sie wissen, dass bei Mikrofonen die abgegebene Spannung verhältnismäßig gering ist und das Signal entsprechend intensiv verstärkt werden muss, wird schnell klar, dass auch eventuelle Störungen dadurch deutlich angehoben werden. Aus diesem Grund wird man für professionelle Mikrofonverbindungen immer auf symmetrische Signalübertragung zurückgreifen.

## 16.3 Steckertypen

### 16.3.1 Klinke

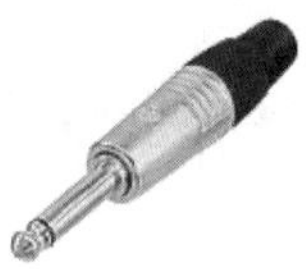

**Abb. 16.3:** 6,3-mm-Klinkenstecker (mono)

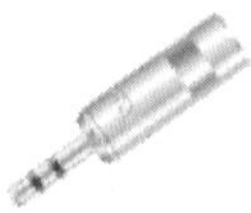

**Abb. 16.4:** 3,5-mm-Klinkenstecker (stereo)

Zu den drei typischen Stecker- und Buchsenarten im Audiobereich zählt die »Klinke«. Klinkenstecker und -buchsen tauchen meistens in den zwei Standardgrößen von 6,3 mm und 3,5 mm auf. Letztere wird auch als »Miniklinke« bezeichnet und ist vor allem im Hi-Fi-Bereich zu Hause.

Anhand der Isolationsringe auf dem Schaft eines Steckers können Sie erkennen, ob es sich um eine Mono- oder um eine Stereoklinke handelt. Wie Sie bei einem Vergleich der Isolationsringe in Abbildung 16.3 und Abbildung 16.4 sehen können, haben Monostecker einen Ring (er trennt Pluspol und Erdung/Schirmung), Stereostecker hingegen zwei Ringe (sie trennen Pluspol, Minuspol und Erdung/Schirmung). Wie das von innen aussieht, können Sie sich in den Abbildungen der Kabelbelegungen im Anhang anschauen.

Sofern Sie sich beim Kauf von Kabeln oder der Einzelteile für den Eigenbau für Stecker mit Metallhülse entscheiden, sollten Sie bedenken, dass dadurch eine Zwangserdung durch das Gehäuse des Geräts stattfindet, an dem sich das Buchsengegenüber befindet.

Auch für Schalter finden Klinkenstecker Verwendung. So sind etwa viele Fußschalter für Keyboards und Synthesizer mit Klinkensteckern ausgestattet (z. B. bei Sustainpedalen). Außerdem können dreipolige Klinkenbuchsen selbst als einfache Schalter genutzt werden. Aufgrund dieser Schalterfunktion finden sich Klinkenbuchsen auch in den Insert-Wegen vieler Mischpulte. Diese Buchsen stellen dann einen Pol für das hinzugefügte Insert-Signal zur Verfügung, während sie einen weiteren Pol als Unterbrecher für den Hauptsignalfluss nutzen.

## 16.3.2 XLR

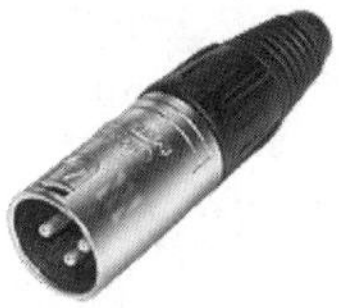

**Abb. 16.5:** XLR-Stecker (männlich)

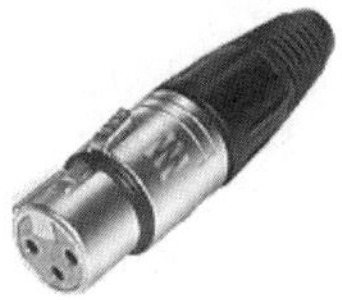

**Abb. 16.6:** XLR-Stecker (weiblich)

XLR-Stecker werden mitunter auch als *Cannon-Stecker* bezeichnet. Sie kommen in der Regel bei symmetrischen Kabelverbindungen zum Einsatz. Die Bezeichnung *XLR* steht für *eXternal, Live* und *Return*. Dies sind die amerikanischen Bezeichnungen für die Belegungen der Pole.

| Pol | Belegung | deutsch | englisch |
|---|---|---|---|
| 1 | Schirm | Masse | external |
| 2 | + | heiß | live |
| 3 | - | kalt | return |

**Tabelle 16.1:** Bezeichnungen für symmetrische Kabelführung

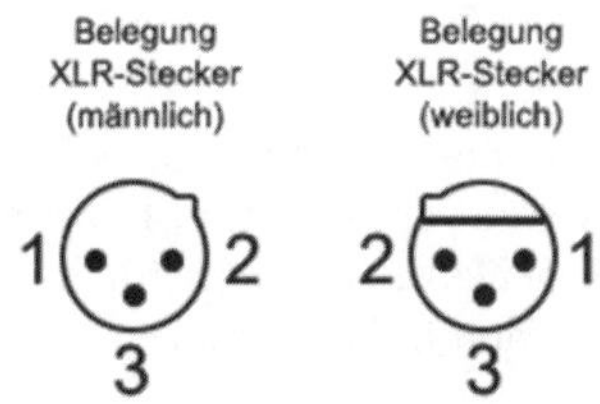


**Abb. 16.7:** Belegung von XLR-Steckern

In Abbildung 16.7 sehen Sie, wie die Pole dieser symmetrischen Verbindung belegt sind. Bei unsymmetrischen Kabelverbindungen werden dagegen die Pole 1 und 3 gebrückt (siehe auch Anhang).

Da die Stecker sehr häufig eine Einrastfunktion haben, die sicherstellt, dass sie nicht aus der Buchse rutschen können, stellen XLR-Verbindungen gegenüber der typischen Klinkenversion eine vergleichsweise robuste Verbindung dar. Während Klinkenstecker im Audiobereich in der Regel ausschließlich mit Stiften (Pins) und nicht mit Hülsen auftauchen, kommen XLR-Stecker oft auch weiblich vor.

Warum man bei Steckverbindungen von »männlich« spricht, wenn Pins vorhanden sind, und beim Gegenstück von »weiblich«, kann sich jeder Leser selber denken.

Während männliche Buchsen in der Regel für den Signaleingang an Audiogeräten stehen, weisen weibliche Buchsen oftmals auf Ausgänge hin. So sind männliche XLR-Buchsen beispielsweise typisch für den Signalausgang von Mikrofonen, der Gegenpart an Mischpulten oder Mikrofonvorverstärkern ist dagegen im Allgemeinen weiblich.

**Know-how**

XLR-Stecker sind tatsächlich in der Praxis geräteschonender als Klinkenstecker. Sie fragen sich, warum das der Fall ist? Klinkenstecker verbinden das Signal beim Einstecken kurzzeitig mit der Masseführung der Buchse. Schauen Sie sich einen männlichen XLR-Stecker einmal genau an: Der Masse-Pin ist länger und steht ein wenig vor. Dadurch, dass die Masse zuerst verbunden wird, kommt es nicht zum gefürchteten lauten Knacken beim Einstöpseln einer XLR-Steckverbindung.

## 16.4 Cinch

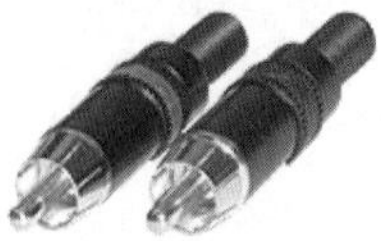

**Abb. 16.8:** Cinch-Stecker

Auch diese Stecker sind Ihnen sicher schon bei Hi-Fi-Geräten begegnet. Sie werden in der Regel für die Stereosignalführung zwischen Komponenten (CD-Player, Tapedeck u. Ä.) und Verstärker verwendet. Auch einige Mischpultanschlüsse weisen Cinch-Buchsen auf. So kommen sie etwa häufig an Mixern bei Stereo-Outputs, als Ausgang für analoge Aktiv-Monitorlautsprecher oder für die Einspeisung externer Geräte vor (z. B. als *Tape In*).

Die zugehörigen Stecker sind dann an miteinander verbundenen Kabelpaaren befestigt. Sie sind mit Ringen versehen, die den Anschluss der Geräte vereinfachen. Typisch ist dabei die Verwendung der Farben Rot/Schwarz bzw. Rot/Weiß. Rot steht für den rechten Kanal, Schwarz (oder wahlweise auch Weiß) steht für den linken Kanal.

## 16.5 MIDI

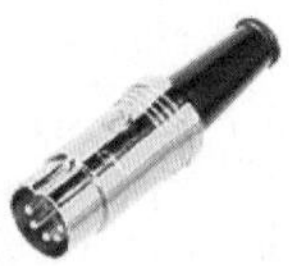

**Abb. 16.9:** MIDI-Kabelstecker

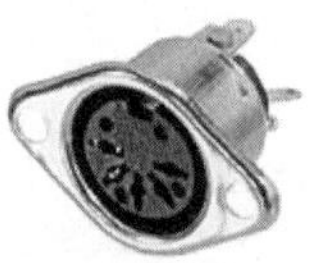

**Abb. 16.10:** MIDI-Einbaubuchse

Auch Stecker dieser Bauart sind Ihnen sicherlich schon einmal begegnet. Für MIDI-Steckverbindungen wird auf fünfpolige DIN-Stecker zurückgegriffen, die eine Standardbelegung haben, um den Austausch von MIDI-Daten zwischen Geräten zu ermöglichen. Eine Führungsnut stellt dabei sicher, dass beim Verbinden von Stecker und

Buchse kein Pin eingedrückt wird. Hinweise zur Belegung von MIDI-Steckverbindern finden Sie im Anhang dieses Buches.

## 16.6 Handhabung und Lagerung

Keinen eigenen Unterpunkt wert? Oh doch. So rät Ihnen etwa Edelkabel-Hersteller *Sommer Cable* auf seiner Homepage davon ab, Kabel über Arm und/oder Ellenbogen zu ziehen, um sie aufzuwickeln. Aufgrund der Fertigungstechniken besitzt demnach jedes Kabel einen Eigendrall, der ein Aufrollen mit der Hand begünstigt. Andernfalls können die elektrischen Werte und die Lebensdauer des Kabels darunter leiden. – Und diese Jungs wissen, wovon sie reden!

## 16.7 Kabel im Eigenbau

Haben Sie das Unterkapitel über Kabelqualität, Lötstellen und Anschlusstypen gelesen? Alles klar? Dann kann's ans Sparen des Baren gehen ... und zwar durch Eigenbau. Die dazu notwendigen Kabelbelegungen finden Sie im Anhang dieses Buches. Darüber hinaus benötigen Sie noch ...

**Hinweis**

Alle Verbindungen, die Sie im Rechner zu virtuellen Instrumenten und Effekten anlegen, benötigen selbstverständlich keine Kabel. Ergo sparen Sie einen Batzen Geld, wenn Sie sich mit VSTi und DirectX-Instrumenten beschäftigen. Einige Audio-Puristen schwören jedoch auf den Druck (Dynamikumfang) und den Sound ihres Outboard-Equipments. In einigen Fällen ist dies aber ganz sicher bloße Einbildung.

### 16.7.1 Looms und Multicores

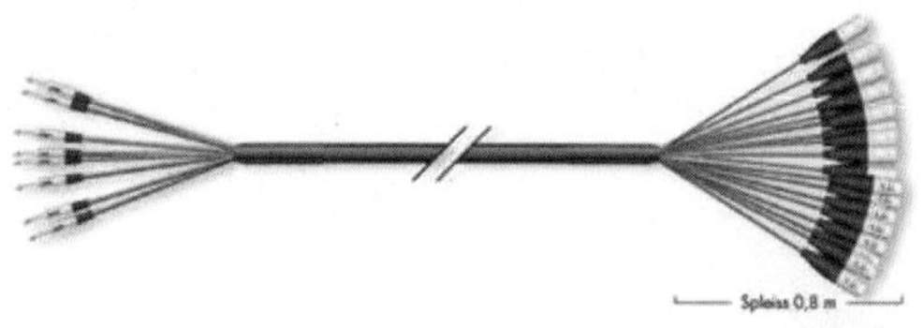


**Abb. 16.11:** Stereoloom (XLR auf Klinke)

Als *Looms* werden Kabelstränge bezeichnet, die in nur einem einzigen Hauptkabelmantel zusammengeführt sind. Das Ende dieser Looms wird *Spleiß* genannt. Hierbei ist für Studioanwendungen eine Spleißlänge von etwas unter einem Meter üblich, um die Geräte in einem Rack untereinander oder mit einem Mischpult verkabeln zu können.

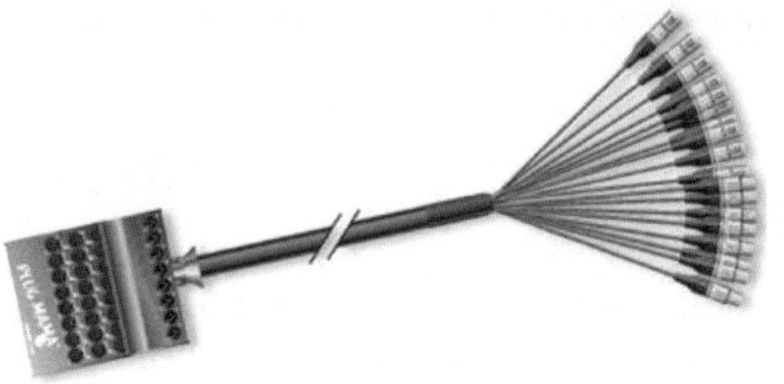

**Abb. 16.12:** XLR-Multicore

Von einem *Multicore* spricht man, wenn aus einem Hauptkabelmantel mehrere Kabelenden mit Steckverbindungen »hinausspleißen« und sich am anderen Ende ein Kasten mit Anschlussmöglichkeiten befindet. Dieser Kasten heißt im Fachjargon *Stagebox*. Multicores werden häufig bei Live-Beschallungen eingesetzt, um Kabelwirrwarr auf der Bühne und auf dem Weg zum *FOH* (*Front of House*, Saalmixer) zu vermeiden. Doch auch in Studios ist der Einsatz von Looms und Multicores gefragt, weil sinnvoll. Vor allem wenn es um die Verkabelung eines größeren Mischpults geht und/oder sogar ein separater Aufnahmeraum vorhanden ist, wird die Anschaffung von Looms und Multicores beinahe unausweichlich.

Bei den ersten Homerecording-Schritten konzentriert der Musikliebhaber sich naturgemäß auf das, was ihm am wichtigsten ist: seine Musik. Als fortgeschrittener Heimstudio-Besitzer werden Sie es allerdings zu schätzen wissen, dass Ihr Equipment qualitativ gut und dabei ordentlich, weil übersichtlich mit System verkabelt ist. Looms und Multicores tragen zu diesem gehobenen Homestudio-Niveau erheblich bei.

**Know-how**

Achten Sie darauf, dass Sie bei der Verwendung von Looms und Multicores an kritischen Stellen entweder Zugentlastungen installieren oder aber auf mehrere Looms zurückgreifen, die lediglich vier- oder achtpaarig sind. Andernfalls kann es Ihnen passieren, dass durch das immense Gewicht, das größere Looms und Multicores durchaus aufweisen können, schlimmstenfalls die angeschlossenen Buchsen aus Ihren fest installierten Geräten oder auch Synthesizern herausbrechen.

### 16.7.2 Steckfelder und Patchbays

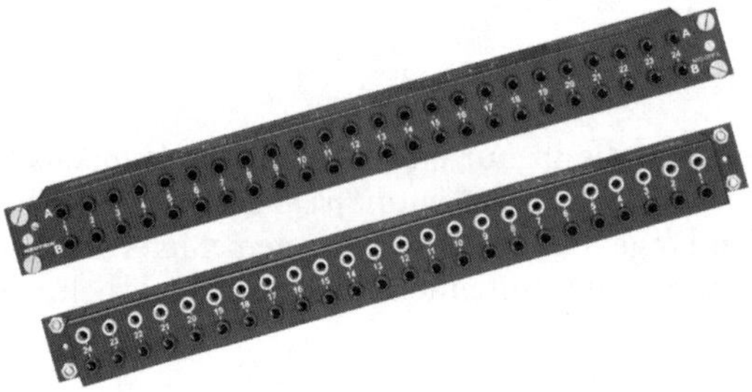

**Abb. 16.13:** Patchbay

Um Ihr Outboard-Equipment universell einsetzen zu können, ist es ratsam, für bestimmte Geräte auf Steckfelder oder Patchbays auszuweichen, statt alle Geräte direkt zu verkabeln. Das erspart Ihnen lästiges Herumkrabbeln hinter Ihrem Equipment und schont somit zugleich Rücken, Knie und Nerven! Ein möglicher Einsatz ist beispielsweise der Austausch von Effektgeräten, die in den Send-Weg eines Mischpults eingespeist werden.

Sie haben nur zwei Send- oder Aux-Wege zur Verfügung, wollen an diesen Anschlüssen aber immer mal wieder zwischen drei oder mehr Effektgeräten wechseln? Kein Problem. Installieren Sie in der Nähe zwischen Effektgeräte-Rack und Mischpult eine Patchbay. Nun belegen Sie auf der Rückseite der Patchbay eine Reihe von Buchsen mit den Ein- und Ausgängen der Send- oder Aux-Wege des Mixers. Die verbleibenden Buchsen verbinden Sie mit den Ein- und Ausgängen der Effektgeräte. An der Vorderseite das Beschriften nicht vergessen. Fertig! Nun können Sie mit sogenannten *Patches* (das sind sehr kurze Kabel, die extra zu diesem Zwecke angeboten werden) die Verbindungen jederzeit auf die Schnelle ändern, ohne hinter dem Mischpult herumkriechen zu müssen.

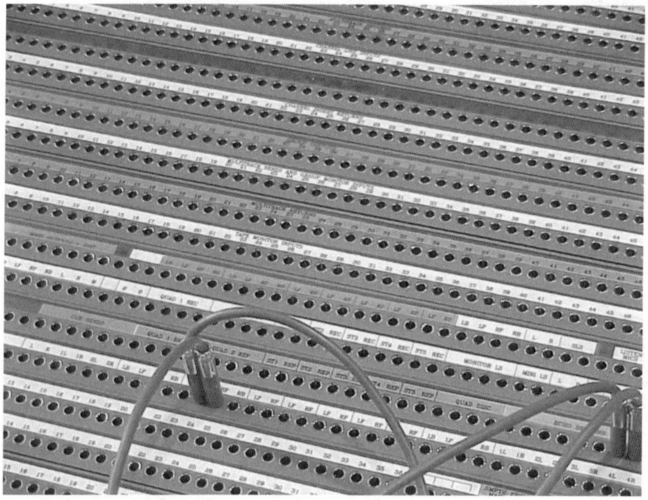

**Abb. 16.14:** Steckfeld

Wenn Sie sehr viele Geräte auf diese Weise untereinander verbinden möchten, hilft allerdings auch keine Patchbay mehr. In diesem Fall können Sie auf ein Steckfeld zurückgreifen. Es bietet weitaus mehr Steckverbindungen Platz und wird zumeist mit speziellen Steckfeldpatches in Form von Miniklinken betrieben, die die verschiedenen Buchsen miteinander verbinden.

## Hinweis

Achten Sie beim Kauf einer Patchbay darauf, dass sie ausreichend Platz zur Beschriftung der Belegung bietet. Wann immer dies nicht der Fall ist, können Sie sicher sein, dass dadurch ein wenig mehr Arbeit auf Sie zukommt, weil Sie die Patchbay-Belegung in Papierform verwalten müssen, um Sie »auf die Schnelle« einsetzen zu können.

## 16.8 Farbcodierung und Organisation

Nicht erst mit der Verwendung von Looms, Multicores, Steckfeldern und Patchbays sollten Sie es in Betracht ziehen, Ihre Homestudio-Kabel zu organisieren. Alles andere verursacht das reinste Chaos, wenn ein Gerät ausgetauscht werden soll oder Sie auch nur eine einfache Steckverbindung ändern möchten.

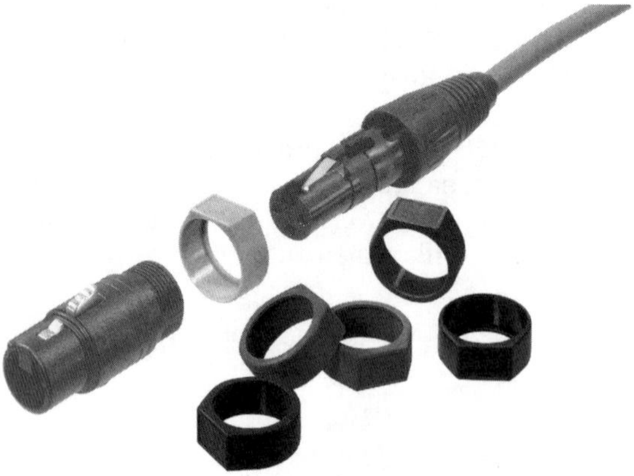

**Abb. 16.15:** Farbcodierungsringe für Steckverbinder

Bei kleineren Homerecording-Setups reicht es sicher aus, auf Kabel zurückzugreifen, deren Stecker mit Farbcodierungen versehen sind. Wenn dies nicht möglich ist oder mehrere Kabel zusammengefasst werden sollen, die eine ähnliche Funktion erfüllen (z. B. von einem Audio-Interface zu einem Mischpult), so können Sie auch auf Klettverschlussbänder zurückgreifen, mit deren Hilfe Sie die Einzelkabel zusammenfassen können. Viele Musikalienhändler bieten zu diesem Zweck solche Klettbänder auch in verschiedenen Farben an.

Bei größeren Setups kann es allerdings schon langsam wichtiger werden, sich Belegungspläne für die Verkabelung anzufertigen. Dies hilft Ihnen unter anderem, auftretende Fehlerquellen schneller finden zu können, aber auch, den Signalfluss zwischen den Komponenten »im Auge« zu haben.

# Teil 3

## Instrumente

Selbstverständlich gehört zu einer guten Aufnahme nicht nur die entsprechende Aufnahmetechnik, sondern auch eine gewisse Auswahl von Instrumenten. Erst im Zusammenspiel von Recording-Ausstattung und Instrumenten zeigt sich, ob die Anschaffungen, für die man hart gearbeitet hat, sich auch wirklich bezahlt machen. Damit Sie den Überblick behalten, gebe ich Ihnen im Folgenden eine Übersicht über verschiedene Instrumentengruppen und die entscheidenden Kriterien für deren einfaches, schnelles und unkompliziertes Recording. Los geht's ...

Beim Homerecording können die verschiedensten Instrumente zum Einsatz kommen. Alles ist möglich. Deshalb beschränke ich mich nachfolgend auf eine Auflistung, die nicht den Anspruch auf Vollständigkeit erhebt, sondern ganz einfach von Synthesizern über Saiteninstrumente bis zu Mikrofonen und Schlagzeugen reicht. Bitte vergessen Sie aber nicht: Jede Aufnahme ist individuell, und häufig verlangt eine Recording-Session nach individuellen Lösungen, die Sie nicht unbedingt in einem Buch nachschlagen können. Lassen Sie sich also inspirieren und kombinieren Sie die verschiedenen Vorteile unterschiedlicher Instrumentenaufnahmen, wo es Ihnen notwendig erscheint – hier sind der Fantasie höchstens technische Grenzen gesetzt. Für den Auftakt im Bereich »Instrumente« lege ich den Fokus auf technische Hilfsmittel, die Sie eventuell nicht in dieser Rubrik vermutet hätten: Mikrofone!

**In diesem Teil:**

Kapitel 17

# Mikrofone

»Wie wechselt eine Sängerin eine Glühbirne?
Sie hält die Hand mit der Glühbirne hoch und denkt, die ganze Welt dreht sich um sie!«

So oder so ähnlich lautet wohl der erste Gedanke, wenn es um das Thema Mikrofone geht. Doch nicht nur für die Tonaufnahmen kapriziöser Sangeskünstlerinnen ist das Wissen um Mikrofontypen und deren Charakteristika entscheidend. Wie Sie beim Lesen des weiteren Textes feststellen werden, können Instrumente oftmals bereits mit einfachsten Mitteln mikrofoniert werden – sogar ein ganzes Schlagzeug aufzunehmen ist einfacher, als es auf den ersten Blick erscheint. Sie werden sehen.

Doch zunächst ist eine kurze technische Einleitung notwendig, damit Sie überhaupt wissen, was Sie beim Einsatz von Mikrofonen richtig und falsch machen können, und selbstbestimmt in verschiedenen Aufnahmesituationen die richtige Mikrofonwahl treffen.

Zur Arbeitsweise von Mikrofonen lässt sich grundsätzlich sagen, dass es sich bei ihnen um Sensoren in einem Schallfeld handelt. Deshalb ist es auch nicht etwa so, dass große Membrane besser geeignet sind, »große Schallwellen« von tiefen Tönen abzubilden. Ganz gleich, was man Ihnen auch erzählt: Auch kleine Membrane können tiefe Audiosignale »abtasten«. Warum das so ist, erfahren Sie, wenn Sie weiterlesen ...

## 17.1 Dynamische Mikrofone

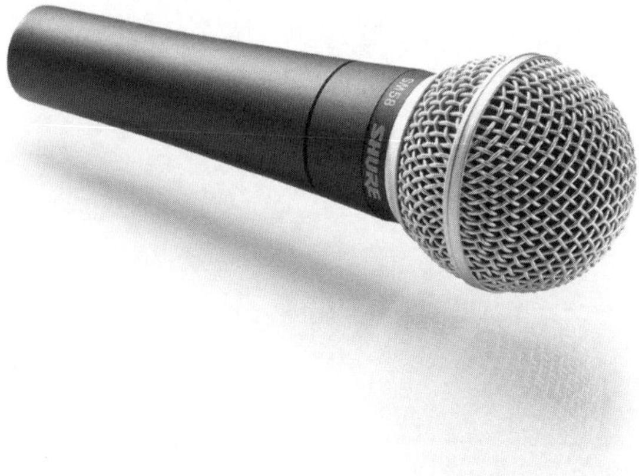


**Abb. 17.1:** Weit verbreitet, oft kopiert und kaum erreicht –, das »typische« dynamische Gesangsmikrofon (Quelle: www.shure.de)

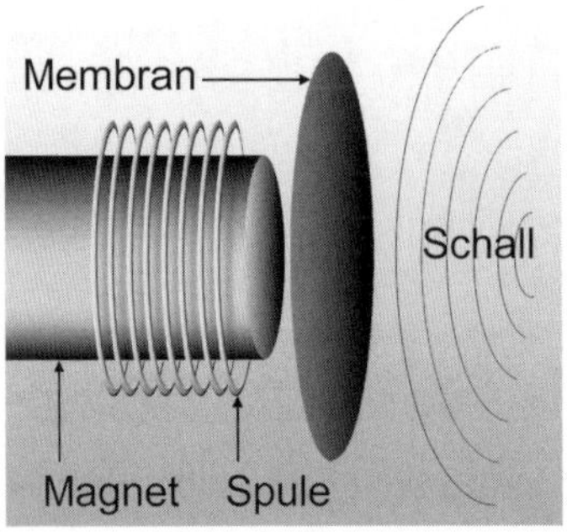


**Abb. 17.2:** Die Arbeitsweise eines dynamischen Mikrofons

Mikrofone arbeiten stets auf der Grundlage elektroakustischer Schallwandlung. Dabei unterscheidet man verschiedene Wandlungsmethoden, von denen in der Praxis zwei besonders weit verbreitet sind. Deshalb treffen Sie am häufigsten auf *dynamische Mikrofone* sowie auf *Kondensatormikrofone*. Die Schallwandlung bei dynamischen (auch *elektrodynamischen*) Mikrofonen funktioniert umgekehrt wie die Schallwandlung bei Lautsprechermembranen: Wenn ein akustisches Signal auf die Membran einer Mikrofonkapsel trifft, wird es zunächst in mechanische Schwingungen, dann in magnetische Spannung und zum Schluss in eine Modulationsspannung gewandelt. Diese Spannung wird dann mittels eines am Mikrofon angeschlossenen Kabels weitergesendet. Das Prinzip der Wandlung ist ganz einfach: Im Mikrofonkopf ist eine Kapsel mit einer Metallfolie, die sich in einem permanenten Magnetfeld befindet (deshalb auch *Schwingspule* genannt). Die Metallfolie verformt sich durch den auftreffenden Schall, wodurch eine Spannungsänderung erzeugt (induziert) wird. Zum Hörbarmachen der Signale funktioniert die Rückwandlung Spannung – mechanische Schwingungen – Schall genau andersherum.

## 17.2 Kondensatormikrofone

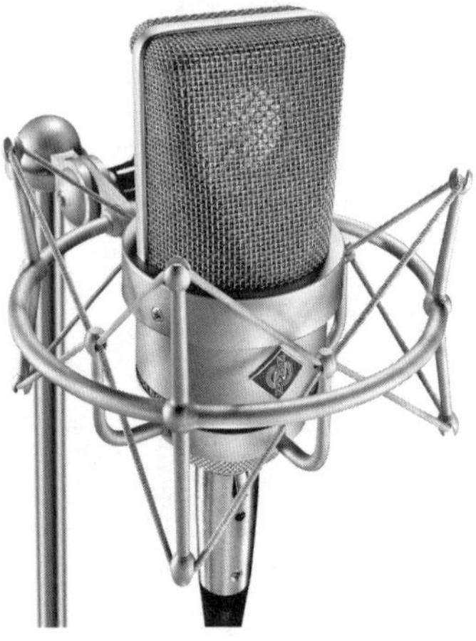

**Abb. 17.3:** Studio-Standard mit Großmembran – Neumann TLM103 (Quelle: `www.neumann.com`)

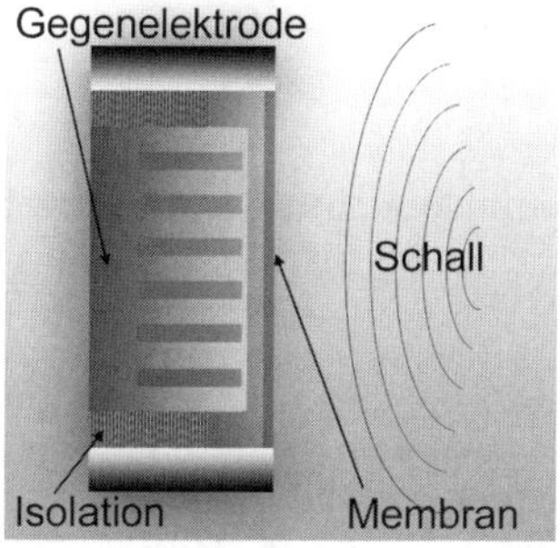


**Abb. 17.4:** Die Arbeitsweise eines Kondensatormikrofons

Kondensatormikrofone hingegen wandeln den Schall auf eine andere Weise in elektrische Spannung. Bei ihnen ist gegenüber einer Metallmembran eine Gegenelektrode angebracht. Sicher wissen Sie, dass Sie bei Kondensatormikrofonen Batterien einsetzen oder ihnen per Kabel Spannung von einer externen Quelle zuführen müssen. Das ist der Fall, weil die beiden Kondensatorplatten mit einer steten Spannung »von außen« aufgeladen werden müssen. Durch das Auftreffen von Schallwellen wird die Membran in Schwingung versetzt. Durch den sich ändernden Abstand der Elektroden zueinander verändert sich auch die Spannung zwischen diesen. Diese Spannungsänderung kann dann, wie beim elektrodynamischen Mikrofon, durch Kabel übertragen werden.

### Was ist Phantomspeisung?

Bei der *Phantomspeisung* (auch *Phantom Power*) wird vom Mixer oder einer anderen, manchmal separaten Stromquelle durch das Mikrofonkabel eine Betriebsspannung von üblicherweise 9 bis 48 V gesendet. Diese dient zur Aufladung der Kondensatorplatten (siehe Beschreibung oben).

Ein oft gehörtes Musikermärchen erzählt von einem »zerschossenen« dynamischen Mikrofon durch Phantomspeisung. Machen Sie sich nicht verrückt! Beim XLR-Stecker liegt an PIN 2 und 3 eine Spannung mit identischem Potenzial an, weshalb Ihrem dynamischen Mikrofon nichts passieren kann, falls Sie versehentlich die Phantomspeisung einschalten sollten.

### An-/Aus-Schalter bei Mikrofonen

Bei einigen Mikrofonmodellen kommen *An-* und *Aus-*Schalter zum Einsatz. Das kann bei dynamischen wie auch bei Kondensatormikrofonen der Fall sein. Bei dynamischen Mikrofonen dienen die Schalter zur Unterbrechung des Signalflusses, wohingegen sie bei Kondensatormikrofonen bewirken, dass die Spannungsversorgung ausgeschaltet wird. Nicht jeder Hersteller stattet aber sein Kondensatormikrofon mit einem An-/Aus-Schalter aus, weil die Lebensdauer der einzusetzenden Batterien durchaus mehr als ein Jahr betragen kann (Mikrofone mit Elektretkapseln). Wenn Sie bei einem Mikrofon drei Positionen für den Schalter vorfinden, stehen diese nicht selten für *An*, *Aus* und *Standby*. Der Standby-Betrieb hält die Spannungsversorgung des Kondensatormikrofons aufrecht und unterbricht lediglich den Signalfluss (wie oben für das dynamische Mikrofon mit An-/Aus-Schalter beschrieben).

## 17.3 Welche Mikrofone sind besser, dynamische oder Kondensatormikrofone?

Das ist eine Frage, die je nach Aufnahmesituation und Soundvorstellung beantwortet werden muss. Eine Universallösung kann es nicht geben. Deshalb hier ein paar Hinweise zum Vergleich von dynamischen und Kondensatormikrofonen, die Ihnen helfen sollen, Ihre Auswahl zu treffen:

Der *Frequenzgang* von Kondensatormikrofonen ist mitunter deutlich flacher als derjenige von dynamischen Mikrofonen, die bestimmte Frequenzbereiche besser und andere weniger gut einfangen können. (Mehr zum Frequenzgang von Mikrofonen siehe Abschnitt 17.4, »Frequenzgang«.) Viele Kondensatormikrofone können den Schall verschiedener Frequenzbereiche ausgewogener wandeln. Das rührt daher, dass ihre Membran dünner ist und sensibler auf die Schallwellen hoher Töne reagieren kann als diejenige dynamischer Mikrofone. Außerdem führt insbesondere bei Kondensatormikrofonen mit Kugel-Charakteristik ihre niedrigere untere *Grenzfrequenz-Linearität* (siehe ebenfalls bei »Frequenzgang«) dazu, dass tiefe Töne von ihnen besser abgebildet werden können. Kondensatormikrofone sind deshalb vielfach hervorragend dazu geeignet, tiefe und äußerst differenzierte (z. B. sehr leise) Signale einzufangen und/oder mit großem Mikrofonabstand aufzunehmen.

Nicht selten werden dagegen hohe Schalldruckpegel besser von dynamischen Mikrofonen unverzerrt eingefangen. Einige Hardrock- und Heavy-Metal-Produzenten schwören für sehr laute Vocals auch im Studio auf den Einsatz von dynamischen Mikrofonen. Im Livebereich sind sie oftmals erste Wahl beim Gesang. Dynamische Mikrofone finden Sie in verschiedenen Ausführungen, die für bestimmte Frequenzbereiche (z. B. von Gesang) optimiert sind. Dies verhilft dem jeweiligen Instrument zu mehr Durchsetzungskraft im Mix. Hierzu gehören etwa sehr tiefe Geräusche, die nicht von der Gesangsstimme erzeugt worden sein können. Eine interessante Info dürfte es auch sein, dass Kondensatormikrofone aufgrund ihrer Bauweise nur selten Signalpegel in einer Größenordnung von 140 dB und mehr aufgreifen können, ohne erhebliche Signalverzerrungen zu liefern. Deshalb bieten Ihnen einige Kondensatormikrofone einen Schalter (Pad) zur Verringerung der Eingangsempfindlichkeit.

Auch beim Thema *Rauschanteile* unterscheiden sich dynamische und Kondensatormikrofone deutlich. Dynamische Mikrofone weisen nur ein äußerst geringes *thermisches Eigenrauschen* auf, das durch ihre Widerstände hervorgerufen wird. Kondensatormikrofone können jedoch zusätzlich *Strom-*, *Spannungs-* und sogenanntes *Funkelrauschen* produzieren. Deshalb ist hier Qualität gefragt. Denn hochwertige Kondensatormikrofone weisen in der Regel hauptsächlich tieffrequente Rauschanteile auf, die das menschliche Gehör nicht so deutlich wahrnehmen kann wie das weiße Rauschen, das spektral gleich verteilt ist. Nebengeräusche dieser Art hören Sie beispielsweise dann deutlich, wenn Sie sehr leise Schallquellen aufnehmen und das Mikrofonsignal ausgesprochen stark verstärken müssen. Eine gute Pegelpraxis ist deshalb maßgeblich für einen guten, »reinen« Klang des von einem Mikrofon aufgegriffenen Signals.

Auch Feuchtigkeit und große Temperaturunterschiede können bei Kondensatormikrofonen (besonders bei älteren Modellen) Nebengeräusche und in schweren Fällen sogar Totalausfälle verursachen. In den meisten Fällen gilt aber: Je hochwertiger ein Mikrofon aufgebaut und verarbeitet ist, desto geringer sind seine Nebengeräusche.

**Plötzliche Störgeräusche bei batteriebetriebenen Kondensatormikrofonen …**

… sind oftmals darauf zurückzuführen, dass die Lebensdauer der eingesetzten Batterien zu Ende geht. Tauschen Sie sie einfach aus und weiter geht's. So einfach können manche Probleme gelöst werden.

**Hinweis**

*Röhrenmikrofone* erzeugen einen besonders warmen Sound. Durch ihre Bauweise sind sie in der Regel allerdings wesentlich teurer als gängige Kondensatormikrofone. Wenn Sie jedoch ein Röhrenmikrofon zu einem guten Preis ergattern können, sollten Sie zuschlagen. Insbesondere bei Aufnahmen für musikalische Genres, die auf einen soften Sound setzen (beispielsweise Jazz, World Music), kann sich diese Anschaffung positiv auswirken.

## 17.4 Frequenzgang

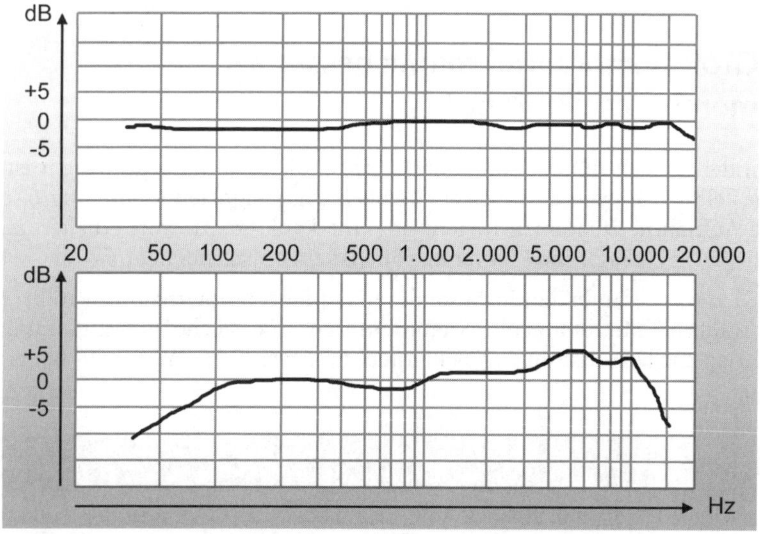


**Abb. 17.5:** Ebener (oben) und konturierter Frequenzgang (unten)

Den charakteristischen Frequenzbereich, in dem ein Mikrofon Signale einfangen kann, und dessen auf seine frequenzabhängige Empfindlichkeit bezogenen Verlauf bezeichnet man als *Frequenzgang*. Zum Vergleich: Das menschliche Gehör nimmt im Mittel Frequenzen zwischen 20 und 20.000 kHz wahr, während zur Aufnahme der menschlichen Stimme mittels Mikrofon hauptsächlich Frequenzen etwa zwischen 75 Hz und 10 kHz herangezogen werden müssen.

Wie in Abbildung 17.5 zu sehen, gibt es aufgrund des unterschiedlichen Verlaufs durch die frequenzabhängige Empfindlichkeit bei Mikrofonen verschiedene Frequenzverläufe. Wird das gesamte Frequenzspektrum gleichmäßig abgebildet, handelt es sich um ein Mikrofon mit *ebenem* Frequenzgang. Viele dynamische Mikrofone haben dagegen einen *konturierten* (engl. *shaped*) Frequenzgang. Das heißt, dass sie bestimmte Frequenzbereiche betonen. Aus diesem Grund gibt es beispielsweise Mikrofone, die speziell für Gesang geeignet sind, und andere, die eher für andere Instrumente zu empfehlen sind.

Gesangsmikrofone mit konturiertem Frequenzgang betonen die Abbildung des Frequenzbereichs zwischen 2 und 10 kHz. Dadurch ist ein Stimmsignal, das mit einem solchen Mikrofon aufgenommen wird, im Mix durchsetzungsfähiger und seine Sprachverständlichkeit wird deutlich erhöht. Aber auch um bestimmte Frequenzbereiche eines anderen Instruments zu betonen, eignen sich Mikrofone mit konturiertem Frequenzgang hervorragend. Hier ist dann auch ohne Equalizer und weiteres Equipment bereits Sound-Shifting angesagt.

Mikrofone mit ebenem Frequenzgang wandeln ein Signal weitestgehend 1:1 und damit hinsichtlich der Frequenzverteilung unverfälscht um. Besonders bei der Arbeit mit ausgeklügelten Klangsystemen (z. B. Gitarren-Rigs) oder erfahrenen Sängern ist es sinnvoll, auf Mikrofone mit einem ebenen Frequenzgang zurückzugreifen, damit der exquisite Klang von Technik und/oder Künstler nicht unnötig zerstört wird. Klingt kleinlich, macht sich aber wirklich deutlich bemerkbar.

## 17.5 Sind Großmembranmikrofone besser als Kleinmembranmikrofone?

Auch hierbei handelt es sich um eine oft gehörte Frage, die nicht zu beantworten ist, weil sie falsch gestellt wird. Vielmehr müssen Sie nach der geeigneten Membrangröße für die jeweilige Aufnahmesituationen fragen, um eine konkrete Antwort erhalten zu können. Denn so viel sei gesagt: Die Membrangröße ist ein entscheidender Faktor.

Mikrofone mit Großmembran bilden insbesondere Frequenzen unterhalb von 16 kHz zuverlässig ab, während Mikrofone mit Kleinmembran eine solche Einschränkung nicht kennen. In speziellen Ausführungen können sie sogar Frequenzanteile bis zu 40 kHz abbilden.

**Hinweis**

Für alle diese frequenzbezogenen Aspekte gilt, dass Sie sie am besten in der Praxis selbst ausprobieren. Testen Sie verschiedene Mikrofone. Leihen Sie sie von Bandkollegen, Freunden, im Fachhandel und wenden Sie sie an. Wann immer Sie die Gelegenheit haben, ein Mikrofon für »Nullkommanix« zu erstehen, sollten Sie sich (gerade am Beginn Ihrer Tätigkeit als Homerecording-Produzent) ein Arsenal von Mikrofonen zulegen, die Sie ausprobieren und kennenlernen. Sie werden Klang- und Frequenzunterschiede feststellen, die Sie für Ihre Aufnahmen nutzen oder umgehen können. Schnell sind dann Lieblinge für jeden typischen Einsatz gefunden.

## 17.6 Richtcharakteristiken von Mikrofonen

Neben den verschiedenen Funktionsprinzipien, der Membrangröße und dem Frequenzgang von Mikrofonen gibt es einen weiteren bedeutenden Faktor, der all diese Mikrofone in verschiedene Gruppen unterteilt. Gemeint ist der räumliche Bereich, in dem ein Mikrofon Schall aufnimmt. Hierbei spricht man von der *Charakteristik* eines Mikrofons. Während wohl die Mehrzahl der auf dem Markt erhältlichen Mikrofone *eine* bestimmte Richtcharakteristik aufweist, gibt es auch Mikrofone, deren Charakteristik Sie umschalten können. Dadurch sind sie recht flexibel in ihrem Einsatz.

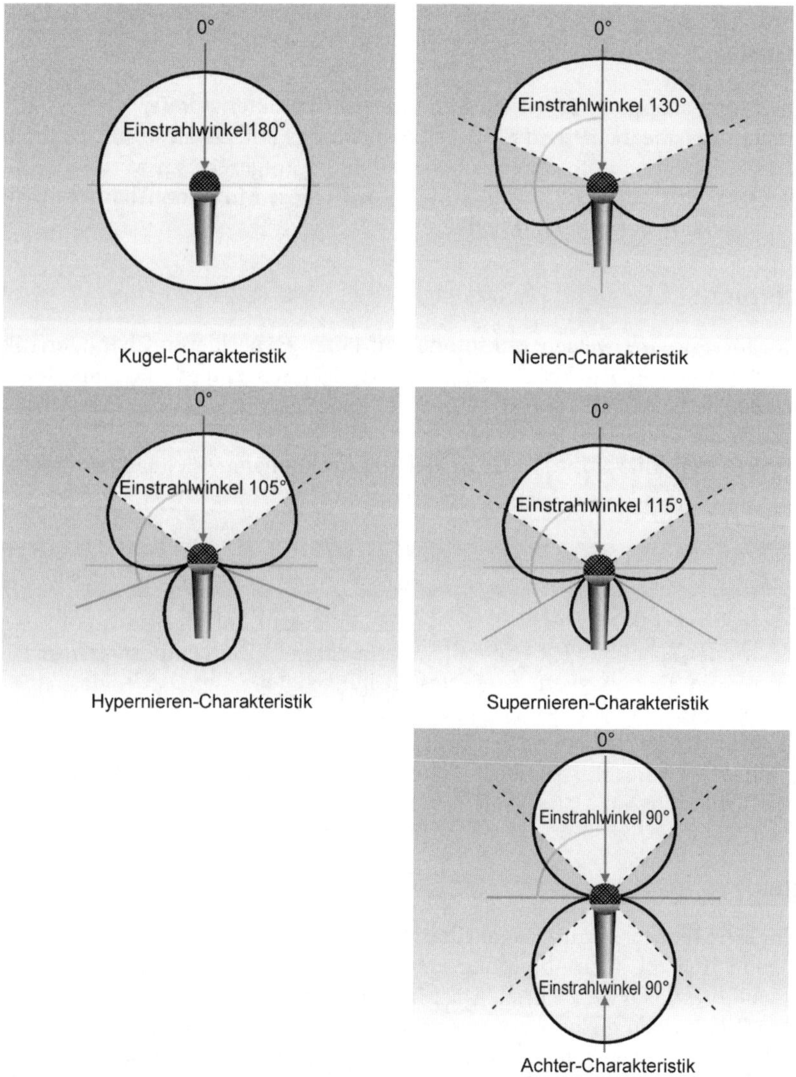


**Abb. 17.6:** Verschiedene Richtcharakteristiken von Mikrofonen

### 17.6.1 Niere

Die Richtcharakteristik »Niere« (wegen der nierenähnlichen Form des Schalleinfallbereichs) ist recht häufig anzutreffen. Diese Mikrofon-Charakteristik gehört zu der *unidirektionalen* Gruppe, weil sie den Schall hauptsächlich aus einer Richtung aufgreift. Schall, der von hinter dem Mikrofon auf dieses trifft, erfährt hingegen eine sogenannte hohe *Rückwärtsdämpfung*, wird also nur marginal gewandelt (siehe Abbildung 17.6). Aufgrund der Nieren-Charakteristik wird der Einfluss von seitlichen und von hinten kommenden Audiosignalen, die nicht zur Aufnahme mit dem Mikrofon bestimmt sind, also gemindert. Das Aufnehmen dieser nicht zur Aufnahme bestimmten Signale nennt man auch *Übersprechung* (oder im Englischen *bleed*).

### 17.6.2 Superniere

Wie die Bezeichnung schon verrät, ist die Supernieren-Charakteristik der Nieren-Charakteristik ähnlich, weist jedoch einen größeren Bündelungsgrad als diese auf. Deshalb eignen sich diese Mikrofone gut, um etwa nebeneinander eingesetzt zu werden, ohne dass es zu allzu starken Übersprechungen kommt. Auch diese Mikrofon-Charakteristik zählt zu den unidirektionalen Charakteristiken.

### 17.6.3 Hyperniere

Noch mehr *Richtungsschärfe* weisen Mikrofone mit einer Hypernieren-Charakteristik auf, bei denen allerdings die Rückwärtsdämpfung weniger ausgeprägt ist. Die perfekte Mikrofon-Charakteristik an sich kann es schließlich nicht geben, wohl aber ein Mikrofon mit angemessener Charakteristik für eine bestimmte Aufnahmesituation. Übrigens sind auch Hypernieren-Mikrofone Vertreter der unidirektionalen Richtcharakteristik-Sparte.

**Nahbesprechungseffekt**

Beim Nahbesprechungseffekt werden tiefe Frequenzen betont, sofern sich das Mikrofon sehr dicht vor der Schallquelle befindet (z. B. ein Sänger). Der Nahbesprechungseffekt verfälscht die Frequenzverteilung des Originalsignals dergestalt, dass die Bassanteile stärker betont werden. Soll dieser Effekt vermieden werden, finden Sie bei einigen Mikrofonen einen Schalter zur Dämpfung der Tiefen (Hochpassfilter). Aufgrund ihrer Bauweise kann der Nahbesprechungseffekt bei Mikrofonen mit Kugel-Charakteristik nicht eintreten.

### 17.6.4 Kugel

Dagegen nehmen Mikrofone mit Kugel-Charakteristik den Schall gleichmäßig aus allen Richtungen auf (siehe auch Abbildung 17.6), weshalb man diese Richtcharakteristik auch als *omnidirektional* bezeichnet. Da Mikrofone mit Kugel-Charakteristik den Schall aus allen Richtungen gleich stark aufgreifen, eignen sie sich beispielsweise gut, um eine Schallquelle inklusive Raumhall aufzuzeichnen. Würden Sie zu diesem Zweck auf ein Mikrofon mit Nieren-Charakteristik zurückgreifen, betrüge der Raumklanganteil im Signal nur einen Bruchteil davon. Damit es aber nicht allzu schlimm wird und der Raumhall das Signal der primären Schallquelle nicht überdeckt, sollten Sie darauf achten, dass Sie das Mikrofon nicht zu weit von der Schallquelle entfernt platzieren.

### 17.6.5 Acht

Neben Mikrofonen mit uni- und omnidirektionaler Charakteristik gibt es auch solche mit *bidirektionaler* Charakteristik. Da diese zwei gleich große Schalleinfallbereiche aufweisen, die gemeinsam die Form einer Acht bilden (siehe Abbildung 17.6), bezeichnet man die Charakteristik auch als Achter-Charakteristik. Es handelt sich dabei quasi um eine doppelte Nieren-Charakteristik. Mikrofone dieser Art kommen zum Einsatz, um Signalquellen aufzunehmen, die sich einander gegenüber befinden.

### 17.6.6 Fazit

Zur besseren Übersicht hier noch einmal zusammenfassend die Eigenschaften der verschiedenen Mikrofon-Charakteristika inklusive ungefährer, typsicher Richtwerte:

| Charakteristik | Direktionalität | Winkel | Nahbesprechung |
|---|---|---|---|
| Kugel | omnidirektional | 180° | nein |
| Niere | unidirektional | 130° | ja |
| Superniere | unidirektional | 115° | ja |
| Hyperniere | unidirektional | 105° | ja |
| Achter | bidirektional | 2 x 90° | ja |

**Tabelle 17.1:** Eigenschaften der verschiedenen Mikrofon-Charakteristika

## 17.7 Mikrofonsets

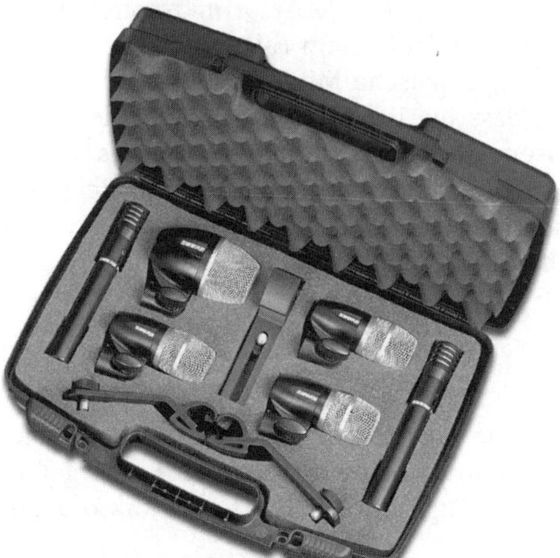

**Abb. 17.7:** Die »Rundum-sorglos«-Lösung für Schlagzeugaufnahmen – Mikrofonset Shure PG-DMK 6 (Quelle: www.shure.de)

Viele Hersteller und Musikalienhändler bieten Mikrofonsets für die unterschiedlichsten Einsatzgebiete an. Die Vorteile liegen auf der Hand: Wenn Sie für Ihr Homestudio mehrere Mikrofone kaufen, dann sollte schon ein gewisser Preisnachlass gewährt werden. Und dieser ist bei Set-Angeboten eigentlich immer gegeben und nahezu unschlagbar. Ein weiterer Vorteil ist, dass Sie bei den Mikrofonen untereinander eine gleichbleibende Qualität erhalten. Das ist vor allem hinsichtlich der Zuverlässigkeit und des Klangverhaltens ein nicht zu unterschätzender Faktor. Des Weiteren haben die Hersteller ihr »Mikrofon-Päckchen« bereits nach bestem Wissen und Gewissen geschnürt, wodurch Ihnen die mitunter schwierige Wahl passender Mikrofone und Mikrofontypen abgenommen wird. Oftmals sind im Set auch zusätzliche Hilfsmittel wie etwa Tragekoffer (siehe Abbildung 17.7) enthalten. Aufbewahrung und Transport werden dadurch eine sichere Sache und Sie vermeiden Mehrkosten für Lagerungs- und Transportverpackungen.

Als Beispielset möchte ich hier das PG-DMK 6 von Shure anführen. Es enthält eine Reihe von Mikrofonen zur Aufnahme eines kompletten Schlagzeugs und darüber hinaus einige Extras:

- 1 Spezialmikrofon Shure PG-52 mit »Tiefbass-Punch« (für die Kickdrum)
- 3 für die Nahaufnahme optimierte Mikrofone Shure PG-56 (für Snare und/oder Toms)
- 2 aufeinander abgeglichene Mikrofone Shure PG-81 mit linearem Frequenzgang (als Stereo-Overheads)
- 3 Halteklammern für die PG-56-Mikrofone
- gepolsterter Transportkoffer
- Stereo-Schiene für eine vereinfachte Installation der PG-81-Mikrofone als Stereoset

Alles in allem ein Set, mit dem kleine Schlagzeugkits problemlos mikrofoniert werden können.

Doch Mikrofonsets werden nicht ausschließlich thematisch zusammengestellt. Wie Sie in der Auflistung oben bereits lesen konnten, werden Ihnen auch für den Bereich der Stereomikrofonie aufeinander abgestimmte Paare von Kondensatormikrofonen angeboten. Mein Tipp: Geben Sie nicht allzu viel darauf. In keinem Fall sollten Sie für den Hinweis »abgeglichen« mehr Geld ausgeben. Europäische Mikrofonhersteller sind in der Regel derart genau in ihrer Produktion, dass die Produkte innerhalb einer Serie bereits eine äußerst geringe Toleranz aufweisen. Und auch Produkte aus Fernost haben mittlerweile in Sachen Qualitätssicherung deutlich aufgeholt. Bedenken Sie: Bei guter Pflege kann ein hochwertiges Mikrofon beinah ein ganzes Leben lang halten. Es lohnt sich also nicht, an der falschen Stelle (Anschaffungspreis) zu sparen.

## 17.8 Stative und Zubehör

Auch beim Zusatzmaterial sollten Sie zwei offene Augen haben und sich vorher eingehend informieren, was Ihren Mikrofonen gut tut und was nicht. Ein guter Einstieg sind die folgenden Unterkapitel, in denen ich Ihnen einige Infos zum Thema Mikrofonzubehör mit auf den Weg geben möchte.

## 17.8.1 Klammern

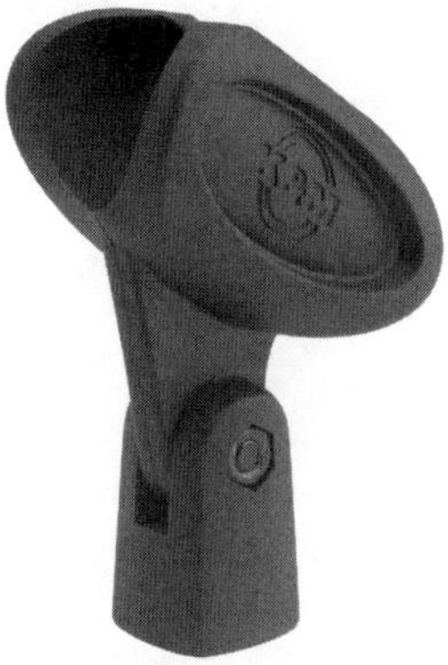

**Abb. 17.8:** Schonender Umgang – flexible Mikrofonklammer K&M 85055 (Quelle: www.k-m.de)

Was auf den ersten Blick überhaupt nicht nach einem Problem aussieht, kann sich manches Mal zu einem Ärgernis entwickeln. So zum Beispiel wenn teure Mikrofone von billigen Mikrofonhaltern zerkratzt werden oder ein Mikrofon während der Aufnahme wieder und wieder gefährlich weit aus einer Halterung rutscht.

Gegenüber der starren Variante sind elastische Klemmen aus hochwertigem Kunststoffmaterial, das auch bei hohen Temperaturen keine Weichmacher ausschwitzt (siehe Kapitel 16) klar im Vorteil. Mikrofonhalterungen mit Federmechanismen, die das Mikrofon einklemmen, gehen in der Praxis in einigen Fällen nur wenig materialschonend mit Mikrofonen um.

Außerdem sollten Sie auf eine weitere Kleinigkeit achten oder sicherheitshalber beim separaten Kauf von Mikrofon und Klemme den Fachhändler fragen: Es gibt nämlich drei verschiedene Klammerausführungen, die sich hinsichtlich der Führungsbreite unterscheiden (22 mm, 28 mm und 34 mm).

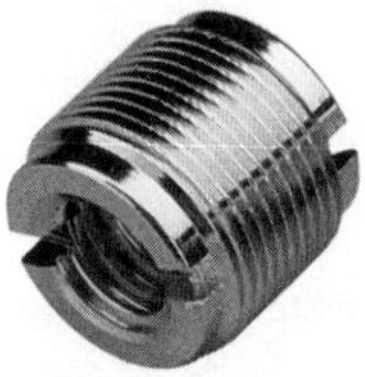

**Abb. 17.9:** Von groß auf klein – Reduziergewinde K&M 215 (Quelle: www.k-m.de)

Auch sollten Sie klären, ob für den Einsatz einer bestimmten Klammer ein sogenanntes *Reduziergewinde* benötigt wird, um die jeweilige Klemme auf dem betreffenden Stativ zu befestigen. Oftmals wird ein solches jedoch mitgeliefert.

## 17.8.2 Spinne

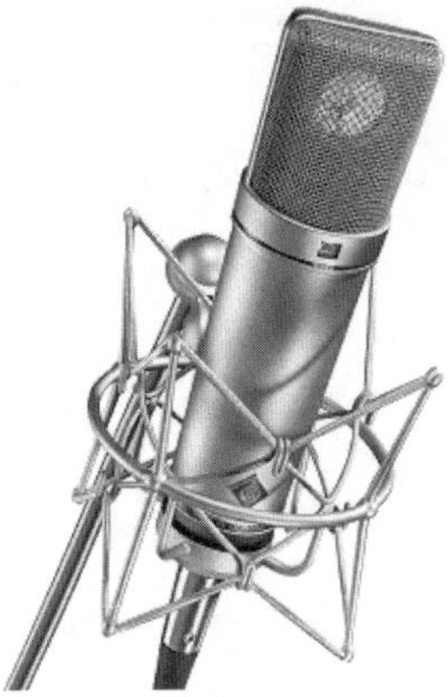

**Abb. 17.10:** Sanft in der Spinne gelagert – Neumann U87Ai (Quelle: www.neumann.com)

Oftmals werden Studiomikrofone in elastischen Aufhängungen (einer sogenannten *Spinne*) gelagert, um sie vom Untergrund zu entkoppeln und dadurch die Aufnahme von Bodengeräuschen (Trittschall, Verkehrslärm u. Ä.) zu verhindern. Diese Spinnen werden nicht selten speziell für ein einzelnes Mikrofon oder eine spezielle Mikrofonserie gebaut. Sie sollten sich beim Kauf eines Großmembran-Studiomikrofons deshalb rechtzeitig danach erkundigen, ob im Lieferumfang eine elastische Aufhängung enthalten ist oder diese zusätzlich (teuer) bezahlt werden muss, denn ohne diese geht es in der Regel nicht.

## 17.8.3 Clips

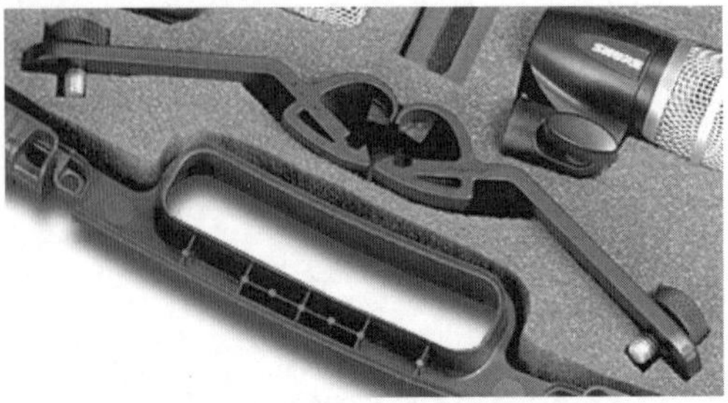

**Abb. 17.11:** Endlich »idiotensichere« Schlagzeugaufnahmen – Halteclips des Mikrofonsets Shure PG-DMK 6( Quelle: www.shure.de)

Neben Klammern und elastischen Aufhängungen gibt es auch solche, die speziell für die Befestigung von Mikrofonen an bestimmten Instrumententypen gedacht sind. Die Vorteile von Mikrofonclips sind gravierend. Bei beweglichen Instrumenten, wie etwa Blechbläsern, verschaffen sie dem Instrumentalisten einen größeren Aktionsradius und lassen ihn sich auf sein Spiel konzentrieren. Bei Percussion-Instrumenten können Mikrofonstative mitunter das Spiel des Schlagzeugers/Percussionisten stören. Schlimmstenfalls bekommen Mikrofon und/oder Stativ vereinzelte Schläge ab und gute

Aufnahmen werden teilweise unbrauchbar. Aus diesen Gründen (Platzersparnis/bessere, stete Platzierung) empfehle ich Ihnen vor allem beim Mikrofonieren von Drums und Percussions den Einsatz von speziellen Mikrofonclips, die für das jeweilige Instrument optimiert sind. In Abbildung 17.11 sehen Sie beispielsweise Mikrofonclips der Firma Shure zur Befestigung von Mikrofonen an den Rims von Snare und/oder Toms.

## 17.8.4 Schienen

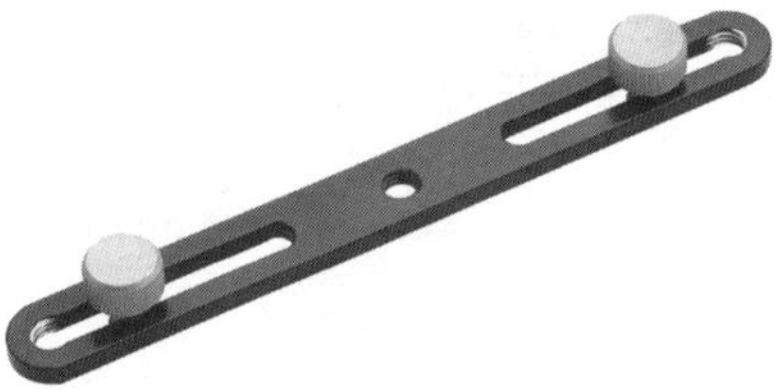

**Abb. 17.12:** Eine große Hilfe bei Stereomikrofonie – Ergänzungsschiene König & Meyer 23550 (Quelle: www.k-m.de)

Die verschiedenen Stereomikrofonierungsverfahren verlangen unterschiedliche symmetrische Ausrichtungen der Mikrofone zueinander. Um den Aufbau dieser Anordnungen zu erleichtern, bieten die Hersteller von Mikrofonstativen Spezialhalterungen in Form von Mikrofonschienen an, auf denen Sie problemlos zwei Mikrofone befestigen und ausrichten können. Die Schiene wird dann ihrerseits an ein einziges Stativ angeschraubt. Weil kein zweites Stativ notwendig ist, wird während der Aufnahme enorm viel Raum und Standfläche eingespart.

## 17.8.5 Stative

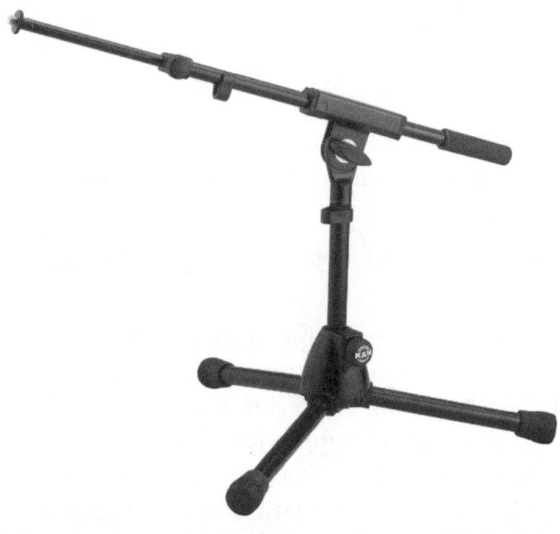

**Abb. 17.13:** Niedriges Schwenkstativ – König & Meyer 25950 Rien (Quelle: www.k-m.de)

Ja, in der Bildunterschrift zu Abbildung 17.13 haben Sie richtig gelesen: »Schwenkstativ«. Denn Mikrofonstativ ist nicht gleich Mikrofonstativ. Spätestens wenn Sie versuchen, ein Schlagzeug mit nur einem einzigen Stativtyp zu mikrofonieren, werden Sie die Unterschiede verschiedener Stativtypen kennen- und schätzen lernen. Während ein Sänger ein Standstativ benötigt, sind für die Drums niedrige Schwenkstative (für Kickdrums) und Galgenstative (für Overheadmikrofone) nahezu unerlässlich, will man einen akzeptablen Sound erreichen. Notlösungen sind zwar möglich, bringen aber selten den gleichen Erfolg wie Stative in angemessener Ausführung und passender Größe. Planen Sie deshalb sicherheitshalber vor einer größeren Aufnahme rechtzeitig auch das Ausleihen oder den Kauf von Mikrofonstativen ein, indem Sie sich eine Zeichnung oder Liste mit den verwendeten Mikrofonen und deren Zweck machen. Diesen stellen Sie dann die entsprechenden Mikrofontypen zur Seite. Fertig ist die Besorgungsliste Mikrofonstative.

Vergessen Sie nicht: Die besten Mikrofone nutzen Ihnen nichts, wenn Sie sie nicht aufstellen und gut bis optimal ausrichten können.

### 17.8.6 Popp- und Windschutz

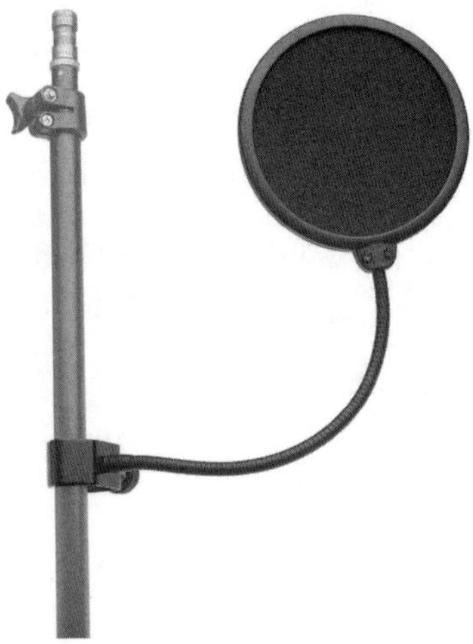

**Abb. 17.14:** Poppschutz fürs Homestudio – Popkiller K&M 23956 (Quelle: `www.k-m.de`)

Was Poppschutz und Windschutz unterscheidet, ist neben ihrem unterschiedlichen Aufbau ihr Einsatzgebiet:

Ein Poppschutz wird in der Regel ausschließlich bei Innenaufnahmen, speziell für Sprachaufnahmen, und zwar oftmals bei Großmembran-Kondensatormikrofonen eingesetzt. Diese reagieren auf den plötzlichen Windzug beim Aussprechen von *Plosivlauten* (auch *Popplaute*, wie etwa b, p, t, d, k) mit einem dumpfen Knacken oder »Rumms«. Dies geschieht besonders deutlich im Einflussbereich des Nahbesprechungseffekts. Ein Poppschutz verhindert das Auftreten eines solchen Knacklauts, indem er den Luftzug durch einen feinen aufgespannten Stoff aufteilt diffudiert und somit zu einem erheblichen Teil von der Mikrofonmembran weglenkt. Damit ein Poppschutz wirksam ist, muss er allerdings einige Zentimeter von der Mikrofonmembran entfernt angebracht werden.

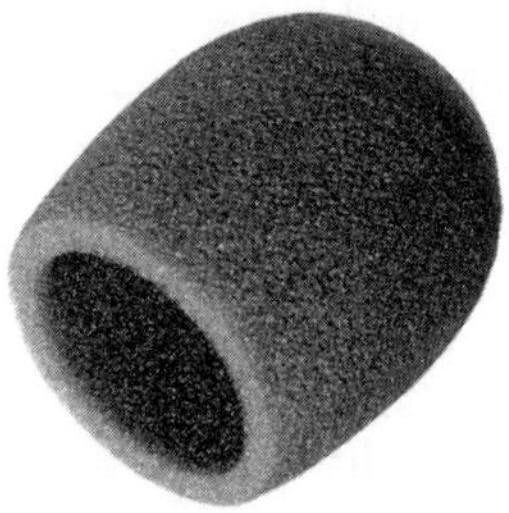

**Abb. 17.15:** Vor allem bei Mikrofonen im Livebereich anzutreffen – der Windschutz

Ein Windschutz ist dagegen, wie der Name schon verrät, ursprünglich für Außenaufnahmen verschiedener Art gedacht. Hierbei sollen Windgeräusche gemindert werden, indem der Windschutz den Luftstrom des Windeinflusses durch sein Schaumstoffgeflecht verteilt und umlenkt, wodurch er nicht oder nur mit unwesentlicher Intensität auf die Mikrofonmembran treffen kann. Ein Windschutz kann auch bei Liveaufnahmen zum Einsatz kommen. Er wird direkt auf das Mikrofon gesteckt. Zwar eignet sich ein Windschutz bedingt auch als Poppschutz, da Letzterer aber in größerem Abstand zur Mikrofonmembran befestigt wird, ist seine Wirkung in dieser Hinsicht besser.

**Hinweis**

Besonders sparsamen Homerecording-Freaks kann ich auch den Eigenbau eines Poppschutzes mit folgenden Hilfsmitteln empfehlen. Biegen Sie ein ausreichend großes Stück Blumendraht oder einen alten Metallkleiderbügel nach Vorbild des Poppschutzes in Abbildung 17.14. Dabei sollte der Kreisdurchmesser etwa 20 bis 30 Zentimeter betragen. Diesen Drahtkreis beziehen Sie dann mit einem Nylonstrumpf. Einziges Problem stellt die Befestigung dar, für die aber stets eine individuelle Lösung gefunden werden kann. Dieser Poppschutz ist kostengünstig und dazu noch höchst individuell.

## 17.9 Grundlegendes zum Mikrofoneinsatz

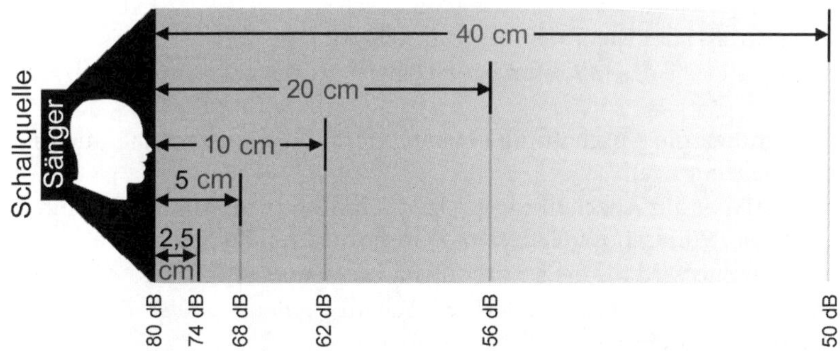


**Abb. 17.16:** Schalldruck geht verloren – Zusammenhang von Abstand und Pegelverlust

Der Schalldruck des Direktsignals (also desjenigen Klangs, der ohne Umweg unmittelbar von einer Schallquelle zum Mikrofon kommt) nimmt mit zunehmender Entfernung ab. Dabei können Sie mit einem deutlichen Lautstärkeverlust von jeweils -6 dB bei jeder Entfernungsverdopplung rechnen.

In Abbildung 17.16 sehen Sie dazu ein Beispiel für Gesangsaufnahmen: Mit jeder Entfernungsverdopplung nimmt die Lautstärke um weitere 6 dB ab. Hier ist also Überzeugungsgeschick gegenüber einem Sänger notwendig, der sich während des Singens »eingroovt«, indem er stets einen Schritt nach vorn und zurück macht.

Insbesondere bei Gesangsaufnahmen ist es schwierig, eine »beste« oder »ultimative« Entfernung für den Abstand des Sängers zum Mikrofon anzugeben. Nicht nur das Klangziel entscheidet, sondern auch die Mikrofonauswahl sowie die Stimme und Technik des Sängers selbst. Beginnen Sie beispielsweise mit einem Mikrofonabstand von etwa 15 Zentimetern und lassen Sie den Sänger sich bis auf etwa fünf Zentimeter an das Mikrofon heran- und bis auf 30 Zentimeter von diesem wegbewegen, während er singt und Sie das Signal aufmerksam abhören. Vergleichen Sie den Klang der Stimme bei den verschiedenen Entfernungen. Teilen Sie dem Sänger Ihre Eindrücke mit und machen Sie ihm deutlich, dass Sie beide den Klang der Aufnahme seiner Stimme positiv beeinflussen können. Ein Kriterium für die Beurteilung der mikrofonierten Stimme kann beispielsweise sein, wie ausgewogen Konsonantenklarheit und Nahbesprechungseffekt sich zueinander verhalten.

## 17.10 Kaufkriterien

Auch wenn Sie sich bisher nicht so gut mit Mikrofonen ausgekannt haben, so werden Sie durch dieses Kapitel sicherlich schon einige Anhaltspunkte für den Mikrofonkauf gefunden haben. Um Ihnen die Entscheidung beim Kauf von Mikrofonen für Ihr Heimstudio zu erleichtern, sollten Sie sich vor dem Einkauf folgende Fragen stellen:

- Ist das Mikrofon für die Aufnahme eines bestimmten Instruments gedacht oder soll es möglichst universell einsetzbar sein?
- Ist ein dynamisches oder ein Kondensatormikrofon besser für die Aufnahmesituation geeignet?
- Soll das Mikrofon alle Frequenzen weitestgehend originalgetreu wandeln (ebener Frequenzgang) oder ist eine Betonung bestimmter Bereiche gewünscht (konturierter Frequenzgang)?
- Benötige ich ein Groß- oder Kleinmembranmikrofon?
- Welche Charakteristik soll das Mikrofon haben (Niere, Hyper- oder Superniere, Achter, Kugel)?
- Rentiert sich eventuell die Anschaffung eines Mikrofonsets (z. B. für die Mikrofonierung von Schlagzeugsets)?
- Sind Zusatzmaterialien im Anschaffungspreis inbegriffen (z. B. Mikrofonklemme, Poppschutz, Spinne, Windschutz, Batterien, Transporttasche, Koffer o. Ä.)?
- Welche Klammerbreite wird für die Mikrofonhalterung benötigt?
- Muss eine spezielle Spinne evtl. gesondert angeschafft werden?
- Benötige ich einen Poppschutz?

## 17.11 Mikrofonierungstechniken

Die Ausrichtung von Mikrofonen ist eine Wissenschaft für sich. Über die Mikrofonpositionierung entscheiden Aspekte, wie das angestrebte Soundziel und die gewünschte Klangfarbe für die Instrumenten- oder Gesangsaufnahme. Nachfolgend finden Sie hauptsächlich Hinweise zum Thema Gesangsaufnahmen. Gezielte Tipps für die Mikrofonierung bestimmter Instrumente finden Sie dagegen in Kapitel 32, »Recording konkret«.

An dieser Stelle lässt sich aber bereits ganz allgemein betonen, dass die Resonanzkörper beinahe jedes Instruments für einen entfernten Zuhörer gestaltet wurden. Sofern Sie also einen besonders ausgewogenen Klang aufnehmen möchten, empfiehlt sich in der Regel eine Mikrofonaufnahme in ausreichender Distanz.

Eine andere Variante, mit der man den Umgebungsschall auf der Aufnahme mindert, ist das sogenannte *Close Miking*, bei dem möglichst nah an der Schallquelle aufgenommen wird. Dadurch wird bei entsprechender Auswahl der Mikrofon-Richtcharakteristik so gut wie ausschließlich das Direktsignal eingefangen. Das Close Miking greift jedoch oftmals bestimmte klangliche Aspekte eines Instruments heraus, da das Mikrofon auf eine bestimmte Stelle des Instruments gerichtet wird. Je näher die Mikrofonierung, desto mehr Erfahrung im Mikrofonieren sollten Sie mitbringen. Probieren Sie es also aus und sammeln Sie Erfahrungen, um sie soundförderlich einsetzen zu können.

### 17.11.1 »In your Face«

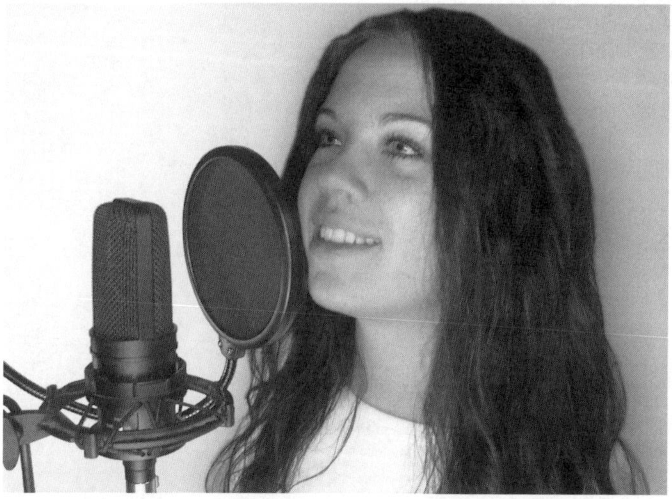

**Abb. 17.17:** Gesangsaufnahmen I – Mikrofon »In Your Face«

Diese Mikrofonierungstechnik für Gesangsstimmen ist zwar nicht die einzig mögliche, aber die erste, die vielen Homerecordlern in den Sinn kommt. Sofern Sie keinen klassischen Gesang aufnehmen, kann ich Ihnen raten, mit dieser Technik einzusteigen. Mit ihrer Hilfe können Sie die Klangfülle- und Resonanzdefizite von Gesangsstimmen im

Bereich Rock und Pop am besten ausgleichen. Man spricht hierbei vom »Auf die Nase kleben« oder eben dem »In-Your-Face«-Mikrofonieren. Die Membran ist auf den Mund ausgerichtet, das Mikrofon befindet sich in nächster Nähe zum Sänger. Der Aufnahmeklang ist dadurch für gewöhnlich sehr direkt und vordergründig und kann große Anteile des Nahbesprechungseffekts beinhalten.

**Know-how**

Beim »In-Your-Face«-Mikrofonieren können Probleme mit Poppgeräuschen auftauchen. Ist dies der Fall, so können Sie als Gegenmaßnahme das horizontale Drehen der Mikrofonachse ausprobieren, falls ein Poppschutz nicht ausreichen sollte. Zielen Sie also mit dem Mikrofon leicht am Mund des Sängers vorbei. Bei Mikrofonen mit Nieren-Charakteristik, die zudem über einen sauberen Frequenzgang jenseits der Hauptschalleinfallsrichtung verfügen, wird das übliche Anheben der Bassanteile umso mehr vermindert, je weiter sich der Einfallswinkel des Schalls auf die Mikrofonmembran einem 45-Grad-Winkel annähert. Versuchen Sie auch, den Sänger dazu zu bewegen, dass er die betreffenden Laute abschwächt oder während der Aufnahme aktiv per Kopfbewegung die Popplaute zu mindern versucht.

### 17.11.2 Mikrofon von oben

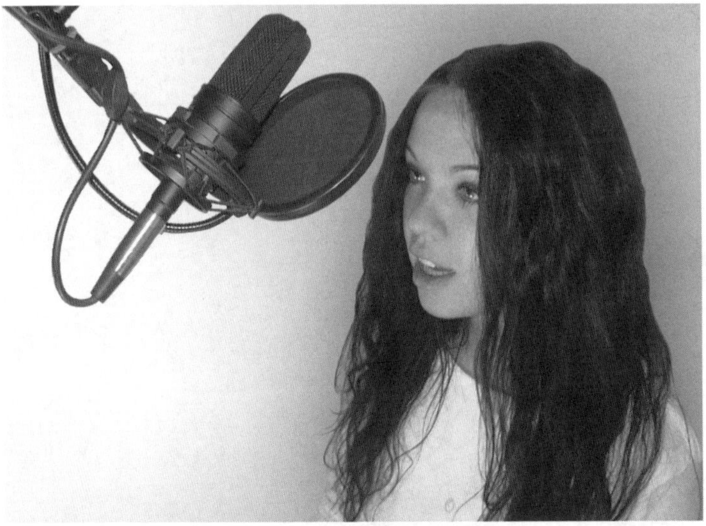

**Abb. 17.18:** Gesangsaufnahmen II – Mikrofon von oben

Bei der Gesangsaufnahme mit einer Mikrofonierung von oben richten Sie das Mikrofon auf die Nasenwurzel des Sängers/der Sängerin aus. Auch bei dieser Methode können Sie einen vertikalen Schwenk ausprobieren, um das Mikrofon besser am Resonanzraum Kopf auszurichten. Hier sollten Sie sich allerdings mit einem Winkel von ± 22,5 Grad zufriedengeben. Generell klingt der Gesangssound bei dieser Mikrofonierungsvariante wie zu erwarten eher nasal und mittenbetont. Bei dieser Variante fallen Popp- und Hisslaute weniger ins Gewicht als bei der »In-Your-Face«-Mikrofonierung.

### 17.11.3 Overheads

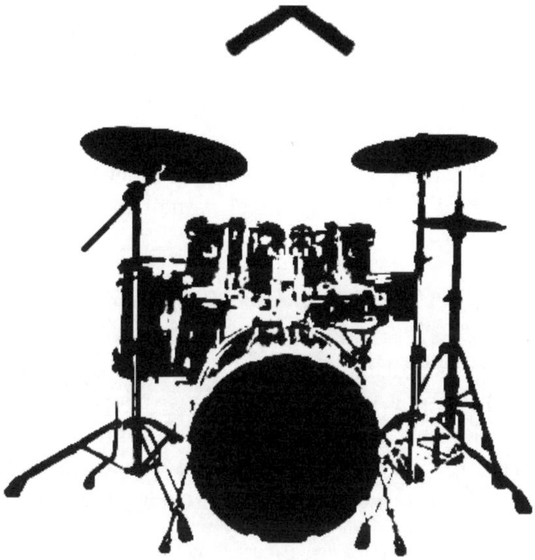

**Abb. 17.19:** Natürliches Stereobild durch Anbringung von Mikrofonen über den Drums – Overheads

Als *Overheads* bezeichnet man Mikrofone, die über einer Schallquelle angebracht werden, die omnidirektional Schall abstrahlt. Hierzu zählen beispielsweise die Becken eines Schlagzeugs. Zu diesem Zweck werden unter anderem besonders hohe Galgenstative benötigt, um den Klang der Cymbals einfangen zu können. Bei einer Stereoaufnahme mit Overheads ist die genaue Ausrichtung der beiden Overheadmikrofone zueinander entscheidend, um Probleme durch Laufzeitunterschiede der mikrofonierten Schallwellen weitgehend zu vermeiden.

**Know-how**

Als *Laufzeitunterschied* bezeichnet man das zeitlich unterschiedliche Auftreffen eines Direktsignals derselben Schallquelle auf zwei Mikrofone. Da die Auslenkung der Schallquelle im Stereobild u. a. von der zeitlichen Verzögerung abhängen kann, können deutliche Laufzeitunterschiede in der Stereomikrofonie ein falsches oder auch undeutliches Stereobild der Aufnahme nach sich ziehen.

## 17.12 Stereomikrofonie

In einigen Aufnahmesituationen ist es unvermeidlich, eine Stereoaufnahme mithilfe von zwei Mikrofonen durchzuführen, die jeweils das Signal für den linken und den rechten Kanal separat aufnehmen. Zwar gibt es auch Methoden, bei denen weitere Mikrofone benötigt werden, in der Regel ist dies aber nur dann der Fall, wenn ein sogenanntes *Stützmikrofon* für die Mitte benötigt wird, damit das Stereobild der Aufnahme nicht allzu weit und im Stereozentrum »leer« wirkt. Im Bereich der Stereomikrofonie treffen Sie auf viele verschiedene Begriffe und Abkürzungen, die vielleicht neu für Sie sind und/oder sich Ihnen nicht sofort erschließen: *AB*, *XY*, *MS*, *ORTF*, was soll das bloß alles bedeuten? Wenn Sie sich die nachfolgenden Unterkapitel durchlesen, werden Sie schon besser durchblicken und mit einiger Übung und Erfahrung werden Ihre Stereoaufnahmen so klingen, wie Sie sie sich vorstellen.

Die meisten Bezeichnungen stereofoner Mikrofonierungstechniken beziehen sich auf die Anordnung der beiden beteiligten Mikrofone. Dabei können sich die Winkel der Mikrofone zueinander und auch die Mikrofon-Charakteristiken voneinander unterscheiden.

### Intensitäts-, Laufzeit- und Äquivalenz-Stereofonie

Einen weiteren Unterschied macht der Umstand, welche Art der Schallinformation für das Stereobild verantwortlich ist. Da in der Wahrnehmung des menschlichen Gehörs sowohl die Lautstärke als auch der zeitliche Versatz von zwei Signalen zur Deutung der Auslenkung eines Signals im Stereobild führen können, entscheidet man sich bereits bei der Methode der Mikrofonierung für eines der beiden Stereoverfahren:

- Wird der Stereoeindruck durch den Lautstärkeunterschied zwischen den beiden Kanälen erzeugt, spricht man von *Intensitäts-* oder *Pegeldifferenz-Stereofonie*. Ist ein Signal auf einem Kanal lauter, so wird es im Stereobild zum größeren Teil in diese Richtung hin lokalisiert. Dieser Effekt wird in der Regel besonders stark im Bereich um 1 kHz empfunden.
- Ist der zeitliche Versatz eines Signals zwischen zwei Audiokanälen für den Stereoeindruck verantwortlich, spricht man von *Laufzeitstereofonie*. Das Gehör wertet hierbei Phasenunterschiede auf beiden Ohren (bzw. Kanälen) aus. Dies geschieht vor allem im Bereich unterhalb von etwa 500 Hz, weshalb sich diese Methode besonders gut eignet, um Räumlichkeit zu vermitteln bzw. wiederzugeben.
- Bilden sowohl der zeitliche Versatz als auch der Lautstärkeunterschied gemeinsam den Stereoeindruck, so spricht man von *Äquivalenzstereofonie*.

Beachten Sie auch, dass sich nicht alle Stereomikrofonierungstechniken gleich gut für eine Überführung in ein Monosignal eignen. Am einfachsten ist dies bei der Intensitäts-Stereofonie, bei der die beiden Kanäle einfach summiert werden (*XY*) oder nur einer der Kanäle benutzt wird (*M*-Kanal aus *MS*). Aufgrund der durch die Laufzeitdifferenzen entstehenden Phasenunterschiede der Stereomikrofonie im AB-Verfahren eignet sich dieses selten für eine Monowiedergabe.

### 17.12.1 XY-Mikrofonie

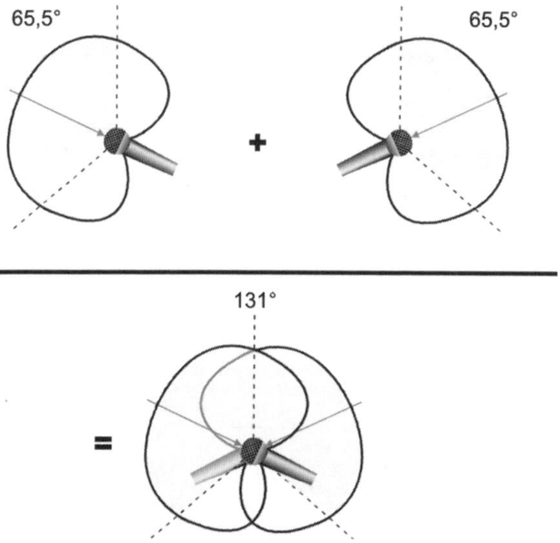


**Abb. 17.20:** Häufig angewandt – XY-Mikrofonie

Diese Methode gehört in den Bereich der *Intensitäts-Stereofonie*, bei der der Stereoeindruck durch den Lautstärkeunterschied zwischen den beiden Kanälen erzeugt wird. Die Buchstaben *X* und *Y* stehen dabei für *links* und *rechts*. Konkret werden hierbei zwei Mikrofone mit Nieren-Charakteristik in einem Gesamtachsenwinkel von 131 Grad zueinander ausgerichtet. Die Kapseln der Mikrofone befinden sich dabei unmittelbar übereinander. Beim Einsatz dieser Technik können Ihnen Schienen helfen, auf denen Sie die Mikrofone befestigen und ausrichten können. Die Stereomikrofonierung mit XY-Technik gilt als diejenige mit der stärksten Lokalisationsschärfe. Das bedeutet, dass das resultierende Stereobild besonders deutlich ist.

#### Hinweis

Sofern Sie Mikrofone mit einer anderen Richtcharakteristik (Super- oder Hyperniere) verwenden, müssen Sie den Achsenwinkel verringern, um ein sauberes Stereobild zu ermöglichen.

- Superniere: Achsenwinkel 57,5 Grad
- Hyperniere: Achsenwinkel 52,5 Grad

#### Achsen-, Versatz- und Öffnungswinkel

Der *Versatzwinkel* (auch: *Achsenwinkel*) beschreibt die Drehung eines Mikrofons aus seiner frontalen Ausrichtung, während der *Öffnungswinkel* (auch: *Gesamtachsenwinkel*) die Summe der Versatzwinkel bildet und somit auch angibt, in welchem Winkel die beteiligten Mikrofone zueinander stehen.

### 17.12.2 MS-Mikrofonie

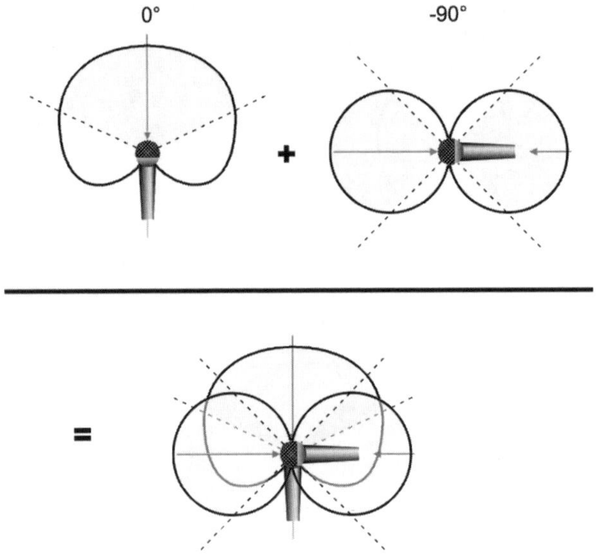


**Abb. 17.21:** Seltene Variante – MS-Mikrofonie

Auch diese Methode gehört zur *Intensitäts-Stereofonie* – der Stereoeindruck wird also durch den Lautstärkeunterschied zwischen den beiden Kanälen erzeugt. Die Buchstaben *M* und *S* stehen hierbei für *Mitte* und *Seite*. Wie Sie in Abbildung 17.21 sehen können, werden für die MS-Technik zwei Mikrofone mit verschiedenen Richtcharakteristiken benötigt. Ein Mikrofon hat eine Achter-, das andere eine beliebige andere unidirektionale Charakteristik. Dabei wird das Signal für die Mitte (*M*) von letzterem Mikrofon aufgezeichnet, die seitlichen Signale (*S*) kommen dagegen vom Mikrofon mit Achter-Charakteristik. Auch hierbei liegen beide Kapseln möglichst nah übereinander. Dies ist auch der Grund dafür, warum Sie für diese Mikrofonierungsvariante auch gut auf Stereomikrofone setzen können, die die MS-Bestückung (z. B. Niere- und Achter-Charakteristik) fix und fertig installiert haben. Die MS-Mikrofonie wird häufig im Bereich von TV-Reportagen verwendet.

### 17.12.3 AB-Mikrofonie

Die Stereomikrofonierung im *AB-Verfahren* zeichnet sich durch die parallele Ausrichtung der beiden Mikrofone aus. Das Verfahren gehört in den Bereich der *Laufzeitstereofonie*. Aber Achtung: In stark bedämpften (sozusagen »toten«) Räumen ist diese Methode der Stereoaufnahme wenig hilfreich. Außerdem sollten Sie beim Mikrofonaufbau darauf achten, dass die beiden Kapseln wesentlich näher zueinanderstehen, als sie von der Schallquelle entfernt sind. Der Abstand der Mikrofone sollte aber 17 Zentimeter nicht unterschreiten.

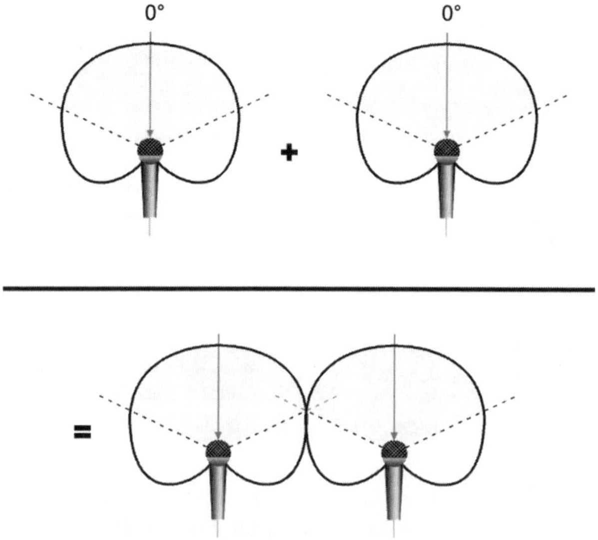


**Abb. 17.22:** Parallele Aufstellung – AB-Mikrofonie

## 17.12.4 ORTF-Mikrofonierung

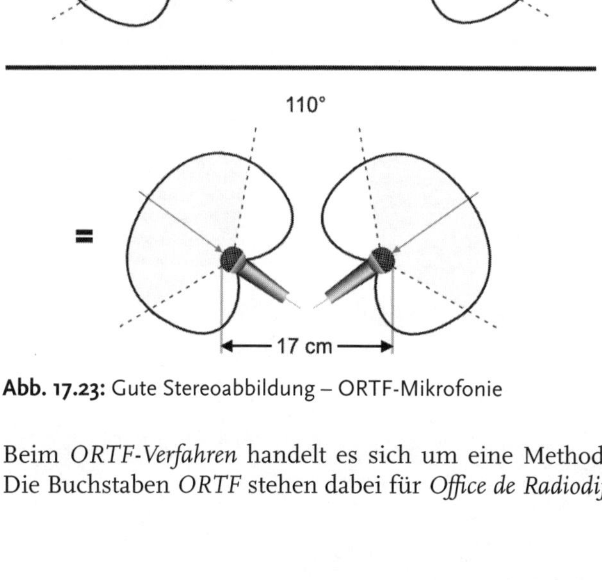


**Abb. 17.23:** Gute Stereoabbildung – ORTF-Mikrofonie

Beim *ORTF-Verfahren* handelt es sich um eine Methode der Äquivalenz-Stereofonie. Die Buchstaben *ORTF* stehen dabei für *Office de Radiodiffusion Télévision Française*, den französischen Rundfunk, der dieses Verfahren 1960 entwickelte. Für dieses Verfahren richten Sie zwei Mikrofone mit Nieren-Charakteristik in einem Gesamtachsenwinkel von 110 Grad zueinander nach außen aus, wobei der Abstand der Mikrofonkapseln zueinander 17 Zentimeter betragen sollte.

### Hinweis

Aber Vorsicht! Bei falscher Anordnung/Ausrichtung können stereobildtechnisch gegensinnige Laufzeit- und Pegelverhältnisse zu einem unklaren, unscharfen Stereobild führen.

### Praxistipps

*Wie kann ich beim Mikrofonieren von Instrumenten verhindern, dass diese zu »hallig« und zu wenig direkt klingen?*

Die Lösung ist das Aufbauen der Mikrofone/des Mikrofons innerhalb des Hallradius der Schallquelle. Auf diese Weise lassen sich selbst Signale, die Sie bei Aufnahmen mit einer kompletten Band in einem Raum gemacht haben, noch einigermaßen gut voneinander getrennt regeln.

*Warum klingen meine mikrofonierten Instrumentenaufnahmen »tot« und leblos?*

Das kann der Fall sein, wenn Sie ausschließlich auf die Close-Miking-Technik zurückgreifen, da hierbei der Raumschall nur sehr gering mit aufgezeichnet wird. Raumschall ist aber ein wichtiger Faktor für die Natürlichkeit eines Signalklangs. (Ich kann nur noch einmal erwähnen, wie empfindlich unser Gehör geschult ist und auf klangliche Anomalitäten reagiert.) Entweder nehmen Sie den Raumschall über Raummikrofone zusätzlich auf und mischen ihn der Direktschallaufnahme zu. Oder Sie greifen auf Effektgeräte und Plug-ins zurück, indem Sie der Close-Miking-Aufnahme ein wenig Hall aus der Konserve spendieren. Das muss gar nicht viel sein, oftmals reicht bereits ein kleines (beinahe unhörbares) bisschen aus, um einem Signal die notwendige Natürlichkeit zurückzugeben.

Kapitel 18

# Keyboards & Synthesizer

»Wie nennt man einen Keyboarder mit nur einer Hand? – Einen Segen Gottes!«

Ja, Keyboarder spielen gern und viel. Das liegt aber sicher auch an der Beschaffenheit ihrer Geräte. Wohl kein Instrumentalist hat ein derart großes Arsenal unterschiedlicher Sounds zur Auswahl wie ein Keyboarder. Der Begriff *Keyboarder* ist zwar gebräuchlich, bezeichnet aber mitnichten das einzige Instrument, das einem »Tastendrücker« zur Verfügung steht. Während das klassische Keyboard mit einer eher eingeschränkten Soundauswahl und oftmals mit Begleitautomatik daherkommt (um einmal auf die Schnelle alle gängigen Vorurteile zusammenzufassen), benutzen Keyboarder in einer Band häufiger die dem Keyboard gegenüber flexibleren Synthesizer und Sampler – kurz: Alles, was sich per Tasten und über das MIDI-Protokoll ansteuern lässt, ist vor einem Keyboarder nicht sicher.

## 18.1 Digitalpianos

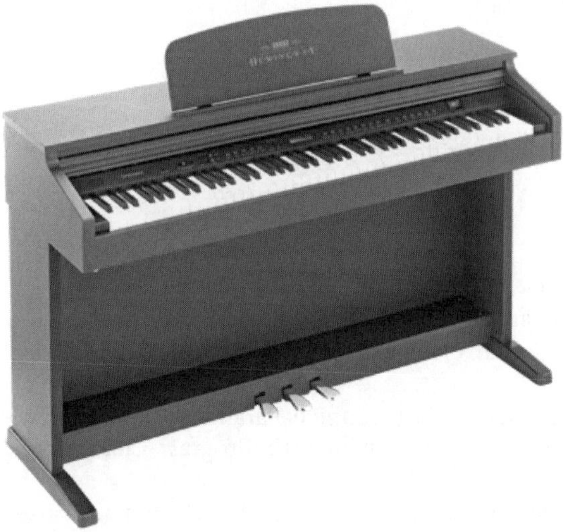

**Abb. 18.1:** Das Hemingway DP501 mkII RW ist ein Digitalpiano mit eingebautem Arranger, das sich auch als Master-Keyboard eignet (Quelle: `www.hemingway-pianos.com`).

Digitalpianos (oftmals auch *Stagepianos* genannt) werden vielfach auch als Master-Keyboards eingesetzt. Ein Master-Keyboard ist der Tasten-basierte Controller, der in einem Studio hauptsächlich zum Einspielen von Musik genutzt wird. Vor allem gelernte Pianisten schwören auf die typischen Ausführungsmerkmale wie gewichtete Tasten und Hammermechaniken. Wenn Sie regelmäßig Pianoklänge einspielen oder ein waschechter Pianist für Sie Passagen einspielt, ist ein Digitalpiano eine beinahe unverzichtbare Hilfe. (Für alle anderen Anwender und vor allem für Einsteiger und Anfänger gilt: Sie können nahezu jede beliebige Tastatur als Master-Keyboard verwenden, sofern das Gerät über einen MIDI-Ausgang verfügt.)

Einen großen Einfluss auf die Bespielbarkeit eines Digitalpianos hat auch die Anzahl der gebotenen Tasten. Während Keyboards und Master-Keyboards mit 76, 61, 49, 37 oder manchmal sogar noch weniger Tasten (z. B. 25) daherkommen, erfordert die Spielweise eines Pianisten mitunter deutlich mehr Oktaven. Deshalb verfügen Digitalpianos über 88 Tasten und bieten damit einen möglichen Spielumfang von 7 1/3 Oktaven.

Vor allem hinsichtlich des Spielgefühls gibt es bei Tastaturen große Unterschiede. Nachfolgend sehen Sie Tabelle 18.1, die Ihnen einen schnellen Vergleich verschiedener Ausführungen ermöglicht. Bei Digitalpianos sind die letzten beiden Ausführungen gebräuchlich.

| Tastaturart | Mechanismus | Tastenmaterial |
|---|---|---|
| ungewichtet | Rückholfeder mit geringem Widerstand | Plastik |
| leicht gewichtet | Rückholfeder mit größerem Widerstand | Plastik |
| gewichtet | Spielgefühl einer Klaviertastatur wird mechanisch nachempfunden | Plastik oder Holz |
| Hammermechanik | aufwendige Mechanik, die weitestgehend Klaviermechaniken entspricht | zumeist Holz |

**Tabelle 18.1:** Tastaturausführungen in der Übersicht

## 18.1.1 Kaufkriterien

Als wesentliche Kaufkriterien für ein Digitalpiano können gelten:

- 88, mindestens aber 76 Tasten
- gewichtete Tasten
- Hammermechanik
- Anschlagsdynamik (sollte für alle Tasteninstrumente selbstverständlich sein)
- Möglichkeit zur Aufteilung der Tastatur in Zonen per Keyboard-Splitfunktion
- eine angemessene Anzahl authentischer Pianosounds (z. B. Concert Grand, Bright Piano, Bar Piano etc.)
- und selbstverständlich MIDI-Anschlüsse sowie gängige Parameter-Controller wie Pitch- und Modulations-Wheel, Knöpfe oder Schalter für Program-Change- und Bankwechsel-Befehle
- Einige hochwertige Ausführungen können außerdem mit Holztasten aufwarten (s. o.).

Bringen Sie beim Kauf eines Digitalpianos mit gewichteten Tasten unbedingt in Erfahrung, ob das Gerät auch über *Aftertouch* verfügt, denn oftmals ist das nicht der Fall. Beim Aftertouch handelt es sich um einen MIDI-Spielparameter, der durch die Druckvariation auf eine Taste *nach* deren Anschlag angesprochen wird. Einige Sounds (z. B. von Samplern und Synthesizern) benötigen diesen Parameter zur Klangvariation. Bietet das Digitalpiano kein Aftertouch, können Sie mit ihm logischerweise diese Geräte nicht umfassend nutzen.

Etliche Digital-Pianos bieten Ihnen heute einen integrierten Arranger, mit dessen Hilfe Sie sich in verschiedenen musikalischen Styles begleiten lassen können – Drum Computer, Effekte und Equalizer inklusive.

**Praxistipps**

*Benötige ich ein Digitalpiano, um Klaviersounds aufzunehmen?*

Die Antwort heißt ganz klar »nein«. Klaviersounds lassen sich auch durch Synthesizer und vor allem Sampler erzeugen, die Sie mit einer »herkömmlichen« MIDI-Tastatur ansteuern, die nicht über die typischen Features eines Digital- oder Stagepianos verfügt.

*Ich besitze bereits ein Digitalpiano. Wie kann ich es als Master-Keyboard in mein Setup integrieren?*

Schließen Sie den MIDI-Ausgang des Digitalpianos ganz einfach am MIDI-Eingang Ihrer DAW an. Nun können Sie Ihre Recording-Software (z. B. Steinberg Cubase) als Steuerzentrale nutzen und mit Ihrem Digitalpiano sämtliche an die DAW angeschlossene MIDI-Instrumente oder auch DAW-interne virtuelle Instrumente spielen. Möchten Sie die Sounds aus Ihrem Digitalpiano nutzen, so verbinden Sie einfach dessen Audioausgänge mit dem Eingang Ihres Audio-Interface. Sofern Sie das Digitalpiano dann aber als Master-Keyboard nutzen, müssen Sie daran denken, die Lautstärke des Digitalpianos selbst am Mischpult herunterzufahren, sobald Sie ein anderes Gerät darüber per MIDI ansteuern. Ansonsten hören Sie beide Klangerzeuger, was in der Regel nicht wünschenswert ist. Möchten Sie dagegen die Klänge des Digitalpianos vom Sequenzer Ihrer Studiosoftware aus ansteuern, so ist die zusätzliche Verbindung von MIDI-Out (DAW) und MIDI-In (Digitalpiano) erforderlich.

## 18.2 Vollautomaten – Begleit-Keyboards

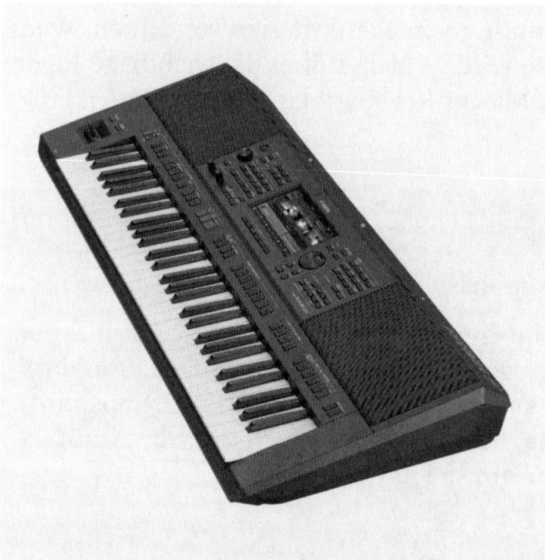

**Abb. 18.2:** Yamaha PSR-SX900
(Quelle: `www.yamaha.com`)

Aufgrund der Unmenge von Features, die moderne elektronische Tasteninstrumente bieten, ist es recht schwierig, deutliche Abgrenzungen vorzunehmen oder klar definierte Gruppen zu bilden. Wenn Sie sich aber die Unterkapitel zum Thema Tasteninstrumente anschauen, erkennen Sie eine klare Linie und bekommen einen guten Eindruck von der Vielfalt der möglichen Geräteausführungen. Und weil das alles so unübersichtlich erscheint, hier die Marschroute: Unter *Keyboards* verstehe ich in diesem Unterkapitel alle elektronischen Tasteninstrumente, die nicht vordergründig das Abspielen, Bearbeiten und Verwalten von Samples ermöglichen oder Gewicht auf das

Erzeugen und Modifizieren von Syntheseklängen legen, stattdessen aber mit Begleitautomatiken, wie etwa vorgegebenen Schlagzeugrhythmen und einfachen Sequenzern aufwarten, ohne deshalb als vollwertige Workstation durchzugehen. Klingt kompliziert?

Viele Keyboards verfügen über eingebaute Lautsprecher. Dieser Umstand macht sie zum optimalen Einsteigergerät für Kinder und Jugendliche. Es sind weder Mischpult noch Verstärker, noch externe Lautsprecher nötig, um das Gespielte zu hören. Loslegen und gut! Wie schon erwähnt, bieten Keyboards neben »herkömmlichen« Sounds außerdem eigene Begleitrhythmen, die kinderleicht abgespielt und angepasst werden können. Diese werden im MIDI-Format abgespeichert. Um die Daten einlesen zu können, gibt es dann dementsprechend USB-Anschlüsse oder Speicherkartenslots. Mehr oder weniger großflächige Displays können allerhand Infos darstellen und eingebaute Festplatten sorgen für ausreichend Speicherplatz.

All diese Features machen Keyboards zu tollen Einsteigergeräten oder auch zum elementaren Arbeitsmittel eines Alleinunterhalters. Sie sollen stets Alleskönner und »Hansdampf in allen Gassen« sein, und genau hier liegt auch das Problem, denn ein solches Gerät muss ja für den Kunden noch bezahlbar sein. So kommt es, dass die Hersteller zwar eine Unmenge von Features in einem Keyboard unterbringen, die Flexibilität in Bezug auf Produktions- und Recording-Situationen aber zu wünschen übrig lassen. Und für die (semiprofessionelle) Arbeit im Homestudio sind diese Faktoren nun mal entscheidend.

Es mag eine Frage des persönlichen Geschmacks sein, aber wenn ich Ihnen einen Rat geben kann: Investieren Sie Ihr Geld nur dann in ein Keyboard, wenn Sie dessen Funktionen auch *tatsächlich* benötigen (z. B. wenn Sie zusätzlich zu Ihrer Homestudio-Tätigkeit als Alleinunterhalter für Livemusik bei Festen und Veranstaltungen auftreten). Andernfalls ist Ihr Geld besser investiert, wenn Sie sich Geräte und Software zulegen, die auf einzelne Produktionsbereiche, wie Rhythmen oder Sounds, spezialisiert sind.

### 18.2.1 Kaufkriterien

Aufgrund der oben beschriebenen beschränkten Eignung von Keyboards für Homestudios möchte ich an dieser Stelle auf die Nennung von Kaufkriterien verzichten. Wenn es denn unbedingt ein Keyboard sein soll, so wird es sicher über die wichtigste Eigenschaft verfügen, damit Sie es zumindest als Master-Keyboard einsetzen können: einen MIDI-Ausgang.

**Praxistipp**

*Ich habe bereits ein Keyboard. Wie kann ich es sinnvoll in mein Homestudio integrieren?*

Wie schon bei den Kaufkriterien und für die Digitalpianos beschrieben, kann Ihnen das Keyboard als Master-Keyboard dienen. Die Hinweise für die MIDI-Einbindung von Keyboards sind identisch mit denen von Digitalpianos (siehe Praxistipps dort). Aber auch beim Ausarbeiten von Songideen, beispielsweise im Hotelzimmer, auf die Schnelle unterwegs, kann ein Keyboard eine große Hilfe sein.

# 18.3 Synthesizer

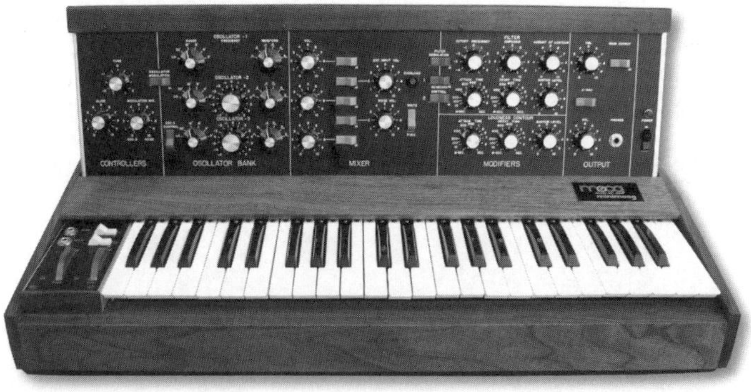

**Abb. 18.3:** DER Synthesizer-Klassiker schlechthin – MiniMooog (Quelle: `www.moogmusic.com`)

Während sich Keyboards als Alleskönner verstehen (müssen), sind Synthesizer, wie ihr Name schon sagt, in erster Linie synthetische Klangerzeuger. Sie erzeugen künstliche Klänge durch die Synthese von Schwingungen (mehr dazu weiter unten). Dabei unterscheidet man nach analogen und digitalen Synthesizern:

- Analoge Synthesizer erzeugen und verändern elektrische Schwingungen.
- Digitale Synthesizer errechnen Klänge auf der Grundlage von mathematischen Zusammenhängen.

Viele Synthesizer verfügen über eine Vielzahl von Vorgehensweisen, um Klänge zu erzeugen. Dementsprechend verschieden können diese dann auch klingen. Denn schließlich kann die Art und Weise der Syntheseverfahren grundverschieden sein, und auch Kombinationen und Mischformen der Verfahren sind möglich, um Klänge zu erzeugen.

Die meisten dieser Geräte bieten eine Vielzahl von Presets an, mit denen sich in der Regel wunderbar herumexperimentieren lässt. Noch besser aber ist es, wenn Sie die Parameter eines Synthesizers kennen, die Sie mit einem der zahlreichen Knöpfe und Zugregler einstellen. So können Sie beispielsweise auch Presets gezielter anpassen und müssen nicht lange per Trial & Error herumprobieren. Auch für den Kauf eines Synthesizers oder Synth-Plug-ins sollten Sie sich zumindest ein wenig mit den Grundeigenschaften dieser »Zauberkisten« auskennen. Aus diesen Gründen gebe ich Ihnen hier eine Übersicht über die gebräuchlichsten Synthesearten, mit denen Synthesizer Klänge erzeugen:

## 18.3.1 Subtraktive Synthese

In Kapitel 8, »Modulationseffekte«, haben Sie bereits den *LFO*, den *Niederfrequenz-Oszillator*, als klangbearbeitendes Gestaltungsmittel kennengelernt. Auch beim klassischen Synthesizer wird ein Oszillator eingesetzt. Dieser wird jedoch über die Regelung einer Spannungszuführung gesteuert. Aus diesem Grund heißt er auch *VCO* (*Voltage Controlled Oscillator*). Mithilfe dieses Oszillators erzeugt ein Synthesizer einen Grundklang, der dann durch verschiedene Hüllkurvengeneratoren und Filter verändert werden kann. Bei der subtraktiven Synthese werden beispielsweise Frequenzanteile dieses Grundklangs subtrahiert, d. h. abgesenkt oder herausgefiltert.

Anders arbeitet die weitaus aufwendigere additive Synthese. Bei ihr werden mehrere VCOs kombiniert und so der Klang verändert. Je mehr das Obertonverhalten eines Klanges dabei verändert werden soll, umso mehr VCOs sind erforderlich. In der Zeit der nichtdigitalen Technik konnte dies zu einem teuren Spaß werden.

Für die Arbeit mit Synthesizern können Sie in den meisten Fällen auf die folgenden Wellenformen zurückgreifen.

### Sinusform

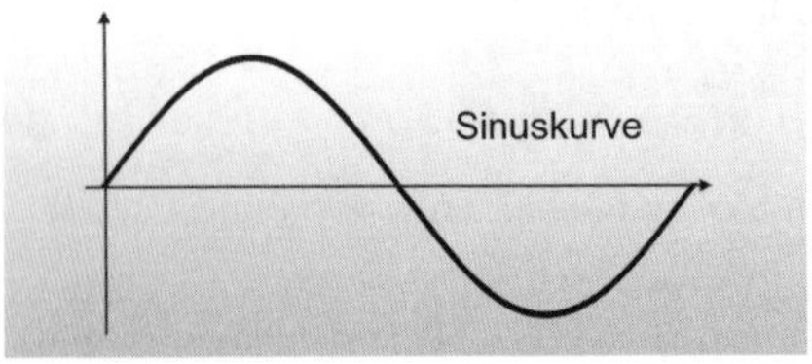


**Abb. 18.4:** Klangsynthese – Sinus-Wellenform

Eine Möglichkeit für das Erzeugen von Klängen besteht darin, dass der VCO des Synthesizers für seinen Grundklang eine Sinuswelle nutzt. Der sich ergebende Klang ist im Vergleich zu anderen synthetischen Wellenformen eher dumpf, da ihm deren charakteristische Obertöne fehlen. Die Klangsynthese von Sinuswellen eignet sich deshalb gut zum Mischen mit anderen Synthese-Wellenformen.

### Dreieckform

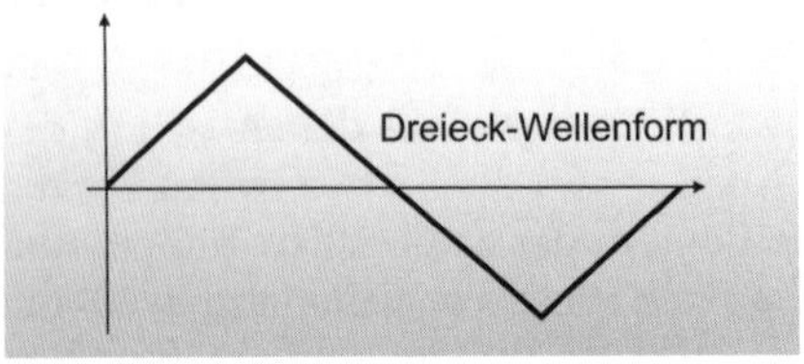


**Abb. 18.5:** Klangsynthese – Dreieck-Wellenform

Eine weitere Wellenformvariante zur Erzeugung von Klängen über Synthesizer-VCOs stellt die Dreieck-Wellenform dar. Da sie nur einige Obertöne enthält, klingen Sounds, die auf ihr beruhen, schon lebendiger als diejenigen, die auf Grundlage einer Sinuswelle erstellt werden. Dennoch lässt sich ihr Klang wohl am ehesten als »hohl« und »undefiniert« umschreiben.

### Rechteckform

Auch die Rechteck-Wellenform kann zur Klangerzeugung durch Synthesizer-VCOs herangezogen werden. Wie Sie in Kapitel 9, »Verzerrungseffekte«, bereits lesen konnten, enthält eine Rechteck-Wellenform eine maximale Anzahl von ungeradzahligen

Obertönen. Sounds, die auf dieser Wellenform beruhen, sind deshalb in ihrem Klang als nasal bis »holzig« zu bezeichnen. Auch die Attribute »klarinetten-« und »flötenhaft« beschreiben den Klangcharakter recht zutreffend.

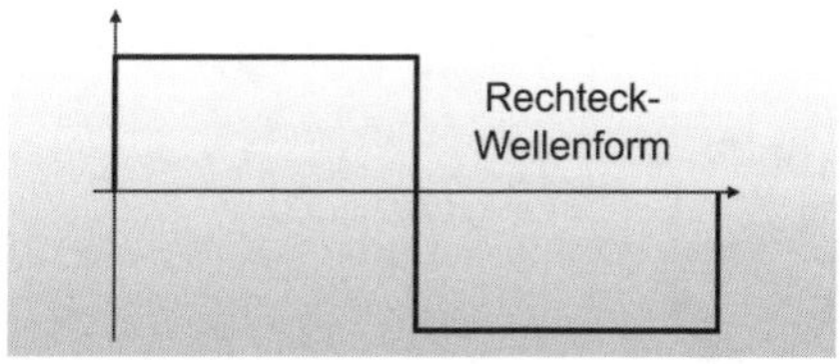


**Abb. 18.6:** Klangsynthese – Rechteck-Wellenform

### Sägezahnform

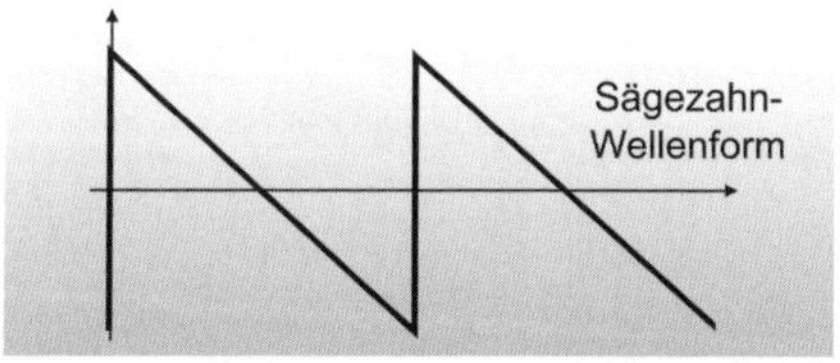


**Abb. 18.7:** Klangsynthese – Sägezahn-Wellenform

Ein Synthesizer kann mit seinem VCO auch eine Sägezahn-Wellenform für die Klangerzeugung nutzen. Da diese Wellenform Obertöne enthält, die auch natürliche Klänge enthalten, klingt sie sehr brillant. Aufgrund dieses Obertonreichtums werden Sägezahn-Wellenformen häufig für die Imitation von Streichersounds herangezogen.

Die in Abbildung 18.7 zu sehende Sägezahn-Wellenform wird als *absteigend* bezeichnet, da ihre Welle nach sofortigem Anstieg allmählich abfällt. Demgegenüber ist auch eine *aufsteigende* Sägezahn-Wellenform gebräuchlich. Der Klangcharakter dieser beiden Wellenformen unterscheidet sich jedoch nicht sehr stark. Ich selbst empfinde den Sound einer unbearbeiteten aufsteigenden Sägezahnwelle gegenüber dem absteigenden Pendant als geringfügig aggressiver und vordergründiger, das ist aber sicher auch eine Sache des persönlichen Eindrucks.

### Puls-Wellenform

Neben den *statischen* Wellenformen, auf die ein Synthesizer zurückgreifen kann, gibt es auch die Möglichkeit des Einsatzes von *variierenden* Wellenformen. Hierzu gehört die Pulswelle, die durch eine wechselnde Pulsmodulation bei gleichbleibender Frequenz erzeugt wird. Verschiedene Parameter können dabei variiert werden. So entstehen dann etwa die *Pulsweitenmodulation (PWM)* oder die *Pulsfrequenzmodulation (PFM)*, auf die ich weiter hinten noch eingehe.

In der Regel bieten Synthesizer vorrangig die PWM-Synthese an, weil deren Obertöne sich aufgrund der gleichbleibenden Frequenz der entstehenden Welle leichter filtern lassen. Als Grundlage für die Modulation dienen dabei in erster Linie Rechteck-Wellenformen. Aber auch die Modulation von sowohl auf- als auch absteigenden Sägezahnwellen sowie Dreieckswellen ist möglich.

Auf Rechteck-Wellenformen basierende PWM-Sounds sind häufig sehr obertonreich und weisen eine gewisse Dichte wie auch Breite im Klang auf. Deshalb sind sie häufig die Grundlage für den typischen Klang von Dance- und Lead-Sounds in Synthesizern.

## 18.3.2 FM-Synthese

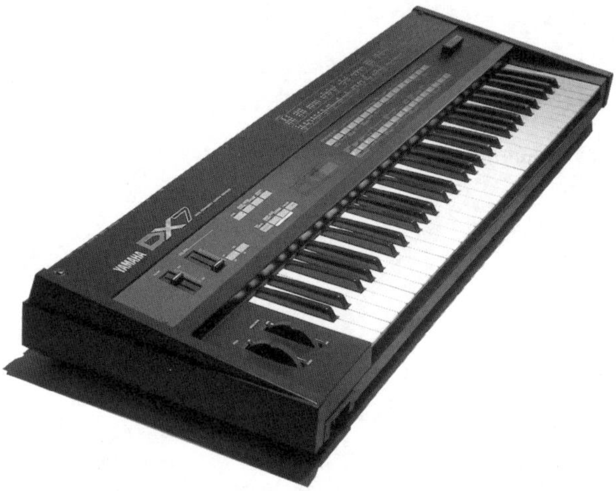

**Abb. 18.8:** Klassiker der FM-Synthese – Yamaha DX7 (Quelle: www.yamaha.com)

Durch eine lineare (gegenüber einer sonst exponentiellen) Ansteuerung eines VCOs ist auch eine *Frequenzmodulation* (*FM*) möglich. Diese kommt bei der FM-Synthese zum Einsatz. Als Klassiker der FM-Synthese gilt der *DX7* von *Yamaha*, der in den 80er Jahren sozusagen der Synthie für Einsteiger war. Er erzeugte seine Klänge digital und war damit nicht auf Hardware-VCOs angewiesen.

Bei der FM-Synthese werden zwei Oszillatoren genutzt, wobei die Frequenz des ersten Oszillators durch den zweiten gesteuert wird. Hierdurch ist ab einer Modulationsfrequenz von etwa 20 Hz ein Zugewinn von Obertönen, nicht aber eine Tonhöhenveränderung hörbar. Neben dieser »einfachen« FM-Synthese gibt es auch eine komplexe FM-Synthese, bei der zugleich auf mehrere Modulatoren zurückgegriffen wird. Durch die komplexe FM-Synthese sind auch komplexe Sounds möglich, die ein sehr vielschichtiges Obertonverhalten aufweisen können.

## 18.3.3 Synthesefilter und Spielparameter

Zu den typischen Filtern eines Synthesizers zählen neben einem Frequenz- und einem Resonanzregler auch diejenigen für die Einstellung von Hüllkurven- und Modulationstiefe. Da die gängigen Spielparameter wie Attack, Delay, Sustain und Release über Hüllkurvenbearbeitung ebenfalls modifiziert werden können, erlauben Synthesizer eine enorme Klangvielfalt.

Alle diese Filter und Parameter können in der Regel auch über MIDI angesteuert werden. Besonders durch die Möglichkeit der Automation in Softwarestudios ergeben sich schier unbegrenzte laufende Parameteränderungen von Filterwerten. Diese programmierten *Filterverläufe* sind immer wieder abrufbar und werden heute häufig dort eingesetzt, wo etwas »Bewegung« in den Klang eines Sounds kommen soll, die ihn weniger statisch erscheinen lässt. Aber auch als Selbstzweck sind fortwährende Filterveränderungen angesagt. Dies gilt ganz besonders für eine kombinierte Veränderung des Resonanz- und Frequenzfilters. Bei diesem Effekt ändert sich der Klang eines Sounds von leise/dumpf/hintergründig zu laut/deutlich/vordergründig.

**Was ist Physical Modeling?**

Als *Physical Modeling* bezeichnet man das Nachbilden (Modellieren) des physikalischen Aufbaus von Klängen. Ist ein Instrument erst durch das Physical Modeling nachempfunden, lassen sich seine Klang-Parameter auf einfache Art und Weise verändern. Demgegenüber haben gesampelte Instrumentensounds den Nachteil, dass sie aus abgespeicherten Klangmustern bestehen, die im Vergleich nur eingeschränkte Veränderungen zulassen.

### 18.3.4 Kaufkriterien

Bevor Sie sich für einen Synthesizer entscheiden, sollten Sie sich erkundigen, ob es eine Rackversion oder gar eine Softwareumsetzung davon gibt, die Sie dann über ein Master-Keyboard ansteuern können. Manchmal heißen die Pendants geringfügig anders als ihre Vorbilder, bieten soundtechnisch aber identisches (Klang-)Material. So ist etwa der Software-Synthesizer FM7 von Native Instruments ein gutes Beispiel für eine exzellente virtuelle Umsetzung des Yamaha DX7. Software-Synthesizer lassen heutzutage in der Regel hinsichtlich der Klangqualität keine Wünsche offen.

**Praxistipps**

*Wie kann ich die Synthese mit Sinus-Wellenform sinnvoll einsetzen?*

Nutzen Sie den Fakt, dass Synthesizersounds, die auf einer Sinuswelle basieren, obertonarm sind, und mischen Sie diese Sounds zu anderen synthetischen Klängen hinzu. Insbesondere wenn ein anderer Sound eher undefiniert und »ohne Zentrum« klingt, kann das (leise) Hinzumischen eines Sinus-Wellensounds Wunder wirken. Er kann einem vormals »unklaren« Sound ein klangliches Fundament, eine klangliche Basis verleihen.

*Wie kann ich die Synthese mit Dreieck-Wellenform sinnvoll einsetzen?*

Auch hier eignet sich das Kombinieren mit anderen Sounds. Mischen Sie Sounds, die auf Dreieck-Wellenform basieren, zu Sounds hinzu, deren Klang »verwaschener« und weniger direkt wirken soll. Der Sound wirkt dadurch »fetter« und bekommt unter Umständen einen Pad-Charakter (*Klangflächen*).

**Vorsicht, Falle!**

Greifen Sie nicht ausschließlich auf Freeware-Synthesizer zurück. Nicht immer, aber oftmals benötigen diese unnötig viel Rechenleistung oder weisen beispielsweise ein eingeschränkteres Dynamikverhalten u. Ä. auf.

## 18.4 Sampler

Im Unterschied zu einem Synthesizer, der seinen Klang synthetisch erzeugt, basiert die Klangerzeugung eines Samplers auf der digitalen Abtastung von realen Signalen und ihrer parameterweiser Veränderung. Reale Klänge werden dabei aufgezeichnet und die einzelnen Parameter dieser Samples, die als Klangmuster und -grundlage dienen, können dann nachträglich durch den Sampler modifiziert werden. Hierbei sind insbesondere die Frequenzrate (in Hz) und die Auflösung (in Bit) der Digitalisierung für die spätere Klangqualität eines Samples wichtig.

### 18.4.1 Hardwaresampler

Bevor Software-Sequenzer ausreichend leistungsfähig und Computerhardware erschwinglich genug war, verfügte beinahe jedes Studio, das etwas auf sich hielt und mit Sampling arbeitete, über einen Hardwaresampler. Diese überzeugten durch eine hervorragende Klangqualität und verfügten über weitreichende Editierfunktionen. Durch das Aufkommen von sampleverarbeitenden Workstations und das Einsetzen der »Computerrevolution« in den Studios und Homestudios wurden die Hardwaregeräte jedoch vom Markt gedrängt. Die heutigen Leistungsmerkmale von Rechnern und Softwaresamplern machen den Besitz von platzraubenden Hardwaresamplern überflüssig. Der Einsatz von Sample-Sammlungen und -instrumenten in Musik-Produktionen hat aber nach wie vor große Bedeutung. Das gilt umso mehr für Home- und Projektstudios, in denen Schlagzeug, Streicher, Bläser oder gar ganze Chöre eher selten aufgezeichnet werden können.

Neben den klassischen Samplern wurden immer auch Geräte (und heute Softwaretitel) entwickelt, die sich auf einzelne Instrumente beschränken und damit auf eine limitierte Anzahl weitestgehend unveränderbarer Samples zurückgreifen. So etwa im Fall sogenannter *Sample-Phrase-Player*. Sie greifen auf kurze Audiodateien zurück, die komplette musikalische Phrasen enthalten, und spielen diese ab. Auch heute noch werden vielfach Sample-Phrase-Player und Sample-Player als Softwaretools eingesetzt. Zahlreiche Hersteller von Sampling-CDs bedienen diesen Markt. Zu den größten Anbietern zählt in Deutschland etwa Best Service.

### 18.4.2 Softwaresampler

Während zu Beginn der Sampler-Ära nur flüchtige Speicher zur Verfügung standen und der ehemalige Marktführer AKAI Professional die Produktion von Hardwaresamplern eingestellt hat, sind heute Softwaresampler am weitesten verbreitet. Diese nutzen Harddisk-Streaming und können somit auf eine immense Menge von Daten zurückgreifen. Das führt mitunter zu wahren Produkt-»Monstern«. Ein Beispiel: Der Softwaresampler Kontakt von Native Instruments wird mit einer Samplebibliothek in Größe von sage und schreibe 55 (!) GB ausgeliefert – eine wahre Offenbarung für jeden Soundtüftler.

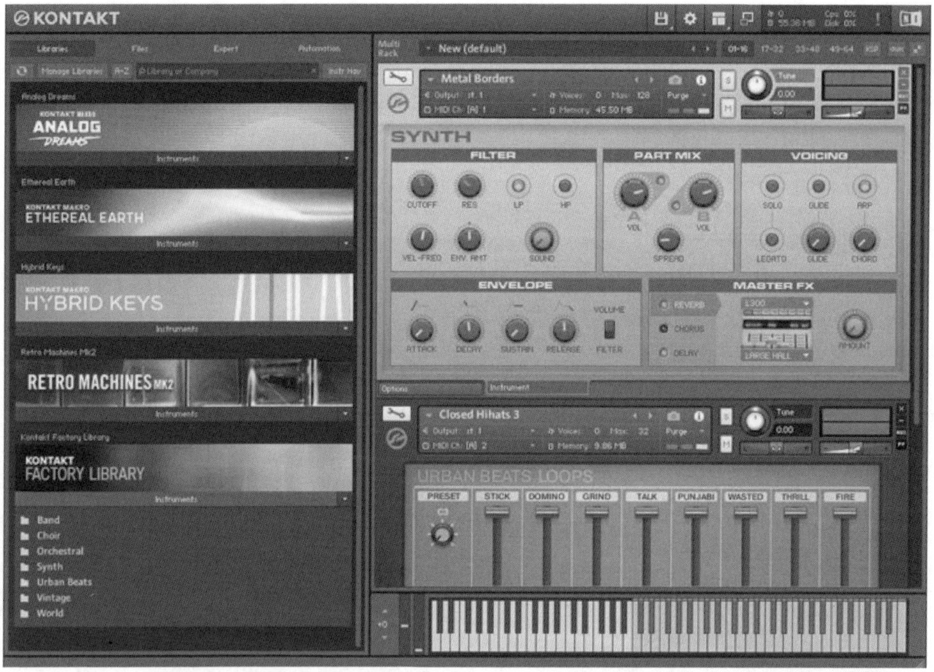


**Abb. 18.9:** Softwaresampler der Extraklasse – NI Kontakt (Quelle: www.native-instruments.com)

## 18.4.3 Sample-Basics

Um ein Instrument auf einfache Art und Weise zu sampeln, bedarf es theoretisch nicht vieler Schritte. Sie nehmen die einzelnen Tasten, Bünde der Saiten, Schlagzeugkessel/-becken oder was auch immer Sie sampeln möchten, digital auf und laden diese Einzelsamples in einen Sampler. Mit dessen Editierfunktionen erstellen Sie dann ein Sample-Instrument, indem Sie den Abspielbereich einer jeden Sampleaufnahme auf wenige Tasten oder eine einzelne Taste begrenzen.

Doch wird ein solch einfaches Vorgehen in den wenigsten Fällen zum gewünschten »einmaligen« und »unvergleichlichen« Sound führen. In der Regel sind beim Erstellen von Samplebänken sehr viel mehr Parameter zu bedenken. So werden Sie etwa hinsichtlich der Spielweise des gesampelten Originalinstruments viele Feinheiten feststellen, die ebenfalls aufgezeichnet oder editiert werden müssen. Für das Erstellen kleinerer Samples (z. B. für Scratches oder Vocal-Parts) lohnt sich jedoch die Einarbeitung in das Thema »Samples selber erstellen« allemal auch für den ambitionierten Homestudio-Besitzer.

Hier treffen Sie dann neben der Zuordnung von Samples zu Notenwerten auch auf andere typische Parameter. Um etwa die Länge eines Samples begrenzt zu halten, es aber mit einem einzigen Tastendruck beliebig lang abspielen zu können, greift man auf die Loop-Technik zurück. Hierbei wird ein Ausschnitt des Samples zwischen zwei spezifischen Loop-Punkten in einer Schleife wiedergegeben. Ehemals war es lediglich durch die Eingabe der konkreten Samplenummern innerhalb der digitalisierten Wellenform möglich, geeignete Loop-Punkte zu finden. Dadurch war das Erstellen geloopter Samples eine Sache für echte Soundtüftler. Zumal ein sich (potenziell) veränderndes Klangverhalten eines realen, digitalisierten/gesampelten Sounds sowie die erforderlichen Nulldurchgänge der Wellenform das Erstellen von Sample-Sets zusätzlich erschwerten. Heutzutage ist es durch die grafische Bearbeitung von Samples aber meist unproblematisch, solche Sample-Loops mit Programmen wie Kontakt oder SampleRobot zu erstellen.

## Nutzen Sie Multi-Layer!

Wenn mehrere Samples von einer Taste (durch eine Trigger-Note) abgerufen werden können, spricht man von Multi-Layer-Samples. Sie werden zumeist nach Anschlagstärken voneinander unterschieden. Auf diese Weise können Sie mit einer einzigen Taste auf der gleichen Tonhöhe je nach Anschlagstärke verschiedene Samples abrufen. Dies wird besonders gern bei der Umsetzung von Schlagzeugsamples genutzt. Aber auch andere Instrumente werden oftmals aufwendig im Multi-Layer-Verfahren als gesampelte Instrumente angeboten. Selbst das gleichzeitige Abrufen dieser Multi-Samples ist manchmal erwünscht. Ein hervorragendes Beispiel hierfür ist etwa das Sample-Piano »The Grand« von Steinberg. Bei sehr geringer Anschlagstärke hören Sie deutlich ein dumpfes Klopfgeräusch des Hammerköpfchens einer jeden gesampelten Pianotaste.

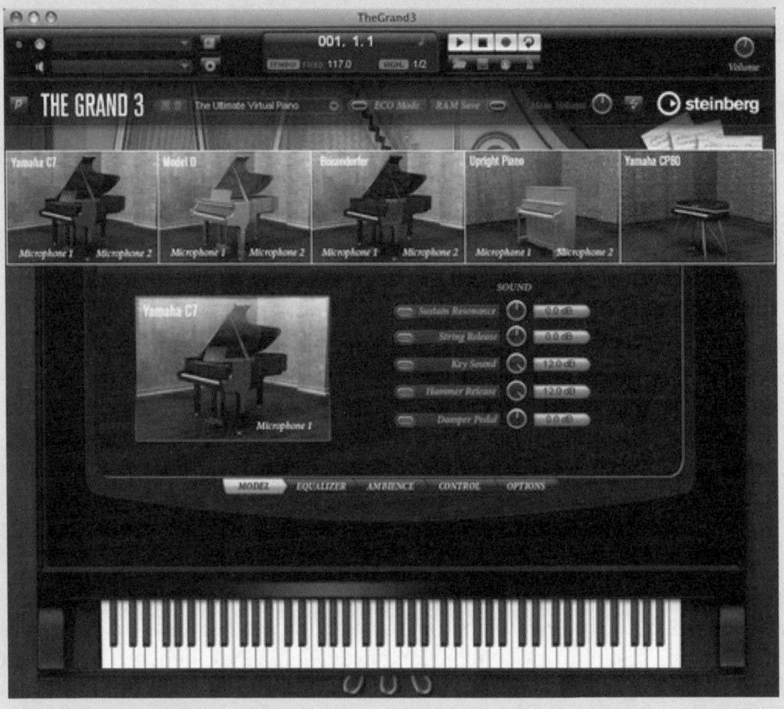


**Abb. 18.10:** Sample-Piano mit Multi-Layer-Samples – Steinberg »The Grand« (Quelle: `www.steinberg.net`)

## Was ist Granularsynthese?

Bei der *Granularsynthese* (auch *Graintable-Synthese)* handelt es sich um eine hybride Klangerzeugungsweise zwischen Synthese und Samplingverfahren. Dabei werden Soundsamples in sehr kleine einzelne Sampleschritte (sogenannte *Grains)* zerlegt und bei der Wiedergabe wieder zusammengesetzt. Dies entspricht im Wesentlichen einem Resampling, also einem erneuten Sampeln von digitalisiertem Audiomaterial. Tonhöhe und Abspielgeschwindigkeit sind bei dieser Klangerzeugungsmethode voneinander unabhängig, sofern nur die Auflösung des Ursprungssignals in einzelne Grains hoch genug ist. In Abbildung 18.11 sehen Sie mit den im Programm Reason von Propellerhead enthaltenen Malström einen Software-Graintable-Synthesizer, der bei seiner vergleichsweise geringen CPU-Belastung überaus leistungsfähig ist. In Abbildung 18.11 erkennen Sie auch, dass der Malström über die für einen Synthesizer typischen Filtereffekte verfügt.

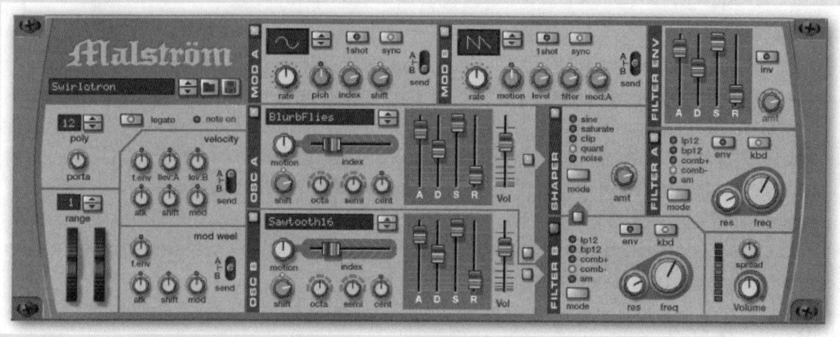


**Abb. 18.11:** Virtuelle Graintable-Synthese – Malström in Propellerhead Reason (Quelle: `www.propellerheads.se`)

### 18.4.4 Kaufkriterien

Wie für Synthesizer, so gilt auch für Sampler, dass Sie sich für Ihr Heimstudio in erster Linie nach Softwareausführungen umschauen sollten. Die Sample-»Massen«, die heutzutage verarbeitet werden, lassen sich am besten auf einer großen Festplatte unterbringen. Um Ihr Budget zu schonen, können Sie im Vorfeld entscheiden, ob Sie einen universell einsetzbaren Sampler benötigen (wie Native Instruments Kontakt) oder spezialisierte Sampler für Ihre Zwecke ausreichen (z. B. Native Instruments Battery als Drum- & Percussion-Sampler und/oder der kostenlose Native Instruments Kontakt Player für das reine Abspielen von Samples).

## Praxistipps

*Sollte ich besser auf einen Synthesizer oder einen Sampler zurückgreifen?*

Klare Frage, klare Antwort: am besten auf beides! Und zwar je nach Anforderung. Es gibt durchaus Synthesizer, deren Orchestersounds beispielsweise verblüffend nach echten Orchestersamples klingen – andererseits gibt es auch Sampler und Samples, die so manchem Dance-Synthesizer das Leben hinsichtlich Klangfülle und »Druck« schwer machen.

Entscheiden Sie im konkreten Fall und vertrauen Sie dabei Ihren eigenen Ohren und nicht den Werbesprüchen der Hersteller. Egal ob Synthesizer oder Sampler, gleich ob Hard- oder Software: Testen Sie vor dem Kauf unbedingt Trial- und Demo-Versionen in der Praxis!

*Was für Sampling-CDs sollte ich mir zulegen? In welchem Format sollten die enthaltenen Samples sein?*

In der Regel kann jedes beliebige Sampleformat in ein anderes umgewandelt werden. In der Praxis gestaltet sich dies jedoch manches Mal schwieriger, als es sich hier liest. Achten Sie deshalb beim Kauf von Sample-CDs darauf, dass es sich entweder um ein gängiges Format handelt (beispielsweise WAV, SoundFonts o. Ä.) oder aber ein spezielles Format für den Sampler Ihrer Wahl angeboten wird (etwa *.sxt-* oder *.smp-*Files für den Sampler NN-XT in Propellerhead Reason).

## Vorsicht, Falle!

Achten Sie beim Kauf von Sample-CDs oder eines Samplers unbedingt darauf, welche Dateiformate enthalten sind bzw. welche dieser verarbeiten kann. Einige Formate werden zwar von vielen Samplern gelesen (z. B. SF2-Samplekits), manche CDs können aber auf Ihrer PC-DAW nicht vom Windows-Explorer gelesen werden (AKAI-CDs). Informieren Sie sich rechtzeitig, ob es eine einfache Möglichkeit zum Konvertieren in diese/aus diesen Formate(n) gibt (z. B. über die Software Soundlib CDXtract). In der Regel stehen diese Infos in den Spezifikationen des Begleitmaterials eines Samplers. Ansonsten weiß aber auch der Fachhändler Bescheid.

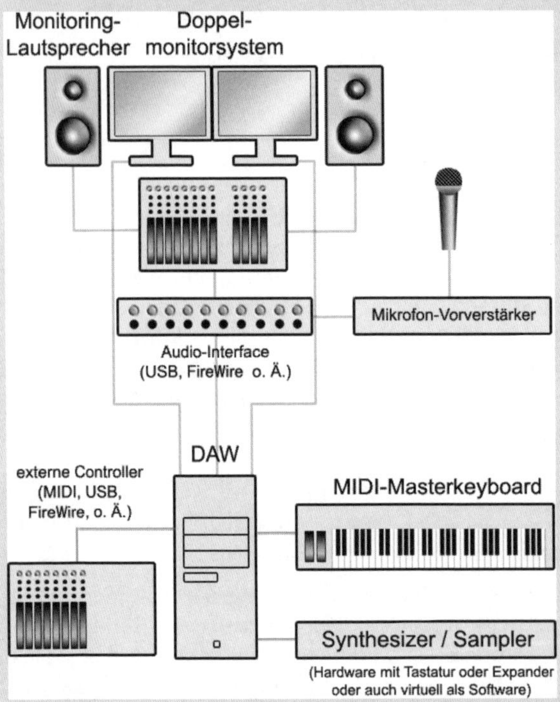


**Abb. 18.12:** Homestudio (Stufe 8)

Kapitel 19

# Gitarren & Bässe

»Wird ein Gitarrist bei der Abschlussprüfung gefragt: ›Was ist die Dominante zu H?‹ Sagt der Gitarrist: ›Wieso? H ist doch die Dominante!‹«

Das alte Vorurteil, dass alle Gitarristen ausschließlich in e-Moll spielen, gehört spätestens seit dem Aufkommen von siebensaitigen Gitarren (Stimmung oftmals in h-Moll) der Vergangenheit an. Und auch sonst hat sich auf den Gebieten »Gitarrenausführungen« und »Verstärkung« jede Menge getan.

## 19.1 E-Gitarren und -Bässe

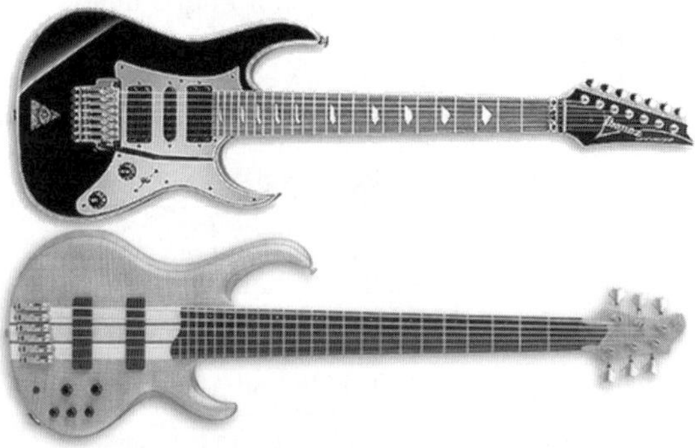

**Abb. 19.1:** Siebensaitige E-Klampfe und ihr sechssaitiger Bass-Vetter – Ibanez UV777P & Ibanez BTB1206E (Quelle: www.ibanez.de)

Bei der Wahl einer Gitarre ist es wichtig, dass Sie sich die tatsächlichen Klangunterschiede klarmachen. Hören Sie nicht auf die Legende von der »perfekten« Heavy-Gitarre oder dem »Must Have« für Jazz-Sounds. Entscheiden Sie selbst! Machen Sie sich eine Vorstellung vom Klang, den Sie mit Ihrer Aufnahme erzielen wollen, und suchen Sie die Gitarre, die Ihrem Ziel am nächsten kommt. Natürlich hängt vieles später noch vom richtigen Mix ab. Aber machen Sie sich nichts vor: Was nicht aufgenommen wurde, kann auch nicht in eine Aufnahme hineingemixt werden.

Wenn es an die Aufnahme von Gitarrenparts geht und Sie kein absoluter Profi sind, können Sie auch ein kleines Arsenal verschiedener Gitarren bereithalten, um denjenigen Klang zu finden, der Ihrem Wunsch entspricht. Sie müssen ja nicht gleich die gesamte Gitarrenabteilung leer kaufen! Leihen Sie sich bei Freunden ein Modell aus, das Sie womöglich gebrauchen könnten. Der Freund wird sicher auch noch ein paar nützliche Recording-Tipps kennen und Sie über die Vor- und Nachteile seines Gitarrenmodells informieren können. Beim Händler können Sie unter Umständen ebenfalls übers Wochenende ein Modell ausleihen, das sonst Ihr Budget sprengen würde. Für eine gute Aufnahme können Sie sich durchaus einfach einmal trauen nachzufragen.

**Hinweis**

Und hier gleich der nächste Tipp: Spielen Sie nicht mit abgenudelten Gitarren- oder Basssaiten. Das wäre am falschen Ende gespart. Ein lebloser Gitarrensound, dem die Obertöne fehlen, ein matschiger Basssound ohne jede Vitalität ... da ist auch im Mix nichts mehr zu retten. Sollte Ihnen der Klang neuer Saiten zu »schnarrend« sein, dann legen Sie sich den Satz Saiten am besten ein, zwei Tage vor den Aufnahmen zu und dudeln Sie ein wenig darauf rum. Die Saiten werden noch nicht besonders in Mitleidenschaft gezogen sein, aber (was viel wichtiger ist) Ihr Ohr wird sich an den Klang der Saiten gewöhnt haben. Denn oftmals ist es der deutliche Klangunterschied zwischen alten, gebrauchten Saiten und den neuen, der Letztere für das Ohr so sehr metallisch schnarren lässt. Außerdem ermöglicht Ihnen das frühzeitige Aufspannen der Saiten auch, die Gitarre einigermaßen in Stimmung zu halten, um so das lästige Nachstimmen neuer Saiten während der Aufnahmen in Grenzen zu halten.

Aber zurück zur Gitarrenwahl. Hier eine kleine Übersicht über Soundqualitäten und typische Einsatzmöglichkeiten verschiedener Gitarrentypen:

| Gitarrentyp | Klang (Besonderheit) | Stilarten |
|---|---|---|
| Fender Stratocaster | schneidig, perkussiv | Rock, Pop, Blues |
| Fender Telecaster | schneidig, Twang-Sound | Rock, Blues, Country |
| Gisbon Les Paul | voll, warm, rund | Rock, Blues, Metal |
| Gibson SG | mittenbetont, rund | Hardrock, Rock, Blues |
| Semi-Akustik | offener Klang | Rock'n'Roll, Blues, Jazz |
| Steelstring-Akustikgitarre (Westerngitarre) | schneidig, perkussiv | Balladen, Traditional |
| Nylon-Akustikgitarre (Klassikgitarre) | warm, rund | Balladen, volkstümliche Musik, Klassik |
| 7-/8-saitige E-Gitarren | tiefere Töne möglich | Heavy Metal, Fusion Jazz |
| Standard-E-Bass | tief | viele |
| Semi-Akustik-E-Bass | weich, direkt | Rock'n'Roll |
| Akustik-Bass | weicher Klang und weiche Übergänge (weil bundlos) | Jazz, Rock'n'Roll, Klassik |
| 5- und 6-saitiger Bass | tiefer | Jazz, Rock und Metal |
| Fretless-Bass | weiche Übergänge | Balladen, Jazz |

**Tabelle 19.1:** Gitarrentypen, ihr Klang und ihr Einsatzgebiet

Wenn Sie eine siebensaitige Gitarre benutzen, können Sie den »Druck« Ihrer Aufnahmen gehörig erhöhen. Besonders bei Aufnahmen mit Heavy-Sounds, wie etwa im Stile von Nu Metal, Djent, Alternative oder Crossover-Stilen, ist es ein wahrer Segen, auf eine Siebensaitige zurückzugreifen. Dafür muss nicht unbedingt das gesamte musikalische Material umgeschrieben werden. Oft reicht es aus, die ehemals auf der tiefen E-Saite als Powerchords gespielten Akkorde einfach als Quart-Powerchords auf der noch tieferen H-Saite zu spielen. Eine Alternative hierzu, die zwar nicht das gleiche Ergebnis, aber einige Soundvorteile hinsichtlich »Druck« im unteren Tonbereich bringen kann, ist das Aufziehen dickerer Saiten. Dies ist jedoch besonders bei Gitarren mit Floyd-Rose-Tremolos schon ein wahres Kunststück ...

## 19.2 Akustikgitarren

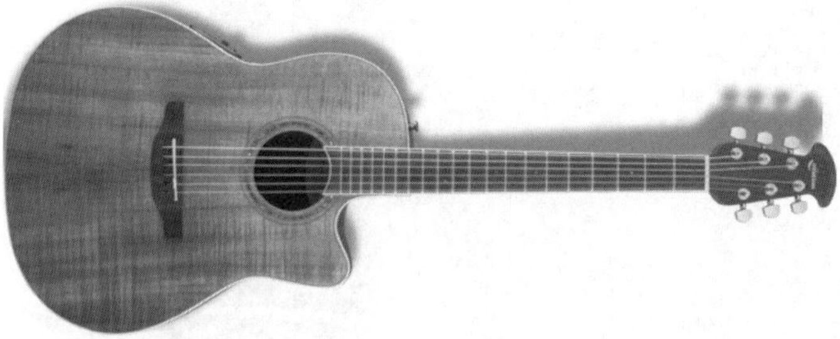

**Abb. 19.2:** Eingebauter Tonabnehmer – Ovation Celebrity CS24 (Quelle: `www.ovationguitars.com`)

Die Wahl zwischen einer mit Stahlsaiten bespannten Westerngitarre oder einer Klassikgitarre, auf der sich Nylonsaiten befinden, kann hier nicht getroffen werden. Schließlich hängt sie doch vom gewünschten Klangergebnis ab. Ein Problem, das aber im Bereich Homerecording angesprochen werden muss, ist die Aufnahmeart einer Akustikgitarre. Während bei einer E-Gitarre noch alles klar zu sein scheint (Mikro vor dem Lautsprecher oder auch virtueller Amp), steht man bei Akustikgitarren vor einem ganz eigenen Problem der Mikrofonpositionierung. Doch auch hier gibt es Tonabnehmer, die teilweise schon recht erschwinglich sind. Mein Tipp für Recording-Anfänger geht deshalb eindeutig hin zu den Nachrüst-Tonabnehmern oder solchen, die bereits eingebaut sind.

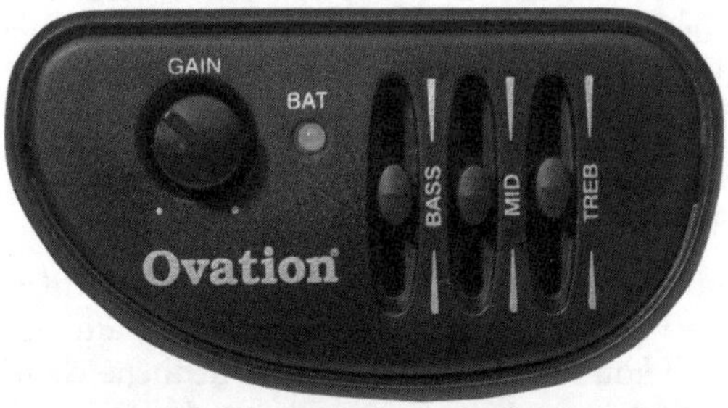


**Abb. 19.3:** Tolle Sache – Klangregelung bei Ovation-Gitarren (Quelle: `www.ovationguitars.com`)

Vielleicht sind Sie auch bereits im Besitz einer Akustikgitarre mit eingebautem Vorverstärker. Solche Gitarren verfügen nicht selten zusätzlich über eine einfache Klangregelung. Hier können Sie den Klang der Gitarre bereits voreinstellen. Das ist fürs Homerecording natürlich eine nette Arbeitserleichterung.

## 19.3 Modeling-Gitarren

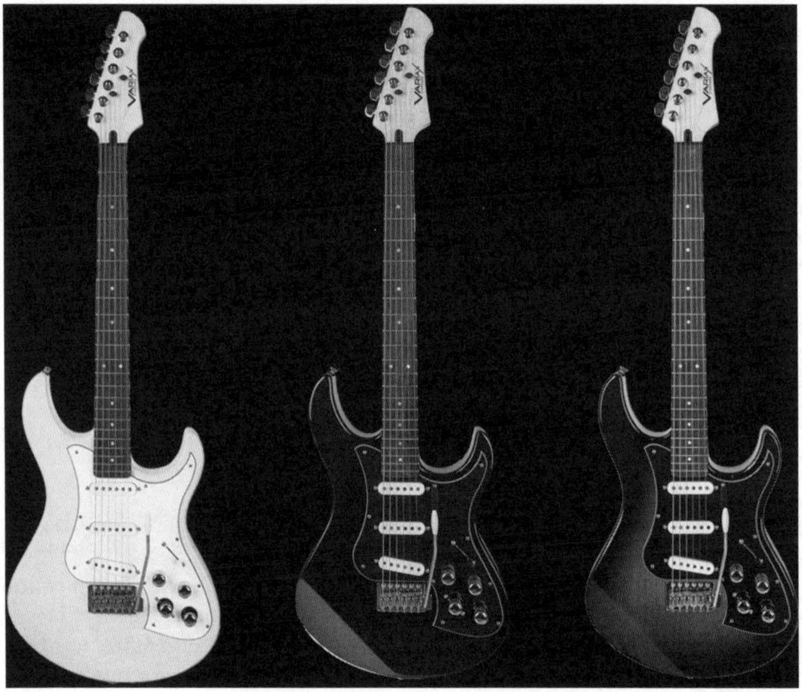

**Abb. 19.4:** Verstecktes Hightech – Line 6 Variax Standard (Quelle: `www.line6.com`)

Für die Aufnahmen im Homerecording-Bereich kann es nur gut sein, auch ein wenig mit Sounds zu tüfteln und zu experimentieren. Hierfür eignen sich hervorragend sogenannte Modeling-Gitarren. Mit ihrer Hilfe können Sie beispielsweise Synthesizer-Sounds mit der Gitarre spielen oder auch mehrere unterschiedliche Gitarrentypen emulieren lassen. Modeling-Gitarren gibt es im Wesentlichen in zwei Ausführungen, die auf unterschiedlichen Systemen aufbauen:

- GK-kompatible Gitarren zur Arbeit mit MIDI-Gitarren-Synthesizern
- »echte« Modeling-Gitarren, die verschiedene Gitarrentypen emulieren

Das erste System ist etwas für echte »Sound-Freaks«, die Synthesizer mit einer Gitarrenspielweise ansteuern möchten. Ich möchte hier das zweite hervorheben. Denn mit einer Gitarre wie der Line6 Variax Standard können Sie etliche unterschiedliche Gitarrentypen nachbilden. Für Puristen klingen diese vielleicht niemals wie das Original, doch wer als Homerecordler ein möglichst vielseitig einsetzbares Instrument sucht, das sowohl zwölfsaitige Akustikgitarren als auch Sitars als auch verschiedene Gibsons, Fenders usw. nachbilden kann, liegt mit diesem Gerät nicht falsch. Und auch verschiedene Gitarren-Stimmungen, wie »Drop D«, »Open G« und weitere können von der Variax nachgebildet werden. Hochgerechnet ist der Kauf dieser einzelnen Gitarre also in jedem Fall günstiger als die Anschaffung des kompletten Original-Arsenals von Gitarrenklassikern, und zusätzlich sparen Sie auch den in Homestudios sowieso schon knapp bemessenen Platz ein. Stattdessen reicht ein einziger Gitarrenständer vollkommen aus.

## 19.4 Modeling contra Röhre contra Transistor – Gitarrenverstärker

Bei Modelingverstärkern werden verschiedene Gitarrenverstärker-Typen per Algorithmen digital berechnet und klanglich nachgebildet. Auch dies ist für Puristen sicher eine grausige Vorstellung. Homerecording-Enthusiasten werden aber sehr schnell nicht mehr ohne diese kleinen Wundergeräte auskommen, haben sie einmal die Vielseitigkeit dieser digitalen Alleskönner kennengelernt. – Neben den Hardwarelösungen in diesem Bereich (siehe Kapitel 9, »Verzerrungseffekte«, »Modelingprozessoren«) gibt es auch diverse Softwarevarianten. Infos zu einigen Software-Modeling-Amps finden Sie in diesem Buch im Bereich »Software«. Da im Homerecording-Studio sowieso vieles über die DAW läuft, kann der eine oder andere hier noch einmal Kosten und Platz sparen. Denn es ist einfach perfekt und perfekt einfach, die Gitarre oder den Bass in einen Amp-Modeler einzustöpseln und aus dessen Digitalausgang aufzunehmen, der direkt mit der DAW verbunden ist. Und auch das Arbeiten mit Software-Modeling-Amps ist sogar *noch* platzsparender und einfacher. So bekommen Sie im Homestudio erstklassigen Sound für wirklich kleines Geld (Kapitel 9, »Verzerrungseffekte«).

Bei der Wahl des richtigen Gitarrenverstärkers gibt es allerdings noch mehr zu beachten als die Frage nach der Verstärkungsart. So stehen gänzlich verschiedene Ausführungen für verschiedene Instrumente bereit: Akustikgitarrenverstärker, Modeling-Amps, Verstärker-Tops mit separaten Lautsprecher-Cabins in den verschiedensten Bestückungen. Hier hat man tatsächlich die Qual der Wahl. Röhren-Amps sorgen aufgrund ihrer Bauweise für eine »weichere« Verzerrung, die weniger schneidend klingt. Transistor-Amps können vor allem für cleane Sounds fantastisch eingesetzt werden. Wobei *clean* nicht für *akustisch* steht, diesen Unterschied sollten Sie sich klarmachen. Auch funky Gitarren können zwar mal leicht angezerrt daherkommen, machen aber vor allem mit einem glasklaren Transistorsound eine gute Figur.

Näheres zum Unterschied von Transistor- und Röhrenverzerrung lesen Sie im Teil 2, »Outboard-Equipment & Effekte«. Dort finden Sie auch die physikalischen Grundlagen verschiedener Verzerrungstypen.

## 19.5 Recording-Tipps für Gitarren und Bässe

Zahlreiche Probleme können beim Homerecording auftauchen. Oftmals liegt es gar nicht mal an der Spieltechnik oder am »falschen« Equipment, dass eine Aufnahme vor lauter Nebengeräuschen nicht mehr hörenswert ist oder andere akustische Mängel aufweist, die es sogar für den Homerecording-Produzenten selbst zu einer Zumutung machen, das hart erarbeitete Resultat anzuhören. In diesem Abschnitt finden Sie ein paar wichtige Tipps zum Recording von Gitarren, die Ihnen dabei helfen sollen, die gröbsten Fehler zu vermeiden.

Sollten Sie nicht selbst der Gitarrist der Aufnahme sein, dann lassen Sie sich als »Aufnahmeverantwortlicher« nicht von Sprüchen entmutigen wie etwa: »Ich bin der Gitarrist. Ich weiß, was gut ist. Nebengeräusche gibt es bei mir nicht.« Auch der erfahrenste Gitarrist macht mal Fehler bei der Peripherie. Aber schreiben Sie nicht zwingend vor. Hören Sie sich die Aufnahmen an und machen Sie dann ein Angebot zur Soundverbesserung. Das kommt allemal besser an, als von vornherein alle (evtl. auch unnötigen) Maßnahmen zu ergreifen. Schnell fühlt sich der Gitarrist sonst bevormundet und die für die Aufnahme wichtige gute Atmosphäre ist zerstört. Hier also ein paar Tipps ...

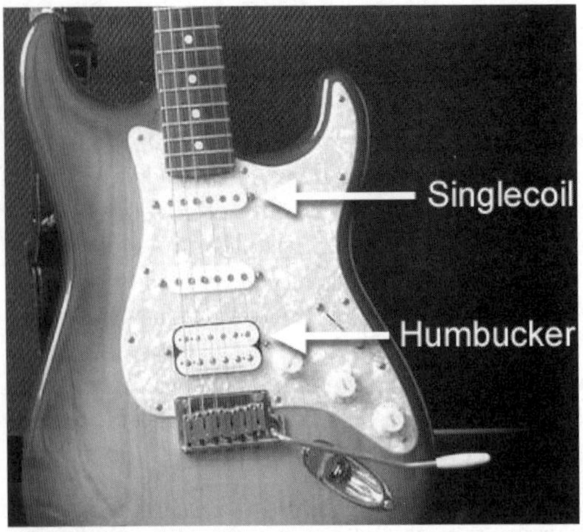


**Abb. 19.5:** Singlecoil contra Humbucker – oder: Was brutzelt denn da so?

Zu den Recording-Tipps für Gitarreros muss unbedingt auch die Frage nach dem richtigen Tonabnehmer gehören. Was auf den ersten Blick nach einer rein klanglichen Frage aussieht, kann sich beim zweiten Hinsehen (oder besser Hinhören) als böse Falle entpuppen. Wer für eine bestimmte Recording-Situation einen perkussiveren, mitten- und höhenbetonten Klang wünscht, wird auf einen *Singlecoil* (das sind die schmalen Tonabnehmer) zurückgreifen. Brauchen Sie in einem Song das »volle Rhythmusbrett«, wird ein basslastigerer *Humbucker* (das sind die breiteren oder »doppelten« Tonabnehmer) die erste Wahl sein.

Doch neben diesen klanglichen Unterschieden gibt es auch einen weiteren Faktor: Nebengeräusche. Zwar gibt es durchaus Produktionen, in denen die Nebengeräusche eines Tonabnehmers als Gimmick in den Vordergrund gemixt werden (z. B. durch Schreien in einen Pickup während der Aufnahme), in der Regel sind aber alle Geräusche, die nicht durch die Gitarre produziert werden, unerwünscht. Und da haben wir auch schon das Problem ... Singlecoils produzieren in der Regel Nebengeräusche, die man auf den ersten Blick vielleicht nicht wahrnimmt, die beim Abhören der Aufnahme über ein einigermaßen gutes Monitoring-Equipment im Heimstudio aber bereits Haareraufen auslösen können. Da war das Take so was von perfekt gespielt und jetzt das: ein Brutzeln, dass es einem nur so die Lust am Zuhören vermiest. Doch was ist die

Lösung? Eine Möglichkeit wäre natürlich die Wahl eines anderen Tonabnehmers. Ein Humbucker muss also her? Nicht zwangsläufig.

Eine weitere Lösung besteht darin, mögliche überflüssige Störquellen ausfindig zu machen und zu eliminieren. Zu diesen Störquellen gehörten ehedem CRC-Computermonitore. Heute stellen eher Einstrahlgeräusche von Smartphones ein Problem dar. Hier gilt: Ausschalten! Denn mal ganz ehrlich: Wer kann schon das Gitarren-Take seines Lebens einspielen, während er telefoniert ...?

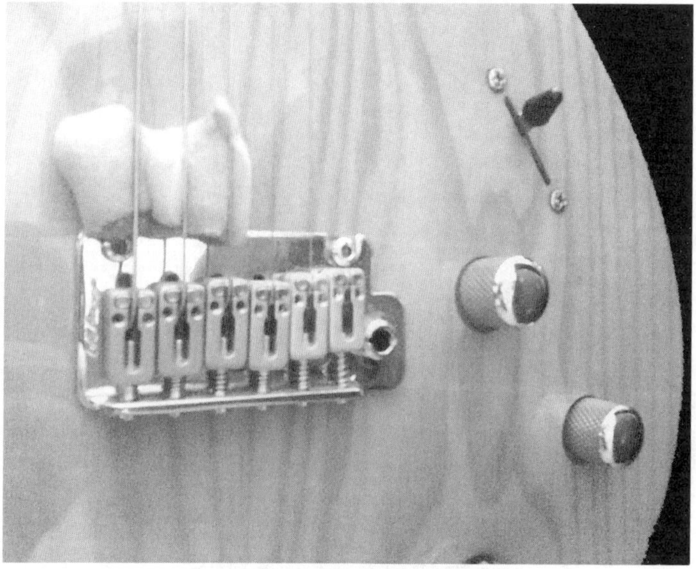

**Abb. 19.6:** Nicht ganz unwichtig! – Saiten abdämpfen

Beim Einspielen von Gitarrensolos oder Rhythmusparts auf höheren Saiten (z. B. rhythmische Double-Stops, Funk-Gitarre usw.) kann es dazu kommen, dass die tiefen Saiten der Gitarre unweigerlich mitschwingen. Das muss nicht nur Anfängern passieren. Studioaufnahmen sind eben etwas anderes als Liveauftritte. Verantwortlich dafür können verschiedene Faktoren sein:

- Der Gitarrist berührt die Saiten versehentlich mit der linken Hand (selten).
- Hals und Korpus der Gitarre haben ein Super-Sustain und veranlassen die tiefen Saiten, mitzuschwingen (häufig).
- Der Gitarrist berührt die tiefen Saiten während des Spielens mit seiner rechten Hand, weil er die Hand auf den tiefen Saiten ablegt (sehr häufig).

Die Lösung ist auch hier ganz einfach: Die tiefen Saiten müssen gedämpft werden. Schlingen Sie nun um Gottes willen kein Stück Stoff um den Gitarrenhals! Ein Stück Schaumstoff unter die Saiten zu schieben ist dagegen eine im Einsatz erprobte Lösung. In Abbildung 19.6 sehen Sie, wie das aussehen kann. Dämpfen Sie ruhig alle Saiten ab, die bei demjenigen Part, der gerade eingespielt wird, nicht verwendet werden. So kann es bei einem Rhythmuspart auch sinnvoll sein, hohe Saiten mit Schaumstoff abzudämpfen.

Vorsicht ist jedoch geboten, wenn es sich um eine Gitarre mit Messerkanten-Tremolo handelt. Diese Systeme reagieren mitunter recht empfindlich auf die geringste Spannungsänderung der Saiten. Stellen Sie also sicher, dass die Saiten zwar vom Schaumstoff gedämpft werden, die Tremoloposition dadurch jedoch nicht beeinträchtigt wird.

Wichtiger ist aber noch, darauf zu achten, dass kein Fitzelchen des Dämmschaumstoffs eine derjenigen Saiten berührt, die bei der Aufnahme gespielt werden. Andernfalls ruinieren Sie durch eine solche Kleinigkeit eventuell ein einmaliges Take.

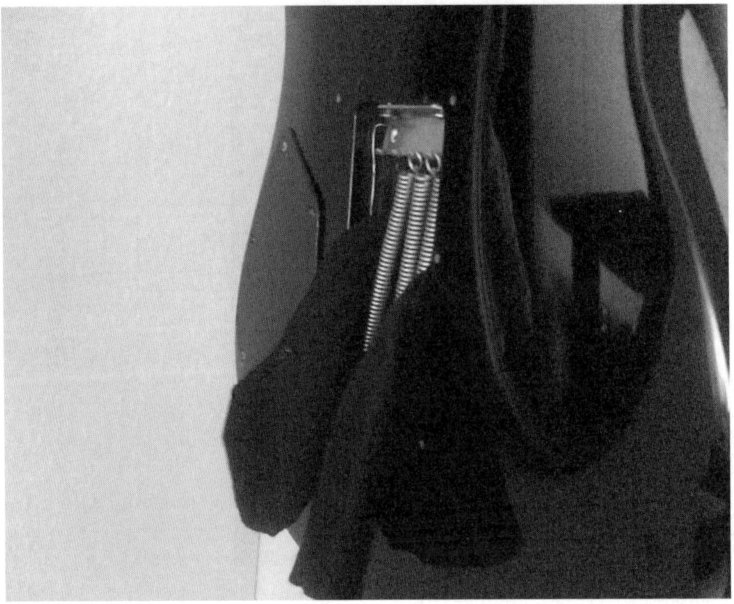

**Abb. 19.7:** Oftmals vergessen – Tremolofedern dämpfen

Wenn der Gitarrist während der Aufnahme viele Passagen mit durch die Spielhand abgedämpften Saiten spielt, klingt der Song treibend. Richtig. Und wenn Sie Pech haben, nicht nur das. Denn vor allem Messerkanten-Tremolos, die auf Federsysteme zurückgreifen, neigen dazu, das Sustain der Gitarre künstlich zu verlängern. Doch das wäre nicht das Schlimmste, würden abgestoppte Anschläge dadurch nicht enorm nachklingen. Die Federn arbeiten dabei wie eine Hallspirale. Was tun? In Abbildung 19.7 sehen Sie eine mögliche Lösung. Fädeln Sie ein Stück Stoff (z. B. eine alte Socke) so hinter oder durch die Federn hindurch, dass deren Schwingen gedämpft wird. Vermeiden Sie es aber, den Dämmstoff allzu sehr »hineinzufriemeln«. Die Federn dürfen durch den Stoff keine zusätzliche Spannung erfahren. Wenn der Gitarrist nun seinen Part mit den abgestoppten Noten spielt, klingen diese messerscharf und wie aus der Pistole geschossen, ohne zusätzliches Wummern und ungewolltes Sustain. Generell ist es eine gute Idee, den Stoff auch während Proben und Liveauftritten im Tremolokasten zu belassen. Häufig bemerkt man zuerst gar nicht, dass die Dämpfung der Federn überhaupt notwendig ist. Aber probieren Sie es aus und Sie werden erstaunt sein, um wie viel konsequenter, weil »trockener«, abgestoppte Anschläge klingen, wenn Sie die Tremolofedern auf diese Weise abdämpfen.

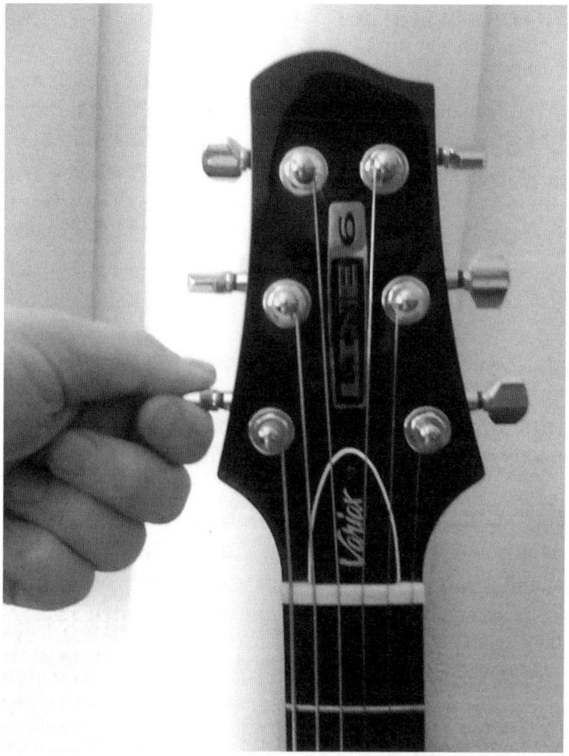

**Abb. 19.8:** Scheinbar banal – regelmäßig Stimmung überprüfen

Zu den scheinbar banalsten Dingen einer Gitarren- oder Bassaufnahme gehört es, in regelmäßigen Abständen die Stimmung des Instruments zu überprüfen. Am besten lassen Sie es zu einer Marotte werden. Wenn es so oft ist, dass es die dabei anwesenden Kumpels schon beinahe nervt, dann haben Sie den richtigen Rhythmus dafür gefunden! Nichts ist schlimmer, als eine Stunde lang an der Aufnahme eines Parts »herumzudoktern«, bis er sich endlich auf der Festplatte befindet, und später (oder noch schlimmer: erst nach Tagen) herauszuhören, dass die Gitarrenstimmung daneben war. Prüfen Sie zumindest regelmäßig, ob die Gitarre »in sich« gestimmt ist, das ist schon mal die halbe Miete. Viele Anfängeraufnahmen zeichnen sich dadurch aus, dass die Gitarren weder zueinander noch »in sich« gestimmt sind. Das muss einfach nicht sein. Wenn Sie sich rechtzeitig für dieses Problem sensibilisieren, ersparen Sie sich viel negative Kritik an Ihren Aufnahmen sowie den Ärger über sich selbst.

Wie Sie das Stimmen bewerkstelligen, spielt keine Rolle. Wenn Sie Ihr Gehör schulen möchten und mit Akustikinstrumenten arbeiten, greifen Sie am besten auf eine Stimmgabel zurück. Für »Standardanwender« ist wohl ein elektrisches Stimmgerät das Beste. Wenn Sie eine Neuanschaffung im Bereich digitaler Verstärker in Erwägung ziehen, können Sie auch darauf achten, dass Sie ein Modell mit eingebautem Stimmgerät kaufen. Das Gleiche gilt auch für den Kauf eines Multieffektgeräts. Diese bieten oftmals zusätzlich ein eingebautes Stimmgerät. Beim Arbeiten mit einer DAW können Sie auch ein Tuner-Plug-in nutzen.

## 19.6 Kaufkriterien – Gitarrenverstärker

So viel also zu den grundlegenden Überlegungen zu Gitarren, Bässen, ihren Verstärkern und kleinen Aufnahmetricks. Sollten Ihnen die Infos nicht genügen, um Ihnen die Wahl beim Kauf zu erleichtern, können Sie einen Blick in die nachfolgende Liste von Kaufkriterien für Verstärker finden. Hierbei steht vor allem die Frage im Vordergrund, ob Sie sich einen Amp allein fürs Recording zulegen möchten oder ein Gerät brauchen, das auch live noch seine Vorzüge hat. Dabei sollten Sie sich die folgenden Fragen stellen:

- Was soll verstärkt werden? (Akustikgitarre, E-Gitarre, E-Bass, evtl. zusätzlich ein Mikrofon)
- Welche Eingänge werden benötigt? (Klinke, XLR für zusätzliches Mikrofon bei gelegentlichen Liveauftritten)
- Wie laut muss der Verstärker sein, um den gewünschten Sound zu erzeugen? (Unbedingt vorher daran denken. Nachbarn, Eltern und andere Familienmitglieder werden es Ihnen danken!)
- Welche Ausgänge werden benötigt? (Symmetrischer DI-Out, Digital-Out, USB)
- Bietet der Verstärker alle Sounds, die Sie benötigen (clean, crunch, lead)?
- Ein nicht unwichtiger Punkt ist die Klangregelung: Ein EQ sollte vorhanden sein, um den Klang des Verstärkers bereits vor der Aufnahme ein wenig formen zu können.
- Sollen Effekte eingebaut sein oder greifen Sie auf externe FX zurück (Reverb, Chorus, Flanger, Delay)?
- Reicht ein Amp mit eingebautem Lautsprecher aus oder muss es tatsächlich ein teures Verstärker-Top-Teil mit separatem Lautsprecherwürfel sein? Dann aber nur, wenn es entweder aus klanglichen Gründen nicht anders geht oder das Gerät auch noch im Proberaum oder beim Live-Einsatz verwendet wird. Andernfalls: Platz und Geld sparen! Schließlich soll das Homerecording Sie nicht arm machen.
- Bei Amps mit eingebauten Speakern kann es sich durchaus lohnen, etwas mehr zu investieren und sich für eine Variante mit eingebauter Frequenzweiche und Mehrfachbestückung zu entscheiden. Besonders der Klang verstärkter Akustikgitarren wird dadurch deutlich transparenter. (Sie können sie aber auch schlicht mit einem Mikrofon davor aufnehmen. Kein Problem.)
- Verfügt der Verstärker über ein Notchfilter (zumindest ein Festfrequenzfilter oder eine automatische Notchschaltung)? Dieses Filter kann zum Verringern der Feedbackgefahr verwendet werden und kann deshalb besonders beim Einsatz von Akustikgitarrenverstärkern wichtig sein.
- Ein Verstärker für Akustikgitarren könnte auch mit einem Schalter zur Phasenumkehr ausgestattet sein, um Feedbacks zu verhindern.
- Auch Hochpassfilter können bei Akustikgitarrenverstärkern Wunder wirken, wenn es um Feedback in den unteren Frequenzen geht.

Kapitel 20

# Schlagzeug & E-Drums

»Woran erkennt man, dass ein Schlagzeuger an die Tür klopft?
Es wird schneller ...«

Dieser wohl älteste aller Schlagzeugerwitze illustriert nur eines von vielen Drum-Problemen, die Sie durch die Verwendung von E-Drums vermeiden können. Klangen elektronische Schlagzeuge vor einigen Jahren noch steril und hölzern, so stehen heute auch schon für den kleinen bis mittleren Geldbeutel Lösungen bereit, die es wirklich in sich haben. Damit ist ein fetter Sound garantiert, ein perfektes Timing durch spätere Nachbearbeitung gesichert und außerdem wird der Haussegen der Band vor der Schieflage bewahrt ... Wie Sie sicher schon herauslesen, gehe ich an dieser Stelle aus Recording-Gründen ausschließlich auf die Ausstattung von E-Drums ein.

## 20.1 Pads & Racks

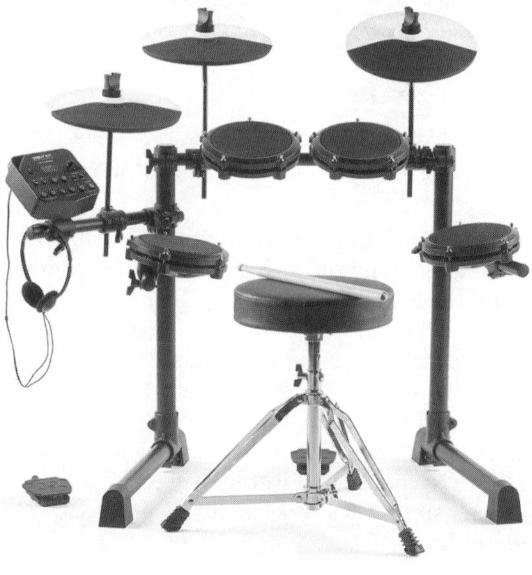

**Abb. 20.1:** Einsteiger-E-Drums – Alesis Debut Kit (Quelle: `www.alesis.com`)

Vorbei die Zeiten, als der Schlagzeuger sich schier die Hand brach, wenn er auf die knüppelharten Pads seines E-Drums schlug. Mittlerweile sind die Reboundfähigkeiten und die Auflösung der Velocitywerte so gut, dass es eine wahre Freude ist, auf einem guten elektronischen Schlagzeug zu spielen. Mit speziellem HiHat-System und einer Soundprogrammierung mit unterschiedlichen Mute-Gruppen haben die Hersteller das Problem des Öffnens und Schließens der HiHats seit Langem gelöst. Und auch das Spielen von Beckenpads hat deutlich an Variabilität zugenommen. Multiregion-Pads sind mittlerweile der Standard. Sie ermöglichen es Ihnen, beispielsweise Glocke, Rand und Mitte des E-Drum-Beckenpads mit je unterschiedlichen Sounds zu belegen. So kommt nicht nur echte Spielfreude auf, sondern das Spiel klingt auch deutlich authentischer. So etwa beim in Abbildung 20.1 gezeigten Alesis Debut Kit.

## 20.2 E-Drum-Module

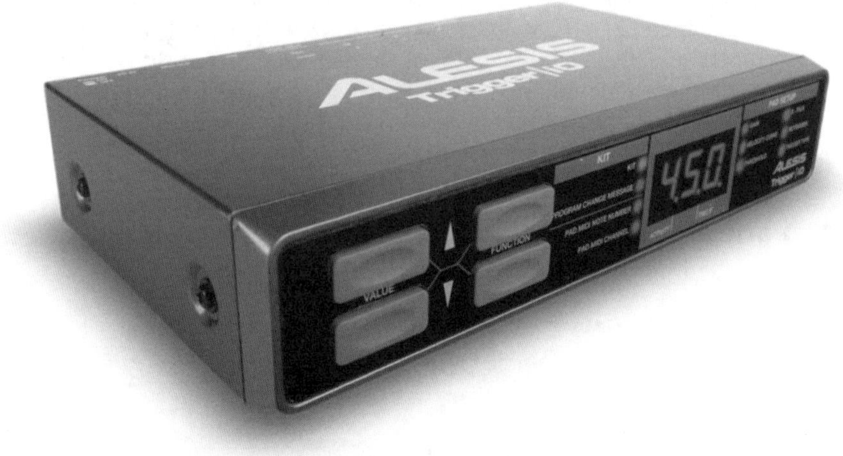


**Abb. 20.2:** Klangquelle und Triggerwandler – Alesis Trigger IO (Quelle: `www.alesis.com`)

Als *E-Drum-Modul* oder *-Expander* werden MIDI-fähige Soundmodule bezeichnet, ohne die ein E-Schlagzeug keinerlei Klang von sich geben würde, außer demjenigen der »trockenen« Stickschläge auf die Pads selbst. Und das klänge schon traurig. Im Soundmodul liegt einer der großen Vorteile eines E-Schlagzeugs: Klangvielfalt. Sie können einzelne Instrumente austauschen, ohne diese tatsächlich physisch auswechseln zu müssen – letztlich ist dafür nur ein Tastendruck am Soundmodul nötig. Zusammen mit der hervorragenden nachträglichen Editierbarkeit von MIDI-Signalen und dem platzsparenden Aufbau von E-Drums gegenüber einem Akustik-Drumset sowie der Tatsache, dass die Nerven von Nachbarn und Familienangehörigen durch ein E-Kit weitaus weniger belastet werden, spricht also vieles für den Einsatz eines elektronischen Schlagzeugs im Homestudio.

In Abbildung 20.2 sehen Sie mit dem Alesis Trigger IO ein Einsteiger-Triggermodul, das keinerlei Klänge beinhaltet, sondern ausschließlich der Wandlung von Pad-Schlägen in MIDI-Signale dient. Beispielhaft für die Leistungsfähigkeit aktueller E-Drum-Module soll das schon ältere Alesis DM7X Drum Module vorgestellt werden. Bedenken Sie, dass es sich nicht einmal um das Leistungsfähigste seiner Art, sondern lediglich um ein Einsteigermodell handelt ...

Das DM7X Drum Module bietet 385 verschiedene Drum- und Percussion-Sounds. Diese sind in 40 Preset-Drumkits verschiedener Musikstile zusammengestellt (Rock, Funk, Reggae, Latin usw.). USB- und MIDI-Anschlüsse sorgen für optimale Konnektivität. Eingebaute Features wie Aufnahme-Funktion, Sequenzer und Metronom ermöglichen sowohl perfektes Üben als auch eine timinggenaue Homerecording-Aufnahme. Es ist auch möglich, Signale von CD-Playern, MP3-Playern etc. einzuspeisen. Auf diese Weise können Sie z. B. einen Dummy-Track für die Homestudio-Aufnahme der E-Drums anlegen und den Schlagzeuger zum ausgegebenen Sound der DAW spielen lassen. Wird das Schlagzeug nicht benötigt, kann das Rack platzsparend in einer Ecke des Heimstudios »zusammengefaltet« verstaut werden.

Das Beste ist aber wohl, dass sich ein solches Soundmodul auch als Triggermodul für Akustikschlagzeuge eignet. Wenn Sie an ihm Pad-Trigger anbringen, können Sie deren Signale über das Triggermodul in MIDI-Daten wandeln lassen und somit auch ein »echtes« akustisches Schlagzeugset als E-Kit verwenden. Der Schlagzeuger behält das tolle Spielgefühl seiner eigenen »Schießbude« und der Homerecording-Produzent kann auf die Vorteile der Editierbarkeit von MIDI-Drums zurückgreifen. Eine Kompromisslösung, die zu hervorragenden Ergebnissen führen kann.

# Teil 4

## MIDI

Ein Begriff, der jedem Musiker früher oder später über den Weg läuft, ist MIDI. Was steht hinter diesem Kürzel und was muss man über das Thema wissen? In den folgenden Abschnitten gebe ich Ihnen einen Einblick.

**In diesem Teil:**

# Kapitel 21

# Das ominöse MIDI

Die Abkürzung *MIDI* steht für *Musical Instruments Digital Interface* und bezeichnet damit eine digitale Schnittstelle für Musikinstrumente. Diese führt hinsichtlich Arbeitsweise und Einsatzmöglichkeiten bei vielen Musikern, die bisher keinerlei Erfahrung mit einem Keyboard oder einem Synthesizer gemacht haben, zu einigem Unverständnis und lässt Raum für wilde Spekulationen. Schauen wir uns einmal an, was überhaupt per MIDI übertragen wird.

## 21.1 Protokoll

Was Sie sich merken sollten, ist, dass durch MIDI-Kabel keine Audiosignale übertragen werden. Das zwischen den unterschiedlichen Geräten ausgetauschte MIDI-Protokoll enthält lediglich Steuerbefehle und deren Parameter, also die »nackte« Information über das Gespielte, nicht aber das Gehörte selbst. Verstehen Sie den Unterschied?

Hier ein Beispiel aus der Praxis: Sie verbinden ein Master-Keyboard über ein MIDI-Kabel mit einem Klangerzeuger. Angenommen, das Master-Keyboard hat keine eingebaute Klangerzeugung, wie einen Synthesizer oder einen Sampler. Folglich kann es keinerlei hörbare Audiosignale aussenden. Was es jedoch aussenden kann, sind Daten ... und zwar nach der Art *Ton an/Ton aus* sowie Informationen über die Tonhöhe, Anschlagstärke und etliche weitere Parameter, die beim Spielen einer Tastatur anfallen. Diese Daten werden über das MIDI-Kabel übertragen und vom Klangerzeuger umgesetzt. Er interpretiert die vom Master-Keyboard gesendeten Daten und weist sie den verfügbaren, angesteuerten Klangerzeugern zu. Erst durch diese werden die Spielinformationen in Form von Klang hörbar gemacht. Die MIDI-Daten selber »klingen« also nicht. Und ein Klangerzeuger gibt in der Regel keine Töne aus, sofern er nicht entsprechende Steuerdaten erhält.

Im MIDI-Protokoll werden auch Informationen über das Umschalten zwischen verschiedenen Sounds übertragen. So können Sie etwa Angaben wie *wähle Soundbank 3 aus* und *spiele Sound 120* übermitteln. Auch weitergehende Programmparameter wie die Lautstärke und das Tuning oder die Oktavlage können mit gesendet werden. Viele MIDI-Klangerzeuger verfügen auch über eine eigene Effektsektion, auf die Sie mittels MIDI-Daten Zugriff haben. Hierbei handelt es sich meist um gängige Effekte wie etwa Hall, Echo und Kompression.

Zusätzlich zu diesen Informationen ist auch das Übertragen von gerätespezifischen Klangparametern möglich. Dies geschieht über sogenannte *Controllerwerte*. Einige Hardware, die diese Controller anspricht, kennen Sie bereits von gängigen Keyboards.

So spricht etwa das Modulationsrad eines Keyboards den Modulations-Controller an. Ähnlich verhält es sich mit Pitchbend, Gesamtlautstärke und vielen weiteren.

**MIDI – technische Daten**

Bei MIDI-Datenströmen handelt es sich um eine serielle Datenübertragung mit einer Übertragungsgeschwindigkeit von 31.250 Bits pro Sekunde. Der normierte Aufbau von MIDI-Daten setzt sich jeweils zusammen aus einer Befehlskennung, den eigentlichen Befehlsdaten sowie der Kanalnummer. Es sind insgesamt 16 Kanäle parallel steuerbar.

### 21.1.1 Anwendungsgebiete für MIDI

Aus dieser Arbeitsweise ergeben sich die verschiedensten Anwendungsgebiete für den Zusammenschluss von MIDI-Geräten. So können Sie etwa wie beschrieben ein Master-Keyboard direkt mit einem Klangerzeuger verbinden, zum Beispiel für den Live-Einsatz. Sie können die MIDI-Daten des Master-Keyboards aber auch mit einer Software auf Ihrer DAW speichern und dort kopieren, vervielfältigen, verändern, was immer Sie möchten. So können Sie dieselben Daten etwa für verschiedene Instrumente nutzen, ohne dass das Gespielte noch einmal neu aufgezeichnet werden müsste. Um ein neues Instrument das Gleiche spielen zu lassen, kopieren Sie einfach die MIDI-Daten in Ihrem Software-Sequenzer auf eine andere Spur und weisen ihr ein anderes Instrument Ihrer Wahl zu. Möglich ist auch das Ansteuern eines MIDI-fähigen Instruments, das eine eigene Tastatur enthält, um lediglich die in ihm enthaltene Klangerzeugung durch das Einspeisen von MIDI-Daten von außen anzusteuern. Auch Drum-Computer sind »durch die Bank« über MIDI steuerbar. Ein Thema, das Ihnen später im Buch noch in diversen Kapiteln begegnen wird (Stichwörter sind hier beispielsweise »Schlagzeugprogrammierung«, »Drum-Trigger« oder auch »virtuelle Instrumente«).

Da das MIDI-Protokoll keine Klänge, sondern lediglich Spiel- und Steuerinformationen für die Erzeugung von Klängen übermittelt, haben die anfallenden Daten eine kaum nennenswerte Größe. Voll instrumentierte MIDI-Songs haben selten mehr als einige Hundert Kilobyte. Aus diesem Grund waren MIDI-Files auch besonders interessant für die Hersteller von Klingeltönen für frühere Handygenerationen. Denn diese Telefone verfügten noch nicht über so große Speicherkapazitäten wie heutige Smartphones. Doch das ist Schnee von gestern ...

Aufgrund der Verarbeitungsweise von MIDI-Daten hängt die Datenqualität ausschließlich von der Beschaffenheit des Senders (Tastatur/Programmierung) sowie der Spielweise ab, die Klangqualität hingegen ist im Wesentlichen selbstverständlich von der Qualität des Klangerzeugers abhängig.

Nicht selten können Sie die Übertragung von Daten über MIDI auch nutzen, um Programme und Einstellungen an Effektgeräten zu steuern. So werden beispielsweise viele Bodencontroller/Fußleisten angeboten, die Sie mit einem MIDI-Kabel an eine entsprechende MIDI-In-Buchse des jeweiligen Effektgeräts oder Verstärkers anklemmen können, um Geräte-Presets umschalten zu können. Die Einsatzmöglichkeiten von MIDI sind, wie Sie sehen, äußerst vielfältig.

**Praxistipp – »Aufhänger«**

Mitunter kann es Ihnen beim Einsatz von MIDI-Geräten passieren, dass durch Fehler in der Datenübertragung die empfangenden Geräte die Daten nicht korrekt interpretieren können. Dies kann unter anderem dazu führen, dass sich ein Tonerzeuger »aufhängt«. In einem solchen Fall setzt dieser entweder ein Knäuel nicht verarbeiteter, angestauter Daten **gleichzeitig** in Töne um oder erzeugt einen Dauerton, weil der notwendige *Note-off*-Befehl nicht interpretiert werden konnte.

**Zur Lösung dieses Problems können Sie wie folgt vorgehen:**

- Tritt dieses Problem während der Arbeit mit einem Sequenzerprogramm auf, so reicht es in den meisten Fällen aus, die Wiedergabe kurz zu stoppen und wieder zu starten, um den betroffenen Geräten einen *Note-off*-Befehl zu senden.
- Einige Geräte bieten auch einen so bezeichneten *Panic*-Schalter, der auf allen Kanälen gleichzeitig einen *Note-off*-Befehl für alle Noten sendet. Drücken Sie diesen Button, so verstummen die angeschlossenen MIDI-Geräte.

### 21.1.2 MIDI-Geräte verbinden

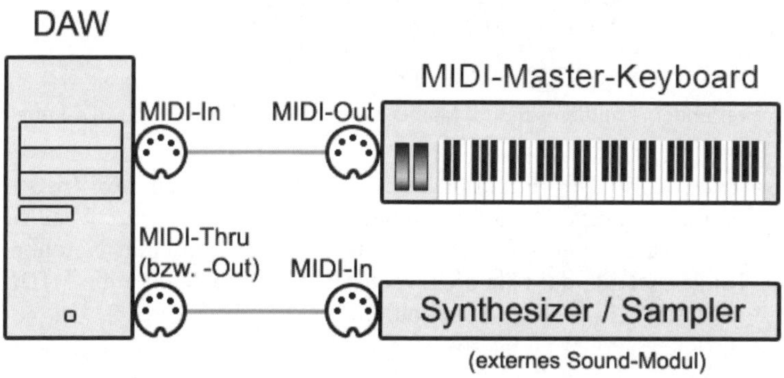


**Abb. 21.1:** MIDI-Geräte verbinden – einfaches Setup: DAW mit Master-Keyboard und externem Soundmodul

- **MIDI-Out**
  An diese Buchse schließen Sie (z. B. beim Master-Keyboard) ein MIDI-Kabel an, dessen anderes Ende mit der MIDI-In-Buchse eines MIDI-empfangenden Geräts verbunden wird.
- **MIDI-In**
  Diesen Anschluss benutzen Sie, damit ein Gerät MIDI-Daten empfangen kann. Sie schließen es an einen sogenannten *Expander* oder den PC an. Bei dem Expander kann es sich beispielsweise um einen Synthesizer, einen Sampler oder auch einen Drum-Computer handeln. Damit der hereinkommende Datenstrom verarbeitet werden kann, muss der Kanal, auf dem die Daten gesendet werden, ebenfalls beim Empfänger eingestellt sein. Sonst werden die Spielinformationen ins MIDI-Nirwana geschickt und das Gerät, das angesprochen werden soll, bleibt stumm.

- **MIDI-Thru**
  Die MIDI-Thru-Funktion bewirkt, dass die an der MIDI-In-Buchse eingehenden Daten an weitere Geräte weitergeleitet werden. Man spricht dann vom *Durchschleifen*. Sofern ein MIDI-fähiges Gerät nicht über eine MIDI-Thru-Buchse verfügt, steht häufig eine entsprechende Funktionsanwahl für die MIDI-Out-Buchse zur Verfügung, mittels der Sie den einkommenden Datenstrom dann intern auch über diese Buchse weitersenden können.

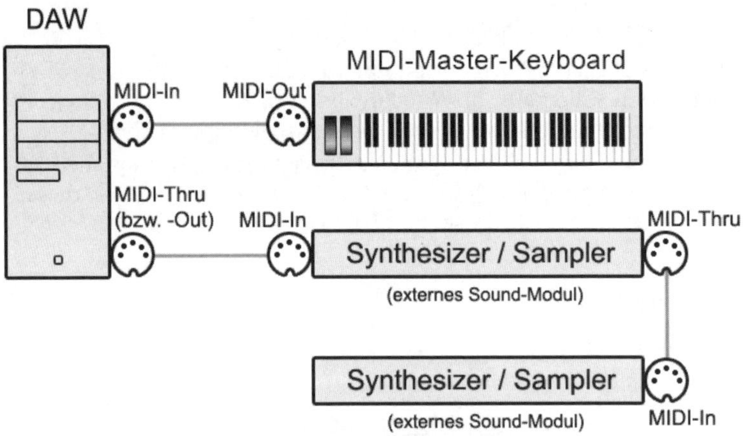


**Abb. 21.2:** MIDI-Geräte verbinden – mittleres Setup: Master-Keyboard, Computer und MIDI-Kette

Durch den Einsatz der *MIDI-Thru*-Funktion lassen sich ganze Ketten von Instrumenten von nur einem Steuergerät aus mit Spielparametern versorgen. Hier ist jedoch nicht immer gewährleistet, dass das Timing aller übermittelten Notenbefehle stimmt. Als Faustregel gilt, dass Sie nicht mehr als fünf Geräte über die *MIDI-Thru*-Funktion in eine MIDI-Kette einbinden sollten.

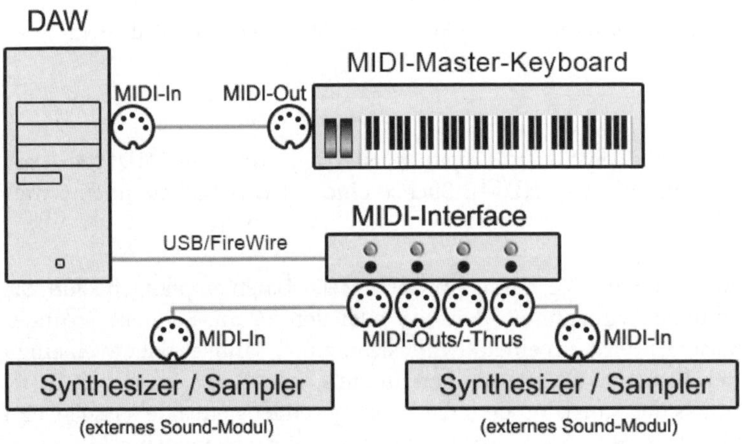


**Abb. 21.3:** MIDI-Geräte verbinden – großes Setup: Master-Keyboard, Computer, MIDI-Interface und mehrere externe MIDI-Empfänger

Für ein genaueres Arbeiten und das Einbinden von mehreren Geräten ist es notwendig, dass Sie auf ein MIDI-Interface zurückgreifen. Dieses synchronisiert dann die Datenströme der verschiedenen MIDI-Kanäle und Programme untereinander und sorgt für ein reibungsloses Timing im Zusammenspiel mit weiteren Daten (z. B. der Audioausgabe einer DAW).

Zur Lösung dieses Problems haben Sie folgende Möglichkeiten:

- Verringern Sie die Anzahl der Geräte, die sich innerhalb der MIDI-Kette befinden.
- Kommt eine Verringerung der Geräteanzahl nicht infrage, können Sie ein MIDI-Interface nutzen, das die Daten über mehrere parallele MIDI-Ins und MIDI-Outs verwaltet.

# Kapitel 22

# MIDI und USB/FireWire

MIDI-Daten können jedoch auch über eine andere als die MIDI-Schnittstelle übertragen werden. Bei neueren Geräten kommen zu diesem Zweck immer häufiger USB- und FireWire-Verbindungen zum Einsatz, wenn es um das Senden oder Empfangen von MIDI-Daten zum PC oder von diesem geht.

Die Vorteile dieser Art und Weise, MIDI-Daten zu übermitteln, sind deutlich. Komplexe, zeitnahe MIDI-Informationen, die sonst über verhältnismäßig große Zeiträume gesendet werden mussten, können so in Echtzeit übermittelt werden. Außerdem können die Kanalbegrenzungen von 16 Kanälen aufgrund der Schnittstellenarchitekturen von USB und FireWire aufgehoben werden, was durch die Realisierung mehrerer virtueller MIDI-Verbindungen möglich wird.

Die gute alte MIDI-Schnittstelle ist aber noch nicht am Ende. Immer noch ist sie der Standard zur Übermittlung von MIDI-Daten und wird von vielen Herstellern zusammen mit USB- und FireWire-Schnittstellen eingebaut. Mittlerweile wurde von einem Konglomerat verschiedener Hersteller ein erweiterter, neuer MIDI-Standard 2.0 vereinbart, der den Klassiker MIDI ablösen soll. Der Unterschied der verschiedenen Schnittstellen MIDI, USB und FireWire ist immens. Das sehen Sie auf einen Blick, wenn Sie zum Vergleich der Übertragungsgeschwindigkeiten in Tabelle 22.1 schauen:

| Schnittstelle | Übertragungsgeschwindigkeit | ...-mal schneller als MIDI |
|---|---|---|
| MIDI | 31.250 Bits/Sekunde = 0,03125 Mbit/Sekunde | - |
| Low Speed USB 1.1 | 1,5 Mbit/Sekunde | 48 |
| Full Speed USB 1.1 | 12 Mbit/Sekunde | 384 |
| High Speed USB 2.0 | 480 Mbit/Sekunde | 15.000 |
| SuperSpeed USB 3.0 | 5 Gbit/Sekunde | über 160.000 |
| SuperSpeed+ USB 3.1 | 10 Gbit/Sekunde | über 330.000 |
| FireWire 400 IEEE1394a | 100/200/400 Mbit/Sekunde | 12.800 |
| FireWire 800 IEEE1394b | 800 Mbit/Sekunde | über 25.000 |
| FireWire S3200 IEEE1394-2008 | 3.200 Mbit/Sekunde | über 100.000 |

**Tabelle 22.1:** Schnittstellenvergleich zur Übertragungsgeschwindigkeit

## 22.1 Wer oder was ist General MIDI?

Wenn man von *General MIDI (GM)* spricht, meint man damit eine Vorgabe für die Benutzung der MIDI-Schnittstelle, die 1991 unter anderem von der Herstellervereinigung *MMA (MIDI Manufacturing Association)* festgelegt wurde. GM-kompatible Geräte bieten in jedem Fall:

- die Umsetzung des Parameters Anschlagsdynamik (wie fest eine Taste gedrückt wird)
- 24-stimmige parallele Klangerzeugung (8 Percussion- und 16 Melodieinstrumente mindestens)
- 16-kanalige Polyfonie (mehrere Klänge auf allen Kanälen gleichzeitig produzierbar)
- 16 MIDI-Kanäle mit (nahezu) gleichzeitigem Empfang
- einen Schlagzeug- und Percussionkanal (Kanal 10)

Wie so oft, wollten aber einige Hersteller auch bei den MIDI-Standards ihr eigenes Süppchen kochen. Und so kam es mit dem GS-Standard der Firma Roland sowie dem XG-Standard von Yamaha zu weiteren MIDI-Standards. Diese MIDI-Standards sind zum General-MIDI-Standard kompatibel, bieten aber Extras, wie etwa mehr Instrumente und Filtermöglichkeiten (XG-Standard).

Der General-MIDI-Standard selbst umfasst insgesamt 128 Instrumente und 48 Schlagzeugsounds. Werfen Sie einen Blick in den Anhang. Dort habe ich sowohl eine Instrumentenübersicht als auch eine Liste der Schlagzeug- und Percussion-Sounds für Sie bereitgestellt. Ziehen Sie diese Aufstellungen zurate, wenn Sie bei der Arbeit mit GM-kompatiblen Geräten auf der Suche nach einem bestimmten Sound sind. Das spart Ihnen das lästige Herumklicken und damit jede Menge Zeit.

### Gibt es eine »MIDI-Polizei«?

So überraschend die Antwort auf den ersten Blick auch sein mag, sie lautet »Ja«. Die *International MIDI Association* (kurz: IMA) überwacht den Standard hinsichtlich seiner Verwendung und seiner Veränderungen durch die Hersteller der verschiedenen MIDI-Instrumente und -Geräte. Wenn Sie sich vor Augen führen, wie viele Hersteller von MIDI-Instrumenten und MIDI-Controllern es weltweit gibt, wird aber schnell klar, dass es ohne einen einheitlichen Standard beinahe unmöglich wäre, die Spezifikationen dieses Protokolls zusammenzuhalten, damit verwendete Daten auch tatsächlich weltweit les- und interpretierbar sind und bleiben. Zwar handelt es sich hierbei auch um einen generellen MIDI-Standard – im Unterschied zum General-MIDI-Standard geht dieser jedoch nicht so weit, dass er konkrete Inhalte (wie Soundbelegungen) »vorschreiben« würde, sondern beschränkt sich stattdessen auf Hardware- und Protokollspezifikationen.

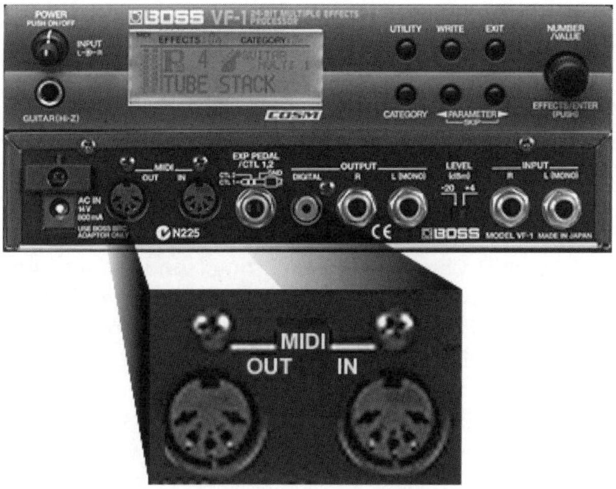


Abb. 22.1: MIDI-Buchsen an einem Effektgerät (Quelle: www.boss.info)

Das Fantastische an MIDI ist also, dass es keine Töne überträgt, sondern Steuerdaten übermittelt. Das ist auch der Grund, warum einige Geräte, die keine selbstständigen Klangerzeuger sind (z. B. Effektgeräte, Gitarrenverstärker), ebenfalls über MIDI-Buchsen verfügen. Die Steuerdaten (z. B. Programmwechsel) können Sie dann beispielsweise direkt von Ihrer DAW aus senden. Das ermöglicht Ihnen auch eine (zugegeben bescheidene) Automation externer Effektgeräte.

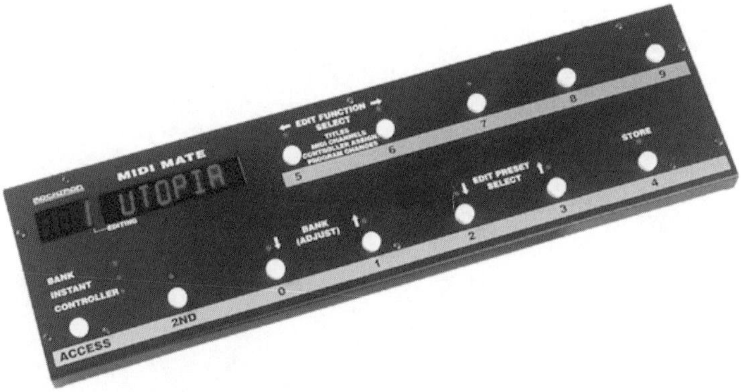


Abb. 22.2: Auf dem Boden bleiben – MIDI-Fußleisten (Quelle: www.rocktron.com)

Oftmals für den Livebereich eingesetzt, aber dennoch in vielen Situationen auch sehr gut im Homestudio einsetzbar sind MIDI-Bodencontroller, auch »Fußleisten« genannt. Diese bieten Ihnen mit den Füßen zu bedienende Kontakte, mit denen Sie die Programmwechsel von Geräten vornehmen können. Diese Fußleisten verfügen über einen

MIDI-Ausgang und werden direkt mit demjenigen Gerät verbunden, das sie steuern sollen. Auf diese praktischen Helfer können Sie etwa zurückgreifen, um Geräte anzusteuern, die sich unten in Ihren Racks befinden. Auf diese Weise müssen Sie sich seltener bücken und vornübergebeugt mit den Fingern die Sounds des Geräts einstellen, sondern können ganz entspannt dabei sitzen bleiben. Sie sehen: MIDI-Fußleisten sind nicht nur im Livebereich hilfreich.

Was gilt es hierbei zu beachten? Nun, wie eingangs beschrieben und beim Vergleich mit USB und FireWire anhand von Zahlen belegt, handelt es sich bei der Datenübertragung via MIDI nicht gerade um einen Hochgeschwindigkeitszug, sondern eher um eine altertümliche Tram. Sie sollten also bei der Automation externer Geräte (außerhalb Ihrer DAW) via MIDI stets eine gewisse Fehlerrate in der Übertragung sowie unter Umständen leichte Verzögerung mit einplanen. Diese Probleme können vor allem dann auftauchen, wenn Sie die MIDI-Steuerdaten durch mehrere Geräte »durchschleifen«. Hier macht sich dann in jedem der Einsatz eines MIDI-Interface als Verteilerstation bezahlt.

Kapitel 23

# MIDI-Interfaces

Die Übertragung von MIDI-Daten zwischen verschiedenen Geräten basiert zum größten Teil noch auf althergebrachte MIDI-Verbindungen mittels DIN-Steckern und -Buchsen. Doch wie gelangen die MIDI-Daten zu einer Steuersoftware (z. B. Cubase, Ableton oder Reason) oder können von dieser gesendet werden?

Noch vor einiger Zeit war es üblich, dass MIDI-Daten zwischen einem PC (DAW) und MIDI-fähigen Geräten mittels eines MIDI-Interface ausgetauscht wurden. Diese wurden in der Regel über den Gameport einer einfachen Soundkarte mit einem, Gameport-MIDI-Adapter an den Rechner angeschlossen, sodass MIDI-In- und MIDI-Out-Buchsen für den Empfang und das Senden von MIDI-Daten bereitstellt werden konnten.

Das große Manko von MIDI-Gameport-Adaptern war allerdings stets das ungenaue Timing ihrer Treiber. Deshalb war ihr Einsatz selten empfehlenswert.

Zeitgemäße MIDI-Interfaces nutzen zwar das MIDI-Protokoll, übertragen es aber über schnellere Datenwege wie USB oder FireWire. Der Vorteil ist, dass der Datenstrom nicht nur schnell, sondern auch timinggenau ist. In der Regel enthalten gute Audio-Interfaces bereits MIDI-Interfaces. Diese haben den Vorteil, dass Sie die Datenströme von Audio- und MIDI-Signalen miteinander synchronisieren können, was diese Geräte zu zuverlässigen MIDI-Überträgern macht. Aber auch eigenständige MIDI-Interfaces sind auf dem Markt. Diese bieten dann spezialisierte Features, wie z. B.

- SMPTE/MTC-Synchronizer,
- MIDI-Hub-Funktion,
- LED-Statusanzeigen und
- mehrere gleichwertige MIDI-Ausgangskanäle, die ein MIDI-Thru unnötig machen.

An die Anschaffung eines separaten MIDI-Interfaces sollten Sie denken, wenn Sie einen leibhaftigen Synthesizerpark Ihr Eigen nennen, den Sie von Ihrer DAW aus ansteuern möchten. Ausreichende Funktionalität und Flexibilität sind dann noch mehr gewährleistet als beim Gebrauch des MIDI-Bereichs von Audio-Interfaces. Vergessen Sie nicht: Bei diesen sind die MIDI-Features lediglich ein Bonus. Ein Spezialist wird stets die bessere Arbeit abliefern.

### Tunneln von MIDI-Daten

Wenn Sie sich fragen sollten, was eigentlich gemeint ist, wenn man vom *Tunneln* von MIDI-Daten spricht ... hier die Antwort: Als Tunneln der MIDI-Daten bezeichnet man das Übertragen des MIDI-Datenstroms mithilfe anderer Übertragungswege (also MIDI-Übertragung ohne MIDI-Kabel). Die MIDI-Daten werden dabei dann sozusagen durch den »Tunnel« eines USB- oder FireWire-Kabels geschickt. MIDI-Kabel und -Stecker sind dann nicht mehr unbedingt notwendig. Ein entscheidender Vorteil von getunneltem MIDI ist, dass sich auf diese Weise mehrere virtuelle MIDI-Verbindungen umsetzen lassen, wodurch die Beschränkung auf 16 MIDI-Kanäle obsolet wird.

Kapitel 24

# Audio in MIDI wandeln

Immer wieder gab und gibt es Tüftler und Hersteller, die Algorithmen zur Musikerkennung entwickeln, um die Parameter real gespielter Instrumente in Form von MIDI-Steuerdaten aufzeichnen und mit synthetischen oder samplebasierten Klangerzeugern wieder hörbar machen zu können.

Als *Musikerkennung* bezeichnet man gemeinhin die mathematische Analyse von Audiosignalen (WAV-Format) und deren Umwandlung in musikalische Steuerdaten (MIDI-Format). Dabei handelt es sich um ein sehr komplexes Unterfangen. Für monofone Musikerkennung beträgt die geschätzte Genauigkeit maximal 60 bis 70 Prozent. Zum Vergleich: Bei Spracherkennung liegt die Trefferquote bei etwa 70 bis 80 Prozent, bei Texterkennung sogar um die 95 Prozent. Und die Musikerkennung polyfoner Klänge und Abläufe ist in den meisten Fällen naturgemäß noch weitaus schlechter (Quelle: AKoff Sound Labs).

Lange Zeit galt es als nahezu unmöglich aus den Feinheiten menschlicher Spielweisen und den feinen Klangvariationen, harmonischen Konstrukten und Übergangsmöglichkeiten präzise mathematische Algorithmen abzuleiten, sofern diese mit gängigen Klangerzeugern verwertbar sein sollten. Denn noch schwieriger wird es, wenn viele verschiedene Töne oder Instrumente herauszufiltern sind, die separat analysiert werden sollen. Das menschliche Gehör ist dahin gehend geschult, Klänge differenzieren zu können. Das Erarbeiten von Algorithmen, die Ähnliches leisten, gestaltet sich da schon weitaus schwieriger. Was gehört zum einen, was zum anderen Instrument? Welcher Klang wird tatsächlich von einem Instrument erzeugt und bei welchem handelt es sich um ein Hintergrundgeräusch? Das ist ein komplexes Feld, das nicht einfach zu entflechten ist. Und dennoch: In einigen Situationen ist es durchaus möglich, eine »Musik-zu-MIDI«-Erkennung und -Umwandlung durchführen zu lassen und diese später sogar noch zu verwerten. Dies klappt in der Regel am besten bei perkussiven Instrumenten, wie Schlagzeugen. Die Analyse übernimmt heute in der Regel eine Standalone-Software oder ein Plug-in, wie Trigger von Slate Digital. Schwieriger wird es da schon bei der Echtzeit-Umwandlung von Spielinformationen.

## 24.1 Beispiel: Guitar-to-MIDI-Converter

Doch auch die Wandlung der Spielinformationen von Gitarren in MIDI-Daten hat in den vergangenen Jahren einen gehörigen Schritt nach vorn gemacht. Lösungen im Taschenformat sind hier mittlerweile ebenso erhältlich wie ausgereifte Gitarren- und Basssynthesizer, die das Instrument quasi als Controller nutzen.

Zu dieser Kategorie von Audio-to-MIDI-Geräten gehört etwa der Gitarren-MIDI-Converter Sonuus G2M.

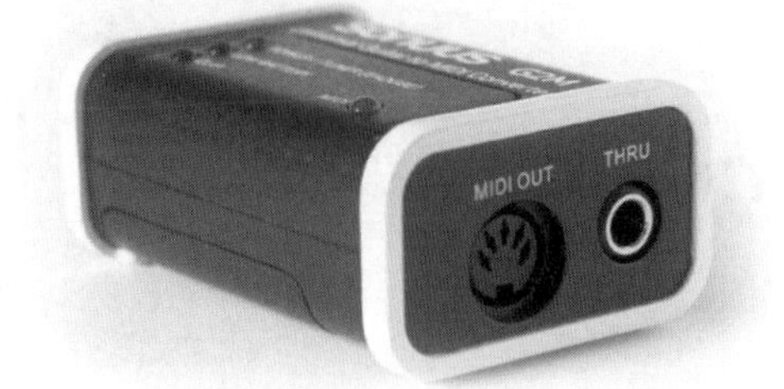


**Abb. 24.1:** Audio-zu-MIDI-Converter im Taschenformat – Sonuus G2M (Quelle: www.sonuus.com)

### 24.1.1 Funktionsweise und Einsatzfeld

Doch wie funktionieren diese Geräte eigentlich? Ein MIDI-Converter analysiert die Impulse gezupfter/angespielter Gitarrensaiten, wertet diese Daten hinsichtlich Tonhöhe, Dynamik und Tondauer aus und stellt sie als MIDI-Protokoll zur Verfügung. Und das Ganze in Echtzeit, um die richtige Spielfreude aufkommen zu lassen. Die ehemals für diesen Gerätetypus typischen immensen Latenzen gehören übrigens mittlerweile der Vergangenheit an.

MIDI-Converter sind vielleicht nicht jedermanns Sache, können aber in einigen Situationen im Homestudio eine prima Alternative zum Master-Keyboard sein. Ein mögliches Anwendungsbeispiel: Spielen Sie MIDI-Daten über eine an einen Sonuus G2M angeschlossene Gitarre ein und spielen Sie diese Daten mit einer Gitarren-Synthesizer-Software wie dem reFX Slayer 2 ab. Das ergibt eine »originale« Spielweise (besser als übers Master-Keyboard) und einen tollen Sound – der dennoch völlig neu und außergewöhnlich klingt. Ein nettes Gimmick, das zusammen mit anderen Ideen für Abwechslung und Farbe in Ihren Produktionen sorgen kann.

## 24.2 Beispiel: Softwarelösung für Audio-to-MIDI-Converter

Im Audio-Editor von Cubase haben Sie mit der *VariAudio*-Funktion die Möglichkeit, Audiomaterial analysieren zu lassen. Wenden Sie dann auf das so untersuchte Material den Befehl *Extract MIDI* an, erzeugt Cubase für Sie MIDI-Events, die Ihrem Audiomaterial in Tonhöhe, Einsatz und Spieldauer sowie weiteren wählbaren Parametern entsprechen. Die resultierenden MIDI-Daten können Sie dann einem beliebigen MIDI-Instrument zuweisen. Änderungen und Feineinstellungen nehmen Sie einfach im Anschluss in Angriff (z. B. Oktavlage ändern, Tonart ändern u. Ä.). Noten, die nicht korrekt erkannt werden konnten, können allerdings nur mithilfe eines weiteren MIDI-Editors verändert werden. All jenen, die sich mit Sequenzer-Programmen auskennen, aber bisher nie mit einer Tastatur gearbeitet haben und eine gesungene Melodie nur mit viel Mühe aufs Keyboard übertragen können, bietet diese Art der Musikerkennung und Wandlung eine Möglichkeit, auch komplexere Melodien über den eigenen Gesang in MIDI-Daten wandeln zu können. Und noch dazu macht es eine Menge Spaß!

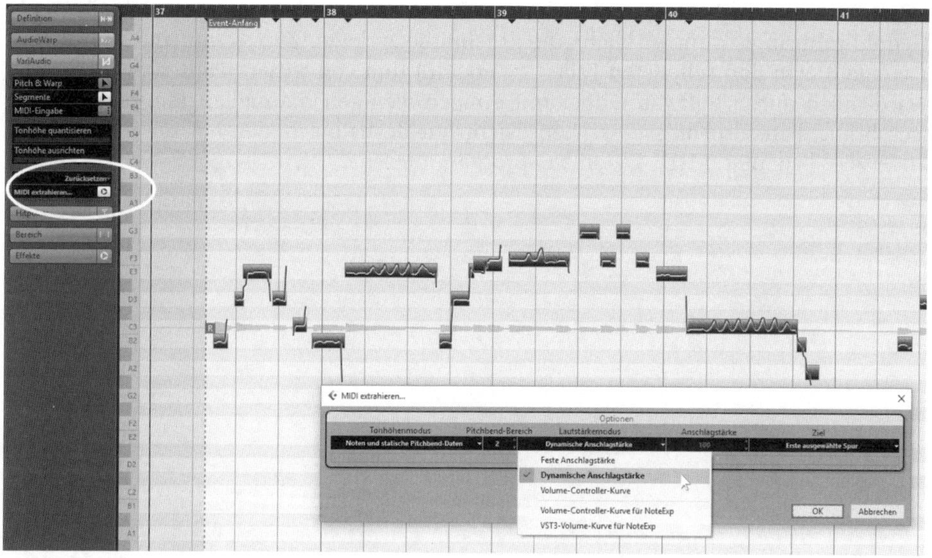


**Abb. 24.2:** MIDI-Daten aus Audio erzeugen – in Cubase kein Problem

## 24.3 MIDI-Converter – ein Fazit

Die grundlegende Frage, die sich dem Betrachter in puncto MIDI-Converter aufdrängt, ist die nach dem Warum. Warum sollte man das, was man mit einem Naturinstrument einspielt, per MIDI aufzeichnen wollen? Nun, entgegen der schlichten Meinungen vieler Puristen kann ich Ihnen zwei wirklich gute Argumente *dafür* nennen:

1. MIDI-Daten lassen sich vervielfältigen und mehrfach nutzen. Das kann eine erhebliche Zeitersparnis bedeuten, wenn man aus bestehendem MIDI-Material durch Kopieren und Modifizieren neues MIDI-Material (z. B. für andere Instrumente wie etwa Streicher- und Pad-Backgrounds, gedoppelte Melodielinien usw.) quasi »herausschält«.
2. Und last, but not least kann ein Gitarrist mithilfe eines Converters auf seiner Gitarre Klavier, Schlagzeug, Trompete, Violine, ein ganzes Orchester oder was auch immer spielen. Das kann auf der einen Seite einfach witzig klingen, andererseits ermöglicht es auch die Umsetzung neuer, normalerweise unspielbarer Passagen. In einigen Rock- und Pop-Produktionen werden deshalb gezielt Converter genutzt, wie uns beispielsweise Steve Vai auf seinem Album *Fire Garden* beweist.

Aber das Verwenden von MIDI hat auch seine Kehrseite. Ein Nachteil liegt z. B. darin, dass die Komplexität des menschlichen Instrumentenspiels bei der Umwandlung von Audio- in MIDI-Daten nur eingeschränkt und in stufenweisen Unterteilungen festgehalten wird. Diese beiden Einwände sind schwerwiegend und können sich tatsächlich massiv auswirken. Wer sich aber mit der natürlichen Spielweise verschiedener Instrumente auseinandersetzt, auf gute Klangerzeuger zurückgreift, leistungsstarke Software-

MIDI-Editoren zur Verfügung hat, um die Daten zu modifizieren, und auch ein wenig Geduld mitbringt, kann wirklich gute Ergebnisse erzielen. Zwar kann eine komplexere Passage nur in den seltensten Fällen 1:1 erkannt und konvertiert werden (weder durch Hard- noch durch Software), aber mit einigen wenigen manuellen Eingriffen lassen sich brauchbare Ergebnisse erzielen. Nicht nur deshalb schauen wir uns nun einmal an, was es bedeutet, MIDI-Daten zu »programmieren«.

Kapitel 25

# MIDI-Programmierung

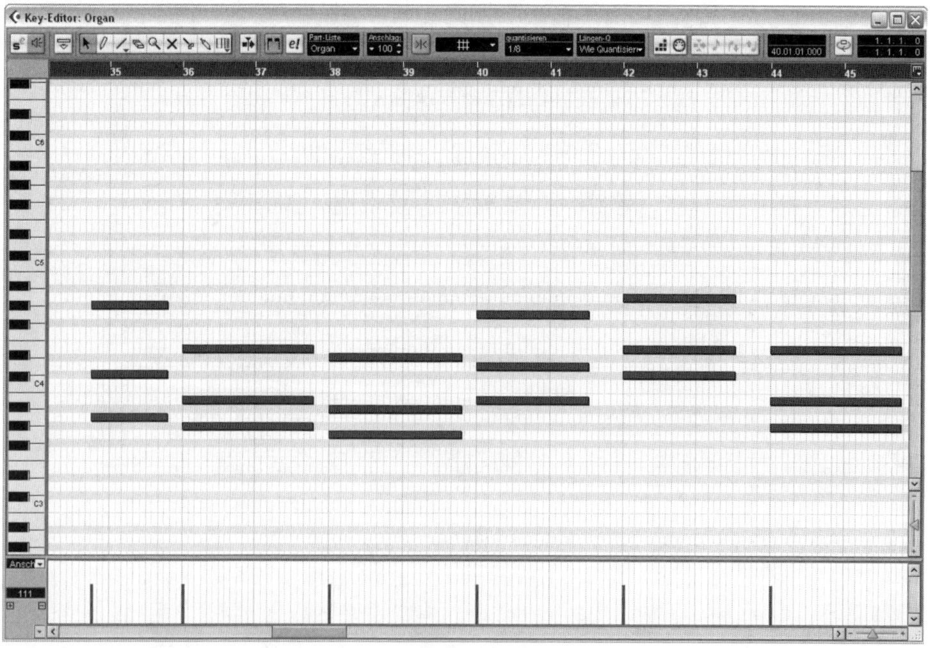

**Abb. 25.1:** Standard-MIDI-Editor – Pianoroll-Editor in Cubase

Keine Angst! Um MIDI-Daten zu programmieren, müssen Sie nicht erst eine Programmiersprache erlernen. Beim Programmieren von MIDI-Daten werden vielmehr sogenannte *Events* (musikalische Ereignisse) erzeugt, deren numerische Parameter Sie (in der Regel mithilfe von Softwaretools) bestimmen und verändern.

In Abbildung 25.1 sehen Sie den Key-Editor aus Cubase. Editoren dieser Art, die an ihrem Rand die Tonhöhen mittels einer Klaviaturanzeige angeben, werden auch Pianoroll-Editoren genannt. Im unteren Bereich sehen Sie Balken, die für die Werte von Spielparametern stehen. Im Beispiel ist dies der Parameter *Anschlagstärke (Velocity)*. Im Hauptbereich des Editors sehen Sie die Notenevents, die als Balken dargestellt werden. Diese können Sie hinsichtlich Tonhöhe und zeitlicher Position nahezu beliebig verschieben. Die Länge der Events steht dabei für die Dauer der Noten vom Tastendruck (MIDI-Befehl *Note on*) bis zum Loslassen einer Taste (MIDI-Befehl *Note off*).

Abbildung 25.2 und Abbildung 25.3 zeigen Ihnen einen vergleichbaren Noten-Editor sowie einen speziellen Drum-Editor für MIDI-Events. Da es sich bei Schlagzeug- und Percussion-Events meistens um einzelne Schläge handelt, die unabhängig von der

Eventlänge sind, bietet ein MIDI-Schlagzeug-Editor in erster Linie punktbezogene Events ohne Ausdehnung. In Abbildung 25.3 sehen Sie diese als Rauten. Außerdem zeigen Ihnen Drum-Editoren statt einer Klaviatur die konkreten Schlagzeuginstrumente an, denen Sie die MIDI-Events im Editor auf horizontalen Linien zuordnen. Somit lässt sich im Handumdrehen editieren, da sich der visuelle Eindruck von separaten Spuren je Schlagzeuginstrument einstellt.

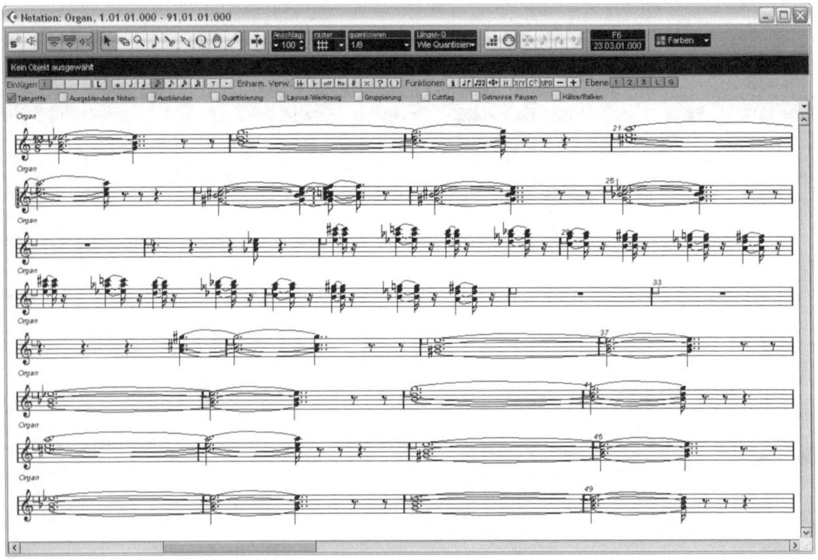


**Abb. 25.2:** Für notenfeste Musiker – Noten-Editor in Cubase

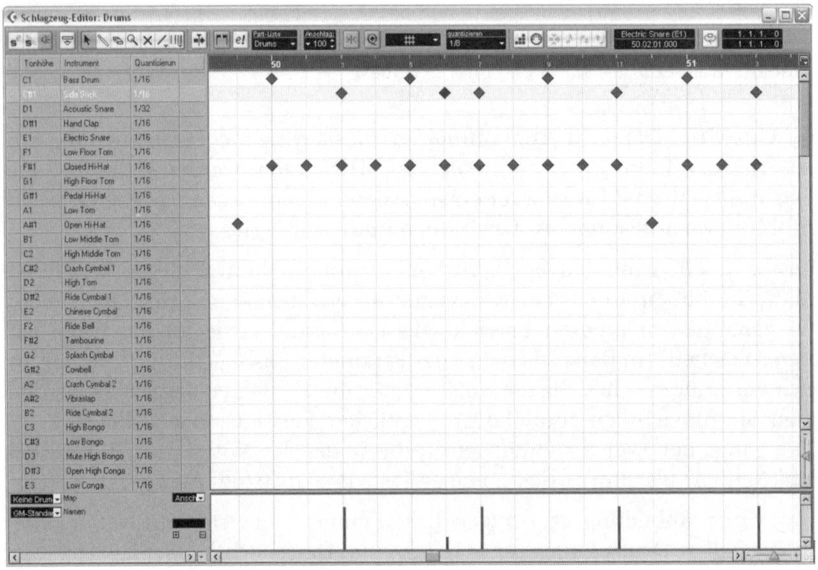


**Abb. 25.3:** Spezialist für MIDI-Schlagzeug – Drum-Editor in Cubase

## Unterschiedliche Kanalbezeichnungen

Mitunter kann es vorkommen, dass Sie Probleme bei der Übertragung von MIDI-Daten bekommen, weil Sender und Empfänger nicht mit den gleichen Kanalbezeichnungen arbeiten. Dies führt dazu, dass die MIDI-Daten nicht dort ankommen, wo sie erkannt werden sollen. Denn leider setzen manche Hersteller die Kanalspanne ihrer MIDI-fähigen Geräte nicht von 1 bis 16 fest, sondern von 0 bis 15. Tritt durch einen solchen Fall ein Problem auf, so können Sie entweder in den Bedienungsanleitungen nachschauen, wie die Kanäle der beteiligten Geräte bezeichnet werden, oder auch die MIDI-Kanäle »nach unten« bis zum niedrigsten Eintrag durchwählen, um zu sehen, an welchem MIDI-Gerät Sie die Kanalanwahl um 1 verringern müssen, damit eine Kommunikation zwischen den Geräten hergestellt wird.

Kapitel 26

# MIDI-Recording

Um MIDI-Daten aufzuzeichnen, bedarf es im Heimstudio lediglich der Grundausstattung DAW und Master-Keyboard. Die Art und Weise des Erzeugens von MIDI-Daten kann jedoch höchst unterschiedlich sein. Deshalb gebe ich Ihnen hier einen kurzen Überblick, der es Ihnen ermöglichen soll, sich je nach Aufnahmesituation und Produktionsbedürfnissen von Anfang an bewusst für den jeweiligen Modus entscheiden zu können.

## 26.1 Step by Step

In der Regel werden Sie MIDI-Daten in Echtzeit zu einem laufenden Song aufnehmen wollen. Doch es gibt auch Passagen, die eine sukzessive Eingabe erfordern. Dies ermöglicht Ihnen bei MIDI-Editoren der Modus der *Step-Eingabe*. Hierbei geben Sie schrittweise, also etwa Taste für Taste, die einzelnen Noten ein. Oftmals geben Sie zu diesem Zweck eine feste Notenlänge vor, die der Sequenzer dann für Sie einsetzt. Diese Arbeitsweise eignet sich besonders für das Einspielen von aufwendigen Arpeggio-Figuren, bei denen ein Programmieren per Hand/Maus länger dauern würde.

**Step-Recording contra Step-Sequenzer**

Der MIDI-Aufnahmemodus *Step-Recording* ist übrigens nicht zu verwechseln mit einem Step-Sequenzer. Dieser bietet eine feste Anzahl von belegbaren Patterns, die er (meist im Loop) abruft. Bekannte Step-Sequenzer finden sich beispielsweise in Hard- und Software-Drummachines wie Rebirth oder dem Sampler ReDrum, der Teil der Software Propellerhead Reason ist.

## 26.2 Quantisierung

Als Quantisierung bezeichnet man im Zusammenhang mit MIDI-Daten die automatische Korrektur der zeitlichen Positionen von MIDI-Events. MIDI-Editoren bieten hierfür ein Raster, das Sie in der Regel weitestgehend modifizieren können. An diesem Raster können dann die vorhandenen bzw. die markierten Noten ausgerichtet werden. Neben den Startpositionen können in manchen Softwareumgebungen auch andere Parameter (z. B. Objektlänge zwischen *Note-on-* und *Note-off-*Event) quantisiert werden.

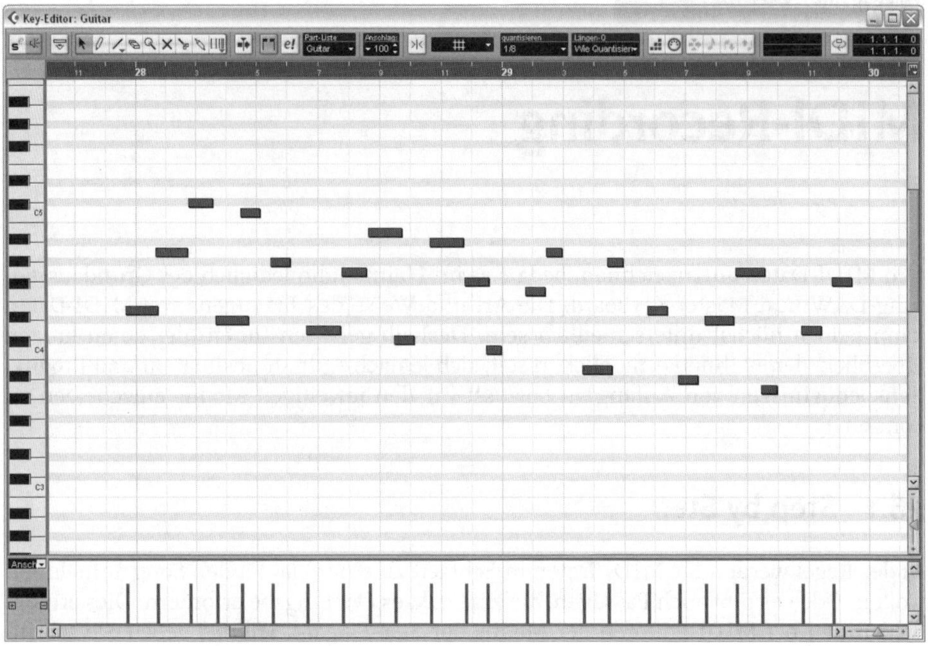


**Abb. 26.1:** MIDI-Material vor ...

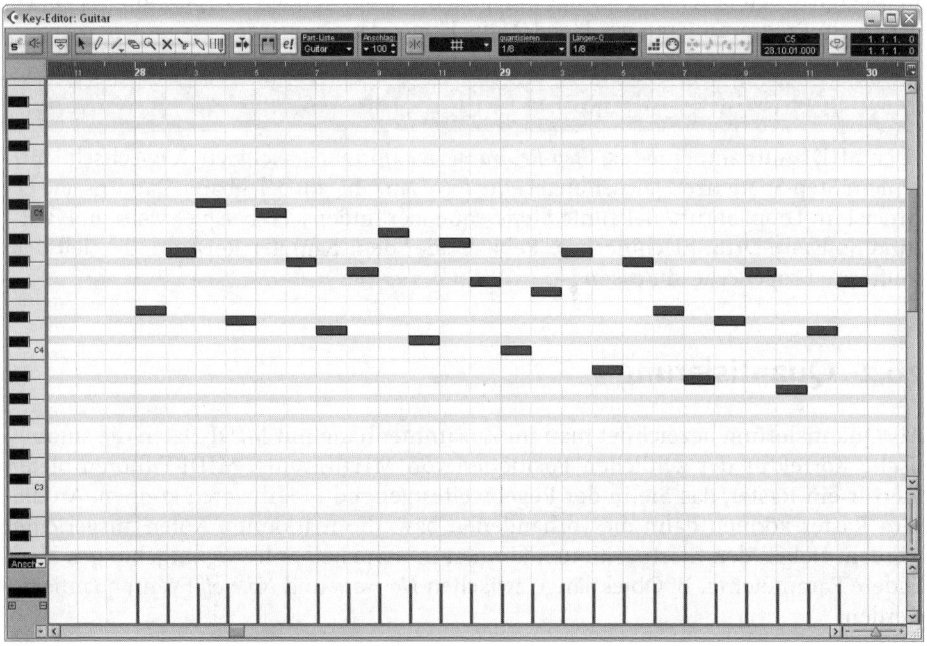


**Abb. 26.2:** ... und nach der Quantisierung

Aber Achtung! Nicht immer tritt der gewünschte Effekt ein. Durch und durch perfekt quantisierte und damit sozusagen »mathematisch exakte« MIDI-Musik klingt nicht selten steril. Doch gibt es auch hier Abhilfe: Viele Sequenzer-Programme bieten Quantisierungspatterns, die eine Ausrichtung von MIDI-Events nach deren Vorgabe ermöglichen. Somit lässt sich etwa einem mit binärem Feeling eingespielten Part ein Swing-Feel verpassen usw.

Bietet ein MIDI-Sequenzer Ihnen eine näherungsweise Quantisierung, so können Sie auch sicherheitshalber diese nutzen. Denn bei der näherungsweisen Quantisierung wird die Startposition der MIDI-Events lediglich in die Richtung der exakten Rasterposition verschoben. Die Position der Events verbessert sich also (gemessen am Raster), das Spielgefühl der Original-Performance bleibt hierbei jedoch zum Teil erhalten.

Doch auch hier ist Vorsicht geboten. Oftmals hat ein Musiker sein persönliches Spielfeeling, das sich durch spezifische Abweichungen von mathematisch exakten Notenpositionen auszeichnet. Dieser persönliche Groove eines Instrumentalisten wird, je ausgeprägter dieser Groove ist, eventuell schon durch die geringste Quantisierung zerstört. Hier heißt es deshalb in der Praxis sehr genau hinzuhören ... und notfalls eine Sicherheitskopie nicht-quantisierter Spielparts anzulegen.

**Weniger ist mehr!**

Vermeiden Sie allzu häufiges Quantisieren, bessern Sie ggf. nur einzelne Stellen aus, um Ihrer Musik nicht die Lebendigkeit zu rauben. Einzige Ausnahme: Musikstile, die die Sterilität einer Quantisierung auch in der Rezeption einfordern, wie etwa Techno, House usw.

# Teil 5

## Software

Während vor ein bis zwei Jahrzehnten ein riesiges Arsenal an Outboard-Equipment notwendig war, um eine Musikproduktion zu realisieren, ist es heutzutage im Heimstudio schon mit der richtigen Auswahl von Softwarelösungen getan. Lesen Sie in den folgenden Unterkapiteln, welche höchst unterschiedlichen Programme zurzeit auf dem Markt oder als Freeware erhältlich sind.

Wenn ich von der »richtigen« Softwarelösung für Sie schreibe, meine ich nicht etwa, dass es **das eine** ultimative Musikprogramm gibt, das alle Ihre Probleme löst. Vielmehr kommt es darauf an, die richtigen Tools für Ihre bevorzugte persönliche Arbeitsweise zu finden. Wenn Sie Anfänger sind – umso besser. Lassen Sie sich von den folgenden Beschreibungen verschiedener Musiksoftware inspirieren und schauen Sie, was Ihnen zusagt. Oftmals muss nicht viel oder sogar überhaupt kein Geld ausgegeben werden, um sich eine leistungsfähige virtuelle Werkzeugkiste fürs Heimstudio zusammenzustellen.

Um Ihnen eine echte Hilfestellung für die Einordnung der vorgestellten Programme zu geben, nenne ich Ihnen im Folgenden innerhalb der verschiedenen Softwarekategorien stets die gleichen oder ähnliche Kriterien. Auf diese Weise können Sie die vorgestellten Programme weitgehend vergleichen und schauen, ob die jeweilige Software Ihrem »Level« als Homerecording-Anwender entspricht und die gebotenen Funktionen für Sie nützlich sind und der jeweilige Leistungsumfang Ihnen zusagt. Außerdem stelle ich Ihnen für weitverbreitete Freewareprogramme kurze Praxiserläuterungen bereit, damit Ihre ersten Schritte mit diesen Tools reibungslos verlaufen und Sie sofort loslegen können!

**In diesem Teil:**

Kapitel 27

# Softwarestudios/ Sequenzerprogramme

Das Herz eines jeden DAW-basierten Studios ist eine Software, die es erlaubt, mehrere Audiospuren gleichzeitig aufzunehmen und/oder abzuspielen. Bestenfalls wird dies noch mit der Möglichkeit kombiniert, virtuelle und externe MIDI-basierte Instrumente abzuspielen. Ausstattung und Leistungsfähigkeit sind dabei oftmals ebenso unterschiedlich wie der Verkaufspreis. Aber keine Angst! Es gibt auch einige Freeware-Tools, mit denen nicht nur die ersten Schritte kein Problem darstellen, sondern an denen fortgeschrittene Homestudio-Nutzer ihre helle Freude haben können.

Im Unterschied zu Audio- und MIDI-Bearbeitungsprogrammen besteht die Aufgabe von Softwarestudios vor allem darin, die Funktion von Mehrspur-Tonbandmaschinen zu imitieren – um es einmal sehr vereinfacht auszudrücken. Auf diese Weise können Sie entweder auf allen Spuren gleichzeitig oder auch Spur für Spur eine mehr oder weniger komplexe Musikproduktion erstellen. Zusätzlich bieten Ihnen Softwarestudios Arbeitsumgebungen zur kreativen Manipulation von Audio-Inhalten. Das klingt recht trocken. Deshalb schauen wir uns besser einmal an, was die einzelnen Vertreter dieser Softwaregattung praktisch zu bieten haben ...

## 27.1 Cockos REAPER

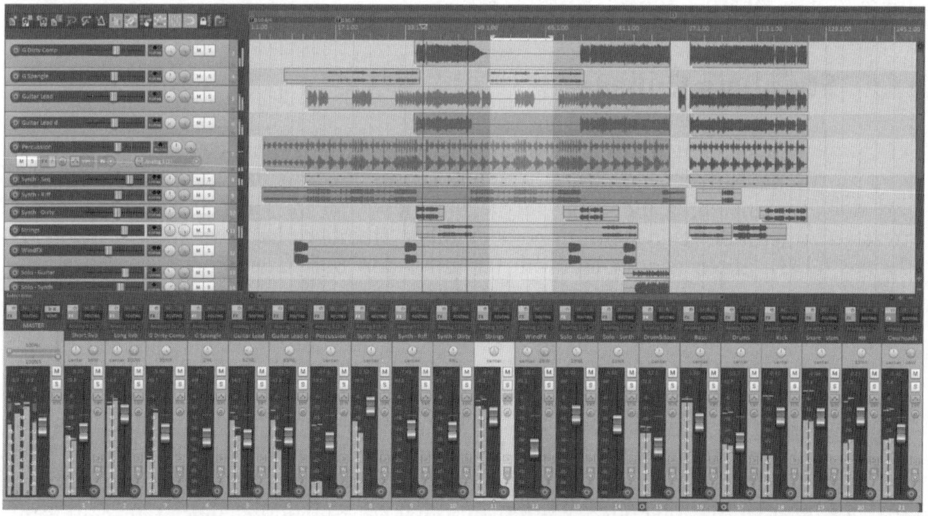

**Abb. 27.1:** Als Freeware-Testversion erhältlich – Cockos REAPER (Quelle: `www.reaper.fm`)

Bei Cockos REAPER handelt es sich um ein Softwarestudio für Anfänger und Fortgeschrittene, das Sie kostenlos als Freeware-Testversion downloaden können. Zwar läuft die Testphase der Software nach Tagen aus. Danach bleibt das Programm jedoch voll funktionsfähig. Gegenüber weitaus teureren Softwarelösungen gibt es mittlerweile kaum noch entscheidende Einschränkungen, die Sie als Einsteiger beim Anwenden dieses Programms in Kauf nehmen müssen.

Durch eine rege Online-Community hat sich REAPER über die Jahre zu einem komplexen Audiostudio entwickelt. Denn die Entwickler setzen Problemlösungen in der Regel schnell und nah an den Anwenderinteressen um. Das Ganze noch dazu, ohne den einfachen Workflow der Software zu überfrachten.

Die Audio- und MIDI-fähige Multitrack-Software ermöglicht von der Aufnahme über Bearbeitung und Mixing bis hin zum Mastering alle Schritte zum Erstellen erstklassiger Tracks. Da bereits zahlreiche Effekte mitgeliefert werden, können Sie auch als Einsteiger sofort loslegen. Sobald Sie etwas Erfahrung hinzugewonnen haben und einen bestimmten Sound-Effekt vermissen, können Sie die Effektsektion von REAPER problemlos um Plug-ins von Drittanbietern ergänzen.

Die Fenster und Toolbars von REAPER können Sie mühelos anpassen und die so entstehenden Layouts speichern. Zahlreiche Skins sind erhältlich, mit deren Hilfe Sie die Optik der Software nach Ihren Wünschen anpassen können.

Virtuelle Instrumente, die Sie in REAPER laden, werden vom Programm automatisch virtuell »verkabelt«. Und auch das Erstellen anderer *Routings* (Signalpfad-Verbindungen) lässt sich in dieser Software wunderbar einfach umsetzen. Wenn Sie virtuelle Bedienelemente der Software per externen Controller kontrollieren möchten, können Sie mithilfe der internen Mapping-Funktion Controller-Elemente wie Taster, Fader oder Potis zuweisen.

Neben einer nativen 32-Bit-Bridge, ReWire-Kompatibilität, und Highlights wie erzwungenem Sidechaining bietet REAPER auch die Möglichkeit, sich per NINJAM-Serveranbindung mit anderen Nutzern via Internet zu verbinden und zeitgleich gemeinsam an einem Projekt zu arbeiten..

## 27.2 Steinberg Cubase

Bei *Cubase* handelt es sich um ein kommerzielles Softwarestudio, das sich vor allem an fortgeschrittene Nutzer und Profis wendet. Dieses leistungsfähige Produktions-Tool lässt sich für Einsteiger allerdings nicht ganz nebenbei installieren, um »mal eben« Etwas aufzunehmen. Der Hamburger Hersteller Steinberg hat mit Cubase schon vor etlichen Jahren einen echten Dinosaurier unter den Softwarestudios geschaffen, der permanent weiterentwickelt und erweitert wird.

Wer auf der Suche nach einer zuverlässigen Lösung sowohl für PC als auch für den Mac ist und Wert auf erstklassige Bearbeitungsmöglichkeiten legt, liegt bei Cubase richtig. Kenntnisse in Sachen Audioströme, Routing und ein tiefer gehendes Verständnis des Zusammenspiels von Hard- und Software sollte ein Cubase-Einsteiger allerdings mitbringen. Blutige Anfänger werden an der gebotenen Komplexität zwar nicht verzweifeln, aber dennoch einige Zeit für den Einstieg benötigen. Beispielsweise kam ein Einsteiger einmal mit folgenden Worten auf mich zu: »Ich denke, das ist 'ne Audiosoftware?! Ich krieg da einfach keinen Ton raus.« Wie gut, dass es (wie für komplexe Software mittlerweile üblich) zahlreiche DVD- und Online-Tutorials zum Thema Cubase gibt. Auch die mitgelieferten Hilfe-Dateien und das Anwender-Forum bieten detaillierte wie tatkräftige Unterstützung.

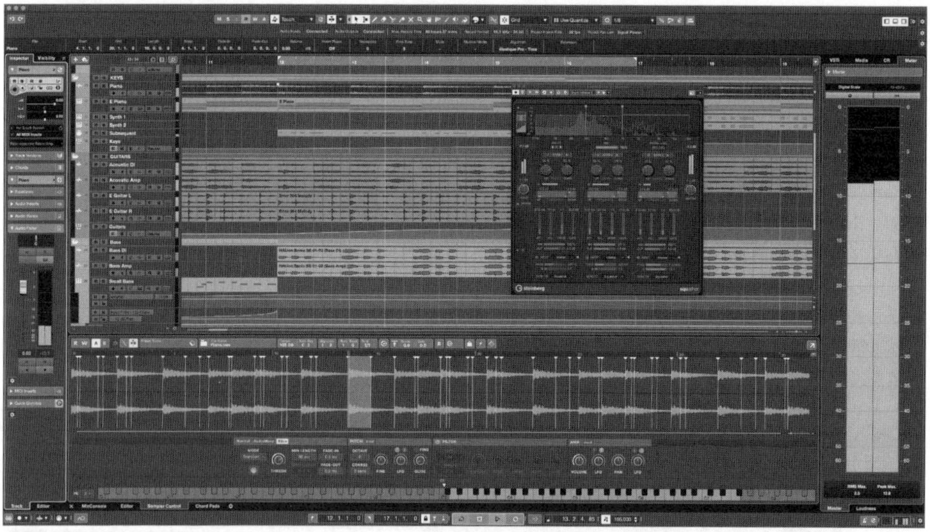

**Abb. 27.2:** Lässt kaum Wünsche offen – Cubase (Quelle: www.steinberg.net)

Cubase können Sie bei allen größeren Musikalienhändlern kaufen und gebrauchte Versionen auch über eBay erstehen. Hier ist jedoch Vorsicht geboten. Achten Sie beim Gebrauchtkauf von Cubase auf zwei Dinge:

- Es muss ein USB-Dongle mitgeliefert werden, der einen gültigen Lizenzschlüssel für die Software enthält.
- Achten Sie darauf, dass es sich um eine unregistrierte Version handelt, damit Sie durch Ihre eigene Registrierung Anrecht auf den Support der Firma Steinberg haben.

Der Softwareumfang und die Programmfunktionen sprechen für sich und bedürfen kaum eines Kommentars: 64-Bit-Floating-Point Audio-Engine, 192-kHz-Aufnahme, Audio- und MIDI-Recording sowie -Editing und -Mixing, jede Menge mitgelieferte virtuelle Instrumente und Effekte, echter 5.1-Surround-Sound, unbegrenztes Undo, nahtlose Einbindung von externer Audio- und MIDI-Hardware und auch professioneller Notensatz und -druck. Neben allen erdenklichen Basisfunktionen zählen Feinheiten wie Audio-Warp-Echtzeit-Timestretching, leistungsfähige monofone Pitch-Korrektur, patternbasiertes Arrangieren, frei konfigurierbare Arbeitsumgebungen und automatischer Latenzausgleich zu den Highlights für den etwas anspruchsvolleren Anwender. Dabei ist es möglich, eine unbegrenzte Auswahl von Audio- und MIDI-Spuren zu verwenden. Intelligente Tools wie Akkordspuren, Akkord-Assistent und Chord Pads unterstützen zeitgemäßes Komponieren. Profis wissen Features wie Control Room und VCA-Fader zu schätzen.

Das alles liest sich natürlich anders als bei einem Freewareprodukt, hat dafür aber auch seinen Preis, den nicht jeder bereit ist, auf den Tisch zu legen. Neben dem Flaggschiff der »Hauptvariante« gibt es mit Artist und Elements noch weitere Ausführungen, die einen begrenzten Funktionsumfang aufweisen und dadurch auch für Recording-Anfänger bezahlbar werden. Wer aber eine komplette Studiolösung sucht, wird mit der »großen Version« Cubase zu 100 Prozent bedient.

Das Fazit fällt deshalb logischerweise anders aus als bei einem Freewareprogramm. Wer »nur mal eben schnell« aufnehmen will, sei es, um seine Ideen festzuhalten oder um erste Schritte im Bereich Audio-Recording zu machen, für den könnte die Software auf Anhieb zu komplex sein (ein Versuch hat allerdings noch keinem geschadet!). Wer sich im Bereich Computer-Recording aber bereits auskennt oder bereit ist, Zeit in die Einarbeitung zu investieren, findet in Cubase einen zuverlässigen Partner, der ihn über Jahre kreativ und leistungsstark begleiten kann.

## 27.3 Propellerhead Reason

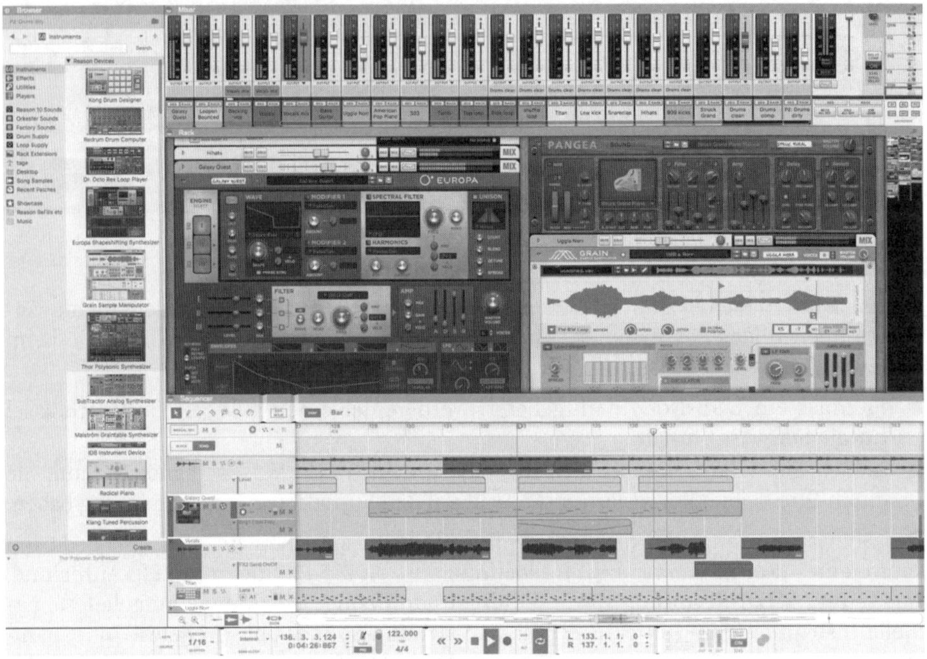

**Abb. 27.3:** Reason – umfangreiches Softwarestudio auf einen Blick (Quelle: www.propellerheads.se)

Bei *Reason* des in Schweden ansässigen Herstellers Propellerhead handelt es sich um eine kommerzielle Mehrspur-DAW, die schon lange nicht mehr ausschließlich auf MIDI setzt (so ist sie gestartet), sondern längst auch das Aufzeichnen von Audiodaten ermöglicht. Reason bietet eine Benutzeroberfläche, die intuitiv zu bedienen ist, weil es auf anschauliche Darstellung setzt und wenig »verkopft« daherkommt.

Das beste Beispiel für den Realismus, den die Hersteller dem Nutzer bieten wollen, ist die Verkabelung der Geräte untereinander (siehe Abbildung 27.4). Das intelligente Design verbindet eine realitätsnahe Darstellung und kinderleichte Usability. Wo andere

Hersteller mit verschachtelten Bus-Systemen aufwarten, um Geräte untereinander zu verbinden, lassen sich virtuelle Racks in Reason per Tastendruck quasi »rückseitig« bestaunen, sodass viele Verbindungen per virtueller Kabel gesteckt werden können – fertig! Gimmicks wie Kabelbaumeln machen das Ganze zu einer runden Sache, über die auch geschmunzelt werden darf. So schlicht und bedienfreundlich kann also Softwarebedienung sein.

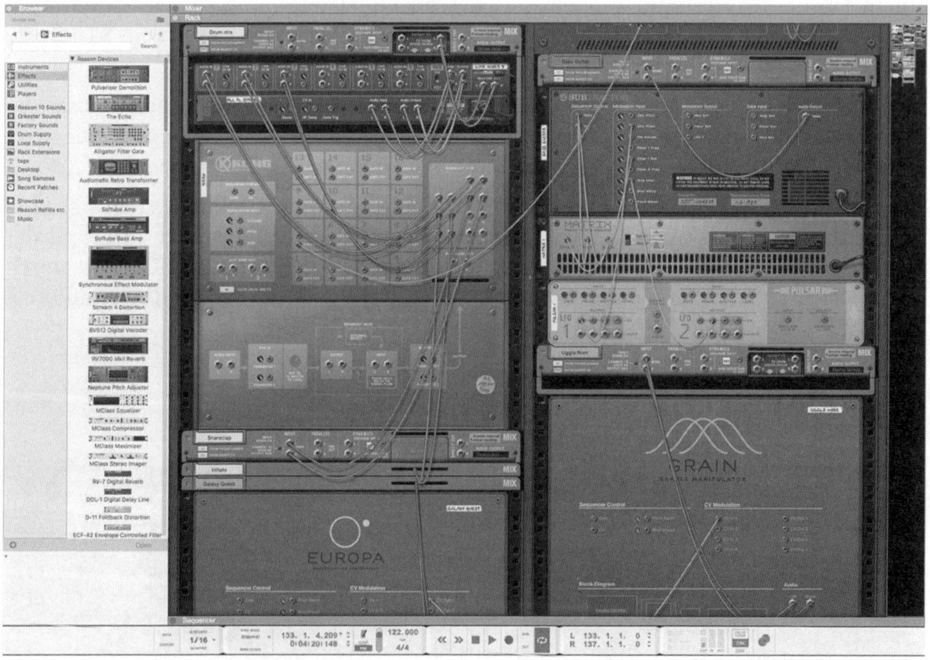

**Abb. 27.4:** Realismus meets Usability – intuitive Bedienung à la Reason

Dieses nutzerorientierte Konzept setzt sich in vielen Bereichen fort, sodass man auch als Neueinsteiger schnell einen Einstieg in Reason findet und aufgrund der mitgelieferten Instrumente und Soundbibliotheken im Handumdrehen Arrangements zaubert, die nur so vor zeitgemäßen Sounds und Mixerautomationen sprühen und funkeln.

Von Version zu Version werden kontinuierlich weitere virtuelle Instrumente und Effekte hinzugefügt. Hinsichtlich der Zuverlässigkeit der Software kann ich über keinerlei problematische Zwischenfälle berichten. Was umso erstaunlicher ist, wenn man bedenkt, dass Reason auch als Slave-Programm mit einem Studiohost (wie z. B. Cubase) laufen kann. Das heißt, Sie verbinden beide Programme über die virtuelle ReWire-Schnittstelle und fortan übernimmt Cubase nicht nur die Transportfunktionen von Reason. Vielmehr lassen sich die Ausgangskanäle von Reason auch auf separate Mixerkanäle in Cubase routen und dort im Mix wie herkömmliche Cubase-interne VSTi- oder Audiospuren bedienen, abmischen und automatisieren.

Zum Softwareumfang gehören neben verschiedenen Synthesizern und Samplern, die speziell für monofone, polyfone oder Percussion-Spielweise wie auch für Sample-Slices ausgerichtet sind, Masteringeffekte sowie ein hochwertig klingender interner Mixer, der den Sound einer legendären SSL-Studiokonsole emuliert. Um mehrere Kanäle zu bündeln oder aufzusplitten, gibt es sogenannte Merger- und Splitter-Elemente, die ein in anderen Softwarestudios aufwendiges Routing hier zum Kinderspiel machen. Die Effektsektion ist mit verschiedenen Hall- und Delaygeräten sowie Vocoder, virtuellen Gitarrenverstärkern usw. so gut ausgestattet, dass in Reason erstellte Arrangements mit extrem gutem Sound aus den Boxen tönen. Wem das nicht reicht, der kann die Software durch den Zukauf weiterer proprietärer Plug-ins erweitern oder auch via ReWire mit einem Host-Softwarestudio koppeln und dessen Effekt-Wege nutzen. Mit einem Routing der Reason-Kanäle »nach außen« ist es dann auch möglich, externe VST-Effekte eigener Wahl auf die Reason-Kanäle anzuwenden.

Im Lieferumfang enthalten sind bereits eine komplette Orchesterbibliothek und sämtliche Klänge, die man für den alltäglichen Homerecording-Bedarf benötigt, wie etwa unzählige Drumsamples, Chorsounds, Naturinstrumente und Synthesizer.

Als Fazit lässt sich festhalten, dass Reason sich aufgrund seiner tollen Usability sowohl für Neueinsteiger als auch für »alte Hasen« eignet. Dies nicht zuletzt aufgrund der Flexibilität der mitgelieferten Instrumente, seiner ReWire-Kompatibilität und durch seine positiv anzumerkende Detailverliebtheit (z. B. sind sämtliche Parameter automatisierbar).

## 27.4 Ableton Live

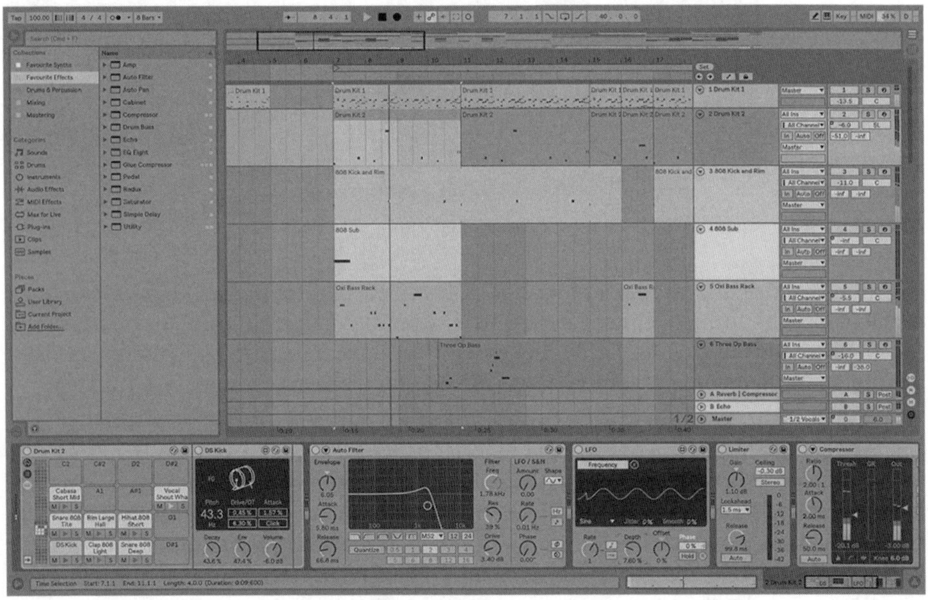

**Abb. 27.5:** DAW-Software als Bandmitglied – Ableton Live (Quelle: `www.ableton.com`)

Mit Live hat das Entwickler-Team von Ableton eine leistungsfähige Musikstudio-Software am Start. Sie zeichnet sich durch zahlreiche Möglichkeiten für Echtzeitbearbeitungen und Improvisation aus. Ableton Live eignet sich deshalb besonders für Soundtüftler, die Kreatives nicht mit technischen Spielereien ersticken möchten. Vielmehr lässt sich mit Live die Gunst des »Flows« nutzen, um spontane Ideen festzuhalten, eine Proberaumsession aufzuzeichnen oder sich auch einfach von der Magie des Augenblicks überraschen zu lassen.

In der Arrangement-Darstellung greift die DAW-Software die gängige Abbildungsweise anderer Softwarestudios auf. In der Session-Ansicht können Sie musikalische Phrasen und Blöcke jenseits zeitlicher Linearität sammeln und kreativ miteinander verbinden. So können Sie sich von gängigen Arrangement-Klischees lösen und einen neuen Blick auf Ihre musikalischen Ideen entwickeln.

Eine große Auswahl von virtuellen Synthesizern und Samplern ist im Paket gleich mit enthalten. Dadurch können Sie sofort mehre Hundert Drum-Kits und Tausende Sounds Loops zur Inspiration nutzen und in Ihren Homestudio-Produktionen einsetzen. Und auch zahlreiche Audio- und MIDI-Effekte sind enthalten, VST- und Audio-Units-Plug-ins von Drittanbietern können geladen werden. Programmierbare virtuelle Makro-Regler geben Ihnen die Chance, selbst zusammengestellte Instrumenten-Racks auf einfache Weise zu steuern. Über die zusätzliche Software *Max for Live* können Sie eigene Instrumente und virtuelle Schnittstellen für externe Controller erstellen. Dadurch ist Ableton Live eine der flexibelsten DAWs, die Sie heute installieren können.

## 27.5 Bitwig Studio

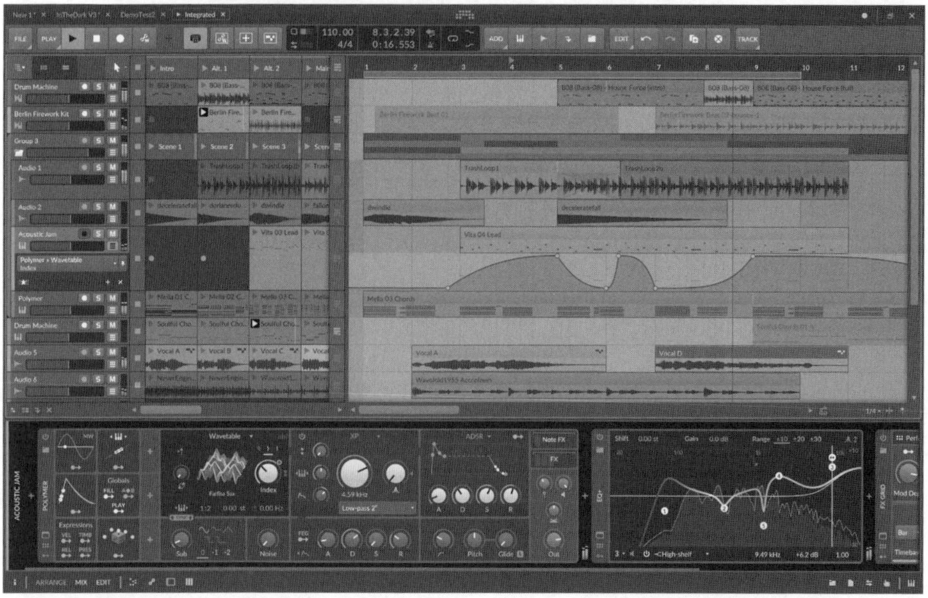

**Abb. 27.6:** Bitwig Studio – der Newcomer unter den DAWs (Quelle: `www.bitwig.com`)

Bei *Bitwig Studio* handelt es sich um eine noch junge DAW, die sich eng an das Konzept von Ableton Live anlehnt. Die Software eignet sich vor allem für EDM-Freunde, die Clip-basiert arbeiten.

Das Darstellungs-Konzept dieser DAW kommt (nicht nur) dem Arbeiten an kleinen Bildschirmen entgegen, wie beispielsweise auf Laptops. Eine Besonderheit von Bitwig sind seine sogenannten Modulatoren. Soll einem Sound etwas Leben eingehaucht werden, lassen sich auf diese Weise Modulations- und synthetische Sound-Effekte, wie LFOs einbringen. Ganz ähnlich wie beim Einsetzen separater Plugins. Fans analoger Hardware wird es gefallen, dass Bitwig in Verbindung mit einem Audio-Interface ihre Geräte (bspw. modulare Synthesizer) ansprechen kann, ohne dass eine zusätzliche Software benötigt wird. Dafür regelt es die erforderlichen CV-Steuerspannungen.

Als Anfänger sollten Sie sich etwas Zeit für die Einarbeitung nehmen. Als Semi-Profi werden Sie sich die Zeit nehmen müssen, um diese DAW in ihren Tiefen erkunden zu können. Über 8 GB an Content und eine stattliche Anzahl von an die 100 Audioeffekten, Plugins, Modulatoren usw. sprechen da für sich.

## 27.6 Samplitude

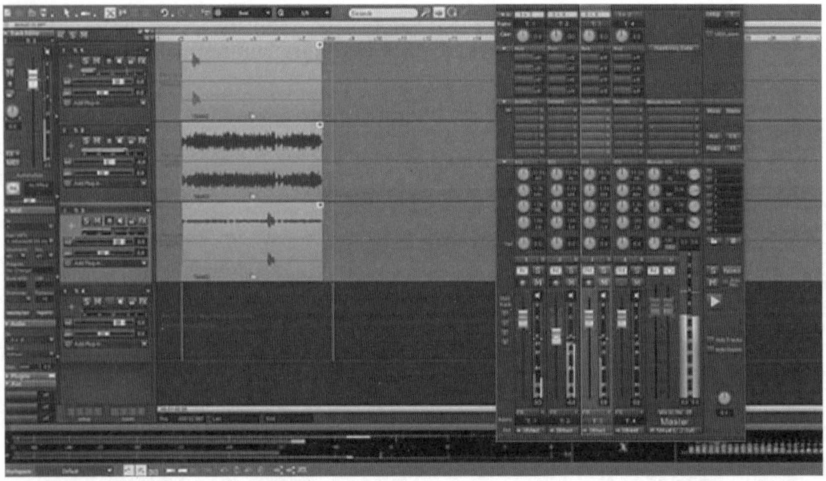

**Abb. 27.7:** Auf den ersten Blick ein reiner Audiosequenzer – Magix Samplitude (Quelle: `www.samplitude.com`)

*Samplitude ProX* ist ein umfassendes Paket für den (Home-)Recording-Bereich. Zwar ist es vergleichsweise schon recht kostspielig, bietet dafür aber viele Möglichkeiten und eine Benutzeroberfläche, die stark an das Highendtool Magix Seqouia erinnert. Eine »abgespeckte«, kleinere Variante ist leider nicht mehr erhältlich. Samplitude legt den Schwerpunkt auf Audio-Authoring, -Editing und -Mastering und das alles für den PC. Eine Mac-Version ist nicht erhältlich.

Zwar eignet sich die Benutzeroberfläche von Samplitude auch für Anfänger, die Einbindung und/oder das Nutzen einiger Funktionen sind aber eher etwas für fortgeschrittene Anwender. So erkennt man beispielsweise nicht unbedingt auf den ersten Blick, dass Samplitude auch die Möglichkeit zur Ansteuerung von MIDI-Instrumenten (ver)birgt. Die Stärke des Benutzerkonzepts von Samplitude liegt eindeutig in der Objektbezogenheit. Kein langes Wurschteln durch Menüs, stattdessen reicht ein

Rechtsklick und alle wichtigen Funktionen werden in einem Kontextmenü angezeigt. Dadurch wird der Workflow mit dem Programm schon nach kurzer Zeit recht fix und gute Ergebnisse lassen nicht lange auf sich warten.

Da Samplitude die Schritte Aufnahme, Bearbeitung, Mix, Media-Authoring und Mastering alle auf einer Oberfläche ausführen lässt, eignet es sich hervorragend, um von der Aufnahme bis zum Brennen von Red-Book-kompatiblen Audio-CDs fürs Presswerk tatsächlich ohne Zwischenstation (also direkt aus dem Samplitude-Arrangement) alle Arbeitsschritte abzudecken. Auch Samplitude bietet eine Pitch-Korrektur, die hier auf den Namen »Elastic Audio« hört. Die Software arbeitet dabei mit 32-Bit-Fließkomma-Technik und einer Arbeitsfrequenz von bis zu 384 kHz.

Auch die Limits sind hoch angesetzt, können Sie mit Samplitude (in der Ausführung *pro*) doch immerhin 999 Spuren nutzen. Da liegen die Grenzen beinahe nur bei der Leistungsfähigkeit Ihrer DAW. Eine tolle Sache im Bereich des Mixers von Samplitude ist dessen Flexibilität, denn Sie können den Signalfluss im Mixer auch innerhalb eines Kanalzugs abändern und variabel gestalten. Selbstverständlich können VST-2- und VST-3-Plug-ins verwendet und die Daten von VST-Instrumenten aufgezeichnet und bearbeitet werden.

Die Systemanforderungen sind gemessen daran eher mittelmäßig. Hersteller Magix empfiehlt etwa für den Masteringeinsatz von Samplitude ein DAW-Setup mit 1,5-GHz-Prozessor, 2 GB RAM bei 32-Bit-Systemen und 1 GB freien Festplattenplatz für die kleinste Installationsvariante.

Magix hat mit Samplitude einen vollwertigen Mehrkanalsequenzer am Start, der in erster Linie die Bearbeitung von Audiospuren zum Ziel hat. Wenn Sie also hauptsächlich Audioaufnahmen hochwertig arrangieren und mixen möchten, könnte Samplitude Ihre erste Wahl als Sequenzersoftware sein.

### Extratipp zum Kauf von Softwarestudios

Für Sie als Heimstudio-Anwender stellt sich auch die Frage nach dem Support. Erkundigen Sie sich vor dem Kauf eines teuren Softwarestudios auch nach den Bedingungen und Kosten für Updates und Hilfestellungen von Herstellerseite. Schauen Sie sich in den Anwenderforen um, um zu sehen, welche Stimmung vorherrscht und ob Sie sich in der jeweiligen Community wiederfinden. Denn bedenken Sie: Die Einarbeitung in eine komplexe Arbeitsumgebung erledigt sich nicht in ein paar Stunden.

Da kann es ganz entscheidend sein, dass Sie auf freundliche und kompetente Hilfe zurückgreifen können, damit Ihre Aufnahmen bis ins Detail gelingen. Und auch die Updatepolitik der Hersteller kann sich deutlich voneinander unterscheiden.

# Kapitel 28

# Audiobearbeitungsprogramme

Neben Sequenzerprogrammen für Audio- und MIDI-Daten kann es vorteilhaft sein, wenn Sie auch auf ein Audiobearbeitungsprogramm zurückgreifen können. Mit einem solchen können Sie Audiodateien in der Regel detaillierter bearbeiten als mit den Editoren einer Software, die in erster Linie als Audio-/MIDI-Sequenzer ausgerichtet ist. Nachfolgend finden Sie zu einigen gängigen Audiobearbeitungsprogrammen Beschreibungen. Darin erfahren Sie, welche speziellen Softwarefunktionen diesen Typus ausmachen. Wenn Sie die Leistungsspektren der Programme mit Ihrer bisherigen Arbeitsweise und/oder Ihren Recording-Wünschen vergleichen, werden Sie schnell feststellen, ob sich die Anschaffung einer solchen Editiersoftware für Sie lohnt. Und nicht zuletzt können Sie für den Anfang auch auf kostenlose Audiobearbeitungsprogramme zurückgreifen, wie etwa ...

## 28.1 Audacity

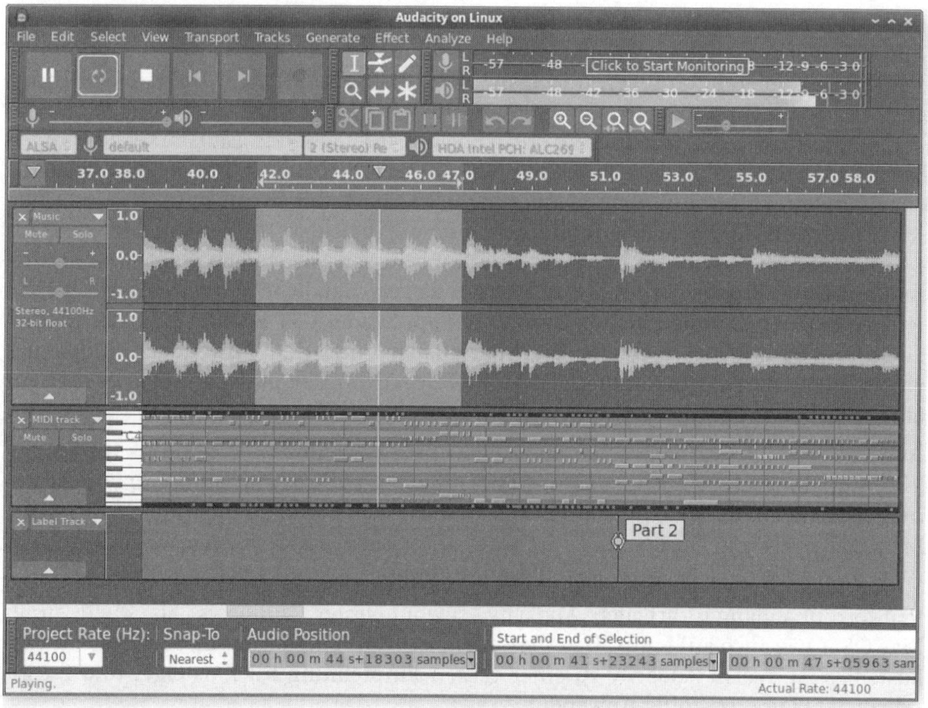


**Abb. 28.1:** Kostenlos, aber nicht umsonst – Audacity (Quelle: `www.audacityteam.org`)

Mit *Audacity* finden Sie unter `http://www.audacity.de` eine kostenlose Bearbeitungssoftware für Audiofiles, die Ihnen einen Einstieg in die Arbeit mit Audioeditoren bietet. Es handelt sich dabei um eine Freeware unter der GNU Public License. Das heißt, Sie können das Programm bedenkenlos benutzen, weitergeben und, falls Sie Programmierer sind, sogar den Quellcode weiterentwickeln. Die Software eignet sich aufgrund ihrer übersichtlichen Oberfläche und ihres Funktionsumfangs sowohl für Anfänger als auch für Fortgeschrittene. Im Herbst 1999 als Universitätsprojekt eines Einzelnen gestartet, haben mittlerweile insgesamt etwa 80 Entwickler, Übersetzer und Förderer ihren Teil dazu beigetragen, dass Audacity über die Jahre zu einer der begehrtesten Audio-Freewares geworden ist.

Die technischen Daten der Software zeigen schnell, dass Sie mit Audacity eine Freeware am Start haben, die hinsichtlich der Tonqualität auch gehobenen Homerecording-Ansprüchen genügt, da Aufnahmen in 24-Bit-Qualität und mit einer Samplefrequenz von maximal 192 kHz professionell umgesetzt werden können. Und auch die Umrechnung von Sampleraten und -formaten wird mit hochqualitativen Resampling- und Dithering-Werkzeugen vorgenommen. Bei Verwendung von unterschiedlichen Sampleraten und Audioformaten passt Audacity diese automatisch in Echtzeit an. Dabei spielt es keine Rolle, ob Sie live mit einem Mikrofon aufnehmen oder als Audioquelle ein Mischpult oder andere Geräte am Line-In anschließen. Sie möchten den Audioausgang Ihres Computers aufzeichnen? Das schaffen Sie in Audacity mit wenigen Clicks. Auch Trackbouncing (Ineinanderkopieren von Audiokanälen) wird geboten, ist aber bei der Leistungsfähigkeit der Software nicht unbedingt nötig, kann doch mit Multichannel-Soundkarten auf bis zu 16 Kanälen gleichzeitig aufgenommen werden.

Die Programmfunktionen sind vielfältig und decken alles Erforderliche ab, wofür ein Audio-Editor in der Regel benötigt wird. So können Sie mit Audacity etwa Audiotracks schneiden, kopieren, einfügen und (ganz oder) teilweise löschen. Dabei bietet Ihnen das Programm ein unbegrenztes Undo und Redo und hält sogar noch einige Schmankerl wie grafische Marker und ein Envelopetool für fließende Lautstärkeänderungen bereit. Auch das Ändern von Tonhöhen bei konstant bleibendem Tempo, die Änderung des Audiotempos ohne Tonhöhenänderung oder das Herausfiltern von Störgeräuschen wie Knacksern oder Rauschen sind mit Audacity machbar. Außerdem bietet es zur Bearbeitung von Audiofiles Equalizer und Kompressor, Funktionen wie Normalisation und mit Echo, Phaser, Wahwah und Reverse weitere nützliche Standardeffekte. Neben einigen eigenen Sample-Plug-ins ist mit dem optionalen VST Enabler auch das Einbinden von VST-Effekten möglich. Die Spezialisten unter den Anwendern finden mit einem Frequenzspektrogramm und dem Plot-Spectrum-Befehl sogar Möglichkeiten für eine eingehende Frequenzanalyse.

Audacity verfolgt zwar konsequent den Weg eines kostenlosen Programms für kostenlose Aufnahmen. Dennoch ist es mit ihm möglich, auch solche Audioformate zu im- und exportieren, die geschützt sind. Aus diesem Grund werden nicht nur WAV, AIFF, MP2, MP3, AU und OGG von der Software unterstützt, sondern auch WMA, AAC und AC3, sofern Sie die (ebenfalls kostenlosen) FFmpeg-Transcoder dafür nutzen.

Plattformunabhängig arbeitet Audacity sowohl unter Windows als auch unter Mac OS X wie auch auf Linux. Das alles, kombiniert mit dem Faktum, dass die Software kostenlos ist, macht Audacity zu einer echten Empfehlung für Einsteiger und fortgeschrittene Homerecording-Anwender.

## Praxistipps – Audacity

Hier einige Hinweise, die Ihnen den Einstieg in das Arbeiten mit Audacity einfacher gestalten sollen.

*Arbeitsumgebung einrichten*

Nachdem Sie das Programm installiert haben, rufen Sie es auf und sehen eine leere Arbeitsfläche vor sich. Öffnen Sie den Menüpunkt Bearbeiten|Einstellungen. Es öffnet sich der Dialog Audacity Einstellungen, in dem Sie die grundlegenden Verbindungen für die Kommunikation zwischen Soft- und Hardware festlegen. Sie finden hier folgende Bereiche:

- Audio E/A: Hier legen Sie fest, mit welcher Soundkarte oder welchem Eingang einer Multichannel-Hardware Sie Aufnahme und Wiedergabe durchführen möchten. Außerdem haben Sie die Möglichkeit, die Art des Monitorings zu bestimmen (*Playthrough*). Diese Einstellungen hängen von der konkreten Audiohardware-Ausstattung Ihrer DAW ab.
- Qualität: In diesem Bereich können Sie die Standardqualität für Aufnahmen festlegen. Ich empfehle Ihnen, die Samplingfrequenz auf mindestens 48 kHz zu erhöhen, sofern Sie über ausreichend Festplattenspeicherplatz verfügen.
- Dateiformate: Hinter dieser Registerkarte verstecken sich die Standardeinstellungen für den Import, die Verarbeitung und den Export von Audiodaten. In der Regel können Sie hier alle Einstellungen belassen.
- Spektrogramme: Über die Einstellungen der Spektrogramme bestimmen Sie die Genauigkeit der Darstellung. Üblicherweise geht die Vorgabe im oberen Teil in Ordnung und bedarf keiner Änderung. Die Maximalfrequenz können Sie jedoch bei Bedarf auf 20.000 Hz erhöhen, um tatsächlich das gesamte hörbare Frequenzspektrum zu beurteilen.
- Verzeichnisse: Die Registerkarte Verzeichnisse gibt Ihnen die Möglichkeit, ein anderes als das standardmäßig von der Software vorgegebene Verzeichnis *C:\Dokumente und Einstellungen\[Anwender]\Lokale Dateien\Temp* als Aufnahmeziel zu wählen. Weisen Sie hier unbedingt einen Zielordner zu, der sich auf einer Festplatte oder Partition befindet, auf der ausreichend Platz für die zu erstellenden Aufnahmen frei ist.
- Interface: In der Interface-Sektion können Sie einzelne Darstellungsfunktionen von Audacity aktivieren/deaktivieren, das Programmverhalten beeinflussen und den Anzeigebereich festlegen. Hier empfehle ich Ihnen die Aktivierung der Funktion Schnittlinien aktivieren für ein übersichtlicheres Arbeiten für den Fall, dass Sie Aufnahmen häufiger schneiden möchten.
- Batch: Hier nehmen Sie Änderungen für den Export von Audio- nach MP3-Dateien vor. Diese Einstellungen sind nur etwas für die MP3-Experten unter Ihnen.
- Tastatur: Dies ist ein besonders hilfreicher Teil des Einstellungen-Dialogs, weil Sie an dieser Stelle Tastaturkürzel und -kombinationen für häufig verwendete Funktionen festlegen, speichern und aufrufen können. Mein Rat: Machen Sie Gebrauch davon! Ihr Workflow wird sich eindeutig verbessern.

- Maus: Der Bereich Maus lässt zwar keinerlei Änderungen zu, gibt Ihnen aber Auskunft über die durch das Mausverhalten beeinflussten Änderungen in verschiedenen Arbeitssituationen. Diese Registerkarte kann Ihnen Informationen über so manche »versteckte« Funktion der Arbeit mit der Maus geben. Schauen Sie sie sich genau an. Vielleicht entdecken Sie eine Funktion, die Sie vermisst oder sonst auf umständlichere Weise umgesetzt haben.

*Audio aufnehmen*

Nachdem Sie die Software eingerichtet haben, können Sie kinderleicht eine erste Aufnahme anlegen. Wenn Sie den Aufnahmeknopf drücken, legt Audacity automatisch die erste Audiospur an und zeigt Ihnen die Darstellung der dadurch entstehenden WAVE-Datei in Echtzeit an. Mit jedem weiteren Mal, das Sie die Aufnahmetaste drücken, wird eine neue Spur angelegt. Auf einer bereits bestehenden Spur kann allerdings nicht mehr aufgenommen werden. Hier heißt es deshalb, durch geschicktes Hin- und Herkopieren des Nutzmaterials zwischen den Spuren Platz und Übersicht verschaffen.

*Audio bearbeiten*

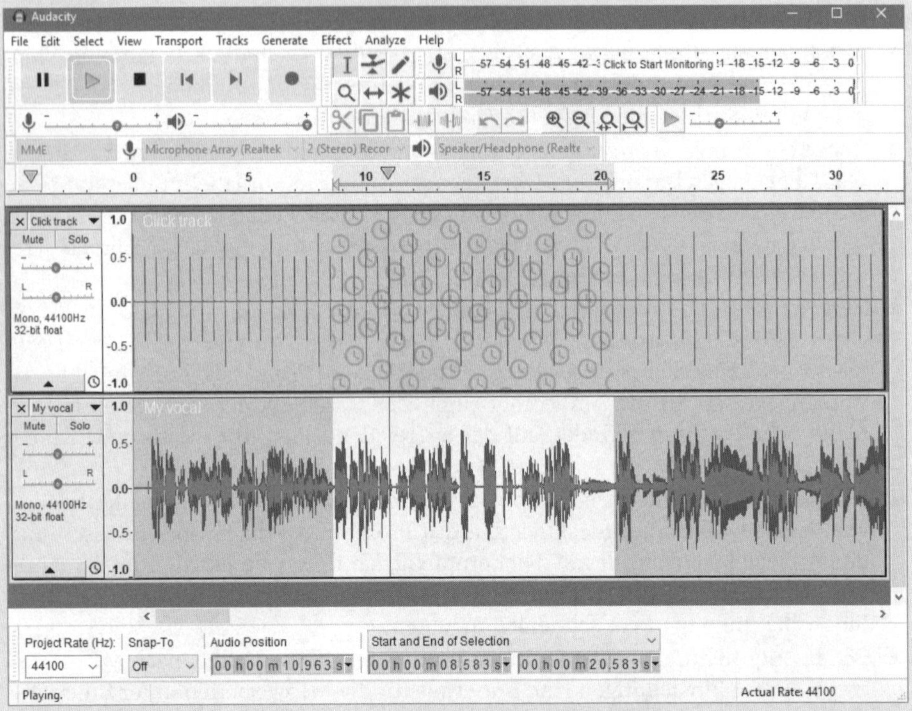


**Abb. 28.2:** Idiotensicher! – Audiodateien editieren mit Audacity (Quelle: `audacityteam.org`)

Vergrößern Sie zunächst die zu bearbeitende Spur oder auch Spuren per Maus oder über die Menüauswahl Ansicht|Tonspuren vertikal einpassen. Die Tastenkombination Strg + ⇧ + F führt zu demselben Ziel. Auf diese Weise sehen Sie klar und deutlich, wie sich die Veränderungen der Bearbeitungsschritte auf die Datei auswirken.

Um eine Audioauswahl zu bearbeiten, müssen Sie nun den gewünschten Bereich mit der Maus markieren. Durch die Markierung wird das Ausgrauen der Menüeinträge *Effekt, Analyse* und *Bearbeiten* aufgehoben, sodass Sie sie auswählen und die gewünschten Bearbeitungsschritte ausführen können. Wollen Sie eine komplette Spur bearbeiten, müssen Sie dementsprechend die gesamten sich darauf befindenden Daten markieren. (Achtung, Falle! Zoomen Sie vorher so weit heraus, dass dem Bearbeitungsschritt in diesem Fall nichts entgeht.)

*Audio exportieren*

Da ein tatsächliches Abspeichern ausschließlich als Audacity-Projekt im eigenen Dateiformat möglich ist, wird (korrekterweise) selbst das Abspeichern einer einzelnen WAVE-Spur bereits als *Exportieren* bezeichnet. Dies geschieht einfach per Knopfdruck. Der Export im MP3-Format setzt voraus, dass Sie über einen zusätzlichen MP3-Encoder verfügen, nach dem Audacity allerdings nicht selbsttätig sucht. Deshalb empfehle ich Ihnen, beim erstmaligen Aufrufen des MP3-Exports per externer Suchfunktion (unter Windows z. B. über den Explorer) den richtigen Zielordner ausfindig zu machen und den auf diese Weise gefundenen Pfad im *Audacity*-Dialog nachzuverfolgen.

## 28.2 Steinberg WaveLab

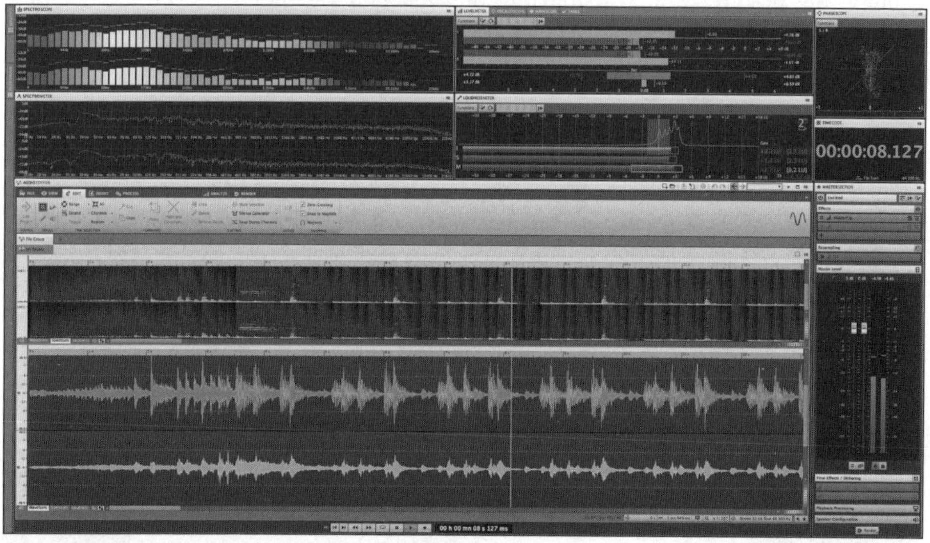


**Abb. 28.3:** Profi-Tool für Audiobearbeitung und Mastering – Steinberg WaveLab (Quelle: `www.steinberg.net`)

Mit *WaveLab* bietet Hersteller Steinberg eine Softwarelösung zum Aufnehmen, Editieren und einfachen Arrangieren von Audiomaterial an, die Anfängern einen leichten Einstieg in die Welt der Audiobearbeitung bietet und eine gute Ergänzung zu Cubase darstellt. Und der Effekt- und Masteringbereich lässt auch bei fortgeschrittenen Anwendern kaum Wünsche offen. So lassen sich mit WaveLab beispielsweise komfortabel Samplebänke zur Verwendung in Samplern anlegen.

Hierfür ist es natürlich vorteilhaft, dass das Editieren der Audiodateien samplegenau erfolgen kann. Auch die Fähigkeit zum Surround-Sound ist hier Standard. Die übrigen technischen Daten sprechen ebenfalls für sich. So werden etwa mit WAV, AIFF, AU, MP3, MP2, RAW, Windows Media 9 usw. alle gängigen Audioformate importiert und exportiert und darüber hinaus eine Bearbeitungsqualität geboten, die richtungsweisend ist: Bei einer Bittiefe von 64 Bit (Fließkommaauflösung) kann mit einer Samplingfrequenz von bis zu 384 kHz (!) gearbeitet werden. Das ermöglicht den erstklassigen Einsatz hochqualitativer digitaler Bearbeitungen.

Neben der Möglichkeit zur mehrspurigen Montage mehrerer Audioaufnahmen bietet WaveLab ein Red-Book-kompatibles CD-Mastering und DVD-Audio-Authoring mit DDP-Export sowie zahlreiche Analysetools (Spektrogramm, Frequenzanalyse etc.) und selbstverständlich Echtzeit-Metering. Enthalten sind bereits hochwertige EQs, Dynamikbearbeitungen und Effekte. VST-Plug-ins können problemlos eingebunden werden und die Software auf diese Weise sinnvoll erweitern. Auch im Bereich Audiorestauration macht WaveLab mit einfach zu bedienenden Tools eine gute Figur.

WaveLab ist für den PC erhältlich, wobei der Hersteller eine DAW mit 8 GB RAM und 4 GB freiem Festplattenplatz empfiehlt. Außerdem sollte es sich beim Prozessor schon um einen Intel oder AMD mit Multi Core und Windows 7 oder einen Mac mit OS X ab Version 10.11 handeln.

Nicht nur als erweiterter Audioeditor, den Sie sich zusätzlich zu einem Studiosequenzer anschaffen, ist WaveLab hilfreich. Vielmehr bietet WaveLab eine kraftvolle Masteringumgebung, die in ihrer Studioausführung die üblichen Dateigrenzen von 2 GB Größe sprengt. Einsteiger wie auch Fortgeschrittene finden in WaveLab ein zuverlässiges Tool, mit dem sie ihre Audioaufnahmen im Handumdrehen verfeinern und veredeln können.

## 28.3 Celemony Melodyne

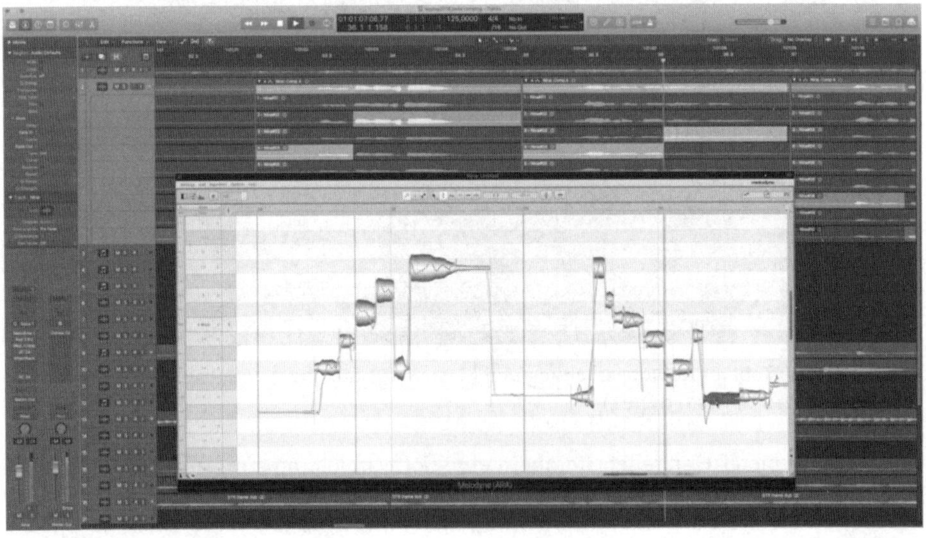

**Abb. 28.4:** Celemony Melodyne bietet softwaregestützte Intonation wie aus dem Lehrbuch – hier integriert in Apple Logic Pro (Quelle: www.celemony.com)

Die Tonhöhenänderung von Audiomaterial ist nicht so unkompliziert, wie es auf den ersten Blick erscheint. Einfach »herunterpitchen« und fertig – ganz so leicht ist es nicht. Wenn Sie diesen Versuch vor einigen Jahren mit gebräuchlicher Software unternommen haben, wird Ihnen das Ergebnis nicht unbedingt geschmeckt haben. Moderne Software, die sich der Veränderung von Tonhöhen widmet, arbeitet mit einer formantbezogenen Neuberechnung des Audiomaterials und lässt eine menschliche Stimme, z. B. die Gesangspassage einer Sängerin, auch nach der Tonhöhenbearbeitung noch wie die Stimme dieser Sängerin klingen.

Ein Programm, das sich gänzlich dieser Arbeit verschrieben hat, ist *Melodyne* des deutschen Herstellers Celemony. Melodyne ermöglicht es Ihnen nicht nur, die Aufnahmen von Instrumenten und Stimmen zu analysieren und schlicht zu korrigieren. Vielmehr können Sie auch Slices erkennen lassen und mithilfe dieser einzelnen Bruchstücke z. B. völlig neue melodische Phrasen erzeugen. Da Melodyne einen eingebauten mehrspurigen Audiosequenzer enthält, lassen sich diese neu erzeugten Stimmen dann separat zur Ursprungsstimme des Instruments oder Sängers mischen. Auf diese Weise können Sie aus der Aufnahme einer einzigen Audiospur von Background-Vocals einen kompletten mehrstimmigen Satzgesang erzeugen. Durch das *Melodyne Plugin* können Sie Melodyne auch in einem Sequenzerhost wie Cubase nutzen und einzelne Audiokanäle des Hosts auf separate Spuren von Melodyne routen, um diese dort in Sachen Tonhöhe und rhythmischer Beschaffenheit zu bearbeiten und zum Abhören wiederum an den Host zurückzusenden.

Für all diese Korrekturen ist allerdings ein wenig Know-how erforderlich, das Ihnen Celemony jedoch mit der Hilfedatei der Software zur Verfügung stellt. Anfängern sei als Einstieg die Programmversion *Essential* empfohlen. Bereits mit wenigen Klicks ist Ihre Audiobearbeitung dabei von Erfolg gekrönt, denn auch diese Programmversion bietet Ihnen Makros, mit denen Sie automatisch Tonhöhen- und Timingprobleme beheben können.

Die empfohlenen Systemanforderungen reichen von 4 GB (RAM), über eine Dual Core CPU und Windows 7 bzw. MacOS 10.6.8 sowie einem vorhandenem iLok-Dongle, um in den Genuss der Audiobearbeitung durch Melodyne zu kommen.

In den Programmversionen Melodyne Editor und Studio hält Melodyne mit *DNA (Direct Note Access)* ein besonderes »Schmankerl« bereit: Mit diesem Software-Tool können Sie nicht nur die Tonhöhen einer einstimmigen Passage verändern. Vielmehr können Sie auch polyfones Material bearbeiten und einzelne Töne darin, wie von Zauberhand, in ihrer zeitlichen und tonalen Position verändern.

**Destruktiv vs. non-destruktiv**

Bei einer *destruktiven* Bearbeitung von Audiodateien werden die vorgenommenen Bearbeitungsschritte bei ihrer Ausführung in die Datei eingerechnet. Ein Undo ist damit in den seltensten Fällen möglich (und wenn, dann nur in sehr begrenztem Umfang). Eine *non-destruktive Audiobearbeitung* ermöglicht hingegen etliche Undo-Schritte. Je nach Arbeitsweise der Software kann eine non-destruktive Audiobearbeitung jedoch ressourcenintensiv sein. Wenn Sie bis zum Schluss (Mix/Mastering) die volle Kontrolle über Ihre Audiodaten behalten wollen, ist aus den vorgenannten Gründen die non-destruktive einer destruktiven Bearbeitung vorzuziehen.

Kapitel 29

# Software-Protokolle und -schnittstellen

Eine Vielzahl von Begriffen und Abkürzungen kommt Ihnen entgegen, wenn Sie mit Audiosoftware arbeiten: ASIO, Audio Unit, VST, VSTi, ReWire, SMPTE und so weiter und so fort – da diese zumeist wie selbstverständlich gebraucht und selten erläutert werden, gebe ich Ihnen hier Kurzbeschreibungen mit auf den Weg, mit denen Sie diese Begriffe und Abkürzungen verstehen und unterscheiden können.

## 29.1 ASIO

Hierbei handelt es sich um eine Treiberschnittstelle, die 1996 von der Firma Steinberg entwickelt wurde. *ASIO* steht für *Audio-Stream-Input/Output*. Durch einen schnellen Audiodatenfluss in die DAW und aus dieser heraus sorgt ASIO für äußerst geringe Latenzen der Audiohardware. Voraussetzung hierfür ist, dass der Hersteller spezielle ASIO-Treiber anbietet. Der besondere Unterschied gegenüber DirectX liegt darin, dass Sie mit ASIO mit mehr Kanälen als lediglich einem Stereopaar arbeiten können (z. B. 10 In/10 Out). Beim Kauf einer Homestudio-Software ist es sinnvoll, darauf zu achten, dass sie über eine ASIO-Anbindung verfügt.

Sollten Sie nicht über eine ASIO-fähige Hardware verfügen, können Sie in vielen Fällen Ihrer ansonsten nur für WDM-treiberfähigen Hardware mit dem Freewaretool *ASIO4ALL* Beine machen. Sie finden es unter der URL `http://www.asio4all.com`.

**Hinweis**

An dieser Stelle möchte ich Sie darauf hinweisen, dass Sie für Ihre Audiohardware stets die vom Hersteller angebotenen oder empfohlenen ASIO-Treiber (s. u.) verwenden sollten, um die bestmögliche Performance und Klangqualität zu erzielen.

## 29.2 VST

Die Abkürzung *VST* steht für *Virtual Studio Technology* und bezeichnet eine zum Standard der Plug-in-Einbindung gewordene Softwareschnittstelle der Hamburger Firma Steinberg. Die Schnittstelle vermittelt zwischen dem Sequenzerprogramm (Host) und von ihm abhängigen Instrumenten und/oder Effekten, die als separate Plug-ins geöffnet werden können. Erstere werden auch als *VSTi* bezeichnet (*VST Instruments*), um die Grundlage ihres Datenaustauschs mit dem Hostprogramm anzuzeigen. Hunderte offizieller Plug-ins sind erhältlich, die durch ihre Möglichkeit der VST-Anbindung alle auch in verschiedenen Hostanwendungen (Cubase, Sonar etc.) genutzt werden können.

Dieser Standard wird fortlaufend weiterentwickelt. Deshalb ist es nicht verwunderlich, dass Plug-ins in verschiedenen VST-Versionen erhältlich sind. Worin aber liegen die Unterschiede? Gegenüber VST2-Plug-ins arbeiten VST3-Plug-ins nur dann, wenn tatsächlich ein Audiosignal an ihrem Eingang anliegt. Außerdem bieten VST3-Plug-ins standardmäßig die Möglichkeit zur 64-Bit-Bearbeitung, Side Chaining und eine präzisere Automation, intelligentes Management von Ein- und Ausgangsbussen sowie eine bessere Anbindung an Remote-Controller und skalierbare *GUIs* (GUI = Graphical User Interface / Bedienoberfläche).

## 29.3 ReWire

Während mit der VST-Schnittstelle ein Hostprogramm mit Plug-ins versehen wird, werden über die Softwareschnittstelle *ReWire* MIDI- und Audiodaten von einem Programm synchron in einem anderen genutzt. Auch hierbei fungiert eines der Programme als Hostanwendung und greift auf die Datenströme des weiteren, untergeordneten ReWire-Programms zu. Auf diese Weise lassen sich beispielsweise Programme wie Cubase und Reason miteinander kombinieren/synchronisieren und gemeinsam in einer Produktion nutzen.

## 29.4 VST System Link

Mit der von der Firma Steinberg 2002 eingeführten Technologie *VST System Link* (*VSL*) können zwei Rechner zu einer »großen« DAW verbunden werden. Dabei wird auf ein digitales Audiokabel zurückgegriffen und die beiden Geräte samplegenau miteinander synchronisiert. Die Synchronisation wird über ein Bit des Audiodatenstroms realisiert. Aufwendige virtuelle Effekte und berechnungsintensive Masteringvorgänge können somit beschleunigt werden. So ist etwa denkbar, ein System Link aus zwei Rechnern aufzubauen, deren Aufgaben wie folgt verteilt sind:

- PC 1: Sequenzersoftware (für Audio-/MIDI-Aufnahme und -Wiedergabe)
- PC 2: virtuelle Instrumente (Sampler, Synthesizer etc.) und Effekte

Die Entwicklung von VST System Link ist ein Beweis dafür, dass die Softwareentwicklung im Bereich Audio derjenigen der Hardware um einiges voraus war. Heutzutage sind PCs in der Regel so leistungsfähig, dass sie weitaus stärker belastet werden können, bis sie an ihre Leistungsgrenzen stoßen. Für Hardcore-Anwender kann es sich dennoch lohnen, auf diese Technik einen Blick zu werfen.

## 29.5 VST Connect

Bei *VST Connect* handelt es sich dagegen um eine Schnittstelle, die die Zusammenarbeit von Musikern via Internet ermöglicht. Dabei können nicht nur aufzuzeichnende Audiospuren, sondern zeitgleich praktischerweise auch ein Videostream mit dem Host-Computer synchronisiert werden. Somit müssen Produzent und Musiker sich nicht mehr zwangsläufig am selben Ort befinden, um gemeinsam Aufnahmen zu machen.

Diese vom Hersteller Steinberg entwickelte Kollaborationstechnik wird beispielsweise in den verschiedenen Cubase-Versionen in unterschiedlich komplexen Varianten angeboten, die von einfachen Aufnahme- und Kommunikationsmöglichkeiten bis hin zur Übertragung verschlüsselter Mehrspuraufnahmen reichen.

## 29.6 Synchronisation – SMPTE-Timecode

Die Abkürzung *SMPTE* steht für *Society of Motion Picture and Television Engineers*, wird aber in der Praxis synonym für den von ihr 1967 entwickelten und nach ihr benannten *Timecode* verwendet. Der SMPTE-Timecode schafft eine Grundlage zur Synchronisation von Audio- und Video-Equipment verschiedener Hersteller. Ohne diese absolute Zeitangabe wären Synchronisationen (also das aufeinander bezogene Aufnehmen/Abspielen) von Film- und Audiomaterial zu jener Zeit nur näherungsweise möglich gewesen. Auch heute werden viele professionelle Geräte nach wie vor mittels SMPTE-Timecode synchronisiert. Dabei bezeichnen die acht Ziffern des Timecodes mit je zwei Ziffern die Laufzeit des Audio-/Videomaterials in den Einheiten Stunden, Minuten, Sekunden und Frames (hh:mm:ss:ff).

Wie bei den anderen oben beschriebenen Synchronisationsmöglichkeiten, so gibt es auch für die SMPTE-Synchronisation einen Host. Im Unterschied zu den anderen fungiert dieser Master jedoch als Taktgeber, der Slave als Taktnehmer, wobei die Signalübertragung per Cinchkabel stattfindet.

Kapitel 30

# Software-Plug-ins

Der Vorteil des computergestützten Arbeitens liegt beim Homerecording nicht nur in der Benutzung der oben schon beschriebenen eigenständigen Programme. Vor allem durch eine Vielzahl von kleinen Helferprogrammen, die von einer Hostanwendung (zumeist ein Sequenzerprogramm) angesteuert werden, sind etliche virtuelle Instrumente und Effekte nutzbar. Und deren Vorteile sind wiederum vielfältig. Nicht nur, dass die Plugins in der Anschaffung wesentlich günstiger zu erstehen sind als deren »gegenständliche« Pendants, auch die Platzersparnis im (zumeist knapp bemessenen) Homerecording-Raum ist nicht zu unterschätzen. Ein wesentlicher Vorteil der meisten Plug-ins ist jedoch ihre einfache Programmier- und Automatisierbarkeit, durch die auch in kleine Heimstudio-Produktionen eine Menge Bewegung gebracht werden kann.

So fantastisch diese Vorteile jedoch erscheinen, sollten Sie stets im Hinterkopf behalten, dass es sich bei *Software-Plug-ins* (vor allem im Bereich der Effekt-Plug-ins) lediglich um Programme handelt, die physikalische Vorgänge berechnen. Und hier liegt auch schon der Nachteil der Software gegenüber analogem Equipment. Am Beispiel des Klangs hochwertiger analoger Klangfilter wird schnell klar, wo die Grenzen der Software liegen. Da es sich bei digitalen Filtern um endliche Berechnungen von langen abgebrochenen Reihenausdrücken handelt, können diese niemals die gleiche Qualität aufweisen wie ihre analogen Gegenüber. Schließlich muss eine Software an irgendeiner Stelle ihre Berechnungen einstellen, damit die berechnete Klangänderung weitergegeben und ausgegeben werden kann, während diese Einschränkungen für analoge Filter selbstverständlich nicht gelten. Sie sollten also auch die Grenzen Ihres Equipments kennen. Ein Homestudio kann sicher fantastische Ergebnisse bringen – mit dem Top-Equipment eines Profistudios wird es dennoch nicht mithalten können.

## 30.1 Synthesizer

Aufgrund ihrer synthetischen Klangerzeugung eignen sich *Synthesizer* natürlich hervorragend, um als Plug-in realisiert zu werden. Die in der Einleitung zu diesem Unterkapitel erwähnten Einschränkungen betreffen lediglich die Filtersektion gegenüber ihren analogen Vorbildern, sofern diese mit analogen Filtern arbeiten. Beinahe jedes als Klassiker geltende Gerät, das Sie aus dem Bereich Synthesizer kennen, wurde bereits in der einen oder anderen Softwareversion veröffentlicht. Aber auch komplette Orchester können synthetisch nachgebildet werden, wie Sie im Weiteren erfahren werden. Nachfolgend finden Sie ein paar neuere Softwareprodukte aus dem Bereich der Synthesizer-Plug-ins.

Denn wie bereits erwähnt, eignen sich Hardwaresynthesizer hervorragend dazu, als Software-Plug-ins simuliert zu werden. Nichtsdestotrotz gibt es eine wachsende Anzahl virtueller Synthesizer, die ihrerseits selbst bereits als Klassiker gelten. Das Tolle daran ist, dass Einsteiger dabei eher selten Hunderte von Euros zahlen müssen, um in den Genuss dieser Studio-Standards zu kommen.

So sind etwa im Bereich der EDM-Produktionen (EDM = Electronic Dance Music) seit einigen Jahren Synth-VSTis angesagt, die es zweifellos mit ausgewachsenen Hardware-Geräten aufnehmen können.

### 30.1.1 LennarDigital Sylenth1

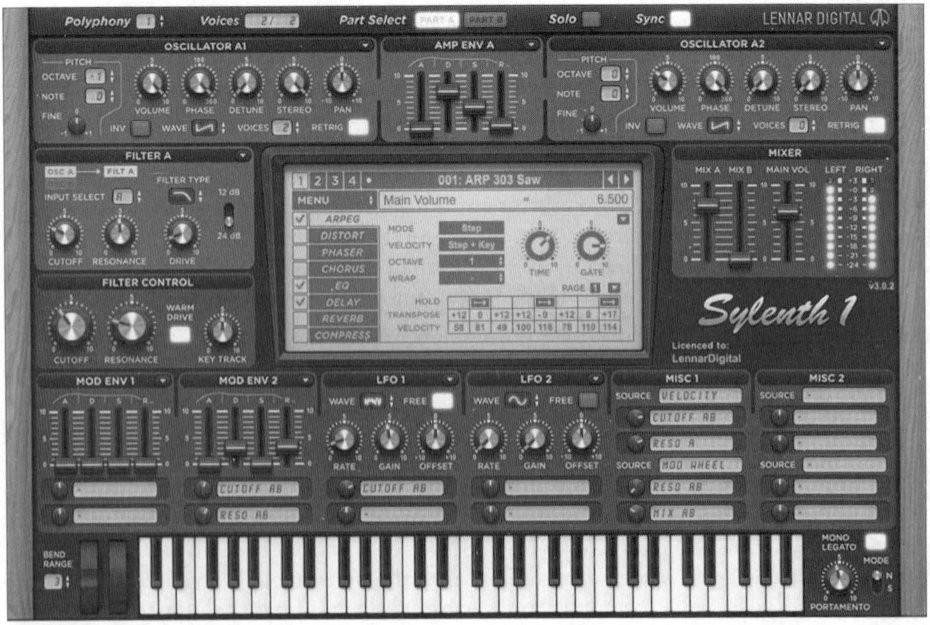


**Abb. 30.1:** Schon lange kein Geheim-Tipp mehr – Sylenth1 von LennarDigital (Quelle: www.lennardigital.com)

*Sylenth1* vom niederländischen Entwickler LennarDigital bietet für einen bezahlbaren Preis beinahe alles, was der Fan elektronischer Tanzmusik sich heute wünscht.

So ermöglicht Sylenth1 bei erfreulich geringer CPU-Belastung beispielsweise den Einsatz von vier Klang erzeugenden Oszillatoren, die mit je bis zu acht Stereo-Stimmen aufwarten können. Mitsamt seiner polyfonen Klangerzeugung kommt der Software-Synth so auf über 500 Stimmen (!), die mit nur einer Instanz gleichzeitig erklingen können. Dadurch wird der Sound dieses VSTi bei Bedarf wunderbar »voll« und »fett«. Außerdem kann der Klang von *Sylenth1* aus genau diesen Gründen außerordentlich warm und zugleich transparent sein, sodass er auch höchsten Ansprüchen genügt. Neben Filtern im Analog-Style und einer Modulationssektion ist auch ein FX-Bereich enthalten. Er ermöglicht nicht nur den Einsatz von Effekten wie Phaser/Flanger, EQ, Delay, Reverb und Kompressor, sondern beinhaltet auch einen Arpeggiator. Zahlreiche Presets sind enthalten, etliche weitere werden von verschiedenen Dritt-Firmen angeboten und machen Sylenth1 zu einer instrumentalen Geheimwaffe, die stets ausbaufähig bleibt.

Wer das Synthesizer-Plug-in testen möchte, bekommt dazu unter `www.lennardigital.com` die Gelegenheit. Hierfür reicht bereits ein Intel Pentium III, AMD XP oder ein beliebiger Intel-Mac ohne PowerPC-Chip aus.

### 30.1.2 Reveal Sound Spire

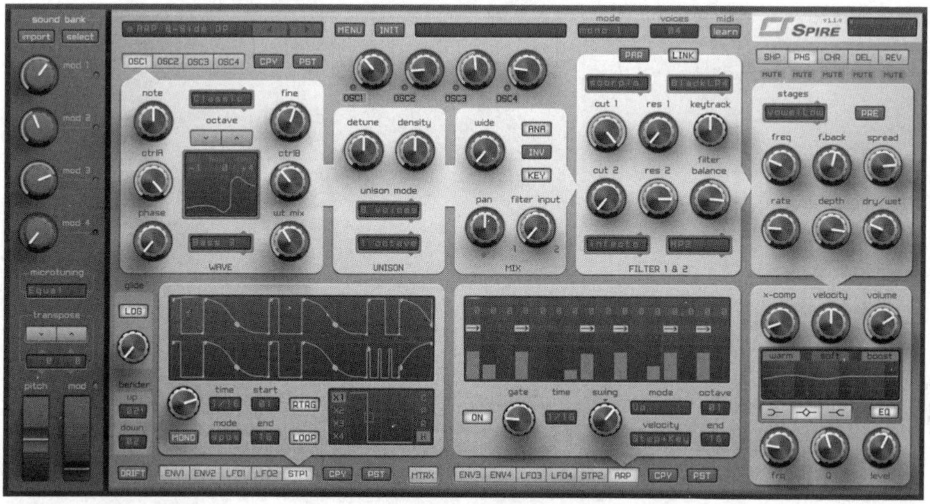

**Abb. 30.2:** Ein in jeder Hinsicht zeitgemäßer Soft-Synth – Reveal Sound Spire (Quelle: `www.reveal-sound.com`)

Ein neuerer Stern am Software-Synth-Himmel ist *Spire* von Reveal Sound. Zahlreiche bekannte EDM-Producer nutzen dieses leicht zu bedienende und fantastisch klingende VSTi bereits. Auch hier dienen ganze vier Oszillatoren als Klangerzeuger, eine Filtersektion und eine große Auswahl an Modulationsfunktionen sorgen für Bewegung im Sound. Eine Routing-Matrix ermöglicht es mir als Anwender, Einfluss auf den Signalfluss innerhalb des Plug-ins zu nehmen – das ist vorbildlich. Selbstverständlich darf auch bei *Spire* eine Effektsektion nicht fehlen. Sie umfasst EQ, Phaser, Chorus/Flanger, Delay und Reverb. Und auch dieser Soft-Synth hat eine Arpeggiator-Funktion mit an Bord.

Ein weiterer Pluspunkt ist die Bedienfreundlichkeit des Plug-ins: Ein umfangreicher Preset-Manager, eine MIDI-Lernfunktion zum einfachen Anbinden externer Controller und ein selbsterläuterndes GUI-Layout machen Spire zu einem übersichtlich und leicht zu bedienenden Klang-Spielzeug.

Monatlich erscheinen Dutzende von Preset-Packs für Spire, die das Klangspektrum dieses VSTi-Synths ausloten und für aktuellen Nachschub sorgen, falls der Anwender nicht selbst ausgewiesener Soundtüftler ist. Eine Demoversion steht unter `www.reveal-sound.com` bereit. Um Spire einsetzen zu können, genügt bereits ein Intel-Pentium-4-Prozessor.

### 30.1.3 NI Massive

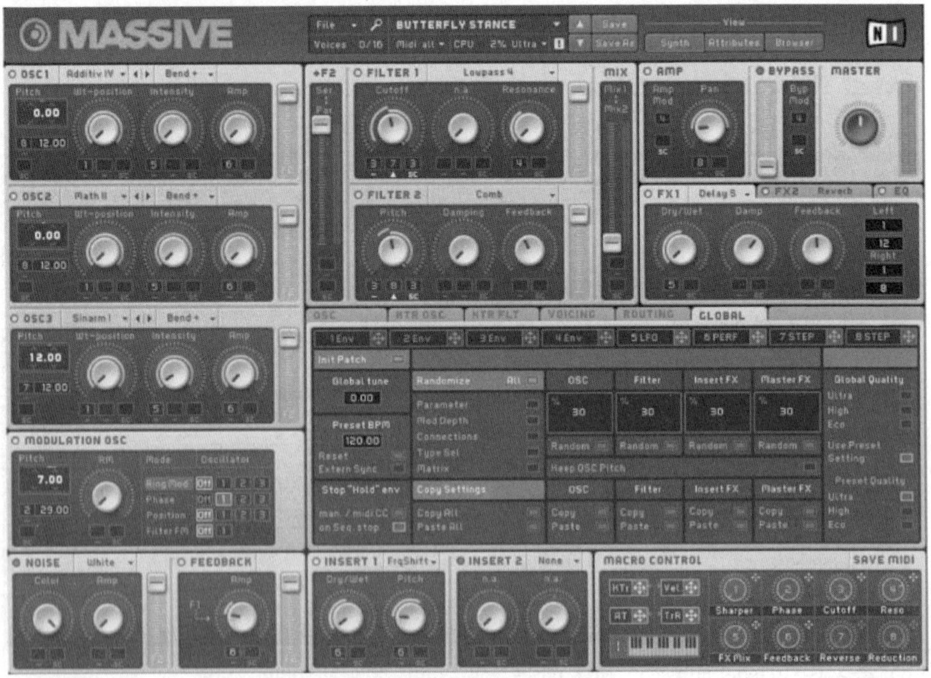


**Abb. 30.3:** Klangmonster – NI Massive (Quelle: `www.native-instruments.com`)

Mit *Massive* bietet Native Instruments (NI) ein Wunschlos-glücklich-Paket moderner synthetischer Klangerzeugung. Ganz gleich, ob Sie Massive zur für flächige Pad-Sounds oder wummernde Basslinien verwenden möchten, hier ist alles drin.

Drei Oszillatoren bewirken den massiven Klang von Massive. Sie können Insert-Effekte an verschiedenen Punkten des Signalflusses einsetzen und so den Sound noch interessanter gestalten. Und selbstverständlich darf auch hier die obligatorische Modulationssektion nicht fehlen. Besonders praktisch: Über sogenannte Macro Controls können Sie die wichtigsten Parameter eines Sounds steuern. Deshalb müssen Sie kein Synthesizer-Experte sein, um *Massive* im Handumdrehen bedienen zu können.

Rund 1.300 vorgefertigte Sound-Presets sprechen hier eine deutliche Sprache. Die Verwaltung der Klänge ist voll kompatibel zur Native-Instruments-Soundverwaltung Kore, mit deren Hilfe Sie auch in umfangreichen Soundbibliotheken den passenden Sound zu einer Musikrichtung, Stimmung oder Klangfarbe schnell und problemlos durch den Einsatz von Suchbegriff-Filtern finden können. Durch die integrierten Effekt-Sektionen. 85 Wavetables zur Klangformung, diverse Hüllkurven-Funktionen, einen eingebauten Step-Sequenzer und übersichtliche Parameter-Regelungen wird Massive zu einem Sound-Tool, das sowohl anspruchsvolle Klangtüfteleien bewerkstelligen, als auch Soundergebnisse auf die Schnelle liefern kann.

Das VSTi kann als Standalone-Version oder über die Softwareschnittstellen Audio Units, VST, RTAS, Core Audio, WASAPI und AAX Native angesteuert werden. Unterstützt werden sowohl PCs als auch Macs. Die Systemanforderungen sind gemessen an den klanglichen Möglichkeiten eher gering. Die Empfehlung des Herstellers liegt mit Windows 7 bzw. mindestens OS X 10.11 für Mac-User und einer Intel-Core-2-Duo- bzw. AMD Athlon 64 X2-CPU nicht wahnsinnig hoch.

Im Onlineshop des Herstellers NI auf `www.native-instruments.com` können Sie Massive downloaden. Dort finden Sie auch eine kostenlose Demoversion des Plug-ins.

## 30.2 Sampler

Grundlegendes über Sampler konnten Sie bereits in Kapitel 18, »Keyboards & Synthesizer«, lesen. Hier soll es daher um spezielle Lösungen für verschiedene Recording-Situationen gehen. Denn aufgrund des vielfältigen Einsatzgebietes für Sampler haben etliche Hersteller spezialisierte Softwaresampler im Programm, die Ihre Arbeit deutlich erleichtern können. Wie Sie den richtigen Sampler für Ihre Arbeitsschritte finden, erfahren Sie in den folgenden Unterkapiteln.

### 30.2.1 Softwaresampler

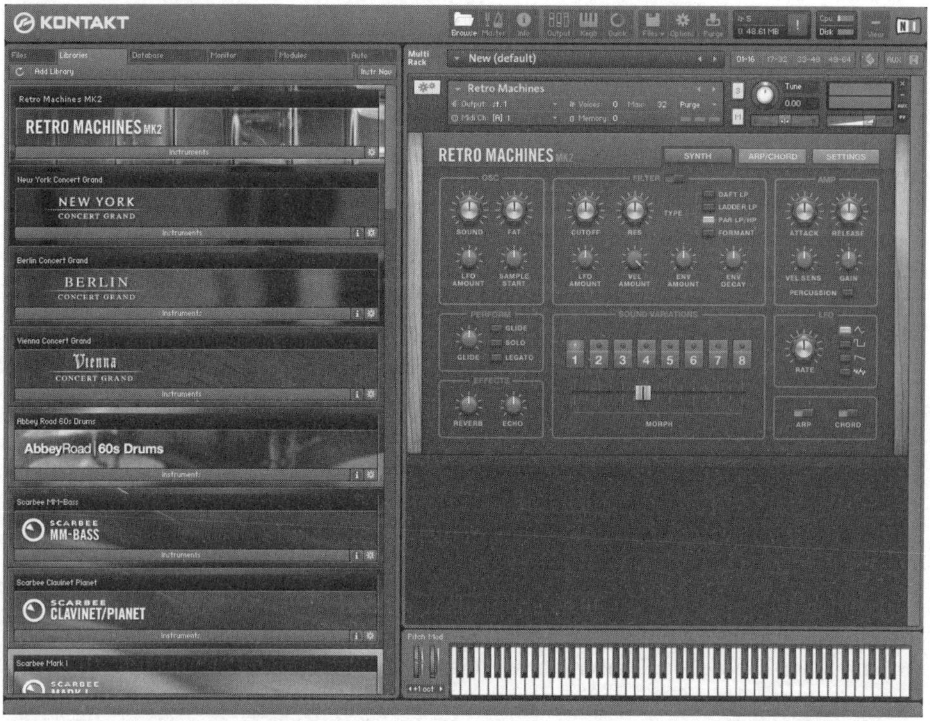


**Abb. 30.4:** Für Samplefreunde – NI Kontakt (Quelle: `www.native-instruments.com`)

Den Anfang soll in dieser Rubrik *Kontakt* von Native Instruments (NI) machen. Er ist zur Zeit der Drucklegung dieses Buches **das** Referenztool in Sachen Softwaresampler. Dass ein Programm wie dieses nicht als Freeware zu bekommen ist, versteht sich eigentlich schon von selbst. Das sollte Sie jedoch nicht davon abhalten, Kontakt zu nutzen, auch wenn Sie Sampling-Einsteiger sind. Die Arbeitsweise mit dem Plug-in ist intuitiv. Vielleicht werden Sie die Vorzüge der Software dann nicht bis ins Detail nutzen können, doch eventuell lernen Sie aufgrund des Aufbaus der Software sogar noch das eine oder andere über die Arbeit mit Samples hinzu. Das ist sogar sehr wahrscheinlich. Fortgeschrittene Sampleanwender und vor allem die »alten Hasen«, die bereits tiefer in die Materie hineingeschaut haben, werden jedenfalls ihre wahre Freude mit diesem Samplerkraftpaket haben.

Hersteller Native Instruments hat sich die Entwicklung von Tools für computerbasierte Audioproduktionen auf die Fahne geschrieben und entwickelt bereits seit Mitte der 90er Jahre Echtzeit-Klangerzeuger fürs PC-Recording. Dabei setzt NI auf hoch spezialisierte Experten, die an jedem einzelnen Bereich eines Softwareinstruments arbeiten (z. B. Audioalgorithmen und Interface-Design). Besonders in den Audioalgorithmen, die den Klang eines Softwareinstruments ausmachen, steckt sehr viel Feinarbeit. Die Berechnungsvorgänge der Softwareinstrumente werden in mehreren Generationen weiterentwickelt und immer wieder auch umfangreichen Hörtests unterzogen. Dabei werden beispielsweise Qualitätskriterien wie Oversampling und Audiointerpolation bewertet. Währenddessen entwickeln weitere Spezialisten das Interface- und Sounddesignkonzept, wobei das Feedback und die Erfahrungen derjenigen zahlreichen Künstler und Produzenten mit einfließen, die mit ihren Soundbibliotheken für den klanglichen Inhalt der NI-Instrumente sorgen. Aus dieser Arbeit ergibt sich die enorme Zuverlässigkeit der Softwareinstrumente. Wenn Sie sich etwa die technischen Zahlen von Kontakt vor Augen führen, werden Sie schnell verstehen, dass es ein wahres Kunststück des Herstellers ist, seine Software bei dieser Leistungsfähigkeit stabil und zuverlässig zu halten. (Eine Demoversion des Samplers finden Sie auf der Hersteller-Homepage: `http://www.native-instruments.com`.) Dort finden Sie auch den kostenlosen Kontakt-Player. Mit seiner Hilfe können Sie Samples zwar nicht bearbeiten, aber sehr wohl abspielen – eben ein echter Sample-Player, wie Sie ihn weiter oben im Text bereits kennengelernt haben.

Zu den Programmfunktionen von Kontakt zählt eine flexible, modulare Architektur, die Sie die Oberfläche des Samplers nach Ihren Wünschen und Erfordernissen gestalten lässt. Außerdem bietet Ihnen NI mit diesem Softwaresampler verschiedene Samplermodi, die u. a. sowohl ein Laden der Samples in den RAM Ihrer DAW als auch Direct-Disk-Streaming unmittelbar von Ihrer Festplatte ermöglichen. Ferner stellt Ihnen Kontakt weitreichende Oberflächen zur grafischen Bearbeitung von Sample-Maps, Groups und Loops zur Verfügung. Dabei lässt die Klangqualität mit sagenhaften 192 kHz und 32 Bit auch bei professionellen Ansprüchen keinerlei Wünsche offen.

Im Softwareumfang ist eine 43 GB starke Samplebibliothek mit über 1.000 Instrumenten enthalten, die neben Typischem wie Piano, Gitarren, Schlagzeugen und diversen Loops auch spezielle Surroundinstrumente bietet. Sie können auf bis zu 16 (!) Surroundkanäle geleitet werden. Hochwertige Effekte sind bei Kontakt inklusive. Zahlreiche Instrumente lassen sich nachträglich kaufen und hinzufügen.

Auch die mitgelieferten Orchestersamples sind vom Feinsten, stammen sie doch aus dem Repertoire der *Vienna Symphonic Library (VSL)*, einer Sammlung hochwertiger Orchestersamples, die sich für viele Homerecording-Interessierte schlichtweg außer Budget-Reichweite befindet. Absolute Sampleprofis haben außerdem ihre helle Freude am Scripting-Editor, mit dem sie unmittelbar die Arbeitsweise des Samplers über Programmierung von Makros beeinflussen können. Neben den weitreichenden Funktionen zur Ansicht und Verwaltung von mitgelieferten und neu angelegten Samples sind auch zahlreiche Effekte enthalten, die hochwertige Studio-Hardware emulieren. Beinahe von selbst versteht sich, dass nahezu alle heute gängigen Sampleformate von Kontakt verarbeitet werden können.

Trotz dieser Leistungsfähigkeit sind die Systemanforderungen des Softwaresamplers in den vergangenen Jahren nicht gestiegen: Und so liegt die empfohlene Systemleistung für die DAW zwar nur bei einem Intel-Core-2-Duo- bzw. AMD-Athlon-64-X2-Prozessor. Dafür sollten aber schon 4 bis 6 GB RAM installiert sein, um dem »Ressourcenhunger« dieser Software gerecht zu werden.

Sofern Sie mit einem Softwaresampler so kreativ wie möglich arbeiten möchten und auch in dessen Arbeitsweise eingreifen möchten, ist Kontakt vielleicht das richtige Programm für Sie. Denn es gibt beinahe nichts, was Sie mit diesem Sampler nicht anstellen könnten (außer vielleicht Kaffee kochen).

### 30.2.2 Drum- & Percussionsampler

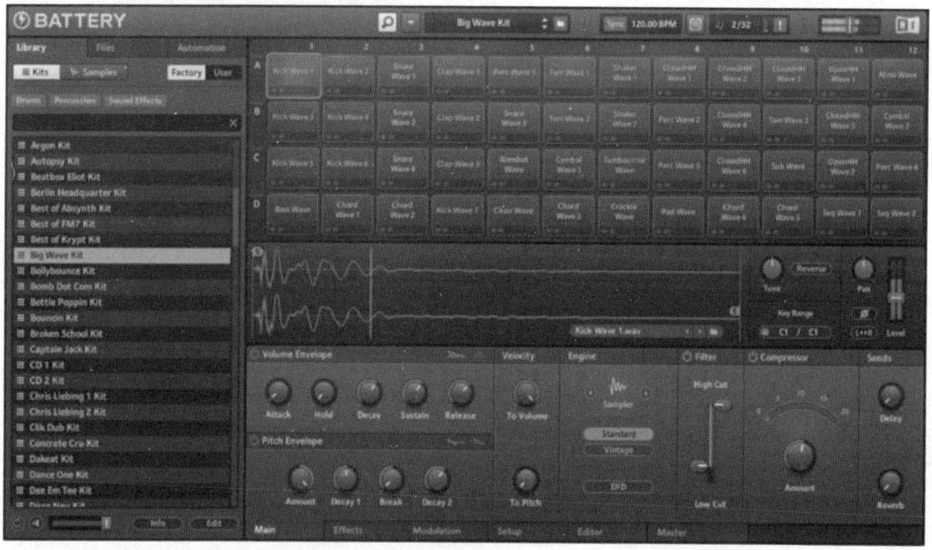


**Abb. 30.5:** Spezialsampler für Drums und Percussion – Battery
(Quelle: `www.native-instruments.com`)

Auch der Percussionsampler *Battery* ist eine kommerzielle Softwarelösung und stammt wiederum von Native Instruments. Zwar werden mit Battery auch zahlreiche Schlagzeugsounds ausgeliefert, doch zeigt sich die Software mehr als eigenständiger Sampler denn als reiner Sample-Player. Das erkennen Sie an den möglichen Modifikationen der Samples. Sie ermöglichen es Ihnen beispielsweise, sich auch nicht-perkussive Klänge mittels Battery für Grooves zunutze zu machen.

Die Software ist mit ihren mitgelieferten 4 GB Samplebänken auch für Anfänger sofort einsatzbereit und bietet darüber hinaus für fortgeschrittene Anwender zahlreiche Bearbeitungsmöglichkeiten von Einzelsamples und ganzen Samplegruppen. Eine Funktion, die hier nicht fehlen darf, ist beispielsweise die der Mute Group.

### Mute Group und Beatbox

In einer *Mute Group* (dt. etwa: »Stummschaltungsgruppe«) fassen Sie solche Instrumente innerhalb des Samplers zu einer Gruppe zusammen, die sich gegenseitig ausschließen und daher in der Praxis gegenseitig stummschalten. Beim Sampleschlagzeug ist dies zum Beispiel bei den HiHat-Sounds der Fall. Folgt auf den Klang einer offenen HiHat der Schlag einer geschlossenen oder getretenen HiHat, so darf das Sample der offenen HiHat nicht ausklingen, soll das Schlagzeugspiel authentisch klingen. Ordnen Sie jedoch alle HiHat-Sounds innerhalb eines Samplers/Sample-Players derselben Mute Group zu, so schließen sich diese Klänge gegenseitig aus und das Spiel des Schlagzeugsamplers klingt deutlich realitätsnaher.

Das Gleiche ist beispielsweise auch im Falle von Beatbox-Samples der Fall. Als *Beatboxing* bezeichnet man das Erzeugen eines Grooves durch Laute mit dem Mund. Beatboxing wird vor allem im Musikstil HipHop angewendet. Da ein einzelner Musiker jedoch selten mehr als einen Beatbox-Klang zur gleichen Zeit von sich geben kann, erhöhen Sie die Realitätsnähe von Beatbox-Samples, indem Sie sie alle ein und derselben Mute Group zuweisen.

Durch die Verarbeitungsmöglichkeit von Files in den Formaten REX, ACID Wave und Apple Loops können Sie in Battery auch Loops verwenden, die die Software automatisch an das Tempo Ihres Songs anpasst. Zu den weiteren Highlights zählen ein interner Wave-Editor zum Nachbearbeiten und Anpassen der Samples sowie eine eigene Mastersektion und auch die Möglichkeit zum Anwenden und Erstellen künstlicher Drum-Artikulationen wie Flams und Rolls.

Zum Softwareumfang dieses Percussionsamplers gehören verschiedene, vorgefertigte Drumkits. Wenn Sie also einen Schlagzeugsampler flexibel einsetzen möchten und gern in den Klang der Samples eingreifen oder aber häufiger mal unterschiedliche Schlagzeugsounds verwenden, so sollten Sie Ihre DAW mindestens mit einem Intel-Core-2-Duo-Prozessor ausstatten und ihm wenigstens 4 GB RAM gönnen, um mit der (zum Zeitpunkt der Drucklegung dieses Buches) aktuellen Version arbeiten zu können. Dafür spielt es keine Rolle, wo Sie sich auf der Leiter vom Anfänger bis zum Profi im Bereich Sampling befinden.

### Loop, Flam und Roll

Ein *Loop* ist ein Sample einer musikalischen Aufnahme, das ab einem bestimmten Punkt wieder von vorn beginnt und so wiederholt (»geloopt«) wird. Flam und Roll sind dagegen Spielweisen von Schlagzeugern und Percussionisten. Beim Flam werden anstelle eines einzigen Schlages zwei Schläge kurz hintereinander ausgeführt. Beim Roll werden dagegen viele Schläge sehr schnell hintereinander ausgeführt, wodurch ein »rollender« Klang entsteht.

### 30.2.3 Sample-Instrumente

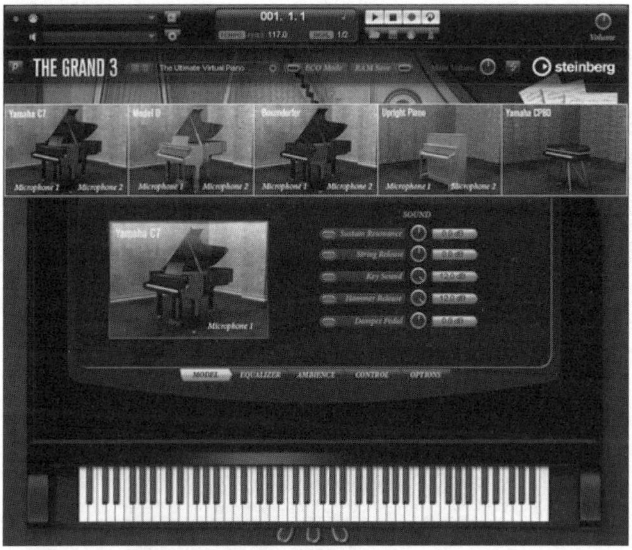


**Abb. 30.6:** Edelsound für Pianisten – Steinberg The Grand (Quelle: `www.steinberg.net`)

Neben Samplern, die eher auf generelle Weise Samples aller Art verarbeiten, gibt es mittlerweile viele spezialisierte Sampleumgebungen, die der Samplewiedergabe bestimmter Instrumente gewidmet sind. Zu diesen virtuellen Sample-Instrumenten zählt auch »*The Grand*« der Firma Steinberg.

Hierbei handelt es sich für »Homerecordler« um eine bezahlbare Alternative zu einem echten Konzertflügel, der auch schon rein platztechnisch wohl in den wenigsten Homerecording-Studios Platz finden würde. Aufgrund der leichten Bedienbarkeit ist dieses virtuelle Sample-Instrument auf jeden Fall auch anfängerkompatibel. Wie Sie lesen, schreibe ich von einem *virtuellen Sample-Instrument* und nicht von einem Softwaresampler. Hier liegt ein wesentlicher Unterschied zwischen Programmen wie den »generellen« Samplern, die auch zum Anlegen eigener Samplebänke geeignet sind, und den instrumentell spezialisierten Sample-Playern, bei denen Sie ausschließlich auf deren mitgelieferte Samplebibliotheken zurückgreifen können.

»The Grand« stellt neben authentisch klingenden Pianos auch die Spielgeräusche des Instruments, wie etwa Tastengeräusche und Pedalbewegungen zur Verfügung, die Sie separat zu den eigentlichen Tonsamples hinzufügen können. Auf diese Weise können Sie selbst entscheiden, wie »rau« Ihr Pianospiel klingen soll. Nicht nur alle Pedale eines echten Flügels sind ansteuerbar, sondern sogar der Klang der Hammermechaniken ist getrennt regelbar! Darüber hinaus bietet »The Grand« eine Mehrkanalunterstützung, die die Platzierung des Flügels im virtuellen akustischen Raum ermöglicht.

Der Softwareumfang benötigt mit seiner 3,5 GB starken Samplebibliothek für einen reinen Pianosampleplayer schon einigen Festplattenplatz, dafür schonen aber die *RAM-Save*-Funktion, die unbenutzte Samples aus dem Speicher entfernt, ein verbessertes Harddisk-Streaming und spezielle Eco-Sets mit geringerer Layeranzahl die Ressourcen während des Betriebs. Ferner sollte Ihre DAW mindestens mit einer 1,4 GHz schnellen

CPU ausgestattet sein. Dafür ist »The Grand« aber sowohl als VSTi und DirectX-Instrument auf PC-Plattformen als auch auf Macs (über Audio Unit) lauffähig. Ferner lässt es sich als Slave an einen ReWire-Host (z. B. ProTools) koppeln oder sogar als Standalone nutzen, beispielsweise im Live-Einsatz.

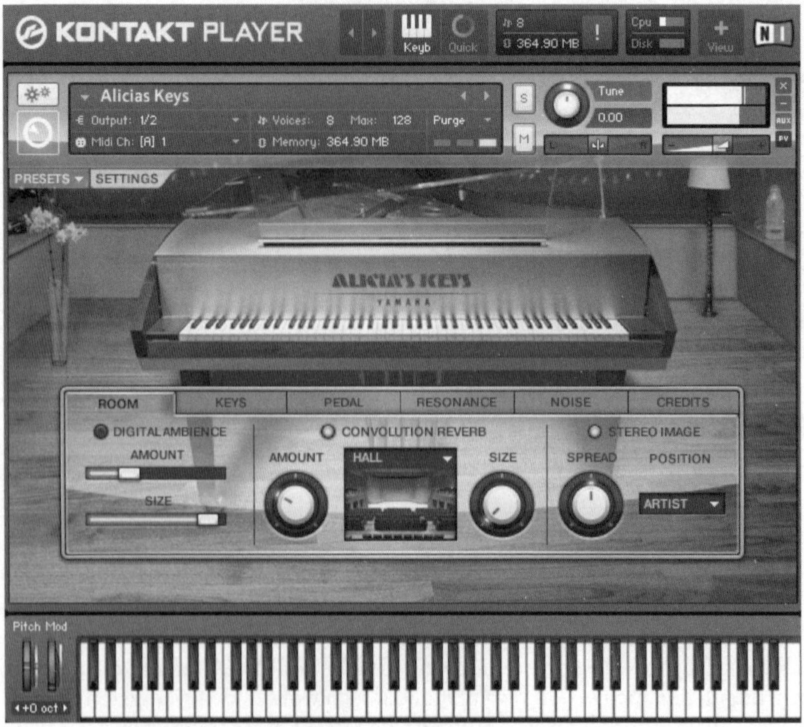


**Abb. 30.7:** Nicht nur für Soul- und R'n'B-Sound zu gebrauchen – NI Alicia's Keys (Quelle: `www.native-instruments.com`)

Als Fazit lässt sich anmerken, dass es sich bei »The Grand« um eine erstklassige Lösung zur kinderleichten Aufnahme eines Flügels im Bereich Homerecording handelt. Dabei können klangtechnisch auch professionelle Ansprüche bedient werden. Wem hingegen weniger authentische, synthetische Klänge ausreichen, der kann zwar auch mit Freeware-Programmen passable Ergebnisse erreichen. Sie sollten sich jedoch stets im Klaren darüber sein, dass solche Software niemals die Klangqualität und verblüffende Authentizität eines reinen Pianosampleplayers wie »The Grand« erreicht.

Der Markt der Softwaresampler-Pianos bekommt seit Jahren immensen Zuwachs. Zu den »Neulingen« zählen zwei Veröffentlichungen von Native Instruments, die sich verschiedenen musikalischen Bereich widmen. *The Giant* liefert eindrucksvolle Klaviersounds, wie sie größer kaum klingen könnten. Ein virtuelles Instrument, das sich hervorragend für atmosphärische Filmmusiken eignet. In einer ganz anderen Kategorie ist *Alicia's Keys* unterwegs. Hierfür wurde das Piano in Sampleform konserviert, das

Alicia Keys für ihre Studioaufnahmen nutzt. Ob Soul-Ballade oder moderner R'n'B-Song – mit diesem Sample-Instrument erzeugen Sie problemlos stimmungsvolle und ausdrucksstarke Piano-Tracks.

Beide Sample-Instrumente benötigen einen Intel Mac oder einen Intel-Core-PC mit mindestens einer 1,4 GHz-CPU und 512 MB RAM und bieten 3,9 GB (The Giant) bzw. 6,9 GB Samplematerial (Alicia's Keys). Es stehen Samplevariationen für verschiedene Anschlagstärken, Pedal-, Resonanz- und sogar Fingergeräusche bereit.

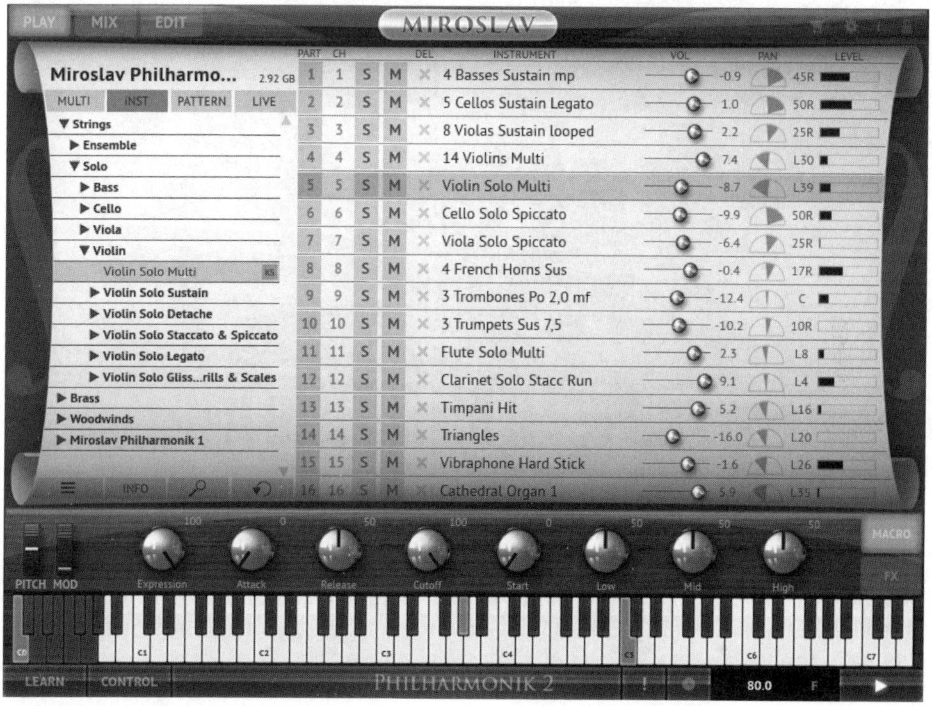


**Abb. 30.8:** Orchester als großes Sample-Instrument – Miroslav Philharmonik von IK Multimedia (Quelle: `www.ikmultimedia.com`)

Zu den Sample-Instrumenten lassen sich im weiteren Sinne auch Sampleorchester zählen. Auf diesem Gebiet tummelt sich allerlei Konkurrenz, die von »bezahlbar« bis zu »für Amateure unerschwinglich« reicht und hinsichtlich des Dateiumfangs wahre Superlative aufstellt. Das Maß der Dinge ist hier für Profis die *Vienna Symphonic Library* (VSL), die selbst feinste Klang-, Dynamik- und Spielweisenabstufungen sämtlicher Instrumente eines großen Orchesters wiedergeben kann. Die große Sammlung »Vienna Super Package« kostet allerdings auch stolze 12.390 Euro! Doch es gibt auch wesentlich preisgünstigere und damit fürs Homerecording bestens geeignete VST-Orchester. Einige davon sind seit vielen Jahren erhältlich, aber deshalb nicht schlecht. Dazu gehört beispielsweise das bezahlbare *Miroslav Philharmonik 2* von IK Multimedia.

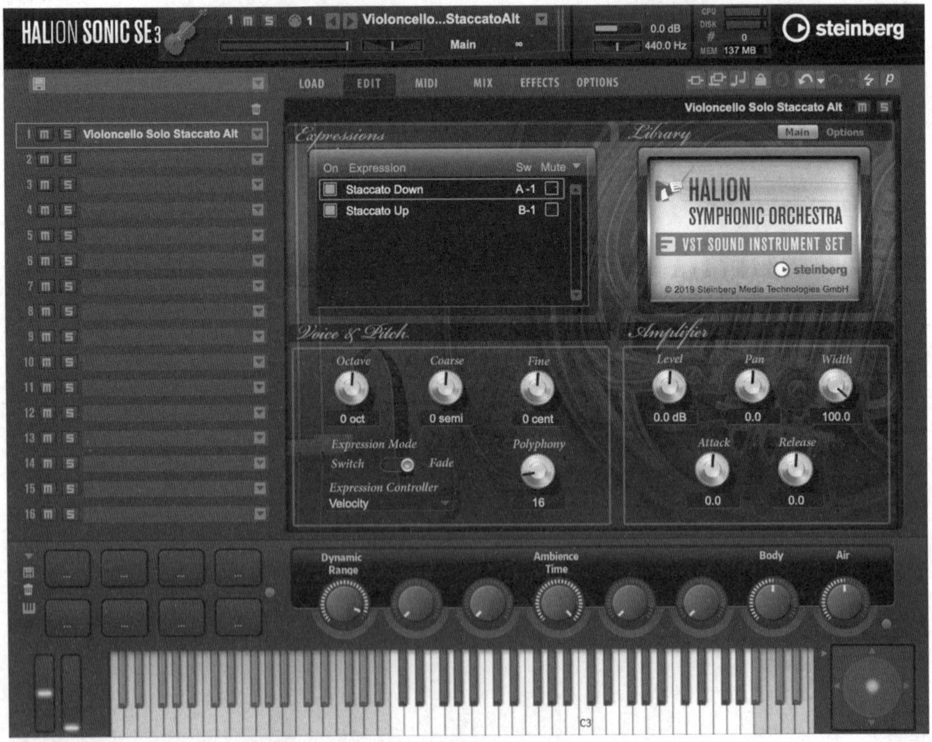


**Abb. 30.9:** Außen klein, innen riesig – Halion Symphonic Orchestra von Steinberg (Quelle: `www.steinberg.net`)

Steinbergs *Symphonic Orchestra* baut auf den Sampler Halion auf und kommt mit einem Lieferumfang von 7 GB an Instrumentalsamples daher. Wie beim Player der Vienna Symphonic Library bietet auch das Halion Symphonic Orchestra eine vorausschauende automatische *Crossfade*-Funktion, die es der Software ermöglicht, Samples mit verschiedener Dynamikintensität während des Spiels ineinander zu überblenden. Dadurch ergibt sich ein authentischerer Orchesterklang bei dynamischen Verläufen innerhalb des Spiels bzw. der Wiedergabe.

### Kommerzielle Software contra Freeware

Falls Sie bei Software im Audiobereich die Wahl zwischen Freeware und kommerziellen Programmen haben, sollten Sie Folgendes bedenken: Bei kommerziellen Produkten arbeiten in der Regel hoch spezialisierte Experten an jedem einzelnen Bereich eines Instruments, wie etwa Audioalgorithmen und Interface-Design. Dies ermöglicht nicht nur eine reibungslose Bedienbarkeit, sondern sorgt gerade bei den zugrunde liegenden Audioalgorithmen, die für den Klang eines Softwareinstruments verantwortlich zeichnen, entweder für einen exzellenten oder aber schlechten bis mäßigen Klang der Software. Hier sind vor allem die Qualität von Oversampling und Audiointerpolation entscheidende Faktoren, die den resultierenden Klang beeinflussen und echte Feinarbeit fordern.

Nicht zuletzt ist auch die Usability der Bedienoberflächen eine Wissenschaft für sich, durch die auch komplizierte Audioanwendungen zumeist intuitiv zu erfassen sind. Hier haben kommerzielle Anbieter, die auf einen großen, gewachsenen Kundenstamm zurückgreifen können, eine große Anwender-Community, deren Feedback in die Weiterentwicklung von Produkten einfließen kann.

Der Vorteil kommerzieller Anwendungen liegt denn auch zumeist in der Erfahrung des Herstellers, der sein Produkt über mehrere Generationen weiterentwickeln kann – ein Umstand, der auf Freeware im Bereich Audioproduktion nur selten zutrifft.

Eine Orchester-Library, die als Freeware erhältlich ist, ist das Open-Source-Projekt *The Total Composure Orchestra*. Sie können die 1,5 GB große Orchester-Soundbibliothek in Form von *Kontakt*-Instrumenten noch kostenlos auf der Internetseite des Internet Archive `https://archive.org/details/TheTotalComposureOrchestraV1.0`.

### 30.2.4 Spezialisierte Sample-Player

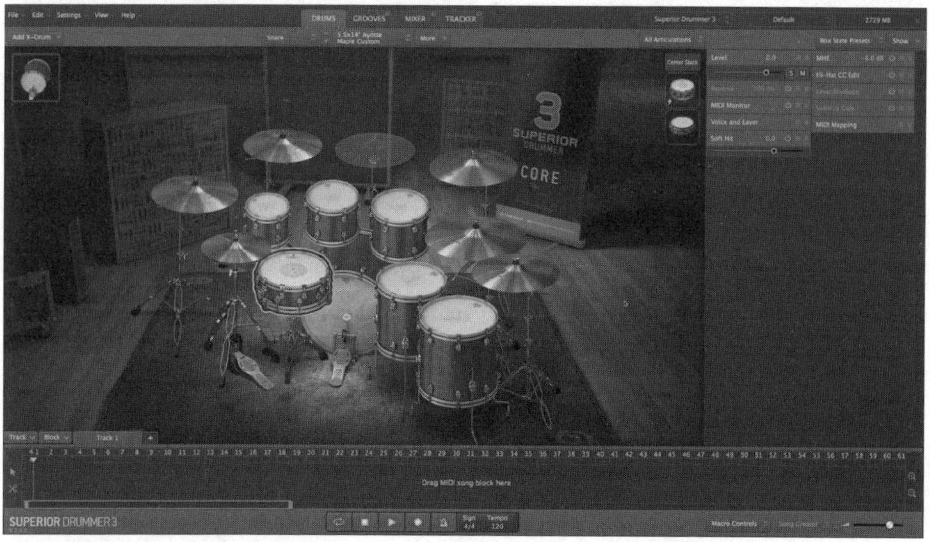


**Abb. 30.10:** Detailtreue, die echtes Drumfeeling erzeugt – Toontrack Superior Drummer (Quelle: `www.toontrack.com`)

*Superior Drummer* ist ein Sample-Player mit reichhaltiger Drumsamplebibliothek, der auf die Wiedergabe von Schlagzeugsounds spezialisiert ist. Auch hierbei handelt es sich um eine kommerzielle Softwarelösung, was aufgrund der gebotenen Features nicht weiter verwunderlich ist. Der schwedische Hersteller Toontrack richtet sich damit an erfahrenere MIDI-Anwender, die eventuell sogar schon die eine oder andere Schlagzeugaufnahme selbst durchgeführt haben und deshalb wissen, dass es dabei zu Signalübersprechungen zwischen den verschiedenen Mikrofonen kommen kann. Ab Version 3 hat es diese Software wirklich in sich und ist schon eine kleine Schlagzeug-DAW in der DAW. Wer sich mit Fachbegriffen des Drum-Recordings und der Arbeitsweise von Samplern auskennt, wird keinerlei Probleme haben, sich schnell zurechtzufinden, und kann mithilfe dieser Software absolut authentische Klangergebnisse erzielen, die im Bereich der Sampledrums ihresgleichen suchen.

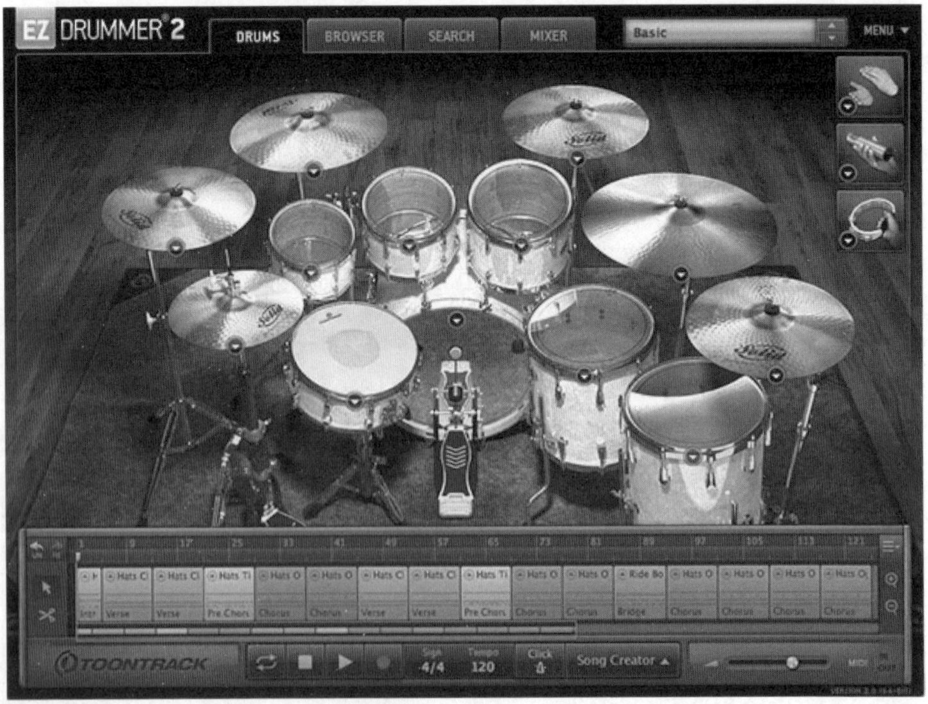


**Abb. 30.11:** Macht seinem Namen alle Ehre – Toontrack EZdrummer (Quelle: `www.toontrack.com`)

Der »kleine Bruder« des Superior Drummer hört auf den Namen *EZdrummer*. Er hält, was sein Name verspricht und bietet eine kinderleichte Bedienung. Für den EZdrummer bietet Toontrack verschiedene Sample-Schlagzeugsets als *EZX*-Expansions zum Nachrüsten an. So gibt es beispielsweise die Ausführungen *EZX Jazz, EZX Funk Masters* oder *EZX dfh (Drumkit from Hell)*, das eher die »härteren« Musikstile wie Rock und Metal bedient. Jede der Sample-Sammlungen umfasst etwa 1 bis 2 GB Schlagzeugsounds, die allesamt als Multi-Layers daherkommen. Ferner bietet das zugehörige Superior-Plug-in zahlreiche Funktionen, die für einen erstklassigen und völlig authentischen Klang der Sampleschlagzeuge sorgen. So können Sie etwa das Übersprechen einzelner Schlagzeuginstrumente auf die virtuellen Mikrofone anderer Schlagzeuginstrumente regeln. Eine interne Effektsektion mit Transienten-Shaper, Kompressor und Equalizer machen die Arbeit mit Superior nicht nur zum Kinderspiel, sondern sorgen zudem für einen ressourcenschonenden Einsatz Ihrer DAW.

Aufgrund des riesigen Umfangs der Samplebibliotheken für Superior Drummer (schon die Basis-Ausstattung umfasst über 230 GB an Schlagzeugsounds!) bietet Hersteller Toontrack zwar keine Demoversionen an. Doch können Sie sich auf der Homepage `www.toontrack.com` beim Anschauen etlicher Videos von der Qualität der Sounds und des Plugins überzeugen.

Die minimalen Systemanforderungen für den EZdrummer sind deutlich geringer. Hier reichen bereits 2 GB Festplattenspeicherplatz aus, um in den Genuss fetter Drum-Sounds zu kommen. Somit müssen Sie Ihr Geld nicht unbedingt in eine DAW mit mehr Power stecken, sondern können in ein paar EZX-Erweiterungen investieren, die Ihnen zusätzliche Drumsounds liefern. Zusammenfassend lässt sich sowohl Superior wie auch dem EZdrummer eine erstklassige Sammlung von Schlagzeugsamples attestieren.

### 30.2.5 Loop-Sampler und Loop-Player

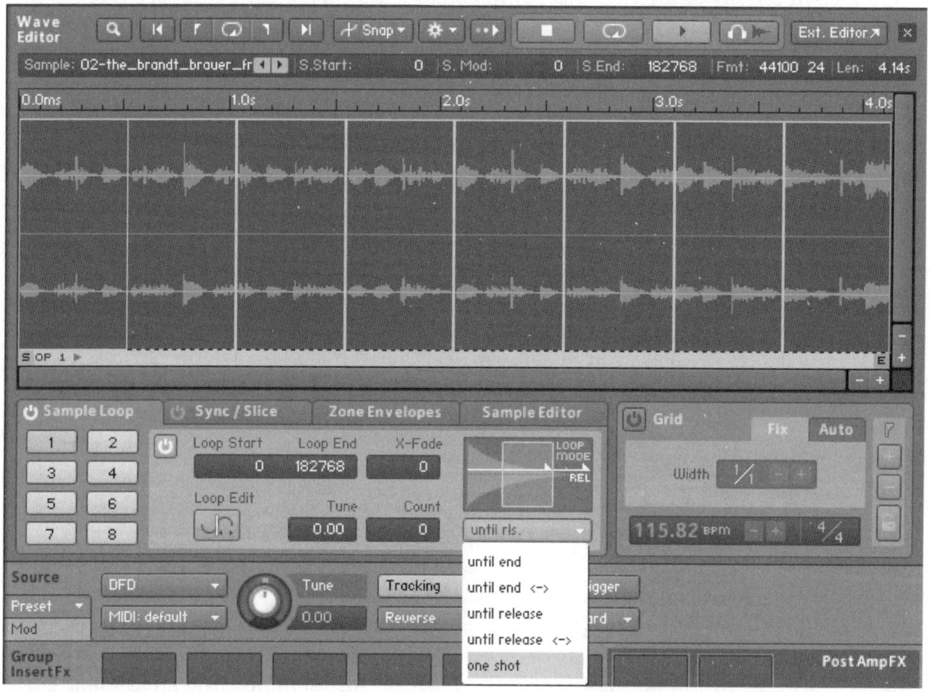


**Abb. 30.12:** Loop-Sampler bieten Tools zur Bearbeitung kompletter Wellenform-Abschnitte – wie hier der Wave Editor im Sampler NI Kontakt (Quelle: `www.native-instruments.com`).

Reine Loop-Sampler sind längst vom Aussterben bedroht. So hat auch die *Intakt* von Native Instruments längst das Zeitliche gesegnet. Die Funktionen des Loop-Samplers finden sich jedoch zu weiten Teilen im NI-Sampler Kontakt wieder. Werfen wir einen Blick auf diesen Samplertyp, der Ihnen im Produktionsalltag immer mal wieder begegnen und gute Dienste leisten kann.

Wie schon angedeutet bieten auch einige Softwaresequenzer integrierte Loop-Sample-Player. Das ist etwa bei *Reason* von Propellerheads der Fall. Hier öffnen Sie die Instanz *Dr.OctoRex*. Dr.OctoRex ist ein Loop-Sampler, der jedoch im Unterschied zu Intakt als reiner Player ausgelegt ist und deshalb weitaus weniger Bearbeitungsmöglichkeiten der Samples bietet.

Gegenüber einem »vollwertigen« Sampler arbeitet ein Loop-Sampler ausschließlich mit Samples, die Loop-Marker enthalten. Diese zeigen der Software an, ab welchem Punkt der Sampledatei der Player wieder zu einem früheren Zeitpunkt des Samples zurückkehren soll, um es erneut abzuspielen. Während Loop-Player zumeist fertig geschnittene Samples benötigen, deren Anfang und Ende bereits einen sinnvollen Loop ergeben, können Sie die Loop-Marker bei der Arbeit mit einem vollwertigen Loop-Sampler auch nachträglich noch justieren.

In Abbildung 30.13 (Dr.OctoRex) können Sie sehen, dass einzelne Bereiche innerhalb des Sample-Loops im virtuellen Display durch vertikale Striche voneinander getrennt sind. Diese Striche markieren die Aufteilung des Sample-Loops in sogenannte *Slices*. Slices stellen feinere Einheiten des Samples dar, die in der Regel auch separat gespielt werden können (z. B. per Master-Keyboard), da es sich dabei zumeist um rhythmisch sinnvolle Einzelteile des Loop-Samples handelt.

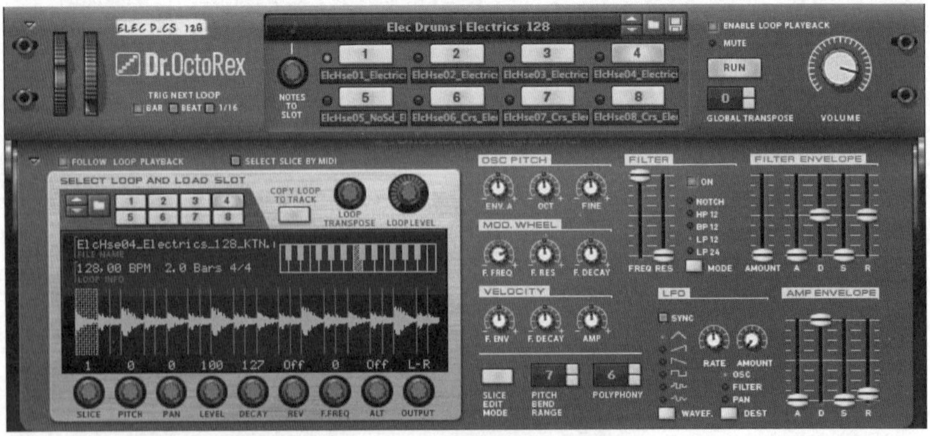


**Abb. 30.13:** So übersichtlich kann es sein, Loop-Samples abzuspielen, automatisch ans Tempo anzupassen und klanglich zu verändern – Dr.OctoRex in Propellerhead Reason (Quelle: `www.propellerhead.com`).

Aus diesem Grund eignet sich ein Loop-Sampler mitnichten zum ausschließlichen Abspielen von Schlagzeug- und Percussionsamples. Vielmehr lassen sich auch andere Instrumenten-Loops erstellen und sinnvoll »slicen«. Während vollwertige Loop-Sampler auch »Beatslicer« sind, mit denen Sie das Unterteilen der Sample-Loops in Slices selbst übernehmen können, müssen Sie die Samples für Loop-Player wie Dr.OctoRex schon im Vorfeld aufbereiten. Mit welcher Software Sie das bewerkstelligen können, lesen sie im Abschnitt 30.2.7, »Sample-Bearbeitungstools«.

Standard bei Loop-Samplern (auch bei reinen Playern) sind hingegen Filtersektionen, mit denen Sie den Klang über Hüllkurven und LFOs verändern können. Hierdurch lassen sich, insbesondere durch Automation der beteiligten Parameter, interessante Produktionseffekte erzeugen, die Ihren Beats beinahe komplett neues Leben einhauchen.

Da die Arbeitsweise eines Loop-Samplers rechnerisch nicht sehr aufwendig ist und in der Regel nur wenige oder gar nur ein einziges Sample gleichzeitig verwendet werden können, sind die Systemanforderungen an Ihre DAW verhältnismäßig gering.

Vergleichbar (und doch vollkommen anders) arbeitet *Stylus RMX* von Spectrasonics. Zwar bemerkt der Anwender, dass hier in einigen Arbeitssituationen ebenfalls Beat-

Slices verwendet werden, diese kann er mit der Benutzeroberfläche des Sample-Players jedoch nicht separat ansprechen. Dass auch REX-Files von Stylus gelesen werden können, macht die Nähe zum Loop-Player Dr.OctoRex aus der Sequenzersoftware Reason deutlich. Dafür kann Stylus RMX aber verschiedene Loops zu Grooves kombinieren und passt diese stets an das vorgegebene Tempo des Hostsequenzers (z. B. Cubase) an. Stylus bietet mit einer Groove-Library von über 7 GB eine immense Soundauswahl und liefert mit dem Chaos Designer ein Tool, das Ihnen hilft, Variationen und Abwechslung in die Samples der mitgelieferten Soundsammlung zu bringen.

Der Vergleich dieser Loop-Sampler und Loop-Player zeigt Ihnen, wie ähnlich und doch vollkommen verschieden Software dieser Art ist. Da jedes dieser Tools eigene Stärken aufweist, ist es bei der Anschaffung wichtig zu wissen, wie Sie bereits arbeiten oder zukünftig arbeiten möchten. Auch die Frage, welche Art oder welches Format von Samples Sie bereits benutzen oder zukünftig verwenden möchten, spielt eine entscheidende Rolle bei der Auswahl der richtigen »Groove-Maschine«.

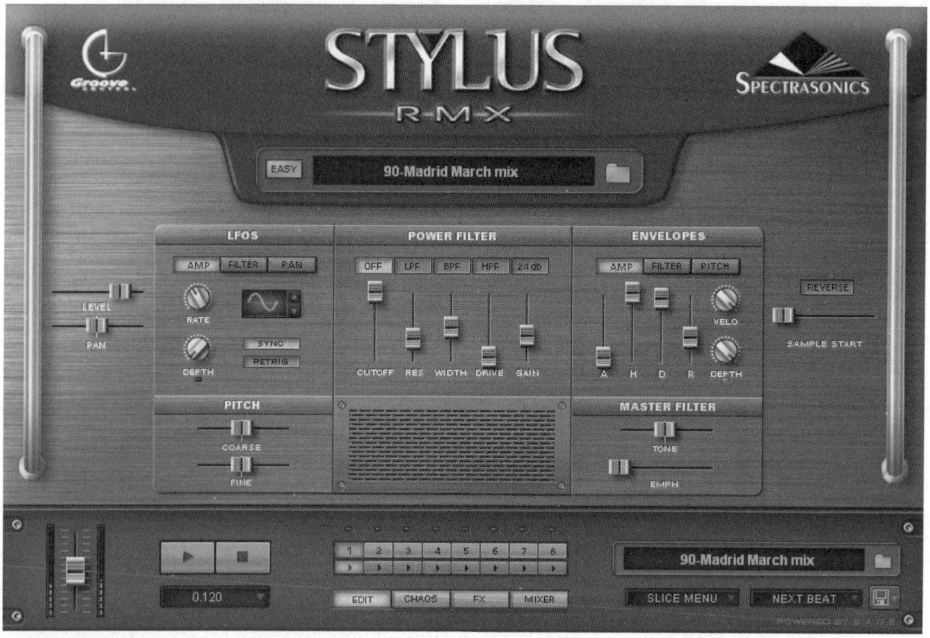


**Abb. 30.14:** Loop-Player können auch versteckt Splices benutzen ...
(Quelle: www.spectrasonics.com)

## 30.2.6 Sample-Player und Sample-Sammlungen

Software, die ausschließlich als Sample-Player ausgelegt ist, ermöglicht selten mehr als eine eingeschränkte Modifizierung der von ihr verwendeten Samplebibliotheken. Bei Programmen, die darüber hinausgehende Bearbeitungsmöglichkeiten für Samples bieten, handelt es sich zumeist um vollwertige Sampler oder Sample-Loop-Player. Dennoch haben reine Sample-Player, wie die PLAY Engine von Eastwest, durchaus ihre Daseinsberechtigung.

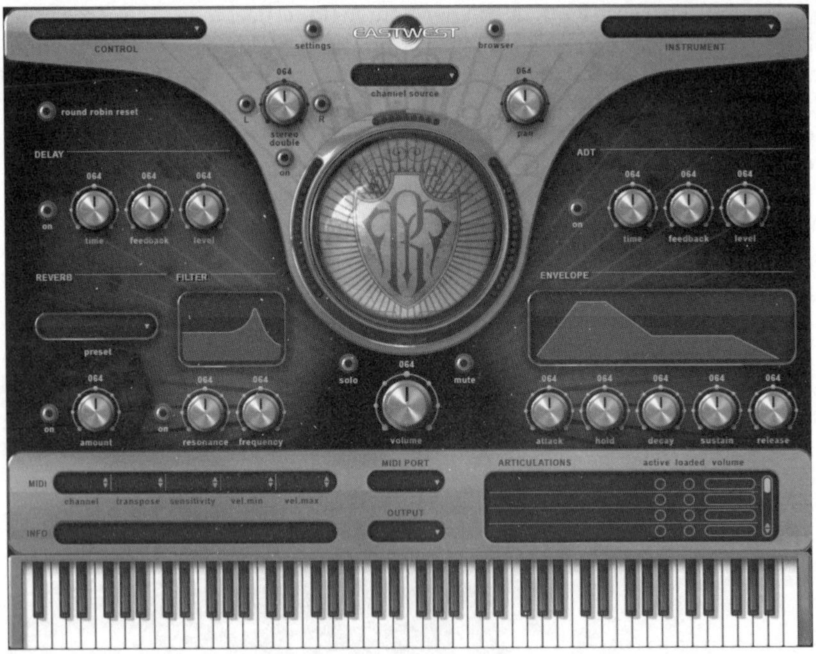


**Abb. 30.15:** Richtig harte Sounds – Eastwest Ministry of Rock (Quelle: `www.soundsonline.com`)

Sowohl für Anfänger als auch für fortgeschrittene Homerecording-Fans eignen sich Sample-Sammlungen, die immer öfter auch mit eigenem virtuellen Player daherkommen. Das gilt auch für die Soundsammlungen von Eastwest. Exemplarisch seien hier drei davon vorgestellt:

- **Ministry of Rock**
  Mit *Ministry Of Rock* (oder kurz »*MOR*«) steht Ihnen eine Sample-Sammlung zur Verfügung, die Ihnen 20 GB der klassischen Rockband-Instrumente Schlagzeug, Gitarre und Bass bietet. Dabei werden sowohl typische Instrumenten-Modelle, wie Gibson Les Paul oder Fender Strat, als auch typische Soundbearbeitungen wie etwa durch Marshall-, Vox- und Budda-Amps geboten. Auf diese Weise können Sie mit MOR von modernen Rock-Balladen über authentische Hard-Rock-Tracks bis hin zu eisenharten Death-Metal-Songs alles einspielen oder programmieren. Dabei sorgt mit »*Round Robin*« eine ausgefeilte Samplertechnik dafür, dass niemals zwei identische Samples hintereinander abgerufen werden. Das vermeidet den bei Sample-Instrumenten gefürchteten, unnatürlich klingenden »Maschinengewehr-Sound«. Zahlreiche Parameter sorgen dafür, dass die eingesetzten MIDI-Instrumente ihren Vorbildern spieltechnisch so nah wie möglich kommen. Auf diese Weise lassen sich auf Gitarren beispielsweise realistisch klingende Slides und Stops spielen.
- **Fab Four**
  Einen ganz anderen Weg der Spezialisierung beschreitet Eastwests Sample-Sammlung *Fab Four*. Hier bekommt der Nutzer den legendären Instrumentensound der Beatles in Form einer 13 GB großen Sample-Sammlung mit integriertem Sample-Player zur Hand. Für die Aufnahmetechnik zeichnete Ken Scott verantwortlich, der als Soundmann bei zahlreichen Beatles-Aufnahmen mitwirkte. Allein die zehn ent-

haltenen Vintage-Schlagzeugsets oder die Samples eines alten 1964er Rickenbacker-Basses bieten einen unvergleichlichen Retro-Klang. Eine eigene Effektsektion rundet hier das schlüssige Gesamtbild ab.

- **Goliath**
  Die 40 GB große Soundsammlung *Goliath* bringt neben etlichen Drum- und Percussionklängen auch den typischen Sound von elektrischen und akustischen Gitarren, Upright und E-Bässen, zahlreichen Pianos und Keyboards, Brasses und Chören sogar ein komplettes Orchester auf Ihre Tasten. Synthesizer- und Atmosphären-Klänge ergänzen die Sammlung zu einem wahren Riesenangebot von Klängen. Zwar kann der Kaufpreis von 500,- € bis 600,- € schon mal eine Kerbe ins selten großzügig vorhandene Homerecording-Budget schlagen. Dafür wird der Nutzer aber für einige Zeit mit absolut professionell klingenden Instrumentensounds versorgt sein.

### 30.2.7 Sample-Bearbeitungstools

Vollwertige Sampler bieten Ihnen zahlreiche Sektionen, die der Bearbeitung oder dem Erstellen von Audiosamples dienen. Außerdem gibt es kaum ein Audioformat, das nicht von diesen modernen Sample-»Allesfressern« angenommen und weiterverarbeitet würde. Sobald Sie aber mit reinen Sample- oder Loop-Playern arbeiten, wird der Einsatz weiterer Softwarehilfsmittel recht wahrscheinlich. Zu diesen Hilfsprogrammen gehören beispielsweise Slice- und Conversion-Tools.

## 30.3 Effekte

Viele Softwareinstrumente enthalten bereits virtuelle Effekte, die Sie auf die jeweiligen Instrumente anwenden können. Darüber hinaus bieten Ihnen verschiedene Hersteller aber auch Softwareeffekte für den Einsatz als Plug-in an. Damit können Sie diese Effekte nicht nur auf virtuelle Instrumente, sondern auf beliebige Audiospuren anwenden.

Im Bereich der Freeware werden häufig Einzeleffekte angeboten, während kommerzielle Anbieter oftmals den Schwerpunkt auf *Bundles* legen. Bundles enthalten mehrere Effekt-Plug-ins, die in der Regel thematisch zusammenhängen. So gibt es beispielsweise Plug-in-Bundles mit verschiedenen Softwareeffekten für Masteringsituationen, zur Bearbeitung von Gesangsspuren oder auch zur Klangrestauration.

**Hinweis**

Zwar ist es eine feine Sache, dass Sie im weltumspannenden Internet zahlreiche Software finden, die Ihnen als Freeware zur Verfügung steht. Sie sollten jedoch wissen, dass die gebotene Qualität nicht immer vergleichbar mit der professioneller Produkte ist. Für eine Produktion, die Sie »auf die Schnelle« anfertigen, mag das noch okay sein. Wollen Sie hingegen hoch hinaus, wird Ihnen eine Kette weniger hochwertiger Effektalgorithmen niemals zu einem exzellenten Klang verhelfen können. Die Anschaffung hochwertiger Effekt-Plug-ins ist eine lohnende Investition, die den Klang Ihrer Produktionen im Detail prägen kann.

### 30.3.1 Instrumentenbezogene Plug-in-Effekte

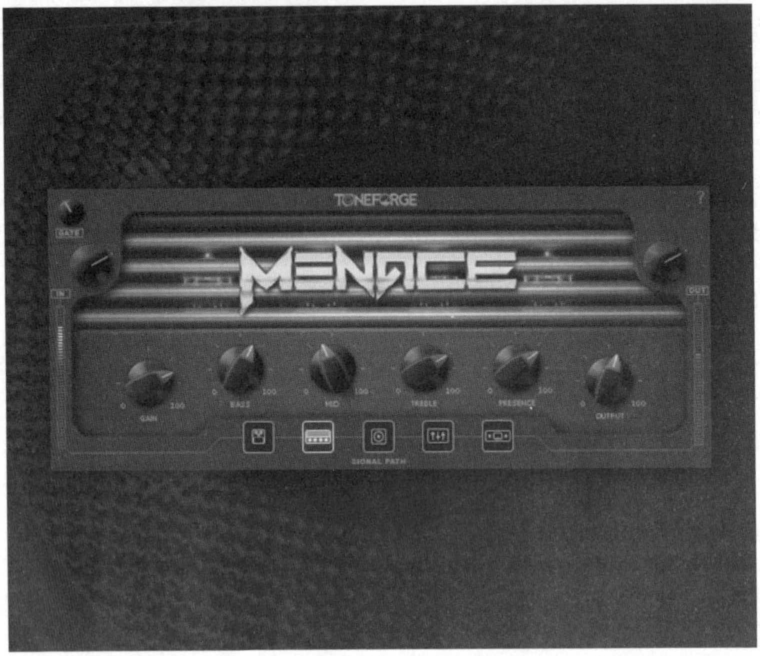


**Abb. 30.16:** Erstklassiger Gitarrensound aus der Softwarekonserve – Toneforge Menace von Joey Sturgis Sounds (Quelle: `www.joeysturgistones.com`)

Wenn Ihnen die Anschaffung eines Modeling-Gitarrenverstärkers zu kostspielig oder schlicht kein Platz dafür vorhanden ist, können Sie Ihre Gitarren auch »trocken« (also ohne jeden Effekt) aufzeichnen und mit einem Software-Plug-in nachträglich für den richtigen Sound sorgen. Wer auf ganz harte Sounds abfährt, kann beispielsweise einmal das VST-Plug-in *Toneforge Menace* von Joey Sturgis Tones ausprobieren (Link: `joeysturgistones.com`). Hier bekommt man erstklassige Metal- und Metalcore-Gitarrensounds für den schmalen Geldbeutel.

Wie auch die umfangreichen Tools des *Toneforge*-Plug-ins schon andeuten, beschränken sich die Funktionen moderner Software-Gitarrentools keineswegs mehr auf reine Verstärkersimulation ...

Mit der Software *NI Guitar Rig* können Sie nebenbei auch noch verschiedene Lautsprecherbestückungen und Mikrofone sowie deren Abstände zueinander virtuell bestimmen. Die Software ist auch als Teil eines Bundles erhältlich, das einen programmierbaren Fußcontroller beinhaltet. Neben verschiedenen virtuellen Verzerrern, Modulations-, Filter- und Volumeeffekten sowie Hallgeräten stehen Ihnen zur Klangbearbeitung und -verfremdung sogar Hilfsmittel wie Synthesizertools, eine Loop-Machine und Signalsplitter/-mixer zur Verfügung. Alles in allem ein riesiges Paket an frei zusammenstellbaren Werkzeugen für den perfekten Software-Gitarrensound. Einzige Voraussetzung: Ihre DAW sollte schon mit einer schnellen CPU und einem großen Arbeitsspeicher ausgestattet sein, um zügig, ruckelfrei und latenzarm die Vorzüge einer solchen Software nutzen zu können.

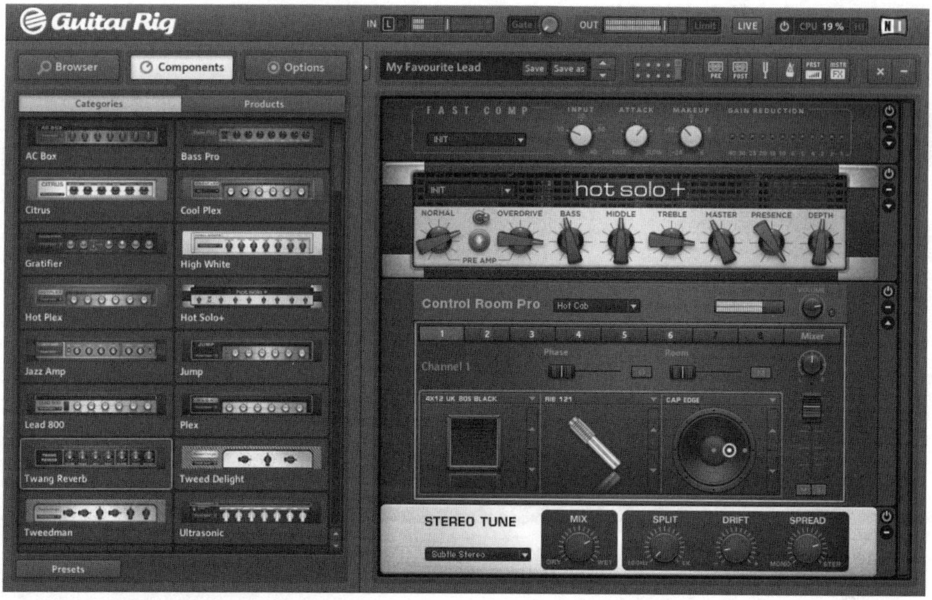


**Abb. 30.17:** Nicht nur Verstärker können simuliert werden – NI Guitar Rig (Quelle: `www.native-instruments.com`)

## Re-Amping

Die Vorgehensweise des trockenen Einspielens von Gitarren und Bässen mit späterem Einsatz von Verstärkern für die jeweiligen Audiospuren nennt man »Re-Amping«. Zwar spielt es hierfür keine Rolle, ob es sich beim genutzten Verstärker um einen »realen«, einen virtuellen oder um einen Modelingverstärker handelt. Die Technik des Re-Amping ermöglicht Ihnen die volle Soundkontrolle über eingespielte Gitarren- und Bassspuren bis zum Mix.

## Re-Amping trotz DAW-Latenzen

Wenn Sie eine Amp-Software für Re-Amping-Zwecke verwenden möchten, dabei aber Probleme mit Latenzen bei Ihrer DAW auftreten, haben Sie die Möglichkeit eines separaten Monitorings. Hierzu senden Sie Ihr Gitarrensignal beispielsweise an ein Gerät mit zwei Ausgängen oder einem getrennten Stereoausgang. Dieses Gerät nutzen Sie als Signalsplitter (z. B. ein Multieffektgerät). Schalten Sie die Bypass-Funktion des als Splitter eingesetzten Geräts ein und verbinden Sie einen seiner Monoausgänge mit einem Eingangskanal Ihrer DAW. Den anderen Monoausgang verbinden Sie mit dem Eingang eines Gitarrenverstärkers oder Modeling-Amps. Über Letzteren hören Sie das Signal verzögerungsfrei ab, während Sie das unbearbeitete Signal aufzeichnen (bei ausgeschalteter Monitoring-Funktion Ihres Sequenzerprogramms).

### 30.3.2 Multieffekt-Bundles

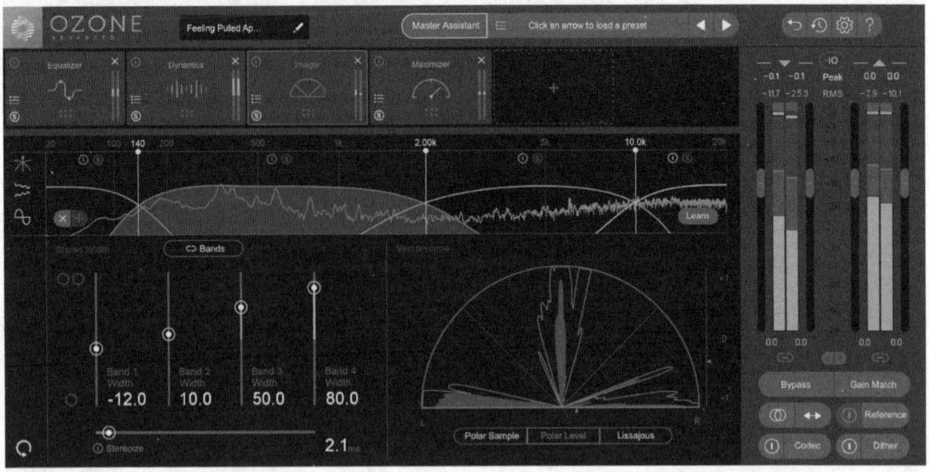


**Abb. 30.18:** Gutes Mastering ist auch im Homestudio machbar (Quelle: `www.izotope.com`).

Bei Software-Plug-ins, die mehrere Effekte in einem Programm anbieten, handelt es sich nicht direkt um »echte« Bundles. Sie entsprechen vielmehr Multieffektgeräten, wie Sie sie auch aus dem Bereich Outboard-Equipment kennen. Hierbei kann es sein, dass Sie auf Multieffekt-Softwarebundles stoßen, die sich einer bestimmten Recording-Situation widmen, wie etwa ein vollständiger Kanalzug oder auch eine komplette Masteringlösung.

Ein Beispiel für ein solches Masteringprogramm ist *Ozone* von iZotope. Diese Sammlung von Effekten, die standardmäßig im Audiomastering eingesetzt werden, ermöglicht es Ihnen als Anfänger, schnell und unkompliziert die Mixes Ihrer Homestudio-Produktionen aufzuwerten. Mehr Stereobreite, eine größere Lautheit und mehr Brillanz sind damit nicht länger den renommierten Masteringstudios vorbehalten. Als fortgeschrittener Anwender finden Sie zahlreiche Funktionen, die Ihnen das Modifizieren etlicher Details ermöglichen. So können Sie mit Ozone etwa

- den Offset korrigieren (Zentrierung des Signals um die Nulllinie),
- zwischen verschiedenen Dithering-Algorithmen wählen (beim Wechsel von einer Bittiefe in eine andere – etwa von 24-Bit-Aufnahme zu 16 Bit für CD-Verwendung) und
- für den Multibandkompressor eine RMS-Detection aktivieren (richtet die Kompression des Signals nicht nach dem Spitzenwert, sondern nach dessen mittlerem Spitzenwert aus).

#### Warez und Cracks

Als Warez bezeichnet man illegale Softwareversionen, bei denen Kopierschutzmechanismen, Lizenzschlüssel oder Legitimationsdongles umgangen werden. Oftmals werden dann illegale Patches, Cracks oder Keygeneratoren angeboten, die das Nutzen von Demoversionen über die vom Hersteller vorgegebene Testdauer oder unrechtmäßige Mehrplatznutzung eines Programms ermöglichen.

### Warez und Cracks

Internetseiten und Tauschbörsen sind zwar voll mit Angeboten dieser Art. Das Nutzen von Raubkopien ist jedoch keineswegs ein Kavaliersdelikt. Wer Raubkopien oder gecrackte Software nutzt, macht sich strafbar. Das ist besonders deshalb völlig sinnlos, weil es auf legalem Weg bereits für 50 bis 70 Euro leistungsfähige Versionen von Programmen gibt, die sonst in weitaus teureren Ausgaben erhältlich sind. Noch dazu haben Sie durch den Kauf der Programme oftmals auch Anspruch auf den Support des Herstellers und können Produktverbesserungen nutzen, die die Hersteller in ihren Homepagebereichen ausschließlich für registrierte Nutzer zur Verfügung stellen. Und mit ein wenig Mühe finden Sie zusätzlich zu der Basisausstattung Ihrer DAW so ziemlich jede Art von Plugin-Effekt und virtuellem Instrument mittlerweile auch als Freeware-Version. Da dürfte Ihnen die Entscheidung zugunsten eines kostengünstigen oder sogar kostenlosen Plug-ins nicht schwerfallen ...

# Teil 6

## Aufnahme

Nicht nur technisches Equipment und Know-how im Bereich Physik, Computertechnik und natürlich musikalisches Verständnis sind für eine gute Aufnahme im Homestudio notwendig. In diesem Kapitel finden Sie deshalb einige komprimierte Tipps zur Zielsetzung, Planung und Durchführung Ihrer Aufnahmen.

**In diesem Teil:**

Kapitel 31

# Zielsetzung/Planung

Ihr Equipment steht, die Geräte sind verkabelt und die Aufnahmen können losgehen. Aber wie? Alle Spuren zusammen oder doch lieber trackweise nacheinander? Und welcher Musiker soll beginnen? Welche Vorbereitungen sind neben dem Anschaffen und Einrichten des technischen Equipments nebst Installation aller Softwarekomponenten nötig, um eine Aufnahme nicht nur gut zu beginnen, sondern auch erfolgreich abzuschließen?

Zuerst einmal ist eine klare Zielsetzung wichtig. Wenn Sie bereits im Vorfeld die Anzahl der Aufnahmetage mit den beteiligten Musikern besprechen, die Anzahl der benötigten Spuren festlegen und sich zusätzlich Notizen und Übersichtsskizzen anlegen, wird Ihnen mithilfe dieser Organisationsstützen die Durchführung Ihrer Aufnahmen später deutlich leichter fallen.

Während einer Produktion tauchen viele Fragen auf, für die Sie nach Lösungen suchen werden. Zusätzlich werden durch den Aufnahmeprozess immer neue Produktionsideen freigesetzt. Nicht zuletzt ist bei modernen Softwaresequenzern und der Leistungsfähigkeit heutiger DAWs die Anzahl der Spuren, die Ihnen zur Verfügung stehen, schier unbegrenzt. Auch dieser Vorteil kann sich schnell zum Nachteil entwickeln, wenn die Produktion nämlich kein Ende findet. Planen Sie deshalb im Vorfeld einer größeren Aufnahme vom Großen zum Kleinen:

- Setzen Sie einen Start- und einen (angemessenen) Endtermin fest.
- Legen Sie Zwischentermine für das Beenden der Aufnahmen einzelner Instrumente als »Meilensteine« fest.
- Verplanen Sie das durch die vorangegangenen Punkte für jedes Instrument zur Verfügung stehende Zeitkontingent songweise.

Bei der untersten Planungsebene angekommen, werden Sie leicht überprüfen können, ob die Planung realistisch ist. Gegebenenfalls können Sie sie dann wiederum in der Rückwärtsrichtung (vom Kleinen zum Großen) ändern. Mit wachsender Erfahrung werden Sie solche Planungen immer realistischer gestalten können. Um die Planung Ihrer Aufnahmen (und später auch die Aufnahmen selbst) erfolgreich durchzuführen, sollten Sie sich auch mit den folgenden grundsätzlichen Themen auseinandersetzen ...

## 31.1 Simultane Mehrspuraufnahmen

Simultane Aufnahmen mehrerer Musiker bieten Ihnen verschiedene Vor- und Nachteile. Zu den Vorteilen zählt, dass das Zusammenspiel der Musiker »echt« ist und die Nuancen des gemeinsamen Timings und der gemeinsamen Dynamik in der Regel bei simultanen Mehrspuraufnahmen wesentlich deutlicher hervortreten. Doch hier liegt auch zugleich der Nachteil dieser Arbeitsweise: Bands, die Mängel im Zusammenspiel haben, klingen bei einer Simultanaufnahme schnell »fahrig« und amateurhaft. Das liegt nicht zuletzt daran, dass unser Gehör durch aktuelle Rock- und Pop-Produktionen daran gewöhnt ist, dass die Musiker rhythmisch und melodisch nahezu perfekt harmonieren. Vergessen Sie aber nicht, dass es sich hierbei stets um »konservierte« Musik handelt, die in den meisten Fällen quantisiert, mit Pitch Correction überarbeitet und in vielen (wenn nicht sogar *in den meisten*) Fällen im spurweisen Verfahren aufgenommen wurde.

Aus diesen Gründen eignen sich simultane Mehrspuraufnahmen für bestimmte Aufnahmesituationen wie etwa musikalische Stilrichtungen, in denen die Authentizität des Zusammenspiels der Musiker ein entscheidender Bestandteil der Musik selbst ist. Wenn Sie eine Band mit einem der folgenden Musikstile aufzeichnen, sollten Sie eine simultane Mehrspuraufnahme in Betracht ziehen:

- Blues
- Jazz (vor allem Bar-Jazz)
- Rockabilly
- kleine klassische Instrumentalbesetzungen
- A-cappella-Gruppen

Auch wenn Ihnen für die gesamten Aufnahmen nicht viel Zeit zur Verfügung steht, können simultane Mehrspuraufnahmen eine mögliche Lösung für das Problem der Zeitnot sein. Das ist beispielsweise der Fall, wenn Sie eine Referenzaufnahme für eine spätere Spur-für-Spur-Aufnahme benötigen oder lediglich die Abläufe von Stücken festhalten möchten. Und selbstverständlich zählt auch das Mitschneiden von Livekonzerten zu den simultanen Mehrspuraufnahmen.

## 31.2 Spur für Spur

Auch durch das spurweise Aufnehmen einzelner Musiker entstehen Ihnen diverse Vor- und Nachteile, die Sie im Vorfeld in Ihrer Aufnahmeplanung bedenken sollten. Ein klarer Vorteil ist, dass Sie so die Möglichkeit bekommen, gezielter in das Spiel eines jeden Musikers eingreifen zu können. Haben Sie also eine echte Produzentennatur, wird Ihnen die spurweise Arbeitsweise sicher entgegenkommen. Ein weiterer (und weitaus wichtigerer) Vorteil ist aber, dass jeder Musiker wesentlich entspannter an seine Parts herangehen kann, weil nicht nur der Druck der Gruppe/Band fehlt, sondern auch die Aufnahmen im für den Musiker günstigen Tempo ablaufen kann. Hierin liegt allerdings auch einer der wesentlichen Nachteile: Ohne einen im Voraus festgelegten Zeitplan, den Sie mehr oder weniger straff einhalten, artet eine solche Aufnahmeweise schnell in ein extrem zeitaufwendiges Unterfangen aus, in dem mehr Kaffee getrunken, diskutiert und gelacht wird als tatsächlich gearbeitet. Kaffee und Witze in Ehren, aber letztlich soll auch ein gut klingendes Ergebnis Ihre Arbeitsmühen mit Erfolg krönen. Verlieren Sie dieses Ziel nicht aus den Augen und planen und timen Sie Ihre Aufnahmen deshalb rechtzeitig.

Zwar kann es ungeübten Homerecording-Produzenten passieren, dass die Nuancen von gemeinsamem Timing und gemeinsamer Dynamik bei dieser Aufnahmetechnik verloren gehen. Doch können die weiter oben bereits erwähnten Mängel im Zusammenspiel durch eine spurweise Aufnahme oftmals weitgehend behoben werden. Das ist der Fall, weil hierbei letztlich jeder Musiker in der Regel eine differenziertere, präzisere Vorlage bekommt, da er zu den (nahezu) perfekten Takes der anderen Musiker einspielt.

Spurweise Aufnahmen sind deshalb besonders gut geeignet, um das Zusammenspiel von nicht ganz so gut aufeinander abgestimmten Musikern besser klingen zu lassen. Manche musikalischen Stilrichtungen, die sehr produktionsorientiert ausgerichtet sind, erfordern auch aus diesem Grund ein spurweises Einspielen. Eines der stärksten produktionstechnischen Argumente ist die Besetzung, die letztendlich in der fertigen Produktion zu hören ist: Zwar können Sie in Ihrem Heimstudio schon aus Platzgründen und auch aufgrund der technischen Einschränkungen des Homerecordings kein Orchester zusammen mit einer Big Band und einem zusätzlichen Backgroundchor aufzeichnen. Doch mit der spurweisen Aufnahme könnte dies (mit einigem Aufwand) sogar funktionieren. Ein Beispiel aus der Praxis zeigt, wie das aussehen kann: Sie nehmen Drums im Probenraum der Band auf, fügen die Spuren von Bass und Gitarre im Homestudio per Digitalverstärker der Aufnahme hinzu, zeichnen die Keyboards per MIDI auf, wobei Sie den Klang später von Plug-ins direkt in der DAW berechnen lassen, und nehmen im letzten Schritt nacheinander (beinahe) beliebig viele Gesangsspuren zusätzlich auf.

Aus den oben genannten Gründen sollten Sie über den Einsatz einer trackweisen Aufnahme besonders dann nachdenken, wenn Sie in Ihrem Homestudio Musik im Stile einer der nachfolgend aufgeführten Musikrichtungen aufnehmen:

- elektronische Musik wie Dance, Trance, Techno, House
- HipHop
- Rock & Pop
- gemischte Besetzungen, wie etwa kleines Orchester plus Gesang o. Ä.

**Overdub-Verfahren**

Selbstverständlich sind auch Mischformen dieser Aufnahmeabläufe denkbar. So haben Sie beispielsweise die Möglichkeit, simultane Mehrspuraufnahmen zu machen und dadurch eine gewisse Liveatmosphäre einzufangen. Diejenigen Teile der Aufnahme, die Spielfehler enthalten, können Sie später durch eine Neuaufnahme der einzelnen, betreffenden Parts ersetzen. Dies bezeichnet man auch als *Overdub-Verfahren*. Durch den Einsatz von Overdubs kann der Eindruck einer größeren Besetzung entstehen.

## 31.3 Die Reihenfolge

Da der Schlagzeuger mit seinen Grooves das rhythmische Fundament für die Band legt, wird in den meisten Fällen mit den Aufnahmen der Drums begonnen, sofern dies möglich ist. Für die Reihenfolge der Aufnahmen möchte ich Ihnen drei unterschiedliche Varianten vorstellen, die allesamt in einem Proberaum zu realisieren sind:

### 31.3.1 Methode 1: Alle spielen, alle sind zu hören

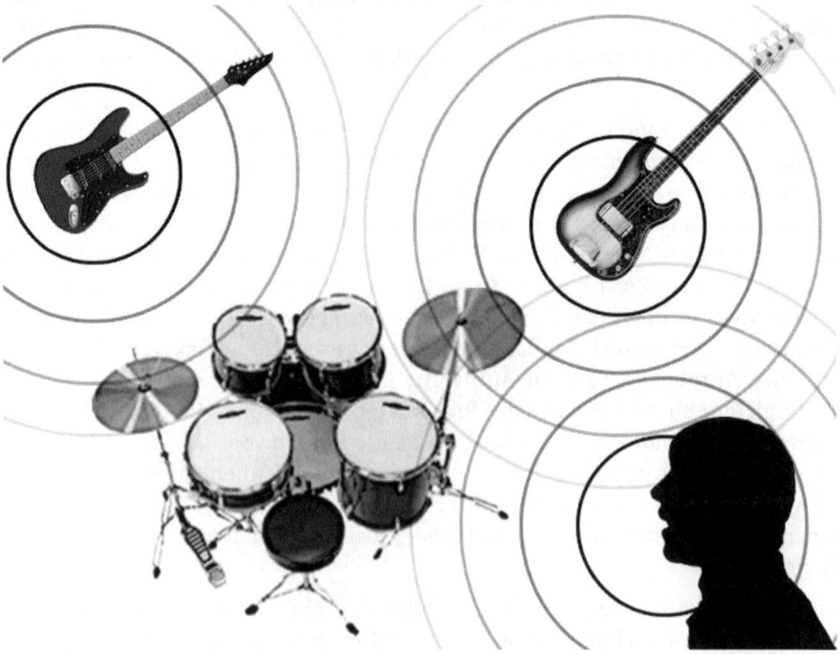

**Abb. 31.1:** Drums im Proberaum aufnehmen 1 – problematische Lösung

Eine wenig elegante Möglichkeit besteht darin, die Band ganz herkömmlich über die Gesangsanlage oder PA mitspielen zu lassen, während Sie das Schlagzeug mit Mikrofonen aufnehmen. Warum diese Methode wenig elegant ist? Nun, die Mikrofone werden bei dieser Variante nicht nur das Audiosignal des Schlagzeugs aufnehmen, sondern auch den Klang der anderen Instrumente beziehungsweise ihrer Verstärker. In diesem Fall spricht man von *Übersprechungen*. (Die Audiosignale der anderen Instrumente würden also auf die Schlagzeugmikrofone übersprechen.)

Dies ist vor allem aus zwei Gründen problematisch:

- Zum einen ist bei dieser Aufnahmeweise der Klang der einzelnen Schlagzeuginstrumente im Mix nicht vollständig unabhängig von demjenigen anderer Instrumente regelbar, da immer auch ein Anteil von ihnen enthalten ist, zum Beispiel ein wenig Gitarrensound auf der Spur der Snaredrum. Dies stellt besonders für die Overhead-Mikrofone ein Problem dar (siehe weiter hinten).
- Zum anderen kann es im Mix Probleme mit der Eindeutigkeit von Signalen geben. Angenommen, der Keyboarder hat sich bei einem bestimmten Part verspielt und verbessert diesen Part nun bei der endgültigen Aufnahme seiner Spuren. In diesem Fall können sich die über die Drum-Overheads aufgenommenen Keyboards deutlich von denjenigen der Keyboardaufnahmen unterscheiden. Dies kann den späteren Mix der Aufnahmen schwierig bis unmöglich machen. Die Nachfolgenden haben es beim sukzessiven Aufnehmen schlichtweg schwer, zuvor gemachte Fehler auszubessern.

### 31.3.2 Methode 2: Alle spielen, nur einer ist zu hören

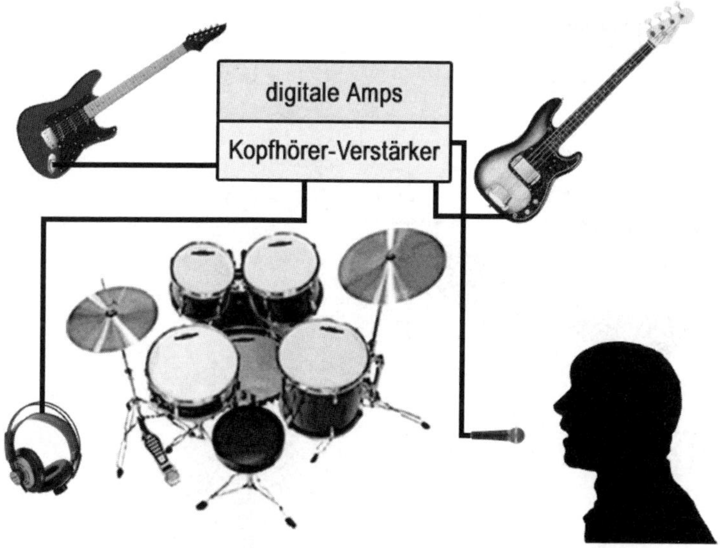


**Abb. 31.2:** Drums im Proberaum aufnehmen 2 – aufwendige Lösung

Die Band begleitet den Drummer während der Aufnahmen des Schlagzeugs, ohne dass deren Spiel über die Schlagzeugmikrofone mit aufgenommen wird. Sie denken, das wäre in einem Proberaum nicht möglich? Doch, das ist es. Diese Herangehensweise ist jedoch mit einigem Aufwand verbunden und setzt einiges Equipment voraus.

Die Gitarristen und der Bassist können mit Digitalverstärkern arbeiten, wie zum Beispiel Line 6 Pod Studio oder einem Kemper Profiler. Den Klang dieser digitalen Klangerzeuger speisen Sie als Recording-Verantwortlicher zusammen mit den Ausgangssignalen eventuell vorhandener Synthesizer, Keyboards oder Sampler in ein kleines Mischpult ein. Damit alle Musiker ihr eigenes Spiel dann über Kopfhörer hören und die Gesamtlautstärke des Mixes individuell regeln können, können Sie auf einen Kopfhörerverstärker mit mehreren Ausgängen zurückgreifen.

**Hinweis**

Keine Bange, nicht jedes Gerät muss gleich gekauft werden. Fragen Sie bei befreundeten und/oder benachbarten Bands nach, ob diese über das benötigte Equipment verfügen und es Ihnen eventuell ausleihen würden. Für viele der Musiker wird es ein Erfahrungszugewinn sein, sich an den Aufnahmen zu beteiligen, sodass sie gerne helfen werden, sofern sie einen Blick auf Organisation, Aufnahme und Mix werfen dürfen. Es gibt durchaus auch einige Musikalienhändler, die übers Wochenende Equipment verleihen. Selbstverständlich versprechen diese Händler sich ein Geschäft davon, dass sie es Ihnen erlauben, sich mit dem Equipment vertraut zu machen. Aber wer sagt, dass Ihnen die entsprechenden Geräte nicht tatsächlich so gut gefallen, dass Sie sie kaufen werden?!

### 31.3.3 Methode 3: Nur einer spielt, nur einer ist zu hören (!)

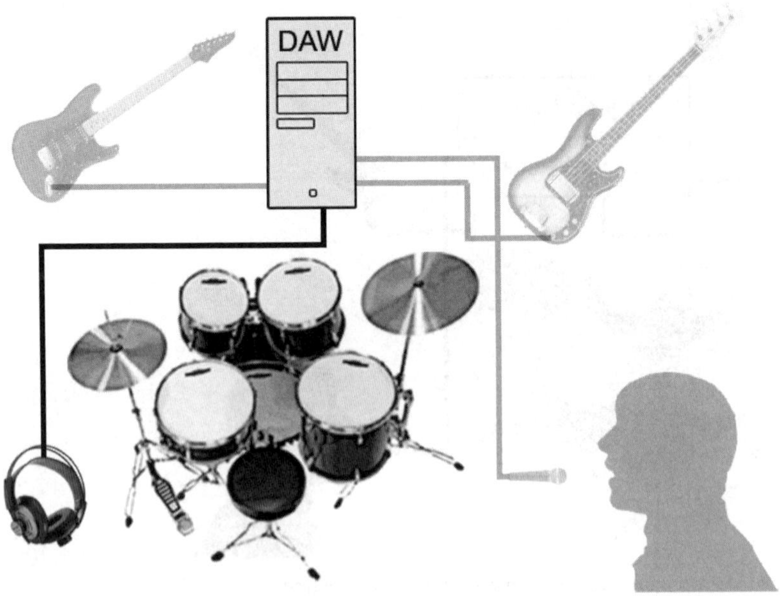


**Abb. 31.3:** Drums im Proberaum aufnehmen 3 – mit Pilot

Bei der meiner Meinung nach besten Variante fürs Homerecording spielt der Schlagzeuger mit einer Pilotspur, auch kurz *Pilot* genannt. Der Drummer hört die Pilot-Aufnahme auf Kopfhörern und spielt dazu, während sein Spiel mit Mikrofonen und einer DAW (oder einem anderen Mehrspurrekorder) aufgenommen wird. Auf diese Weise kommen nur sehr geringe Anteile von Nebengeräuschen (Spielgeräusche, abstrahlender Kopfhörersound usw.) auf die Aufnahmen des Schlagzeugs.

Was auf dieser Pilotspur zu hören sein soll, das sagt am besten der Schlagzeuger, weil er derjenige ist, der zu der darauf enthaltenen Musik einspielen muss. Dabei kann es sich um eine Proberaumaufnahme der Band oder auch einen zuvor programmierten Track handeln. Solange der Schlagzeuger dazu spielen kann, ist alles erlaubt. Dafür ist es in den meisten Fällen wichtig, dass der Drummer in der Pilotspur Anhaltspunkte findet, um sich im Ablauf zurechtfinden zu können. Außerdem kann er zu diesen Aufnahmen sein eigenes Spiel synchronisieren (siehe auch *Click-Track*, weiter unten).

Besser noch als eine Proberaumaufnahme der kompletten Band eignet sich ein echtes *Play-along-Stück* als Pilotspur. Ein Play-along enthält alle Instrumente außer demjenigen, das dazu spielt. Wie müssen Sie hierfür vorgehen? Sie programmieren zusammen mit dem Drummer im Softwarestudio (z. B. Cubase) eine einfache, an den Songablauf angepasste Schlagzeugspur. Zu dieser lassen Sie die anderen Bandkollegen im Proberaum spielen und nehmen mit einem oder zwei Mikrofonen deren Spiel auf. Fertig ist eine einfache Pilotspur, die schneller eingespielt ist, als Sie denken. Die Instrumentalisten und der Sänger müssen ja noch nicht perfekt spielen, kleine Ungereimtheiten dürfen auf diesen Aufnahmen ruhig zu hören sein, schließlich werden Sie sie später wieder löschen und durch neue Einzelspuren ersetzen.

**Hinweis**

Für den Fall, dass nicht der Schlagzeuger mit dem Stück beginnt, sondern ein anderer Instrumentalist oder Sänger, sollten Sie den Drummer mit den Sticks oder der HiHat nicht nur für den Einsatz des Songs vorzählen lassen, sondern auch während derjenigen Parts, in denen er nicht spielt, nach Möglichkeit per Sticks oder HiHat vor jedem Aufnahmetake die Taktschwerpunkte spielen lassen. Diese Vorzähler und/oder Schläge nehmen Sie ebenfalls mit auf. Sie können diese Audiosignale später mühelos entfernen oder aber auch nutzen.

**Know-how**

Selbst in »großen« Produktionen werden mitunter solche Vorzähler auch und gerade mitten in den Songs belassen und nicht gelöscht, um eine authentische Atmosphäre von Bandgefüge und Zusammenspiel zu erzeugen (z. B. auf dem Album *Painkiller* der Heavy-Metal-Legende Judas Priest).

## 31.4 Click-Track

Beim *Click-Track* oder auch *Click* handelt es sich um ein gleichmäßiges Audiosignal, das im Tempo des Songs zu hören ist und einem Musiker während der Aufnahme als Hilfestellung dient, um im Takt bleiben zu können. Zumeist gebraucht man einen Click, der die Viertelschläge eines Taktes wiedergibt, je nach Taktart und/oder Songstruktur werden aber auch Achtel- oder (in Ausnahmefällen) auch Sechzehntel-Clicks verwendet. Ein Click dient den Musikern bei der Aufnahme dazu, ihr Spiel dem vereinbarten Tempo anzupassen, auch wenn alle Musiker ihre Songparts für eine Songaufnahme nacheinander einspielen. Durch das Benutzen eines Click-Tracks können Sie verhindern, dass die Aufnahmen eines Stücks mit 120 Schlägen in der Minute beginnen und der Song tempomäßig am Ende auf 100 bpm *(beats per minute)* abfällt. Früher musste oftmals ein separater Click-Track programmiert werden. Mittlerweile können Sie bei beinahe allen Softwarestudios einen Click zum Audiosignal hinzuschalten. Doch nicht bei allen Musikstilen oder Stücken eignet sich ein Click-Track. Oftmals wirken kleine Tempoänderungen belebend für einen Song, und auch nicht alle Musiker können zu einem Click-Track problemlos spielen. Wenn Sie ein fortgeschrittener »Homerecordler« sind, können Sie darauf eingehen, indem Sie das Tempo (und damit den Click-Track) innerhalb Ihres Softwaresequenzers geringfügig variieren. Eine solche Arbeitsweise würde beispielsweise bei der Sequenzersoftware Cubase über das Programmieren/Anlegen einer sogenannten *Tempospur* ermöglicht.

## 31.5 Einpegeln

Nicht nur die Art und Weise des Einspielens und die Frage der dabei verwendeten Technik sind entscheidend. Gravierende Fehler bei der Aufnahme können bereits von Anfang an vermieden werden. Wenn wir davon ausgehen, dass Sie die beteiligten Mikrofone nach Beachtung der Tipps in Kapitel 17, »Mikrofone, für Ihre Aufnahmesituation bestmöglich aufgestellt haben oder aber mit Digitalverstärkern oder DI-Boxen arbeiten, ist der erste Schritt das Einpegeln des Nutzsignals. Diese Pegelpraxis wird auch als *Metering* bezeichnet. Hierbei können Sie bereits entscheidende Fehler machen, die später durch kein Effekt-Plug-in wieder auszubessern sind. Es sind also Ihre Konzentration und Ihr Feingefühl gefordert, denn ...

- Wird ein Audiopegel zu hoch ausgesteuert, so hängt es von der Art des Equipments und des Aufnahmemediums ab, wie sich diese Übersteuerung auswirkt. Arbeiten Sie mit digitalen Komponenten, so äußert sie sich meist dadurch, dass Knackser entstehen und das Aufgezeichnete dadurch unbrauchbar wird (siehe auch den Unterabschnitt »Übersteuerung« in Abschnitt 3.7.1).
- Wird ein Signal hingegen zu gering eingepegelt, kann dies zu einem schlechteren Signal-Rausch-Abstand führen. Das heißt, der Pegelunterschied zwischen den Signalspitzen des Nutzsignals und dem Grundrauschen der an der Aufnahme beteiligten Geräte ist geringer als optimal, was zu einem unnötigen Verlust der Dynamik der Aufnahme führt.

**Hinweis**

Lesen Sie in diesem Zusammenhang auch die Abschnitte 3.3, »Kanalzüge« und 3.3.2, »Gain oder Trim«, und klären Sie für sich die weiter vorn im Buch erläuterten Begriffe und Arbeitsweisen von VU- und Peak-Metern sowie den dB-Begriff.

## 31.6 Teamgeist oder: Wie man die Ruhe bewahrt

Nicht zu unterschätzende Faktoren bei Musikaufnahmen sind neben der Technik die Bereiche Kommunikation und Psychologie. Stresssituationen können dazu führen, dass sich ehemals gute Freunde entweder wie handscheue Hunde oder wie wahre Furien aufführen. Dazu können viele Faktoren beitragen:

- **Kommunikation**
  - **Gemeinsame Sprache finden:** Klären Sie möglichst früh während (oder besser vor) einer Aufnahme mit jedem Musiker zentrale Begriffe. Was für den einen der »Refrain« ist, ist für den anderen der »Chorus«. Der eine sagt »C-Teil«, für den Nächsten ist es die »Bridge«. Hier ist Verständigung gefragt, um den Überblick zu behalten und eine entspannte Atmosphäre nicht aufgrund von Missverständnissen kippen zu lassen.
  - **Sachlichkeit:** Werden Sie nicht persönlich, sondern bleiben Sie stets sachlich. Versuchen Sie, dem einspielenden Musiker auftretende Probleme kurz und knapp zu erläutern, und reagieren Sie auf Unerwartetes wie ein echter Homerecording-Produzent: locker.
  - **Persönliche Ebene:** Bei aller Sachlichkeit ... seien Sie menschlich! Die anderen sind schließlich auch nur Musiker.
- **Psychologie**
  - **Motivation:** Niemand möchte ausschließlich kritisiert werden. Stellen Sie deshalb bei der Bewertung eines Aufnahmetakes immer auch die positiven Seiten heraus. Sie werden sehen: Gut zureden bewirkt manchmal Wunder.

  - **Konzentration:** Schaffen Sie für sich und die an der Aufnahme beteiligten Musiker eine angenehme Arbeitsatmosphäre, die frei ist von Störungen und Unterbrechungen. Schalten Sie Handys und Telefone ggf. aus und bitten Sie Anwesende (auch Mitmusiker), die nicht an der Aufnahme beteiligt sind, sich nicht nur während, sondern auch zwischen den Aufnahmetakes ruhig zu verhalten. Auf diese Weise können alle Beteiligten hochkonzentriert ans Werk gehen.
- **Technik**
  - **Technik instand halten:** Das bedeutet, dass Sie im Vorfeld einer Aufnahme überprüfen, ob Ihr Equipment zuverlässig und »in Schuss« ist, also beispielsweise ausreichend Speicherplatz vorhanden ist oder die Batterien für Kondensatormikrofone noch genügend Spannung liefern.
  - **Kompetenz:** Schauen Sie in die Technik-Kapitel dieses Buches oder vergleichbarer Titel, wann immer Ihnen eine aufnahmetechnische Frage in den Sinn kommt, und bilden Sie sich weiter.

Indem Sie diese möglichen Problemfelder erkennen und entweder Vorsichtmaßnahmen treffen oder aber darauf zu reagieren wissen, können Sie auch Aufnahmen mit Musikern zu Ende bringen, die eher schwierige Zeitgenossen sind. Denn letztlich arbeiten Sie als Homestudio-Produzent optimalerweise mit den Musikern als Team, um ein gemeinsames Ergebnis zu schaffen.

**Hinweis**

Alle oben aufgeführten Punkte gelten auch und gerade, wenn Sie allein im Homestudio arbeiten. Klären Sie für sich Begriffe, bemühen Sie sich, Ihre Hard- und Software zu verstehen, und kritisieren Sie sich nicht nur, sondern freuen Sie sich über jeden kleinen (Sound-)Erfolg.

Kapitel 32

# Recording konkret

## 32.1 Schlagzeugaufnahmen

Ein Schlagzeug verfügt über mehrere einzelne Instrumente: HiHat, Snare, Kickdrum, Toms, Becken und ggf. weitere Percussionelemente. Drums zu mikrofonieren oder über Trigger aufzunehmen ist deshalb zwar eine anspruchsvolle Aufgabe, aber keineswegs unmöglich. Nach einigen Versuchen werden Sie sicherlich bereits gute Ergebnisse erzielen können.

### 32.1.1 Räumlichkeiten

Sofern Sie nicht über einen großen Aufnahmeraum verfügen, wovon ich erst mal ausgehe, können Sie das Schlagzeug auch hervorragend in einem Proberaum aufnehmen. Hierfür sollten Sie beachten, dass es beim Anschlagen einzelner Kessel zu einem »wummernden« Sound kommen kann. Das kann vielfältige Ursachen haben.

Die naheliegendste ist das Schwingverhalten der Schlag- und Resonanzfelle von Kickdrum, Snare und Toms. Besonders bei Verwendung von einschichtigen Fellen, die entsprechend länger nachklingen als doppelschichtige oder integriert gedämpfte Felle, treten solche unerwünschten Resonanzen auf. Ist dies der Fall, so sollten Sie die Felle der problematischen Kessel bedämpfen. Hierzu reicht es bei einer Kickdrum oftmals aus, eine Decke hineinzulegen, die Schlag- und Resonanzfell berührt. Die Profivariante mit Akustikdämmmatten ist natürlich schick, kostet aber auch ihren Teil. Toms und Snaredrum können Sie mit anschraubbaren Dämpferpads von den unerwünschten Resonanzen befreien. Eine kostengünstigere Methode ist hingegen das Bekleben der Felle mit einem zusammengefalteten Papiertaschentuch und Klebeband. Dies ist auch bei der Snare möglich. Hier kommt aber auch häufig ein Ring zum Einsatz, den Sie auf das Schlagfell legen können. Er ist aus einem alten Snarefell schnell selbst hergestellt.

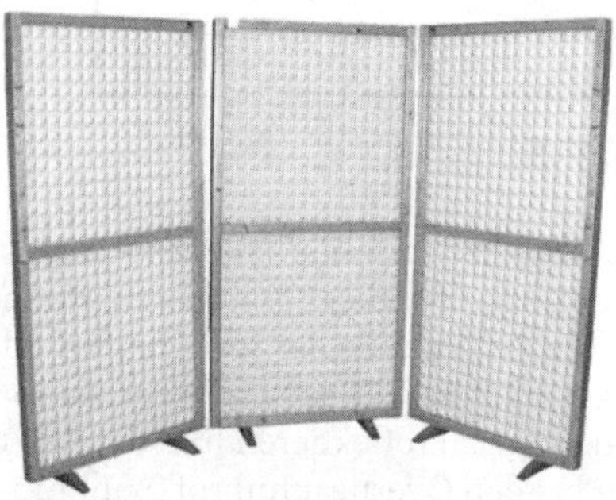

**Abb. 32.1:** Stellwände gegen »stehende Wellen«

Eine andere Ursache können Raumresonanzen sein. Dies ist der Fall, wenn der Raum selbst quasi »zu schwingen beginnt«. Tatsächlich ist es so, dass die vom Schlagzeug erzeugten Schallwellen bei bestimmten Frequenzen im Raum von Fläche zu Fläche reflektiert werden. Dies klingt dann, als ob der ganze Raum mit dem Ton ausgefüllt wäre. Man spricht auch von einer »stehenden Welle«. Als Gegenmaßnahme können Sie einerseits diejenigen Kessel, die die Probleme bereiten, geringfügig umstimmen. Andererseits können Sie auch akustische Elemente wie etwa Trennwände aufstellen, mit deren Hilfe Sie die Entstehung der »stehenden Wellen« unterbinden. Diese Stellwände können entweder professionelle Akustikelemente oder für den Hausgebrauch mit Teppich bespannt sein. Belassen Sie es aber bei der Problembehebung und versuchen Sie nicht, einen »toten Raum« zu erzeugen, in dem keine oder kaum Reflexionen stattfinden. Dies ist in den meisten Fällen für einen guten Drumsound nicht förderlich und lässt das Schlagzeug matt klingen. Die zusätzlichen Reflexionen sind nicht allesamt pauschal *schlecht* für Ihre Aufnahmen, sondern können dem Klang wichtige Obertöne hinzufügen, die für die notwendige Lebendigkeit sorgen.

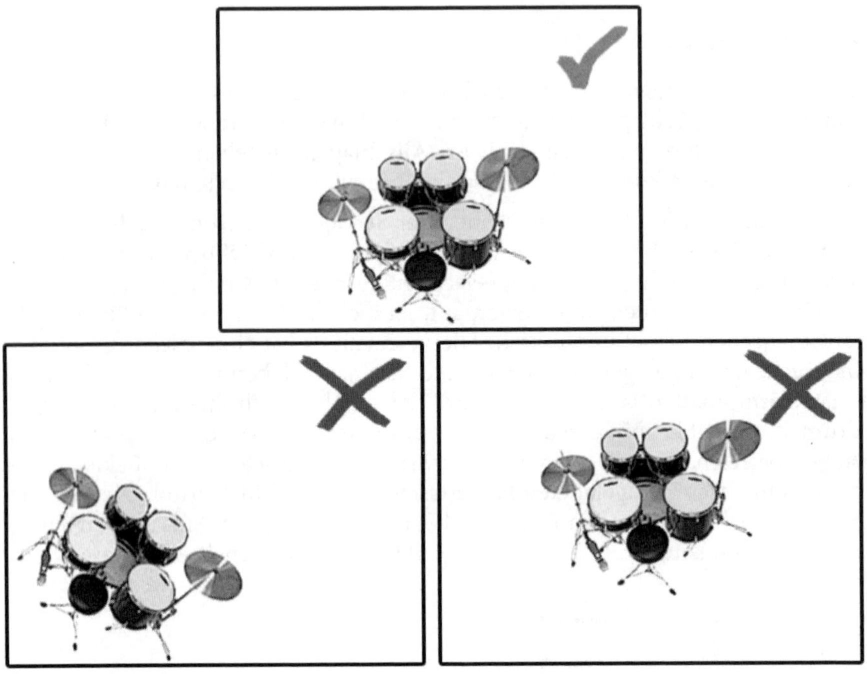

**Abb. 32.2:** Die richtige Positionierung des Schlagzeugs im Raum

Eine weitere Lösung stellt das Umpositionieren des Schlagzeugs innerhalb des Raumes dar. Im ungünstigsten Fall steht das Schlagzeug in einer Raumecke. Besser ist es, wenn es sich in der Mitte vor einer Wand befindet, sodass die Reflexionen der Wand aufgrund ihrer kurzen Reflexionszeit zum Gesamtsound beitragen können. Dies ist in einer Raumecke dagegen selten der Fall, weil dort zwei Wände den Schall reflektieren und damit zu einem ungenauen, verfälschenden Signal (vor allem bei den Overheadmikrofonen) führen können. Auch eine Positionierung des Schlagzeugs in der Raummitte kann sich negativ auf den Drumsound auswirken. Da der Schall der Drums sich dabei in alle Richtungen ausbreiten kann und mit vergleichsweise langen Reflexionszeiten zurückgeworfen wird, heben Sie damit den Anteil des Umgebungsschalls gegenüber dem Direktschall unnötig an und erzeugen im ungünstigsten Fall ein Dröhnen in den Bässen und unteren Mitten. Stattdessen sollten die Drums mit dem Rücken mittig vor einer Wand platziert sein (siehe Abbildung 32.2).

## 32.1.2 Strategie

Wichtig ist, dass Sie eine Strategie entwerfen. Diese sollte rechtzeitig mit dem Schlagzeuger abgesprochen und verfeinert werden, um einen reibungslosen Aufnahmeablauf gewährleisten zu können. Zu dieser Strategie gehört unter anderem, dass Sie sich einen Überblick über die einzelnen Instrumente des aufzunehmenden Schlagzeugs verschaffen. Am besten schauen Sie sich das Drumkit vor Ort einmal an und machen sich entsprechende Notizen zur Bestückung und Aufstellung. Eine weitere Methode ist es, sich vom Schlagzeuger eine entsprechende Grafik anfertigen zu lassen. In Abbildung 32.3 sehen Sie beispielsweise das Setup eines umfangreichen Drumsets´.

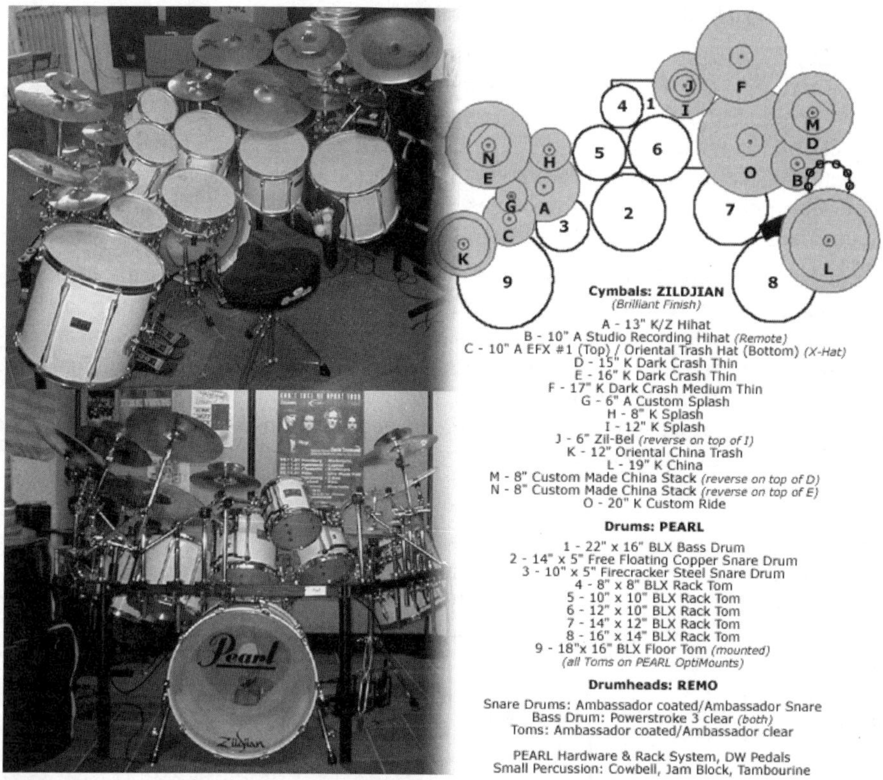


**Abb. 32.3:** Bestückung und Aufstellung eines Schlagzeugs

Also los: Welche Möglichkeiten stehen uns zur Verfügung? Da haben wir zum einen die Variante ...

### 32.1.3 Mikrofonierung

Die beiden zentralen Fragen bei der Mikrofonierung eines Schlagzeugs sind »Welche Mikrofone benötige ich?« und »Wie stelle ich sie auf?« Zuerst einmal ist die konkrete Anzahl der benötigten Mikrofone vom Schlagzeug selbst und von der Recording-Hardware abhängig, mit der Sie arbeiten. Gehen wir einmal davon aus, dass Sie im Besitz eines modernen Multichannel-Audio-Interface sind, so können wir voraussetzen, dass Ihnen acht oder sogar zehn Kanäle für die Aufnahme des Schlagzeugs zur Verfügung stehen. Ferner gehen wir von einem Drumkit mit der folgenden Bestückung aus:

- Kickdrum
- Snaredrum
- High Tom, Mid Tom, Low Tom
- HiHat
- Ride
- High Crash, Mid Crash
- China

(Sollten Ihnen diese Bezeichnungen nichts sagen, sprechen Sie mit dem Schlagzeuger darüber. Er wird sich über Ihr Interesse freuen.)

All diese Einzelinstrumente des Schlagzeugs sollen in der fertigen Aufnahme vertreten und zu hören sein. Das Ergebnis wird Sie jedoch enttäuschen, wenn Sie einfach je ein Mikrofon vor eines der Einzelinstrumente stellen und auf *Aufnahme* drücken. Auswahl und Positionierung der Mikrofone sind maßgeblich entscheidend für den späteren Klang des Schlagzeugs in Ihrer Produktion. Sie dürfen nicht vergessen, dass Ihre musikalische Wahrnehmung durch jahrelanges Hören von Musikproduktionen auf einen gewissen Klang hin geprägt wurde. Diesem versuchen wir nahezukommen.

Die einfachste Methode ist die Aufnahme mit vier Mikrofonen. Sie sind die Mindestvoraussetzung zur Durchführung einer guten Schlagzeugaufnahme. Dabei brauchen Sie zwei Mikrofone für den Gesamtklang des Schlagzeugs, die Sie mit Mikrofonstativen über dem Schlagzeug anbringen. Außerdem benötigen Sie je ein Mikrofon für Kick- und Snaredrum, die als »Stützmikrofone« fungieren, damit Sie deren Klang zum Gesamtsound hinzumischen und weitestgehend getrennt hinsichtlich Lautstärke und Frequenzbearbeitung regeln können.

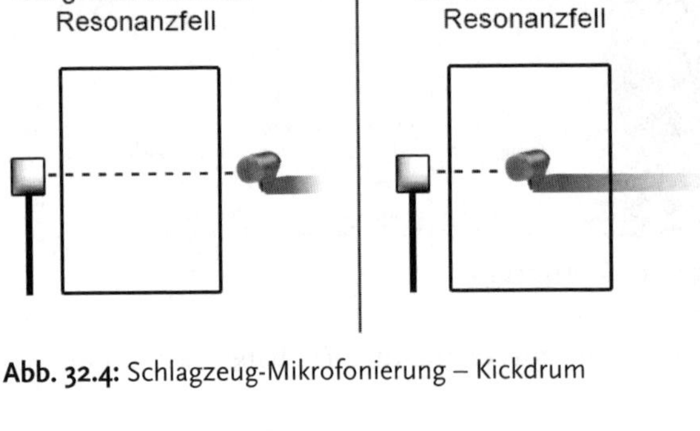


**Abb. 32.4:** Schlagzeug-Mikrofonierung – Kickdrum

Beginnen wir mit der Kickdrum. Bei geschlossenem Resonanzfell können Sie das Mikrofon direkt davor platzieren. Ist hingegen ein Loch zum Druckausgleich im Resonanzfell, so sollten Sie das Mikrofon so positionieren, dass es zum Anschlagspunkt des Kickdrum-Schlegels hin in dieses Loch hineingerichtet ist und sich die Mikrofonkapsel in etwa auf Höhe des Resonanzfells befindet. Zu diesem Zwecke gibt es spezielle niedrige Stative, wie diejenigen der Firma König & Meyer. Für mehr Attack und den typischen »Kicksound«, den beispielsweise Kickdrums in Heavy-Metal-Produktionen aufweisen, können Sie ein höhenempfindlicheres Mikrofon verwenden und zusätzlich mit der Positionierung experimentieren. Bringen Sie das Mikrofon tiefer in den Kickdrum-Kessel hinein und richten Sie es direkt vor den Anschlagsschlegel, sollte der Attackanteil gegenüber dem »Bassbauch« des Sounds stark angehoben sein.

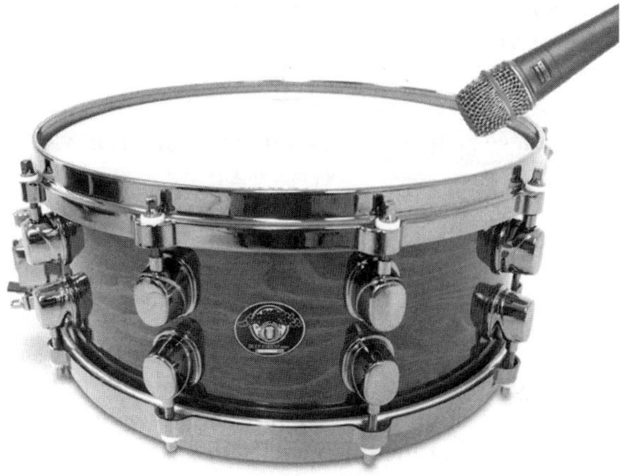

**Abb. 32.5:** Schlagzeug-Mikrofonierung – Snaredrum

Bringen Sie das Hauptmikrofon für die Snare am Schlagfell an. Es sollte in einem flachen Winkel zum Schlagfell positioniert sein und mit der Membran auf eine Stelle des Fells gerichtet sein, die das Aufnehmen eines ausgeglichenen Klangs begünstigt. Eine aufwendigere Methode ist das zusätzliche Mikrofonieren des Resonanzfells. Dadurch können Sie einen Snare-Mix erstellen, bei dem Sie den Klang des Snare-Teppichs weitestgehend separat regeln können.

Hinweise zum Platzieren der Overheadmikrofone finden Sie im Teil 3, Abschnitt 17.12, »Stereomikrofonie«.

Die nächstgrößere Variante ist das Mikrofonieren des Schlagzeugs mit einem speziellen Mikrofonset für diesen Zweck, wie dem Shure PGDMK6. Die Anschaffung eines solchen Sets hat viele Vorteile. Sie bekommen alle benötigten Mikrofone fix und fertig mit Montageklammern, Kabeln und schützendem Tragekoffer und müssen sich nicht darum sorgen, ob das Mikrofon, das Sie verwenden, auch tatsächlich für das jeweilige Schlagzeuginstrument geeignet ist oder nicht. Mit der enthaltenen Stereoschiene wird es einfach, die enthaltenen Overheadmikrofone über dem Schlagzeug so auszurichten, dass Auslöschungen im Signal vermieden werden; also ein »Rundum-sorglos«-Paket.

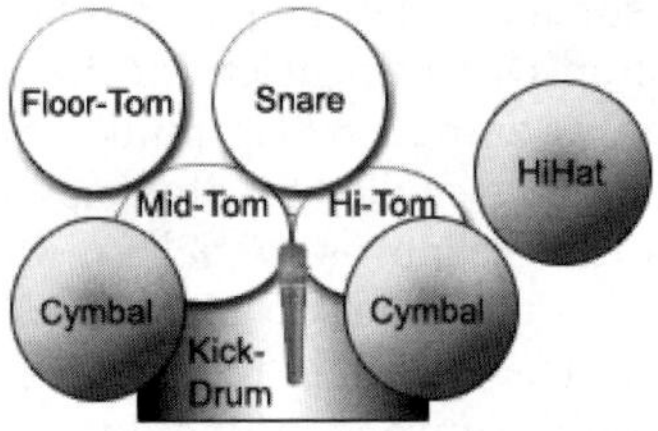


**Abb. 32.6:** Schlagzeug-Mikrofonierung – Toms

Für die Toms gelten ähnliche Voraussetzungen wie für die Snaredrum. Jedoch ist es hier durchaus auch möglich, dass Sie je ein Mikrofon für zwei Toms verwenden, indem Sie es zwischen deren Schlagfellen ausrichten. Es sollte sich aber um ein Mikrofon mit Nieren-Charakteristik handeln, um deren Vorzüge nutzen zu können. Am wenigsten störend bauen Sie die Mikrofone auf, wenn Sie sie zwischen Toms und Cymbals hindurch von vor dem Schlagzeug nach »innen« hineinreichen. Der Abstand zu den Schlagfellen sollte groß genug sein, dass diese sich auch tatsächlich im Einstrahlwinkel des Mikrofons befinden.

### 32.1.4 Checkliste »Drums mikrofonieren«

Hier eine Checkliste, wie Ihre Vorbereitungen für die Schlagzeugaufnahme mit Mikrofonen aussehen könnten.

- Stellen Sie sicher, dass die Trommeln des Schlagzeugs gut gestimmt sind und im Raum bereits so klingen, wie Sie sich den Sound vorstellen. Späteres »Geradebiegen« über Equalizer ist zwar möglich, darf aber nicht Ihr Ziel sein.
- Tragen Sie Sorge, dass sich weder Toms noch Snare, Kickdrum oder Becken gegenseitig berühren. Ausgenommen sind natürlich die verwendeten Halterungen, die für gewöhnlich Schockdämpfungen eingearbeitet haben, um Übersprechungen der Kessel zu verhindern.
- Achten Sie darauf, ob der Snare-Teppich beim Anschlagen eines Toms schnarrt. Ist dies der Fall, so können Sie Glück haben und das Schnarren durch geringfügiges Verstimmen des Toms beheben.

Eine andere Möglichkeit bietet das Aufnehmen von Spielsignalen über ...

### 32.1.5 Trigger

Bei dieser Variante nehmen Sie nicht den Klang der einzelnen Kessel und Becken des Schlagzeugs auf, sondern lediglich die Spielinformation als MIDI-Daten. Zu diesem Zweck bringen Sie Triggermikrofone an die Kessel und Becken an, die die Spielinformation über einen Wandler an den Sequenzer übertragen, mit dessen Hilfe Sie diese dann abspeichern können.

Wie Sie im vorangegangenen Abschnitt über MIDI bereits erfahren konnten, gehören dazu Informationen wie Zeitpunkt des Schlags, Anschlagstärke und einiges mehr. Diese Daten werden mittels Triggermikrofonen aufgezeichnet, die an die Schlagzeugkessel montiert werden. Zusätzlich ist ein Triggermodul als Wandler erforderlich. Auf diese Weise können Sie beispielsweise die Daten von zehn Triggermikrofonen in einen einzigen MIDI-Datenstrom wandeln lassen und mit Ihrer DAW aufzeichnen.

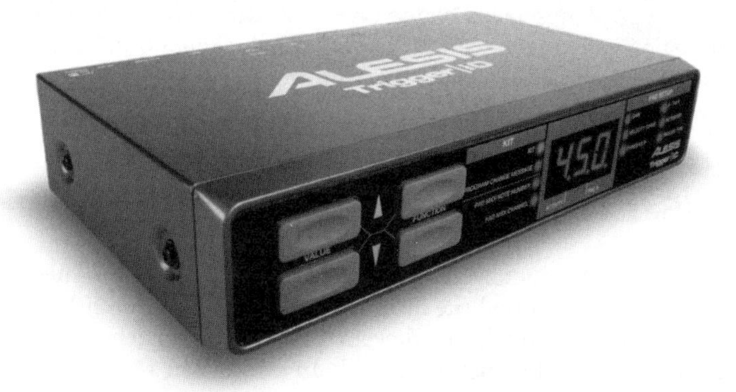


**Abb. 32.7:** Triggermodul Alesis Trigger (Quelle: www.alesis.com)

Wenn die Qualität der Daten gut ist, sparen Sie sich eine Menge Nachbearbeitung, die Sie sonst gegebenenfalls viel Zeit und Nerven kosten kann. Deshalb mein Rat: Nehmen Sie sich meine nachfolgenden Tipps zu Anbringung, Aufbau und Justierung von Triggern und Triggermodulen zu Herzen. In der Regel werden Triggermikrofone mit Halteklammern für Spannringe der Schlagzeugkessel angeboten. Sie stoßen jedoch immer mal wieder auch auf »nackte« Triggermikrofone, die keinerlei Halterung aufweisen. Diese können Sie dann mit Klebestreifen auf die Schlag- bzw. Resonanzfelle des Schlagzeugs aufkleben. Wenn das den Klang des Schlagzeugs beeinflusst, ist das nicht weiter schlimm, denn schließlich zeichnen Sie mit den Triggern keine Klang-, sondern Spielinformationen auf!

### 32.1.6 Checkliste »Drums triggern«

Hier eine Checkliste, der Sie entnehmen können, wie Ihre Vorbereitungen für die Schlagzeugaufnahme mit Triggern aussehen sollten.

- Vergewissern Sie sich, dass Toms, Snare, Kickdrum und Becken sich gegenseitig nicht berühren. So vermeiden Sie Anschlagsübersprechungen während der Aufnahme.
- Benutzen Sie unbedingt die verschiedenen Einstellungsmöglichkeiten des Triggermoduls.
- Stellen Sie beispielsweise die Werte für die Erkennung der einzelnen Triggermikrofone so ein, dass Sie bereits im Vorfeld der Aufnahme den Anschlagsbereich einzelner Schlagzeuginstrumente hinsichtlich der Dynamik einschränken (z. B. Kickdrum). Auch dadurch verhindern Sie Übersprechungen.
- Führen Sie eine Testaufnahme durch und bewerten Sie die aufgezeichneten MIDI-Daten. Hierfür benötigen Sie allerdings einige Erfahrung. Je öfter Sie aber diese Art Aufzeichnungen durchführen, desto leichter wird Ihnen die Qualifizierung der Triggerdaten mit jedem Mal fallen. Sie können die Triggerdaten ggf. auch mit einem auf Ihrer DAW installierten Drum-Sampler abhören.

**Hinweis**

Aber Achtung! Es geht auch hier um die »Qualität der Daten« und nicht etwa um die »Qualität des Gehörten/des Klangs«, weil häufig diverse Parameter eines Schlagzeug-Samplers erst noch justiert und angepasst werden müssen. Stellen Sie also fest, ob es an den Daten oder an den Samplereinstellungen liegt, wenn das, was herauskommt, nicht so klingt, wie es soll.

## 32.2 Gitarren-/Bassaufnahmen

Zwar gibt es hinsichtlich des Frequenzverhaltens sicher deutliche Unterschiede zwischen Gitarren und E-Bässen, die Aufnahme ihres verstärkten Klangs durch Mikrofone unterscheidet sich jedoch nur marginal. Aus diesem Grund schreibe ich im Weiteren ausschließlich »Gitarren«. Sie dürfen sich aber auch angesprochen fühlen, wenn Sie einen E-Bass aufzeichnen möchten.

Für die Aufnahme von Gitarren lassen sich zwei grundlegend verschiedene Aufnahmearten unterscheiden:

- Direkteinspeisung über Verstärker und
- Mikrofonierung von Lautsprecherboxen oder Akustikgitarren.

Bei der Direkteinspeisung des Gitarrensignals läuft alles sehr einfach und übersichtlich ab. Sie stöpseln die Gitarre in den Instrumenteneingang Ihres (Modeling-)Verstärkers ein und verbinden den Line- oder besser den Digitalausgang des Geräts mit einem Audioeingang Ihrer DAW. Alle weiteren Schritte müssen nun ausschließlich in der DAW vorgenommen werden. Dahingegen bietet die Mikrofonierung eines Gitarrenverstärkers schon eine weitaus größere Anzahl möglicher Fehlerquellen.

### 32.2.1 Mikrofonierung von Lautsprechern

Selbstverständlich stehen am Beginn einer guten Gitarrenaufnahme stets eine gute Gitarre und ein Gitarrist, der sein Instrument beherrscht und einen »guten Ton« herausholt. Außerdem ist der Verstärker wichtig, der den Lautsprechern vorgeschaltet ist. Für gewöhnlich sorgen Röhrenverstärker für einen warmen, runden Klang. Doch auch mit einigen digitalen Modelingverstärkern lassen sich mittlerweile Sounds von ähnlicher Qualität erzielen. Experimentieren Sie hierbei unbedingt.

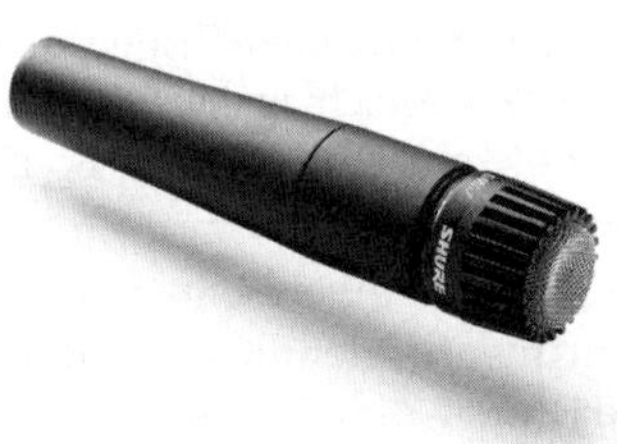


**Abb. 32.8:** Gute Wahl für Verstärker-Mikrofonierung – Shure SM 57 (Quelle: www.shure.de)

Der Verstärker, der Ihnen für den Live-Einsatz am besten gefällt, muss nicht unbedingt auch den besten Recording-Sound liefern. Da die Mikrofonierung nicht den gesamten »Druck« eines großen Verstärkers einfangen kann, ist die Wattzahl nicht die entscheidende Größe für die Wahl des Recordingverstärkers. Gerade kleine Röhrenverstärker können bei Aufnahmen oftmals einen prägnanten Sound erzielen.

### 32.2.2 Mikrofonwahl

Wenn Sie sich für einen Verstärker entschieden haben, geht es darum, das passende Mikrofon zu finden. Hierfür müssen Sie bedenken, dass Sie die Mikrofonkapsel dicht an die Lautsprechermembran heranführen werden *(Close Miking)*. Dies führt dazu, dass die Membran des Mikrofons einen hohen Schalldruck aufnehmen können muss – der entscheidende Grund, warum man sich beim Close Miking von Gitarrenaufnahmen in der Regel für dynamische Mikrofone entschließt. Auf diese Weise kann der »Druck« des Verstärkers/des Lautsprechers sehr unmittelbar aufgezeichnet werden. Standardmikrofone zum Zweck der Gitarren-Mikrofonierung sind etwa das Shure SM 57, das Shure Beta 57 oder auch die Sennheiser-Modelle MD 421, MD 409 sowie e606 und e906. Auch Bändchenmikrofone eignen sich zur Mikrofonabnahme von Gitarrenverstärkern. Großmembranige Kondensatormikrofone sind hingegen eine gute Wahl für das zusätzliche Einfangen des Raumklangs (siehe unten). Um die verschiedenen charakteristischen Soundfärbungen durch die Mikrofone kennenzulernen, sollten Sie sie am besten in der Praxis ausprobieren.

### 32.2.3 Lautsprecher und Mikrofonpositionierung

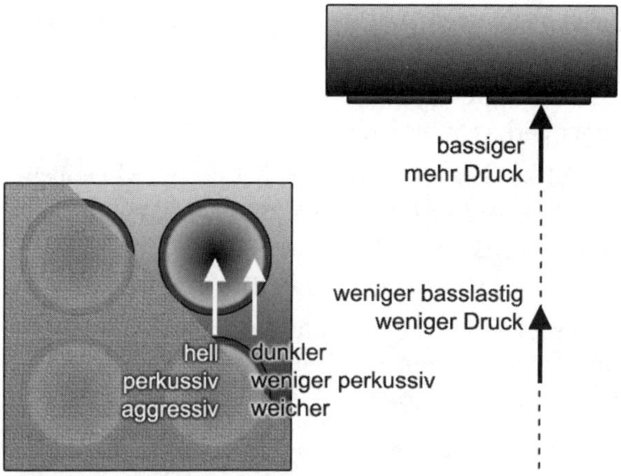


**Abb. 32.9:** Positionierung des Mikrofons an der Membran

Um zu vermeiden, dass Sie phasenverschobene Signale durch Laufzeitunterschiede bekommen, mikrofonieren Sie bei einer Speaker-Cabin mit mehreren Lautsprechern am besten nur eine der Membrane. Monoaufnahme ist also angesagt. Sicherheitshalber sollten Sie das Mikrofon außerdem am Rande der Box platzieren, um so das geringfügig zeitverzögerte Einstreuen von Signalen weiterer Membrane weitestgehend zu vermeiden. Richten Sie also das Mikrofon nicht auf die Mitte der Box aus, sondern stets nur auf eine Membran, und zwar am Rand der Speaker-Cabin.

Wenn Ihnen das ausschließliche Close Miking des Gitarrenlautsprechers zu »flach« klingt, können Sie Ihrem Gitarrensound durch die Aufnahme des Raumklangs eine weitere Dimension hinzufügen. Als Raummikrofon eignen sich dabei hervorragend Kondensatormikrofone, die den Raumklang in der Regel besser einfangen können.

Beachten Sie auch, dass die Position des Verstärkers/der Speaker-Cabin im Aufnahmeraum Einfluss auf den Klang der Aufnahme nehmen kann. Vermeiden Sie eine parallele Aufstellung des Verstärkers/der Speaker-Cabin in unmittelbarer Nähe zu davor oder dahinter liegenden Wänden, um stehende Wellen ausschließen zu können. (Für den Raumklang soll schließlich das Raummikrofon sorgen ...)

## Praxistipps zur Mikrofonierung von Gitarrenverstärkern

*Kann ich auch mein dynamisches Gesangsmikrofon zur Gitarrenaufnahme verwenden?*

Selbstverständlich kommt es einerseits zwar auf den Versuch an ... andererseits ist von der Verwendung von Gesangsmikrofonen nach Möglichkeit abzusehen. Die Frequenzgänge dieser Mikrofone sind für die menschliche Stimme optimiert und folglich stark konturiert. Deshalb ist es sehr wahrscheinlich, dass Sie den Klang Ihres Gitarrenverstärkers durch die Aufnahme mit einem Gesangsmikrofon »verbiegen«.

*Wie finde ich die richtige Position für das Mikrofon an der Lautsprechermembran?*

Als Startposition eignet sich die folgende Ausrichtung: Hinsichtlich des Abstands zur Membran sollten Sie unmittelbar am Schutzgitter des Lautsprechers beginnen, während die Ausrichtung der Mikrofonkapsel parallel zur Lautsprecherbox ist und das Mikrofon zwischen Membranzentrum (Kalotte) und -rand auf die Membran zeigt.

Bewegen Sie das Mikrofon bei gleichbleibendem Abstand zum Lautsprecher in der Horizontalen oder Vertikalen, um den eingefangenen Klang zu verändern:

- *näher zur Kalotte:* heller, perkussiver, aggressiver
- *näher zum Rand:* dunkler, weniger perkussiv, weicher

Ändern Sie nun die Entfernung des Mikrofons zum Lautsprecher (bei gleichbleibender Ausrichtung auf die Membran), um den eingefangenen Druck zu verändern:

- *näher zur Membran:* bassiger, mehr Druck
- *weiter von der Membran entfernt:* weniger basslastig, weniger Druck

Zusätzlich zu diesen beiden Parametern können Sie auch mit der Neigung des Mikrofons spielen und verschiedene Winkel ausprobieren.

*Wie finde ich die richtige Position für das Raummikrofon?*

Stellen Sie das Mikrofon mindestens einen Meter vom Lautsprecher entfernt auf und probieren Sie verschiedene Positionen und Entfernungen aus. Am besten machen Sie bei jeder Ausrichtungs- und Entfernungsänderung eine kurze Testaufnahme und markieren die Positionen des Mikrofons auf dem Boden. Vergleichen Sie dann den Klang der Testaufnahmen miteinander. So können Sie sich für diejenige Mikrofonposition entscheiden, die Ihnen den benötigten Klang liefert, um den Close-Miking-Sound Ihres Gitarrenverstärkers optimal zu ergänzen.

*Gibt es »Special Tricks« und Insidertipps für die Mikrofonierung von Gitarrenverstärkern?*

Da große Speaker-Cabins (z. B. 4 x 12«er) in erster Linie dafür ausgelegt sind, das Signal des Gitarrenverstärkers bei Liveauftritten auszugeben und für einen entfernteren Zuhörer quasi auszurichten und zu bündeln, kann dies zu Soundproblemen beim Close Miking führen. Ist der Klang einer solchen Speaker-Cabin zu »dosig« oder dröhnend (also stets unangenehm mittenlastig), gehen manche Tonverantwortliche so weit, die Rückseite des Gehäuses abzuschrauben, um so seine Resonanz auszuschalten und sich ausschließlich auf den Membransound konzentrieren zu können. – Außerdem ist es ein guter Tipp, sämtliche Gegenstände, die nicht befestigt sind, aus dem Aufnahmeraum zu entfernen. Andernfalls kann der hohe Schalldruck zu einem Klappern und Scheppern von Flaschen, Tassen, Gläsern führen, das schlimmstenfalls mit auf die Aufnahme gerät. (Selbst unzureichend angeschraubte Türgriffe und deren Bleche können dann hörbar werden!)

### 32.2.4 Direkteinspeisung von Gitarrensignalen

Wenn Sie nicht die Möglichkeit haben, einen Gitarrenverstärker in Ihrem Homestudio oder im Proberaum laut aufzudrehen, müssen Sie dennoch nicht auf einen guten Gitarrensound verzichten. Die Lösung ist die Direkteinspeisung des Gitarrensignals in die Audiohardware Ihrer DAW. Hierfür stehen Ihnen mehrere Möglichkeiten zur Verfügung. Nutzen Sie einen dafür vorgesehenen Recording-Ausgang an Ihrem Gitarrenverstärker, eine DI-Box oder aber einen Digitalausgang.

#### Gitarrenaufnahme per Recording-Ausgang

Einige Hersteller bieten für Recording-Zwecke spezielle Vorverstärker *(Pre-Amps)*, die sie in ihren Gitarrenverstärkern einbauen. In den meisten Fällen ist der erzeugte Klang demjenigen einer DI-Box überlegen.

#### Gitarrenaufnahme mit digitalen Modeling-Amps

Hierbei gilt der Leitsatz »Lieber gut *gemodelt* als schlecht *ge-mic-t!*« Einzelheiten über Modeling-Amps finden Sie in Kapitel 19, »Gitarren & Bässe, Kapitel 9, »Verzerrungseffekte sowie im Abschnitt 30.3.1, »Instrumentenbezogene Plug-in-Effekte«.

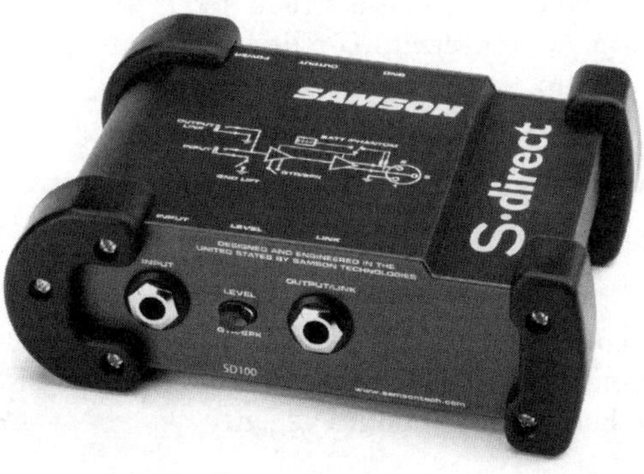


**Abb. 32.10:** Kleine Helfer – DI-Boxen (Quelle: `www.samsontech.com`)

## DI-Box

Eine *Direct-Injection-Box* wandelt das asymmetrische Signal eines Gitarren- oder Bassverstärkers in ein symmetrisches. Weil mit dieser Übertragungsart Signalstörungen unterbunden werden, können weitere Wege der Signalübertragung gewährleistet werden. Bei einer DI-Box handelt es sich zumeist um ein kleines Kästchen, das an den Ausgang eines Gitarren- oder Bassverstärkers angeschlossen wird. Zusätzlich zur Symmetrierung des Signals passen aktive DI-Boxen die Spannung und Impedanz (Wechselstromwiderstand) des Signals von hochohmigen Quellen für eine niederohmige Nutzung an und benötigen deshalb eine eigene Stromversorgung durch Phantomspeisung, Batterien oder Netzteile. Außerdem können durch den Einsatz einer DI-Box Brummschleifen vermieden werden, weil die DI-Box Quelle und Last galvanisch voneinander trennt.

### Gitarrenaufnahme per DI-Box

Die Vorteile einer DI-Box für Gitarrenaufnahmen liegen auf der Hand: Die typischen Probleme der Mikrofonierung von Verstärkern entfallen (Übersprechungen, Feedback, Lautstärke). Verfügt der Gitarrenverstärker außerdem über einen Masterregler, der nicht auf den Linepegel einwirkt, so ist die Lautstärke des Verstärkers im Aufnahmeraum nicht für den Klang entscheidend. Weil zur Aufnahme ausschließlich der Linepegel herangezogen wird, kann die Lautstärke des Verstärkers sogar nachträglich beliebig verändert werden, ohne dass das Gitarrensignal am Recording-Equipment neu ausgesteuert werden muss.

Einige Gitarrenverstärker bieten integrierte DI-Ausgänge, die die Verwendung externer DI-Boxen überflüssig machen und auch den Frequenzgang des übertragenen Signals hinsichtlich seiner Höhen bereits anpassen.

## Power Attenuator

Trotz Verwendung einer DI-Box muss bei einem Röhrenverstärker ein Lautsprecher angeschlossen sein, um die Endstufe des Verstärkers durch die zwar erzeugte, aber nicht genutzte Leistung nicht zu gefährden. Wenn Sie den Masterregler Ihres Verstärkers dennoch aufdrehen wollen, um das »Ausreizen« der Endstufe klanglich zu nutzen, zugleich aber die tatsächliche Lautstärke des Verstärkers reduzieren möchten, können Sie einen sogenannten *Power Attenuator* einsetzen. Dieser wandelt die überschüssige Energie des Verstärkers in Wärme um.

## Praxistipps zur Direkteinspeisung von Gitarrensignalen

*Woran erkenne ich eine gute DI-Box?*

Greifen Sie bei den aktiven DI-Boxen auf solche mit einem Eingangswiderstand über 1 Megaohm und einem Ausgangswiderstand unter 100 Ohm zurück. Bei einer passiven DI-Box sollte der Eingangswiderstand bei etwa 50 Kiloohm liegen.

*Benötige ich eine DI-Box mit Speaker-Simulation?*

Zusätzlich sollte eine DI-Box für Gitarristen eine Speaker-Simulation enthalten, die den Frequenzgang einer Gitarrenbox nachbildet, indem sie hohe Frequenzen ab etwa 7 kHz eliminiert, weil diese von den Membranen eines typischen Gitarrenlautsprechers in der Regel nicht wiedergegeben werden.

Ist keine Speaker-Simulation verfügbar, sollten Sie Höhen entsprechend nachträglich manuell entfernen oder absenken.

*Wie schließe ich eine DI-Box an?*

Eine DI-Box wird zwischen den Line-Out-Ausgang Ihres Gitarrenverstärkers und den Eingang Ihres Mischpults oder Ihrer DAW-Audiohardware geschaltet.

### 32.2.5 Mikrofonierung von Akustikgitarren

Für die Aufnahme von Akustikgitarren stehen Ihnen ebenfalls verschiedene Möglichkeiten zur Verfügung. Sie können die Gitarre aufnehmen, indem Sie

- ein Mikrofon zur Aufnahme vor der Gitarre platzieren,
- einen Akustikgitarrenverstärker per Mikrofon abnehmen,
- eingebaute Tonabnehmer verwenden oder
- auf Modeling-Gitarren zurückgreifen.

Weil die letzten drei Varianten entweder nicht relevant sind (eingebaute Tonabnehmer) oder Sie diese bereits weiter vorn im Text für ähnliche Recording-Situationen beschrieben finden (Mikrofonierung von Verstärkern; Modeling), beschränke ich mich im Folgenden auf die Aufnahme einer Akustikgitarre per Mikrofon.

Warum ich das Recording mittels eingebauter Pickups als »nicht relevant« beschreibe? Im Live-Einsatz verrichten Tonabnehmer sicher einen guten Job und tragen wesentlich zur Bewegungsfreiheit eines Gitarristen bei. Der dadurch aufgezeichnete Klang vermittelt jedoch nur selten diejenige Art von natürlichem Klang einer Akustikgitarre, wie wir ihn als Zuhörer kennen – und wie wir ihn deshalb als Musikkonsumenten zu hören erwarten. Für Recording-Anfänger sind Tonabnehmer bei Akustikgitarren aus diesem Grund zwar eine tolle Arbeitserleichterung – mit steigenden Ansprüchen an das Klangbild werden Sie jedoch um die Mikrofonierung von Akustikgitarren sicher nur in Ausnahmefällen herumkommen.

#### Gitarren- und Equipmentauswahl

Bereits die Auswahl der Gitarre ist ein entscheidender Faktor für den späteren Klang der Aufnahme. Bei Akustikgitarren gilt (wie in vielen Recording-Situationen) der Grundsatz: »Was nicht erklingt, kann auch nicht aufgezeichnet werden.« Hat die Akustikgitarre also ein schwaches Sustain, können auch das beste Mikrofon und der tollste Hall dies nicht mehr wettmachen. Fehlt es der Spielweise oder den Gitarrensaiten am notwendigen Attack, so wird dieses auch auf der Aufnahme schlichtweg nicht zu hören sein. Da hilft es auch nicht, wenn Sie die Mitten und Höhen des Signals der Akustikgitarre nachträglich anheben. Im negativsten Fall wird dadurch der Sound sogar eher »verschlimmbessert«. Doch nicht nur die Gitarre ist entscheidend. Sofern es sich nicht um einen Fingerpicking-Part handelt, lohnt es sich auch, mit verschiedenen Plektren zu experimentieren. Sehr dünne und nachgiebige Plektren erzeugen eher einen weicheren, filigranen Sound, während der Klang der Gitarre bei Verwendung harter Plektren perkussiver wird. Darüber hinaus ist die Wahl der Saiten ein Einfluss nehmender Faktor. Zwar bevorzugen manche Recording-Spezis den »muffigen« Klang abgenudelter Saiten, wollen Sie jedoch einen Akustikgitarrensound erzielen, der reich an Attack und Obertönen ist, so kommen Sie oftmals nicht um den Einsatz eines neuen Satzes Saiten herum.

**Hinweis**

Schauen Sie sich auch die Tipps zur Aufnahme von Gitarren im Abschnitt 19.5, »Recording-Tipps für Gitarren und Bässe«, an.

### Mikrofonwahl

Haben Sie sich für ein Instrument entschieden, steht die nächste Wahl an: Welches Mikrofon soll verwendet werden? Die Kleinmembranausführung sorgt für einen transparenten, nicht zu übertrieben druckvollen Klang. Üblicherweise werden hier Kondensatormikrofone mit kleiner Membran verwendet. Kondensatormikrofone bilden den Klang über das gesamte Frequenzspektrum wesentlicher feiner ab. Da kann das Mikrofon bei der Aufnahme einer Akustikgitarre (mit ihrem großen Frequenzspektrum zwischen tiefstem Grundton und den höchsten Obertönen) der entscheidende Soundfaktor sein. Auch der Einsatz von dynamischen Mikrofonen ist möglich, hat aber einen weniger brillanten, eher mittigen Klang als Resultat.

Da die Gitarre bestimmte Klangkomponenten zum Gesamtbild eines typischen Akustikgitarrensounds beisteuert (Saiten, Griffgeräusche, Schallloch, Decke etc.), ist die Wahl der Richtcharakteristik des Mikrofons ebenfalls eine wichtige Einflussgröße für den Klang. Aus diesem Grund sollte sie nicht allzu eng sein (mindestens Nieren-Charakteristik). Eine breite Nieren- oder auch eine Kugel-Charakteristik eignen sich gut für das Close Miking einer Akustikgitarre. Close Miking erzeugt auch beim Recording von Akustikgitarren einen sehr direkten Sound. Beachten Sie aber die Anteile des Raumhalls bei der Aufnahme mit einem Kugel-Charakteristik-Mikrofon. Machen Sie unbedingt einen Testdurchlauf für Ihre Aufnahmen, denn unter Umständen müssen Sie Gitarre und Mikrofon an einer anderen Stelle im Raum platzieren.

### Mikrofonpositionierung

Je nachdem, welche Anteile des Gitarrenklangs Sie auf der Aufnahme betonen möchten, können Sie das Mikrofon verschieden ausrichten. So können Sie etwa

- **das Picking betonen**, indem Sie das Mikrofon auf die Anschlagshand und das Schallloch ausrichten,
- **Sustain und Klangvolumen betonen**, indem Sie das Mikrofon auf die Decke des Korpus ausrichten,
- **Finger-, Rutsch- und Saitengeräusche betonen**, indem Sie das Mikrofon in Richtung des Gitarrenhalses ausrichten.

Wenn Sie dabei auf ein Mikrofon mit Nieren-Charakteristik zurückgreifen, sollten Sie es nicht allzu nah vor der Gitarre platzieren. Auf diese Weise vermeiden Sie den Nahbesprechungseffekt, der bei allen Richtcharakteristiken außer »Kugel« das Frequenzverhalten des aufgezeichneten Gitarrenklangs beeinträchtigt. Der Raumklang, der bei Mikrofonen mit Kugel-Charakteristik besonders stark in der Aufnahme in Erscheinung tritt, sollte weder zu reflexionsarm sein (also nicht »tot« klingen) noch zu starke Reflexionen aufweisen.

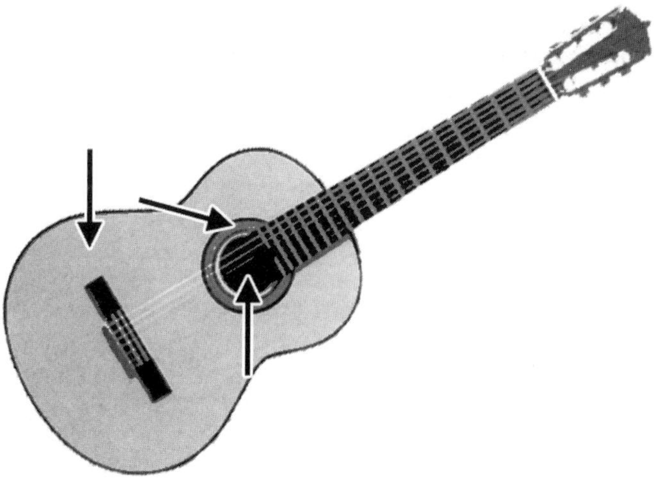

**Abb. 32.11:** Mikrofonierungspositionen für Akustikgitarren

Bei Monoaufnahmen haben Sie einen guten Startpunkt für die Mikrofonpositionierung im Bereich des Übergangs vom Korpus zum Hals. Hier werden weder die Finger- und Rutschgeräusche noch der Pickingsound hervorgehoben. Um die Pickinggeräusche zu verstärken und die perkussiven Elemente des Gitarrensounds zu betonen, können Sie das Mikrofon zur Anschlagshand hin neigen. Sie sollten auf Close Miking verzichten und einen Abstand ab mindestens etwa 25 Zentimeter, jedoch nicht wesentlich mehr als 50 bis 60 Zentimeter wählen. (Die Ausnahme bildet hier natürlich die Positionierung eines Raummikrofons.)

Achten Sie auch darauf, ob während der Aufnahme erzwungene Resonanzen bei Gegenständen im Aufnahmeraum auftreten. So ist es beispielsweise recht wahrscheinlich, dass weitere Akustikgitarren, die sich im Aufnahmeraum befinden, durch den Klang der aufgenommenen Akustikgitarre zu Resonanzen angeregt werden. Dies führt zu einer deutlichen Verfälschung des Aufnahmeklangs.

**Hinweis**

Sofern Sie Stereoaufnahmen anfertigen wollen, empfehle ich Ihnen den Abschnitt 17.12, »Stereomikrofonie«.

## Praxistipps zur Mikrofonierung von Akustikgitarren

*Soll ich meine Akustikgitarre stereo oder mono aufnehmen?*

Bei Soloaufnahmen von Akustikgitarren ist eine Stereoaufnahme von Vorteil, weil sie der Aufnahme eine zusätzliche Dimension und »Weite« gibt. Spielt die Akustikgitarre im Mix jedoch lediglich eine bereichernde Rolle am Rande, tun Sie sich als Homerecording-Produzent einen Gefallen damit, wenn Sie Monoaufnahmen anfertigen, da diese leichter in den Mix zu integrieren sind.

*Wie kann ich den Klang meiner Akustikgitarre auf den Aufnahmen voller klingen lassen?*

Um einen »Dopplungseffekt« zu erzielen, können Sie auf einen (dezenten) Choruseffekt zurückgreifen, mit dem Sie die Recording-Spur Ihrer Akustikgitarre versehen. Durch die vom Chorus erzeugten Schwebungen entsteht ein insgesamt vollerer Klang. Übertreiben Sie die Einstellungen der Parameter, klingt die Gitarre jedoch schnell so, als ob sie verstimmt wäre.

# Teil 7

## Mix und Mastering

Sobald Ihr Equipment steht, alles eingerichtet ist und die Musiker ihren Teil zu den Aufnahmen beigetragen haben, ist es an der Zeit, die Spuren zu mixen und danach den Gesamtklang Ihrer Produktion noch ein wenig aufzupolieren. Wie Sie das umsetzen können, erfahren Sie auf den nachfolgenden Seiten.

In diesem Teil:

Kapitel 33

# Vorbereitung und Wichtiges vorab

Nicht nur das Bedienen der Regler gehört zum Mixen aufgenommener Spuren hinzu. Ähnlich wie auch für die Aufnahmen eine psychologische und kommunikationsbezogene Komponente mit ins Spiel kommt, sollten Sie für Mix und Mastering ebenso mehr Faktoren in Betracht ziehen als »nur« Mischpult und Effekte. Dazu gehört zum Beispiel ein angemessener ...

## 33.1 Zeitplan

Wie schon für das Recording, so gilt auch für Mix & Mastering, dass Sie sich nicht der Illusion hingeben sollten, dass alles schon »irgendwie von selbst läuft«. Dies wird insbesondere bei komplexen Mixes sicher nicht der Fall sein. Selbstverständlich ist der zeitliche Ablauf Ihres Mixes/Masterings eine höchst individuelle Angelegenheit. Dennoch können Sie einige Grundsätze beherzigen, die Ihnen helfen, Ihr Projekt auch zum erfolgreichen Abschluss zu führen.

Zu den einzelnen Schritten von Mix und Mastering gehören das Mixen der Rhythmussektion, der Harmonieinstrumente, der Vocals und der Soloinstrumente und abschließend der Mix des klanglichen Gesamtbilds. Danach folgt das Mastering, das sich um die Aufbereitung des Klangs dreht und in dem Sie Feinheiten nachjustieren oder den Klang verschiedener Songs aneinander anpassen können, um Ihre Produktion insgesamt homogener klingen zu lassen. Diese Schritte sind für jeden Song notwendig, wobei das Mastering erst ganz zum Schluss stattfinden sollte, damit Sie den Klang Ihrer Songs besser aufeinander abstimmen können.

Legen Sie für jeden dieser einzelnen Schritte einen zeitlichen Rahmen fest. Planen Sie für den Mix z. B. einen Tag pro Song ein. Bei acht Stunden bleiben Ihnen somit je zwei Stunden für die Arbeitsschritte Mix der Rhythmussektion und Mix der Harmonieinstrumente, Mix der Vocals und der Soloinstrumente und Mix des klanglichen Gesamtbilds. Das ist, besonders bei Arrangements mit zahlreichen Spuren, nicht viel Zeit. Planen Sie auch Ruhephasen mit ein, damit sich Ihr Gehör erholen kann und Sie sich wieder frisch ans Werk machen können. Führen Sie aufwendige Soundüberarbeitungen, die Ihnen »plötzlich« einfallen, nicht spontan am Ende des Mixing-Tages durch. Notieren Sie sich lieber Ihre Ideen und planen Sie einen zusätzlichen Tag zum Überarbeiten der Songmixes ein. Dieser sollte nach dem Mix der weiteren Songs stattfinden. Sie werden dann kritischer mit Ihren Änderungsvorstellungen umgehen und besser beurteilen können, ob diese auch tatsächlich notwendig sind. Andernfalls kann es Ihnen passieren, dass Sie sich verzetteln und tage-, ja wochenlang an einem einzigen Track herumwerkeln, ohne sich wesentlich einem greifbaren Gesamtergebnis zu nähern. Das ist für alle Beteiligten nervenaufreibend und schlichtweg eine deprimierende Erfahrung.

Gleiches gilt für das Mastering, das Sie etwa eine Woche später ansetzen sollten: Wenn Sie etwa fünf Stücke eines Demos mastern, können Sie das Mastering für alle fünf Stücke mit je 1,5 Stunden pro Stück an einem einzigen Tag durchführen. Nehmen Sie sich dann noch einmal eine Auszeit und überprüfen Sie das Masteringergebnis erneut. Vermeiden Sie es, an diesem Punkt noch mal zum Mix zurückzugehen, es sei denn, es fallen Ihnen tatsächlich so schwer wiegende und gravierende Fehler im Mix auf, dass das Material andernfalls unbrauchbar würde. Gestatten Sie sich den Schritt zurück zum Mix bei einem Song, so werden Sie diesen sehr viel wahrscheinlicher auch bei vielen weiteren Songs gehen ... und eine Menge Zeit verlieren. Eventuell gefährden Sie damit sogar die Fertigstellung des Projekts. Denn ganz ehrlich: Irgendetwas gibt es immer noch zu verbessern. Machen Sie sich bewusst: Die perfekte Produktion gibt es nicht!

Wie sieht also Ihr Mixingplan zeitlich aus? Wenn Sie beispielsweise ein Fünf-Track-Demo produzieren, kommen Sie für Mix und Mastering auf etwa sieben Arbeitstage innerhalb einer Gesamtzeitspanne von mindestens drei Wochen. Das ist eine solide Basis, um sich ausreichend Freiräume für die eigene Mixingarbeit zu schaffen. So lässt sich planen.

## 33.2 Batterien, Monitore, Handys und Straßenlärm

Vermeiden Sie Störungen jeder Art. Andernfalls werden Sie sich nicht ausreichend konzentrieren oder den Klang der aufgezeichneten Signale nicht genügend bewerten können, um einen hervorragenden Mix hinzubekommen. Stellen Sie sicher, dass die Batterien und Akkus von technischem Gerät, das Sie für Mix und Mastering benötigen, entweder ausreichend aufgeladen sind oder aber dass neue Batterien oder aufgeladene Akkus ggf. sofort zur Verfügung stehen. Gehen Sie vor einer größeren Mix- und Mastering-Session Ihr Equipment durch.

Zu den batteriebetriebenen Geräten in Ihrem Homestudio können evtl. zählen:

- Funkmaus
- Funktastatur
- Funkkopfhörer
- Fernbedienungen

Sofern Sie sehr umfangreiche Projekte mixen, sollten Sie auch darauf achten, ob Ihre Computermonitore in Ordnung sind oder ob sie »flackern«. Ihre Augen werden es Ihnen danken, wenn Sie statt stundenlang auf einen alten 19-Zoll-CRT-Monitor auf einen flimmerfreien 23- oder 24-Zoll-TFT-Bildschirm starren.

Und noch ein Tipp, der auf den ersten Blick scheinbar nichts mit Mix und Mastering zu tun hat, sich aber positiv auf Ihre Arbeit und deren Ergebnis auswirken kann: Schalten Sie Ihr Smartphone im Homestudio aus oder legen Sie es in einen anderen Raum, wenn Sie Mix und Mastering vornehmen. Sie werden es definitiv überleben, für eine gewisse Zeit nicht erreichbar zu sein. Planen Sie lieber eine Pause ein, in der Sie u. a. nach Ihrem Smartphone schauen, um nachzusehen, ob in der Zwischenzeit Anrufe oder Nachrichten hereingekommen sind.

Ein weiterer Faktor ist Straßenlärm. Dies ist vor allem bei »Stadtmenschen« ein Problem. Versuchen Sie bitte nicht, Ihre Songs bei offenem Fenster zu mixen, frei nach dem Motto, »das geht schon irgendwie«. Machen Sie sich klar, dass Ihre Monitorboxen ein

Messinstrument sind und Sie Ihre Audiosignale bestmöglich beurteilen können müssen. Eine Lösung ist (wer hätte das gedacht?) das Schließen von Fenstern und Türen. Sie sollten allerdings nicht vergessen, regelmäßig zu lüften und Sauerstoff in Ihren Homestudio-Raum hineinzulassen. Auch ein separates Raucherzimmer für eingeplante Raucherpausen kann für die eigene Aufmerksamkeit und »Wachheit« Wunder wirken. Eine weitere Möglichkeit ist es, in den Abend- oder wenn möglich sogar in den Nachtstunden zu mixen. Auf diese Weise können Sie den Sound Ihres Mixes abhören, ohne die Lautstärke zu sehr aufzudrehen. So lassen sich zwar die Bassfrequenzen nicht unbedingt optimal abmischen, aber ein *Real World-Check* kommt so allemal zustande. Wohnen Sie in einem Haus mit weiteren Parteien, sollten Sie jedoch Rücksicht walten lassen und die Lautstärke so weit zurückfahren, dass keine störenden Basswellen durch die Gebäudemauern übertragen werden (Stichwort *Körperschallübertragung*). Das ist kein Problem, denn die verringerte Lautstärke wird auch Ihrem Gehör und damit Ihrer Konzentration zugutekommen.

## 33.3 Kaffee!

Dies ist ein Punkt, der nicht zu unterschätzen ist. Halten Sie sich wach ... aber übertreiben Sie es nicht! Trinken Sie regelmäßig auch Wasser, Schorlen, Säfte, um Ihrem Körper Flüssigkeit zuzuführen. Andernfalls stehen Sie einfach nur »unter Strom«. Wenn Sie aber Kaffeefan sind, sollten Sie im Vorfeld darauf achten, dass ausreichend Pulver im Haus ist, um längere Unterbrechungen im Mix zu vermeiden.

Kapitel 34

# Mixing-Session

## 34.1 Zielsetzung/Planung

Für den Mix gelten ähnliche Bedingungen wie für die Aufnahme, sowohl hinsichtlich Konzentration und Kommunikation, aber auch in Bezug auf die unzähligen Möglichkeiten, die sich Ihnen bieten. Um nicht ein schier endlos dauerndes Unterfangen aus Ihrem Mix zu machen, sollten Sie sich im Vorfeld einige Fragen stellen. Deshalb möchte ich Sie auch hier dazu anhalten, sich einen Plan anzufertigen. Darin stellen Sie sich Fragen wie:

- Wie viel Zeit steht für den Mix zur Verfügung (z. B. ein Tag oder eher ein ganzer Monat – siehe auch Abschnitt 33.1, »Zeitplan«)?
- Zu welchem Zweck wird der Mix angefertigt (z. B. lediglich Proberaummitschnitt als Gedankenstütze für einen Songablauf oder als Demo-CD für die eigene Promotion)?
- Wie detailliert und genau muss die Arbeit erledigt werden? (Dies ergibt sich häufig bereits aus der Beantwortung der beiden vorangehenden Fragen.)

Haben Sie sich diese Fragen erst ein paar Mal gestellt, werden Sie mehr und mehr ein Gespür dafür bekommen, wie viel Zeit Ihnen für Ihre Mixing-Arbeit zur Verfügung steht und wie sehr Sie dabei ins Detail gehen sollten. Sind die Fragen geklärt und ist ein zumindest grober Zeitplan erstellt (z. B. ein Song pro Tag), können Sie stilistische Fragen klären, zum Beispiel:

- Für welches Publikum mischen Sie (z. B. Heavy Metal, Jazz, Volksmusik)?
- Gibt es Referenzproduktionen, von denen Sie lernen können (z. B. Top-Ten-Hits, eigene Lieblings-CDs, Klassikerproduktionen)?
- Wie soll die Produktion wirken (z. B. spartanisch, futuristisch, solide o. Ä.)?

Wenn Sie diese Fragen im Vorfeld für sich klären, haben Sie eine klare Richtung für Ihr weiteres Vorgehen. Denn ein ums andere Mal werden Sie eine Entscheidung zwischen einer oder mehrerer Möglichkeiten treffen müssen. Diese Möglichkeiten erscheinen zwar häufig auf den ersten Blick gleichwertig, sind es jedoch in den meisten Fällen nicht mehr, wenn Sie erst ein Ziel für Ihre Homerecording-Produktion vor Augen haben.

## 34.2 Ein Klangbild schaffen

Technik hin, Ausstattung her – wenn Sie Anfänger im Bereich Homerecording sind, ist das Schaffen eines ausgeglichenen Klangbildes wohl eine der schwierigsten Aufgaben. Zwar stehen Ihnen jede Menge Effekte und Möglichkeiten zur Verfügung, doch wie Sie im Weiteren lesen werden, ist in den meisten Fällen weniger mehr. Dabei ist es nicht entscheidend, viele, sondern vielmehr die *richtigen* Entscheidungen zu treffen. Zum

Beispiel welche Art Effekte in welchem Maß auf welches Instrument angewendet werden sollen (oder auch nicht). Eine Entscheidung ist dann richtig, wenn Sie Ihre Homestudio-Produktion dadurch näher an Ihr zuvor umrissenes (Klang-)Ziel heranbringen.

### 34.2.1 Weite und Tiefe erzeugen

Diese beiden Faktoren sind schwierig zu definieren, da sie aus dem Bereich der Psychoakustik kommen und von jedem Menschen anders wahrgenommen werden. Allgemein lässt sich aber wohl sagen, dass eine gehörte *Weite* oftmals durch eine starke Auslenkung hoher Signalanteile im Stereobild erzeugt wird. Diesen psychoakustischen Effekt machen sich beispielsweise auch Masteringprozessoren zunutze, die das Stereobild verbreitern sollen. Sie komprimieren den hohen Frequenzbereich eines Signals stärker und heben ihn somit im Verhältnis zum Gesamtsignal an. Bei der Arbeitsweise eines Exciters werden sogar noch zusätzliche Obertöne hinzugeneriert, um den Klang des bearbeiteten Signals brillanter zu machen. Ein Nebeneffekt ist, dass sich auf diese Weise bearbeitete Signale hervorragend dazu eignen, im Stereobild extrem weit nach außen gebracht zu werden.

Der psychoakustische Effekt der *Tiefenwirkung* wird hauptsächlich durch Signalverzögerungen und Lautstärkeunterschiede erreicht. Zu den bekanntesten Effekten dieser Art zählen Reverb und Delay. Für die Tiefenwirkung sind verschiedene Parameter wie Pre-Delay, Delayzeit oder auch Höhendämpfung verantwortlich. Lesen Sie die zugehörigen Beschreibungen in Teil 2, »Outboard-Equipment & Effekte«, um die Arbeitsweise dieser Effekte besser zu verstehen. Sofern die Lautstärke eines Signals wesentlich lauter als die eines anderen ist, wird dieses als weiter »vorn«, also als näher zum Hörer empfunden. Dies gilt jedoch nur, wenn für beide eine identische (oder keine) Auslenkung im Stereopanorama gewählt wird.

**Dezibel und Lautstärkeempfinden**

Auch wenn die Lautstärke objektiv gleich ist (in Phon gemessen), so werden verschiedene Tonhöhen dennoch unterschiedlich laut wahrgenommen. Eine reine Sinuswelle klingt zum Beispiel subjektiv im Frequenzbereich zwischen 20 Hz bis 4 kHz lauter und fällt ab ca. 4 kHz in der Wahrnehmung wieder ab.

Für die Interpretation der Weite eines Signals ist also in erster Linie dessen wahrgenommene Position im Stereopanorama zuständig, für die Interpretation der Tiefe hingegen die zeitlichen Abstände zwischen Audiosignalen. Ein weiterer, oftmals unbeachteter Aspekt für die Wirkung der Tiefe eines Signals ist dessen Frequenzverteilung.

**Anpassungsniveau beachten!**

Wie sich das menschliche Auge der mittleren Helligkeit anpasst, so passt sich die Empfindlichkeit des menschlichen Gehörs dem mittleren Schallpegel an. Dieser Grad der Helligkeit/des Schallpegels ist das *Anpassungsniveau.* Doch nicht nur »laut« und »leise«, sondern auch die Wahrnehmung von »tief« und »hoch« der Tonhöhen oder der Klangfarben »hell« und »dunkel« hängen von den dafür jeweils aktuellen Durchschnittswerten ab.

Das führt dazu, dass unsere Aufmerksamkeit kaum gefordert wird, wenn sich diese Parameter für eine geraume Zeit ein und demselben Mittelwert anpassen. Deshalb erscheinen Musikproduktionen, die dauerhaft stark komprimiert sind oder kaum Variationen im Frequenzspektrum aufweisen, uns schnell langweilig. Sie bieten für unser Gehör schlichtweg zu wenig Abwechslung, da in ihnen das Anpassungsniveau nicht variiert wird.

Belassen Sie also in Ihren Produktionen ausreichend Dynamikunterschiede und tragen Sie Sorge, dass verschiedene Instrumente unterschiedliche Frequenzen featuren.

**Panning (Lokalisation)**

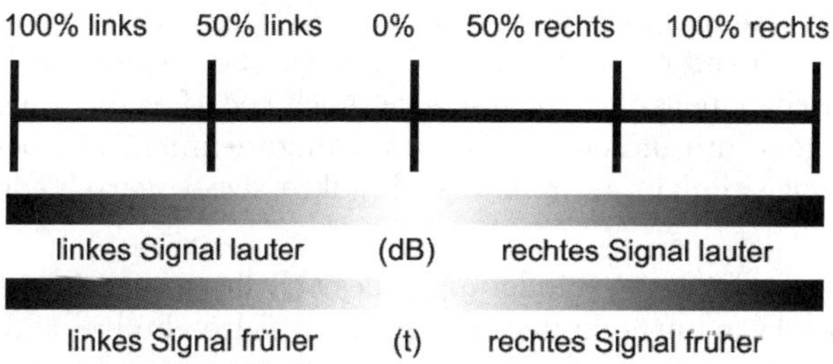


**Abb. 34.1:** Lokalisation im Stereopanorama

Wie Sie weiter vorn bereits erfahren konnten (Abschnitt 17.12, »Stereomikrofonie«), können sowohl Pegeldifferenzen als auch der zeitliche Versatz zweier Signale für deren Auslenkung im Stereobild verantwortlich sein. Sie können neben den üblichen *Panning*-Reglern, die mithilfe von Pegeldifferenzen agieren, ebenso Signalverzögerungen einsetzen, um Audiosignale auszulenken. Bei der interpretatorischen Zuordnung einer Schallquelle oder Phantomschallquelle zu deren wahrgenommener Position spricht man von *Lokalisation*.

### Lokalisation vs. Ortung

Während eine Fledermaus eine *Ortung* ausführt, können wir als Menschen ohne zusätzliche Hilfe lediglich eine *Lokalisation* durchführen. Für eine Ortung muss ein Signal ausgesendet werden, dessen Widerhallparameter dann zur Bestimmung von Entfernung, Position und ggf. Geschwindigkeit eines Objekts herangezogen werden können. Für eine Ortung muss das geortete Objekt selbst kein aktiver Schallerzeuger sein. Demgegenüber ist die vom menschlichen Gehör durchgeführte Lokalisation darauf angewiesen, dass das zu lokalisierende Objekt selbst Schall aussendet, mit dem Parameter wie Entfernung, Position und ggf. Geschwindigkeit interpretiert werden können.

Es ist wichtig, dass Sie ein klares Stereobild schaffen, damit Ihre Produktion zugleich abwechslungsreich und interessant wie auch ausgewogen und homogen klingt. Das ist einfacher, als es sich auf den ersten Blick anhört. Im Abschnitt 34.3, »Ein Track im Mix«, finden Sie zahlreiche Beispiele, wie Sie eine gewisse Konsistenz des Pannings gewährleisten, ohne die Einheitlichkeit des Klangbilds zu zerstören. Ein guter Tipp für den Anfang ist aber das »Auffächern« verschiedener Instrumente und Instrumentengruppen im Stereobild, wobei Sie Stereopaare von Instrumenten bilden können, die zu einer Gruppe gehören (z. B. zwei Gitarren, zwei Spuren der Backing Vocals, zwei gleichwertige Percussionelemente, wie etwa Shaker und Guiro).

### 34.2.2 Lautstärke (Tiefenverhältnisse)

Ein entscheidender Faktor für die Wahrnehmung von räumlicher Tiefe ist bei Audiosignalen das Lautstärkeverhalten von Schallquellen. Dieses können Sie sich im Mix zunutze machen, um unterschiedliche Entfernungsillusionen zu erzeugen. Beachten Sie aber, dass eine Entfernungsillusion nur dann entstehen kann, wenn Sie den Mix auch mit »Vergleichsgrößen« ausstatten. Es stellt sich also keinesfalls der Eindruck ein, dass alle Phantomschallquellen weit entfernt sind, nur weil sie leise sind. In einem solchen Fall klingen die Phantomschallquellen lediglich – leise. Auch bedarf es mehr als nur eines einzigen leisen Sängers, um diesen als entfernt wahrzunehmen. Hierbei müssen Signale nicht unbedingt simultan auftreten. Auch sukzessive Unterschiede können ihre Wirkung haben.

Wichtig zu wissen ist für diesen Punkt, dass Veränderungen des Schalldruckpegels, die geringer als 1 dB sind, in der Regel von ungeschulten Hörern kaum wahrnehmbar sind. Demgegenüber erzielen Sie einen großen Unterschied mit Werten um 6 dB. Ein immerhin deutlicher Lautstärkeunterschied kann bereits bei einer Pegelveränderung von etwa 3 dB wahrgenommen werden.

**Vor- und Nachverdeckung**

Um eine deutliche Lokalisation zu ermöglichen, ist jedoch nicht nur das Lautstärkeverhältnis zweier Audiosignale zueinander entscheidend. Vielmehr kommt es bei einem geringen Frequenzabstand zwischen zwei Signalen auch zur Verdeckung (auch *Maskierung*). Bei gleicher Lautstärke verdeckt (oder *maskiert*) hierbei die höhere Stimme die tiefere. Wollen Sie also zwei Signale, die Sie identisch ausgelenkt haben, hinsichtlich ihrer Lautstärke angleichen, so können Sie beispielsweise versuchen, diese der Reihe nach (von tief zu hoch) allmählich im Pegel zu verringern, um eine Verdeckung der tiefen Anteile zu vermeiden.

### 34.2.3 Laufzeitdifferenz (Tiefenverhältnisse)

Selbstverständlich können Sie auch Tiefe in Ihrem Mix erzeugen, indem Sie Verzögerungseffekte wie Hall und Delay nutzen. Detaillierte Infos hierzu finden Sie in Teil 2, »Outboard-Equipment & Effekte«

### 34.2.4 Frequenzverhalten

Ein Tipp für das Erzeugen eines dimensionsreichen Mixes ist die dezente Bearbeitung des Frequenzverhaltens. Hierzu gehört vor allem die Höhendämpfung. Bei realen Schallquellen ist es so, dass deren hohe Signalanteile umso mehr gedämpft werden, je weiter sie vom Hörer entfernt sind. Wollen Sie also Instrumente tiefer im Mix stehen lassen, so können Sie u. a. auch mit einer Dämpfung der Höhen eines Signals zu diesem Effekt beitragen. Das Anheben von Höhen und der wahrgenommenen Brillanz eines Instrumentensounds führt dagegen zu einem sehr direkten und unmittelbaren Entfernungseindruck. Sie können auch mit gegensinnigen Einstellungen arbeiten, indem Sie beispielsweise die Höhen des Hauptgesangs anheben und zugleich die hohen Frequenzen der Backing Vocals absenken.

Wenn Sie eine Staffelung auf mehreren Ebenen erzielen möchten, können Sie zusätzlich auch beim Hallsignal die Höhen absenken, um die Entfernungsillusion des zugehörigen Audiosignals weiter zu stärken. Denn so wie der Direktschall einer realen Schallquelle mit steigender Entfernung an Höhenanteilen verliert, so geschieht dies auch mit dessen Hallsignal. Schauen Sie, ob der von Ihnen benutzte Halleffekt einen Regler oder Schalter mit der Bezeichnung *Damp* für Dämpfung oder *LowPass/HighCut* für den Einsatz eines Tiefpassfilters besitzt. Beachten Sie aber, dass die Präsenz und Durchsetzungsfähigkeit eines Signals in der Regel mit steigender Höhendämpfung abnimmt.

**Praxistipps**

*Gibt es eine »Taktik« zum Einstellen der vielen unterschiedlichen Kanallautstärken bei Mehrspuraufnahmen?*

Aufgrund der oben beschriebenen Wahrnehmungsschwelle von 1 dB empfehle ich Ihnen, die einzelnen Kanäle in 1-dB-Schritten aneinander anzupassen. Versuchen Sie also beispielsweise, Tiefenstaffelungen zu erreichen, indem Sie zwei Kanäle in ihrer Lautstärke so regeln, dass Sie sie als gleich laut empfinden. Regeln Sie dann die Lautstärke desjenigen Kanals, dessen Signal weiter »hinten« im Mix stehen soll, schrittweise um je 1 dB zurück, bis das Ergebnis klanglich Ihren Vorstellungen entspricht.

*Was kann ich tun, wenn der Mix meines Songs zu wenig Tiefe hat?*

Ein erster Schritt zu mehr Tiefe in Ihrer Homestudio-Produktion kann über den Versuch führen, die Lautstärkeunterschiede verschiedener Signale deutlicher voneinander zu trennen (also Leises noch leiser oder Lautes noch lauter zu machen). Auch die künstliche Verzögerung einzelner Signale kann den gewünschten Effekt bringen (z. B. durch das Erhöhen von Verzögerungswerten bei Effekten).

## 34.3 Ein Track im Mix

So viel zur grauen physikalischen Theorie. In diesem Unterkapitel finden Sie nun konkrete Mixingtipps für unterschiedliche Instrumente und Instrumentengruppen. Wann immer Sie einen Mix durchführen, können Sie hier nachschlagen, um Anhaltspunkte für Ihre Arbeit mit den jeweiligen Audiospuren zu finden. Keiner dieser Vorschläge ist ein »Muss«. Experimentieren Sie auch mit anderen Kombinationen und Einstellungen als den hier vorgestellten.

### 34.3.1 Drums

Das Mixen eines kompletten Schlagzeugs ist umso aufwendiger, je mehr Einzelinstrumente es enthält. Für den Anfang tun Sie sich deshalb einen Gefallen, wenn Sie nicht gleich ein Schlagzeug mit den Ausmaßen jenes von Alex van Halen mischen, sondern mit einem einfachen Rock- oder Jazz-Kit beginnen.

## Routing

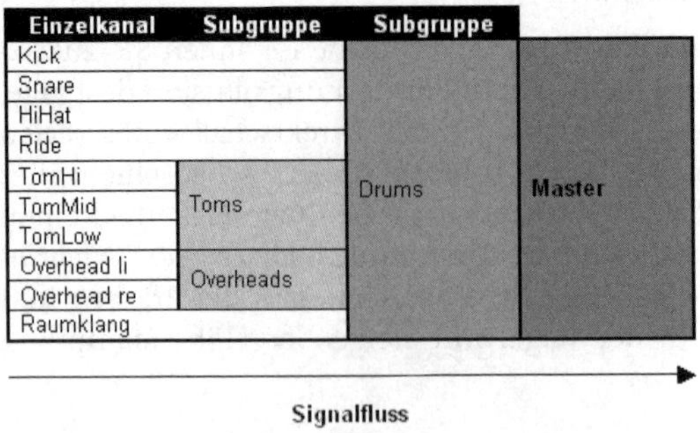


**Abb. 34.2:** Routing-Chart eines Schlagzeugs

Das Einrichten von Subgruppen lohnt sich bei einem Schlagzeug aufgrund seiner Komplexität ganz besonders. Hierbei können Sie folgende Gruppen anlegen, die sowohl für die Nutzung von Einzelausgängen an Drum-Samplern wie auch für den Mix mikrofonierter Schlagzeugaufnahmen gelten können:

- Einzelkanäle (mono)
  - Kickdrum (Ausgang führt zu »Drums-gesamt«-Gruppe)
  - Snare (Ausgang führt zu »Drums-gesamt«-Gruppe)
  - HiHat (Ausgang führt zu »Drums-gesamt«-Gruppe)
- Gruppenkanäle (stereo)
  - Toms (Ausgang führt zu »Drums-gesamt«-Gruppe)
  - Cymbals (Ausgang führt zu »Drums-gesamt«-Gruppe)
  - ggf. Raumklang (Ausgang führt zu »Drums-gesamt«-Gruppe)
  - Drums gesamt (Ausgang führt zu Master)

### Insert-Effekte

Sofern Sie eine Subgruppeneinteilung und ein Routing wie das obere nutzen, empfehle ich Ihnen die folgenden Insert-Effekte, um eine gute Soundbasis für Ihren Schlagzeugmix zu bekommen:

- Einzelkanäle (mono)
  - Kickdrum
    - Noisegate zur Vermeidung von Übersprechungen
    - Kompressor zur Dynamikaufbereitung
  - Snare
    - Noisegate zur Vermeidung von Übersprechungen
    - Kompressor zur Dynamikaufbereitung
  - HiHat (-)

- Gruppenkanäle (stereo)
  - Toms
    - Noisegate zur Vermeidung von Übersprechungen
    - Kompressor zur Dynamikaufbereitung
  - Cymbals (-)
  - ggf. Raumklang (-)
  - Drums gesamt
    - Kompressor zur Dynamikaufbereitung

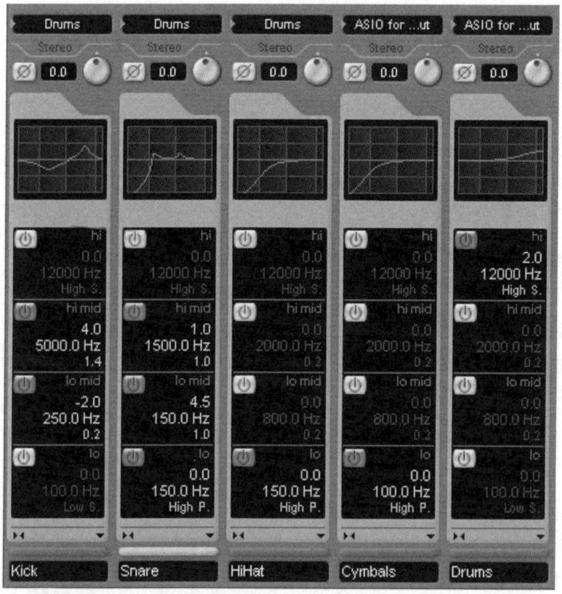


**Abb. 34.3:** Exemplarische EQ-Einstellungen von Drums im Mix in Cubase

Konkrete Werte lassen sich hier kaum angeben, da diese von der Beschaffenheit des jeweiligen Instruments abhängen. Um sich einen Überblick darüber zu verschaffen, bei welchen Frequenzen Sie ansetzen sollen, können Sie einen Blick in den Anhang dieses Buches werfen. Dort finden Sie zu diesem Zweck EQing-Tabellen. Als groben Anhaltspunkt für einen differenzierteren Schlagzeugklang durch Equalizereinsatz können Sie folgende Vorschläge heranziehen:

- Einzelkanäle (mono)
  - Kickdrum
    - untere Mitten absenken, um Raum für andere Instrumente zu schaffen
    - ggf. obere Mitten anheben, um Attack zu betonen
  - Snare
    - LowCut, um Rumpeln zu vermeiden
    - schmalbandig zentrale Frequenzen betonen für mehr Durchsetzungsfähigkeit

- HiHat
  - LowCut/HighPass-Filter für Frequenzen unter 150 Hz (oder wahlweise auch höher), um Übersprechungen zu verringern
- Gruppenkanäle (stereo)
  - Toms (breitbandig zentrale Frequenzen betonen)
  - Cymbals
  - Low-Cut/High-Pass-Filter, um Übersprechungen zu verringern
    - ggf. Raummikrofonierung
    - Tiefen mit Shelve-Filter absenken, um Rumpeln zu vermeiden
  - Drums gesamt
    - Höhen mit Shelve-Filter anheben für mehr Brillanz

### Send-Effekte

Bei den Send-Effekten gilt es zwar auch, Ihre Kreativität zu nutzen. Aber es gibt sehr wohl auch gängige Mittel, die ich Ihnen hier vorstellen möchte.

- Einzelkanäle (mono)
  - Kickdrum: Room-Reverb mit (unnatürlich) kleiner Raumgröße bis 1 $m^3$
  - Snare: Plate-Reverb mit zusätzlicher Höhendämpfung um 6 dB ab 6,5 kHz
  - HiHat: Ambience oder Plate. Vermeiden Sie hier unbedingt lange Hallfahnen, um die Rhythmik nicht zu verwischen
  - Gruppenkanäle (stereo)
  - Toms (z. B. ein dezentes Room-Reverb zur Verlängerung des Sustains)
  - Cymbals (-)
  - ggf. Raummikrofonierung (evtl. zusätzliches Room-Reverb, um den Raum größer klingen zu lassen)
  - Drums gesamt: Room-Reverb homogenisiert den Klang der einzelnen unterschiedlichen Schlagzeuginstrumente. Ein kurzes Pre-Delay bei etwa 1 ms vermittelt »Nähe«, eine mittlere Raumgröße um 70 $m^3$ sorgt für Authentizität und eine zusätzliche Höhendämpfung ab 6 kHz um 6 dB verhindert Zischen von Cymbals und Überbetonungen von Attacks. Eine Tiefendämpfung um 6 dB ab 150 Hz verhindert ein »Rumpeln« im Bereich der Bässe.

### Panning

Für das Panning von Schlagzeuginstrumenten im Mix sind zwei Prinzipien üblich, die sich gegenseitig ausschließen, weil sie sich zueinander spiegelverkehrt verhalten. Bei der einen Methode wird das Schlagzeug aus der Sicht des Schlagzeugers im Stereopanorama angeordnet. Die andere Methode gibt das Stereobild wieder, wie es ein Hörer **vor** dem Schlagzeug haben würde. Ich gebe Ihnen hier als Anhaltspunkt Richtwerte für den Mix aus letzterer Sicht:

- Einzelkanäle (mono)
  - Kickdrum (Mitte/leicht links; bei Doublebass jeweils geringfügig weiter außen Mitte/leicht links und Mitte/leicht rechts)

  - Snare (Mitte)
  - HiHat (zwischen 33 und 50 Prozent rechts)
- Gruppenkanäle (stereo)
  - Toms (Auffächerung von 50 Prozent links bis etwa 33 Prozent rechts)
  - Cymbals (insgesamt etwa 85 Prozent der verfügbaren Stereobreite; darin: Ride und China bei 67 Prozent links, Splash im mittleren Bereich, Crashs verteilt, 2. HiHat spiegelverkehrt zur 1. HiHat)
  - ggf. Raumklang (volle Stereobreite – rechts/links außen)
  - Drums gesamt (volle Stereobreite – rechts/links außen)

#### Kanalpegel

Das Einstellen der Kanalpegel ist stark abhängig von der Art und Weise der verwendeten Signale. Dennoch lassen sich auch hier einige Empfehlungen aussprechen, die für ein ausgewogenes Verhältnis der einzelnen Schlagzeuginstrumente sorgen. Beachten Sie dabei, dass in zeitgemäßen Rock- und Pop-Songs häufig die Summe des Schlagzeugs komprimiert wird und auch die Kompression im Mastering noch ihr Übriges dazu beiträgt, dass einige der leisen und wenig attackreichen Anteile des Schlagzeugsounds weiter hervorgehoben werden. Falls Sie auf diese Weise arbeiten möchten, können Sie Schlagzeugelemente wie HiHat und Cymbals im Mix vorerst sehr dezent mixen, um eine spätere Überbetonung vorzeitig auszuschließen.

- Einzelkanäle (mono)
  - Kickdrum (im Vordergrund/laut)
  - Snare (im Vordergrund/laut)
  - HiHat (im Mittelgrund/mittellaut, aber nicht zu leise)
- Gruppenkanäle (stereo)
  - Toms (im Mittelgrund)
  - Cymbals (im Hintergrund – werden durch spätere Summenkompression noch präsenter)
  - ggf. Raummikrofonierung (deutlich im Hintergrund – darf durch spätere Summenkompression nicht zu laut werden)
  - Drums gesamt (ausgerichtet an übrigen Spuren)

### 34.3.2 E-Bass

Gegenüber dem Mix eines kompletten Schlagzeugs ist das Einstellen des E-Basssounds vergleichsweise wenig komplex.

#### Routing

Ein spezielles Routing ist selten notwendig. Sofern Sie allerdings E-Bass auf mehreren Spuren aufgezeichnet haben, empfiehlt es sich, die einzelnen Spuren in einem Gruppenkanal zu summieren und Insert- und Send-Effekte wie auch EQs ausschließlich darauf anzuwenden. Das spart nicht nur DAW-Ressourcen, sondern vereinfacht Ihnen auch die klangliche Bearbeitung.

## Insert-Effekte

Um die Dynamik des E-Basses aufzuarbeiten, können Sie einen Kompressor mit Hard-Knee-Kennlinie (erhält das Attack) und mittlerem Ratio zwischen 4:1 und 8:1 einsetzen. Beim Bass reicht es für gewöhnlich aus, lediglich die größten Signalspitzen zu komprimieren, den Threshold-Wert also recht hoch zu wählen. Bei Release- und Attackwerten von bis zu 500 ms (Release) und 10 ms (Attack) sorgt der Kompressor dafür, dass der Basssound zwischendurch nicht »verschwindet«. Denn bedenken Sie, dass dieser bei modernen Produktionen der Popularmusik das entscheidende Fundament für das Gesamtklangbild eines Tracks bildet.

## Equalizing

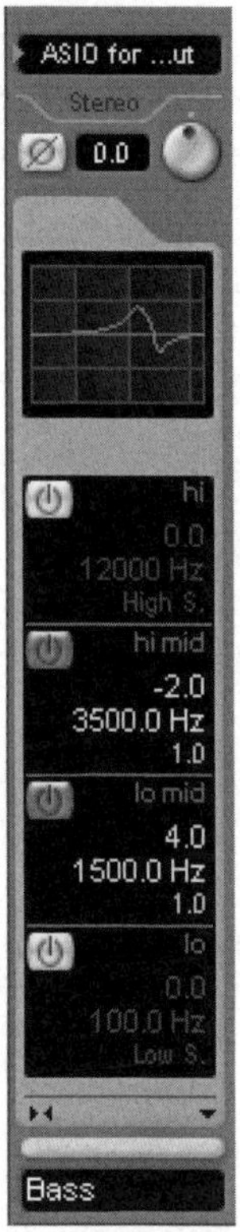


**Abb. 34.4:** Exemplarische Equalizereinstellungen eines Basses im Mix

Zwar sind die Equalizereinstellungen stark vom konkreten Signal abhängig, in der Praxis können Sie aber häufig Saitenschnarren durch Absenken der Mitten im Bereich von etwa 3,5 kHz entfernen. Mehr Biss bekommt der Basssound üblicherweise bei etwa 1,5 kHz. Versuchen Sie es erst einmal mit diesem Tipp, falls der Bass nicht hörbar scheint. Manchmal fehlt es dem Klang nur ein wenig an Attack. Den Bass in einem solchen Fall lauter zu machen oder seine unteren Frequenzen anzuheben, ist hingegen gefährlich, weil das schnell zu einem Wummern und Dröhnen führt, das sämtliche anderen Instrumente überlagert und dem Basskanal einen unnötig hohen Lautstärkepegel verleiht.

## Send-Effekte

Vermeiden Sie einen exzessiven Einsatz von Hallräumen oder Delays, weil dadurch das Basssignal undeutlich und unscharf wird. Dies können Sie sich allerdings zunutze machen, indem Sie die Rutschgeräusche durch einen kurzen Hall mit äußerst kurzem (oder keinem) Pre-Delay einsetzen. Bei einigen Stellen, wie etwa bei einer dünn instrumentierten Ballade, kann ein dezenter Chorus als Send-Effekt dem Basssound zusätzliche Farbe verleihen.

## Panning

Bei kaum einem Instrument ist die Frage des Pannings so einfach zu beantworten wie beim E-Bass. Belassen Sie ihn in der Stereomitte, wenn Sie ein starkes Soundfundament erreichen wollen. Soll sich der Klang des E-Basses von demjenigen der Kickdrum deutlicher abheben, so können Sie den Bass auch leicht versetzt zur Kickdrum im Stereopanorama auslenken (z. B. Kickdrum bei Mitte/leicht links und E-Bass bei Mitte/leicht rechts).

### Kanalpegel

Die Lautstärke eines Basses sollte im Mix laut genug sein, um das oben erwähnte Bassfundament einer Aufnahme zu sichern, gleichzeitig darf der Bass jedoch nicht derart vordergründig sein, dass der Klang anderer Instrumente von ihm verdeckt wird. Dies trifft dann schlimmstenfalls vor allem auf Instrumente zu, die vornehmlich im unteren und mittleren Frequenzbereich klingen.

## 34.3.3 Synthesizer und Keyboards

Im Bereich der Synthesizer ist es aufgrund ihrer Soundvielfalt unmöglich, eine verbindliche Anleitung für den Mix zu geben. Ich beschränke mich deshalb in diesem Unterkapitel auf die beiden typischen, häufig verwendeten Synthesizeranwendungen von String- und Pad-Sounds.

### Routing

Für gewöhnlich werden mehrere Synthesizer als voneinander unabhängige Stereospuren im Mix behandelt. Bei der Verwendung sehr vieler Spuren können aber auch ähnliche Klänge zu einer Subgruppe zusammengefasst werden.

### Insert-Effekte

Sofern Synthesizer aufgrund der ihren Klängen zugrunde liegenden Syntheseverfahren und Filtereinflüsse in vielen Fällen bereits sehr voll und direkt klingen, werden Insert-Effekte wie Dynamikprozessoren eher dezent angewendet. Das ist insbesondere dann der Fall, wenn das Attack des Sounds nicht sehr ausgeprägt ist.

### Equalizing

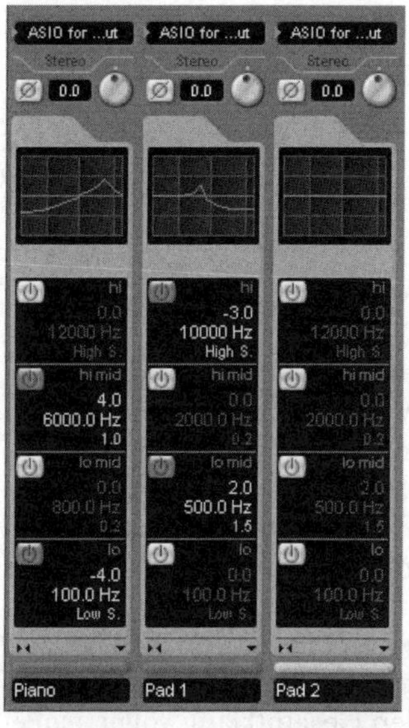


Abb. 34.5: Exemplarische EQ-Einstellungen einer Piano- und Synthesizergruppe

Dagegen spielt das Feld »Equalizing« bei Synthesizern eine große Rolle. Oftmals nimmt deren Klang derart viel Frequenzbreite in Anspruch, dass andere Instrumente durch sie maskiert werden. Das ist insbesondere bei den Mitten und den Höhen der Fall. Letztere sind vor allem bei Klangsynthese auf Basis der sehr obertonreichen Rechteck-Wellenformen problematisch. Hier kann es deshalb helfen, den extremen Obertonreichtum mit einem Shelve-EQ zumindest zu mildern, indem Sie die Höhen des Synthesizers ein wenig absenken. Das schafft Raum für die Brillanz weiterer Instrumente.

## Send-Effekte

Da etliche Synthesizer bereits mit vielen internen Effekten ausgestattet sind, ist es selten erforderlich, zusätzliche Effekte über den Send-Weg anzusteuern. Sofern Sie allerdings nicht mit Softwaresynthesizern, sondern mit externen Klangerzeugern arbeiten, kann es sich lohnen, diese trocken (also ohne jegliche Effekte) aufzuzeichnen und Hall-, Delay- oder Modulationseffekte über den Send-Weg anzusteuern. Das gilt ganz besonders dann, wenn Sie beispielsweise eine/Ihre Band aufzeichnen und Ihnen die Synthesizer nur für einen Recording-Tag zur Verfügung stehen. Auf diese Weise behalten Sie bis zum endgültigen Mix möglichst viel Sound-Kontrolle.

## Panning

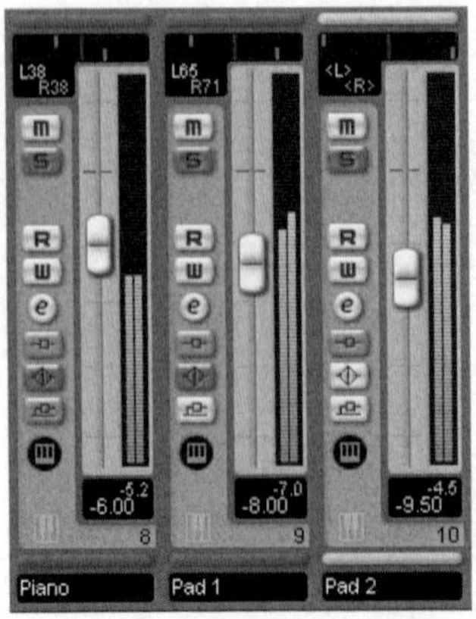


**Abb. 34.6:** Exemplarisches Panning von Synthesizern

Das Panning von Synthesizern richtet sich nach dem jeweiligen Sound, den Sie verwenden. Während für Synthesizer-Drums und -bässe die Vorgaben aus den Bereichen Schlagzeug und E-Bass von weiter vorn im Text gelten, so können Sie die Stereobreite von Pad- und String-Sounds effektvoll variieren, um im Ablauf eines Songs echte Highlights zu setzen. Wenn Sie beispielsweise Strophen ohne Synthesizerbegleitung arrangieren und in den Bridgepassagen auf Pad-Sounds zurückgreifen, sollten Sie diese nicht allzu weit im Stereopanorama nach außen legen. Auf diese Weise lassen Sie noch etwas Spielraum, den Sie etwa im Chorus eines Stücks für den Einsatz von Synthesizerstrings nutzen können. Diese tragen dazu bei, dass im Chorus für den Zuhörer sozusagen »die Sonne aufgeht« – Streicher und Pads machen den Gesamtklang voller, wobei die Streicher noch einmal für einen gehörigen, eindrucksvollen Schub Stereoverbreiterung sorgen. Achten Sie also nicht nur auf die Instrumente selbst, sondern auch auf die spezielle Dramaturgie eines Songs!

### Kanalpegel

Weil Synthesizersounds aufgrund ihres ausgewogenen Frequenzverhaltens in vielen Fällen recht durchsetzungsstark sind, können Sie ihren Lautstärkepegel eher verhalten ansetzen. Ausnahmen sind natürlich Produktionen, die genau diese Synthesizerklänge featuren sollen, wie etwa Synthie- oder 80's-Pop, Produktionen im Stil der Neuen Deutschen Welle oder auch sämtliche Stile elektronischer Musik wie Dance, House, Techno, Ambient etc.

Bedenken Sie auch, dass der Klang von Synthesizerflächen und -streichern durch Kompression im Mastering später evtl. noch hervorgehoben wird!

## 34.3.4 Lead Vocals

Gesang spielt bei den meisten Spielarten populärer Musik eine zentrale Rolle. Die Ausgestaltung und Platzierung im Mix ist deshalb besonders entscheidend. Erschwerend kommt hinzu, dass es sich bei der Stimme um das wohl am geringsten ausgewogene Instrument einer Rock- und Pop-Aufnahme handelt. Lesen Sie sich deshalb die nachfolgenden Tipps aufmerksam durch. Behalten Sie aber stets im Hinterkopf, dass auch beim Gesang keine allgemeingültigen Grundsätze herrschen können. Nutzen Sie die Tipps also als Richtwerte und nicht etwa als dogmatische Regeln.

### Routing

Wenn Sie mit mehreren gleichberechtigten Gesangsspuren arbeiten, die den Eindruck einer einzigen Frontstimme vermitteln sollen, sollten Sie diese in einer Subgruppe zusammenführen, um bei der Signalbearbeitung nicht nur Rechenkapazität Ihrer DAW einzusparen, sondern auch, damit die verschiedenen Spuren »wie aus einem Guss« klingen.

### Insert-Effekte

Für Gesangsspuren ist es hilfreich, wenn Sie mit einem Noisegate im Insert-Weg beginnen. Dieses kann in den Gesangspausen auftretende Nebengeräusche und Übersprechungen (z. B. vom Monitorkopfhörer) aus der Spur entfernen. Auf diese Weise wird das Bearbeiten, Schneiden und Verschieben der Vocal-Tracks deutlich einfacher. Achten Sie jedoch darauf, mit dem Noisegate nicht auch die Atemgeräusche zu unterdrücken.

Ein weiterer Vorteil ist, dass ein ebenfalls als Insert-Effekt nachgeschalteter Kompressor die durch das Noisegate ausgelöschten Nebengeräusche nicht mehr anheben kann. Denn um einen Kompressor werden Sie für die Hauptstimme ganz sicher nicht herumkommen. Hierbei können Sie von Kompressionsverhältnissen zwischen 2:1 und 8:1 alles ausprobieren, was der Stimme zur nötigen Durchsetzungsfähigkeit verhilft. Das Knie der Kennlinie sollten Sie weich einstellen (Soft Knee) und die Werte für Attack und Release des Kompressors so kurz wie möglich wählen oder auf *Auto* stellen, sofern diese Funktion vorhanden ist.

Ein guter Trick ist es auch, die Lead Vocals auf mindestens zwei Spuren zu verteilen: eine für Strophen, Bridges usw. – und eine weitere Spur für den Chorus. Auf Letzterer lassen Sie dann den Kompressor stärker greifen, um im Chorus einen besonders präsenten Gesang zu haben. Die zusätzliche Spur können Sie sich zwar theoretisch sparen, wenn Sie über eine vollständige Mixer- und Plug-in-Automation verfügen. Um eine bessere Übersicht zu behalten, empfehle ich Ihnen dennoch eine Aufteilung der unterschiedlich komprimierten Vocal-Parts auf zwei separate Spuren.

## Equalizing

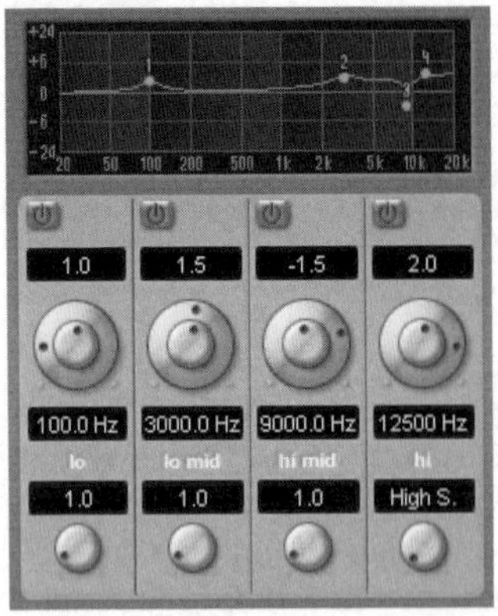


**Abb. 34.7:** Exemplarische EQ-Einstellungen für die Lead Vocals

Bei den Lead Vocals können Sie je nach Bedarf beispielsweise

- den Sängerformanten um 3 kHz stärken, indem Sie hier anheben;
- das Signal bei etwa 100 Hz um 2 dB mit Q-Faktor 1,0 anheben, um eine typische Basslastigkeit wie bei einem Radiomoderator zu erzielen;
- zwischen 8 und 10 kHz leicht absenken, um den Stimmklang weniger rau zu gestalten;
- mit einem Shelve-Filter den Bereich oberhalb 12,5 kHz anheben, damit die Vocals »luftiger« klingen.

Weitere Anhaltspunkte für das EQing von Lead Vocals finden Sie in den EQ-Tabellen in Anhang B.

## Send-Effekte

Wenn Sie dem Hauptgesang mehr Räumlichkeit verleihen möchten, können Sie ein Reverb einsetzen. Aber Achtung: Die Zeiten der großen Hallräume sind seit den späten 80ern vorbei! Moderne Produktionen nutzen natürlicher klingende Raum- und Plattenhallsimulationen, mit denen der Gesang angereichert wird. Wenn sich der Hall zu sehr mit dem Gesang vermischt, aber mehr von diesem »losgelöst« klingen soll, so sollten Sie es mit einer Vergrößerung der Pre-Delay-Zeitspanne versuchen. Auf diese Weise können Sie den Hall von seiner Quelle entkoppeln.

Auch der Einsatz von Delays ist bei den Lead Vocals durchaus üblich. Hier gilt ebenfalls: Weniger ist meistens mehr. Versuchen Sie für das Delay Einstellungen zu finden, mit denen Sie es wie ein Reverb und nicht wie ein Echogerät nutzen können.

Um den Gesang im Höreindruck »breiter« zu machen, können Sie als Send-Effekt einen Chorus oder einen Flanger ansteuern.

Wie diese Modulationseffekte genau arbeiten und was sie im Einzelnen bewirken, erfahren Sie weiter vorn in Teil 2, »Outboard-Equipment & Effekte«.

### Panning

Die Lead Vocals werden üblicherweise in der Stereomitte belassen. Sie können aber auch einige spezielle Effekte erzielen, indem Sie den Hauptgesang auslenken. An alte Aufnahmen der Beatles-Ära erinnern beispielsweise Instrumente, die im Stereobild deutlich links und rechts voneinander getrennt sind. Dies kann dabei auch für den Hauptgesang gelten. Probieren Sie einmal aus, wie es klingt, wenn der Gesang sehr weit zu einer Seite hinübergeblendet ist. An Produktionen psychedelischer Musik aus den späten 60ern und 70ern erinnert das Autopanning von Gesangspassagen. Über einen ganzen Song kann dieser Effekt zwar nervtötend wirken, aber um einzelnen Passagen in einem Song ein psychedelisches Flair zu verleihen, kann das Autopanning erste Wahl sein.

### Kanalpegel

Der Gesang der Hauptstimme ist in den meisten Fällen das zentrale Mittel eines Songs, um Melodie, Stimmung und textlichen Inhalt zu transportieren. Aus diesem Grund müssen die Lead Vocals klar und deutlich vernehmbar sein, also nicht nur hinsichtlich Frequenz und Sprachverständlichkeit, sondern auch und gerade hinsichtlich ihres Lautstärkepegels im Verhältnis zu anderen Instrumenten und Gesangsstimmen.

Denken Sie auch an die Summenkompression, die beim Mastering stattfindet/stattfinden kann. Hier bewegen sich Instrumente wie Streicher und Synthesizerpads oder auch Gitarren in ähnlichen Frequenzregionen wie die Lead Vocals. Gerade die leiseren Anteile von String- und Pad-Sounds können derart an Präsenz gewinnen, dass es manchmal schwierig ist, den Hauptgesang noch ausreichend präsent zu belassen. Das führt dann dazu, dass eines der Instrumente hinten anstehen muss, damit der Gesang noch als Zentrum einer Produktion verstanden werden kann. Um dieses Problem zu umgehen, sollten Sie die Vocals lieber etwas zu laut als zu leise abmischen.

## 34.3.5 Background Vocals

Für Background Vocals gelten gegenüber den Lead Vocals komplett andere Bedingungen. Sie sind eher ein ergänzendes Mittel und werden dementsprechend oftmals diffudiert eingesetzt.

### Routing

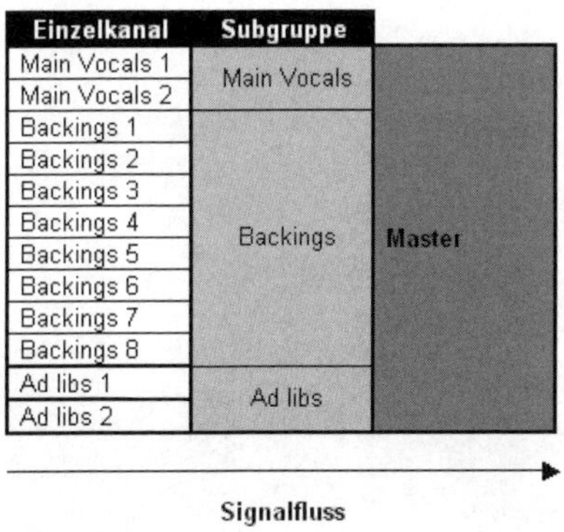


**Abb. 34.8:** Exemplarisches Routingchart für Background Vocals

Das Routing der Background Vocals wird umso wichtiger, je mehr Einzelspuren Sie zu diesem Zweck einsetzen. Zwei einzelne Spuren lassen sich vielleicht noch separat bewältigen, ab vier Spuren würde ich Ihnen aber bereits dringend empfehlen, eine Subgruppe mit den betreffenden Spuren zu »füttern«. In Abbildung 34.8 sehen Sie ein Beispiel mit acht Spuren von Background Vocals. Wenn Sie hier für alle Spuren auf denselben Sänger/dieselbe Sängerin zurückgreifen und die eingesungenen Parts sich hinsichtlich Intensität und Dynamikverhalten ähneln, dürfte es ausreichen, lediglich das Summensignal zu komprimieren und folglich nur im Insert-Weg des Gruppenkanals einen Kompressor einzuspeisen. Das erspart Ihrer DAW den Aufwand von sieben (!) weiteren Kompressor-Plug-ins und schont somit Ihre Ressourcen, die Sie z. B. besser für hochwertige Hallprogramme einsetzen können.

### Insert-Effekte

Als erster Insert-Effekt sollte ein Noisegate Übersprechungen und Nebengeräusche in den Gesangspausen auslöschen. Danach sollten Sie die Vocal-Signale dynamisch aufbereiten.

Ein Kompressor auf dem Summensignal der Background Vocals verleiht diesen eine ebenere Dynamik. Die Background Vocals sind dadurch deutlich leichter in den Mix zu integrieren. Wenn es sich um Backing Vocals handelt, die die Hauptstimme doppeln, sollten Sie diese jedoch nicht zu stark komprimieren, damit sie der Hauptstimme im Mix nicht den Rang ablaufen. Das Kompressionsverhältnis könnte hier etwa im Bereich zwischen 2:1 und 5:1 liegen. Wählen Sie für die Kennlinie ein weiches Knie (Soft Knee) und stellen Sie die Werte für Attack und Release auch hier so kurz wie möglich ein oder gleich auf *Auto*.

Auch der Einsatz eines Delays kann hier nützlich sein. Wenn Sie den Dry-Wert minimieren und ausschließlich das bearbeitete Signal hindurchlassen (z. B. mit einer einzigen Delaywiederholung), so stellt sich durch die Verzögerung und bei Wahl einer sehr kurzen Delayzeit der Effekt ein, dass die Backing Vocals ein wenig entfernt klingen. Dies ist in erster Linie für Dopplungen der Hauptstimme durch Backing Vocals sinnvoll, um die Lead Vocals dezent zu stützen.

### Equalizing

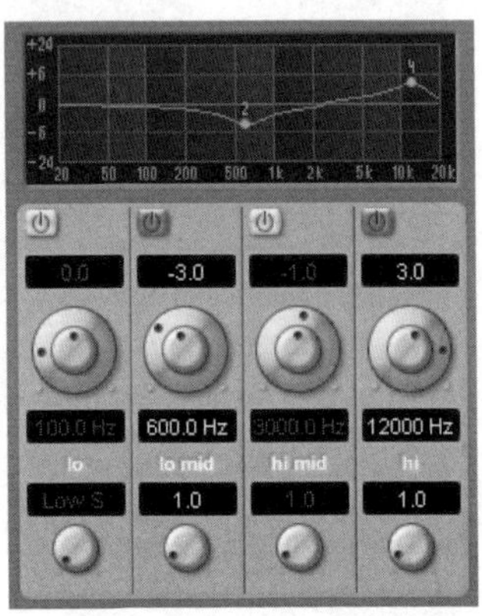


**Abb. 34.9:** Equalizereinstellungen für mehr Brillanz der Backings

Beim Equalizing des Begleitgesangs ist beinahe alles erlaubt. Wenn Sie sich beispielsweise R&B-Produktionen aus den späten 90ern zu Gemüte führen, können Sie einige sehr interessante und äußerst innovative Equalizertechniken hören. Dazu gehört etwa das komplette Absenken der Frequenzanteile unterhalb von 1 kHz, gekoppelt mit einer sehr starken Post-Fader-Komprimierung des Signals. Das Resultat klingt beinahe wie ein Vocoder-Sound und eignet sich z. B. hervorragend für R&B- oder auch Ambient-Produktionen.

Damit die Background Vocals zusammen mit den Lead Vocals ein einheitliches Gesamtbild erschaffen, können Sie die Equalizereinstellungen für die Haupt- und Begleitstimmen auch gegensinnig einstellen. Wo immer Sie etwa Frequenzen der Lead Vocals anheben, senken Sie diejenigen der Background Vocals ab ... und andersherum. Diesen Vorgang nennt man *Komplementär-Equalization.*

Um den Background Vocals zu mehr Durchsetzungsfähigkeit im Gesamtklang zu verhelfen, müssen Sie diese nicht unbedingt lauter machen. Oftmals reicht es schon aus, wenn Sie die Höhen anheben und damit die Brillanz des Backing-Signals verbessern.

### Send-Effekte

Für die Einbindung von Send-Effekten gilt beinahe das Gleiche wie auch für die Lead Vocals. Achten Sie aber darauf, dass Sie die Background Vocals nicht durch Effekte in den musikalischen Mittel- oder Vordergrund holen, die sehr stark die Aufmerksamkeit des Zuhörers binden, es sei denn, das ist gewollt. Schließlich handelt es sich um *Background Vocals,* die per definitionem im Hintergrund agieren und eher den Sound bereichern und die Hauptstimme stützen sollen.

### Panning

Sofern Sie die Lead Vocals mit einer oder zwei Begleitstimmen durch eine Dopplung der Hauptstimme stützen möchten, sollten Sie das Panning nicht allzu weit wählen, weil dem Zuhörer sonst der »Trick« mit der Stimmdopplung auffällt. Eine leichte Auslenkung der zusätzlichen Gesangskanäle nach links und rechts verbreitert hierbei jedoch den klanglichen Eindruck der Lead Vocals.

Wenn Sie ergänzende Background Vocals mixen, so können Sie diese im Stereopanorama auch deutlich von der Hauptstimme entfernt auslenken. Dadurch kann sich der Eindruck einer enormen Stereoweite für den gesamten Gesang einstellen. Bei vielen Stimmen ist es auch möglich, diese im Panorama aufzufächern.

### Kanalpegel

Für den Pegel der Background Vocals gilt Ähnliches wie für Streicher- und Pad-Sounds: Belassen Sie sie lieber ein wenig leiser, damit sie nicht die Hauptstimmen stören. Durch die Kompression im Mastering kommen die Background Vocals automatisch mehr zur Geltung, als sie dies im Mix tun.

### Special-Gimmick – fetter Groove

Eine Möglichkeit, einen Track mit einem wirklich »fetten« und gut wahrnehmbaren Drum-Groove zu erzeugen, führt über eine sehr laute Abmischung des Schlagzeugs im Verhältnis zu den übrigen Instrumenten. Die Summe aller Kanäle schicken Sie dann durch einen Limiter, der das Gesamtsignal um 3 bis 4 dB lauter macht. Diese Methode eignet sich besonders für Dance- und Disco-Songs.

### Hinweis

Stehen Ihnen keine Effekte für die Mastersektion zur Verfügung, so können Sie dies mit einem einfachen Trick umgehen: Legen Sie eine Subgruppenspur an, auf die Sie alle Spuren routen, die zuvor direkt auf den Master-Bus gingen. Auf diesen routen Sie nun aber die Ausgänge der neu angelegten Subgruppe. Nun haben Sie die Möglichkeit, die Aux-Wege der Subgruppe zu nutzen.

# Kapitel 35

# Das Mastering

Sie haben Ihre Tracks erstklassig aufgenommen und sind auch mit dem Mix der Stücke zufrieden. Nun heißt es »aufpolieren«. Dies ist Sache des Masterings. In diesem Bearbeitungsschritt gleichen Sie unter anderem die Lautstärkeverhältnisse und das Frequenzverhalten der verschiedenen Stücke aneinander an. So klingt später alles wie aus einem Guss und kein Song fällt im Gesamtbild unangenehm aus dem Rahmen.

Wenn Sie Ihre ungemasterten Songs mit Profiproduktionen vergleichen, stellen Sie schnell fest, dass Ihre Songs aus irgendeinem Grund weniger druckvoll, leiser, dumpfer klingen. All diese Komponenten können Sie im Mastering nachträglich anpassen und aufwerten. Aber machen Sie sich keine Sorgen. Dies ist nicht unbedingt deshalb notwendig, weil Sie ein schlechter Homerecording-Produzent wären. Nein, Mastering gehört vielmehr zum »guten Ton« einer Produktion hinzu und ist auch (und gerade) für Profiproduktionen erfolgreicher und weltbekannter Musikproduzenten Standard.

## 35.1 Mastering-Equalizer

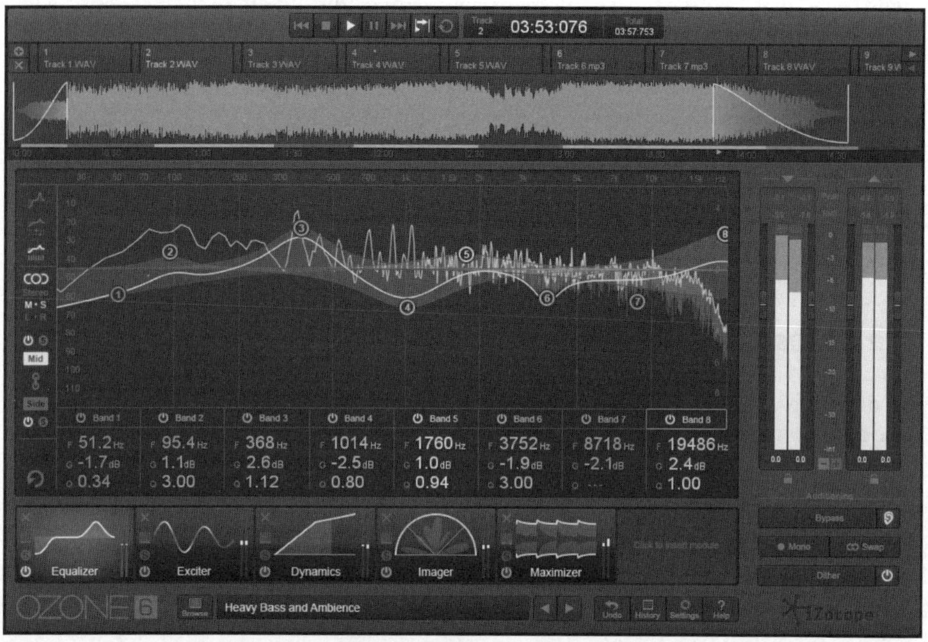


**Abb. 35.1:** Ausgewogenes Frequenzbild per Mastering-Equalizer Ozone (Quelle: `www.izotope.com`)

Ein Mastering-Equalizer hat die Aufgabe, das Frequenzverhalten eines gemixten Songs zu verbessern. Dies ist bei einem Mastering oftmals der erste Schritt, weil das Frequenzverhalten eines Tracks für alle weiteren Bearbeitungsfunktionen im Mastering bereits weitestgehend zu Ihrer Zufriedenheit sein sollte. Ziel ist es also, in diesem Arbeitsschritt ein ausgewogenes Frequenzverhalten zu erreichen.

Belassen Sie die Bassfrequenzen weitestgehend, es sei denn, Sie möchten sie dezent absenken. Im späteren Schritt der Multibandkompression wird der Bass noch ordentlich angehoben. Klingt Ihr Stück hingegen dumpf und in den unteren Frequenzen undifferenziert, so sollten Sie ausprobieren, wie es sich auswirkt, wenn Sie den Frequenzbereich zwischen 100 und 250 Hz absenken. Ist der Klang Ihres Stücks in den Mitten zu aufdringlich, so können Sie versuchen, ob das Stück weniger rau klingt, wenn Sie den Bereich von 1 bis 3,5 kHz breitbandig ein wenig absenken. Greifen Sie dafür stets auf eine breitbandige Güte zurück. Wählen Sie also kleine Werte für den Q-Faktor. Auf diese Weise passen sich die Änderungen besser in das Gesamtfrequenzverhalten Ihres Stücks ein.

**Know-how**

Aufgrund der Tatsache, dass das menschliche Gehör hohe Frequenzen als lauter interpretiert als tiefere Frequenzen mit den gleichen Lautstärkepegeln, sollten Sie nicht versuchen, ein horizontal weitestgehend ebenes Frequenzbild zu erzielen. Vielmehr sollte es in Richtung der hohen Frequenzen einen deutlichen Pegelabfall geben (siehe auch Abbildung 35.1).

Aber vergessen Sie nicht, dass generell gelten muss: Hören geht über Messen. Ganz gleich, wie die Frequenzkurve auch aussieht, sofern die Einstellungen Ihres Mastering-EQs gut klingen, sollten Sie sie verwenden.

**Achtung, Zischlaute!**

Vermeiden Sie es nach Möglichkeit, den typischen Bereich für Zischlaute durch den Mastering-EQ zu sehr hervorzuheben. Dieser befindet sich etwa zwischen 6 und 7 kHz.

## 35.2 Mastering-Reverb

Mit der Hilfe eines Mastering-Reverbs können Sie die Instrumente in Ihrem Mix mehr »wie aus einem Guss« klingen lassen. Ein kleiner, aber feiner Trick für die Anwendung eines Mastering-Reverbs ist dessen Einbindung in die Signalkette *hinter* der Multibandkompression. Dadurch komprimieren Sie nicht die leiseren Anteile der Hallfahnen, sondern verleihen dem komprimierten Gesamtklang mit entsprechenden Reverb-Einstellungen mehr Brillanz. Was auch immer sie mit dem Mastering-Reverb anstellen: Übertreiben Sie es nicht!

## 35.3 Multiband Harmonic Exciter

Die Arbeitsweise und das Aufgabengebiet eines Exciters haben Sie in Teil 2, »Outboard-Equipment & Effekte«, bereits kennengelernt. Deshalb an dieser Stelle ausschließlich ein paar Tipps für seinen Einsatz. Kurz zusammengefasst können Sie Ihrem Musikmaterial mit einem Exciter neue/weitere Obertöne (sogenannte Harmonische) hinzufügen. Ein Multiband-Exciter bietet Ihnen nun die Möglichkeit, dies für verschiedene Frequenzbereiche mit unterschiedlichen Einstellungen durchzuführen.

Der Einsatz eines Exciters ist aber nicht nur dazu geeignet, Ihrem Mix mehr oder deutlich vernehmbarere Höhen zuzufügen. Vielmehr können Sie ihn auch verwenden, um dem Gesamtklang einen gewissen »Röhrencharakter« zu verleihen. Hierfür sollten Sie alle Bänder mit dem Exciter bearbeiten. Vor allem aber, wenn der ausschließliche Gebrauch eines Exciter-Bandes in den hohen Frequenzen zu steril und unnatürlich klingt, sollten Sie ihn auch im unteren und mittleren Frequenzbereich zumindest dezent anwenden.

## 35.4 Multibandkompression

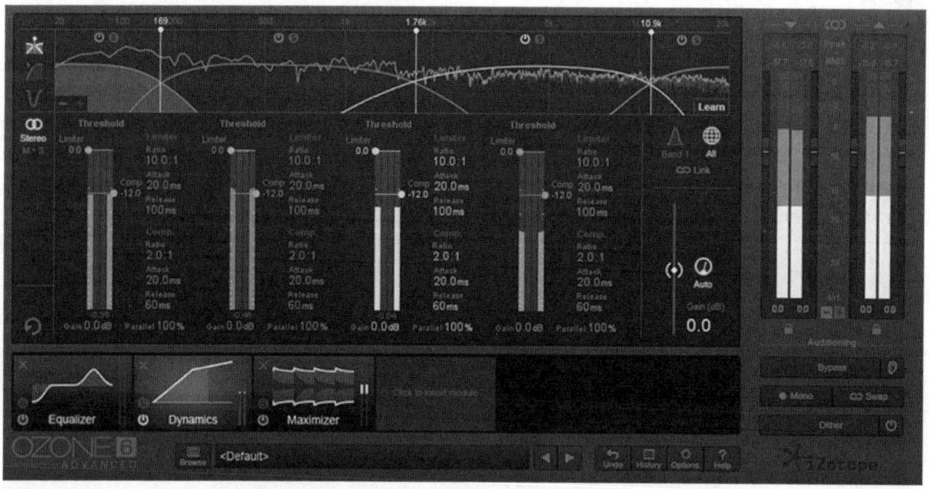


**Abb. 35.2:** Multibandkompressor in Ozone

Durch die Multibandkompression können Sie einen gut gemixten Song wohl am ehesten an den typischen Sound eines professionell produzierten und gemasterten Tracks angleichen. Dabei können Sie für einzelne Frequenzbereiche separat einstellen, wie dieser komprimiert, gelimitet und/oder expandiert werden soll. Das heißt, dass Sie leise Signale im Gesamtmix noch einmal lauter machen können, in den Mitten mehr »Punch« erzeugen und die Spitzenpegel begrenzen können. Das kann eine sehr komplexe Aufgabe werden, durch die Sie beispielsweise den Song einfach nur »lauter« machen, aber auch das Dynamikverhalten Ihres Tracks deutlich ausgewogener gestalten können.

Wenn Ihnen die Arbeitsweise und die Parameter von Dynamikprozessoren nicht geläufig sind, sollten Sie unbedingt einen Blick in Teil 2, »Outboard-Equipment & Effekte«, werfen. Dort werden alle relevanten Funktionen und Einsatzbereiche von Dynamikprozessoren erläutert.

Hier eine Kurzanleitung für die ersten Schritte bei der Mastering-Kompression:

### Frequenzbereiche

Den größten Einfluss auf Ihren Mix können Sie durch die Multiband-Dynamikbearbeitung im Mastering nehmen, wenn Sie den vier Frequenzbereichen jeweils ein bestimmtes Aufgabengebiet zuweisen. Die Frequenzbereiche und -gebiete der Bänder sollten für den Anfang wie folgt eingeteilt sein:

- Tiefen (z. B. 20 Hz bis etwa 125 Hz)
- untere Mitten (z. B. etwa 125 Hz bis 1 kHz)
- hohe Mitten (z. B. etwa 1 kHz bis 4 kHz)
- Höhen (z. B. etwa 4 kHz bis 20 kHz)

In der Praxis gibt es jedoch Situationen, in denen Sie hiervon abweichen sollten. Dies gilt vor allem für die Mitten- und Höhenbänder. Diese können sich durchaus auch in Bereichen von 3 bis 10 kHz und von 10 bis 20 kHz befinden. Hier sollten Sie einfach genau hinhören und die Frequenzbereiche am jeweiligen Material ausrichten.

### Kompressor

Ein Kompressor in den tiefen Frequenzen eignet sich hervorragend, um die Bässe anzuheben. Hier können Sie bereits mit mittleren Ratiowerten um 4:1 einsteigen, um einen hörbaren Effekt zu erzielen. Sie sollten das Resultat jedoch gegen Ende des Masterings unbedingt noch einmal kritisch prüfen. Denn auch beim Einsatz der Multibandkompression sollten Sie darauf achten, dass die Kompression nicht hörbar wird. Vermeiden Sie also das charakteristische »Pumpen« eines deutlich wahrnehmbaren Kompressors.

### RMS

Sofern vorhanden, können Sie auch auf die *RMS-Pegelanzeige* zurückgreifen. RMS steht dabei für **R**oot **M**ean **S**quare, den quadratischen Mittelwert, oft auch als *Effektivwert* bezeichnet. Mit der Hilfe von RMS-basierten Pegeln, die sich mehr an den Hörgewohnheiten ausrichten, werden die klanglichen Ergebnisse beim Einsatz von Kompressoren nicht selten weniger aggressiv. Diese Art der Kontrolle der Signaldynamik empfiehlt sich vor allem für Musikstile, in denen Sie den Authentizitätseindruck der musikalischen Dynamik durch die Masteringkompression nicht zerstören möchten (z. B. beim Mastering von Musik in den Stilen Klassik oder Bar-Jazz).

### Expander

Einen Expander können Sie beim Mastering sowohl als Noisegate wie auch zur Wiedergewinnung verlorener Dynamik einsetzen. Probieren Sie hierfür einmal Einstellungen mit einem Threshold zwischen -20 bis -30 dB bei einem geringen Expansionsverhältnis (kleiner Ratiowert). Um den Expander als Noisegate anzuwenden, ziehen Sie hingegen hohe Ratiowerte heran (8:1 bis 10:1) und senken den Threshold-Level so weit ab, dass die Pegelspitzen unerwünschter Signale unterdrückt werden.

## 35.5 Multiband Stereo Imaging

Die Stereoweite professioneller Musikproduktionen ist häufig deutlich größer als diejenige bei semiprofessionellen Produktionen. Ein *Stereo-Imager* kann Ihnen helfen, mehr Weite in Ihre Produktion zu bekommen. Seien Sie unbesorgt, seine Verwendung ist ein Standard beim Mastering. Durch ihn wird möglich, was ein herkömmliches Panning nicht leisten kann.

Ein Stereo-Imager vergrößert den Stereoeindruck, indem er zwei Stereokanäle voneinander subtrahiert. Hierdurch wird allerdings auch das Mittensignal geschwächt. Aus diesem Grund eignen sich Stereo-Imager, die ausschließlich die komplette Stereosumme bearbeiten, nicht für den Einsatz als Masteringeffekt. Verfügt der Stereo-Imager jedoch über eine Multibandeinteilung, durch die Sie verschiedene Frequenzbereiche unterschiedlich bearbeiten können, verringert sich die Gefahr, dass Sie das Signal um sein Zentrum (also die Stereomitte) berauben.

Da dieser Effekt des Stereomittenverlusts besonders im Bereich der Mitten problematisch ist, in dem sich frequenztechnisch die Hauptanteile der Audiosignale (z. B. viele Grundtöne und sämtliche klangprägenden Formanten) befinden, sollten Sie hier vorsichtig mit der Stereoerweiterung umgehen. Auch unterhalb der Mitten fällt der Verlust der Stereomitte stark ins Gewicht. Denn hier befindet sich in den Bässen das klangtechnische Fundament Ihrer Produktion.

Prüfen Sie bei der Verwendung von Tools zur Stereoerweiterung stets, ob das Ergebnis noch monokompatibel ist. Dies können Sie zum einen durch ein praktisches Abhören als Monosignal oder durch den Einsatz eines *Korrelationsmessers* erreichen (siehe Abbildung 35.3). Befindet sich Ihr Stereosignal hier im Bereich zwischen den Werten »0« und »+1«, so haben Sie nicht zu befürchten, dass Ihr Song nach dem Mastering auf einem Monogerät deutliche Signalverluste aufweist.

Durch ein *Vektorskop* haben Sie ebenfalls die Möglichkeit, die Monokompatibilität und Stereoweite zu überprüfen. Vertikal angezeigte Signale sprechen hierbei für Monosignale, ausschließlich horizontale Signalanzeigen weisen auf gegenläufige Signale hin. Die Vektorskop-Darstellung eines weitestgehend monokompatiblen Audiosignals wird deshalb niemals breiter als hoch sein. In Abbildung 35.3 sehen Sie etwa ein »schlechtes« Beispiel, das allzu sehr »in die Breite« geht.

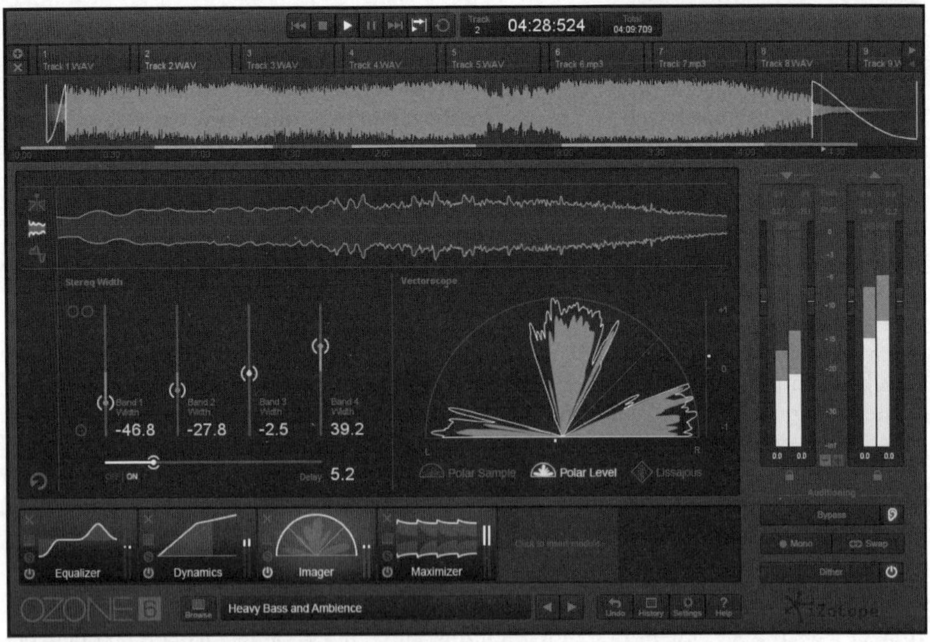


**Abb. 35.3:** Hilfreiche Tools – Korrelationsmesser beim Stereo Imaging in Ozone

# Kapitel 36

# Die eigene CD

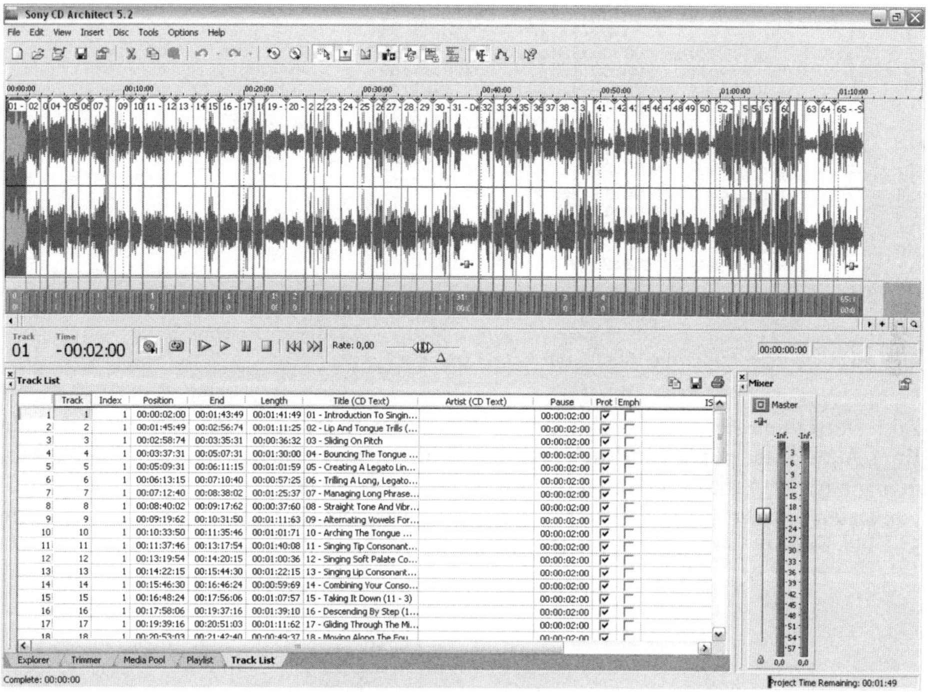


**Abb. 36.1:** CD-Authoring für Kenner – Sony CD-Architect
(Quelle: `www.sonycreativesoftware.com`)

Wenn Sie nicht besonders anspruchsvoll mit Ihrem Homerecording-Produkt sind, benötigen Sie zum Erstellen der eigenen CD einfach nur einen CD-Brenner in Ihrer DAW. Allerdings können Sie mit einer auf *CD-Authoring* spezialisierten Software (wie etwa *Sony CD-Architect*) noch einiges herausholen und dem späteren Konsumenten einige Extras bieten, die das Abspielen Ihrer CD zum Genuss machen. In einer Authoring-Software wie CD-Architect können Sie auch trackweise Masteringeffekte anwenden (wie z. B. *iZotope Ozone*).

Mit einer Software für CD-Authoring können Sie außerdem sehr übersichtlich Bezeichnungen für die einzelnen Tracks einer gesamten Produktion vergeben und verwalten.

Cue Sheet :

Title :
Artist :
Copyright :

UPC/MCN : (None)

| Track | Index | In | Out | Length | ISRC | Title |
|---|---|---|---|---|---|---|
| 1 | 1 | 00:00:02:00 | 00:01:43:49 | 00:01:41:49 | | 01 - Introdu |
| 2 | 1 | 00:01:45:49 | 00:02:56:74 | 00:01:11:25 | | 02 - Lip And |
| 3 | 1 | 00:02:58:74 | 00:03:35:31 | 00:00:36:32 | | 03 - Sliding |
| 4 | 1 | 00:03:37:31 | 00:05:07:31 | 00:01:30:00 | | 04 - Bouncing |
| 5 | 1 | 00:05:09:31 | 00:06:11:15 | 00:01:01:59 | | 05 - Creating |
| 6 | 1 | 00:06:13:15 | 00:07:10:40 | 00:00:57:25 | | 06 - Trilling |
| 7 | 1 | 00:07:12:40 | 00:08:38:02 | 00:01:25:37 | | 07 - Managing |
| 8 | 1 | 00:08:40:02 | 00:09:17:62 | 00:00:37:60 | | 08 - Straight |
| 9 | 1 | 00:09:19:62 | 00:10:31:50 | 00:01:11:63 | | 09 - Alternati |
| 10 | 1 | 00:10:33:50 | 00:11:35:46 | 00:01:01:71 | | 10 - Arching |
| 11 | 1 | 00:11:37:46 | 00:13:17:54 | 00:01:40:08 | | 11 - Singing |
| 12 | 1 | 00:13:19:54 | 00:14:20:15 | 00:01:00:36 | | 12 - Singing |
| 13 | 1 | 00:14:22:15 | 00:15:44:30 | 00:01:22:15 | | 13 - Singing |
| 14 | 1 | 00:15:46:30 | 00:16:46:24 | 00:00:59:69 | | 14 - Combining |
| 15 | 1 | 00:16:48:24 | 00:17:56:06 | 00:01:07:57 | | 15 - Taking |
| 16 | 1 | 00:17:58:06 | 00:19:37:16 | 00:01:39:10 | | 16 - Descendi |
| 17 | 1 | 00:19:39:16 | 00:20:51:03 | 00:01:11:62 | | 17 - Gliding |
| 18 | 1 | 00:20:53:03 | 00:21:42:40 | 00:00:49:37 | | 18 - Moving |
| 19 | 1 | 00:21:44:40 | 00:23:35:24 | 00:01:50:59 | | 19 - Singing |
| 20 | 1 | 00:23:37:24 | 00:25:13:21 | 00:01:35:72 | | 20 - Bringin |
| 21 | 1 | 00:25:15:21 | 00:25:56:38 | 00:00:41:17 | | 21 - Work |

**Abb. 36.2:** Übersicht über die Inhalte der CD – Cue-Sheet

Zum Verwalten dieser Informationen gehört unter anderem auch, dass Sie am Ende Ihres Authorings per Knopfdruck sogenannte *Cue-Sheets* erstellen können. Darauf werden alle in der Authoring-Software angelegten Tracks eines Projekts mit den zugehörigen Daten und Werten aufgelistet. Von diesen Cue-Sheets können Sie etwa zuverlässige Spieldauern für das Layout von CD-Inlays und -Booklets ablesen.

Kapitel 37

# Datenarchivierung

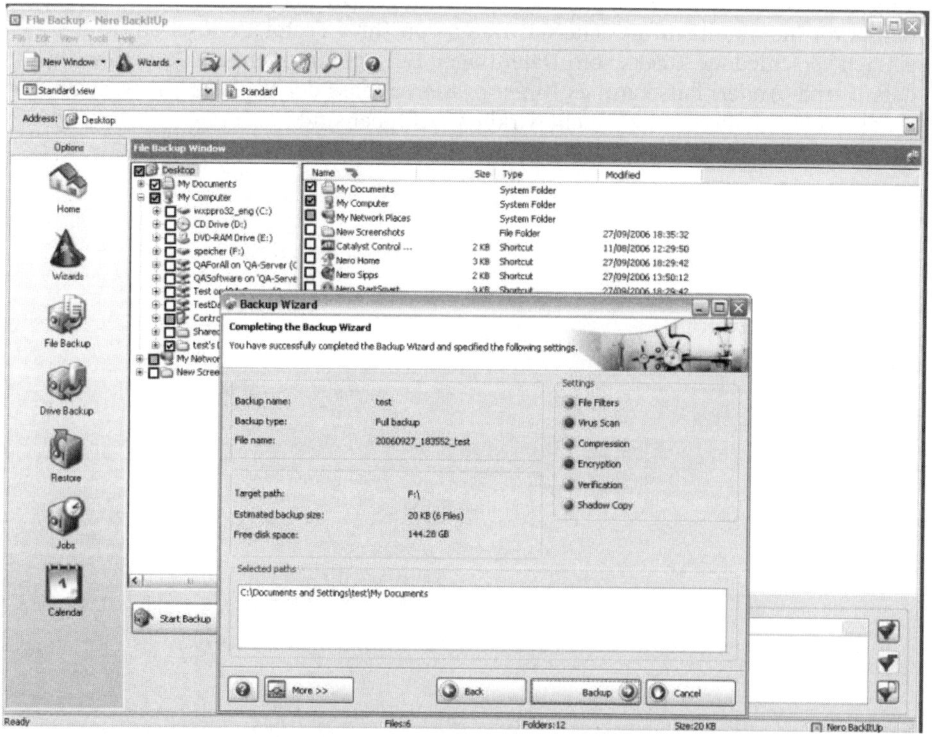


**Abb. 37.1:** Archivierungshilfe mit Filterfunktionen – Nero BackItUp (Quelle: `www.nerobackitup.com`)

Ein nicht zu unterschätzender Faktor für eine Produktion ist ihre Datensicherung. Die Aufnahmen liefen fantastisch? Mix und Mastering waren kein Problem? Das sollte Sie nicht dazu veranlassen, alle verwendeten Daten bedenkenlos von der Festplatte zu löschen. Ihre Fähigkeiten als Produzent werden sich verbessern und Ihre Ansprüche werden steigen. Es kann gut sein, dass Sie aus verschiedenen Gründen nach Wochen oder gar Monaten noch einmal in die Mixphase eines Tracks zurückgehen wollen. Haben Sie dessen Daten nicht archiviert, haben Sie keine Chance mehr, irgendwelche Änderungen vorzunehmen, außer an der Stereosumme herumzuwerkeln. Dies ist meist mühselig und kann nur in den seltensten Fällen ein befriedigendes Ergebnis bringen. Es lohnt sich deshalb, sich eine zuverlässige Brennersoftware anzulegen, mit der Sie große Datenmengen im Handumdrehen handeln können. Hierbei kann Ihnen beispielsweise eine Backup-Software wie *Nero BackItUp* behilflich sein. Mit einem solchen Programm können Sie schlicht den Pfad angeben, der gesichert werden soll, beinahe alles Weitere übernimmt die Software für Sie. Ein besonderer Vorteil gegenüber einer herkömmlichen Brennersoftware liegt darin, dass Sie Filter einsetzen können, mit denen Sie beispielsweise die zu sichernden Daten ausschließlich auf bestimmte Dateitypen beschränken.

**Tipp!**

Vergessen Sie niemals, jeden einzelnen Datenträger (zur Sicherheit) manuell zu prüfen, bevor Sie die darauf gesicherten Daten von Ihrer Festplatte löschen! Rufen Sie einfach verschiedene Tracks vom Datenträger auf, um zu sehen, ob sie auch wirklich darauf sind. Andernfalls kann es Ihnen passieren, dass der Explorer Ihnen zwar alle Dateien anzeigt, diese jedoch nicht wirklich verfügbar sind.

# Basiswissen Homerecording

Im vorangegangenen Text sind einige Begriffe vorgekommen, die einer näheren Erläuterung bedürfen. Hier möchte ich Ihnen nun einen Überblick über viele dieser Begriffe geben.

## A.1 Punch-In/Punch-Out

Nicht bei jeder Aufnahme ist ein kompletter Durchlauf auch perfekt gespielt oder gesungen. Um nun nicht den gesamten, vielleicht einmalig gut gespielten Part nur wegen eines einzigen schrägen Tones oder sonstiger Kleinigkeiten löschen und neu einspielen zu müssen, werden die *Punch*-Funktionen genutzt. *Wo* und *wie* kommen diese Funktionen nun konkret zum Einsatz?

Bei Mehrspur*band*rekordern, die mit Musikkassetten arbeiten, ist in der Regel lediglich eine *Punch-In*-Funktion vorhanden. Diese ist dann an das Zählwerk des Rekorders gekoppelt. Sie stellen den Counter an der gewünschten Einstiegsstelle auf 0 und spulen das Band zurück. Sobald die entsprechende Bandstelle erreicht ist, an der der Counter auf 0 steht, stellt das Gerät für die angewählten Spuren automatisch von *Abspielen* auf *Aufnahme* um. Aufgrund des manuellen Betriebs ist die *Punch-In*-Funktion bei dieser Art von Geräten jedoch vergleichsweise ungenau und kann zu nicht erwünschten Ergebnissen führen.

*Digitale* Ministudios können da mithilfe virtueller Markerpunkte schon etwas mehr bieten. Neben dem *Punch-In* gibt es auch die Möglichkeit zum *Punch-Out*, dem automatischen Aufnahmestopp an einem zuvor festgelegten Punkt eines Musikstücks.

## A.2 Was um Himmels willen ist ein Kaltgerätestecker?

Die Frage, die sich einem stellt, wenn man die Bezeichnung *Kaltgerät* hört, ist natürlich: »Gibt es auch *Warmgeräte*?« Oh ja, die gibt es. Und selbstverständlich auch *Heißgeräte*. Gemeint ist damit die tatsächliche Betriebstemperatur, die ein Endgerät erzeugt. Bleibt die Temperatur deutlich unter 70 °C, so spricht man von einem Kaltgerät.

Typische Warm- und Heißgeräte sind etwa Waffeleisen, Bügeleisen und Kochplatten. Zu den Kaltgeräten zählen beispielsweise Computer, Monitore sowie Audio-Equipment der verschiedensten Art, zum Beispiel viele 19-Zoll-Rackgeräte wie Mikrofonvorverstärker und Effektgeräte.

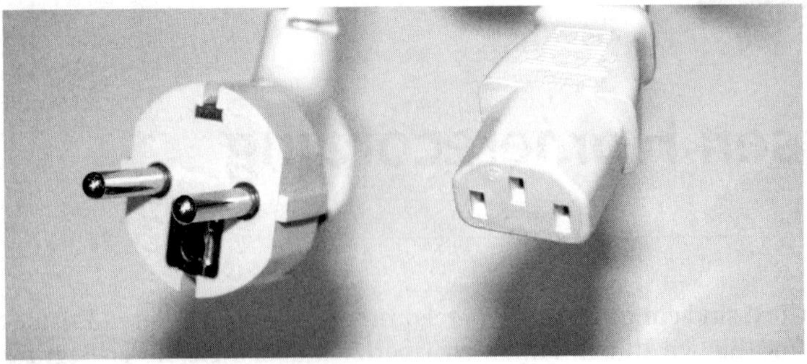

**Abb. A.1:** Schutzkontaktstecker für Kaltgeräte

Die zugehörigen Kaltgerätestecker sind markant und tauchen im Bereich Homerecording bei vielen Geräten auf, die nicht mit einem externen Netzteil arbeiten. Sie sehen sie in Abbildung A.1.

## A.3 Frequenzumfang und Dynamikumfang

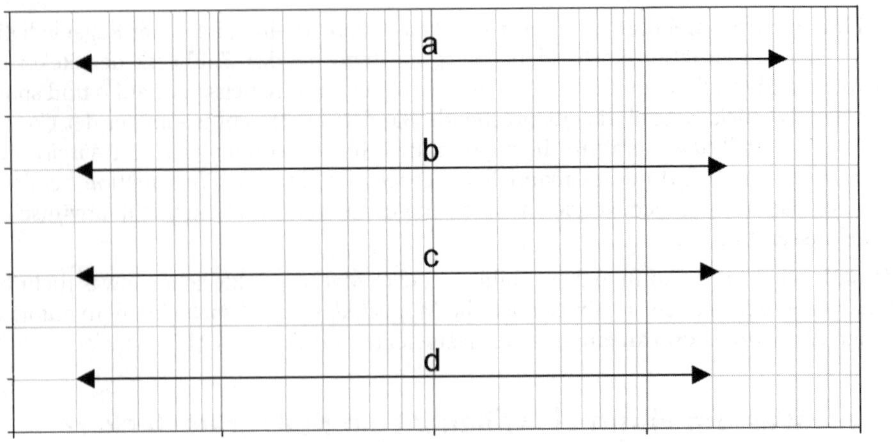


**Abb. A.2:** Beispielshafter Frequenzumfang – (a) bei 96 kHz, (b) 48 kHz, (c) 44,1 kHz und (d) hörbarer Bereich

Den Frequenzumfang Ihrer Aufnahmen errechnen Sie, indem Sie die verwendete Samplerate halbieren. Bei Aufnahmen mit 44,1 kHz steht also ein Frequenzumfang von etwa 22 kHz zur Verfügung, bei Aufnahmen mit 48 kHz dementsprechend ein Frequenzumfang von etwa 24 kHz. Der hörbare Bereich liegt hingegen beim Menschen durchschnittlich etwa zwischen 20 Hz und 20 kHz. Da stellt sich doch die Frage, warum Sie überhaupt mit einer höheren Samplefrequenz arbeiten sollten als 44,1 kHz. Das menschliche Ohr kann es ja doch nicht hören ... Geschulte Ohren können einen deutlichen Unterschied zwischen Audiosignalen mit 44,1 kHz, 48 kHz oder sogar 96 kHz ausmachen. Wie kommt dies zustande?

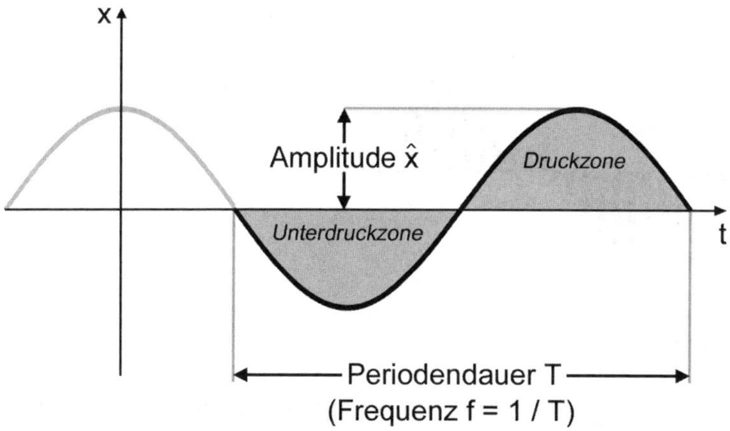


**Abb. A.3:** Perfekte physikalische Sinuswelle

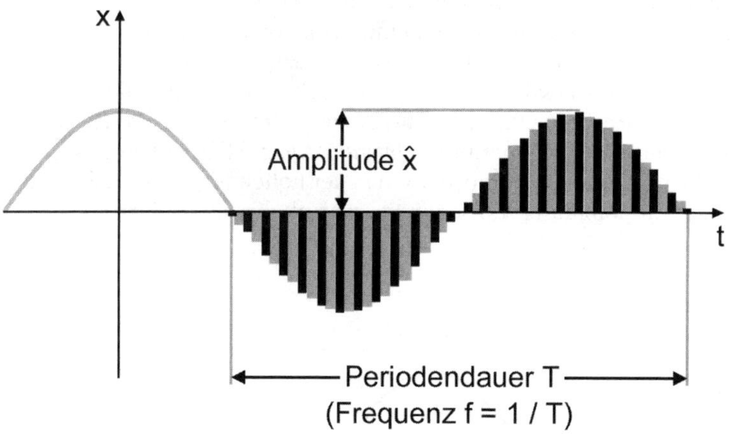


**Abb. A.4:** Digitalisiertes Audiosignal

Jede Digitalisierung eines Audiosignals konserviert die Sinusform der Toninformation nur näherungsweise. Das heißt, dass keine tatsächliche physikalische Kurve der Klanginformation aufgezeichnet wird, sondern lediglich ein Verlauf von Abstufungen. Auf diese Weise werden Periodendauer und Amplitude digital abgebildet. Aufgrund der schnellen zeitlichen Abfolge dieser verschiedenen Abstufungen nehmen wir bei der Wiedergabe diese Abstufungen sozusagen als Kurve wahr.

Durch widrige Umstände kann es zu einer unsauberen Abbildung der physikalischen Information beim Abstufungsmodell kommen. Zu diesen Umständen können schlechte Wandler, Hardwarefehler, mangelhafte Signalverarbeitung durch Software und Ähnliches zählen. Die unsaubere Abbildung macht sich durch das Entstehen von Fehlern bemerkbar, die als *Artefakte* bezeichnet werden.

Da das physikalische Signal umso genauer digital abgebildet wird, je höher die Samplingrate ist, wirkt sich diese also zwar nicht unbedingt auf die **gehörte**, wohl aber auf die **wahrgenommene** Toninformation aus.

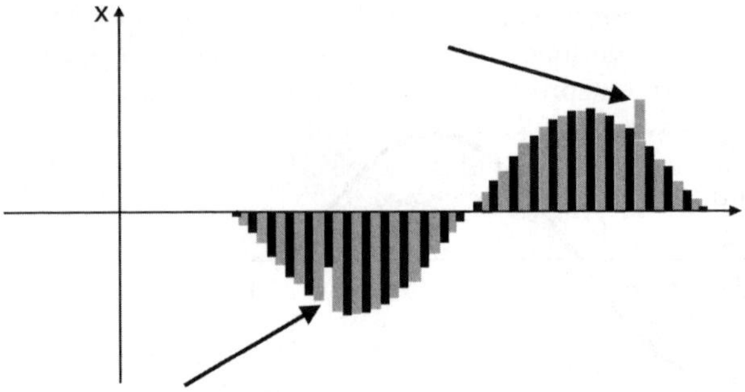


**Abb. A.5:** Artefakte im digitalisierten Audiosignal

## Das Abtast-Theorem

Dieses ist vor allem als *Nyquist-Shannon'sches-Abtast-Theorem* oder auch *WKS-Abtast-Theorem* bekannt und bezieht sich auf die Frequenz, mit der ein Signal bei der Digitalisierung abgetastet werden muss, um die Welleninformation ohne gravierende Verluste abbilden zu können. Das Theorem besagt, dass die Taktfrequenz der Signalabtastung doppelt so hoch sein muss wie die höchste Frequenz, die im Ausgangssignal enthalten ist. Im Falle einer Abtastung, die nicht die doppelte Frequenz aufweist, spricht man von einer sogenannten *Unterabtastung*. Hierbei kann es beim digitalisierten Signal zum Verlust von Informationen der hohen Frequenzen des Ausgangssignals kommen. In Abbildung A.6 sehen Sie, warum dies der Fall ist.

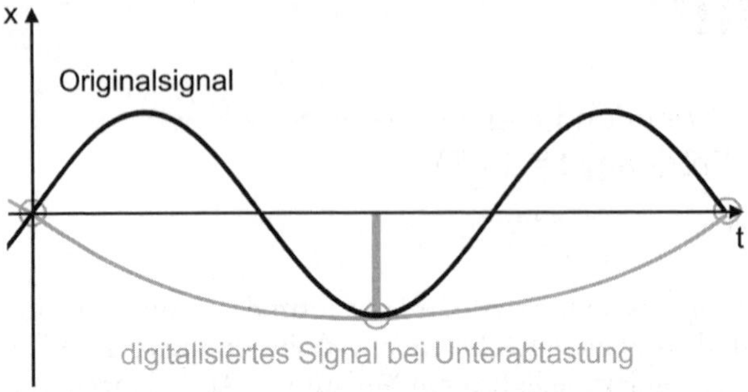


**Abb. A.6:** Verlust hoher Frequenzen bei Unterabtastung

## Hinweis

Anhand der vorangegangenen Infos über Artefakte bei der Digitalisierung von Audiomaterial können Sie sich sicher vorstellen, dass es eher ratsam ist, sich einen guten 16-Bit-AD-Wandler zuzulegen, der nur selten Artefakte produziert, als einen 24-Bit-Wandler von minderer Qualität. Bedenken Sie dies bei der Budgetierung und der Zusammenstellung Ihrer Homerecording-Ausstattung.

Ein anderes wichtiges Thema ist der *Dynamikumfang*. Was hat es damit auf sich? Nun, je größer der Dynamikumfang, desto geringer ist für gewöhnlich das verbleibende Grundrauschen Ihrer Aufnahme. Dementsprechend lauter können dann die maximalen Signalspitzen Ihres Nutzsignals sein. Wie Sie diesen Faktor beeinflussen können? Durch die Bitauflösung Ihres Audiosignals. Heißt dies nun also ...

## A.4 Mehr Bits = besser?

Die Antwort lautet: ja. Wie oben erläutert, ist das Resultat einer höheren Bitrate ein größerer *Dynamikumfang*. In der Praxis heißt das, dass Sie auch sehr leise Passagen mit einem höheren Nutzpegel des Signals aufnehmen können als bei niedrigerer Bitrate.

Aufgrund mathematisch-physikalischer Umstände sind Audiosignale mit 16-Bit-Auflösung auf einen maximalen Dynamikumfang von 98 dB begrenzt. Audiosignale mit einer Auflösung von 24 Bit können hingegen einen theoretischen Dynamikumfang von 120 dB erreichen. Dies ist natürlich ein gewaltiger Unterschied, der sich rein rechnerisch durch einen Zuwachs von 22,5 Prozent ausdrücken lässt.

Ob dieser Dynamikumfang aber auch tatsächlich von Ihnen genutzt werden wird, hängt sehr stark von der Art der Musik ab, die Sie aufnehmen wollen. Für Orchesteraufnahmen – im Homerecording-Bereich natürlich eher selten vorkommend – sind große Dynamikumfänge für die Klangaufnahme zwingend erforderlich. Bei Jazz-Aufnahmen ist ebenfalls noch ein recht großer Dynamikumfang angebracht. Bewegen sich Ihre Aufnahmen hingegen im Bereich Pop/Rock oder gar Dance/Techno und Hardrock/Heavy Metal, so spielt der Dynamikumfang der Signale eine weitaus geringere Rolle. Da die meisten der verwendeten Audiosignale ohnehin komprimiert werden, müssen die Aufnahmen nicht allzu große Dynamikumfänge aufweisen.

## A.5 44,1 oder 96 kHz? – oder: Was sich sonst noch mit der Samplingfrequenz ändert

Eine erfolgreiche Audioaufnahme zeichnet sich nicht nur durch eine gute Performance, sondern auch durch einen guten Sound aus und ... durch ein gutes Signal. Während sich über die beiden ersten Aspekte vortrefflich streiten lässt, ist Letzterer keineswegs nur subjektiv zu betrachten. Kleinste Aussetzer, Signalstörungen und Ähnliches machen eine Aufnahmesession schnell zur reinsten Hölle. Denn wenn der Fehlerteufel sich erst einmal eingeschlichen hat, kann es schnell zur Qual werden, die Wurzel des Übels zu finden oder das minderwertige Audiosignal mit hängendem Kopf weiterverarbeiten zu müssen.

Was bringt uns zu diesem Exkurs über die Audioqualität? Es ist die Frage: Wie erreiche ich eine gute Signalqualität? Bedenken Sie, dass sich bei steigender Spurenanzahl und steigender Bitrate und/oder Samplingfrequenz der Datenstrom vervielfacht. Besitzer von antiquierteren PCs mit weniger CPU-Leistung und Anwender, die auf ältere Festplatten zurückgreifen, sind deshalb häufig auf Workarounds angewiesen (z. B. Anzahl von Echtzeiteffekten wie Hallräume und Kompressoren verringern).

Werfen Sie einmal einen Blick auf Tabelle A.1. Anhand der aufgeführten Werte erkennen Sie sehr schnell die Zusammenhänge von Bitrate, Samplingfrequenz und Datendurchsatz:

| Spurenanzahl/Samplingfrequenz | Datendurchsatz pro Sekunde bei 16 Bit | Datendurchsatz pro Minute bei 16 Bit |
|---|---|---|
| 1 Spur (mono)/44,1 kHz | 88,2 kB | 5,292 MB |
| 2 Spuren (stereo)/44,1 kHz | 176,4 kB | 10,584 MB |
| 10 Spuren/44,1 kHz | 0,88 MB | 52,92 MB |
| 1 Spur (mono)/48 kHz | 96 kB | 5,76 MB |
| 2 Spuren (stereo)/48 kHz | 192 kB | 11,34 MB |
| Spurenanzahl/Samplingfrequenz | Datendurchsatz pro Sekunde bei 24 Bit | Datendurchsatz pro Minute bei 24 Bit |
| 1 Spur (mono)/44,1 kHz | 132,3 kB | 7,398 MB |
| 2 Spuren (stereo)/44,1 kHz | 264,6 kB | 16,876 MB |
| 10 Spuren/44,1 kHz | 1,33 MB | 79,38 MB |

**Tabelle A.1:** Zusammenhang Samplingfrequenz und Datendurchsatz

Die Lösung ist denkbar einfach: Entweder stellen Sie sich eine DAW zusammen, deren Komponenten problemlos mit jedweden Datenströmen umgehen können – das ist die kostspielige Variante. Oder Sie nutzen stets die Samplingfrequenz und Bitrate, die dem Endprodukt Genüge tut. Und ganz ehrlich: Ob es beim Demo einer Band ohne Plattenvertrag, Disco-Rotation und Radio-Airplay notwendig ist, mit einer Samplingfrequenz von 48 oder gar 96 KHz und 24-Bit-Auflösung aufzunehmen ...

## A.6 ASIO, EASI, MME – Treiber unter sich

Für beinahe alle heutzutage angebotenen Soundkarten und Audio-Interfaces gibt es zugehörige *ASIO-Treiber. ASIO* steht für *Audio Streaming Input Output* und bezeichnet eine Treiberentwicklung der Firma Steinberg, die ursprünglich für deren Software Cubase VST entwickelt wurde, weil die Audio-Performance der von Windows standardmäßig verwendeten *MME-Treiber* für die Software nicht ausreichte. ASIO ermöglicht neben geringeren Verzögerungszeiten (Latenz) auch das Aufnehmen und die Wiedergabe durch Mehrkanal-Soundkarten. Das Konkurrenzmodell, die *EASI-Treiber,* konnte sich hingegen nicht durchsetzen. Wenngleich diese Treiberart nach wie vor vereinzelt in Benutzung ist, greifen auch typische Softwareapplikationen von Apple-Rechnern, so z. B. *Logic Audio,* mittlerweile auf ASIO-Treiber zurück.

# PIN-Belegungen von Kabeln

## B.1 NF-Kabel

### symmetrisches Mikrofonkabel (nach IEC-Norm)

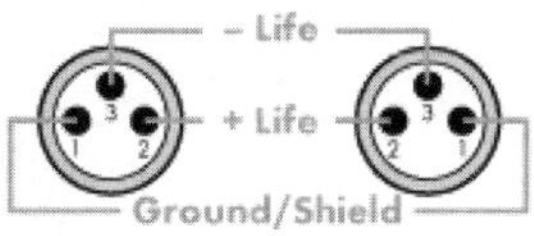


**Abb. B.1:** symmetrisches Mikrofonkabel (nach IEC-Norm)

### symmetrisches Mikrofonkabel

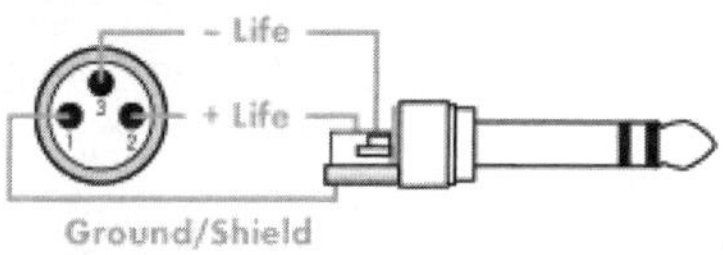


**Abb. B.2:** symmetrisches Mikrofonkabel

### unsymmetrisches Mikrofonkabel (Klinke)

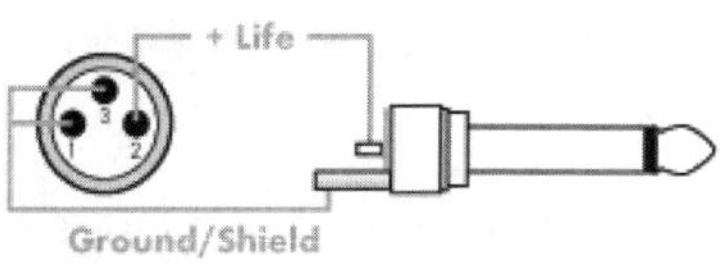


**Abb. B.3:** unsymmetrisches Mikrofonkabel (Klinke)

### unsymmetrisches Mikrofonkabel (Cinch)

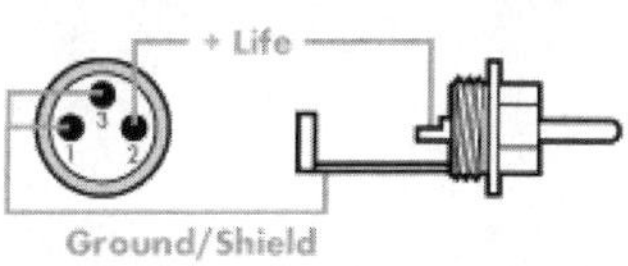


**Abb. B.4:** unsymmetrisches Mikrofonkabel (Cinch)

## symmetrisches Stereo-Klinkenkabel

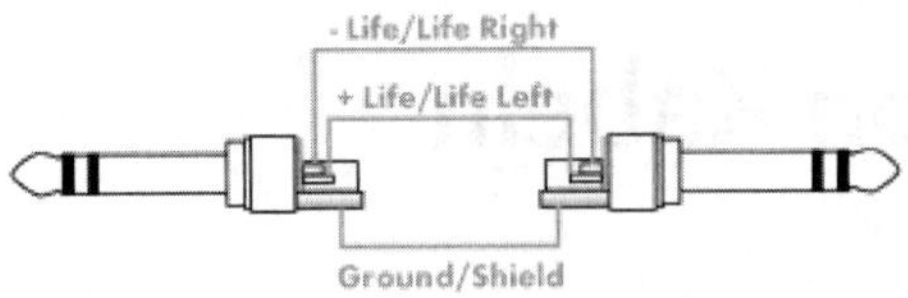


**Abb. B.5:** symmetrisches Stereo-Klinkenkabel

## unsymmetrisches Mono-Klinkenkabel

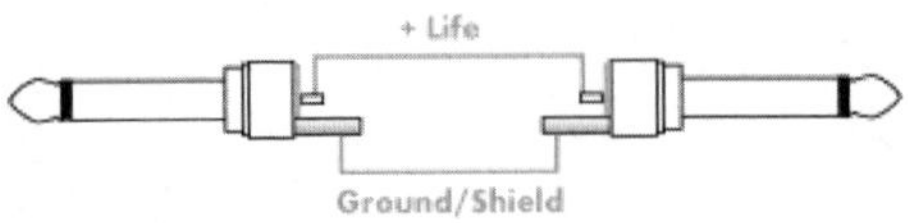


**Abb. B.6:** unsymmetrisches Mono-Klinkenkabel

## unsymmetrisches Mono-Adapterkabel

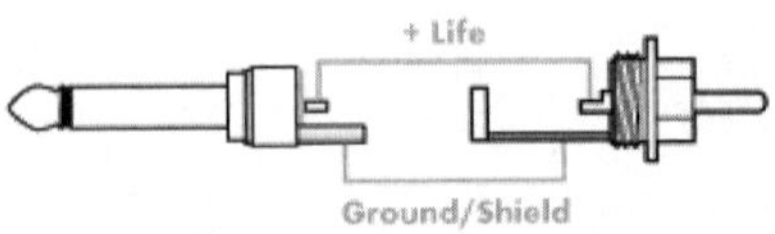


**Abb. B.7:** unsymmetrisches Mono-Adapterkabel

## unsymmetrisches Mono-Cinchkabel

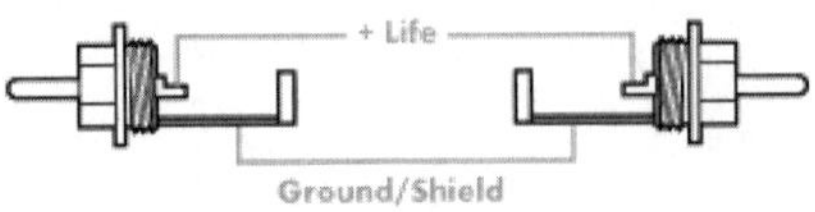


**Abb. B.8:** unsymmetrisches Mono-Cinchkabel

## unsymmetrisches Stereo-Insertkabel (XLR)

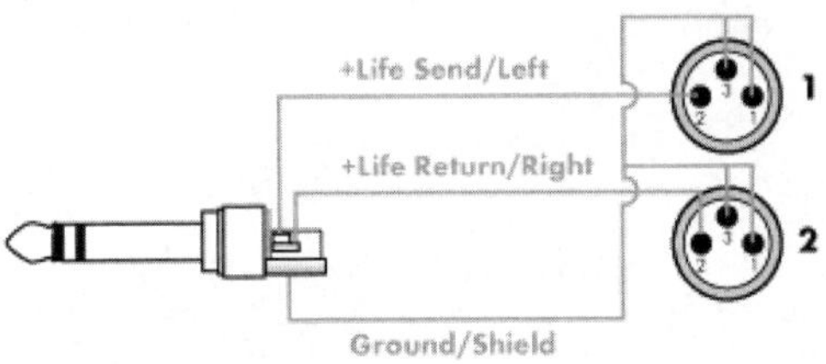


**Abb. B.9:** unsymmetrisches Stereo-Insertkabel (XLR)

### unsymmetrisches Stereo-Insertkabel (Klinke)

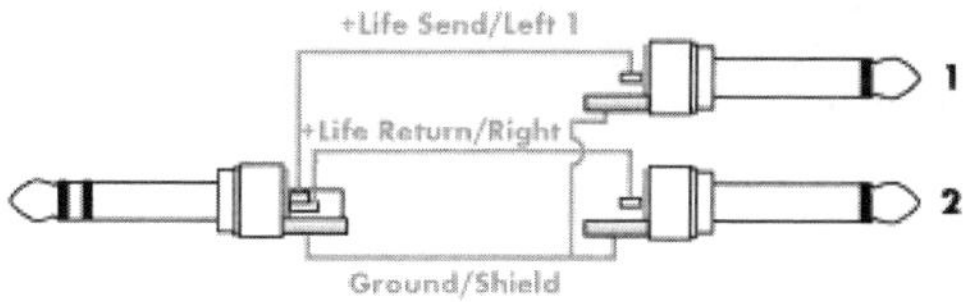


**Abb. B.10:** unsymmetrisches Stereo-Insertkabel (Klinke)

### unsymmetrisches Stereo-Insertkabel (Cinch)

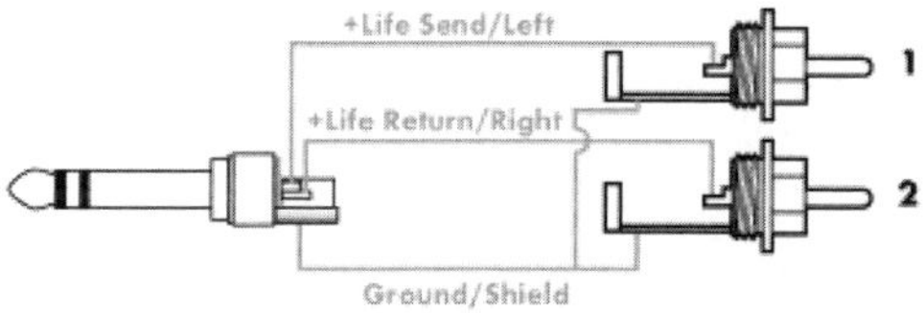


**Abb. B.11:** unsymmetrisches Stereo-Insertkabel (Cinch)

## B.2 MIDI- und DMX-Kabel

### MIDI-Kabel

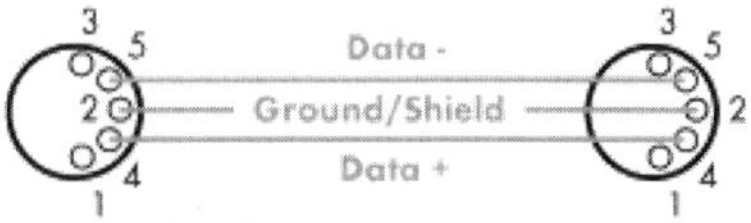


**Abb. B.12:** MIDI-Kabel

### 5-Pol-DIN (vollbelegt)

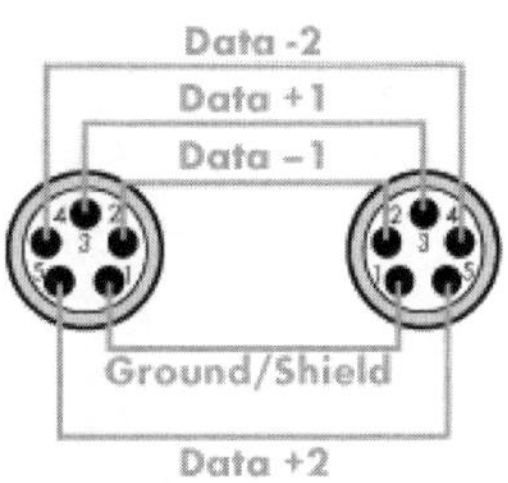


**Abb. B.13:** 5-Pol-DIN (vollbelegt)

## 5-Pol-DIN (teilbelegt)

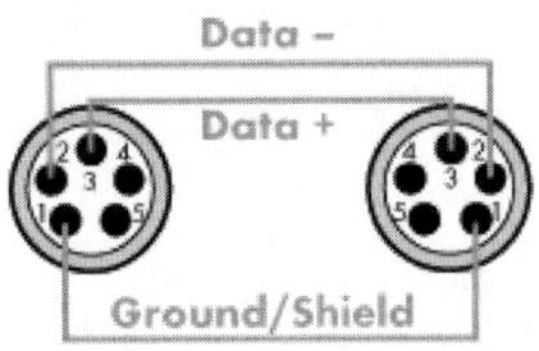


**Abb. B.14:** 5-Pol-DIN (teilbelegt)

## DMX-Adapterkabel (vollbelegt)

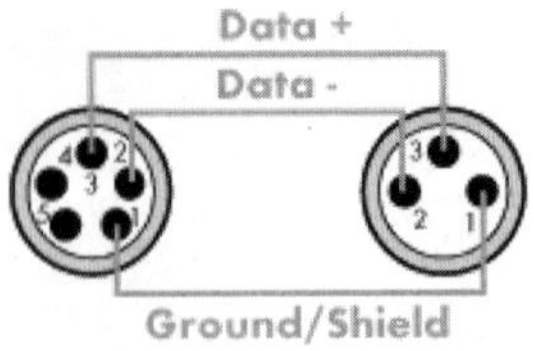


**Abb. B.15:** DMX-Adapterkabel (vollbelegt)

## DMX-Adapterkabel (teilbelegt)

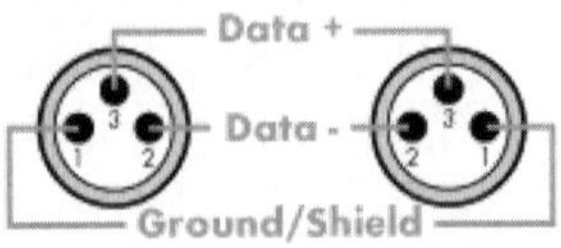


**Abb. B.16:** DMX-Adapterkabel (teilbelegt)

Anhang C

# MIDI-Tabellen

In der untenstehenden Tabelle können Sie die standardmäßige MIDI-Belegung für Percussion- und Drum-Maps ablesen, wie sie nach dem General MIDI-Standard verwendet wird.

| Note (MIDI-Nr.) | Percussion-, bzw. Drum-Sound | Note (MIDI-Nr.) | Percussion-, bzw. Drum-Sound |
|---|---|---|---|
| 35 | Acoustic Bass Drum | 52 | Chinese Cymbal |
| 36 | Bass Durm 1 | 53 | Ride Bell |
| 37 | Side Stick | 54 | Tambourine |
| 38 | Acoustic Snare | 55 | Splash Cymbal |
| 39 | Hand Clap | 56 | Cowbell |
| 40 | Electric Snare | 57 | Crash Cymbal 2 |
| 41 | Low Floor Tom | 58 | Vibraslap |
| 42 | Closed HiHat | 59 | Ride Cymbal 2 |
| 43 | High Floor Tom | 60 | High Bongo |
| 44 | Pedal HiHat | 61 | Low Bongo |
| 45 | Low Tom | 62 | Mute High Conga |
| 46 | Open HiHat | 63 | Open High Conga |
| 47 | Low-Mid Tom | 64 | Low Conga |
| 48 | High-Mid Tom | 65 | High Timbale |
| 49 | Crash Cymbal 1 | 66 | Low Timbale |
| 50 | High Tom | 67 | High Agogo |
| 51 | Ride Cymbal 1 | 68 | Low Agogo |
| 69 | Cabasa | 76 | High Wood Block |
| 70 | Maracas | 77 | Low Wood Block |
| 71 | Short Whistle | 78 | Mute Cuica |
| 72 | Long Whistle | 79 | Open Cuica |
| 73 | Short Guiro | 80 | Mute Triangle |
| 74 | Long Guiro | 81 | Open Triangle |
| 75 | Claves | | |

**Tabelle C.1:** General MIDI Drum- & Percussion-Map

In der nachfolgenden Tabelle finden Sie die standardmäßige MIDI-Programmbelegung für Instrumente, wie sie nach dem General MIDI-Standard verwendet wird.

| MIDI-Programm | Instrument | MIDI-Programm | Instrument |
|---|---|---|---|
| 1 | Acoustic Grand Piano | 14 | Xylophone |
| 2 | Bright Acoustic Piano | 15 | Tubular Bells |
| 3 | Electric Grand Piano | 16 | Dulcimer |
| 4 | Honky Tonk Piano | 17 | Drawbar Organ |
| 5 | Electric Piano 1 | 18 | Percussive Organ |
| 6 | Electric Piano 2 | 19 | Rock Organ |
| 7 | Harpsichord | 20 | Church Organ |
| 8 | Clavi | 21 | Reed Organ |
| 9 | Celesta | 22 | Accordion |
| 10 | Glockenspiel | 23 | Harmonica |
| 11 | Music Box | 24 | Tango Accordion |
| 12 | Vibraphone | 25 | Acoust. Nylon Guitar |
| 13 | Marimba | 26 | Acoustic Steel Guitar |
| 27 | Electric Jazz Guitar | 53 | Choir Aahs |
| 28 | Electric Clean Guitar | 54 | Choir Ohhs |
| 29 | Electric Muted Guitar | 55 | Synth Voice |
| 30 | Overdrive Guitar | 56 | Orchestra Hit |
| 31 | Distortion Guitar | 57 | Trumpet |
| 32 | Guitar Harmonics | 58 | Trombone |
| 33 | Acoustic Bass | 59 | Tuba |
| 34 | Electric Finger Bass | 60 | Muted Trumpet |
| 35 | Electric Picking Bass | 61 | French Horn |
| 36 | Fretless Bass | 62 | Brass Section |
| 37 | Slap Bass 1 | 63 | Synth Brass 1 |
| 38 | Slap Bass 2 | 64 | Synth Brass 2 |
| 39 | Synth Bass 1 | 65 | Soprano Sax |
| 40 | Synth Bass 2 | 66 | Alto Sax |
| 41 | Violin | 67 | Tenor Sax |
| 42 | Viola | 68 | Baritone Sax |
| 43 | Cello | 69 | Oboe |
| 44 | Contrabass | 70 | English Horn |
| 45 | Tremolo Strings | 71 | Bassoon |

**Tabelle C.2:** General MIDI Programmbelegung für Instrumente

| MIDI-Programm | Instrument | MIDI-Programm | Instrument |
|---|---|---|---|
| 46 | Pizzicato Strings | 72 | Clarinet |
| 47 | Orchestral Harp | 73 | Piccolo Flute |
| 48 | Timpani | 74 | Flute |
| 49 | String Ensemble 1 | 75 | Recorder |
| 50 | String Ensemble 2 | 76 | Pan Flute |
| 51 | Synth Strings 1 | 77 | Blown Bottle |
| 52 | Synth Strings 2 | 78 | Shakuhachi |
| 79 | Whistle | 104 | Sci-Fi (FX 8) |
| 80 | Ocarina | 105 | Sitar |
| 81 | Lead 1 (square) | 106 | Banjo |
| 82 | Lead 2 (sawtooth) | 107 | Shamisen |
| 83 | Lead 3 (calliope) | 108 | Koto |
| 84 | Lead 4 (chiff) | 109 | Kalimba |
| 85 | Lead 5 (charang) | 110 | Bag Pipe |
| 86 | Lead 6 (voice) | 111 | Fiddle |
| 87 | Lead 7 (fifth) | 112 | Shanai |
| 88 | Lead 8 (bass & lead) | 113 | Tinkle Bell |
| 89 | Pad 1 (new age) | 114 | Agogo |
| 90 | Pad 2 (warm) | 115 | Steel Drums |
| 91 | Pad 3 (polysynth) | 116 | Woodblock |
| 92 | Pad 4 (choir) | 117 | Taiko Drum |
| 93 | Pad 5 (bowed) | 118 | Melodic Tom |
| 94 | Pad 6 (metallic) | 119 | Synth Drum |
| 95 | Pad 7 (halo) | 120 | Reverse Cymbal |
| 96 | Pad 8 (sweep) | 121 | Guitar Fret Noise |
| 97 | Rain (FX 1) | 122 | Breath Noise |
| 98 | Soundtrack (FX 2) | 123 | Seashore |
| 99 | Crystal (FX 3) | 124 | Bird Tweet |
| 100 | Atmosphere (FX 4) | 125 | Telephone Ring |
| 101 | Brightness (FX 5) | 126 | Helicopter |
| 102 | Goblins (FX 6) | 127 | Applause |
| 103 | Echoes (FX 7) | 128 | Gunshot |

**Tabelle C.2:** General MIDI Programmbelegung für Instrumente (Forts.)

Anhang D

# EQing-Tabellen

Hier finden Sie Anhaltspunkte für die Arbeit mit Equalizern. Betrachten Sie die angegebenen Werte jedoch nicht als Dogma, sondern hören Sie sich das aktuell vorliegende Signal stets sehr genau an. Setzen Sie Equalizer nach Möglichkeit ausschließlich zur Klangoptimierung oder zur künstlerischen Klanggestaltung (nicht aber als Notlösung für eine schlechte Aufnahmequalität) ein.

| Frequenz | Klanginformation | Beschreibung | Filtervorschlag |
|---|---|---|---|
| 10 bis 20 Hz | untere Hörschwelle | keine Nutzinformation | herausfiltern |
| um 50 Hz | untere Frequenzen von Bass-Instrumenten | Bassvolumen und "Schwere" | 50 bis 80 Hz bei Bass absenken und bei Kick-Drum anheben |
| **um 100 Hz** | **Hauptfrequenzen von Bass-Instrumenten, untere Frequenzen v. Gitarre, Piano, u. ä.** | **Bass-"Körper"** | **bei allen Instrumenten cutten (außer Bass-Instrumente); anheben für Radiosprecher-Sound bei Sprechstimme** |
| um 150 Hz | Hauptfrequenzen von Bass-Instrumenten | Bass-"Druck" | für mehr Bassdruck bei Instrumenten oder im Mix absenken |
| **um 200 Hz** | **untere Frequenzen vieler Instrumente im mittlerem Frequenzbereich** | **z. B. Snare-"Körper"** | **absenken für mehr Transparenz (Snare, Vocals, Mix)** |
| um 250 Hz | tiefe Frequenzen bei E-Gitarre, Synth- & String-Pads, Piano | klangliche "Wärme" | nach Bedarf absenken oder (geringfügig) anheben |
| um 300 Hz | tiefe Frequenzen bei E-Gitarre, Synth- & String-Pads, Piano | klangliche "Wärme" und "Fülle" | Q-Faktor sollte 200 Hz nicht einbeziehen |
| um 350 Hz | Basis-Frequenzen von Toms | Tom-"Körper" | nach Bedarf absenken oder (geringfügig) anheben |
| um 400 Hz | Basis-Frequenzen der Bruststimme von Männern | "Fülle" bei Männergesang | nach Bedarf absenken oder anheben |
| um 450 Hz | Basis-Frequenzen der Bruststimme von Frauen und Kindern | "Fülle" bei Frauen- und Kindergesang | nach Bedarf absenken oder anheben |
| um 500 Hz | Basis-Frequenzen bei Gitarren, Orgel, Streichern, Blasinstrumenten | Gitarren-"Körper" | nach Bedarf absenken (Achtung! Anheben erzeugt Klang wie in einer Kiste) |
| um 1 kHz | Frequenz von Plektrum-Anschlägen | Attack und "Hupen" | Anhebung verbessert Attack von Plektrum-Intrumenten; Absenken fängt Töne bei määnlichem Gesang ein; Notch-Anhebung erzeugt "Telefonsound" bei Stimmen |

| Frequenz | Klanginformation | Beschreibung | Filtervorschlag |
|---|---|---|---|
| **um 2 kHz** | **Frequenz von Gitarren und Vocals** | **Snare-"Schärfe" / Instrumenten-"Härte" (vor allem Gitarren & Gesang)** | **nicht zu stark absenken, sonst bei Vocals Sprachverständlichkeit schlechter kann Gitarrensound Lebhaftigkeit kosten** |
| um 3 kHz | Präsenzbereich zahlreicher Instrumente | "Kreischfrequenzen" bei Frauen- und Kindergesang | anheben für mehr Präsenz von Kick-Drums<br>absenken gegen Saitengeräusche bei E-Bässen<br>absenken um Kernfrequenz bei Gitarren-Solos hervorzuheben<br>absenken, um Frauen- und Kinderstimmen zu "entschärfen" |
| um 4 kHz | Präsenzbereich von Männerstimmen | Präsenz bei Männergesang | breitbandig 4 bis 6 dB anheben "boostet" Männerstimmen |
| um 5 kHz | Präsenzbereich v. HiHat, Gitarren, Frauen- & Kinderstimmen | Snare-Schnarren | um 4 dB bei Piano anheben erzeugt "luxuriösen" Klang (zusätzlich bei 250 Hz anheben) |
| um 6 kHz | Brightness-Region und "Flüster"-Frequenz | "Glanz" von Kick-Drum und Bass | zu starkes Anheben bei Vocals dünnt deren Klang aus |
| um 7 kHz | Brightness-Region und "Säge"-Frequenz einiger Instrumente | Attack und "Glanz" von Toms | Anhebung verstärkt Bogengeräusche bei Streichinstrumenten u. das "Sägen" von Synthesizer-Sounds auf Sägezahn-Basis |
| um 8 kHz | Brightness-Region und "Effekt"-Frequenz | "Glanz" von Blechbläsern | Anhebung "boostet" Phaser- und Flanger-Effekte |
| um 9 kHz | "Krächz"-Frequenz bei Gesangsstimmen | "Rauheit" bei und von Vocals | Anhebung hebt Stimmen aus Umfeld (weitere Vocals) hervor |
| um 10 kHz | bei einigen Instrumenten Zischen und Lebendigkeit; wichtige Frequenz zur Bestimmung von HiFi-Soundqualität | HiHat- & Cymbal-Zischen | Anhebung verstärkt Lebendigkeit von Vocals, Gitarren, Piano |
| um 12 kHz | Höhen- und Obertonbereich | Schimmern u. Funkeln im Mix | Absenken mindert Rauschen, aber auch offenen Klang im |
| um 16 kHz | hohe Obertöne; Ortungsfrequenzen | "Lebendigkeit" und "Luft" im Mix | Exciter werten in diesem Frequenzbereich "tote" Sounds auf |
| um 20 kHz | höchste Obertöne | kaum Nutzinformation | bei vielen Instrumenten kann hier längst ein HiCut einsetzen |

| Instrument | Frequenz | Filtertyp | Q-Faktor | absenken | anheben | Wirkung |
|---|---|---|---|---|---|---|
| **Drums (Kick)** | 60 Hz | Peak | 1,5 | - | +2 bis 3 dB | mehr Klangvolumen |
| | 80 Hz | Peak | - | - | +3 dB | mehr Bassdruck |
| | 125 Hz | Peak | 3,0 | - | +10 dB | mehr Bassdruck |
| | 150 Hz | Peak | 1,0 | -4 dB | - | mehr Transparenz im Mix (Platz für Bass) |
| | 200 bis 400 Hz | Peak | 1,0 | bis zu -12 dB | - | weniger "kistenartiger" Klang |
| | 800 Hz | Peak | 1,0 | - | +3 dB | mehr Mittendruck |
| | 1 kHz | Peak | - | - | - | mehr Klangdichte |
| | 2,5 bis 5 kHz | Peak | 2,0 | - | - | mehr Attack / "Punch" |
| | 8 bis 10 kHz | Peak | - | - | - | mehr Attack / "Klick" |
| | 10 kHz | Peak | 4,0 | - | +8 dB | mehr Brillanz |
| **Drums (Kick, elektronisch)** | 10 bis 12 kHz | Hi-Shelve | - | -12 dB | - | eliminiert Toninfomationen oberhalb 400 Hz |
| **Drums (Kick, Rock-Sound)** | 60 bis 80 Hz | Peak | 1,0 | - | +3 bis 6 dB | mehr Klangvolumen |
| **Drums (Kick, Metal-Sound)** | 280 bis 450 Hz | Peak | 1,0 | -6 bis 10 dB | - | weniger "kistenartiger" Klang |
| | 4 bis 5 kHz | Peak | 1,0 | - | +3 bis 5 dB | mehr Attack / "Punch" |
| | 10 bis 12 kHz | Peak | 1,0 | - | +3 dB | mehr Brillanz |

| | | | | | | |
|---|---|---|---|---|---|---|
| **Snare top** | < 100 bis 150 Hz | LoCut | - | - | - | verringert Kick-Einstreuung |
| | 150 bis 200 Hz | Peak | 1,0 | - | +2 dB | mehr Bassdruck |
| | 250 bis 350 Hz | Peak | 1,0 | - | +2 dB | mehr Ton |
| | 400 bis 500 Hz | Peak | 2.0 | -3 dB | - | weniger "kistenartiger" Klang |
| | 1 bis 2 kHz | Peak | 1,0 | - | +1 dB | mehr Agressivität |
| | 5 kHz | Peak | 1,0 | - | +2 dB | mehr Attack / "Punch" |
| | 10 kHz | Peak | 1,0 | - | +4 dB | mehr Brillanz |
| **Snare bottom** | < 100 Hz | LoCut | - | - | - | verringert Kick-Einstreuung |
| | 3,5 bis 5 kHz | Peak | 1,0 | - | +3 dB | mehr Attack / "Punch" |
| | 8 kHz | Peak | 1,0 | - | +3 dB | mehr Attack / "Klick" |

| Instrument | Frequenz | Filtertyp | Q-Faktor | absenken | anheben | Wirkung |
|---|---|---|---|---|---|---|
| **Drums (Toms)** | 80 bis 90 Hz | Peak | 1,0 | - | +2 bis 4 dB | mehr Klangvolumen (Standtom) |
| | 100 Hz | LoCut | 1,0 | - | +1 dB | verringert tiefe Einstreuung bei mittleren und hohen Toms |
| | 400 bis 500 Hz | Peak | 1,0 | - | +1 dB | mehr Wärme |
| | 800 Hz bis 1kHz | Peak | 1,0 | -3 dB | - | weniger "kistenartiger" Klang |
| | 1 bis 2 kHz | Peak | 2,0 | -2 dB | - | weniger rauer Klang |
| | 4 bis 5 kHz | Peak | 1,0 | - | +2 dB | mehr Attack (Metal-Sound) |
| | 5 bis 6 kHz | Peak | 1,0 | - | +2 bis 4 dB | mehr Attack |
| | 6 bis 8 kHz | Peak | 1,0 | - | -1 dB | mehr Attack |
| **Drums (HiHat)** | 300 Hz | LoCut / LoShelve | - | -4 dB | - | eliminiert / verringert Einstreuung tiefer Instrumente |
| | 800 Hz | Peak | 1,0 | -4 dB | - | weniger "aufdringlicher" Klang |
| | 1 bis 1,5 kHz | Peak | 1,0 | - | +2 dB | "metallischerer" Klang (!!! nicht zuviel !!!) |
| | 3 bis 3,5 kHz | Peak | 1,0 | - | +2 dB | mehr Attack (!!! nicht zuviel !!!) |
| | 6 bis 7 kHz | Peak | 1,0 | -3 dB | - | weniger rauer Klang |
| | 8 kHz | Peak | 1,0 | - | +2 dB | mehr Brillanz |
| | 15 kHz | Peak | 1,0 | - | +4 dB | mehr "Luft" |
| **Drums (Overheads)** | 100 Hz | Peak | 1,0 | -4 dB | - | mehr Transparenz |
| | 300 Hz | Peak | 1,0 | -4 dB | - | weniger Dröhnen |
| | 6 kHz | Peak | 1,0 | - | +2 dB | mehr Attack |
| | 7 kHz | Peak | 1,0 | | - | weniger "scharfer"/"schneidender" Klang |
| | 8 kHz | HiShelve | - | - | +2 dB | mehr Brillanz |
| **Drums (Raummikrofone)** | 250 Hz | Peak | 1,0 | - | +4 dB | mehr Druck |
| | 4 kHz | Peak | 1,0 | - | +1 dB | mehr Attack |

| Instrument | Frequenz | Filtertyp | Q-Faktor | absenken | anheben | Wirkung |
|---|---|---|---|---|---|---|
| **E-Bass (mit Fingern gespielt)** | 50 bis 80 Hz | Peak | 1,0 | -2 dB | - | Wechselstrombrummen verringern |
| | 60 Hz | Shelve | 1,0 | - | +3 dB | mehr Klangvolumen |
| | 80 Hz | Peak | 1,0 | -2 dB | - | mehr Transparenz, mehr Ton von Kick-Drum |
| | 250 Hz | Peak | 1,0 | - | +2 dB | mehr Druck |
| | 600 Hz | Peak | 1,0 | - | +2 dB | mehr Präsenz |
| | 1,5 kHz | Peak | 1,0 | - | +4 dB | mehr Aggressivität |
| | 2 kHz | Peak | 1,0 | - | +3 bis 5 dB | mehr Brillanz |
| | 3 bis 4,5 kHz | Peak | 0,2 bis 0,5 | -10 dB | - | Saitenschnarren verringern |
| | 5 kHz | Peak | 1,0 | - | +3 dB | mehr Attack |
| **D.I. Bass** | 100 Hz | Peak | 1,0 | -4 dB | - | mehr Transparenz |
| | 250 Hz | Peak | 1,0 | - | +3 dB | mehr Druck |
| | 4 kHz | Peak | 1,0 | - | +4 dB | mehr Durchsetzungsfähigkeit |
| **E-Bass (mittiger Rocksound)** | 400 Hz | Peak | 1,0 | - | +3 dB | mehr Präsenz |
| | 4,5 kHz | Peak | 1,0 | -3 dB | - | mehr Attack |
| **E-Bass (mit Plektrum gespielt)** | 1 kHz | Peak | 2,0 | - | +3 dB | mehr Attack |
| **E-Bass (typischer Fender-Sound)** | 250 bis 500 Hz | Peak | - | - | - | nach Wunsch verringern/betonen |
| **E-Bass (geslappt)** | 80 Hz | Peak | 2.0 | - | +4 dB | mehr Klangvolumen für Slaps |
| | 2 kHz | Peak | 1,0 | - | +2 dB | mehr (tiefes) Attack |
| | 3 bis 4 kHz | Peak | 1,0 | - | +3 dB | mehr Attack |
| | 5 kHz | Peak | 1,0 | - | +3 dB | mehr (hohes) Attack |
| **E-Bass (geslapt, höhenreich)** | 400 Hz | Peak | 1,0 | -3 dB | - | entschärfte Pops |
| | 4,5 kHz | Peak | 1,0 | - | +3 dB | betonte Slaps (mehr Attack) |
| **E-Bass (Fretless)** | 500 Hz | Peak | 1,0 | -4 dB | - | mehr Transparenz |
| | 900 Hz | Peak | 1,0 | - | +3 dB | typischen Fretless-Klang betonen |
| | 3,2 kHz | Peak | 2,0 | - | +6 dB | mehr Attack |
| **Kontrabass** | 100 Hz | Peak | 0,7 | -5 dB | - | mehr Transparenz |
| | 500 Hz | Peak | 0,3 | - | +3 dB | typischen Kontrabass-Klang betonen |
| **Bassgitarre (akkustisch)** | 600 bis 800 Hz | - | - | - | +2 dB | mehr Präsenz |

| Instrument | Frequenz | Filtertyp | Q-Faktor | absenken | anheben | Wirkung |
|---|---|---|---|---|---|---|
| **an Mikrofon oder Vorverstärker** | LowCut | - | - | - | - | filtert Trittgeräusche und Bass-Einstreuung |
| | | | | | | |
| **Vocals** | 100 Hz | Peak | 1,0 | - | +2 dB | erzeugt Sound wie bei "Radio-Sprecher" |
| | 200 Hz | Peak | 3,0 | - | +4 dB | mehr Klangvolumen |
| | 100 bis 300 Hz | Peak | 1,0 | -3 dB | - | mehr Transparenz |
| | 350 Hz | Peak | 1,0 | -3 dB | - | mehr Transparenz im Mix |
| | 2 kHz | Peak | 3,0 | - | +2 dB | bessere Sprachverständlichkeit |
| | 4 bis 6 kHz | Peak | 1,0 | - | +3 dB | bessere Sprachverständlichkeit |
| | 12,5 kHz | Peak | 3,0 | - | +6 dB | mehr "Luft" |
| | 8 bis 10 kHz | Peak | 1,0 | -2 dB | - | weniger rauer Klang |
| | 10 bis 11 kHz | Peak | 1,0 | - | +3 dB | deutlichere Atemgeräusche |
| | 700 bis 2 kHz | Peak | 1,0 | - | +3 dB | mehr Prägnanz |
| **Vocals (exponiert, z. B. im Refrain)** | 2 bis 4 kHz | Peak | 1,0 | - | +3 dB | mehr Durchsetzungsfähigkeit |
| | 2 bis 4 kHz | Peak | 1,0 | -2 dB | - | weniger vordergründig |
| | 10 kHz | Shelve | - | - | +3 dB | mehr "Luft" |
| | | | | | | |
| **Vocals (Backings)** | 1 kHz | Peak | 1,0 | - | +3 dB | Mitten |
| | 400 bis 800 Hz | Peak | 1,0 | -3 dB | - | mehr Transparenz im Mix |
| | 2 bis 4 kHz | Peak | 1,0 | -3 dB | - | weniger vordergründig |
| | 12 kHz | Peak | 1,0 | - | +3 dB | mehr Brillanz |

| Instrument | Frequenz | Filtertyp | Q-Faktor | absenken | anheben | Wirkung |
|---|---|---|---|---|---|---|
| **E-Gitarre (Clean)** | 60 Hz | Peak | 1,0 | - | +3 dB | mehr Klangvolumen |
| | 1,4 kHz | Peak | 1,0 | -4 dB | - | weniger (vordergründige) Aggressivität |
| | 6 kHz | Peak | 1,0 | - | +6 dB | mehr Brillanz |
| | 8 kHz | Peak | 1,0 | - | +1 dB | mehr "Luft" |
| **E-Gitarre (Rock-Sound)** | 200 Hz | Peak | 1,0 | - | +6 dB | mehr "Wärme" |
| | 4 kHz | Peak | 1,0 | - | +4 dB | mehr Präsenz |
| **E-Gitarre (Metal-Sound)** | 80 bis 150 Hz | Shelve | - | - | +3 dB | mehr Klangvolumen |
| | 200 bis 300 Hz | Peak | 1,0 | - | +3 dB | mehr Druck |
| | 800 Hz | Peak | 1,0 | -1 bis -2 dB | - | mehr Transparenz |
| | 1,5 kHz | Peak | 2,0 | -4 dB | - | weniger (vordergründige) Aggressivität |
| | 3 kHz | Peak | 1,0 | -2 dB | - | weniger "schneidende" Aggressivität |
| **E-Gitarre (Lead-Sound)** | 350 Hz | Peak | 1,5 | - | +6 dB | mehr Klangvolumen |
| | 4 kHz | Peak | 4,0 | - | +10 dB | Stilmittel bei "Stadion-Rock" |
| **E-Gitarre (mikrofonierte Flageoletts)** | 1,2 kHz | Peak | 1,0 | -4 dB | - | mehr Transparenz |
| | 8 kHz | Peak | 1,0 | - | +1 dB | deutlichere Flageoletts |
| **Flageoletts (D.I.-Flageoletts)** | 7 kHz | Peak | 1,0 | - | +3 dB | deutlichere Flageoletts |

| | | | | | | |
|---|---|---|---|---|---|---|
| **Akkustikgitarre** | 80 - 100 Hz | Shelve | - | - | +3dB | mehr Klangvolumen |
| | 250 Hz | Peak | 1.0 | -2dB | - | mehr Transparenz |
| | 250 Hz | Peak | 3.0 | - | +4dB | mehr "Wärme" |
| | 500 Hz | Peak | 0.25 | -3dB | - | weniger Klangdichte |
| | 850 Hz | Peak | 1.0 | -3dB | - | "weicherer" Klang |
| | 4 bis 6,4 kHz | Shelve | - | - | +6dB | Griffgeräusche verringern |
| | 8 kHz | Peak | 4.0 | - | +6dB | mehr charaketristische Brillanz |
| | 10 kHz | Shelve | - | - | +6dB | mehr Brillanz |
| | 15 kHz | Peak | 1.0 | - | +5dB | mehr "Luft" |

| Instrument | Frequenz | Filtertyp | Q-Faktor | absenken | anheben | Wirkung |
|---|---|---|---|---|---|---|
| **Piano** | 60 bis 100 Hz | LoShelve | - | -4 dB | - | mehr Transparenz im Mix |
| | 150 Hz | Peak | 1,0 bis 2,0 | -3 dB | - | weniger Dröhnen |
| | 400 Hz | Peak | 1,0 | - | +4 dB | mehr Klangdichte |
| | 900 Hz | Peak | 1,0 | - | +4 dB | mehr Durchsetzungsfähigkeit |
| | 6 kHz | Peak | 1,0 | - | +4 dB | "musikalischeres" Attack |
| | 7,5 kHz | Peak | 2,0 | - | +6 dB | mehr Durchsetzungsfähigkeit |
| | 10 bis 15 kHz | HiShelve | - | - | +4 dB | mehr "Luft" |
| | | | | | | |
| **Orgel** | 150 Hz | Shelve | - | -6 dB | - | weniger Dröhnen |
| | 800 Hz | Peak | 1,0 | - | +4 dB | mehr Durchsetzungsfähigkeit |
| | 3 kHz | Peak | 2,0 | - | +4 dB | mehr Attack |
| | | | | | | |
| **Keyboard / Synthesizer (Lead-Sound)** | 100 Hz | Peak | 1,0 | -4 dB | - | mehr Transparenz im Mix |
| | 3 kHz | Peak | 1,0 | - | +1 dB | mehr Attack |
| | 10 kHz | Peak | 1,0 | - | +2 dB | mehr Brillanz |
| | | | | | | |
| **Keyboard / Synthesizer (Pad-Sound)** | 20 Hz | LowCut | - | - | - | mehr Transparenz im Mix |
| | 60 Hz | Shelve | - | -8 dB | - | weniger Dröhnen |
| | 450 Hz | Peak | 1,0 | - | +2 dB | mehr Klangvolumen |
| | 500 Hz | Peak | 1,5 | - | +2 dB | mehr "Wärme" |
| | 1,2 kHz | Peak | 1,0 | - | +2 dB | mehr Klangdichte |
| | 4 kHz | Peak | 1,0 | - | +3 dB | mehr Präsenz |
| | 7 kHz | Peak | 1,0 | - | +3 dB | mehr Durchsetzungsfähigkeit |

**Klaviaturbereich von A2 bis c'''''**

| | | | | | | | | | |
|---|---|---|---|---|---|---|---|---|---|
| | | C, | 32,7038 | c | 130,8150 | c'' | 523,2500 | c'''' | 2093,0000 |
| | | D, | 36,7075 | d | 146,8300 | d'' | 587,3200 | d'''' | 2349,2800 |
| | | E, | 41,2038 | e | 164,8150 | e'' | 659,2600 | e'''' | 2637,0400 |
| | | F, | 43,6538 | f | 174,6150 | f'' | 698,4600 | f'''' | 2793,8400 |
| | | G, | 49,0000 | g | 196,0000 | g'' | 784,0000 | g'''' | 3136,0000 |
| | | A, | 55,0000 | a | 220,0000 | a'' | 880,0000 | a'''' | 3520,0000 |
| | | H, | 61,7350 | h | 246,9400 | h'' | 987,7600 | h'''' | 3951,0400 |
| | | C | 65,4075 | c' | 261,6300 | c''' | 1046,5000 | c''''' | 4186,0000 |
| | | D | 73,4150 | d' | 293,6600 | d''' | 1174,6400 | d''' | 4698,5600 |
| E,, | 20,6019 | E | 82,4075 | e' | 329,6300 | e''' | 1318,5200 | e''' | 5274,0800 |
| F,, | 21,8269 | F | 87,3075 | f' | 349,2300 | f''' | 1396,9200 | f''' | 5587,6800 |
| G,, | 24,5000 | G | 98,0000 | g' | 392,0000 | g''' | 1568,0000 | g''' | 6272,0000 |
| A,, | 27,5000 | A | 110,0000 | a' | **440,0000** | a''' | 1760,0000 | a''' | 7040,0000 |
| H,, | 30,8675 | H | 123,4700 | h' | 493,8800 | h''' | 1975,5200 | h''' | 7902,0800 |

Anhang E

# Delay-Tabelle

Mit den unten stehenden Werten können Sie die zeitliche Verzögerung eines Delays auch dann noch auf die Schnelle Ihrem Songtempo anpassen, wenn das Gerät nicht über eine Tempo-Sync-Funktion verfügt.

| Tempo | Ganze Note | halbe Note | 1/4-Note | 1/8-Note | 1/8-Triole | 1/16-Note |
|---|---|---|---|---|---|---|
| 80 bpm | 3000 ms | 1500 ms | 750 ms | 375 ms | 250 ms | 188 ms |
| 81 bpm | 2963 ms | 1481 ms | 759 ms | 380 ms | 247 ms | 186 ms |
| 82 bpm | 2927 ms | 1463 ms | 769 ms | 384 ms | 244 ms | 183 ms |
| 83 bpm | 2892 ms | 1446 ms | 778 ms | 389 ms | 241 ms | 181 ms |
| 84 bpm | 2857 ms | 1429 ms | 788 ms | 394 ms | 238 ms | 179 ms |
| 85 bpm | 2824 ms | 1412 ms | 797 ms | 398 ms | 235 ms | 177 ms |
| 86 bpm | 2791 ms | 1395 ms | 806 ms | 403 ms | 233 ms | 175 ms |
| 87 bpm | 2759 ms | 1379 ms | 816 ms | 408 ms | 230 ms | 173 ms |
| 88 bpm | 2727 ms | 1364 ms | 825 ms | 413 ms | 227 ms | 171 ms |
| 89 bpm | 2697 ms | 1348 ms | 834 ms | 417 ms | 225 ms | 169 ms |
| 90 bpm | 2667 ms | 1333 ms | 844 ms | 422 ms | 222 ms | 167 ms |
| 91 bpm | 2637 ms | 1319 ms | 853 ms | 427 ms | 220 ms | 165 ms |
| 92 bpm | 2609 ms | 1304 ms | 863 ms | 431 ms | 217 ms | 163 ms |
| 93 bpm | 2581 ms | 1290 ms | 872 ms | 436 ms | 215 ms | 162 ms |
| 94 bpm | 2553 ms | 1277 ms | 881 ms | 441 ms | 213 ms | 160 ms |
| 95 bpm | 2526 ms | 1263 ms | 891 ms | 445 ms | 211 ms | 158 ms |
| 96 bpm | 2500 ms | 1250 ms | 900 ms | 450 ms | 208 ms | 157 ms |
| 97 bpm | 2474 ms | 1237 ms | 909 ms | 455 ms | 206 ms | 155 ms |
| 98 bpm | 2449 ms | 1224 ms | 919 ms | 459 ms | 204 ms | 153 ms |
| 99 bpm | 2424 ms | 1212 ms | 928 ms | 464 ms | 202 ms | 152 ms |
| 100 bpm | 2400 ms | 1200 ms | 938 ms | 469 ms | 200 ms | 150 ms |
| 101 bpm | 2376 ms | 1188 ms | 947 ms | 473 ms | 198 ms | 149 ms |
| 102 bpm | 2353 ms | 1176 ms | 956 ms | 478 ms | 196 ms | 147 ms |
| 103 bpm | 2330 ms | 1165 ms | 966 ms | 483 ms | 194 ms | 146 ms |

| Tempo | Ganze Note | halbe Note | 1/4-Note | 1/8-Note | 1/8-Triole | 1/16-Note |
|---|---|---|---|---|---|---|
| 104 bpm | 2308 ms | 1154 ms | 975 ms | 488 ms | 192 ms | 145 ms |
| 105 bpm | 2286 ms | 1143 ms | 984 ms | 492 ms | 190 ms | 143 ms |
| 106 bpm | 2264 ms | 1132 ms | 994 ms | 497 ms | 189 ms | 142 ms |
| 107 bpm | 2243 ms | 1121 ms | 1003 ms | 502 ms | 187 ms | 141 ms |
| 108 bpm | 2222 ms | 1111 ms | 1013 ms | 506 ms | 185 ms | 139 ms |
| 109 bpm | 2202 ms | 1101 ms | 1022 ms | 511 ms | 183 ms | 138 ms |
| 110 bpm | 2182 ms | 1091 ms | 1031 ms | 516 ms | 182 ms | 137 ms |
| 111 bpm | 2162 ms | 1081 ms | 1041 ms | 520 ms | 180 ms | 135 ms |
| 112 bpm | 2143 ms | 1071 ms | 1050 ms | 525 ms | 179 ms | 134 ms |
| 113 bpm | 2124 ms | 1062 ms | 1059 ms | 530 ms | 177 ms | 133 ms |
| 114 bpm | 2105 ms | 1053 ms | 1069 ms | 534 ms | 175 ms | 132 ms |
| 115 bpm | 2087 ms | 1043 ms | 1078 ms | 539 ms | 174 ms | 131 ms |
| 116 bpm | 2069 ms | 1034 ms | 1088 ms | 544 ms | 172 ms | 130 ms |
| 117 bpm | 2051 ms | 1026 ms | 1097 ms | 548 ms | 171 ms | 129 ms |
| 118 bpm | 2034 ms | 1017 ms | 1106 ms | 553 ms | 169 ms | 127 ms |
| 119 bpm | 2017 ms | 1008 ms | 1116 ms | 558 ms | 168 ms | 126 ms |
| 120 bpm | 2000 ms | 1000 ms | 1125 ms | 563 ms | 167 ms | 125 ms |
| 121 bpm | 1983 ms | 992 ms | 1134 ms | 567 ms | 165 ms | 124 ms |
| 122 bpm | 1967 ms | 984 ms | 1144 ms | 572 ms | 164 ms | 123 ms |
| 123 bpm | 1951 ms | 976 ms | 1153 ms | 577 ms | 163 ms | 122 ms |
| 124 bpm | 1935 ms | 968 ms | 1163 ms | 581 ms | 161 ms | 121 ms |
| 125 bpm | 1920 ms | 960 ms | 1172 ms | 586 ms | 160 ms | 120 ms |
| 126 bpm | 1905 ms | 952 ms | 1181 ms | 591 ms | 159 ms | 119 ms |
| 127 bpm | 1890 ms | 945 ms | 1191 ms | 595 ms | 157 ms | 118 ms |
| 128 bpm | 1875 ms | 938 ms | 1200 ms | 600 ms | 156 ms | 118 ms |
| 129 bpm | 1860 ms | 930 ms | 1209 ms | 605 ms | 155 ms | 117 ms |
| 130 bpm | 1846 ms | 923 ms | 1219 ms | 609 ms | 154 ms | 116 ms |
| 131 bpm | 1832 ms | 916 ms | 1228 ms | 614 ms | 153 ms | 115 ms |
| 132 bpm | 1818 ms | 909 ms | 1238 ms | 619 ms | 152 ms | 114 ms |
| 133 bpm | 1805 ms | 902 ms | 1247 ms | 623 ms | 150 ms | 113 ms |
| 134 bpm | 1791 ms | 896 ms | 1256 ms | 628 ms | 149 ms | 112 ms |
| 135 bpm | 1778 ms | 889 ms | 1266 ms | 633 ms | 148 ms | 111 ms |
| 136 bpm | 1765 ms | 882 ms | 1275 ms | 638 ms | 147 ms | 111 ms |
| 137 bpm | 1752 ms | 876 ms | 1284 ms | 642 ms | 146 ms | 110 ms |

| Tempo | Ganze Note | halbe Note | 1/4-Note | 1/8-Note | 1/8-Triole | 1/16-Note |
|---|---|---|---|---|---|---|
| 138 bpm | 1739 ms | 870 ms | 1294 ms | 647 ms | 145 ms | 109 ms |
| 139 bpm | 1727 ms | 863 ms | 1303 ms | 652 ms | 144 ms | 108 ms |
| 140 bpm | 1714 ms | 857 ms | 1313 ms | 656 ms | 143 ms | 107 ms |
| 141 bpm | 1702 ms | 851 ms | 1322 ms | 661 ms | 142 ms | 107 ms |
| 142 bpm | 1690 ms | 845 ms | 1331 ms | 666 ms | 141 ms | 106 ms |
| 143 bpm | 1678 ms | 839 ms | 1341 ms | 670 ms | 140 ms | 105 ms |
| 144 bpm | 1667 ms | 833 ms | 1350 ms | 675 ms | 139 ms | 104 ms |
| 145 bpm | 1655 ms | 828 ms | 1359 ms | 680 ms | 138 ms | 104 ms |
| 146 bpm | 1644 ms | 822 ms | 1369 ms | 684 ms | 137 ms | 103 ms |
| 147 bpm | 1633 ms | 816 ms | 1378 ms | 689 ms | 136 ms | 102 ms |
| 148 bpm | 1622 ms | 811 ms | 1388 ms | 694 ms | 135 ms | 102 ms |
| 149 bpm | 1611 ms | 805 ms | 1397 ms | 698 ms | 134 ms | 101 ms |
| 150 bpm | 1600 ms | 800 ms | 1406 ms | 703 ms | 133 ms | 100 ms |
| 151 bpm | 1589 ms | 795 ms | 1416 ms | 708 ms | 132 ms | 100 ms |
| 152 bpm | 1579 ms | 789 ms | 1425 ms | 713 ms | 132 ms | 99 ms |
| 153 bpm | 1569 ms | 784 ms | 1434 ms | 717 ms | 131 ms | 98 ms |
| 154 bpm | 1558 ms | 779 ms | 1444 ms | 722 ms | 130 ms | 98 ms |
| 155 bpm | 1548 ms | 774 ms | 1453 ms | 727 ms | 129 ms | 97 ms |
| 156 bpm | 1538 ms | 769 ms | 1463 ms | 731 ms | 128 ms | 96 ms |
| 157 bpm | 1529 ms | 764 ms | 1472 ms | 736 ms | 127 ms | 96 ms |
| 158 bpm | 1519 ms | 759 ms | 1481 ms | 741 ms | 127 ms | 95 ms |
| 159 bpm | 1509 ms | 755 ms | 1491 ms | 745 ms | 126 ms | 95 ms |
| 160 bpm | 1500 ms | 750 ms | 1500 ms | 750 ms | 125 ms | 94 ms |

Anhang F

# Danksagungen

Ich danke den folgenden Firmen für Ihre freundliche Unterstützung:

- AKG – www.akg.com
- Apple – www.apple.com
- Audio-Export – www.audio-export.de
- Behringer – www.behringer.com
- Brauner – www.brauner-microphones.de
- Edirol – www.edirol.de
- Focusrite – www.focusrite.com
- IK Multimedia – www.ikmultimedia.com
- König & Meyer – www.k-m.de
- Magix – www.magix.com
- Native Instruments – www.nativeinstruments.de
- AKG – www.akg.com
- Nero AG – www.nero.com
- Novation – www.novationmusic.com
- Propellerhead – www.propellerhead.se
- RME – www.rme-audio.de
- Shure – www.shure.de
- Sony Media Solutions – www.sonymediasolutions.com
- Sommer Cable, Pforzheim – www.sommercable.com
- SPL, Niederkrüchten – www.soundperformancelab.com
- Spectrasonics – www.spectrasonics.com
- Steinberg Media Technologies – www.steinberg.com
- TC Helicon – www.tchelicon.com
- Terratec Producer Unit – www.terratec.de
- Überschall – www.ueberschall.com
- Yamaha – www.yamaha.de

Dank für die Idee zum Einleitungskapitel über Smart Recording gilt Jörg, Homerecordler aus Leidenschaft.

Anhang G

# Hersteller- und andere nützliche Links

ADK Pro Audio: `http://www.adkproaudio.com`
AKG: `http://www.akg.com`
Akoff Sound Labs: `http://www.akoff.com`
Alesis: `http://www.alesis.com`
Antares Audio Technologies: `http://www.antarestech.com`
Aphex: `http://www.aphex.com`
Apogee Electronics: `http://www.apogeedigital.com`
Audio-Export: `http://www.audio-export.de`
Avid Technology: `http://www.avid.com`
Bechtle AG: `http://www.bechtle.de`
Behringer: `http://www.behringer.com`
BOSS: `http://www.boss.info`
Brauner: `http://www.brauner-microphones.de`
CMS Distribution: `http://www.cmsdistribution.com`
Computer Universe: `http://www.computeruniverse.net`
Crysonic: `http://www.crysonic.com`
Dolphin Music: `http://www.dolphinmusic.co.uk`
Edirol: `http://www.edirol.de`
EVGA: `http://www.evga.com`
fastaudio: `http://www.fastaudio.com`
Focusrite: `http://www.focusrite.de`
Fractal Audio Systems: `http://www.fractalaudio.com`
Genelec: `http://www.genelec.com`
HHB: `http://www.hhb.co.uk`
Ibanez Gitarren: `http://www.ibanez.de`
IK Multimedia: `http://www.ikmultimedia.com`
Intel: `http://www.intel.com`
König & Meyer: `http://www.k-m.de`
Line 6: `http://www.line6.com`
Logitech: `http://www.logitech.com`
Magix: `http://www.magix.com`

Magma: http://www.magma.com
Matrox: http://www.matrox.com
Metronome Multimedia: http://www.studiometronome.com
Moog Music Inc.: http://www.moogmusic.com
MSI: http://www.msi.com
Nanoxia: http://www.nanoxia-world.com
Native Instruments: http://www.native-instruments.com
nektar: http://www.nektartech.com
Nero AG: http://www.nero.com
Georg Neumann GmbH: http://www.neumann.com
Noah Studios: http://www.noah-studios.de
Novation Music: http://www.notationmusic.de
Orcas Studios: http://www.orcasstudios.de
Ovation Guitars: http://www.ovationguitars.com
Panasonic: http://www.panasonic.com
PreSonus: http://www.presonus.com
Propellerhead: http://www.propellerheads.se
RME: http://www.rme-audio.de
Rocktron: http://www.rocktron.com
Roland Musik: http://www.rolandmusik.de
SanDisk: http://www.sandisk.com
Session: http://www.session.de
Shure: http://www.shure.de
Sommer Cable: http://www.sommercable.com
sonuus: http://www.sonuus.com
Sony Media Solutions: http://www.sonymediasolutions.com
Sound Performance Lab: http://www.spl.info
Spectrasonics: http://www.spectrasonics.com
Steinberg: http://www.steinberg.net
Tascam: http://www.tascam.eu
TC Helicon: http://www.tchelicon.com
Terratec Producer Unit: http://www.terratec.de
Universal Audio: http://www.uaudio.com
Überschall: http://www.ueberschall.com
Vantec: http://www.vantecusa.com
Waves: http://www.waves.com
Wikipedia: http://www.wikipedia.de
Yamaha: http://www.yamaha.com & http://www.yamahaproaudio.com
zZounds Music: http://www.zzounds.com

Anhang H

# Literatur


Borngießer, Jürgen. Der PC als Musikstudio: Professionelle Musikproduktionen mit dem eigenen PC. Data Becker, Düsseldorf 2005.

Enders, Roland. Das Homerecording Handbuch: Der Weg zu optimalen Aufnahmen. GC Carstensen, München 2003.

Görne, Thomas. Mikrofone in Theorie und Praxis. Elektor Verlag, Aachen (7. Auflage) 2004.

Gorges, Peter und Merck, Alex. Keyboards MIDI Homerecording: Alle über Equipment und Anwendungen. GC Carstensen, München 2003.

Hain, Rainer. Der perfekte Musik-PC: Grundwissen, Problemlösungen und Profitricks. Wizoo, Bremen 2000.

Hofmüller, Helmut. Handbuch Homerecording: Der professionelle Weg von der Aufnahme zur Master-CD. Elektor, Aachen 1998.

Sengpiel, Eberhard. Forum für Audio-Technik. `http://www.sengpiel-audio.com`

Senior, Mike. Mixing Secrets. mitp, Frechen 2012

Strong, Jeff. Home Recording For Musicians For Dummies – 2nd Edition. Wiley Publishing, Hoboken NJ 2005.

Thomann, Musikhaus Thomann Cyberstore. Online-Ratgeber: `http://www.thomann.de/spmoverview.html`

Warstat, Michael und Görne, Thomas. Studiotechnik: Hintergrund und Praxiswissen. Elektor Verlag, Aachen (6. Auflage) 2003.

Zielinsky, Gregor. Die neue virtuelle MIDI/Audio Technik: So wird Ihr PC zum professionellen Musikstudio. mitp, Bonn 2000.

# Stichwortverzeichnis

## A



## B

## C



## D

## J



## K



## L

## N



## O



## P

## Q



## R

## T

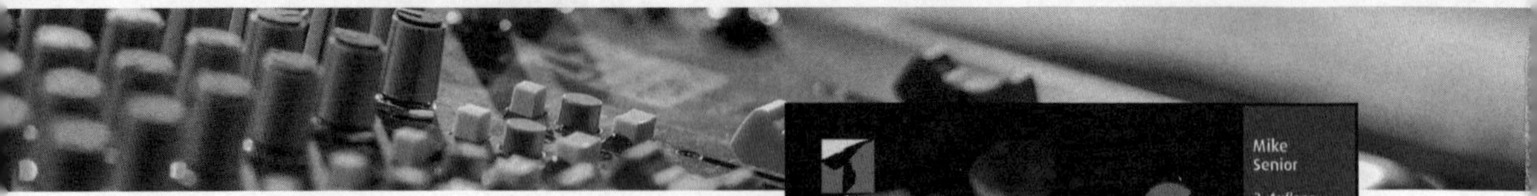